Spitzbergen - Svalbard

Reiseführer

Arktische Naturkunde und Geschichte in Wort und Bild
Hintergründe | Routen & Regionen | Praktisches

Von Rolf Stange

SPITZBERGEN.DE
SPITSBERGEN-SVALBARD.COM

IMPRESSUM

Autor / Herausgeber / Vertrieb: Rolf Stange

Email für Bestellungen: bestellung@spitzbergen.de
Email für sonstige Zwecke: info@spitzbergen.de
Internet: www.spitzbergen.de, www.jan-mayen.de, www.antarktis.net

Umschlaggestaltung: Tine von Tein (Internet: tinevontein.de).

Kartografie: Rolf Stange / Kartografie-Service www.landkarten-erstellung.de

Erste Auflage: Mai 2007
Zweite, überarbeitete Auflage: November 2008
Dritte, überarbeitete Auflage: Juni 2011
Vierte, überarbeitete Auflage: Juni 2013
Fünfte, überarbeitete Auflage: März 2015
Sechste, unveränderte Auflage: November 2016

Druck: Druckerei Karl Keuer (Bützow)

ISBN 978-3-937903-24-8

Dieses Buch kann direkt beim Verlag bestellt werden (siehe oben).

Das Umschlagfoto zeigt einen Eisbären auf einem kleinen Eisberg vor dem Monacobreen im Liefdefjord im typischen Dämmerlicht im Oktober, kurz vor Beginn der Dunkelzeit.

INHALTSVERZEICHNIS

Voyages begin in books.

John Harrison, *Where The Earth Ends* (2000)

Die Arktis - ein Reiseziel, das prägt und unvergesslich bleibt. Irgendwie beruhigt es zu wissen, dass es „dort oben" am Nordpol großartige Landschaften gibt! Weit und breit keine Strommasten oder Kondensstreifen, keine lärmigen Metropolen, keine Menschenmassen in verspäteten Vorortszügen. Die Arktis: Ruhe! Weite! Ursprünglichkeit! Wer im Nordpolargebiet reist, besinnt sich auf das Wesentliche im Leben. Nichts lenkt ab von den eigenen Gedanken - außer die Natur selbst.

Von dieser arktischen Natur geht eine berauschende Faszination aus. In ihr liegt die Essenz einer Reise in den ganz hohen Norden. Denn mehr als Natur hat die Arktis kaum zu bieten, dies dafür in schier unbeschreiblicher Fülle. Ihr begegnet man überall: jenen 2 Zentimeter hohen Blütenpflänzchen im Windschatten eines Jahrtausende alten Walknochens auf der Tundra - oder, kaum hebt man den Blick, jener Kilometer langen Gletscherkante vor zerklüfteten Bergen. In der Arktis steht man entweder vor dem Winzigen oder vor dem Riesigen; Zwischengrößen fehlen, Vergleiche hinken - man muss diese Großartigkeit selbst gesehen haben.

Doch wer das Einmalige der Arktis verstehen möchte, benötigt vertiefendes Hintergrundwissen. Dies ist das Ziel dieses Reisehandbuches. Hier hat der Diplomgeograph Rolf Stange Informationen über diejenigen Themen zusammengetragen, welche die Arktisreisenden beschäftigen. Tundra und Pflanzen, Eis und Tiere werden so umfassend behandelt wie Geologie oder Geschichte. Erstmals wird hier eine Auswahl der häufiger angelaufenen Küstengebiete in Svalbard/Spitzbergen genauer beschrieben - gegen hundert an der Zahl. Das Wichtigste dabei: Der Autor ist kein Schreibtischtäter. Sein Wissen über die Arktis (und über die Antarktis gleichermaßen) vertiefte Rolf Stange auf seinen mittlerweile über 150* Schiffsreisen als Lektor, Tundraführer, Trekkingleiter und mehrheitlich als Fahrtleiter/Expedition Leader auf kleineren, eisgängigen Schiffen in Svalbard, Franz Josef Land, Grönland, Jan Mayen, Island und in der Antarktis.

Der vorliegende Reiseführer soll Sie auf Ihrer Tour unterstützen. Doch auch später, nach der Reise, wird dieses Buch gute Dienste leisten. Dann nämlich, wenn Sie wieder im dichtbesiedelten Mitteleuropa sind und mit Schwermut an die klare Luft der Arktis zurückdenken. Es wird Sie im Bemühen anleiten, sich in Ihrem Umfeld für die Arktis einzusetzen - sie hat unsere erhöhte Aufmerksamkeit dringend verdient.

Peter Balwin, Polarreiseleiter.

Dietikon/Schweiz, im März 2007

*vom Verfasser aktualisiert

KAPITEL 1 – VORWORT

I shall be more than satisfied if I have succeeded in bringing before the mind's eye of the reader the distinctive charm of that far northern land.

Seton Gordon, *Amid Snowy Wastes* (1922)

Seit Jahrhunderten ist Spitzbergen Ziel von Arktisreisenden. Die ersten Touristen fanden im 19. Jahrhundert ihren Weg in den äußersten Norden Europas, und bis heute entdecken immer mehr Menschen Spitzbergens landschaftliche und geschichtliche Vielfalt, die Faszination des Eises und der vom Klima geplagten Pflanzenwelt sowie den Reichtum an verschiedenen Tieren. Mittlerweile steht Besuchern vor Ort eine erstaunlich weit ausgebaute touristische Infrastruktur zur Verfügung. Von anstrengenden Wander- oder Skitouren über Ortsaufenthalte mit vielfältigen Tagestouren bis hin zu kürzeren und längeren Schiffsreisen ist vieles möglich, um die Arktis auf verschiedenste Arten kennenzulernen, je nach Geschmack im Sommer oder im Winter.

Ganz egal, ob Sie zu Fuß oder per Schiff in Spitzbergen unterwegs sind, ob Sie Ihren Aufenthalt selbst organisieren oder eine Tour gebucht haben: Dieses Buch versucht, Ihnen in den verschiedensten Bereichen Antworten zu geben auf Fragen, die sich ganz von selbst aufdrängen, spätestens wenn die arktischen Inseln in Sicht kommen, oft schon davor und vielleicht auch noch danach. Von der Vielfalt der Vogelwelt und der anderen Tiere, über die Pflanzen, die Geschichte und politische Entwicklung, Erdgeschichte und Landschaftsphänomene, Siedlungen und Fjorde bis hin zu den bekannten Höhepunkten und abgelegensten Inselchen: Zu allem steht auf diesen Seiten Wissenswertes.

Das Buch versucht, Möglichkeiten aufzuzeigen und vor Unmöglichkeiten zu warnen. Die Arktis ist verletzlich und kann gleichzeitig verletzen. Besucher können Schäden hinterlassen (müssen aber nicht!) oder zum Schutz der fragilen Natur- und Kulturlandschaft beitragen. Dies liegt in der Verantwortung sowohl der Firmen, die organisierte Reisen anbieten, als auch jedes einzelnen Spitzbergen-Reisenden: Ihr eigenes Verhalten trägt entscheidend dazu bei, dass Ihr Arktis-Erlebnis Ihnen mit vielen schönen Eindrücken in Erinnerung bleibt, vor Ort aber nach Ihrer Abreise möglichst nichts mehr an Sie erinnert.

Und nun: Viel Vergnügen – beim Lesen und unterwegs!

P.S.: Natürlich reisen nicht nur Touristen nach Spitzbergen, sondern auch Touristinnen, und wenn jeder, der in Longyearbyen ist, dort etwas Bestimmtes tun oder sehen kann, dann kann jede, die dort ist, das auch. Um den Text lesbar zu halten, habe ich aber auf Doppelformulierungen wie „Besucherinnen und Besucher", „jede(r)" und derartiges mehr verzichtet und hoffe dabei, dass sich mit „Besucher" und „jeder" dennoch alle Menschen angesprochen fühlen, die dieses Buch lesen. Soweit dies der Fall ist, danke ich Ihnen für Ihre Einsicht, ansonsten bitte ich um Nachsicht.

KAPITEL 2 – EINFÜHRUNG.

Nein, das mußte doch tatsächlich Grönland sein, Spitzbergen gewissermaßen.

Helge Schneider, *Globus Dei. Vom Nordpol bis Patagonien* (2005)

Was ist denn nun richtig: Spitzbergen oder Svalbard?

Die richtige Nomenklatur ist eine kleine Herausforderung. 1194 erreichten die Wikinger nach dreitägiger Reise von Langanes in Island eine „kalte Kante", was in ihrer Sprache **Svalbard** hieß, worum auch immer es sich dabei tatsächlich handelte: Es könnte sich um die Treibeiskante, Ostgrönland, Jan Mayen oder um das heutige Spitzbergen gehandelt haben; in Nordisland gibt es ebenfalls Orte, die Svalbard heißen. Willem Barentsz taufte die 1596 von ihm entdeckte Insel **Spitsbergen**. Die bald darauf kommenden Walfänger dachten, dass es sich dabei um einen Teil von Grönland handelte, daher nannten sie dieses Land auch **Grönland**. Ein Walfänger fuhr auf Grönlandfahrt, selbst wenn er Kurs auf Spitzbergen hatte. Die Pomoren aus Nordrussland hatten für die fraglichen Inseln ein ähnliches Wort: Für sie hieß das Land **Grumant**, wahrscheinlich in Anlehnung an das Wort Grönland. Der Hamburger Schiffsarzt Friedrich Martens betätigte sich in seiner berühmten Reisebeschreibung von 1675 auch als Reformator der Rechtschreibung und machte aus Spitsbergen schließlich **Spitzbergen**.

Lange konnte jener Teil der Welt, der sich überhaupt für die Inseln im Norden interessierte, mit **Spitsbergen** bzw. **Spitzbergen** gut leben. Mit der Souveränität über das bis dahin herrenlose Spitzbergen ergriffen die Norweger 1925 die Chance, den alten Wikinger-Namen **Svalbard** trotz seines historisch unklaren Bezugs wieder einzuführen, der von da an für die gesamte Inselgruppe galt. Spitsbergen war forthin die Bezeichnung für die „Kern-Inselgruppe" mit der Hauptinsel, Nordaustland, Edgeøya und Barentsøya, aber ohne die Außenlieger Kvitøya, Kong Karls Land, Hopen und Bjørnøya. Als offizieller Name für die Hauptinsel wurde das Kunstprodukt **Vest-Spitsbergen** erfunden. Diese Regelung war allerdings nur vorübergehend: Irgendwann fiel auf, dass es keinen Bedarf für zwei unterschiedliche Begriffe gab, einmal für die gesamte Inselgruppe (Svalbard) und darüber hinaus für den größten Teil davon (Spitsbergen). Spitsbergen als geographischer Begriff für die „Kern-Inselgruppe" konnte bedenken- und ersatzlos entfallen und stand somit für die Hauptinsel zur

Verfügung, die Bezeichnung Vest-Spitsbergen gibt es seitdem nicht mehr.

Damit ist es also seit 1969 für alle Zeiten, zumindest aber bis heute, offiziell folgendermaßen: Spitsbergen, deutsche Schreibweise Spitzbergen, ist die Hauptinsel. Svalbard ist die gesamte Inselgruppe einschließlich Kvitøya, Kong Karls Land, Hopen und Bjørnøya.

In diesem Sinne habe ich die Begriffe auch in diesem Buch verwendet. Wenn inhaltlich beides passt, habe ich meistens „Spitzbergen" gegenüber „Svalbard" den Vorzug gegeben, um den historischen Gegebenheiten entgegenzukommen.

Svalbard liegt zwischen 74 und 81°N (nördliche Breite) sowie 10 und 35°E (östliche Länge). Die Inselgruppe hat eine Fläche von 61 022 km², etwa der 1,5-fachen Fläche der Schweiz (41 300 km²) oder Dänemarks (43 000 km²) entsprechend oder etwas kleiner als Bayern (70 552 km²). Die Hauptinsel Spitzbergen umfasst laut offizieller

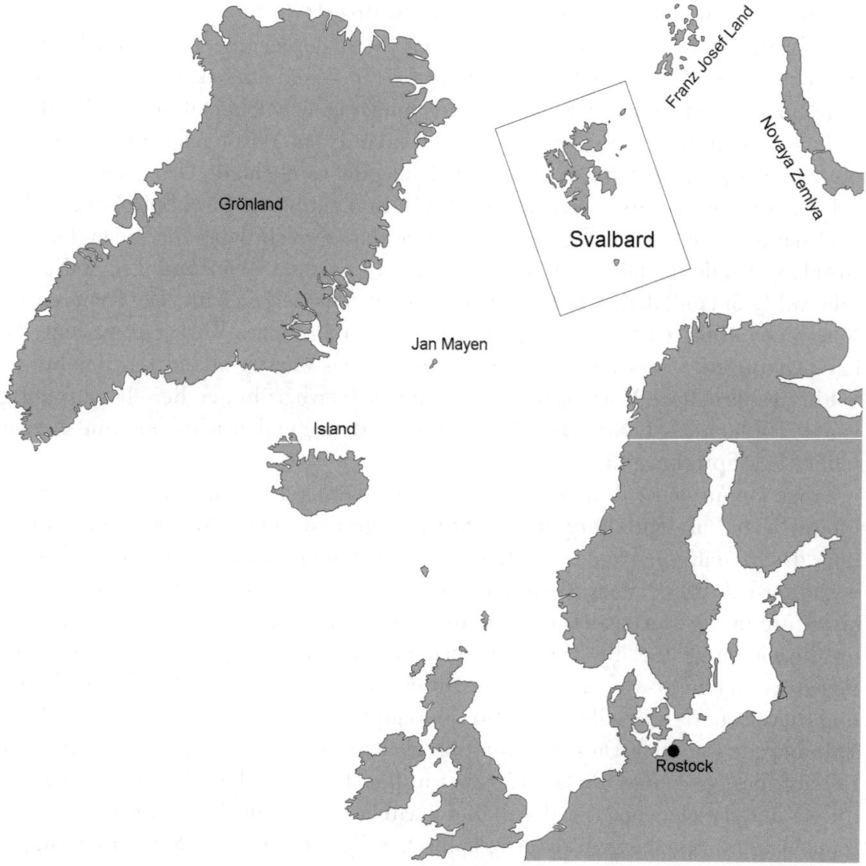

Abb. 2.1: Svalbard im Nordatlantik.

Statistik 37 673 km², davon sind knapp 22 000 km² mit Gletschern bedeckt. Die nächstgrößeren Inseln sind Nordaustland (14 443 km²), Edgeøya (5 030 km²) und Barentsøya (1 330 km²).

Auf Spitzbergen wohnten im Sommer 2012 offiziell 2642 Personen, in den 1980er Jahren waren es noch an die 4000 aufgrund der damals viel größeren russischen Siedlungen. Die heutige Bevölkerung teilt sich wie folgt auf die verschiedenen Siedlungen und Außenposten auf:

- Longyearbyen (norwegisch, mit international zusammengesetzter Bevölkerung): 2 155. Siehe auch Abschnitt 3.7.7 *Von der Steinkohle bis zur Weltraumforschung: 100 Jahre Longyearbyen*).
- Sveagruva (norwegische Bergbausiedlung): Genau genommen gibt es dort keine

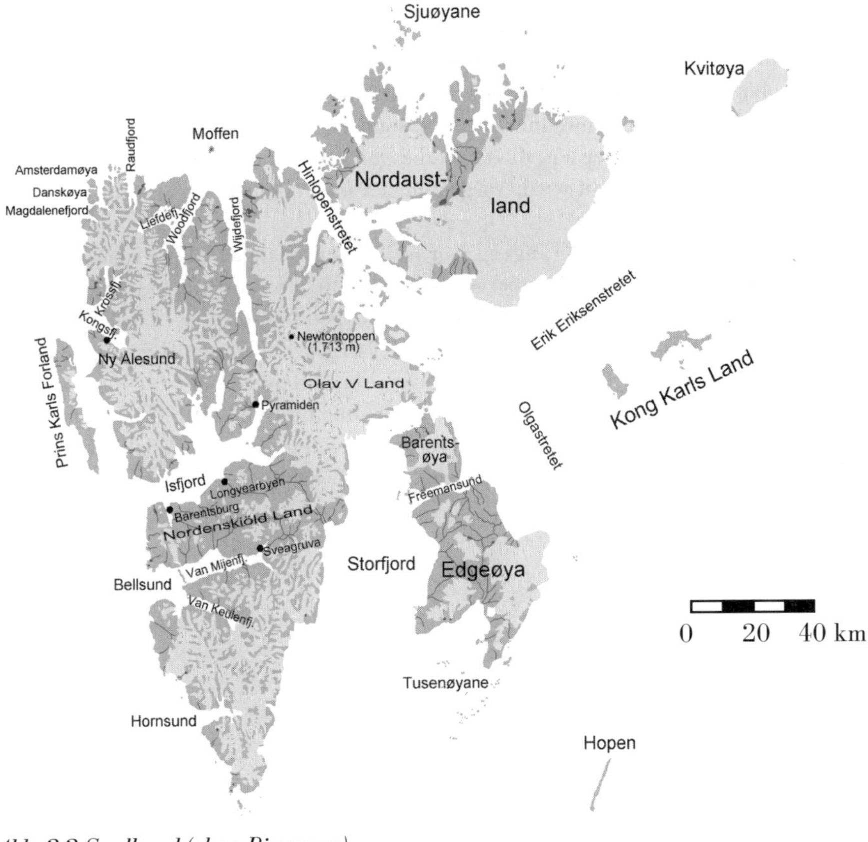

Abb. 2.2 Svalbard (ohne Bjørnøya).

festen Anwohner, sondern nur Pendler. Etwa 225 Personen sind jeweils vor Ort, wohnen aber überwiegend (70 %) auf dem norwegischen Festland, die Übrigen in Longyearbyen, und pendeln im Zweiwochenrhythmus.

- Barentsburg und Pyramiden: 434 (Stand Juli 2014), darunter 128 Frauen. In Pyramiden sind 10-12 Personen.
- Ny Ålesund (norwegisch/internationale Forschungssiedlung): etwa 25 permanente Anwohner, dazu über 100 internationale Gastforscher während des Sommers.
- Hornsund (polnische Forschungsstation): 10.
- Hopen (norwegische Wetterstation): 4.
- Bjørnøya (norwegische Wetterstation): 9.
- Kapp Linné (ehemalige norwegische Radio- und Wetterstation, heute Hotel): 3.
- Kapp Wijk (Isfjord, Trapperstation): 1.
- Akseløya und Kapp Schollin (Van Mijenfjord, Trapperstation): 1.

Die Statistik ist recht ungenau. Die Fluktuation ist hoch, und es geht mittlerweile um fiskalische Kriterien und nicht um die Bevölkerung als solche: Wer länger als ein halbes Jahr vor Ort ist, zahlt die günstige Spitzbergensteuer und ist somit offiziell „fastboende“, also gemeldeter Anwohner. Studenten, die nur ein Semester bleiben, oder die im Tourismus tätigen Saisonkräfte erhalten diesen Status nicht. Letztlich ist die Statistik also keine Einwohnerstatistik, sondern eine Erfassung der Steuerzahler, und es soll vermieden werden, dass Spitzbergen mit seinen günstigen Steuersätzen als Steueroase missbraucht wird. Vorgekommen ist das schon.

Von Berlin (Hauptbahnhof, Eingang Nordseite) zum Hafen in Longyearbyen, dem norwegischen Hauptort auf Spitzbergen, sind es 2 867 km Luftlinie, hingegen sind es von dort bis zum Nordpol nur noch 1 308 km. Nirgendwo sonst ist in der Arktis eine so polnahe Position so einfach mit normalen Schiffen und Linienflügen erreichbar. Spitzbergen ist das nördlichste einfach erreichbare Reiseziel auf diesem Planeten. Nicht nur dadurch, sondern auch durch die schöne und vielfältige Landschaft, das reiche Tier- und Pflanzenleben und die zahlreichen touristischen Möglichkeiten hat Spitzbergen sich zu einem beliebten Reiseziel entwickelt.

KAPITEL 3 – REISEN IN SPITZBERGEN: NÜTZLICHES, PRAKTISCHES UND WICHTIGES

Aber unvergleichlich sind die landschaftlichen Schönheiten der Küstengebiete und ganz besonders der Fjorde im Hochsommer, wenn die Strahlen der Sonne das Gestein vom Winterschnee befreien und allenthalben eine farbenprächtige Vegetation die Berghänge bekleidet, in wirkungsvollem Gegensatz zu den blendenden Eisfeldern und Gletscherströmen. Dazu gesellt sich ein eigenartiges und fesselndes Tierleben.

August Sieberg, *Die europäische Polarwelt* (1914)

3.1 SPITZBERGEN – JAHRESZEITEN UND REISEZEITEN

Ferien? Da macht doch wohl kein Mensch Ferien!

Anne B. Ragde, *Mord in Spitzbergen* (1998)

Spitzbergen ist rund ums Jahr schön, aber die Jahreszeiten unterscheiden sich stark voneinander in Bezug darauf, was man sehen, erleben und unternehmen kann. Es gibt nicht die eine, beste Jahreszeit, um Spitzbergen zu erleben; letztlich kommt es darauf an, was Sie vorhaben. Jedes Jahr verläuft anders, so dass die folgenden Zeitangaben nur Anhaltswerte sein können. Zu Temperaturen, Wetter, Mitternachtssonne etc. siehe auch Abschnitt 4.6 *Klima und Wetter*.

Der „Lichtwinter“. Dies ist die Zeit von März bis Anfang Mai. Die Temperaturen bewegen sich fast durchgehend noch unter Null, im März und April kann es mit bis zu -30 Grad oder sogar darunter noch knackig kalt sein. Im Gegensatz zum „echten“ Winter ist das Tageslicht aber wieder da, im März etwa so wie auch in Mitteleuropa mit einem normalen Wechsel von Tag und Nacht, allerdings mit deutlich längeren Dämmerungsphasen, und gegen Ende April scheint die Sonne schon wieder rund um die Uhr. Im März kann das Licht äußerst reizvoll sein mit stundenlangen Sonnenauf- und Untergängen sowie, mit Glück, auch Nordlicht. Später wird das Licht eher grell und weniger farbig, aber es ist meist nicht mehr so kalt und rund um die Uhr hell, was sehr praktisch ist.

Dies ist die Zeit für Wintertouren, ob mit Ski und Pulka, mit Hunde- oder Motorschlitten. Ab März herrscht auf Spitzbergen ein reger Motorschlittenverkehr, die Saison ist hektisch, Anwohner mitunter gestresst, Preise hoch, Hotels ausgebucht und sämtliche Leihmotorschlitten verliehen. Also: Früh buchen oder auf die Nebensaison ausweichen. Die Saison endet mit Einsetzen der Schneeschmelze, Anfang oder Mitte Mai.

Zwischen Winter und Sommer - das späte Frühjahr. Diese „Zwischensaison“ ist etwa von Mitte Mai bis Mitte Juni, wenn zu wenig Schnee und Eis da ist für Ski- oder Schlittentouren, aber immer noch zu viel für Wanderungen. Man kann nicht allzu viel unternehmen, aber dafür ist es nun etwas ruhiger, die meisten Touristen sind entweder schon wieder weg oder noch nicht da, und die arktische Vogelwelt beginnt ihre Brutsaison. Nach Einsetzen der Schneeschmelze sind gegen Ende Mai für einige Tage Weißwangen- und Kurzschnabelgänse in beeindruckender Zahl in und bei Longyearbyen zu sehen.

Es liegt noch viel Schnee in der Landschaft, was die Fortbewegung beim Wandern behindert, aber schön aussieht. Eine schöne Zeit für einen Ortsaufenthalt und kleinere Aktivitäten sowie Skitouren auf höher liegenden Gletschern. Bei Skitouren ist diese Zeit ist eine Möglichkeit, um den extremen Temperaturen im April auszuweichen; man muss aber einplanen, dass Gebiete auf Meereshöhe, vor allem die Täler mit größeren Flüssen, zur Zeit der Schneeschmelze nur sehr beschwerlich begehbar sind. Interessant ist z.B. das Gletschergebiet nördlich des Isfjord. Die An- und Abreise dorthin ist ab etwa Mitte Mai beispielsweise zur Ymerbukta per Tagesfahrtenboot ab Longyearbyen möglich.

Früher Sommer. Die Sommersaison beginnt Ende Juni. Langsam verschwindet der Schnee, so dass das Gelände für Wanderungen gangbar wird, wenn es auch für längere Touren noch etwas früh ist (Schneereste, Nässe im Gelände, viel Schmelzwasser in den Flüssen). Die Mitternachtssonne scheint Tag und Nacht kräftig vom Himmel, was aber auch bedeutet, dass man auf die warmen Farben von Sonnenauf- und Untergängen verzichten muss. Die arktische Tierwelt ist aktiv (Brutsaison), die Tundra wird durch die vielen kleinen Blüten sehr farbenfroh. Die schiffbare Saison hat begonnen, und bei einer mehrtägigen Schiffsreise werden Sie wahrscheinlich Treibeis sehen. Wenn Sie Spitzbergen gerne per Schiff umrunden wollen, wird das Treibeis Ihnen so früh im Sommer vermutlich einen Strich durch die Rechnung machen, und für längere Wanderungen liegt noch zu viel Schnee. Schnee und Eis verleihen der Landschaft aber einen besonderen Zauber.

Später Sommer. Etwa von Mitte Juli bis Mitte August ist Hochsommer. Der Schnee wird deutlich weniger, der Wasserstand in den Flüssen geringer und das Gelände wird trockener. Dies ist die ideale Zeit für längere Trekkingtouren sowie für Schiffsreisen in die abgelegenen Gebiete der Inselgruppe, obwohl das Treibeis in manchen Jahren auch jetzt noch das Erreichen bestimmter Inseln oder eine Umrundung Spitzbergens unmöglich machen kann. Die Vogelwelt hat ihre Brutsaison teilweise schon hinter sich, was manche Orte besser zugänglich macht, wie zum Beispiel Klippen und kleine Inseln, auf denen sonst überall Vögel brüten. Die Blüten werden in der Tundra langsam weniger, im August stellt sich eine schöne Herbstfärbung ein (in Grönland und Lappland intensiver als in Spitzbergen, wo ein paar besonders „bunte" Arten wie die Krähenbeere und die Zwergbirke fehlen oder zumindest selten sind).

Früher Herbst. Ende August setzt langsam der Herbst ein, und im September ist der kurze arktische Sommer vorbei. Der kurze Herbst ist von den Bodenbedingungen her eine trockene Jahreszeit und daher noch sehr gut für lange Wanderungen, vor allem in der ersten Septemberhälfte. Die vielen Blüten sind weg, aber dafür hat die Tundra eine schöne Herbstfärbung und ist sehr trocken. Nachts wird es wieder dunkel, die tiefstehende Sonne zaubert stundenlang die schönsten Farben in die Landschaft, und der erste Neuschnee liegt wie Puderzucker auf den Bergen. Die Vogelwelt ist weitgehend wieder Richtung Süden abgezogen und die Vogelfelsen sind verwaist.

Die ersten Nordlichter können sich ab Mitte September blicken lassen; gleichzeitig werden Schnee und Frost häufiger. Schwankt die Temperatur um den Nullpunkt, so dass sich Eis bildet, auf das eventuell wieder Schnee fällt, kann das Gelände sehr glatt werden. Dann wird das Gehen schwierig und die Sturzgefahr steigt deutlich.

Später Herbst. Im Oktober und Anfang November werden die Tage zunehmend kurz und kalt, aber das Licht der tiefstehenden Sonne kann unvergleichlich sein. Für größere Unternehmngen ist dies eine ungünstige Zeit, wobei Ortsaufenthalte den Vorteil haben, dass man das Städtchen weitgehend frei von anderen Touristen hat. Wer Longyearbyen ohne Stress erleben und vielleicht auch mit den Bewohnern ins Gespräch kommen oder wunderschöne Lichtstimmungen erleben will, sollte über diese Jahreszeit nachdenken. Wer den arktischen Sommer kennt und einen Hauch Polarwinter erleben, aber der Hektik des Frühjahrs ausweichen will, sollte den Oktober in Erwägung ziehen. Der Zweimast-Segler *Noorderlicht* ist zu dieser Zeit noch in Spitzbergen unterwegs, mitunter auch der Dreimaster *Antigua*.

Polarnacht. Die Sonne bleibt von Ende Oktober bis Mitte Februar unter dem Horizont. Insgesamt ist es nun kalt und dunkel, wie man sich denken kann, wobei es vor allem bis Weihnachten überraschend oft noch kurze Tauwetter- und Regenphasen gibt, was im Winter sehr unerfreulich ist. **Nordlichter** sind immer wieder zu sehen, aber Spitzbergen liegt für optimale Nordlicht-Beobachtung fast etwas zu weit nördlich. Der „Ring of fire“, eine Zone, in der die Nordlichter aufgrund der Struktur des Magnetfeldes der Erde am besten zu sehen sind, liegt im nördlichen Skandinavien und in Island. Trotzdem können die Nordlichter spektakulär sein. Stativ und ein lichtstarkes Objektiv sind Pflichtausrüstung, wenn gute Nordlichtfotos entstehen sollen. Am besten eine Festbrennweite mit einer Lichtstärke von mindestens 1,8, besser 1,4 oder sogar 1,2.

Wer die Polarnacht erleben will, hat aber insgesamt im Norden von Finnland, Schweden oder Norwegen bessere Voraussetzungen (bessere Erreichbarkeit, Infrastruktur, Nordlichtchancen) und kann mehr unternehmen, da es neben der reichlich vorhandenen Dunkelheit immerhin tagsüber ein wenig Licht gibt und man auch nicht ständig aufpassen muss, eventuell gefressen zu werden und sich somit einfacher bewegen kann. Aber keine Frage: Die Polarnacht hat in der Hocharktis ihren Reiz, und für viele Anwohner ist dies die schönste Zeit. Darüber hinaus hat das kulturelle Leben Longyearbyens zu dieser Zeit einige Höhepunkte zu bieten (z.B. Blues- und Jazzfestival).

Die lokalen Veranstalter haben auch in der Dunkelzeit die eine oder andere kleinere Tour im Programm. Darüber hinaus lohnt es sich, für mindestens einen Tag ein Auto zu mieten, um auf der Straße im Adventdalen oder Richtung Bjørndalen ein wenig von Longyearbyen wegzukommen (wobei die Straßen bei schlechtem Wetter im Einzelfall teilweise wegen Schneewehen unbefahrbar sein können). Wer sich zu Fuß bewegt, sollte auf jeden Fall Reflektoren an Kleidung und Rucksack befestigen, um für Autos sichtbar zu sein. Ansonsten zieht man Risiko und den Zorn der Anwohner auf sich.

Übergangszeit von der Polarnacht zum Lichtwinter. Im Februar kehrt das

Tageslicht zurück, und Ende Februar bis Anfang März beginnt die Sonne wieder, den Himmel zu beherrschen. Täglich wird die Dämmerung heller und länger andauernd. Für längere Touren ist das Licht noch recht spärlich und es ist oft noch sehr kalt, aber immerhin sind kürzere Aktivitäten im Freien schon möglich. Das Licht kann mit seinen Farben unglaublich schön sein, und man hat den Vorteil, dass es touristisch noch recht ruhig ist im Vergleich zur Motorschlittensaison im März und April und auch die Preise für Übernachtung und Aktivitäten sind somit noch etwas günstiger.

3.2 SPITZBERGEN – REISEARTEN

Mit dem Normannen auf seiner Ruderbank, der zwischen den Kampfschilden hindurch auf das weite, eisschollenbedeckte Meer sah und den nur die Bekleidung aus Rentierfellen schützte, begann diese Entwicklung. Heute bietet das warme Mannschaftslogis eines Eisbrechers seinen Bewohnern alles, was zu ihrer Gesunderhaltung nötig ist.

Hans Albert Förster (1953), *Der Weisse Weg*

In Abhängigkeit von Geschmack, Geldbeutel und Zeit gibt es eine Reihe von verschiedenen Möglichkeiten, Spitzbergen zu erleben, die alle jeweils ihre spezifischen Vor- und Nachteile haben. Einige Reisearten sind komfortabel und ungefährlich, andere eher anstrengend und mit Risiken behaftet, denen man mit Vorsicht sowie geeigneter Ausrüstung und Erfahrung begegnen muss - hierfür ist bei gebuchten Touren natürlich der Veranstalter verantwortlich, der aber auf Ihre Mitarbeit in Bezug auf gute Vorbereitung und sicheres Verhalten angewiesen ist.

Sämtliche möglichen Reisearten und Einiges darüber hinaus werden von Reiseveranstaltern angeboten (siehe Abschnitt 3.3 *Anbieter* und 3.7 *Longyearbyen*), Manches kann man selbst organisieren.

Grundsätzlich sind Touren in den meisten Gebieten der Inselgruppe vorher bei der norwegischen Verwaltung anzumelden (siehe Abschnitt 3.6.4 *Anmeldung von Touren*). Bei organisierten Touren übernimmt dies der Veranstalter.

3.2.1 EXPEDITIONSSEEREISEN

Dies sind Schiffsreisen, bei denen es weniger auf Komfort an Bord, sondern eher auf ein intensives Erleben von Landschaft, Tierwelt und Geschichte in kleineren Gruppen ankommt. Somit sind Expeditionsseereisen sicher für viele eine ideale Reiseart, so dass sie sich zu Recht einiger Beliebtheit erfreuen. Wenn Sie möglichst viel von der Natur und Geschichte Spitzbergens erleben, Ihre Arktis-Begeisterung mit Gleichgesinnten teilen wollen und etwas Sportlichkeit und Abenteuergeist mitbringen, ist eine Expeditionsseereise vermutlich das Richtige für Sie:

- Die Gruppen sind relativ klein (je nach Schiff 12-120 Passagiere) und auf Schiffen unterwegs, die im Vergleich zu größeren Kreuzfahrtschiffen einen schlichteren Standard bieten. Allerdings ist eine Expeditionsseereise natürlich deutlich komfortabler als eine Trekkingtour mit Rucksack und Zelt, und auch die kleinen Schiffe bieten mittlerweile alle einen erstaunlich hohen Standard, teilweise auf sterneverdächtigem Niveau.

- Erwarten Sie keinen Erholungsurlaub, 1-2 Landgänge pro Tag (Dauer meist um 3 Stunden) sind normal und zwischendurch gibt es vom Schiff aus etwas zu sehen. Sie müssen in der Lage sein, sich für ein paar Stunden über Stock und Stein durch wegloses Gelände zu bewegen, eine gewisse körperliche Fitness ist also Voraussetzung. Die medizinische Versorgung an Bord ist eine Basisversorgung und das nächste, gutausgerüstete Krankenhaus kann sehr weit weg sein, so dass es unter Umständen eher Tage als Stunden dauert, im Notfall einen Patienten in die Zivilisation zu bringen. Sie müssen also entsprechend gesund sein.
- Die Atmosphäre an Bord ist ungezwungen-sportlich. Abendgarderobe ist auf kleinen Schiffen nicht erforderlich, stattdessen brauchen Sie Gummistiefel und Fernglas. Die Brücke ist für Passagiere auf kleinen Schiffen üblicherweise offen.
- Expeditionsseereisen sind normalerweise keine Fotosafaris für bestimmte Tierarten („Eisbärensafaris"), sondern wollen möglichst vielseitige Eindrücke der arktischen Natur vermitteln. Wir sehen Eisbären und Walrosse auf fast jeder Fahrt, und mit ein wenig Glück ergeben sich spektakuläre Fotogelegenheiten mit diesen Tieren, aber es gibt keinerlei Garantie für eine bestimmte Tierart. Gelegentlich organisieren Spezialveranstaler spezielle „Fotografentouren" für die Fraktion mit den langen Objektiven, wo der Fokus dann auf der Suche nach fotofreundlichen Eisbären liegt und andere Aspekte Spitzbergens entsprechend untergeordnet behandelt werden.
- Während der Landgänge erfolgt oft eine Aufteilung in mehrere Gruppen, um verschiedene Interessen und Fitnessgrade zu berücksichtigen. Diese Gruppen sind wegen der Eisbärengefahr jeweils von bewaffneten Guides begleitet, und individuelle Exkursionen außerhalb dieser Gruppen sind nicht möglich. Die Sicherheit sowohl der Teilnehmer und Mitarbeiter als auch der Eisbären hat Vorrang gegenüber touristischen Interessen. Wenn Sie sich nicht damit anfreunden können, ständig in einer (kleinen) Gruppe unterwegs zu sein, ist eine Expeditionsseereise nichts für Sie.
- Bordsprache ist meist Englisch. Lesen Sie Ihre Reiseunterlagen genau: Wenn dort steht „Deutschsprachige Reiseleitung an Bord" o.ä., heißt das, dass im Team Fahrtleiter/Guides/Lektoren mindestens ein Deutschsprachiger vorhanden sein sollte, aber nicht unbedingt, dass öffentliche Informationen, Vorträge und derartiges auch auf Deutsch gegeben werden. Wenn Ihnen eine vollständig deutschsprachige Reise wichtig ist, informieren Sie sich vorher genau bei Ihrem Reisebüro und buchen Sie vorzugsweise eine Reise, die von einem deutschsprachigen Spezialreisebüro komplett gechartert ist. Auf mehrsprachigen Reisen leidet mitunter die Informationstiefe unter der für Übersetzungen benötigten Zeit.
- Für ein umfassendes Naturerlebnis und möglichst gute Beobachtungs- und Fotomöglichkeiten ist eine große Zahl von Landgängen günstig und somit eine längere Reisedauer sowie eine kleine Gruppe.

- Vor einer Expeditionsseereise erhalten Sie von Ihrem Reisebüro ein Reiseprogramm. Diese lesen sich oft etwa so: „Am ersten Tag sind Sie morgens am Ort x und sehen dies, nachmittags am Ort y und sehen das. Am zweiten Tag sind Sie morgens am Ort z ..." Diese Programme geben Ihnen eine Vorstellung davon, was vor Ort passieren könnte, sind aber kein Fahrplan. Gehen Sie davon aus, dass der Fahrtleiter an Bord weitreichende Spitzbergen-Erfahrung hat und sich voll dafür einsetzen wird, ein für die Jahreszeit, die Eisverhältnisse, die Besonderheiten der Saison und die Interessen der Gruppe maßgeschneidertes Programm zusammenzustellen. Diese Vorgehensweise hat sich vielfach bewährt und trägt dazu bei, jede einzelne Reise so durchzuführen, dass realistische Erwartungen oft sogar noch übertroffen werden. Flexibilität wegen wechselnder Eisverhältnisse, Wetterbedingungen und Tierbeobachtungen ist nicht nur eine Voraussetzung für eine erfolgreiche Reise, sondern gerade ein großer Vorteil der recht kleinen und anpassungsfähig organisierten Schiffe.

3.2.2 KREUZFAHRTEN

Kreuzfahrten sind in Spitzbergen kein neues Phänomen, sondern eine seit dem späten 19. Jahrhundert regelmäßig ausgeübte Tradition. Mittlerweile besuchen mehr und mehr größere Kreuzfahrtschiffe mit mehreren hundert oder über tausend Passagieren Spitzbergen. Meist beginnen und/oder enden diese Kreuzfahrten in Skandinavien oder Mitteleuropa, und Spitzbergen stellt nur einen Teil des Programms dar. Daher und aufgrund der Gruppengröße ist das Spitzbergen-Naturerlebnis weniger umfassend als bei einer längeren Fahrt innerhalb von Spitzbergen auf einem kleineren Schiff. Landgänge finden primär in den Siedlungen statt (vor allem Longyearbyen und Ny Ålesund). Darüber hinaus gibt es eine sehr begrenzte Anzahl von Stellen an der Westküste Spitzbergens, wo auch größere Kreuzfahrtschiffe Passagiere an Land bringen. Die wichtigste Stelle ist Gravneset (s. Abschnitt 6.6.3 *Magdalenefjord*); siehe unten für Einschränkungen ab 2015.

Andererseits bieten Kreuzfahrtschiffe eben die Möglichkeit, innerhalb einer Reise Eindrücke in verschiedenen Regionen zu sammeln, etwa Norwegen und Spitzbergen, vielleicht noch mit Island kombiniert, und zwar auf eine sehr erholsame Art und Weise. In der Kabine und auch sonst an Bord gibt es sicherlich mehr Bewegungsfreiheit als auf einem Segel- oder Expeditionsschiff. Einrichtungen wie Aufzüge ermöglichen auch weniger mobilen Personen die Teilnahme an einer Spitzbergen-Reise, wozu auch die bessere medizinische Versorgung beitragen kann. Den Vergleich zu den kleineren, weniger komfortablen Expeditionsschiffen brauchen größere Kreuzfahrtschiffe mit Blick auf den Preis oft nicht zu scheuen, von der sterneverdächtigen Verpflegung, dem Begleitprogramm an Bord und den Vorteilen eines großen Schiffes bei Seegang ganz zu schweigen.

Und solange die Kreuzfahrten unfallfrei ablaufen, spricht auch aus Sicht des Naturschutzes Manches für die großen Schiffe: Landgänge beschränken sich auf Siedlungen und darüber hinaus auf nur wenige Stellen, so dass abgelegene Regionen unberührt bleiben. Durch die Schiffspassage nach Spitzbergen sowie wieder zurück zum Festland entfällt oft auch der Flug mit den unvermeidlich, hohen Kohlendioxid-Emissionen.

Die künftige Entwicklung der klassischen Kreuzfahrten auf größeren Schiffen in Spitzbergen ist derzeit (Anfang 2015) nicht ganz absehbar: Seit 2007 wurde schrittweise, zunächst für die großen Naturreservate im Osten, ein Verbot eingeführt, das als Treibstoff für größere Schiffe übliche Schweröl mitzuführen. Dieses Verbot gilt seit 2010 auch in den großen Nationalparks, die letzten Übergangsregelungen sind Ende 2014 ausgelaufen. Somit dürfen ab 2015 nur noch Schiffe ohne Schweröl an Bord die traditionell wichtigen Ziele Ny Ålesund und Magdalenefjord anlaufen. Mehrere Reedereien haben schon angekündigt, ihre Kreuzfahrten nach Spitzbergen daher zu reduzieren oder gar einzustellen. Andererseits steht die Kreuzfahrt-Branche auch andernorts der Herausforderung gegenüber, ihre Schiffe umweltfreundlicher zu gestalten. Übergangsweise entwickeln manche Reedereien auch Routen außerhalb der Schutzgebiete, mit Ortsbesuch in Longyearbyen und Kreuzfahrtprogramm beispielsweise im Isfjord oder im südlichen Forlandsund. Der Kreuzfahrtschiff-Tourismus ist in Spitzbergen jedenfalls noch nicht Geschichte, auch wenn die künftige Entwicklung im Detail derzeit unsicher ist.

Bis 2014 haben auch Schiffe mit mehr als 3000 Passagieren Longyearbyen und Ny Ålesund besucht, was diese kleinen Orte mitunter vor logistische Herausforderungen stellt und unter den Einwohnern nicht nur Begeisterung auslöst. Ruß und andere Emissionen aus den Schornsteinen dieser Ozeanriesen sind eine Umweltbelastung, die in der Arktis noch problematischer ist als sonstwo, und im Falle einer Havarie wären die Rettungsdienste angesichts solcher Personenzahlen hoffnungslos überfordert. Unterm Strich wäre es somit sicher vernünftig, wenn die Größe der Kreuzfahrtschiffe, die Spitzbergen anlaufen, sich im Vergleich zu den Jahren bis 2014 wieder etwas reduzierte. Eigentlich erstaunlich, dass die sonst in Bezug auf Umwelt- und Sicherheitsbelange manchmal schon übertrieben vorsichtig agierenden norwegischen Behörden hier nicht bereits stärker eingegriffen haben.

3.2.3 SEGELN

Spitzbergen unter Segeln zu erleben, wie es im Prinzip auch Walfänger, Entdecker und Forscher über Jahrhunderte hinweg taten, ist ein wunderschönes, ziemlich ungefiltertes, hautnahes Naturerlebnis. Mehr und mehr hat Spitzbergen sich zu einem Ziel für ambitionierte Segler mit privaten Booten entwickelt, und mittlerweile registrieren sich jährlich etliche Dutzend Yachten beim Sysselmannen für sommerliche Besuche. Und wer kein Boot sein Eigen nennt, Spitzbergen aber unter Segeln erleben will, findet bei ein paar spezialisierten Veranstaltern Angebote (siehe Abschnitt 3.3 *Veranstalter*. Hier sei der Hinweis gestattet, dass der Autor jeden Sommer mehrere Arktisfahrten auf Segelschiffen organisiert, mehr unter www.spitzbergen.de).

Zu unterscheiden ist zwischen Segelyachten bis zu etwa 60 Fuß (20 m) Länge und den deutlich größeren Tallships, also Großseglern. Letztere bieten vergleichsweise viel Komfort in Bezug auf Unterbringung und Platz an Bord, natürlich nicht mit größeren Kreuzfahrtschiffen vergleichbar, aber doch „zugänglicher" als die kleineren, bei Seegang stärker schwankenden Yachten, wo mitunter Strom und Wasser begrenzt sind und die Mitarbeit aller Mitreisenden im Haushalt und an Deck mehr oder weniger vorausgesetzt wird. Auf den Großseglern übernimmt dies im höheren Maße die Mannschaft. Großsegler, die regelmäßig in Spitzbergen fahren, sind der Zweimaster *Noorderlicht* (20 Gästekojen) und die Dreimast-Barkentine *Antigua* (32), die beide schon vielen Spitzbergen-Reisenden, darunter dem Autor, viele schöne Fahrten und Erlebnisse ermöglicht haben.

Spitzbergen ist als Segelrevier wegen seiner Naturschönheiten herausragend, aber nicht unbedingt wegen der Segelbedingungen: Die Windrichtung ist oft ungünstig oder es herrscht Flaute, und so wird man die meisten Meilen wohl mit Maschinenkraft zurücklegen und nicht unter Segel. Die vielen Fjorde machen aber insbesondere die Westküste zu einem Gebiet, zu dessen Erleben das eigene Boot natürlich ideal ist.

Durch den Mangel an Infrastruktur unterscheidet Spitzbergen sich allerdings stark von bekannteren Segelrevieren: Sobald Norwegen achtern zurückbleibt, ist die nächste Möglichkeit, Treibstoff, Wasser und Lebensmittel zu bunkern, erst wieder in Longyearbyen, und dazwischen liegt die oft raue Barentssee, „des Teufels Tanzboden".

Treibstoff und Trinkwasser (nicht Lebensmittel) sind außerhalb von Longyearbyen noch in Ny Ålesund zu bekommen, andernorts nicht, also auch nicht bei den Wetter- und Forschungsstationen (Bjørnøya, Hornsund). Unterwegs ist man vollständig auf sich selber angewiesen, aber darin liegt natürlich auch ein Teil des Reizes.

In den Fjorden der Westküste gibt es vielerorts brauchbare Ankerplätze, die je nach Windrichtung mehr oder weniger geschützt sind. In Buchten mit kalbenden Gletschern ist mit treibenden Gletschereisstücken zu rechnen, was zum erholsamen Ankern nicht gerade ideal ist. Aber nicht nur in den Fjorden, sondern auch vor der Küste ist ein wachsames Auge auf treibende Eisstücke zu halten: Ein kleines, einzelnes Stück Eis, in offenem Wasser unerwartet und in Wellen und Dünung unbemerkt, kann das rasche Ende einer Yacht bedeuten.

Es ist wichtig, im Kopf zu haben, dass die Seekarten oft ungenau sind. Vor allem in den abgelegenen Gebieten, aber auch an der Westküste, wird es noch viele Jahre lang weiße Flächen und nicht eingezeichnete Untiefen geben. Das auf jeder Karte eingezeichnete Quellendiagramm gibt Aufschluss über die Qualität der Angaben, von vereinzelten, uralten Lotlinien bis hin zu modernen, verlässlichen Vermessungen mit Multistrahl-Echolot. Fast jedes Jahr werden einzelne Seekarten aktualisiert herausgegeben. Seekarten sind in Longyearbyen bei Ingenieur Paulsen (IGP) erhältlich (siehe Abschnitt 3.6.3 *Kommunikation und Sicherheit unterwegs*), aber nicht immer sind alle Blätter vorrätig, so dass man sich am besten rechtzeitig vorher eindeckt.

Yachten halten sich überwiegend an der Westküste Spitzbergens auf. An der Nordküste und noch mehr im Osten machen die weiten Distanzen, schwierigere Eisverhältnisse und schlechtere Seekarten das Seglerleben schwieriger. Aus Sicht des Naturerlebnisses lohnt sich anstelle vom Erreichen eher symbolischer Ziele wie etwa 80°N eher das Verbringen der oft limitierten Zeit innerhalb überschaubarer

Distanzen. Fast alles, was man sich von einem Spitzbergen-Törn erhofft, ist in Isfjord und Bellsund zu sehen und zu erleben, und 3-4 Tage mehr in diesen Gewässern, vielleicht zusammen mit Forlandsund, Kongsfjord und Hornsund, bringen mehr Arktis-Erlebnis als eine eilige Fahrt zur Nordküste und zurück.

Zu beachten ist die Anmeldepflicht beim Sysselmannen rechtzeitig vor Eintreffen in Svalbards Gewässern, wozu auch die 12-Meilen-Zone rund um die Bjørnøya gehört. Wer plant, mit dem eigenen Segelboot nach Spitzbergen zu fahren, findet in Jon Amtrups Buch *Sail to Svalbard* (2011) und in den *Sailing Directions. Svalbard and Jan Mayen* (Norwegian Hydrographic Service, 2012) hilfreiche Ratgeber.

3.2.4 ORTSAUFENTHALT

Man kann sich auf dem Campingplatz oder in einem der Hotels in Longyearbyen einquartieren und Tagestouren unternehmen, es wird auch größere Auswahl verschiedener, geführter Tagestouren angeboten (buchbar bei spezialisierten Veranstaltern, vor Ort im Hotel oder in der Touristeninformation, dort auch die Übersicht im Internet unter www.visitsvalbard.com). Dabei kann man eine Menge Landschaft und Geschichte erleben, die Leute kennenlernen und auch Flora und Fauna genießen - sicherlich keine Eisbären oder Walrosse, aber bei einem mehrtägigen Aufenthalt in Longyearbyen sehen Sie wahrscheinlich Spitzbergen-Rentiere, Eisfüchse und eine Reihe verschiedener Vogelarten. Wenn Sie vogelkundlich interessiert sind, können Sie ohne weiteres im Frühsommer mindestens 2 lohnenswerte Tage in der nahen Umgebung von Longyearbyen verbringen. Dabei sind ein Mietwagen oder ein vogelkundlich ortskundiger Führer mit Waffe sehr hilfreich (s. auch Abschnitt 3.7 *Longyearbyen*).

Jedes Jahr werden übrigens mehrfach in der unmittelbaren Umgebung Longyearbens Eisbären gesichtet, sorgsame Beachtung der Sicherheitsregeln ist also wichtig. Im Juni 2010 war ein Eisbär sogar im oberen Ortsteil Nybyen nahe bei bewohnten Häusern, und im Oktober 2014 schlich ein Eisbär im unteren Ortsteil Gruvedalen, zum Adventdalen hin gelegen, nachts um die Häuser. Vor allem in der dunklen Jahreszeit und frühmorgens, wenn noch nicht viel Verkehr unterwegs ist, ist erhöhte Aufmerksamkeit sehr wichtig.

3.2.5 ZU FUSS INDIVIDUELL: TREKKINGTOUREN (1)

Von Tagestouren in Ortsnähe bis hin zu mehrwöchigen Trekkingtouren mit Expeditionscharakter gibt es endlos viele Möglichkeiten. Sorgfältige Vorbereitung, körperliche Fitness und Erfahrung mit Wanderungen im weglosen Gelände sowie mit dem Gebrauch von Schusswaffen im Falle von Eisbärenbesuch müssen dabei sein. Bei mehrtägigen Touren werden Sie schnell über 20 kg im Rucksack haben (neben Zelt, Kocher, Lebensmitteln, Schlafsack etc. kommen noch Gewehr mit Munition und Bärenalarmanlage fürs Zeltlager hinzu). Wandertouren ermöglichen ein intensives Erleben der arktischen Landschaft und Stille sowie das aufregend-schöne Gefühl, den Elementen ausgesetzt zu sein (Zeltübernachtung usw.). Und es gibt kaum etwas

Schöneres als „die Pizza danach" ☺!

Wandertouren in den abgelegenen Regionen Svalbards sind praktisch unmöglich, da es keinerlei Transportmöglichkeiten zu den entfernten Inseln gibt. Wer auf dem Nordaustland oder der Edgeøya wandern wollte, müsste sich zunächst einmal um die Anreise dorthin kümmern und somit entweder ein eigenes Schiffchen mitbringen oder eines chartern. Im Isfjord gibt es immerhin einige Möglichkeiten: Die kleinen Schiffe, mit denen Tagestouren von Longyearbyen aus in verschiedene Teile des Isfjord angeboten werden, können Wanderer unterwegs absetzen und zu einem vereinbarten Termin wieder abholen. Ausflugsziele solcher Fahrten sind Barentsburg (auf dieser Route auch erreichbar: Trygghamna und Ymerbukta), Kapp Linné, der Billefjord (Skansbukta, Pyramiden, Nordenskiöldbreen) und der Tempelfjord. Es gibt keine Mitnahmegarantie, da Fahrten ausgebucht sein oder mangels Teilnehmern ausfallen können, aber es gibt in der Saison eine Reihe von Abfahrten pro Woche. Man sollte allerdings nicht vergessen, auch die Rückfahrt zuverlässig zu organisieren ... wer einen Tag vor seinem Heimflug irgendwo im Isfjord abgeholt werden will, muss eventuell erleben, wegen Schlechtwetter oder Mangel an Buchungen noch etwas länger am Strand sitzen zu bleiben und somit die eigene Heimreise zu verpassen. Eine verbindliche Verabredung mit dem Transporteur rechtzeitig vor der Tour sowie eine Kontaktperson in Longyearbyen sind empfehlenswert, zumindest aber ein funktionierendes Telefon (teilweise, etwa in Barentsburg und im Isfjord bei freier Sicht auf Barentsburg oder Longyearbyen, gibt es Mobiltelefonnetz) und die Nummer der Touristeninformation und, für den Notfall, des Sysselmannen. Zuverlässiger als das Abholen mit dem Beiboot in der Wildnis funktioniert Abholung in Barentsburg oder Pyramiden, wo die Schiffe am Hafen längsseits gehen und man nicht darauf angewiesen ist, dass die Mannschaft tatsächlich das Beiboot zu Wasser lässt.

Detaillierte Routenbeschreibungen sind nur beschränkt sinnvoll: Das Gelände ändert sich im Detail mit dem Fortschreiten des Sommers und über die Jahre. Flüsse verlegen ihren Lauf, Gletscher und Moränen schrumpfen beziehungsweise wachsen. Es gibt keine Wegmarkierungen. Längere Trekkingtouren in der weglosen Arktis erfordern, dass man selbst in der Lage ist, mithilfe der Karte eine sinnvolle Route auszuwählen. Die Orientierung im Detail erfolgt im Gelände. Man entwickelt mit der Erfahrung ein Auge dafür, wo die Tundra am wenigsten feucht ist, wo man einen Fluss oder eine Moräne am besten quert, wo unangenehme Fließerde zu umgehen ist und so weiter. Wenigstens einer in der Gruppe sollte bereits in arktischem Gelände unterwegs gewesen sein. Sollen Gletscher gequert werden, ist entsprechende Erfahrung unerlässlich. Alle eingezeichneten Routen kenne ich aus eigener Erfahrung und habe die Gletscher als technisch einfach erlebt, aber Gletscher und Moränen ändern sich. Spalten können entstehen, Schmelzwasserflüsse anschwellen, und was jetzt einfach ist, kann sich nächstes Jahr als schwierig oder sogar als gefährlich erweisen. Das muss jedes Mal neu ausprobiert werden, was Teil des Reizes ist. Wer diesen Reiz nicht mag oder damit nicht umzugehen in der Lage ist, sollte nicht individuell losziehen, sondern eine geführte Tour machen.

Natürlich ist darüber hinaus ein ortskundiger Rat hilfreich. Ganz allgemein sollte man aber bei jeder Tourenplanung berücksichtigen, dass die großen Flüsse (vor allem Sassenelva und Reindalselva, aber auch Adventelva) im Unterlauf je nach Wasserstand schwierige, mitunter gefährliche Hindernisse sind. Mit fortschreitendem Sommer werden Flussquerungen einfacher, aber die Wasserstände schwanken je nach Wetter kurzfristig stark. Siehe auch Abschnitte 3.4 *Praktisches für unterwegs (Bekleidung)* und 3.6.6 *Risiken im Gelände.*

Ein paar interessante, aber auch durchaus anspruchsvolle **Trekkingrouten** sollen zur Anregung kurz skizziert werden: Von Longyearbyen aus kann man in verschiedene Richtungen losziehen. Eine Möglichkeit für eine längere (etwa 10 -12 Tage), anspruchsvolle Trekkingtour besteht darin, durch das Nordenskiöld Land zur **Ostküste** zu wandern, indem man der klassischen Conway-Route durch die großen Täler folgt, so wie es der Engländer Martin Conway auf seiner ersten Überlandquerung Spitzbergens 1896 tat. Allerdings machte Conway sich zu früh in der Saison auf den Weg, watete mit seinen Ponys weite Strecken durch tiefe Schneesümpfe und hatte dabei sehr wenig Freude. Der Rückweg ging viel schneller. Wer Conways unsichtbaren Spuren folgen will, sollte dies also keinesfalls im Juni tun, sondern eher ab Mitte Juli oder besser noch im August oder Anfang September.

TREKKINGROUTEN (1): ÖSTLICHES NORDENSKIÖLD LAND, OSTKÜSTE

Die **Route zur Ostküste** beginnt heute nicht mehr, wie 1896, am Hotellneset (Campingplatz), sondern wird die ersten 10 km bis zum Ende der Straße im Adventdalen komfortabel mit dem Auto zurücklegen und startet bei (1) auf der Karte. Die Wanderung führt dann ins Adventdalen, wobei mitunter kräftig strömende Seitenbäche schon bald nasse Füße bringen können. Westlich vom Janssonhaugen lohnt es sich, nach der Zwergbirke Ausschau zu halten. Auf einem schönen Pingo steht bei (2) eine Hütte (Innerhytta, privat und abgeschlossen), spätestens hier wird man wohl irgendwo den ersten Lagerplatz suchen. Im weiteren Verlauf kosten ein paar kleine, aber kräftig eingeschnittene Nebenflüsse Zeit und Kraft, aber dafür macht die weite Tundra mit vielen Rentieren und schönem Panorama umso mehr Freude, bis vielleicht irgendwo in der Nähe des Drønbreen bei (3) das Zelt wieder aufgeschlagen wird.

Dann steht die Querung des Adventelva an, die hier, so weit oben im Flussverlauf, aber nicht problematisch ist. Weiter geht es durch das schöne Eskerdalen vorbei an einem prächtigen Pingo (4), und wenn man irgendwo bei der Ecke Eskerdalen/Trehøgdalen (5) wieder das Zelt aufschlägt, bleibt Zeit für eine Bergtour auf den 682 m hohen Westgipfel der Trehøgdene (6) („Die drei Höhen“) mit Panoramablick über das gesamte Sassendalen. Bei gutem Wetter ein sehr lohnender Abstecher, aber natürlich nur ein Beispiel für viele schöne Wanderungen, die sich links und rechts der Route bei Sonnenschein wirklich fast überall aufdrängen. Es ist unmöglich, diese Möglichkeiten hier alle aufzuzählen und letztlich entscheidet man ohnehin spontan vor Ort je nach Wetter, Zeit und Lust.

Beim weiteren Weg durch das Eskerdalen passiert man einen schönen kleinen

Wasserfall (Eskerfossen) in einem Amphitheather aus Fels (7), Fallhöhe geschätzt 15 m. Neben dem Wasserfall gemütlich eine Tafel Schokolade zu futtern, gehört definitiv zu den besseren Dingen im Leben. Dann gelangt man in das riesige Sassendalen (8), das durch seine Weitläufigkeit beeindruckt, aber die Kilometer über weiche Tundra können ganz schön zäh werden: Es dauert beim Wandern Stunden, bis die Perspektive sich ändert und neue Blicke eröffnet. Um die Strecke im Sassendalen etwas zu verkürzen, kann man von (5) aus alternativ durch das kleinere, schöne Trehøgdalen (9) zum reizvollen Vendomdalen (10) zum Sassendalen wandern. In jedem Fall wird beispielsweise irgendwo bei (11) das nächste Lager aufgeschlagen.

Die nächste Abzweigung rechts hinein ist das Fulmardalen (12), das schon etwas karger wirkt und daher mental auf die Ostküste einstimmt. Kleine, charaktervolle Steilstufen aus Basalt an den umliegenden Berghängen tragen zum Reiz der Landschaft bei. Es bietet sich an, vor dem Marmorbreen (13) zu lagern, denn danach finden sich keine attraktiven Zeltplätze, bevor das Agardhdalen erreicht ist. Der Marmorbreen ist einfach zu queren. Der dahinter liegende Gletschersee Jøkulvatnet (14) ändert seine Form und Größe regelmäßig, ist aber mitsamt seiner Umgebung ein Matschloch und lädt daher nicht gerade dazu ein, das Zelt aufzuschlagen.

Vom Elfenbeinbreen (15) aus hat man schließlich schon Sicht auf Ostküste, Storfjord und sogar bei gutem Wetter bis zur Edgeøya. Nach der Überwindung oder besser dem Umgehen größerer Schmelzwasserbäche auf dem Gletscher steht man vor der Moräne, die auf der Nordseite des Agardhdalen in der Erfahrung des Autors leicht zu überwinden ist. In der Mitte oder in Richtung der Südseite ist diese Moräne (Richtung Punkt 23) allerdings eine ziemliche Herausforderung, an der man je nach Wasserstand im Schmelzwasserfluss sicher auch scheitern kann. Conway hat sich letztlich mit dem Ausblick Richtung Küste begnügt und ist umgekehrt.

Wer den Weg bis zum Ufer des Storfjord geht, wird feststellen, dass das Agardhdalen auf weiter Strecke insbesondere im östlichen Teil (17) sehr feucht ist, so dass man am besten entweder vor dem Eistradalen lagert, also spätestens bei (16), oder bis in die Nähe der Küste durchläuft. Unmittelbar am Ufer der Ostküste sollte man das Zelt nicht unbedingt aufbauen, da dort sicher öfter ein Eisbär entlangstreift als ein paar Kilometer weiter im Land. Aber zu rechnen hat man mit den weißen Wanderern immer und überall, auch in den Tälern fernab der Küste. Bei (18) stehen 2 Hütten. Eine davon gehört einem Verein in Longyearbyen (Longyearbyen Jeger- og Fiskerforening), die andere dem Sysselmannen; beide haben gemeinsam, dass sie abgeschlossen sind und nicht an Touristen vermietet werden. Wenn die Lebensmittel ausreichen, kann man einige Tage mit Touren auf das Agardhfjellet-Massiv oder entlang der Küste verbringen. Bei (19) deutet schon der Name der Ebene, Belemnitsletta, an, dass es sich lohnt, dort nach Fossilien zu schauen, bei (20) steht eine kleine, behelfsmäßige Hütte, die nicht abgeschlossen ist. Die alte Trapperhütte (21) gehört ebenfalls einem lokalen Verein (Totakterklubben), der sie nur Einheimischen zur Verfügung stellt. In der Dunérbukta (22) kann man schließlich einen schönen Ausblick auf den Ulvebreen mit seiner Abbruchkante genießen.

© Kartengrundlage: Norwegisches Polarinstitut
0 5 10 km
Longyearbyen
Sveagruva
Reindalen
Drygsletta
Stormyra
Fredheim
Adventdalen
Sassendalen
Fulmardalen
De Geerdalen
Lundströmdalen
Kjellströmdalen
Kapp Amsterdam
Kapp Duffern
Kapp Murchison
Kapp Johannesen
Agardhpynten
Diabasodden
Deltaneset
Hotellneset
Vestpynten
Revneset
Todalen
Bolterdalen
Gangdalen
1
2
3
4
5
6
7
8
9
10
11
12
13
14
15
16
17
18
19
20
21
22
23
24
25
26
27
28
29
30
31
32
33
34
35
36
37
38
39
40

Spätestens dort hat man das wohlverdiente Gefühl, eine anstrengende, aber fantastische Wanderung gemacht und viel charakteristische, menschenleere Zentral-Spitzbergen-Landschaft mit großen Tälern, weitläufiger Tundra, Rentieren, Gletschern und Pingos nicht nur gesehen, sondern hautnah erlebt zu haben. Trainierte Wanderer werden vom Ende der Straße im Adventdalen bis zur Ostküste vier Wandertage brauchen. Natürlich sind eine Menge Variationen der Tour und ergänzende Streifzüge und Bergtouren unterwegs denkbar, wenn man genügend Zeit und Lebensmittel im Gepäck hat.

Man kann den gleichen Weg zurücklaufen, aber es gibt natürlich Variationsmöglichkeiten. Ich habe nur einmal versucht, den Fluss im Agardhdalen küstennah zu queren, und habe mich damals schnell dazu entschieden, dieses Vorhaben aufzugeben Näher am Elfenbeinbreen sollte es machbar sein. Dass es innerhalb der weitläufigen, matschigen Moräne (23) mühselig, aber machbar ist, weiß ich aus eigener Erfahrung. Natürlich können die Dinge sich über die Jahre ändern.

Das Sir Martindalen (24) ist ebenfalls recht feucht und bringt mit Einschnitten und Steigungen einige Anstrengung, bis es über kleine Gletscher und Firnfelder in das Kjellströmdalen geht, das im oberen Verlauf (23) recht karg und steinreich, aber reizvoll ist. Der harte Sandstein aus der kreidezeitlichen Festningen-Formation zaubert schöne Klippen auf Berggipfel und Hänge. Im unteren Verlauf wird das Kjellströmdalen weitläufiger und die Tundra wird wieder vegetationsreicher. Bei (26) ist ein kräftig strömender Seitenbach zu queren. In diesem Bereich hat man Sicht auf die Bergbausiedlung Sveagruva am Van Mijenfjord, wo Touristen aber nicht willkommen sind. Als Wanderer wird man sich von Sveagruva fernhalten und lieber den Weg ins schöne Lundströmdalen (27) einschlagen. Eine wirklich schöne Talkreuzung zwischen Lundströmdalen, Oppdalen und oberem Reindalen ist bei (28) erreicht. In diesem Verlauf macht das Wandern durch einfaches Gelände bei attraktiven Aussichten wirklich Freude. Das kleine Tal (30), das zum oberen Adventdalen überleitet, ist hingegen mit seinen steinigen Moränen und reißenden Schmelzwasserflüssen überraschend anstrengend, und wahrscheinlich wird man froh sein, bei (3) wieder auf das altbekannte Adventdalen zu stoßen.

Eine andere, kürzere aber ebenfalls schöne Route im nördlichen Nordenskiöld Land führt vom Innerhytta-Pingo (2) aus nach Norden ins Helvetiadalen (31), wo man sich besser auf der Ostseite des Flusses hält, und dann über einen flachen Pass ins weitläufigere De Geerdalen (32) mit saftiger Tundra und zahlreichen Rentieren. Den Wasserfall Hyperittfossen (33) sollte man sich keinesfalls entgehen lassen, bis es über einen kleinen Pass Richtung Diabasodden (34) geht. Dort kann man ohne Weiteres mehrere Tage verbringen: Am Diabasodden ist eine mittelgroße Vogelkolonie, wo man von oben auf brütende Dickschnabellummen und sogar Papageitaucher hinabschauen kann. Schöne Aussichten locken bei Bergtouren in die Bergmassive Knorringfjellet und Wimanfjellet. In dieser Gegend haben Paläontologen viele Saurierfossilien gefunden, und wer in einer Höhe von mehreren hundert Metern die Augen offen hält, kann schöne Platten mit Muscheln und Ammoniten finden und ganz legal mitnehmen; diese Gegend hat keinen besonderen Schutzstatus.

Der Anstieg (35) zum gut 500 m hohen Pass, der zum Hanaskogdalen überleitet, ist ziemlich steil und anstrengend. Wer eine Abholung per Boot vom Diabasodden verabredet hat (dort passieren die Tagestourenschiffchen auf dem Rückweg von Pyramiden), kann sich diese Anstrengung sparen. Eine sinnvolle Variante auch ist das Absetzen am Diabasodden und die Wanderung zu Fuß durch das De Geerdalen Richtung Adventdalen und Longyearbyen, denn wenn wetterbedingt das Abholen nicht funktioniert, kommt man eventuell mit der Rückreise in zeitliche Schwierigkeiten, aber wenn das Absetzen nicht klappt, ist man am selben Abend wieder in Longyearbyen, was auch ärgerlich, aber wahrscheinlich weniger problematisch ist.

Wer durch das Hanaskogdalen Richtung Adventfjord läuft, hat dort schon den Blick auf Longyearbyen direkt vor sich. Zunächst aber sollte man sich in Hiorthhamn (37) noch Zeit nehmen, um sich bei den Resten des Bergbaus aus dem frühen 20. Jahrhundert umzuschauen und eine anstrengende, aber sehr lohnende Bergtour auf das Hiorthfjellet (38, Gipfelplateau in gut 900 m Höhe) oder den Adventtoppen (39, Höhe 786 m) zu machen. Auf der Nordseite des Adventfjord stehen diverse private Hütten von Einheimischen; von diesen ist beim Zelten genauso Abstand zu halten wie von den historischen Bauwerken und kleineren Überbleibseln. Zu letzteren zählen auch die verstreuten Reste eines deutschen Flugzeugwracks aus dem Zweiten Weltkrieg.

Wer keinen Bootstransfer über den Adventfjord arrangiert hat, muss noch einige Kilometer das Adventdalen hinaufwandern, da der Adventelva flussabwärts von (40) kaum zu queren ist. An der Straße kann man sich per Mobiltelefon ein Taxi bestellen, um es schnell nach Longyearbyen und dort unter die Dusche und danach in die Kneipe zu schaffen.

Im Vergleich zur beschriebenen Ostküstentour kürzer, aber immer noch anstrengend und anspruchsvoll, ist etwa die Tour von **Barentsburg** aus nach **Kapp Linné** oder zum **Fridtjovbreen** oder Richtung **Vårsolbukta** am Bellsund. Auch hier gibt es verschiedene Varianten, entweder entlang der abwechslungsreichen Küste oder über die schönen Gletscher zur Westküste beziehungsweise Richtung Bellsund. Die Gletscher um den Grønfjord sind weitgehend (nicht vollständig) spaltenfrei und somit im Spätsommer mit Steigeisen leicht begehbar, die Hindernisse liegen eher in den Schmelzwasserflüssen, schlammigen Moränen und steilen Seitentälchen, die Kraft und Nerven kosten. Die flache, weitläufige **Westküste** zwischen Kapp Linné und Bellsund, genannt **Nordenskiöldkyst**, fällt zunächst sicher nicht als spektakulär ins Auge: Es ist dort eben flach, Berge und Gletscher gibt es an der Küste direkt nicht. Aber auf ihre Art ist die Landschaft dort dafür ganz eigen, und wer ein Auge für Details hat, für die Farben der Tundra, für schöne Küstenformen, für die kleinen Dinge in der großen, weiten Landschaft und schließlich für Spuren der Vergangenheit, etwa Überreste von Pomoren-Hütten, wird dort reichlich fündig werden.

Die Strecke **Longyearbyen-Barentsburg**, entweder durch das Inland oder entlang der Küste, ist eine logistisch leicht zugängliche Option. In 3-4 Tagen ist die Strecke gut zu bewältigen, einschließlich etwas Zeit, die Tour auch zu genießen. Und im Gegensatz zur Ostküste kann man in Barentsburg schließlich die Vorzüge eines Hotels genießen sowie während der Sommersaison fast täglich die Möglichkeit, anschließend bequem mit einem der Tagestourenboote (sicherheitshalber vorher buchen) nach Longyearbyen zurückzukehren. Von den Trekkingtouren in den leicht erreichbaren Gebieten ist dies aber landschaftlich nicht unbedingt die attraktivste Variante.

Bootsverkehr zwischen **Kapp Linné** und Longyearbyen gibt es auch, ist aber weniger regelmäßig und stärker vom Wetter abhängig, bei Bedarf ist Basecamp Spitsbergen in Longyearbyen hierfür Ansprechpartner.

TREKKINGROUTEN (2): DICKSON LAND

Eines der schönsten Gebiete für beliebig lange Trekkingtouren ist das **Dickson Land**, das durch Tagestourenschiffe von Longyearbyen aus relativ gut erreichbar ist. Die Skansbukta und die verlassene Siedlung Pyramiden sind gute Startpunkte für anspruchsvolle, aber sehr lohnende mehrtägige Trekkingtouren in verschiedene Richtungen. Auch hier soll die beispielhafte Beschreibung möglicher Routen eher Anregung als Anleitung sein, die Variationsmöglichkeiten sind nahezu endlos und ein Reiz besteht ja gerade darin, der eigenen Nase zu folgen, spontan je nach Wetter, Lust und Laune. Auch Touren von einer Länge von zwei Wochen lohnen sich im Dickson Land ohne jeden Zweifel, wobei das Gewicht der Vorräte der Reichweite Grenzen setzen wird, wenn man nicht Zugang zu vorbereiteten Depots hat oder sich zwischendurch in Pyramiden mit neuen Vorräten eindeckt, wo man allerdings nichts kaufen kann.

Die zentralen Teile des Dickson Landes gehören sicher zu den Teilen Spitzbergens, wo das Risiko, auf Eisbären zu stoßen, geringer ist als etwa an der Ostküste. Im Billefjord allerdings haben sich in den letzten Jahren praktisch ständig Eisbären aufgehalten. Die Beachtung aller Vorsichtsmaßnahmen ist in jedem Fall zwingend notwendig. Im Dickson Land muss man mitunter länger nach einem geeigneten Lagerplatz mit Trinkwasserzugang suchen als im Nordenskiöld Land.

Wenn man die Tour in Pyramiden (1) beginnt, kann man entlang der landschaftlich sehr reizvollen Petuniabukta nach Norden wandern, wobei man bei (2) eine alte russische Hütte und Bohrtürme von geologischen Probebohrungen aus den 1970ern passiert. Die Berge um die Petuniabukta sind echte Charakterköpfe und laden zu kleineren und größeren Bergtouren ein. Die Querung des vielfach verzweigten Schmelzwasserflusses (3) des Hørbyebreen sollte kein Problem sein, dann führt ein enges Tälchen hoch zu einem gut 400 m hohen Pass. Über einen felsigen Rücken führt ein recht steiler Anstieg hoch zum großen Doppel-Felstor Tarantellen (4), einem gut 750 m hohen Nebengipfel des Gizehfjellet. Sowohl die Felsform als auch die Ausblicke über Billefjord, Austfjord und Mittag-Lefflerbreen sind absolut unvergessliche Eindrücke, die man sich allerdings erarbeiten muss. Das Felstor Tarantellen war übrigens im Kinofilm *Der goldene Kompass* mehrfach zu sehen.

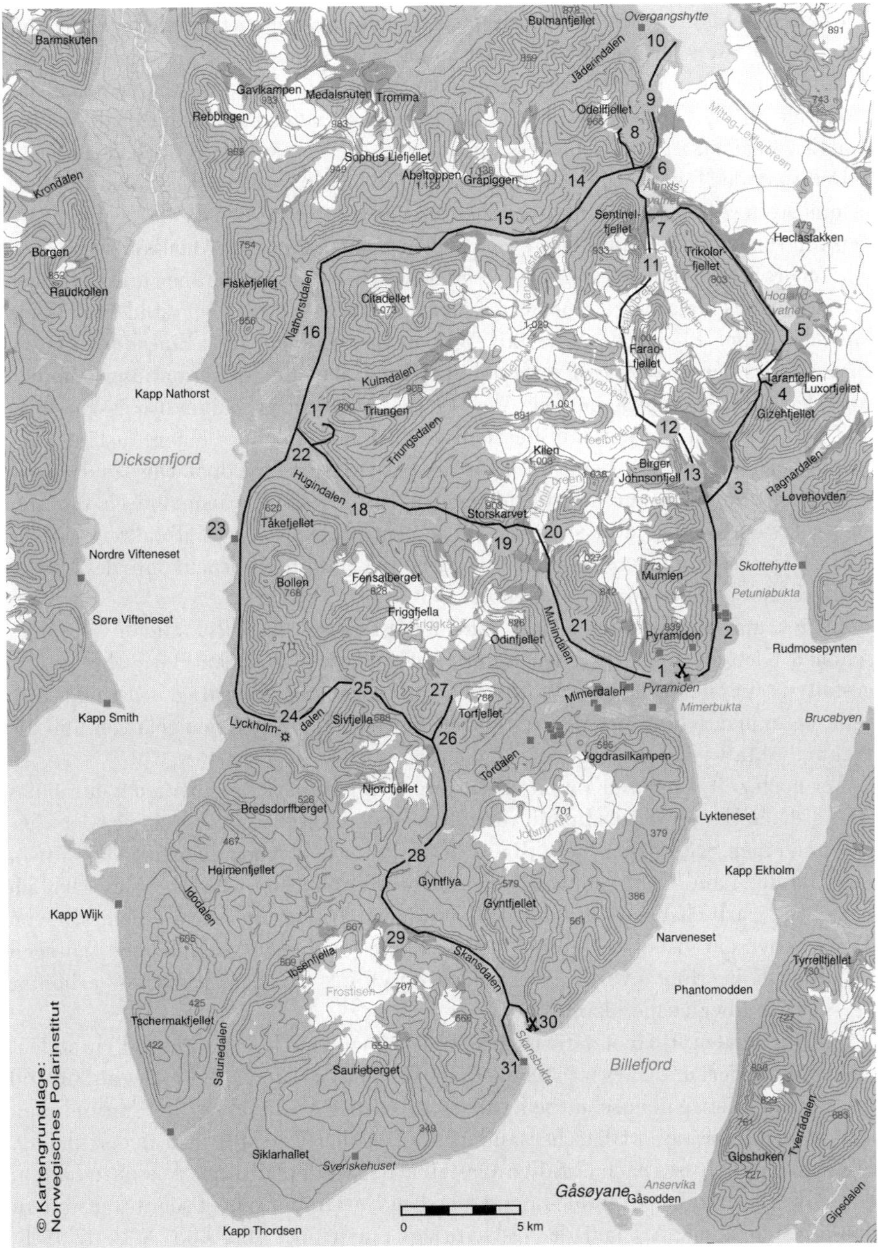
Barmskuten
Bulmanfjellet
Overgangshytte
Jäderindalen
Gavlkampen
Medalsnuten
Tromma
Rebbingen
Odellfjellet
Sophus Liefjellet
Abeltoppen
Gråpiggen
Krondalen
Sentinel-fjellet
Heclastakken
Børgen
Raudkollen
Fiskefjellet
Citadellet
Trikolor-fjellet
Nathorstdalen
Farao-fjellet
Tarantellen
Luxorfjellet
Kulmdalen
Gizehfjellet
Kapp Nathorst
Triungen
Trungsdalen
Kilen
Birger Johnsonfjell
Dicksonfjord
Hugindalen
Ragnardalen
Løvehovden
Tåkefjellet
Storskarvet
Nordre Vifteneset
Skottehytte
Bollen
Fensalberget
Mumien
Petuniabukta
Friggfjella
Munindalen
Søre Vifteneset
Odinfjellet
Pyramiden
Rudmosepynten
Mimerdalen
Mimerbukta
Kapp Smith
Torfjellet
Brucebyen
Lyckholm-dalen
Sivfjella
Tordalen
Yggdrasilkampen
Njordfjellet
Bredsdorffberget
Lykteneset
Heimenfjellet
Kapp Ekholm
Gyntflya
Idodalen
Gyntfjellet
Kapp Wijk
Narveneset
Ibsenfjella
Skansdalen
Tyrrellfjellet
Frostisen
Phantomodden
Tschermakfjellet
Sauriedalen
Skansbukta
Billefjord
Saurieberget
Tverrådalen
Siklarhallet
Sveriskehuset
Gipshuken
Gåsøyane
Gåsodden
Anservika
Gipsdalen
Kapp Thordsen
0
5 km
© Kartengrundlage: Norwegisches Polarinstitut

Über einen kleinen Gletscher gelangt man hinab zum kleinen Gletschersee Hoglandvatnet (5), dessen Form und Größe sich je nach Wasserstand stark ändert, zeitweise ist er kaum vorhanden. Definitiv vorhanden ist aber in direkter Nachbarschaft der gewaltige Mittag-Lefflerbreen. In dieser beeindruckend riesigen Landschaft aus Fels und Eis, wo nichts zu leben scheint, kann man viele unvergessliche Eindrücke sammeln.

Der Name des Trikolorfjellet bedeutet „Dreifarbenberg" und ist Programm, der Berg ist eine weitere landschaftliche Schönheit in dieser äußerst reizvollen Umgebung. Auf den von Felsschutt bedeckten unteren Hängen gelangt man zum Ålandsvatnet (6), ein Gletschersee beziehungsweise, eingeklemmt zwischen Bergen, Moränen und Gletscher, ein ziemliches Matschloch. Sobald die Moränenlandschaft (7) überwunden ist, lockt am Odellfjellet (8) eine Bergtour mit steilem Anstieg über einen Einschnitt auf der Südseite des Berges zu einem Vorgipfel in 577 m Höhe mit einer grandiosen Aussicht über den Mittag-Lefflerbreen. Der „Weg" (9) zum Austfjord ist steinig-unwegsam, lockt aber mit dem Bewusstsein, mit diesem Südzipfel des Wijdefjord einen Ausläufer der Nordküste erreicht zu haben, gefühlt ist man dort fast am Nordpol. Die Tundra wird wieder erstaunlich artenreich, sobald man bei (10) die weite Moränenlandschaft hinter sich gelassen hat. Die dort stehende Hütte gehört einem Verein (Totakterklubben) und ist Touristen nicht zugänglich, aber der Blick auf die Abbruchkante des Mittag-Lefflerbreen ist auch so großer Genuss.

Zurück am Ålandsvatnet, kann man den Rückweg nach Pyramiden mit einer schönen Gletschertour über den Cambridgebreen (11) und den Hørbyebreen (12) gestalten, ein voller Tag auf Eis in schönster Umgebung. Allerdings wird man froh sein, wenn man schließlich die weitläufige Moräne (13) hinter sich gelassen und die Petuniabukta wieder erreicht hat.

Wer noch Zeit, Lust und Vorräte hat, kann vom Ålandsvatnet aber auch durch das Ålandsdalen (14) weiter ins Inland vorstoßen. Man passiert mehrere schöne Gletscher (15) und einen See, dessen Name (Raudvatnet=Roter See) schon andeutet, dass wir in eine Old Red Landschaft kommen, wo intensiv roter Sandstein das Panorama farblich prägt. Das Farbschauspiel um das Nathorstdalen (16) herum ist an einem schönen Tag wirklich ein visueller Genuss, den man vom westlichen Vorgipfel des Triungen (17) aus 517 m Höhe (Anstieg von Süden durch das Tälchen) leicht aus erhöhter Perspektive überschauen kann.

Das Hugindalen (18) bietet die nächste Gelegenheit zum Rückweg nach Pyramiden, allerdings fordert unterwegs ein kleiner Pass (Huginaspisskaret, 19, Anstieg auf 600 m) mit steilem Anstieg über schuttbedeckte Hänge einige Anstrengung. Der Muninbreen (20) ist mehr Moräne als Gletscher, und im Munindalen (22) sollte man an den kleinen Steilufern des Flusses nach Fossilien versteinerter Schuppenbäume Ausschau halten, denn dieser versteinerte Wald stammt aus dem Devon und gehört somit weltweit zu den ältesten seiner Art (auf der Ostseite des Flusses bei 78°40,83' N/16°07',6' E, weiter südlich auf der Westseite bei 78°40,17' N/16°09,06'E).

Alternativ führt vom Nathorstdalen der Weg über die vielen Flussarme im unteren Hugindalen (22) buchstäblich zu neuen Ufern, nämlich zum schönen Dicksonfjord

3.1-1: Nachtstimmung Anfang April im Sassendalen.

3.1-2: „Lichtwinter" (gegen Mitte April) auf dem Rabotbreen, einer häufig genutzten Route bei Motorschlittentouren zur Ostküste.

3.1-3: Einsetzende Schneeschmelze (Ende Mai) im Adventdalen bei Longyearbyen. Kurzschnabelgans und Rentier.

3.1-4: Arktischer Frühsommer, gegen Mitte Juni auf Coraholmen im Ekmanfjord. Schneereste, Fjordeis und erste Blüten prägen die Eindrücke.

3.1-5: Schöner Arktischer Hochsommertag Anfang August in der Isbukta an der Ostküste von Spitzbergen.

3.1-6: Mitte September am Forsbladodden, Van Keulenfjord.

3.1-7: Farben der Kälte, Ende Oktober in Fridtjovhamna (Van Mijenfjord). Rechts ein „Robbengalgen", an dem ein Jäger seine Beute eisbärensicher aufbewahren kann.

3.1-9: Zauber der Polarnacht. Nordlicht über dem Adventfjord, Anfang Januar.

3.2-1: Anlandung mit Zodiacs von einem Expeditionskreuzfahrtschiff im Smeerenburgfjord.

3.2-2: Spitzbergen unter Segeln: großes Erlebnis und möglich mit den Großseglern Antigua *und* Noorderlicht *sowie kleineren Yachten. Hier die Antigua an einem schönen Septembertag, Trygghamna.*

3.2-3: Wandern im östlichen Nordenskiöld Land: Zelten im Trehøgdalen.

3.2-4: Wandern im östlichen Nordenskiöld Land: Blick vom Trehøgden auf das Sassendalen. Links der Eingang zum Eskerdalen, im Hintergrund der Tempelfjord.

3.2-5: Wandern im östlichen Nordenskiöld Land: leichte Flussquerung im Vendomdalen. Im Hintergrund ein Pingo.

3.2-6: Wandern im östlichen Nordenskiöld Land: einfache Gletschertour über den Marmorbreen Richtung Ostküste.

3.2-7: Wandern im östlichen Nordenskiöld Land: auch kleinere Bäche können knifflig zu queren sein. Kjellströmdalen.

3.2-8: Wandern im östlichen Nordenskiöld Land: typische Tal-Landschaft für diesen Teil Spitzbergens mit Zopfstrom und Pingo (oberhalb Bildmitte). Lundströmdalen.

3.2-9: Wandern im Dickson Land: einfache Gletschertour auf dem Hørbyebreen.

3.2-10: Wandern im Dickson Land: Zelten im Lyckholmdalen.

3.2-10: Wandern im Dickson Land: kleiner, aber feiner Wasserfall im Rinddalen.

3.2-11: Unterwegs im Dickson Land. Aufstieg zum Berg Skansen nördlich der Skansbukta, im Hintergrund das Skansdalen.

3.2-12: Skiwanderung im Gipsdalen, auf dem Weg zum Newtontoppen.

3.2-13: Lager vorm Newtontoppen (der linke Gipfel).

3.2-14: Hundeschlittentour im Sassendalen.

3.2-14: Motorschlittenroute im Adventdalen, Mitte rechts das Helvetiafjellet. Hier wird viel gefahren: auf der Tour in den Tempelfjord, zur Ostküste und nach Pyramiden.

3.2-16: Motorschlittentour Richtung Tempelfjord. Abstecher zum Eskerfossen, einem kleinen, gefrorenen Wasserfall im Eskerdalen beim Sassendalen, Anfang Mai.

3.2-17: Motorschlittentour Richtung Tempelfjord. Abstecher ins Brattlidalen, ein kleines, canyonartiges Nebental des Sassendalen.

3.2-18: Motorschlittentour Tempelfjord. Fredheim, die berühmte Hütte des Trappers Hilmar Nøis, im Tempelfjord.

3.2-19: Motorschlittentour auf dem Fjordeis im Tempelfjord, hinten der Tunabreen.

3.2-20: Die Abbruchkante des Tunabreen ist der landschaftliche Höhepunkt einer Motorschlittenfahrt in den Tempelfjord.

3.2-21: Motorschlittenfahrt zur Ostküste: Blick über die Moräne des Rabotbreen in das weite Sassendalen.

3.2-22: Motorschlittenfahrt zur Ostküste: unebenes Fjordeis mit vielen Gletschereisstücken am Ufer der Mohnbukta. Irgendwo ist hier sicher ein Eisbär unterwegs ...

3.2-23: Motorschlittenfahrt zur Ostküste: Die Abbruchkante des Hayesbreen in der Mohnbukta ist ein landschaftlicher Höhepunkt.

(23). Auch dort sind es die Farben des Old Red, die der Landschaft Charakter und Ästhetik verleihen, und beides nicht zu knapp.

Der landschaftliche Charakter ändert sich weiter südlich, im Lyckholmdalen (24), einem wunderschönen Tal, umgeben von Bergen, die dem Tempelfjellet ähneln, was natürlich kein Zufall, sondern durch die nahe geologische Verwandtschaft bedingt ist. Die Hänge sind hier steiler als weiter nördlich und von der Erosion in sehr regelmäßige Felstürme zerschnitten. Im Rinddalen (25) rücken die Hänge fast canyonartig eng zusammen, legen dem Wanderer aber keine ernsthaften Hindernisse in den Weg, bis in 400 m Höhe der Tredalspasset („Dreitalpass", 26) erreicht ist. Wie der Name schon andeutet, hat man hier die Wahl: Ein kleiner, lohnenswerter Abstecher führt nach Nordosten zum oberen Odindalen, wo mit dem Sjursethfossen (27) der größte Wasserfall des Dickson Landes lockt. Die Wassermassen sind nicht riesig, stürzen aber tief in ein Amphitheater aus steilen Felswänden.

Nach Süden geht es über die karge Hochebene Gyntflya (28), eigentlich ein sehr weitläufiges Tal. Die Täler im südlichen Dickson Land sind abschnittsweise canyonartig steil eingeschnitten, aber der Abstieg ins Skansdalen gelingt auf der Nordseite der steilen, steinigen Moräne (29) des Skansdalsbreen. Wer noch Zeit und Lust hat, kann sich vom Gipfelplateau des Skansen (30) am Anblick der Skansbukta (31) und des Billefjord aus fast 500 m Höhe erfreuen, der Anstieg durch das Tälchen und über Schutthänge von Nordwesten ist allerdings ziemlich steil.

In der Skansbukta (31) schauen wir uns abschließend in Ruhe bei den Überresten einer alten Gipsmine um und bewundern die am Hangfuß sehr schönen Blümchen. In der Umgebung der alten Mine ist das Zeltverbot (100 m Abstand zum nächsten Artefakt) zu beachten, daher zeltet man besser im Skansdalen nordwestlich der Bucht. Und wir hoffen, dass die Mannschaft des Tagestourenbootes auch wirklich an die verabredete Abholung denkt ... ansonsten bringt am östlichen Ende der Bucht ein kleiner Anstieg den Hang hoch einen Balken Empfang aufs Handy und damit die Möglichkeit, Kontakt aufzunehmen. Am Billefjord-Ufer ist die Strecke nach Pyramiden zwar theoretisch an einem Tag zu schaffen, aber das erste Stück unterhalb des Skansen, am Kapp Fleur de Lys, ist steinschlaggefährdet und nur bei Niedrigwasser passierbar.

Auf der topographischen Karte, die das norwegische Polarinstitut unter http://toposvalbard.npolar.no/ ins Internet gestellt hat, kann man sich einen Überblick über die Wandergebiete verschaffen.

Wichtig: Anmeldepflicht für Touren beachten. Touren im Dickson Land und Nordenskiöld Land müssen nicht angemeldet werden, Richtung Ostküste oder Austfjord wird die Anmeldung aber fällig (siehe Abschnitt 3.6.4 *Anmeldung von Touren bei der Verwaltung*).

3.2.6 ZU FUSS MIT VERANSTALTER: TREKKINGTOUREN (2)

Ähnlich wie bei individuell organisierten Trekkingtouren, werden Sie auf einer Wandertour mit Veranstalter arktische Landschaft und Stille mit Zeit genießen können und dabei einiges „auf sich nehmen“, was manche als abschreckend, andere hingegen als Nähe zur Natur und somit als attraktiv empfinden (Zeltübernachtung ohne Dusche und Heizung etc.). Bei einer veranstalteten Tour müssen Sie sich in Tempo und Rhythmus der Gruppe einfinden und haben nur geringen oder gar keinen Einfluss auf die Tourengestaltung. Dafür gibt es einige Vorteile: Sie haben oft weniger Gepäck durch vorbereitete Camps oder Depots, deutlich weniger organisatorischer Aufwand, solide Tourenplanung und nicht zuletzt das Gruppenerlebnis (ist meistens schön).

Je nach Wunsch und Fitness gibt es verschiedenste Möglichkeiten, von Tagestouren bis hin zu längeren, anspruchsvollen Trekkingtouren. Attraktiv ist die Variante, jeweils mehrere Tage mit Tagestouren von einem ortsfesten Zeltlager zu verbringen und dann per Bootstransfer den Standort zu wechseln. So kommt man, ohne das volle Gepäck über längere Strecken tragen zu müssen, zu schönen Touren in verschiedenen Umgebungen. Mehrere Veranstalter in Longyearbyen bieten solche campbasierten Wandertouren an (siehe 3.3 *Veranstalter*).

Informieren Sie sich bezüglich der Schwierigkeit der Tour und schätzen Sie sich selbst vorher realistisch ein, damit Sie den Anforderungen gewachsen sind, ansonsten wird Ihre Teilnahme eventuell für Sie zur Strapaze und für die Gruppe zum Problem. Sobald die Gruppe den Bereich der Siedlungen verlassen hat, gibt es für Einzelne zeitweise kein Zurück mehr. Eine derartige Tour ist also keine gute Gelegenheit, um sich selbst zu auszuprobieren, das sollte man vorher woanders getan haben.

Routenbeispiele für Tagestouren bei Longyearbyen finden sich im entsprechenden Abschnitt (3.7.5 *Tagestouren bei Longyearbyen*), für längere Trekkingtouren im vorhergehenden Abschnitt. Geschlossene Gruppen können auch selbst eine Route wählen und sich bei der Durchführung von einem Veranstalter mit der Logistik, Ausrüstung, Anlage von Depots und einem Guide mitsamt Waffe unterstützen lassen.

3.2.7 KANU, KAJAK

Das offene Kanu („Kanadier“) ist mangels ruhiger Flüsse und Seen in Spitzbergen nicht verwendbar. Mit robusten Seekajaks hingegen kann man einiges anfangen, von Tagestouren bis hin zu längeren, expeditionsartigen Fahrten. Eigene Organisation ist mit großem Aufwand verbunden, der schon bei der Anreise und dem Transport der Ausrüstung beginnt; es ist begrenzt möglich, Seekajaks und Zubehör vor Ort zu mieten. Für „kleinere“ Kajaktouren ist beispielsweise der Billefjord ein schönes Gebiet, das abwechslungsreich und vergleichsweise windarm ist, oder auch die Isfjord-Nordseite mit ihren diversen Buchten. Eine Querung des weiten Isfjord oder des oft windigen Tempelfjord kann durch An- und Abreise mit Tagestourenbooten umgangen werden.

Umrundungen der Hauptinsel sind äußerst anspruchsvolle Touren mit Expeditionscharakter und wurden schon mehrfach versucht, mussten meist aber abgebrochen werden. Die erste erfolgreiche Umrundung mit Seekajaks gelang 1990, die Tour dauerte 6 Wochen. Versuche, Spitzbergen einschließlich Nordaustland zu umrunden, gab es auch schon mehrfach, waren bislang (Frühjahr 2015) aber noch nicht erfolgreich.

Man kann geführte Kajaktouren, meistens im Isfjord oder auch im Kongsfjord, bei

Spezialisten buchen. Diese Art zu reisen ist reizvoll und bietet andere Perspektiven als beispielsweise eine Wanderung, ist aber auch anstrengend und mit speziellen Risiken verbunden. Gefahren liegen im unsteten Wetter sowie in der Küstenlinie, die oft über etliche Kilometer hinweg Anlandungen unmöglich macht (Steilküsten, Gletscher). Ein vollständig geschlossener Trockenanzug ist für Kajaktouren dringend anzuraten, da ohne einen solchen Anzug die Überlebenschancen im eiskalten Wasser sehr schnell gegen Null gehen. Auch die Seekarte gehört ins Gepäck, denn es gibt mancherorts flache Gewässer, die für Kajakfahrer bei Seegang und schlechtem Wetter sehr gefährlich sind.

3.2.8 SKITOUREN

In Bezug auf das Erlebnis sind Skiwanderungen mit Hundeschlittentouren vergleichbar: Sie bieten die Möglichkeit, die winterliche Arktis still und intensiv zu erleben. Skitouren sind natürlich leichter individuell zu organisieren, da Hundeschlittenfahrten verstärkt entsprechende Erfahrung und natürlich Hunde und Schlitten erfordern. Skitouren sind allerdings deutlich anstrengender und erfordern einige Sportlichkeit. Skitouren, von kurzen Touren über ein paar Stunden bis hin zu längeren Touren mit Expeditionscharakter, sind für Leute, die eine entsprechende Fitness mitbringen und bei längeren Unternehmungen gewillt sind, im Winter im Zelt zu leben, ein unvergessliches Erlebnis.

Längere Skitouren, die „häufig" gegangen werden (zumindest einmal oder auch mehrfach pro Saison), sind etwa die Tour zu Spitzbergens höchstem Berg, dem Newtontoppen, oder zum Verlegenhuken, dem nördlichsten Punkt der Hauptinsel Spitzbergen, auf 80°N gelegen. Zum Newtontoppen sollte man von und bis Longyearbyen etwa drei Wochen planen. Der Verfasser hatte auf der „klassischen" Route (vom oberen Gipsdalen über den Nordenskiöldbreen und nach Norden über das Inlandeis) keine Schwierigkeiten mit Gletscherspalten, denen man bei guter Sicht normalerweise einfach ausweichen kann. Dennoch ist mit Spalten, auch unter Schnee verborgenen, zu rechnen. Im April 2014 musste sich eine Gruppe nach einem Spaltensturz auf dem Conwaybreen abholen lassen, verletzt wurde niemand. Auch Stürme veranlassten Gruppen dazu, den Rettungshubschrauber anzufordern, wobei die Notwendigkeit im Einzelfall kontrovers diskutiert wird. Beim Sysselmannen steht man klar auf dem Standpunkt, dass man lieber mehrfach zu früh ausrückt als einmal zu spät.

Die Extremvariante „Spitsbergen på langs", also Spitzbergen längs, ist eine Tour vom Südkap zum Verlegenhuken (oder umgekehrt). Diese Tour ist tatsächlich extrem: Distanzen und Gletscherspalten machen sie anspruchsvoll. Im südlichen Teil Spitzbergens sind stärker spaltige Gletscher häufiger als etwa im Nordosten. An dieser langen Tour versuchen sich mittlerweile jedes Jahr mehrere Gruppen, die aber überwiegend unterwegs aufgeben. Transport zum Startpunkt und Abholung vom Zielpunkt erfolgen mit Motorschlitten, was über lokale Veranstalter arrangiert werden kann; eine Variante, die auch bei anderen Skitouren bedenkenswert ist, etwa um das stärker von Motorschlitten frequentierte Nordenskiöld Land schneller

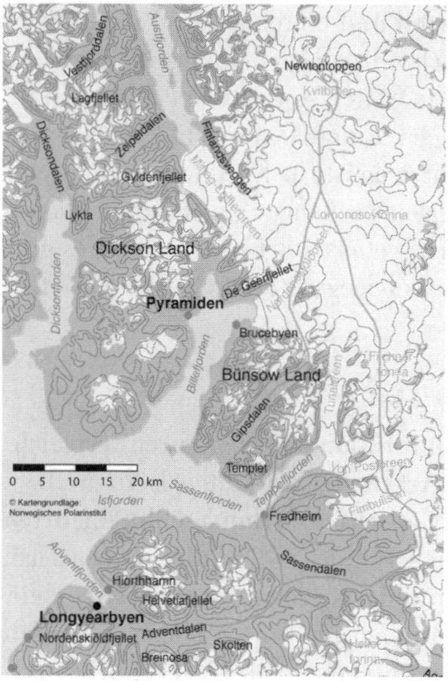

Routenbeispiel für eine Skiwanderung zum Newtontoppen.

hinter sich zu lassen. Motorisierter Transport im Süd Spitzbergen Nationalpark, also südlich des Van Keulenfjord, ist Touristen allerdings nicht erlaubt, so dass der Transport ganz bis zum Südkap keine Möglichkeit ist. Für ein paar schöne Tage nicht allzu weit von Longyearbyen entfernt bieten sich aber die motorschlittenfreien Gebiete („scooterfrie områder", siehe Karte unten) als Oasen der Stille an.

Ein sehr schönes, seltener begangenes Gebiet für Skitouren ist der Nordwesten Spitzbergens, etwa Richtung Ny Ålesund oder weiter nördlich, das logistisch durch Motorschlittentransport nach Pyramiden oder, in der späten Skisaison, durch Boottransport zur Isfjord-Nordseite zugänglich wird.

3.2.9 HUNDESCHLITTEN

Dabei handelt es sich um eine traditionelle Art des arktischen Reisens, wie es schöner kaum sein kann. Es gibt wenig erlebnisreicheres als mehrtägige Hundeschlittenfahrten. In Spitzbergen stellt der trotz zunehmender Regulierung starke Motorschlittenverkehr ein lästiges Hindernis für „stille Reisende" (Skiwanderer, Hundeschlitten) dar, es gibt aber motorschlittenfreie Gebiete. Mehrstündige Tagestouren sind zur entsprechenden Zeit (v.a. März-Anfang Mai) beliebt; nach ein paar schönen Stunden sind Sie wieder im Ort. Spezialisierte Veranstalter arrangieren für Abenteuerlustige auch längere Fahrten über mehrere Tage. Schöne Ziele sind die im Tempelfjord eingefrorene *Noorderlicht* (das „Schiff im Eis"), die an einem Tag erreichbar ist und zur Übernachtung dienen kann, oder Kapp Linné an der Westküste. Für diese Ziele ist Basecamp Spitsbergen Ansprechpartner, darüber hinaus gibt es mehrere lokale Anbieter von Hundeschlittentouren, die verschiedene Programme anbieten und gerne auch individuelle Wünsche realisieren (siehe Abschnitt 3.3 *Veranstalter*). Intensiver können Sie die Arktis kaum erleben! Bei längeren Winterunternehmungen müssen Sie natürlich entsprechende Abstriche in Bezug auf Komfort hinnehmen (Zeltübernachtung bei Minusgraden), aber wenn Sie gewillt und in der Lage sind, sich darauf einzustellen, werden Sie mit Eindrücken und Erlebnissen reich belohnt werden. Der Veranstalter wird Ihnen mit Rat und Ausrüstung behilflich sein.

Zusätzlich sind Hundeschlittenfahrten auch eine umweltfreundliche Reiseart (keine CO_2- und Geräuschemissionen) und schaffen lokal Arbeitsplätze. Für Abenteuerlustige ist eine längere Hundeschlittenfahrt ein sehr empfehlenswerter Genuss ohne Reue.

3.2.10 MOTORSCHLITTEN

Motorschlitten bieten die Möglichkeit, schnell größere Entfernungen zurückzulegen. Saison ist primär März bis Anfang Mai. Motorschlittenfahrten sind aufgrund von Abgasen und Krach, die Tiere und auch Menschen erheblich stören können, nicht gerade eine sehr umweltfreundliche Reiseart. Sie ermöglichen es andererseits, auch relativ abgelegene Regionen schnell und bequem zu erreichen. So ist etwa eine Tagestour zur Ostküste möglich, was zu Fuß oder mit Skiern eine mehrwöchige Tour wäre. Andere beliebte Tagestouren gehen zur Gletscherfront des Tunabreen im Tempelfjord, nach Barentsburg oder nach Kapp Linné. Für die Einheimischen bedeuten Motorschlitten Bewegungsfreiheit in ihrer eigenen, sonst sehr unzugänglichen Nachbarschaft, sie sind für viele ein selbstverständliches Transportmittel. Für Touristen sind Motorschlitten mit Abenteuer verbunden, und es gibt ein weites Spektrum an Interessen von Motorsport bis Naturerlebnis, das mit einer Motorschlittentour bedient werden kann, je nach Gestaltung der Tour. Wer viel Zeit für das Naturerleben und zum Fotografieren haben will, ist mit einem privaten Guide natürlich flexibler, bei geführten Touren ist das Programm oft recht straff gestrickt.

An dieser Stelle soll ausdrücklich davon abgeraten werden, sich ohne Ortskenntnis und Fahrerfahrung auf den Weg zu machen. Für die allermeisten Touristen wird eine geführte Tour die richtige Wahl sein. Die Routenbeschreibungen sollen bei der Buchung eine Entscheidungshilfe sein. Eigenständige, voll ausgerüstete Fahrer können sie natürlich zur Anregung für eigene Unternehmungen nutzen.

In Longyearbyen kann man Motorschlitten mitsamt Ausrüstung mieten und organisierte Motorschlittenexkursionen buchen, von kürzeren Tagesfahrten bis hin zu mehrtägigen Touren. Für zugereiste Individualtouristen wie auch für geführte Touren gelten mittlerweile strenge Regelungen in Bezug darauf, wohin man fahren darf. In jedem Fall sind die „scooterfreien Gebiete" bei Longyearbyen zu beachten, die Skiwanderern und Hundeschlitten vorbehalten sind. Ungeübte stellen schnell fest, dass das Fahren mit Motorschlitten prinzipiell einfach ist: Eigentlich muss man nur lenken, Gas geben und bremsen. Motorschlitten haben ein stufenloses Automatikgetriebe (Fliehkraftkupplung), so dass das Schalten entfällt, vom Rückwärtsgang abgesehen. Dennoch hat das Fahren in der Praxis seine Tücken und kann gefährlich sein, wozu mangelnde Fahrerfahrung und die Unebenheiten des Terrains wesentlich beitragen. Jedes Jahr kommt es zu Unfällen mit teilweise schweren Verletzungen durch Stürze oder Kollisionen mit Hindernissen, auch Todesfälle kommen vor. Nicht Ortskundigen werden geführte Touren empfohlen, zumindest aber, auf den Rat Erfahrener zu hören.

Zu warm kann man beim Motorschlittenfahren fast nicht angezogen sein. Anzug, Stiefel und Handschuhe werden speziell hierfür hergestellt (wird bei gebuchten Touren gestellt bzw. kann gemietet werden). Helme sind heute meistens Integralhelme, ansonsten braucht man eine Skibrille. Diese sollte man sowieso dabei haben. Fängt das Visier an zu vereisen, bekommt man Probleme mit der Sicht. Unterm Helm trägt man am besten eine winddichte Balaclava, die auch Gesicht und Nase abdeckt. Jeder schlecht geschützte Quadratzentimeter Haut wird bei Minusgraden und Fahrtwind

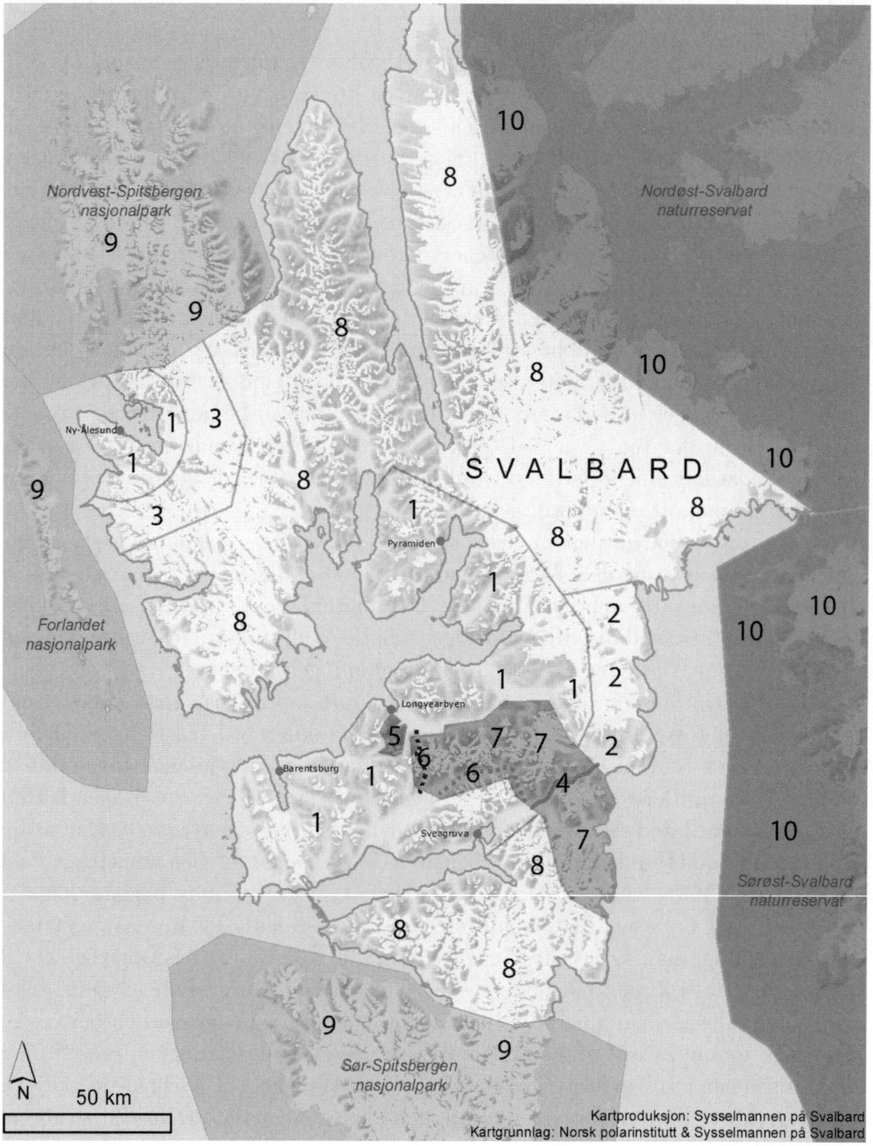

eher früher als später protestieren. In längeren Pausen ersetzt eine warme Mütze den Helm, und die dicken Fausthandschuhe werden gegen solche ausgetauscht, mit denen man auch mit Kamera und Thermoskanne hantieren kann.Unter den dicken Anzug gehören ein Pullover oder Fleeceteil und warme, lange Unterwäsche. Hand- und Fußwärmer können sehr angenehm sein, mit eiskalten Fingern und Füßen macht keine Tour Spaß.

Man muss sich schon etwas mit der Materie beschäftigen, um zu durchschauen, wer wann wo wie unterwegs darf. Grundsätzlich gilt für alle: es darf nur auf gefrorenem, schneebedecktem Untergrund Motorschlitten gefahren werden.

Im Gebiet (1) dürfen Zugereiste (Touristen) sich auch individuell mit Motorschlitten bewegen. Es entspricht weitgehend dem Verwaltungsgebiet 10 und umfasst große Teile des Nordenskiöld Landes, das westliche Sabine Land, das Bünsow Land, das Dickson Land sowie ein Gebiet rund um den Kongsfjord und die Engelskbukta.
Das Gebiet (2) an der Ostküste Spitzbergens, am Storfjord zwischen Agardhbukta und Wichebukta, ist für Touristen nur zugänglich, wenn sie an organisierten Touren teilnehmen oder mit Einwohnern unterwegs sind. Die Fahrt auf dem Meereis soll ggf. auf der "dem Land am nächsten gelegenen, fahrbaren Strecke" erfolgen.
Auch die Trasse im Kjellströmdalen {(4), die Linie nordöstlich von Sveagruva}, dürfen Touristen nur mit Guide oder Einwohnern befahren. Dasselbe gilt im Gebiet (3) um Kongsfjord und Engelskbukta, wobei es dort keine geführten Touren gibt.
Im motorschlittenfreien Gebiet (5) südlich von Longyearbyen ist jeder motorisierte Verkehr verboten, das gilt sowohl für Touristen als auch für Einheimische. Die Routen (6) sind dienstlichem Verkehr vorbehalten.

In den Gebieten 7-10 dürfen Touristen gar nicht Motorschlitten fahren. Registrierte Einwohner haben weitergehende Rechte. Studenten und Kurzzeitangestellte können sich nur bei Aufenthaltsdauer über einem halben Jahr als Einwohner registrieren lassen, ansonsten sind sie rechtlich Touristen gleichgestellt. Für Einwohner gilt Folgendes: Im Gebiet (7) dürfen Einwohner nur bis Ende Februar fahren, ab 01. März ist (7) motorschlittenfrei. In den Gebieten (8) haben sie grundsätzlich Bewegungsfreiheit. Für Motorschlitten-Touren in die großen Nationalparks (9) müssen auch Einheimische eine Genehmigung beantragen. Aus den Naturreservaten (10) ist schließlich jeder private motorisierte Verkehr verbannt.
Karte © Sysselmannen (Kartengrundlage: NPI), mit freundlicher Genehmigung. Modifiziert.

Folgende Vorschriften sind einzuhalten:

- Voraussetzung zum Fahren ist ein Führerschein (PKW oder Motorrad), ansonsten ein spezieller Motorschlitten-Führerschein, den man auch schon mit 16 Jahren machen kann, was für die Jugend vor Ort nicht unwichtig ist.
- Es gilt Helmpflicht und eine Promillegrenze von 0,2. Kontrollen werden sowohl im Ort als auch im Gelände gemacht.
- Fahren ist nur auf schneebedecktem, gefrorenem Untergrund erlaubt.
- In Longyearbyen sollte aus Lärmschutzgründen möglichst im Flussbett gefahren werden und nicht in den Wohngebieten, soweit vermeidbar.
- Es gelten folgende Geschwindigkeitsgrenzen für Motorschlitten: 30 km/h in Longyearbyen (im Flussbett des Longyearelva sind 50 km/h erlaubt). In Barentsburg: 20 km/h. Im Gelände außerhalb der Siedlungen 80 km/h. Maximal 40 km/h, wenn man Personen auf dem Anhänger hat, auch bei Verwendung einer „sluffe“ (sprich: Schlüffe), ein speziell zum Transport von Personen vorgesehener Anhänger.

- Rücksicht auf anderen Verkehr nehmen: Autos, Fußgänger, Rentiere. Zur Hauptsaison für Motorschlitten sind im Ort auch viele Kinder mit Schlittten, Ski etc. unterwegs. Auf der Straße gelten die üblichen Vorfahrtsregeln. Kommt man vom Gelände auf die Straße, hat der Straßenverkehr Vorfahrt. Hundeschlitten sind langsam und mit Abstand zu passieren.

Folgendes ist nicht gesetzlich vorgeschrieben, aber trotzdem wichtig. Theoretisch gehören die Fahrhinweise in die Einweisung vor jeder geführten Tour, aber diese fällt in der Praxis manchmal recht knapp aus. Ausrüstung und Sicherheit sind bei geführten Touren natürlich ebenfalls Sache des Veranstalters.

- Fahranfänger haben oft Schwierigkeiten mit dem **Gleichgewicht** bei der Fahrt parallel zum Hang. Das Gleichgewicht muss mit dem eigenen Körpergewicht balanciert werden: Anstatt steif im Sattel sitzen zu bleiben, verlagert man das Gewicht zum Hang hin. Für den Fall, dass der Motorschlitten dennoch einmal umkippt, ist es entscheidend, rechtzeitig in die Richtung abzuspringen, in die das schwere Gefährt nicht fällt. Auf den üblichen Strecken der geführten Touren wird das nur bei groben Fahrfehlern vorkommen.
- Zu hochgefährlichen Situationen kann es kommen, wenn Anfänger sich krampfartig an den Lenkergriffen festhalten und dabei ungewollt kräftig auf den Gashebel drücken, der mit dem Daumen bedient wird. **Unkontrolliertes Vollgas** ist das Ergebnis, wahrscheinlich in einem Anflug von Panik in einer Situation, wo man eigentlich bremsen wollte.
- Auf **glattgefahrenen Strecken und Eis** verliert man schnell die Kontrolle. Langsames, vorausschauendes Fahren ist wichtig. Bei mangelnder Fahrerfahrung und Ortskenntnis sollte man in Longyearbyen Wegen mit viel Verkehr, insbesondere Fußgängern und Kindern, fernbleiben.
- Darüber hinaus kann der Motor bei Fahrt auf schneefreiem Eis Probleme mit **Überhitzung** bekommen, da Schnee zur Kühlung wichtig ist. Bei Überhitzung gibt es ein blinkendes Warnsignal und einen Piepton. Schnell anhalten, möglichst auf Schnee. Schnee unter den Motor schaufeln, und wenn das nicht schnell hilft, den Motor mindestens 15 Minuten abschalten.
- **Steile Strecken**, vor allem bergauf, sind nicht nur für Anfänger schwierig. Bei steilen Anstiegen hilft Schwung, also Geschwindigkeit. Auch hier gilt: das eigene Körpergewicht zum Hang hin verlagern, gleich ob es aufwärts geht oder abwärts. Hat man einen schweren Anhänger, kann man notfalls mehrfach fahren, um das Gepäck auf mehreren Touren verteilt hochzufahren. Sehr steile Hänge sind nur bei guten Schneebedingungen fahrbar. Bildet sich eine Eisdecke, kommt man gar nicht mehr hoch beziehungsweise verliert bei der Fahrt nach unten schnell die Kontrolle. Stellt man während der Fahrt einen steilen Hang hinauf fest, dass der Schwung nicht reicht, so dass der Motorschlitten beginnt, seitlich abzukippen, kann man bei guter Reaktion eine Schleife fahren, um sicher wieder nach unten zu kommen. Reicht es dazu nicht mehr, kann man nur noch rasch entgegen der

Fallrichtung des Motorschlittens abspringen, um sich aus der Gefahrenzone zu bringen. Auch tiefer, weicher Schnee kann aus Hängen unpassierbare Hindernisse machen, die zudem lawinengefährlich sind. Jugendliche Motorsportler aus Longyearbyen fahren steile Hänge hinauf und zögern die Kehrtwende so weit wie möglich hinaus („high-marking": man hinterlässt hohe Spuren/Marken im Schnee). Das dient dem Kick und ist keinesfalls nachahmenswert, übrigens auch verboten, sowohl die Sturz- als auch die Lawinengefahr kann dabei erheblich sein.

- Je nachdem, wie der Schnee eine kleine Steilstufe in einem engen Tälchen ausfüllt, wechselt die Fahrbarkeit solcher Schlüsselstellen von Saison zu Saison.
- Durch die Schneedecke nehmen die Kontraste im Gelände ab und Konturen werden schlechter sichtbar. Es braucht gar nicht das berühmt-berüchtigte „Whiteout", um auch bei mittlerer Geschwindigkeit ein **Geländehindernis** zu übersehen. Gefährlich sind kleine, steile Seitentälchen, Windlöcher im Schnee und Steilwände von Flussläufen, denen man sich unwissentlich von oben nähert. Da helfen nur Ortskenntnis und eine vorsichtige Fahrweise.
- Die **Eisbärengefahr** ist natürlich auch auf Motorschlittenfahrten ein Thema. Jede Gruppe muss über die übliche Ausrüstung (Waffe, Signalpistole) verfügen. Allerdings ist die Motorisierung natürlich ein großer Sicherheitsvorteil: Eisbären mögen das Motorengeräusch nicht, und im Notfall muss man nur rechtzeitig Gas geben, denn so schnell läuft kein Eisbär. Und natürlich ist es verboten, Eisbären zu verfolgen oder aktiv aufzusuchen, so dass dieser gestört wird oder Gefahr für Menschen oder Eisbären entsteht, so steht es im Gesetz und so diktiert es auch der gesunde Verstand.
- Zu allgemeinen Risiken wie Eisbären, Gletscherspalten, Fjordeis und Lawinen siehe die entsprechenden Abschnitte in Kapitel 3.6 *Unterwegs in Spitzbergen: Was Sie wissen müssen.*
- Bereits **vorhandene Spuren** sollten genutzt werden, damit die unberührte Schneelandschaft drumherum möglichst erhalten bleibt.
- Motorschlitten sind anfällig für **Pannen** und bleiben erstaunlich häufig liegen. Daher ist **vollständige Ausrüstung** wichtig für den Fall, dass man fernab der Siedlungen steckenbleibt und vielleicht unerwartet im Gelände übernachten muss. Nach einer Stunde zügiger Fahrt ist der Rückweg zu Fuß ziemlich lang ... ein Satellitentelefon (mit gespeicherten Kontakten für alle Fälle) ist Gold wert, und wenn das Wetter im Extremfall selbst für den Rettungsdienst zu schlecht ist, können ein sturmstabiles Zelt, Schlafsack etc. Leben retten. Warme Reservekleidung, Notproviant, Kocher und Thermoskanne sind selbstverständlich. Im Winter zählt eine Schneeschaufel zur Pflichtausrüstung: Damit kann man sich bei Extremwetter eingraben, eine Leemauer (Windschutz) fürs Zelt bauen, Lawinenopfer ausgraben usw. Muss man sich eingraben, braucht man auch bei Mitternachtssonne eine Lampe. Ein Erste-Hilfe-Päckchen ist immer dabei.
- Die **Anzahl der Motorschlitten** in der Gruppe sollte so sein, dass alle zurück nach Longyearbyen fahren können, auch wenn einer ausfällt und liegenbleibt.

Es versteht sich von selbst, dass man nicht alleine auf längere Touren fährt.

- Eine **Kontaktperson** in Longyearbyen sollte wissen, wo man mit wie vielen Leuten unterwegs ist, wann man zurückkommt und wann Alarm geschlagen werden soll, wenn man sich nicht zurückgemeldet hat. Bei harmlosen Verspätungen erspart ein Satellitentelefon dem Rettungsdienst aufwändige Suchaktionen. Es gibt übrigens in Longyearbyen keinen Motorschlitten-Abschleppdienst oder „ADAC". Wer liegenbleibt, muss sich zunächst selbst helfen. Bei der Fahrt mit einem Mietgefährt ist der Verleiher der Ansprechpartner im Fall einer Panne, was fast überall ein Satellitentelefon voraussetzt. Aber selbst die großen Firmen haben nicht immer die Kapazitäten, um schnell jemanden zu schicken. Man steht selbst irgendwo im Gelände und muss sich entweder selber helfen oder zumindest alleine klarkommen, bis jemand kommt.
- **GPS** mit ausreichend **Reservebatterien** und installierter Karte, am besten auch mit gespeicherten Tracks (aufgezeichneten Routen). Mindestens einer sollte ein fest am Motorschlitten montiertes GPS mit ausreichend großem Bildschirm haben; mit einem kleinen GPS in der Hand kann man kaum fahren. Die gedruckte Karte samt Kompass gehören nach wie vor zur Ausrüstung.

Sonstige Ausrüstung:

- **Starterkabel**. Vergisst man beispielsweise abends, das an der Batterie hängende GPS zu entfernen, tut sich am nächsten Morgen wahrscheinlich nicht viel.
- **Reserve-Keilriemen** („Variatorriemen", auf norwegisch „Variatorreimen" oder „Variatorbelte"). Für jeden Motorschlitten gibt es ein eigenes Modell, so dass auch für jeden Motorschlitten ein Reserveriemen vorhanden sein muss. Diese kosten an die 1000 Kronen, aber da sie recht regelmäßig reißen, ist Reserve essenziell. Und man muss wissen, wie man den Variatorriemen wechselt, da hat jeder Hersteller und jedes Modell seine Eigenheiten. Wenn man weiß, wie es geht, ist es mit halbwegs kräftigen Fingern meist einigermaßen einfach. Weiß man es nicht, hat man kaum eine Chance.
- **Reserveöl** und **Reservebenzin**. Motorschlitten schlucken normales Benzin von der Tankstelle, wo man mit EC-Karte und PIN auch außerhalb der Öffnungszeiten an Sprit kommt. Auf 100 km ist mit einem Verbrauch von 15-20 Litern Benzin zu rechnen, was je nach Motorschlitten, Schnee, Gelände und Last aber variiert.
- Mit mehreren Benzinkanistern kommt man schnell an das Höchstgewicht von 200 kg, mit dem man die üblichen **Anhänger** beladen kann. Die maximale Achslast ist 15 kg.
- Beim **Abschleppen**, wird das Abschleppseil nicht nur durch die Ösen vorne an den Skiern gezogen, sondern auch um die vorderen Standbeine gelegt. Wichtig: den Keilriemen entfernen! Geht es kräftig abwärts, sollte eine Person auf dem abgeschleppten Motorschlitten sitzen und bremsen.

Um all diese Dinge kümmert sich im Fall gebuchter Touren natürlich der Veranstalter.

Eine **geführte Tagestour** bei gutem Wetter zur Ostküste, zum Tempelfjord oder auch nach Barentsburg ist ein grandioses Erlebnis, diese Touren bilden einen Schwerpunkt des beliebten Spätwintertourismus von März bis Anfang Mai. Motorschlittenfahren ist durchaus körperlich anstrengend, man sollte keine Rückenprobleme haben, Schwangerschaft ist für diese oft sehr holprige Fortbewegung ein Ausschlusskriterium. Hat man noch nie eine Tour gemacht, sollte man für die erste Ausfahrt eher eine kürzere, einfache Strecke wählen.

Die Distanz zur Ostküste ist nicht zu unterschätzen, aber die Route ist weitgehend einfach zu fahren. Nur die Moräne des Rabotbreen erfordert mehr Aufmerksamkeit, aber mit etwas Anleitung im auch für Anfänger machbaren Rahmen. Etwas kürzer sind die Touren in den Tempelfjord und nach Barentsburg, letztere ist etwas schwieriger. Fahrtechnisch am einfachsten ist die Tempelfjord-Tour, jedenfalls wenn das Eis im Tempelfjord ab Fredheim befahrbar ist. Ansonsten fällt die Tempelfjord-Option mehr oder weniger aus, wie auch der Weg nach Pyramiden. Pyramiden an einem Tag hin und zurück ist ein harter Ritt und hat mehrere fahrtechnisch recht anspruchsvolle Passagen. Es gibt auch kürzere Halbtagestouren, nach Colesbukta (siehe Barentsburg-Tour) oder durch das De Geerdalen (siehe Trekkingroute zur Ostküste) zum Elveneset beim Sassenfjord. Die Auswahl ist so groß, dass es unmöglich ist, das gesamte Angebot hier zu beschreiben.

Abschließend werden nun vier beliebte Strecken beschrieben. Wie auch bei den Routenbeschreibungen bei den Trekkingtouren gilt, dass das Gelände, hier vor allem die Schneeverhältnisse und das für manche Routen wichtige Fjordeis, sich von Jahr zu Jahr anders präsentiert. Variationen sind natürlich möglich, aber geführte Motorschlittentouren folgen eher bestimmten Strecken als eine individuell gestaltete Sommerwanderung. Diese Touren kosten geführt 2300 bis 2800 Kronen (Stand Anfang 2015), Ausrüstung ist enthalten.

MOTORSCHLITTEN-TAGESTOUR: TEMPELFJORD

Die Tagestour zum Tempelfjord ist von den Ganztagestouren die fahrtechnisch einfachste und mit 130-140 km kürzer als die Fahrt zur Ostküste oder gar nach Pyramiden, bietet aber viele lohnenswerte Eindrücke. Die Fahrt zu den Gletschern im Tempelfjord (Tunabreen, von Postbreen) setzt voraus, dass der Fjord zugeforen ist, was bis 2013 als selbstverständlich galt, aber 2014 nicht der Fall war. Dauer 6-7 Stunden.

Ausgangspunkt ist natürlich Longyearbyen (1), wo die Tour mit der Einweisung durch den Guide und das Umkleiden beginnt. Die ersten Kilometer ins Adventdalen werden eher langsam und vorsichtig gefahren, und schon bald wird man den ersten Halt machen, um zu schauen, ob alle gut zurechtkommen und zu prüfen, dass das Gepäck wirklich ordentlich festgezurrt ist. Die traditionelle Stelle hierzu ist eine flache Erhebung (2), auf der zwei verrostete Bettgestelle und ein Ofen stehen, genannt Jernsenga („Eisenbett“). Geschichten, dies seien Überreste eines Hüttenbrandes, sind falsch: Das Mobiliar wurde Anfang Mai 1961 in einer Hütte weiter im Adventdalen ausgemustert und hier als Wegmarke stehen gelassen, aus Spaß und um der Fantasie Futter zu geben. Das hat funktioniert. Dann wird ein schöner Pingo mit einer darauf stehenden Hütte (Innerhytta) passiert (3). Wir fahren die ganze Zeit im Flusslauf. Das mittlere Adventdalen (4) hat eine charakteristische Kastenform mit über 10 m hohen Steilwänden um das Flussbett. Direkt südlich unserer Route beginnt das motorschlittenfreie Gebiet, das für Abstecher in diese Richtung wenig Spielraum lässt, aber sobald wir das nach Südosten abbiegende Adventdalen Richtung Eskerdalen verlassen, bietet ein Hügel (5) eine schöne Aussicht, gerade noch legal motorisiert zu erreichen. Der schönste Pingo (6) weit und breit steht im oberen Eskerdalen, wo wir zunächst wieder im Flussbett fahren, bis wir uns bei (7) endgültig entscheiden, ob wir zur Ostküste oder nach Fredheim und zum Tempelfjord fahren. Aber die Entscheidung ist natürlich längst gefallen (im Rahmen organisierter Touren). Spätestens beim kleinen Wasserfall Eskerfossen (8) wird das Flussbett ohnehin unpassierbar. Den Eskerfossen schaut man sich im Winter am besten von unten kommend an, wenn man in das kleine, natürliche Amphitheater einfahren und hinter den zu einer Eissäule erstarrten Wasserfall gehen kann. An der Ecke des Berges Sticky Keep fahren wir am Hang (9) entlang ins weite Sassendalen. Fahranfänger kann die leichte Neigung zur Seite schon etwas ins Schwitzen oder gar ins Schwanken bringen. Dafür haben wir von hier das gesamte Sassendalen und den äußeren Tempelfjord schon im Blick. In der Mitte des weiten Tales stehend (10), ist die Größe der Landschaft im Sassendalen beeindruckend: kilometerweit freie Sicht in alle Richtungen. Lohnenswert ist der Abstecher in den unteren Teil des Brattlidalen (11), das sich als steiler Canyon präsentiert. Vor dem kleinen Nøisdalen wird die Strecke steinig (12), aber kurz darauf ist Fredheim (13) erreicht, die berühmte Trapperhütte des legendären Jägers Hilmar Nøis (siehe Abschnitt 6.1.5 *Sassenfjord, Tempelfjord*).

Nun ist die Frage, ob der Tempelfjord ausreichend zugefroren ist, um die Fahrt auf dem Eis fortzusetzen. Wenn nicht, sind die Gletscher Tunabreen und von Postbreen (18) auch vom Bergrücken Fjordnibba (13) aus zu sehen; vom Sassendalen aus gibt es eine fahrbare Route bis auf das Gipfelplateau in gut 250 m Höhe, was für eine wirklich grandiose Sicht völlig ausreicht. Falls dieser Abstecher gemacht wird, ist der Anstieg der einzige steile Teil der Tempelfjord-Tour. Es ist sogar möglich, durch ein steiles Tälchen (17) zum Kapp Schoultz im Tempelfjord herabzufahren, aber im oberen Bereich ist diese Strecke wirklich steil. Wenn das Eis nicht bis Fredheim reicht, muss man hier ja auch wieder hinauf, und auf diesem Hang haben auch schon erfahrene Motorschlittenfahrer kräftig Federn gelassen. Daher wird man nach dem Ausflug auf den Fjordnibba wahrscheinlich lieber nach Fredheim zurückkehren. Ist der Fjord von dort aus befahrbar, geht es auf ebener Strecke in Richtung der Gletscher, wobei sich kleine, dunkle Punkte auf dem Eis bei genauem Hinschauen als Robben entpuppen werden, meist Ringelrobben, von denen manchmal Dutzende jeweils einzeln neben ihren Atemlöchern liegen. Keine Frage, dass es sich bei solchen Verhältnissen lohnen kann, das Fernglas hervorzuholen und nach Eisbären Ausschau zu halten.

Vor der Gletscherfront des Tunabreen (der von Postbreen läuft flach und weniger

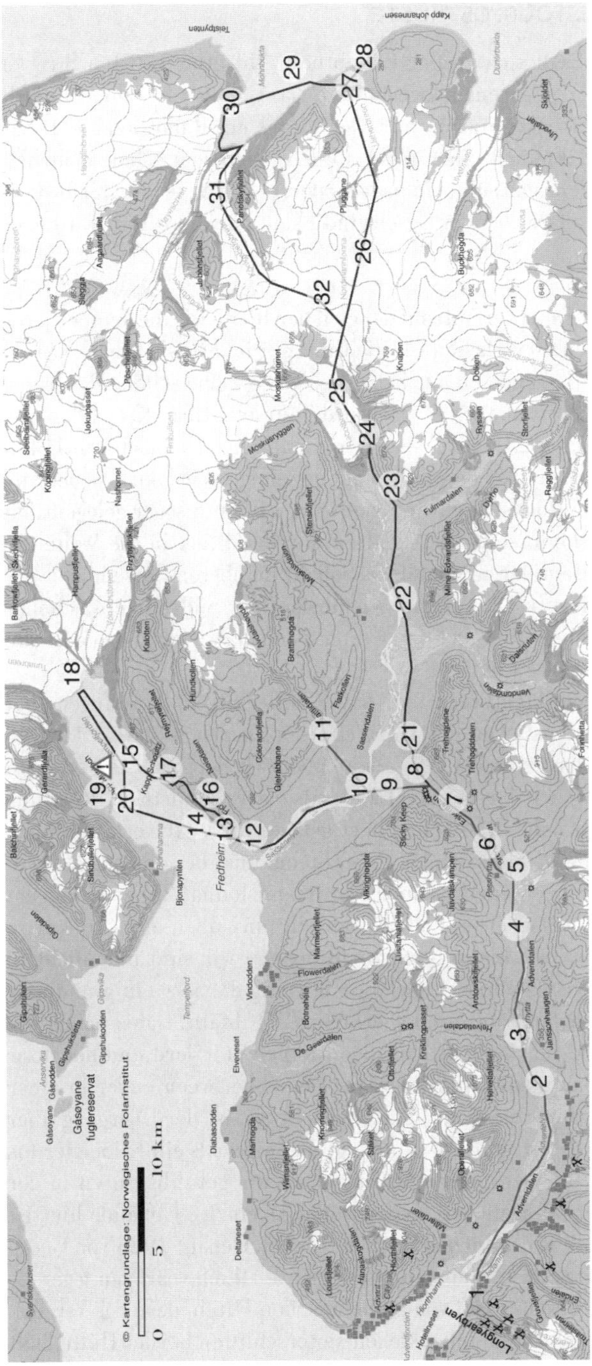

spektakulär in einer Moränenlandschaft aus) haben wir den landschaftlichen Höhepunkt der Exkursion erreicht. Hier ist sicher eine längere Pause fällig, Zeit für das Mittagessen, oft in Form eines Beutels Trekkingnahrung, der mit heißem Wasser aufgegossen wird.

Vielleicht ist auch noch ein Besuch beim „Schiff im Eis" geplant, der im Tempelfjord eingefrorenen *Noorderlicht* (nur für organisierte Gruppen mit vorheriger Absprache). Östlich vom Kapp Murdoch hat das Eis Löcher (19), genannt Murdoch-Råka. Diese gefährliche Zone sollte man unbedingt mit Abstand umfahren. Die Position wird mit 78°25,68'N/17°08,4'E angegeben, dort hat es schon mehrfach Unfälle gegeben. 1989 kamen zwei Einwohner aus Longyearbyen dort ums Leben.

Der Rückweg nach Longyearbyen folgt der gleichen Strecke, aber man wird Abstecher und Aussichtsstopps so auf Hin- und Rückweg verteilen, dass die Abwechslung erhalten bleibt.

MOTORSCHLITTEN-TAGESTOUR: OSTKÜSTE

Die Fahrt zur Ostküste erfreut sich großer Beliebtheit. Mit etwa 180 km Strecke ist sie die längste der häufig gefahrenen Tagestouren. Das Gelände ist fahrtechnisch auf dem größten Teil der Strecke einfach, nur die Moräne des Rabotbreen (24) hat mit ihren Windungen und kleinen, aber recht steilen Anstiegen schon manchen Fahranfänger ins Wackeln gebracht, und ein paar moderate Anstiege (21, 25) fordern ein wenig Überwindung zu ausreichender Geschwindigkeit. Für diese Tour wird man etwa 10 Stunden brauchen.

Der erste Teil der Ostküsten-Fahrt verläuft auf der gleichen Route wie die Tempelfjord-Tour (s.o.), erst im Eskerdalen (8) verlassen wir die Fahrspur im Flussbett nach Osten. Von der erhöhten Ecke ins Sassendalen aus haben wir das gleiche schöne Panorama über das gesamte, riesige Tal wie auf der Tempelfjord-Tour am Sticky Keep (9), bevor man einen recht steilen Abhang (21) ins Sassendalen hinabfährt. Die nächsten 14 km sind „Autobahn" auf ebener Strecke; bösen Gerüchten zufolge, wird dort, sicher nur in seltenen Einzelfällen, die Höchstgeschwindigkeit von 80 km/h sogar gelegentlich überschritten ... natürlich lohnt sich das Anhalten, um den Blick in die Weite des Sassendalen und in die Seitentäler zu genießen. Sobald im oberen Sassendalen das seitliche Fulmardalen passiert ist (22), halten wir uns auf der Südseite etwas höher am Hang, denn der Rabotbreen gibt auch im Winter Schmelzwasser ab, so dass die Talsohle eine weite, spiegelglatte Eisfläche ist.

Nun steht die Moräne des Rabotbreen (24) bevor, mit einigen Windungen und teilweise schrägen, kurzen Anstiegen der fahrtechnisch anspruchsvollste Teil der Tour, der etwas Konzentration erfordert. Von oben haben wir den nächsten schönen Ausblick: die weiten Gletscher im Sabine Land, also der Landstrich Richtung Ostküste, sind zum Greifen nahe. Und genau dort geht es hin! Wir verlassen nach kurzer Strecke den nach Norden abbiegenden Rabotbreen, um über einen kräftigen, gleichmäßigen Anstieg (25) hoch zur Eiskappe Nordmannsfonna (26) zu gelangen, ein praktisch komplett vergletschertes Plateau, wo wir uns über etwa 10 km in 500 m Höhe aufhalten. Eis, Eis, Eis in allen Richtungen - wir sind hier nicht in der zentralen Antarktis, aber es schmeckt schon ein wenig danach, ein grandioser Eindruck, bevor das Gelände langsam zum Usherbreen (27) abfällt. Dabei haben wir schon die Ostküste im Blick, den (hoffentlich) zugefrorenen Storfjord und bei guter Sicht in der Ferne sogar Barentsøya und Edgeøya. Der Usherbreen endet in einer beeindruckenden Stauchendmoränenę an Land. Gewusst wo, ist der Übergang über die Moräne unproblematisch, und nun ist es nur noch weniger als ein Kilometer bis zum Ufer der Mohnbukta, der berühmten Ostküste, wo wir gefühlt mitten in der Arktis sind, einsam und fernab jeglicher Zivilisation. Das einzige Gebäude hier ist eine kleine Trapperhütte (28) am südlichen Ende der Bucht. Gebaut 1928 von Georg Bjørnnes und heute im Besitz eines Vereins in Longyearbyen (Longyearbyen Jeger- og Fiskerforening), ist sie ein beliebtes Ziel von einheimischen Mitgliedern des Vereins, deren Privatsphäre man respektieren sollte: stehen Motorschlitten bei der Hütte, hält man sich fern, ansonsten kann man sie sich natürlich von außen anschauen.

Die Fahrt vor der Küste über den gefrorenen Storfjord (29), sofern das Eis ausreichend solide ist, gehört sicher zu den Höhepunkten des Tages. Vor dem Ufer ist das Eis aufgeworfen und daher holperig und uneben, hier und dort sind kleine Eisberge vom Hayesbreen eingefroren, so dass es an Fotomotiven nicht fehlt. Und es ist gar nicht selten, dass irgendwo auf dem Eis ein Eisbär unterwegs ist. Irgendwo in dieser beeindruckenden Umgebung ist Zeit für das mittägliche Picknick.

Wie auch bei der Tempelfjord-Tour, so ist auch an der Ostküste die Abbruchkante eines Gletschers der landschaftliche Höhepunkt der Fahrt. Es ist der Hayesbreen (30), von dem Eisberge in die Mohnbukta abbrechen. Die Gletscherfront ist über 3 km breit, und eine stellenweise über 30 m hohe, blaugrün schimmernde Eiswand ist ein grandioser Eindruck.

Auf der Westseite ist der Übergang vom Fjordeis zum Gletscher einfach. Genau genommen, befinden wir uns nun schon auf dem Königsbergbreen (31), der hinter der Front mit dem Hayesbreen zusammenfließt. Der Königsbergbreen steigt gleichmäßig an, bis wir schließlich wieder die Nordmannsfonna (32) erreichen und kurz vor dem Rabotbreen auf unsere eigene Spur stoßen. Hier hat sich der Kreis geschlossen, die Rückfahrt nach Longyearbyen erfolgt auf der gleichen Route wie der Hinweg.

MOTORSCHLITTENTOUR: PYRAMIDEN

Die Überschrift dieses Abschnitts enthält das Wort „Tagestour" bewusst nicht, auch wenn die Tour nach Pyramiden und zurück nach Longyearbyen an einem Tag zu schaffen ist und auch so angeboten wird. Das sind, hin und zurück, allerdings etwa 230 km, was für weniger ausdauernde Fahrer eher Stress als Vergnügen sein wird und nicht allzu viel Zeit zum Genießen der Eindrücke lässt. Es gibt die Möglichkeit, in Pyramiden im Hotel zu übernachten. Mit mehreren Übernachtungen hat man auch Zeit für Touren im Dickson Land und Billefjord. Die wichtigen Hinweise zum Fjordeis waren schon mehrfach in diesem Abschnitt (3.2.10 *Motorschlitten*) Thema und sind auch hier dringend zu beachten, sowohl für den Tempelfjord als auch für den Billefjord. Schwierigkeiten mit dem Eis im Billefjord sind aber immerhin unwahrscheinlich, wenn der Tempelfjord befahrbar ist. Auch fahrtechnisch ist diese Tour recht anspruchsvoll.

Bis zum Tempelfjord (20) entspricht die Strecke der Tempelfjord-Tour (klingt logisch, oder?), siehe oben. Wir überqueren den Tempelfjord zum Kapp Murdoch, ohne den gefährlichen Schwachstellen des Murdoch-Råka (19, siehe Tempelfjord-Tour) zu nahe zu kommen. Im Fuhrmeisterdalen (33) halten wir uns auf der Westseite. Die erste Steigung ist noch harmlos, aber ein kleines Stück darauf gibt es einen Anstieg, der zwar nicht lang ist, aber steil. Diese Stelle gehört zu denen, welche die Pyramiden-Tour auch fahrtechnisch nicht gerade zur Einsteiger-Route machen. Dasselbe gilt für die Moräne (34) des Burn Murdochbreen. Gute Sicht und Ortskenntnis sowie Fahrpraxis, die mehr als nur ein paar Stunden seit dem Frühstück umfasst, sind hier auf jeden

Fall hilfreich. Sobald der Burn Murdochbreen (35) erreicht ist, geht es stetiger aufwärts, bis in 550 m Höhe der vergletscherte Pass erreicht ist. Nun geht es über den Boltonbreen (36) hinab ins Gipsdalen. Der erste Teil des Abstiegs ist kräftig geneigt, was sich aber erst auf dem Rückweg als potenzielle Schwierigkeit erweisen kann, wenn aus dem Abstieg ein Anstieg wird, vor allem bei weichem Schnee. Im unteren Bereich des Gletschers ist verstärkt auf Löcher durch Schmelzwasserbäche zu achten, bevor wieder eine Moräne (37) zu queren ist. Auch diese hat es mit ein paar kurzen, aber kräftig geneigten Teilstrecken in sich. Während einer kleinen Pause auf einem Moränenhügel können wir im April schon das Geschrei der Krabbentaucher hören, die in den Berghängen brüten.

Nun ist aber das große Gipsdalen (38) erreicht, ein weites, landschaftlich sehr schönes Tal. Im Bünsow Land, wie dieser Teil von Spitzbergen heißt, stehen beeindruckende Berge: deutlich horizontal geschichtet, mit kräftig, aber sehr regelmäßig erosiv zerschnittenen Hängen, wie man sie am Tempelfjord beim Tempelfjellet und im Billefjord sieht. Im Gipsdalen sind wir im Herzen dieser wunderbaren Landschaft, zwischen den beiden genannten Fjorden. Landschaftlich lohnt sich diese Fahrt, gar keine Frage! Siehe auch Abschnitt 6.1.5 *Sassenfjord, Tempelfjord.*

Wir passieren die Ruine einer kleinen Hütte, die vermutlich aus der Zeit um 1921 stammt, als eine schottische Firma Kohlevorkommen in dieser Gegend untersucht hat. Auf dem weiten Talboden im Gipsdalen gibt ein paar große Flächen mit spiegelblankem Eis, die wir umfahren, während es talaufwärts geht. Schließlich erreichen wir den oberen Talverlauf (39) mit ein paar Felshügeln (geologisch Interessierte können hier einen Blick auf das kristalline Grundgebirge werfen). Den mächtigen Berg Gipsdalskongen („Gipstalkönig", 913 m) zu unserer Rechten, ist nun eine weitere, große Moräne (40) zu passieren. Auch hier kommt es wieder darauf an, im Detail der richtigen Route zu folgen. Die nächsten 4 km bringen 400 Höhenmeter, was Skiwanderer ordentlich ins Schwitzen bringt und die Motoren zu höherer Drehzahl, bis wir schließlich den oberen Nordenskiöldbreen (41) erreicht haben. Die Landschaft ist einfach grandios: In zerklüfteten Wellen fällt der große Nordenskiöldbreen vor uns zum Billefjord ab, wo wir in der Ferne schon Pyramiden unterhalb des markanten, namengebenden Berges erkennen. Vor uns ragen mit Ferrierfjellet und Terrierfjellet zwei mächtige Berge (Nunatakker) aus dem Eis, das sich dahinter in der weitläufigen Eiskappe verliert, die den Nordosten Spitzbergens größtenteils bedeckt. Bei schönem Wetter kann man sich lange in der Schönheit dieses Panoramas verlieren, bevor es auf der Südseite des Nordenskiöldbreen (42) hinabgeht zum Billefjord. Dabei müssen wir darauf achten, nicht in die Spaltengebiete zu kommen, die große Teile des Gletschers im zentralen Bereich unpassierbar machen. Der letzte Abstieg (43) zum Fjord ist recht steil, aber die Natur hat eine gut funktionierende Route geschaffen. Auf die Gefahr der Wiederholung hin auch hier wieder der Hinweis: Gletscher verändern sich. Die Route, die bislang (aktuell letzte Befahrung April 2015) prima fahrbar war, kann durch Spalten gefährlich und unpassierbar werden. Der Abstieg ist in Eis modelliert und nicht in Stein gemeißelt, auch hier ist nicht gesagt, dass diese Schlüsselstelle in

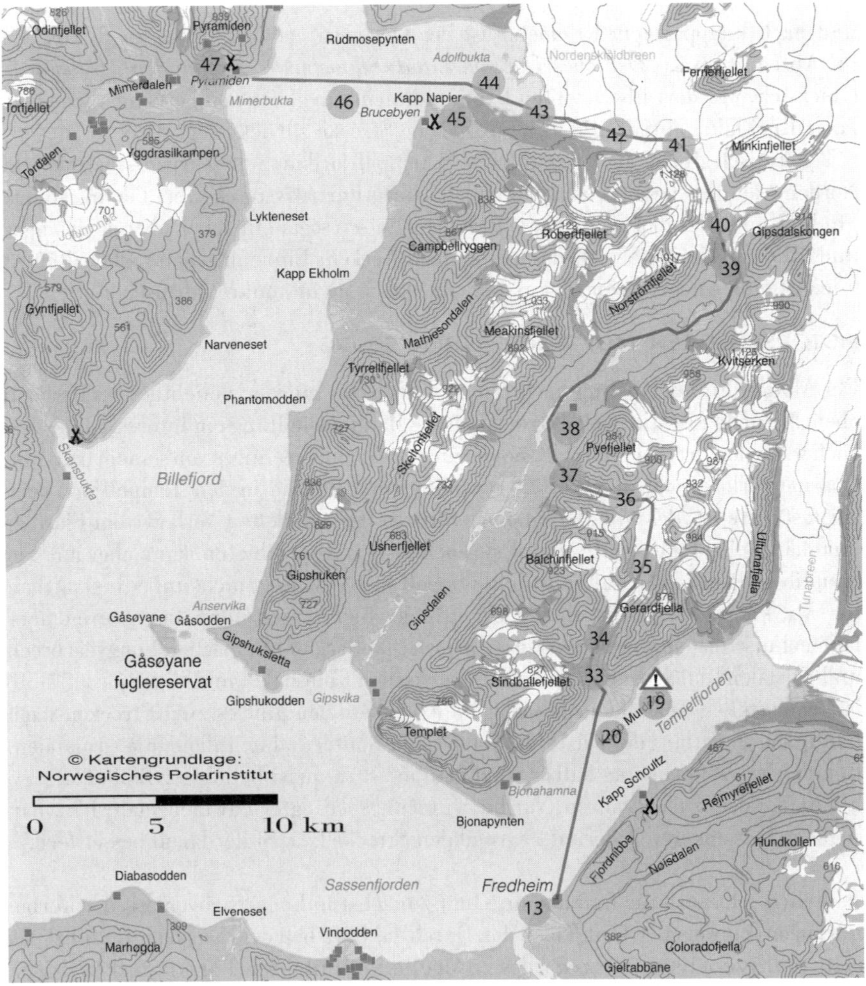

alle Zukunft befahrbar bleiben wird.

Auf dem Fjordeis der Adolfbukta (44) angekommen, schauen wir uns erst einmal um. Nicht weit entfernt beherrscht die Abbruchkante des Gletschers die Szenerie, und bei einem sorgfältigen Blick werden sicher auf dem Eis liegende Robben entdeckt. In den letzten Jahren (2013, 2014) scheinen sich auch Eisbären recht ortsfest im Billefjord niedergelassen zu haben, vielleicht läuft sogar einer davon irgendwo über das Eis!

Wir passieren die kleine Hüttensammlung Brucebyen (45) und haben nun noch 8 km über den inneren Billefjord vor uns. Das Fjordeis in diesem Bereich war bislang immer solide und zuverlässig, aber das offene Wasser ist im Süden wahrscheinlich nicht weit weg und die entsprechende Vorsicht ist auch hier unbedingt notwendig. Ist das Eis erwartungsgemäß solide und weitgehend eben, ist das letzte Stück nach Pyramiden (47) schnell zurückgelegt. Bald haben wir wieder festes Land unter uns und nach knapp einem Kilometer ist der Ortskern erreicht (mehr zu Pyramiden im Abschnitt 6.1.6 *Östliches Dickson Land (Skansbukta, Pyramiden), Billefjord*). Glücklich, wer dort übernachten kann und nicht am gleichen Tag schon wieder die lange Rückfahrt antritt, die über die gleiche Strecke zurückgelegt wird.

Theoretisch gibt es, auch falls das Eis im Tempelfjord nicht befahrbar ist, ab oberem Nordenskiöldbreen weiter östlich im Inland eine Alternativstrecke über Filchnerfonna, Fimbulisen und Rabotbreen. Diese ist fahrtechnisch sogar einfacher, aber noch länger und führt durch Gebiete, wo der motorisierte Verkehr Einheimischen vorbehalten ist (hier ist eine Änderung in Diskussion, aber noch nicht konkret abzusehen).

MOTORSCHLITTEN-TAGESTOUR: BARENTSBURG

Der Motorschlitten-Ausflug nach Barentsburg steht auf der Beliebtheitsskala hoch oben: Natürlich ist die noch aktive russische Bergbausiedlung ein interessantes Ziel, auch wenn der Ort 2014 durch Renovierungsmaßnahmen einiges von seinem früheren Charme verloren hat. Ein Vorteil gegenüber den Routen in den Tempelfjord oder zur Ostküste ist, dass die Barentsburg-Strecke im kompletten Verlauf vom Fjordeis unabhängig ist. Landschaftlich hat sie ebenfalls einiges zu bieten, kann aber mit den grandiosen Panoramen weiter östlich (Tempelfjord, Ostküste) nicht unbedingt mithalten. Mit knapp 100 km ist sie die kürzeste der hier vorgestellten Tagestouren, aber fahrtechnisch ist sie vergleichsweise anspruchsvoll: Sowohl zwischen Longyearbreen und Fardalen (53) als auch an der Küste zwischen Colesdalen und Grønfjord (57-59) ist recht steiles Gelände zu bewältigen. Ab Colesdalen gibt es zwei Strecken nach Barentsburg: entlang der Küste (die Kapp Laila-Route) und im Inland (die Grøndalen-Route). Der Abwechslung halber wird man meist in quasi beliebiger Reihenfolge so hin und anders zurückfahren. Nur bei witterungsbedingter Lawinengefahr hält man sich von den engeren Tälern der Grøndalen-Strecke (v.a. Skiferdalen) besser fern.

Natürlich geht auch die Barentsburg-Tour zunächst in Longyearbyen mit den Vorbereitungen (Einweisung, Umkleiden) los. Durch das Flussbett des Longyearelva führt das erste Stück zum Longyearbreen, dessen Moräne (50) mit ihrem kurzen, aber kräftigen Anstieg für Motorschlitten-Novizen gleich nach wenigen Kilometern die erste Schikane ist. Als Belohnung folgt danach die gut 3 km lange Fahrt den sanft ansteigenden Longyearbreen (51) hoch, bis in gut 600 m Höhe der Longyearpass (52) und damit der erste schöne Aussichtspunkt erreicht ist. Der Weg hinab ins Fardalen ist steil: auf gut einem Kilometer geht es fast 300 Höhenmeter abwärts, ein Gefälle von streckenweise etwa 30 %, was nicht zu unterschätzen ist: Hier gilt es, die Kontrolle über die Geschwindigkeit zu bewahren. Am Ende der Tour, wenn dieser Hang in Gegenrichtung zu bewältigen ist, erweist er sich als ordentlicher Anstieg, wo es heißt: Gewicht nach vorn und Gas geben! Aber bis dahin haben wir zumindest über fast 100 km Fahrerfahrung gesammelt. Wir sind nun erst mal im Fardalen (53), eine kurvenreiche und holprige Strecke im Flusslauf, streckenweise neben kleinen Felswänden, bis wir das offene Colesdalen (54) erreichen und dort einen Rundumblick in die Weite haben. Ein kleiner Abstecher führt in die 1961 aufgegebene russische Siedlung Colesbukta (55), steht aber üblicherweise nicht auf dem Programm der geführten Touren nach Barentsburg. Nach fast 8 km über flaches Gelände kommen wir auf der Westseite der Bucht Colesbukta in Ufernähe und erreichen nach einem kleinen Anstieg und einem flachen Hang Kapp Laila (56), wo ein paar verstreute Freizeithütten stehen. Ein guter Ort, um den Blick über den weiten Isfjord ein wenig zu genießen, bevor es an die Küstenstrecke Richtung Grønfjord geht. Dieser scheinbar harmlose Abschnitt hat es allerdings fahrtechnisch in sich, denn einige Einschnitte fordern die Überwindung steiler Hänge, beim ersten und größten (57) muss man sogar ein ganzes Stück den Hang hinauf fahren, was immerhin den Vorteil einer schönen Aussicht mit sich bringt. Wer Probleme mit der Beherrschung des Motorschlittens an Hängen hat, kann hier aber ganz schön ins Schwitzen kommen. Mehrere kleine Einschnitte verteilen sich noch entlang der gesamten Strecke (58), die landschaftlich bis auf den Isfjord-Blick mit ihren flachen, weitläufigen Hängen aber wenig zu bieten hat. Man passiert das weitläufig-flache und damit recht unscheinbare Hollenderdalen, und dann kommen Gebäude in Sicht: Am Kapp Heer (59), der Ecke zum Grønfjord, haben wir mit dem Hubschrauberlandeplatz das Gebiet von Barentsburg erreicht. Ganz in der Nähe sind der Friedhof von Barentsburg und eine Kanone aus dem Zweiten Weltkrieg. Üblicherweise geht es aber zügig weiter am Hang entlang und dann auf die Straße, bis wir ausweislich Ortseingangsschild Barentsburg (60) erreicht haben (siehe auch Abschnitt 6.1.2 *Grønfjord, Barentsburg*), wo wir auf ungewohnten Auto- und Fußgängerverkehr

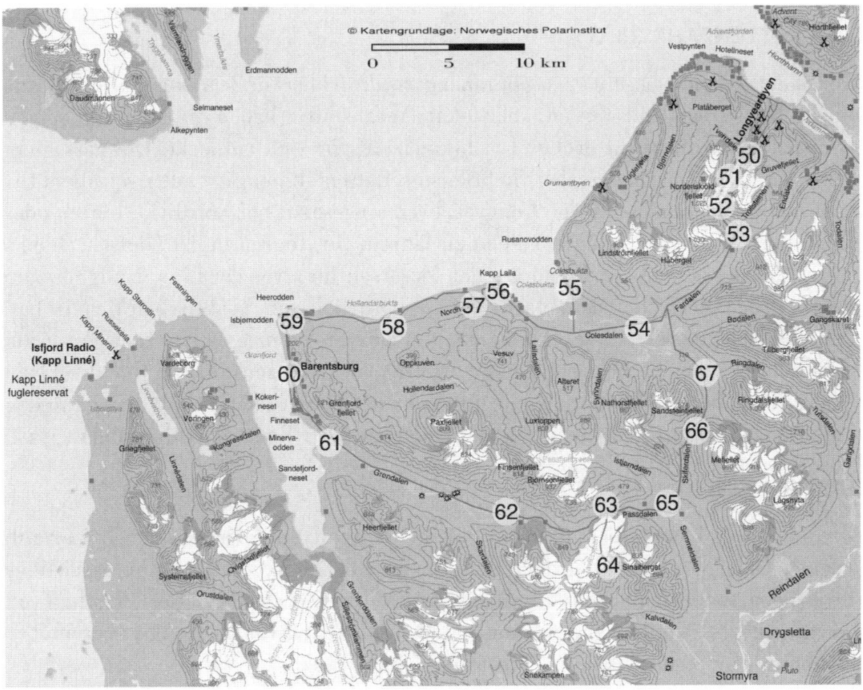

und die Geschwindigkeitsbegrenzung (20 km/h) achten müssen. Entlang des ehemaligen landwirtschaftlichen Produktionsbereiches geht es Richtung Zentrum, wo es Zeit wird für die Mittagspause. An den Wochenenden in der Hochsaison kann der Platz auf den ausgewiesenen Motorschlitten-Parkplätzen schon einmal knapp werden. Zum Essen geht es ins Restaurant, entweder im Hotel oder in der Brauerei. Über kleine Fotostopps und einen Besuch im Souvenirladen hinaus bleibt meist nicht allzu viel Zeit, bevor wir entlang von Kraftwerk, Schrotthalden und Bergbauanlagen Richtung Grøndalen (61) fahren. Nun haben wir wieder die Weite eines großen Tales um uns herum, das sich weit erstreckt, bis die Piste nach über 10 km im oberen Verlauf (62) schmaler und kurviger wird. Wir lassen den schönen, weitläufigen Tavlebreen (63) rechts liegen. Man kann über diesen Gletscher einen Abstecher zu einem Aussichtspunkt (64) machen, wo man einen schönen Blick über das kleine Kalvdalen, die Mündung des großen Reindalen und den Van Mijenfjord hat.

Bald darauf haben wir im oberen Semmeldalen (65) eine Talkreuzung erreicht, wo nicht weniger als 5 Täler zusammenlaufen. Wir steuern das enge Skiferdalen (66, sprich: Schiefer-, und genau das bedeutet es auch) an, wo Felswände, Kurven und kleine Anstiege für landschaftliche Abwechslung sorgen, bevor wir wieder das weitläufige Colesdalen (67) erreichen. Den Rest der Strecke kennen wir schon, wobei sich der Anstieg vom Fardalen zum Longyearbreen (53) als abschließende Herausforderung präsentiert, bevor man sich mit gewisser Erleichterung über den Blick über Longyearbreen, Longyearbyen und Adventfjord freuen kann.

3.2.11 KETTENFAHRZEUG

Es gibt Kettenfahrzeuge mit Passagieranhängern, die früher für Bergbau und Verwaltung eingesetzt wurden und werden, aber lokale Veranstalter haben die geländegängigen Transportmaschinen mit großer Frachtkapazität für sich entdeckt. Die Passagiere sitzen im Anhänger, haben aber Sichtfenster. Kettenfahrzeuge werden vor allem für Ausflüge in der Umgebung von Longyearbyen eingesetzt, bei Nordlicht-Touren oder um Touristen auf den Longyearbreen zu fahren, für Touren in die Gletscherhöhle. So entfällt der gesamte Aufwand mit den Motorschlitten von der Einweisung bis zum Fahren in der Dunkelheit der Polarnacht, was natürlich seine praktischen Vorteile hat.

Auch für Transportfahrten können Kettenfahrzeuge eingesetzt werden, etwa um Skiwandergruppen Richtung Ostküste zu fahren, so dass die eigentliche Tour direkt am Rabotbreen oder im Fulmardalen beginnen kann und man nicht erst tagelang in den stark von Motorschlitten frequentierten Tälern auf der Route dorthin unterwegs ist.

3.2.12 REITEN

Man glaubt es kaum, aber man kann tatsächlich auf Spitzbergen auch Reiturlaub machen. Dabei handelt es sich aber nicht um mehrtägige Expeditionen zu Pferde über die Tundra, sondern um mehrstündige Ausritte an der Küste vom Isfjord westlich von Longyearbyen, zwischen Bjørndalen und Campingplatz, von Mitte Mai bis Oktober angeboten von einem lokalen Veranstalter.

3.2.13 HUBSCHRAUBER

Die touristische Nutzung von Hubschraubern ist heute nicht mehr erlaubt, schon gar keine Landungen im Gelände. Für Reportagen können Genehmigungen zum Chartern eines Hubschraubers beantragt werden. Hubschrauber sind wegen des sehr hohen Treibstoffverbrauchs die wohl umweltunfreundlichste Art, lokal zu reisen, und haben ein großes Störungspotenzial gegenüber Tieren (Walrosse, Seevogelkolonien, Eisbären, ...), worauf seitens Verwaltung, Küstenwache und Wissenschaft leider manchmal nicht die notwendige (und für alle vorgeschriebene) Rücksicht genommen wird.

3.2.14 KLETTERN

Spitzbergen ist für Kletterer ein teilweise unattraktives Gelände, da das Gestein vielerorts aus zu weichen, vom Frost stark in Mitleidenschaft gezogenen Sedimenten besteht. Es gibt dennoch ein paar gute Kletterregionen, in denen harte Kristallingesteine anstehen und steile Wände bilden. Das sind vor allem der Nordwest-Spitzbergen-Nationalpark, der Nordosten Spitzbergens mit Atomfjella und Newtontoppen und der Süden mit dem Hornsundtind. Der Nordwesten hat viele Gipfel, steile Grate und ist stark vergletschert. Trotz Höhen von nicht viel mehr als 1 000 m gibt es dort spannende und spektakuläre Kletterrouten. Der Newtontoppen, der höchste Berg Svalbards, ist ohne technische Kletterei mit Skiern ersteigbar. Technisch deutlich anspruchsvoller ist der Hornsundtind im Süden Spitzbergens.

Erfahrungsberichten zufolge sollen Eisklettern und alpine Skitouren deutlich attraktiver sein als die Felskletterei.

Die Schwierigkeit besteht in der Abgelegenheit der guten Kletterregionen, die alle von Longyearbyen weit entfernt liegen. In der mittleren Umgebung von Longyearbyen gibt es nur lokal kleine Felsklettergebiete, wo Diabas ansteht (ein basaltähnliches, hartes Gestein), etwa der Hyperittfossen im De Geerdalen; während der Brutsaison kommen die steilen Felsen aber aus Naturschutzgründen als Klettergelände nicht in Frage. Für Freunde des Eiskletterns gibt es natürlich im Winter den einen oder anderen gefrorenen Wasserfall und auf Gletschern Schmelzwasserhöhlen und Spalten.

3.2.15 TAUCHEN

Taucher, die ausreichend Erfahrung mit Trockenanzügen haben, können mehrtägige Schiffsreisen mit Tauchoption buchen. In Longyearbyen gibt es einen Tauchclub, von dem auswärtige Taucher auf Anfrage die schweren Teile der Ausrüstung mieten können (www.dykk.svalbard.com), darüber hinaus bietet der Verein aber keinerlei Touren oder Unterstützung für nicht-ortsansässige Gäste. Es gibt keinen Laden, der Tauchausrüstung führt. Unmittelbar bei Longyearbyen gibt es auch keine attraktiven dive-sites, so dass für interessante Tauchgänge ein Boot unabdingbar ist. Unterm Strich ist Spitzbergen für Taucher von außerhalb ein schwieriges Tauchrevier und die wirklich guten Tauchplätze sind alle recht abgelegen, aber die oben angedeuteten, schiffsbasierten Tauchtouren bieten Möglichkeiten. Die Qualität der Taucherlebnisse hängt stark von der Sicht ab, die wegen Schmelzwasserzufluss von Gletschern kurzfristig schwanken kann. Spitzbergen wird daher sicher nie oben auf die Hitliste weltweiter Tauchziele gelangen, aber wer die Welt einschließlich der Arktis unter Wasser gesehen haben will, hat Möglichkeiten, und Taucher kommen nach Tauchgängen an den richtigen Stellen immer wieder mit einem Leuchten in den Augen zurück an die Oberfläche. Unter Wasser ist die Arktis viel farbenfroher und abwechslungsreicher, als wasserscheue Menschen sich vorstellen können. Die Verlockungen reichen vom Eis (Treibeis, kleine Eisberge) bis hin zu großen Tangwäldern.

3.2.16 JAGEN & ANGELN

Jagdtourismus spielt auf Spitzbergen keine Rolle und ist auch nicht erwünscht. Alle größeren Tiere, die Trophäenjäger anlocken würden, sind geschützt. Anwohnern ist eine streng regulierte Jagd auf bestimmte Arten zu bestimmten Zeiten gestattet, beliebt sind die Rentier- und die Schneehuhnjagd sowie Fallenstellerei auf Füchse. Darüber hinaus sind einige Robben- und Vogelarten legale Beute menschlicher Jäger.

Unter Zugereisten spielt Jagd fast keine Rolle, aber theoretisch können Inhaber eines Jagdscheins bestimmte Arten jagen, etwa Schneehuhn oder Ringelrobbe (nicht Rentier). Voraussetzung ist eine Jagdkarte, die der Sysselmannen erteilt, dort auch weitere Details (www.sysselmannen.no). In der Praxis relevant ist das fast nur für Leute, die Bekannte in Longyearbyen haben und zusammen mit diesen auf Jagd gehen.

In größeren Seen und Flussmündungen gibt es Seesaiblinge, die von Inhabern entsprechender Lizenzen mit Netz und Angel gefangen werden. Zugereisten können eine Angelkarte zu lösen (Netze oder Reuse sind Zugereisten verboten).

3.2.17 FAHRRAD

Innerhalb von Longyearbyen ist ein Fahrrad sehr praktisch, auch auf den Wegen Richtung Bjørndalen und ins Adventdalen ist man damit mobil. Man kann in Longyearbyen Fahrräder mieten. Darüber hinaus sind Radtouren weitgehend unmöglich, denn es existieren außerhalb der Siedlungen keine fahrradfähigen Wege und das Fahren über die sommerliche Tundra kommt aus Gründen des Umweltschutzes nicht in Frage und ist verboten. In gewissem Umfang kann man aber mit sogenannten Fat-Bikes, die sehr dicke Reifen haben, über fest gefrorene Tundra und unbewachsenes Gelände fahren, was weder die Natur noch den Gesetzgeber stört. Ganz im Gegenteil ist dieser stille Verkehr, bei dem nur körpereigene Energie verbrannt wird und die einzigen Emissionen in der eigenen Puste bestehen, aus beiderlei Sicht zu begrüßen.

Dazu bieten sich in der Nähe von Longyearbyen das Fjordufer und die Flussbetten des Adventelva und Seitentäler (Endalen etc.) an, sobald sie im Herbst trocken gefallen sind. Mit Spikes an den Reifen drängt sich der zugefrorene Adventelva im Herbst geradezu für eine ausgefallene Radtour auf. Und mit FatBike Spitsbergen gibt es in Longyearbyen auch einen spezialisierten Veranstalter (siehe Abschnitt 3.3 *Veranstalter*), an den Interessenten sich wenden können.

3.2.18 BUS

Natürlich sind längere Busreisen mangels Straßen in Spitzbergen keine Option. In Longyearbyen werden Charterbusse angeboten, die für Sightseeing-Touren im Ort sowie kleine Ausfahrten ins Adventdalen genutzt werden können. Das kann man sogar auf schmackhafte Weise mit dem Restaurantbus von Arctic Tapas (siehe 3.3 *Veranstalter*) machen, wobei unterwegs ein mehrgängiges Menü serviert wird. Kleinere Gruppen können im Minibus einer Taxifirma Ortsrundfahrten machen.

3.2.19 WOHNMOBIL

Der Deutschen liebstes Gefährt in Skandinavien stößt am Nordkap auf eine natürliche Grenze, denn eine Straße nach Spitzbergen hat selbst das Brücken- und Tunnelland Norwegen noch nicht gebaut. Mangels Straßen kann man vor Ort mit einem Wohnmobil auch nicht viel anfangen. 2008 hat der erste Wohnmobilist es zwar mit einigem Aufwand nach Spitzbergen geschafft, damit aber wohl kaum einen Trend eingeleitet. Der Vollständigkeit halber muss man allerdings sagen, dass es in Longyearbyen mehrere auf Kufen montierte Wohnwagen gibt, die im Winter, von Kettenfahrzeugen gezogen, gelegentlich von Einheimischen genutzt werden.

3.3 VERANSTALTER

Zwei Dinge sind für eine solche Unternehmung ins Eis von ausschlaggebender Bedeutung: erstens Glück und zweitens Erfahrungen.

Wilhelm Filchner, *Zum sechsten Erdteil* (1922)

Es gibt eine wachsende Zahl kleinerer und größerer Firmen, die in Spitzbergen Reisen und Touren verschiedener Art anbieten. Die folgende Auflistung von Anbietern erhebt keinen Anspruch auf Vollständigkeit und beinhaltet keine qualitative Wertung, sondern dient der Orientierung. Die meisten lokalen Firmen bieten diverse Tagestouren in und um Longyearbyen an, viele auch längere Touren, und sind im Internet über die Website der Touristeninformation in Longyearbyen (www.visitsvalbard.com) zu finden.

Die Kurzbeschreibungen entsprechen dem Stand von Anfang 2015, die einzelnen Anbieter informieren Sie auf Anfrage über die aktuellen Entwicklungen und Angebote.

Es werden nur Firmen aufgeführt, die selbst Touren in Spitzbergen durchführen, aber keine Reisebüros, welche auf den Vertrieb der Angebote Dritter spezialisiert sind und keine Reedereien größerer Kreuzfahrtschiffe.

Vor Ort

- **Arctic Adventures:** Kleiner Anbieter mit Hauptquartier im Adventdalen, 12 km von Longyearbyen. Inhaber ist der sehr erfahrene Däne Jens Abild. Auf Wunsch individuell gestaltete Arrangements sind Schwerpunkt. P.O. Box 480, 9171 Longyearbyen, Norwegen. Tel. +47 7902 16 24, Mobil +47 47 47 80 59 90, Fax +47 7902 17 45. Email info@arctic-adventures.no, Internet www.arctic-adventures.no.

- **Arctica Sailing** gehört Heinrich Eggenfellner. Heinrich wiederum gehört zu jener sehr überschaubaren Gruppe von Menschen, die über Generationen hinweg in Longyearbyen leben, und da Heinrich viel und gerne mit Motorschlitten und seinen beiden virtuos geführten Booten unterwegs ist, gibt es nur wenige Menschen, die Spitzbergen so gut kennen wie er. Mit seiner kleinen, robusten Yacht *Arctica* (Platz für 5 Passagiere und Skipper) fährt er vor allem Wissenschaftler, Fotografen und Filmteams in die entlegensten Winkel. Auf der *Arctica* II finden hingegen auch bis zu 10 Personen sowie 2 Besatzungsmitglieder Platz. Heinrich Eggenfellner, Email: charter@sy-arctica.com, Internet: www.arcticaexpeditions.com.
- **Arctic Tapas** bietet Busrundfahrten (ca. 2,5 Stunden Dauer) in und um Longyearbyen an, wobei im speziell eingerichteten Bus ein mehrgängiges Menü aus lokalen (nun, nordnorwegischen) Zutaten serviert wird. Günstiger als die Autovermietung, wo es nichts zu essen gibt, ist es auch noch. Arctic Tapas, Tel. +47 462 74 000, Email post@arctictapas.com, Internet www. arctictapas.com.
- **Basecamp Spitsbergen**: Kürzere und längere Touren u.a. mit Ski, Hunde- und Motorschlitten. Basecamp Trapperhotel in Longyearbyen. P.O. Box 316, 9171 Longyearbyen, Norwegen. Tel. +47 7902 46 00, Email spitsbergen@basecampexplorer.com, Internet www.basecampexplorer.com/.
- **Better Moments** ist ein Kleinveranstalter mit verschiedenen Motorschlittentouren und Logistikangebot und geht auch gerne auf individuelle Wünsche ein. Tel. +47 92 05 67 76 oder +47 98 40 40 89, Email: info@bettermoments.no, Internet www.bettermoments.no.
- **Emotionsarctiques:** Kleine französische Firma, spezialisiert auf mehrtägige Kajaktouren, dazu auch Aurüstungsverleih und logistische Unterstützung.141 rue Babeuf, 93 100 Montreuil, France. Tel. +33 6 73 72 47 68 oder während der Saison +47 79 640 642, Email: emotions.arctiques@gmail.com, Internet: www.emotionsarctiques.com.
- **FatBike Spitsbergen:** Kleiner Familienbetrieb, der auf Touren mit geländegängigen Fahrrädern mit 12 Zentimeter breiten Reifen spezialisiert ist. Gefahren wird umweltfreundlich auf vegetationsfreiem oder fest gefrorenem Untergrund, auch auf Schnee. Email info@fatbikespitsbergen.com, Internet http://fatbikespitsbergen.com.
- **Green Dog Svalbard AS:** Martin Munck, ehemaliges Mitglied der berühmten Sirius-Patrouille in Grönland und für einige Jahre treibende Kraft im Tourismus in Scoresbysund, ist ein äußerst erfahrener Hundeschlittenfahrer. 2011 hat Martin sich mit seiner Familie im Bolterdalen niedergelassen, 8 km außerhalb von Longyearbyen, und dort einen Hundehof übernommen und die Firma Green Dog Svalbard gegründet. Tel. +47 7902 6100. Email: greendogsvalbard@gmail.com, internet www.greendog.no.
- **Polar Charter**: Tagesfahrten mit MS *Polargirl* im Isfjord: nach Barentsburg, Pyramiden oder zu einem Gletscher wie dem Borebreen. Diese Fahrten werden üblicherweise in der Touristeninformation oder an der Hotelrezeption gebucht,

aber Sie können auch über die Internetseite der Firma buchen oder Kontakt aufnehmen. Tel. +47 4805 5700, Email booking@polarcharter.no, Internet www.polarcharter.no.

- **Poli Arctici**: In Longyearbyen ansässiger Italiener mit viel Erfahrung. Logistik, kürzere und längere Touren, Ausrüstungsverleih (Bekleidung, Fahrräder etc.), Logistik. 9171 Longyearbyen, Svalbard, Norwegen. Telefon +47 7902 17 05, Fax +47 7902 17 34, Mobiltelefon +47 91 38 34 67, Email stefano@poliarctici.com, Internet www.poliarctici.com.
- **Spicbergen.ru** ist eine russische Agentur, die den russischen Tourismus von Barentsburg ausgehend entwickeln soll. Wer nicht russisch spricht, findet keine Informationen von und über diesen Anbieter. Im Angebot sind Touren, Führungen, Bootstransfers und Leihausrüstung. 2013 und 2014 wurden mehrtägige Ski-, Motorschlitten- und Sommertouren angeboten und eine Erweiterung des Angebots ist angekündigt. Tel. +7 926 1717342, Email info@spicbergen.ru, Internet http://spicbergen.ru.
- **Spitsbergen Outdoor Actvities**: Tagestouren um Longyearben (Winter, Sommer) zu Fuß, mit Kajak und Pferd. Die Adresse für alle, die sich auf einen Ausritt am Isfjord freuen. P.O. Box 182, 9171 Longyearbyen, Norwegen. Tel. +47 91 77 65 95, Email post@spitsbergenoutdooractivities.com, Internet: www.spitsbergenoutdooractivities.com.
- **Spitsbergen Sailing** hat die Segelyacht *Aleiga* (13,8 m) für Kleingruppen bis zu 8 Passagieren für inselgruppenweite Charterfahrten im Angebot. Spitsbergen Sailing AS, Postbox 543, 9171 Longyearbyen, Norwegen. Tel. +47 98404089, Email info@spitsbergensailing.com, Internet www.spitsbergensailing.com.
- **Spitsbergen Tours**: Firma von Andreas Umbreit aus Deutschland. Andreas ist in der Saison vor Ort in Longyearbyen. Im Winter Ski- und Schneeschuhtouren, im Sommer Ortsprogramm, Tageswanderungen, mehrtägige Camps, Wander- und Trekkingtouren, Spezialarrangements auf Anfrage. P.O. Box 6, 9171 Longyearbyen, Norwegen. Telefon +47 7902-10 68, Fax +47 7902 10 67, Mobiltelefon +47 97 74 46 96. Außerhalb der Saison Tel. +49 (0)3622-90 16 33. Email info@terrapolaris.com oder terrapolaris@gmx.net, Internet www.terrapolaris.com.
- **Spitsbergen Travel**, kurz **SpiTra**: Größte Firma vor Ort, Sommer und Winter, verschiedene Tages- und längere Touren auch in abgelegenen Teilen Spitzbergens. Motorschlitten- und Skitouren, Hundeschlitten. Im Sommer Kajak-, Ski- und Wandertouren, Tagestouren um Longyearbyen. SpiTra betreibt in Spitzbergen das Hurtigruten-Schiff *Fram* (318 Passagierplätze), die Spitzbergen im Wochenrhythmus umrundet. Büro im Polarsenter neben dem Radisson Blu Hotel. P.O. Box 548, 9171 Longyearbyen, Norwegen. Telefon +47 7902 61 00, Fax +47 7902 61 01, Email info@spitsbergentravel.no, Internet www.spitsbergentravel.no.
- **Spitzbergen Adventures** ist die Firma von Doreen Lampe, ursprünglich aus Stralsund, aber seit langem in Longyearbyen ansässig. Neben Vermittlung von allen möglichen Touren, Übernachtung, Guides etc. bietet Doreen Motorschlit-

tentouren an und ist darüber hinaus eine gute Ansprechpartnerin für Spezialarrangements wie Logistik für Expeditionen, Film & Foto und auch sonst so ziemlich alles. Spitzbergen Adventures, Postboks 489, N-9171 Longyearbyen. Mobiltelefon +47 480 61 091, Email info@spitzbergen-adventures.com, Internet www.spitzbergen-adventures.com.

- **Stig Henningsen Transport og Guiding**: Tagestouren im Isfjord mit MS *Langøysund*, Logistik, Transport und Touren mit Motorschlitten und Motorboot. P.O. Box 353, 9171 Longyearbyen, Norwegen. Telefon +47 7902 13 11, Mobiltelefon +47 91 85 37 56, Fax +47 7902 18 82, Email mail@htg.svalbard.no, Internet www.htg.svalbard.no/.
- **Svalbardbooking** ist das Buchungsportal der Svalbard Adventure Group (Huset, SvalBar, Snøskuterutleie). Motorschlittenspezialist (Verleih und Verkauf einschließlich Zubehör, Bekleidung, Sicherheitsausrüstung) mit Geschäft direkt am Ortsausgang Richtung Adventdalen. Schwerpunkt ist das umfangreiche Programm an Motorschlittentouren. Auch Hundeschlitten und Motorbootfahrten im Sommer. Tel. +47 79 02 50 00, Email post@svalbardbooking.com, Internet www.svalbardbooking.com.
- **Svalbard Explorer** ist eine kleine Firma, die individuelle Touren nach Wunsch zusammenstellt: Motorschlittentouren (ein- und mehrtägig) und inselgruppenweite Charterfahrten mit dem eigenen Motorboot *Ulla Rinman* (bis zu 12 Passagiere, v.a. Forschungs- und Filmaufträge, auch private Gruppen möglich). Svalbard Explorer AS, Postboks 900, 9171 Longyearbyen, Norwegen. Email info@svalbardexplorer.no, Internet www. svalbardexplorer.no, Tel. +47 90 76 29 33.
- **Svalbard Husky:** Im Adventdalen, etwa 6 km von Longyearbyen entfernt. Kürzere und längere Touren mit Hunden. Im Sommer Tagesausflüge mit Hunden, Wanderung, Fossiliensammeln; in der Polarnacht Ausflüge an Vollmondtagen. P.O. Box 1039, 9171 Longyearbyen, Norwegen. Telefon +47 98 87 16 21, Email post@svalbardhusky.no, www.svalbardhusky.no.
- **Svalbard Villmarkssenter:** Hundeschlittentouren, ein- und mehrtägig, auch im Sommer. Übernachtung im Ort. Im Mai 2008 wurde Svalbard Villmarkssenter als einer der ersten Touristik-Anbieter in Norwegen mit dem Titel „anerkannter norwegischer Ökotourismus“ ausgezeichnet. P.O. Box 396, 9171 Longyearbyen, Norwegen. Tel. +47 7902 17 00, Fax +47 7902 19 86, Email info@svalbardvillmarkssenter.no, Internet www.svalbardvillmarkssenter.no.
- **Svalbard Wildlife Expeditions**: Tages- und längere Touren, Sommer und Winter. Hundeschlitten, Skitouren und Wanderungen, Wildniscamps, Kayaktouren. Svalbard Wildlife Expeditions AS, Pb 164, 9171 Longyearbyen. Tel. +47 79 02 22 22, Email info@wildlife.no, Internet www.wildlife.no.

Und noch ein paar Spezialisten von außerhalb, die regelmäßig in Spitzbergen aktiv sind (Weitere Anbieter von Expeditionsschiffsreisen sind auf der Mitgliederliste von AECO zu finden, siehe www.aeco.no). Einzelne Anbieter ändern ihr Programm wie auch die betriebenen Schiffe regelmäßig, die Auflistung kann somit keinen Anspruch auf Vollständigkeit und Aktualität erheben.

- **Aurora Expeditions** betreibt die *Polar Pioneer* (56 Passagierplätze) in Arktis und Antarktis. Suite 212, 35 Buckingham Street, Surry Hills, Sydney NSW 2000, Australien. Telefon +61 2 9252 1033, fax +61 2 9252 1373, Email auroraex@auroraexpeditions.com.au, Internet www.auroraexpeditions.com.au.
- **Diamir Erlebnisreisen** ist ein auf Abenteuer- und Fotoreisen spezialisierter Veranstalter, der eng mit Oceanwide Expeditions (s.u.) zusammenarbeitet. Diamir Erlebnisreisen GmbH, Berthold-Haupt-Straße 2, 01257 Dresden. +49-351-31 20 77, Fax: +49-351-31 20 76, Email: info@diamir.de, Internet www.diamir.de.
- **Hapag-Lloyd Kreuzfahrten** (Deutschland), u.a. mit den bekannten Kreuzfahrtschiffen *Bremen* und *Hanseatic*, die immer wieder in polaren Gewässern unterwegs sind. Hapag-Lloyd Kreuzfahrten GmbH, Ballindamm 25, 20 095 Hamburg. Tel. 040 3001 4600, Fax 040 3001 4601, Internet www.hlkf.de.
- **Master Mariner AB:** Eigner und Betreiber Schwesterschiffe *Origo* (12 Passagiere) und der *Malmö*, zwei kleine, schöne Expeditionsschiffe. Master Mariner AB, Västra Gatan 5, 442 31 Kungälv, Schweden. Telefon +46 303 59359, Fax: +46 303 59359, Email info@mastermariner.nu, Internet: www.expeditionorigo.se.
- **Oceanwide Expeditions**: Auf Expeditionsseereisen spezialisierter Anbieter aus den Niederlanden, betreibt mehrere Schiffe: die *Plancius* (Passagierkapazität: 114) und die *Ortelius* (120), die jeweils etwa von Mitte Juni bis Ende August in Spitzbergen sind und anschließend nach Grönland fahren, sowie die Segelschiffe *Noorderlicht* in Spitzbergen und *Rembrandt van Rijn* in Westgrönland. Auf bestimmten Fahrten gibt es Tauchoptionen und andere Aktivitäten wie Wandern, Skilaufen etc. Oceanwide Expeditions, Bellamypark 9, 4381 CG Vlissingen, Niederlande. Telefon +31 118 410 410, Fax +31 118 410 417, Email info@oceanwide-expeditions.com, Internet www.oceanwide-expeditions.com.
- **Polarkreuzfahrten:** Spezialanbieter für Schiffsreisen in Polargebieten mit eigenen Spezialangeboten. Exklusiver Vertrieb der Polar Quest Schiffe in Deutschland. Fietz GmbH Polar-Kreuzfahrten, Mittelstraße 2, 31535 Neustadt, Tel. +49 (0)50 32-80 100 50, Fax +49 (0)5032-96 774 39, Email verkauf@polar-kreuzfahrten.de, Internet www.polar-kreuzfahrten.de.
- **Polar Quest:** Bietet Fahrten auf der *Stockholm* (12 Passagiere) an, einem der kleinsten und schönsten Schiffe, die regelmäßig in Spitzbergen unterwegs sind, sowie auf der *Quest* (53 Passagiere). PolarQuest AB, Slussgatan 1, P.O BOX 180, 401 23 Göteborg. Telefon +46 31 333 17 30, Fax +46 31 333 17 31, Email info@polar-quest.com, Internet www.polar-quest.com.
- **Svalbard Nature**: Französischer Anbieter, vor allem Kajaktouren. P.O. Box 480, 9171 Longyearbyen, Norwegen. Svalbard Nature, 36-37 quai Arloing, 69009 Lyon. Tel. (Frankreich) +33 4 78 92 30 88, Email info@svalbard-nature.com, Internet www.svalbard-nature.com.

- **Tallship Company:** Betreibt die schöne Barkentine (Dreimast-Rahsegler) *Antigua* (32 Passagiere) in Spitzbergen. Tall Ship Company, Zevenhuizen 52, 8801 AW Franeker, Niederlande. Telefon +31 517 34 28 10, Fax +31 517 34 28 08, Email info@tallship-company.com, Internet www.tallship-company.com
- **Vegaexpeditions:** Kleine Spezialfirma, gegründet von Oscar Westman und Vera Simonsson, zwei erfahrenen Spitzbergen-Guides. Oscar und Vera organisieren Reisen mit der *Origo*, einem kleinen (12 Passagiere), aber sehr schönen Schiff, das in den Gewässern Spitzbergens schon zum Inventar gehört. Die Reisen sind mitunter speziellen Interessen wie Tierfotografie gewidmet. Tel. +46 (0) 761 653 741. Email info@vegaexpeditions.se, internet: www.vegaexpeditions.com.
- **Waterproof Expeditions**: Spezialist für Tauchreisen in die Arktis und Antarktis. Waterproof Expeditions, Lievevrouwestraat 56, 4611 JL Bergen op Zoom, Niederlande. Telefon +31 118 435 885, Fax +31 842 272 044, Email info@waterproof-expeditions.com, Internet www.waterproof-expeditions.com.
- **69 Nord:** Kleine französische Firma mit Sitz in Tromsø, die in Norwegen und Spitzbergen Segelreisen mit der Segelyacht *Southern Star* anbietet, teilweise mit Ski- oder Paragliding-Option. 69 Nord, Postboks 499, 9255 Tromsø, Norwegen. Tel. +47 993 625 70, Büro in Frankreich: Telefon +33 05 56 58 50 42, Email : info@69nord.com oder olivier@69nord.com, Internet www.69nord.com.

Und natürlich ist der Autor dieses Buches jeden Arktis-Sommer rund um Spitzbergen und anderswo in der Arktis unterwegs, vorzugsweise auf kleineren Segelschiffen mit längerer Reisedauer und Angeboten, die sich primär an Wanderfreudige richten, mitunter aber auch speziell an Naturfotografen. Mehr hierzu auf der Internetseite des Autors: www.spitzbergen.de

3.4 PRAKTISCHES FÜR UNTERWEGS

... one night Brownie, to Richard's amazement, began to wash his clothes. Richard considered the matter, and decided that the whole thing was bad. His reasons were conclusive. First of all, it was a nuisance ; then, it was no good washing clothes if one did not wash oneself, which he had no intention of doing ; finally, if something fits, why ask it to shrink?

A.R. Glen, *Under The Pole Star* (1937)

BEKLEIDUNG

Wenn Sie eine Reise nach Spitzbergen buchen, erhalten Sie von Ihrem Reisebüro detaillierte Informationen über die Reise und die benötigte persönliche Ausrüstung. Widmen Sie diesen Informationen Aufmerksamkeit - gute Vorbereitung, insbesondere zweckmäßige Bekleidung, trägt entscheidend zum Erfolg einer Reise bei. Unterwegs können Sie meistens nichts mehr beschaffen.

Natürlich unterscheidet sich die Art der Bekleidung völlig in Abhängigkeit von der Jahreszeit und der Reiseart, die Sie planen. Ratschläge für sämtliche möglichen Reisearten zu geben, liegt jenseits der Absichten und Möglichkeiten dieses Buches. Vor allem Wintertouren erfordern wegen der extremen Temperaturen sehr gute Bekleidung, wobei diese bei gebuchten Touren teilweise gestellt wird oder gemietet werden kann. Bei Motorschlittentouren kommt Spezialkleidung zum Einsatz (siehe 3.2.10 *Motorschlitten*). Bei Sommerreisen müssen Sie sich meist selbst ausrüsten, teilweise sind Anbieter hierbei mit Rat oder Verleih/Vermietung behilflich. Auf manchen größeren Schiffen werden Wetterkleidung und Gummistiefel zur Verfügung gestellt, was natürlich das Fluggepäck entlastet. Aber ob man dann wirklich perfekt passende Stiefel bekommt ...?

Die unten empfohlene Bekleidung funktioniert auf längeren, sommerlichen Wanderungen genauso gut wie während der Landgänge von Schiffsreisen, nur die Fußbekleidung wird bei Wander- und Trekkingtouren anders aussehen.

Bekleidung ist immer etwas sehr Persönliches. Während manche sich in leichter Bekleidung wohlfühlen, frieren andere sich unter den gleichen Bedingungen trotz Pullover und warmer Jacke den Hintern ab. Letztendlich müssen Sie selbst entscheiden, was für Sie am besten funktioniert.

Temperaturen weit unter 0°C werden Ihnen während einer sommerlichen Schiffsreise in Spitzbergen nicht begegnen: Die Sommertemperaturen liegen normalerweise zwischen +1 und +8°C. Ihr Wärmeempfinden hängt aber wesentlich von Wind und Sonnenstrahlung sowie von körperlicher Bewegung ab.

Stellen Sie sich auf langes Sitzen bei windig-feuchtkalten Bedingungen im Zodiac (robustes Schlauchboot) genauso ein wie auf eine kleine Bergwanderung im Sonnenschein. Vielleicht erleben Sie beides während einer einzigen Exkursion. Daran können Sie sich mit Hilfe des Schichtenprinzips anpassen („System Zwiebel"): Besteht Ihre Bekleidung aus mehreren dünnen Schichten anstelle einer warmen, können Sie immer schnell eine Lage ergänzen beziehungsweise entfernen. Sie brauchen also einen kleinen Tagesrucksack, in dem Sie Reserven unterwegs griffbereit haben. Etwas Reservekleidung kann im Fall unerwarteter, plötzlicher Wetterstürze sehr wichtig sein; natürlich nicht bei einem Spaziergang durch Ny Ålesund, aber bei einer Wanderung in der Wildnis, die keinen Schutz vor Wind und Wetter bietet.

Die oberste Schicht sollte immer wind- und wasserdicht sein (auch bei Sonnenschein, denn Spritzwasser kann Bootsfahrten schnell zu einer feuchten Angelegenheit machen). Eine atmungsaktive Membran anstelle von völlig wasserdichter Außenkleidung ist sehr gut, insbesondere wenn gewandert wird, aber es geht auch ohne.

Handschuhe, Mütze und Schal (praktischer: Schlauchtuch oder „Buff") sollten Sie immer bei sich haben, und wenn es warm ist, dann zumindest im Rucksack. Ein Paar Handschuhe in Reserve ist vor allem bei feuchtem und windigen Wetter eine gute Idee, und ein extra-Paar warmer Socken im Rucksack ist zumindest bei längeren Ausflügen nicht verkehrt. Sehr praktisch sind Fäustlinge/mit wegklappbarem Fingerteil. Engagierten Fotografen leisten zusätzlich dünne Seidenhandschuhe gute Dienste, um bei voller Bewegungsfreiheit wenigstens noch ein wenig Schutz zu haben.

Bekleidung aus Baumwolle (T-shirts, Jeans) ist schlecht geeignet, da sie nicht gut isolieren, weder wind- noch wasserdicht sind und nur langsam trocknen. Bei Wetterstürzen können Jeans ein gefährliches Einfallstor für Hypothermie (Unterkühlung) werden, wenn man plötzlich in schlechtem Wetter mehr Zeit draußen verbringen muss als eigentlich geplant.

Schuhe sind ein vieldiskutiertes Thema. Ich benutze bei Schiffsreisen immer Gummistiefel, allerdings nicht die billigen aus dem Baumarkt, sondern eine robuste, kniehohe Ausführung mit stabiler Profilsohle zum Wandern. Der Preis liegt bei über 100 Euro, lohnt sich aber. In guten Wandergummistiefeln kann man besser laufen als viele annehmen. Gummistiefel sind nicht nur während des ersten Schrittes aus dem Schlauchboot an Land notwendig, der fast immer ins Wasser geht, sondern auch an Land sehr nützlich, da oft feuchte Stellen in der Tundra oder Bäche zu queren sind.

Nehmen Sie Stiefel etwas größer als nötig, um Platz für ein Paar schön dicker Socken zu haben, aber natürlich müssen sie gut sitzen. Wer schnell kalte Füße bekommt, sollte zu einer neoprengefütterten Variante greifen; im September ist das ohnehin empfehlenswert. Ob auf Ihrer Reise Gummistiefel notwendig sind oder nicht, erfahren Sie bei der Buchung. Wenn Sie mit guten, passenden Wandergummistiefeln mit robuster Sohle ausgerüstet sind, brauchen Sie für viele sommerliche Unternehmungen nichts anderes. Bei einer Schiffsreise werden Sie damit für alle Landgänge gut ausgerüstet sein. Gute Gummistiefel sind bei Outdoorausrüstern sowie im Jagd- und Angelbedarf erhältlich. Im Internet gibt es eine große Auswahl Wandergummistiefel z.B. bei www.gummistiefelprofi.de, Aigle ist ein guter Hersteller.

Bei längeren Wander- und Trekkingtouren im Sommer brauchen Sie solide, gut passende Wanderschuhe. Für längere Wanderungen in Gebieten mit viel grobem Gesteinsschutt, den es in Spitzbergen reichlich gibt, sowie für Gletschertouren mit Steigeisen sind Schalenbergstiefel eine gute Wahl (sehr robuster Außenstiefel aus Hartplastik, herausnehmbarer Innenschuh). Bei Flussquerungen sind Gummistiefel sehr nützlich, wobei die großen Flüsse für kniehohe Gummistiefel zu tief sind. Eine mögliche Lösung sind kniehohe Gummistiefel, die mit einer solide angeklebten, leichten Regenhose bis auf Gürtelhöhe wasserdicht verlängert sind. Das Basteln einer derartigen Konstruktion steigert schon im Voraus die Vorfreude an das sicherlich feuchte und hoffentlich auch fröhliche Watvergnügen in der Arktis. Da die meisten in solchen Stiefel-/Hosenkombinationen aber nicht lange Strecken zurücklegen wollen und dies in felsigem Schutt sowie auf Gletschern unpraktisch und mitunter sogar gefährlich ist, muss der Nässeschutz allerdings zusätzlich zum normalen Schuhwerk mitgeschleppt werden, kann dieses aber nicht ersetzen. Statt der Schlepperei wird manch einer einfach nasse Füße beim Durchwaten von Flüssen in Kauf nehmen. An dieser Stelle sei allerdings mit Nachdruck davor gewarnt, Flüsse barfuß zu durchwaten: Es besteht Verletzungsgefahr durch Geröll, das sich am Grund der stark strömenden Flüsse bewegt. Zudem müssen meist viele Arme der weitverzweigten, eiskalten Flüsse direkt hintereinander durchwatet werden, so dass normalen Menschen sehr schnell die Zehen abfallen werden. Manche improvisieren mit Surfschuhen aus Neopren in

Außenschalen von Schalenbergstiefeln, so dass die Innenschuhe im Rucksack trocken auf der anderen Seite des Flusses ankommen. Das funktioniert recht gut.

Letztlich gibt es keine ideale Lösung: Der eine schleppt gerne etwas mehr und möchte keinesfalls nasse Füsse bekommen, dem Nächsten sind nasse Füße egal, aber der Rucksack soll leicht sein. Beide werden für die gleiche Wanderung eine andere Ausrüstung wählen und jeweils auf ihre Art damit hoffentlich zurechtkommen.

Unter dem Strich nehme und empfehle ich für Expeditionsseereisen sowie Wandertouren im Sommer:

- Zuunterst eine Schicht langer Wärmeunterwäsche aus Wolle oder Mischgeweben.
- Einen warmen Pullover (bzw. ein warmes Fleeceoberteil mit Windbreaker).
- Robuste Hose und Jacke, jeweils wasser- und winddicht, aber atmungsaktiv.
- Schal (Schlauchtuch), Mütze und Handschuhe sind immer dabei.
- Schuhe: Bei Schiffsreisen gute, robuste, kniehohe Wandergummistiefel. Bei längeren Wander- und Trekkingtouren Schuhe nach Bedarf: Wanderschuhe oder Schalenbergstiefel, eventuell ergänzt mit Gummistiefeln oder Neoprenschuhen für Flussquerungen.

Die Sonne strahlt in hohen Breiten intensiv (selbst durch Wolken und Nebel hindurch), und große Flächen von Schnee, Eis und Wasser verstärken die Strahlung noch, die Ihnen auf der Nase brennt. Benutzen Sie **Sonnencreme** und eine gute **Sonnenbrille**!

HYGIENE & UMWELT

Aufgrund der niedrigen Temperaturen brauchen chemische Prozesse in der Arktis deutlich mehr Zeit als in wärmeren Regionen. Daher sollte es selbstverständlich sein, dass nur biologisch abbaubare Seife, Zahnpasta, Shampoo etc. nach Spitzbergen mitgenommen werden. Vielleicht kommt man auch ein paar Tage lang mit etwas weniger Chemie aus und nimmt dabei die Erfahrung mit nach Hause, dass der Einsatz weniger umweltschädlicher Wasch- und Kosmetikprodukte auch daheim ohne bemerkbaren Nachteil möglich ist.

Auch bei längeren Wanderungen sollte kein Toilettenpapier etc. in der Landschaft zurückbleiben. Vergraben ist keine Lösung. Was brennbar ist, sollte verbrannt werden.

FOTOGRAFIE

Ein Fotokurs ist hier natürlich fehl am Platz, aber ein paar Hinweise sind sicher nützlich. Schützen Sie Kamera und Fernglas immer vor Wetter und Spritzwasser, besonders im Boot. Eine wasserfeste Kameratasche ist dafür sehr praktisch.

Rechnen Sie nicht damit, dass Sie unterwegs Speicherkarten kaufen können, von Longyearbyen abgesehen. Je unabhängiger Sie sich ausrüsten, desto besser. Dazu gehören reichlich Speicherkarten und mindestens ein Reserve-Akku. Die in Deutschland und Österreich (nicht Schweiz) üblichen Stecker (Schuko-Stecker) passen in Longyearbyen und auf den meisten Schiffen in die Steckdosen, so dass ein

Adapter nicht erforderlich ist; erkundigen Sie sich aber sicherheitshalber vor einer Schiffsreise noch einmal (steht üblicherweise in den Reiseunterlagen). Bringen Sie immer mehr Speicherkarten mit, als Sie zu brauchen glauben!

Wenn Sie eine Wanderung machen oder eine andere Tour, bei der Sie tage- oder gar wochenlang keine Stromversorgung haben, sollten Sie vorher testen, ob die Akkus lange genug durchhalten, und dabei auch die kühleren Temperaturen berücksichtigen, also immer mindestens einen Akku mehr einpacken. Vor allem bei Wintertouren sind realistische Tests wichtig, wenn Sie vor unangenehmen Überraschungen halbwegs sicher sein wollen.

Mit einer kleinen Kompaktkamera kann man schöne Erinnerungsbilder machen, aber keine hochwertigen Fotos. Für gute Tierfotos brauchen Sie ein Teleobjektiv: Mit genügend Licht und einem Stativ sind 400 oder 500 mm eine Brennweite, mit der man viel anfangen kann, eventuell kommt noch ein Telekonverter zum Einsatz. Wenn aus Zeit- oder Gewichtsgründen kein Stativ in Frage kommt, sind Brennweiten oberhalb von 300 oder 400 mm unpraktisch und ohnehin meist nicht notwendig: Es ist besser, im Nachhinein ein scharfes Foto zu vergrößern, als ein formatfüllendes, aber verwackeltes Bild zu haben. Im Juni und Juli ist meist ausreichend Licht vorhanden, aber danach macht es sich abends schnell bemerkbar, dass die Sonne sich wieder dem Horizont nähert, und die Belichtungszeiten werden unangenehm lang.

Wenn Gewicht keine große Rolle spielt, ist eine kleine Reservekamera eine gute Sache für den Fall, dass die Erstausrüstung plötzlich den Geist aufgibt.

Unterschätzen Sie bei Wanderungen nicht das Gewicht einer Kameraausrüstung mit Wechselobjektiven. Bei Wanderungen wird es eher um Landschaftsaufnahmen gehen, und zu diesem Zweck wird eine kleine, aber gute Kamera völlig ausreichend sein.

Nun schnell noch ein paar Tipps: Bei Blumenfotos lohnt es sich, sich flach auf den Bauch zu werfen. Nicht nur, weil es eventuell anwesenden Personen sicher Freude bereiten wird, sondern auch, weil ein ansprechender Hintergrund, selbst wenn er nicht scharf ist, eine Blüte im Vordergrund optisch deutlich aufwertet.

Man sagt immer, dass bei großen Eis- oder Schneeflächen überbelichtet werden soll, damit die weißen Flächen hinterher im Bild nicht grau sind. Das stimmt, aber man sollte es nicht übertreiben und im Zweifelsfall immer mindestens 2 oder eher 3 Bilder mit verschiedenen Einstellungen machen.

In der dunklen Jahreszeit, vor allem für Nordlichtfotografie, lohnt sich eine lichtstarke Festbrennweite. Das Stativ ist in dieser Zeit unverzichtbar.

Nie vergessen: Umwelt- und Tierschutz haben Vorrang vor fotografischen Interessen!

3.2-24: Motorschlittentour nach Pyramiden: Blick über den Nordenskiöldbreen auf Adolfbukta und Billefjord. Der Berg Pyramiden ist oberhalb der Bildmitte, 20 km entfernt.

3.2-25: Im Winter wirkt Pyramiden anders als im Sommer. Der russische Guide führt stilistisch treffsicher durch die verlassene Siedlung.

3.2-26: Motorschlittentour nach Barentsburg: Blick über das Fardalen, eine vielbefahrene Strecke.

3.2-26: Motorschlittentour nach Barentsburg durch die Täler im Nordenskiöld Land an einem schönen Tag Ende März. Oberes Grøndalen.

3.2-28: Motorschlittentour nach Barentsburg. Das Kulturhaus hat 2013 eine neue Fassade bekommen, die sowjetische Arbeiterpropaganda ist seitdem unsichtbar.

3.2-29: Reiter am Campingplatz bei Longyearbyen.

3.2-30: Tauchen: auch unter Wasser überrascht Spitzbergen mit einer erstaunlichen Vielfalt. © Foto: Joachim Haschek. Kongsfjord, ca. 10 m Tiefe, Wassertemperatur 0°C.

3.2-31: Mit Spezialfahrrädern (Fatbikes) lassen sich schöne Touren in gefrorenen Flussbetten, am Fjordufer und sogar auf Schnee machen. Adventdalen, Ende September. © Foto: FatBikes Spitsbergen.

3.2-32: Faszination pur: Gletscherhöhle bei Longyearbyen (April).

3.2-33: Bootsausflug nach Pyramiden: Lenin schaut über den Ort hinweg zum Nordenskiöldbreen (Mitte September).

3.2-34: Bootsausflug nach Barentsburg: Lenin schaut über den Ort hinweg auf den Grønfjord (August).

3.2-35: Bootsausflug nach Barentsburg: Ein Abstecher zum Esmarkbreen in der Ymerbukta gehört zum Programm (Ende September).

3.2-36: Blick vom Hiorthfjellet über den Adventfjord auf Longyearbyen und die Hausberge und -gletscher rund um den Ort. Von links: Gruvefjellet, Trollsteinen (hinten), Larsbreen, Sarkofagen, Longyearbreen, Platåberg, Nordenskiöldfjellet (Ende August).

3.2-37: Anstieg auf den Platåberg bei Longyearbyen, mit Blick ins Adventdalen (Juli).

3.2-38: Anstieg auf das Nordenskiöldfjellet (Westgrat): das steilste Stück in 750 m Höhe (Oktober).

3.2-39: Blick vom Nordenskiöldfjellet nach Nordost. Von links: Platåberg, Longyearbyen, Gruvefjellet, Sarkofagen, davor Longyearbreen (von rechts kommend), Larsbreen. Im Hintergrund von links: Hiorthfjellet, Operafjellet, Adventdalen (Juli).

3.2-40: Blick vom Sarkofagen nach Süden. Von links: Trollsteinen (hinten), Larsbreen, Sarkofagen (Standort), Nordenskiöldfjellet, Longyearbreen (April).

3.2-41: Blick über Foxfonna und Adventdalen (April).

3.7-1: Zentrum von Longyearbyen mit Svalbardbutikken (Supermarkt, links), Bergarbeiterdenkmal und Lompensenter (Einkaufszentrum).

4.1-1: Gletscherland. Kvalvågen an der Ostküste Spitzbergens. Am rechten Bildrand ein spaltenreicher, vorstoßender Gletscher, links der Strongbreen mit Mittelmoränen. Blick aus dem Linienflugzeug von Tromsø nach Longyearbyen.

4.1-2: Kalbender Gletscher. Fjortende Julibukta, Krossfjord.

4.1-3: Gletscher- und Moränenlandschaft im Lomfjord.

4.1-4: Alte Strandwallserie, hervorgehoben vom Neuschnee. Forsbladodden, Van Keulenfjord.

4.1-5: Eiskeilnetz am Midterhuken, Bellsund.

4.1-6: Frostmusterboden (Steinringe) am Zeipelodden, Wahlenbergfjord, Nordaustland.

4.2-1: Ästhetik des Grundgebirges: Kräftig gefaltete, metamorphe Sedimente (Marmor etc.). Hornbækpollen, Liefdefjord.

4.2-2: Old Red Landschaft an einem schönen Hochsommerabend im inneren Woodfjord.

4.2-3: Sedimentschichten aus dem Mesozoikum (Trias). Diskobukta, Edgeøya.

4.2-4: Gefaltete Sedimentschichten prägen diese Landschaft. Akseløya, Ingeborgfjellet im Hintergrund. Bellsund.

4.2-5: Sandstein und Steinkohle aus der Kreidezeit, Bohemanneset.

4.4: Das Treibeis und seine Bewohner.

4.5: Treibholz und Strandgut im Abendlicht auf Moffen.

3.5 ANREISE

Wache für Wache, Horizont um Horizont ging es vorwärts über die immer gleiche Wasserfläche – die ganze Nacht, den nächsten Tag und wieder die Nacht – immer der gleiche Kurs unter Segel und unter dem einförmigen Puff-Puff des Motors.

Fridtjof Nansen, *Spitzbergen* (1921)

Seit Anfang 2011 benötigt man zur Einreise einen Pass oder Ausweis, da Spitzbergen im Gegensatz zu Norwegen nicht zum Geltungsbereich des Schengenvertrages gehört.

Eine regelmäßige Schiffsverbindung vom Festland nach Spitzbergen gibt es nicht, so dass die meisten auf das Linienflugzeug von Oslo oder Tromsø nach Longyearbyen angewiesen sind. Die Prozeduren am Flughafen von Longyearben sind die gleichen wie überall sonst, so dass empfohlen wird, für Gepäckaufgabe und Sicherheitskontrolle eine Stunde einzuplanen, was wirklich ausreicht. Es gibt eine Cafeteria (hinter der Sicherheitskontrolle) und einen Postkasten (im Eingang).

Während der Saison sind viele Flüge ausgebucht, so dass man für Übergepäck tief in die Tasche greifen muss und Handgepäck strikt auf ein Stück beschränkt ist. Es gelten die üblichen Sicherheitsregeln (darunter: keine Steine im Handgepäck).

Kompliziert ist das Verfahren mit dem Hauptgepäck auf Flügen von oder nach Longyearbyen, da Svalbard zollrechtlich nicht Teil von Norwegen ist. Wenn Sie von Longyearbyen zum Festland fliegen und in Oslo übernachten, müssen Sie das Hauptgepäck in Tromsø entgegennehmen, durch den Zoll bringen und wieder abgeben, selbst wenn es nach Oslo durchgecheckt ist. In jedem Fall ist das Verfahren verwirrend. Um Schwierigkeiten zu vermeiden, fragen Sie sich am besten im Flugzeug oder am Flughafen. Wichtig ist, dass das Verfahren auch auf der Anreise in Oslo gilt, selbst wenn Sie innerhalb eines Tages beispielsweise von Hamburg über Oslo nach Longyearbyen fliegen: Um nicht an jedem von Norwegens vielen, kleinen Flughäfen eine Zollkontrolle einrichten zu müssen, findet diese grundsätzlich am Flughafen der internationalen Einreise statt, normalerweise also in Oslo. Auch bei relativ kurzen Umsteigezeiten müssen Sie somit Ihr Hauptgepäck entgegennehmen, durch die Zollkontrolle gehen und anschließend wieder abgeben. Wenn Sie das nicht tun, bleibt Ihr Gepäck in Oslo. Ausnahme: Sie steigen in Oslo in einen Flieger, der ohne Zwischenlandung (!) weiter fliegt nach Longyearbyen. Dann reisen Sie zolltechnisch in Norwegen nämlich nicht ein, sondern nur durch, und letzteres interessiert den Zoll nicht, ersteres hingegen schon. Entscheidend ist, im Kopf zu haben, dass Sie sich ggf. um Ihr Gepäck noch einmal kümmern müssen. Das sollte auch bei der Reiseplanung berücksichtigt werden: Bei Umsteigezeiten von weniger als einer Stunde wird es knapp.

Direktflüge von Oslo nach Longyearbyen starten übrigens vom internationalen Bereich des Flughafens.

Es lohnt sich aus verschiedenen Gründen, mindestens einen Tag vor Beginn einer Tour in Longyearbyen einzutreffen. Erstens haben Sie so vor der Reise noch Zeit für Aktivitäten vor Ort. Zweitens verringert sich das Risiko, dass Ihr Gepäck nicht rechtzeitig ankommt. Kurzfristige Ausrüstungskäufe unter Zeitdruck, kurz bevor das Schiff ablegt, sind teuer und ärgerlich.

Auch in Oslo oder Tromsø lohnt ein Aufenthalt sich immer. Hinweise auf touristisch sinnvolle Möglichkeiten des Zeitvertreibs in diesen Städten sind in einem Spitzbergen-Buch fehl am Platz, es soll aber dennoch darauf hingewiesen werden, dass ein Besuch auf der *Fram*, dem legendären Polarschiff, mit dem Fridtjof Nansen, Roald Amundsen und Otto Sverdrup ihre berühmten Expeditionen gemacht haben, mit Sicherheit eine gute Einstimmung auf eine Arktis-Reise ist, oder ein ebenso guter Ausklang danach.

Ist die Anreise Teil einer gebuchten Reise, werden Sie meistens am Flughafen in Longyearbyen abgeholt. Es gibt auch nach jeder Landung eines Linienflugzeugs einen Flughafenbus vom Flughafen in den Ort, der an sämtlichen Hotels hält mit Ausnahme des Campingplatzes, der nur wenige Minuten zu Fuß entfernt ist. Der erste Halt ist Mary Ann's Polarriggen, dann geht es über das Radisson Blu, Svalbard Lodge, Basecamp Hotel, Svalbard Hotel und Spitsbergen Hotel hoch zu den Unterkünften in Nybyen (Gästehäuser). Entsprechend fährt der Flughafenbus vor allen Starts in umgekehrter Reihenfolge von allen Hotels zum Flughafen. Für den Flughafenbus sind 75 NOK fällig (Stand Anfang 2015), auch Kreditkarten werden akzeptiert. Ein Taxi kostet vom Flughafen in den Ort über 100 NOK, aber die wenigen Taxis sind unmittelbar nach Ankunft eines Flugzeugs manchmal zunächst ausgelastet, so dass Sie mit dem Flughafenbus nicht nur billiger, sondern wahrscheinlich auch mindestens ebenso schnell ans Ziel kommen. Mit mehreren Personen lohnt sich hingegen ein Taxi.

3.6 UNTERWEGS IN SPITZBERGEN: WAS SIE WISSEN MÜSSEN

Angesichts der ungünstigen Bedingungen, unter denen sich die Entwicklung der Pflanzenwelt vollzieht, muß es der Besucher als eine Ehrensache betrachten, die Vegetation zu schonen.

August Sieberg, *Die europäische Polarwelt* (1914)

Wer in Spitzbergen unterwegs ist, hat Verantwortung auf sich geladen: Sowohl für die eigene Sicherheit in der nicht immer ungefährlichen Arktis als auch für den Schutz der verletzlichen Natur- und Kulturlandschaft im hohen Norden. Es gibt eine Reihe von Regeln, die teilweise von der Erfahrung nahegelegt und teilweise vom norwegischen Gesetzgeber sowie vom Sysselmannen (Gouverneur) diktiert werden.

Die nachfolgende Liste soll auf einige wichtige Punkte hinweisen, erhebt jedoch keinen Anspruch auf Vollständigkeit. Änderungen und Ergänzungen gesetzlicher Bestimmungen können zusätzlich dazu führen, dass die Hinweise in diesem Kapitel und darüber hinaus in diesem Buch unvollständig oder unrichtig sind.

Nachdem somit das Kleingedruckte erledigt ist: Seit der Erstauflage 2007 ist dieses Buch nun vier Mal aktualisiert worden, so dass eine gute Berücksichtigung aktueller Entwicklungen gegeben ist. Über Neuerungen informiert die Rubrik „Nachrichten“ auf www.spitzbergen.de.

3.6.1 NATURSCHUTZ, GESETZLICHE REGELUNGEN UND SCHUTZGEBIETE

Grundsätzlich gilt das Motto: Niemand kann ein „unsichtbarer" Tourist sein, aber jeder sollte es versuchen. Nehmen Sie nur Fotos und käufliche Andenken mit, hinterlassen Sie nichts außer unvermeidbaren Fußspuren.

Es ist selbstverständlich, keinen **Müll** zu hinterlassen, weder an Land noch zu Wasser. Auch Zigarettenkippen gehören nicht in die Tundra oder ins Meer. Ein konkreter Grund hierfür ist, dass Vögel an Zigarettenkippen eingehen können, und darüber hinaus ist es eine Frage des Respekts vor der Schönheit der Arktis, diese nicht als Aschenbecher zu missbrauchen. Bei Müll „hilft" auch kein Vergraben, sondern nur die geregelte Entsorgung in Longyearbyen, da Tiere oder Frostbewegung alles nach und nach wieder an die Oberfläche befördern.

Das Verändern historischer Steinmänner ist verboten, wie auch das Bauen von neuen. Ebenfalls verboten und völlig inakzeptabel ist es, wenn Besucher ihren Namen oder den eines Schiffes in Holz ritzen oder an Felswände malen.

Störungen von Tieren sind generell verboten. Halten Sie Abstand von brütenden Vögeln, vor allem von sämtlichen Bodenbrütern wie Gänsen, Enten und Küstenseeschwalben. Wenn Altvögel das Nest verlassen, wird das Ei oder Küken schnell auskühlen oder Opfer von Raubtieren werden (Raubmöwen, Füchse). Verzichten Sie auf Fotos von Nestern.

Wenn Sie von aggressiven **Küstenseeschwalben** angegriffen werden, sind Sie wahrscheinlich zu nahe am Brutbereich. Die Vögel greifen den höchsten Punkt an, halten Sie also einfach Ihre Hand, einen Wanderstock, ein Stativ oder Ihren Reiseleiter hoch, und ziehen Sie sich zurück. Schlagen Sie keinesfalls nach den Vögeln, auch nicht unabsichtlich durch wildes Herumwedeln mit dem Wanderstock.

Die **Verfolgung von Tieren mit Booten und Motorschlitten** etc. ist verboten. Die Grenze zwischen einer vorsichtigen, respektvollen und störungsfreien Annäherung und einer rücksichtslosen Verfolgung ist fließend, aber spätestens sobald ein Eisbär anfängt wegzulaufen oder Walrosse anfangen, ins Wasser zu gehen, ist die Distanz zu klein, die Geschwindigkeit zu groß usw. Gute Tierbeoachtungen sind nur dann möglich, wenn ein Tier neugierig ist und sich von selber annähert, was bei Rentieren gefahrlos ist und bei Eisbären ebenfalls, solange man sich selbst nicht an Land, sondern in einem Boot oder auf einem Schiff befindet. In solchen Situationen entstehen die meisten guten Tierfotos. Mit etwas mehr Sicherheitsabstand geht das auch, wenn man auf einem Motorschlitten sitzt und jederzeit schnell wegfahren kann. Zu Fuß ist man viel exponierter.

Es ist generell verboten, Tiere zu füttern. Bei Eisbären hat dies auch Sicherheitsgründe, denn nach entsprechender Gewöhnung werden die Tiere von Menschen Futter erwarten und bei Enttäuschung möglicherweise aggressiv reagieren. Auch von Schiffen aus dürfen Eisbären unter keinen Umständen gefüttert werden.

Fossilien dürfen **außerhalb der Schutzgebiete** gesammelt werden, soweit sie lose an der Oberfläche liegen, wobei der Grundeigner theoretisch um Erlaubnis zu fragen ist. Für Kleinfossilien hat dies jedoch keine praktische Relevanz. Große, wissenschaftlich bedeutsame Fossilien wie etwa Knochen von Dinosauriern (auch marine) sind aber gesetzlich geschützt. Das Herausbrechen von Fossilien aus größeren Steinen und anstehendem Gestein ist ohne spezielle Genehmigung nicht erlaubt.

Das Sammeln von einzelnen, lose herumliegenden **Rentiergeweihen** ist erlaubt, sofern sie nicht noch mit dem Schädel zusammenhängen, allerdings dürfen sie laut einer Mitteilung des Sysselmannen vom März 2012 nicht mehr aus Spitzbergen ausgeführt werden. Mit der Zeit wachsen Geweihe „in die Tundra hinein", so dass die Vegetation beim Entfernen beschädigt würde. Dies ist verboten. Die Ausfuhr von **Treibholz** ist ohne spezielle Genehmigung verboten. Man darf es allerdings sammeln und auf unbewachsenem Untergrund ein kleines **Feuer** machen, in sicherem Abstand von Kulturdenkmälern (mindestens 100 m). Dabei ist selbstverständlich, dass nur natürliches Treibholz verbrannt wird, nicht aber bearbeitetes Holz wie etwa Wrackreste, letzteres ist verboten (Denkmalschutz). Große Brände im Osterfeuer-Stil sind ausdrücklich unerwünscht. Treibholz wird nach wie vor angeschwemmt, aber nicht ausreichend, um regelmäßigen Raubbau zu ersetzen. Feuerstellen müssen nach Gebrauch wieder spurlos beseitigt werden.

Pflanzen dürfen generell nicht gesammelt werden. Zerstörung der Vegetation ist allgemein verboten, abgesehen von kleinen, unvermeidbaren Schädigungen beim Begehen des Geländes auf übliche, möglichst schonende Art. Versuchen Sie, eher auf Steine als auf Pflanzen zu treten. Trockene Vegetation ist weniger anfällig für Trittschäden als feuchte Stellen, vor allem nasse Moose.

Eine reelle Gefahr für mehr oder weniger isolierte Ökosysteme ist die **Einfuhr neuer Tier- oder Pflanzenarten**, was in vielen Teilen der Welt bereits desaströse Folgen hatte. Bei Untersuchungen am Flughafen von Longyearbyen zeigte sich, dass eine große Zahl von Reisenden Erdreste mit Pflanzensamen verschiedener Arten unter den Stiefeln hatte. Vor Anreise ist also dafür zu sorgen, dass sich an Stiefeln oder sonstwo in der Bekleidung (einschließlich Taschen) oder Ausrüstung keine Erdreste, Samen oder Pflanzenteile befinden. Noch größer ist die Gefahr der versehentlichen Einfuhr im Ballastwasser oder am Rumpf von Schiffen. Ballastwasser sollte unterwegs regelmäßig gewechselt werden, um Transport über lange Distanzen zu vermeiden.

SCHUTZGEBIETE

Große Gebiete der Inselgruppe sind seit 1973 geschützt, als die Nationalparks Nordwestspitzbergen, Prins Karls Forland und Südspitzbergen sowie die Naturreservate Nordostsvalbard und Südostsvalbard eingerichtet wurden. Weitere Gebiete folgten zwischen 2002 und 2005, so dass mittlerweile 39 815 km^2 oder 65,3 % der der Landfläche Svalbards und große Teile der umliegenden Gewässer unter Schutz stehen. Je nach Art des Schutzgebietes ist der Schutzstatus unterschiedlich. Verletzung der Schutzvorschriften kann mit Geldbuße oder Gefängnisstrafe von bis zu einem Jahr, in schweren Fällen bis zu drei Jahren bestraft werden.

Die Grenzen zu den Naturschutzgebieten sind im Gelände nicht markiert, man muss sich also informieren, wo man beispielsweise Fossilien mitnehmen darf.

NATIONALPARKS

Verboten ist ...

- jeder technisch Eingriff wie jeglicher Bau von Gebäuden, Betrieb von Bergwerken, Bohrungen zur Suche nach oder zum Ausbeuten von Öl, die Entnahme von Erdmasse. Ausgenommen sind Bau und Betrieb von offiziellen Navigationseinrichtungen.
- jede Störung des Meeresbodens. Krabbenfang ist in Tiefen von mehr als 100 m aber erlaubt.
- das Hinterlassen von Abfall.
- die Störung von Säugetieren und Vögeln.
- die Einfuhr neuer Tier- oder Pflanzenarten.
- das Beschädigen und Entfernen von Pflanzen und Fossilien.
- das Befahren des Landes mit motorisierten Fahrzeugen sowie die Landung mit Luftfahrzeugen.
- das Verwenden von Schweröl als Schiffstreibstoff. Eine Ausnahme gilt auf der kürzesten, sicheren Route nach Sveagruva.
- Diese Vorschriften gelten nicht für Polizei- und Rettungswesen. Darüber hinaus kann der Sysselmannen Ausnahmegenehmigungen erteilen, beispielsweise für Wissenschaftler.

Derzeit wird für die großen Nationalparks (Nordwestspitzbergen, Prins Karls Forland, Südwestspitzbergen) ein Verwaltungsplan ausgearbeitet. Größere Veränderungen bestehender Regelungen sind nach derzeitigem Stand nicht zu erwarten. Anpassungen sind aber möglich, etwa Sperrung wichtiger Brutgebiete während der Brutsaison. Davon könnten kleine Inselgruppen betroffen sein, wie Andøyane und Stasjonsøyane im Liefdefjord. Konkret ist noch nichts entschieden, über Änderungen informiert die Nachrichtenseite www.auf spitzbergen.de

NATURRESERVATE

Es gelten zunächst die gleichen Vorschriften wie in den Nationalparks, aber zusätzlich kann der Sysselmannen einzelne, begrenzte Gebiete vollständig für Besucher sperren.

Darüber hinaus hat ein 2014 beschlossener Verwaltungsplan „Ost-Svalbard“ nach langer und kontroverser öffentlicher Diskussion einige Änderungen gebracht. Der Prozess und die über die Jahre gemachten Vorschläge waren teilweise so absurd, dass die vordem überzeugende Gesetzgebungs- und Verwaltungspraxis sowie beratende Einrichtungen wie das norwegische Polarinstitut darüber einiges an Glaubwürdigkeit verloren haben. Das Ergebnis ist, verglichen mit früheren Vorschlägen, die eine weitgehende Sperrung des Ostens gebracht hätten, fast moderat, aber ein unübersichtliches Konglomerat von Sonderregelungen für diverse Orte und Gebiete, worin sich mehr der politisch verkorkste Entstehungsprozess widerspiegelt als ein Streben nach der Bewahrung naturräumlicher, kulturhistorischer oder wissenschaftlicher Werte. Es ist in der Karte „Naturschutzgebiete“ dargestellt. Die wesentlichen Zusatzregelungen seit

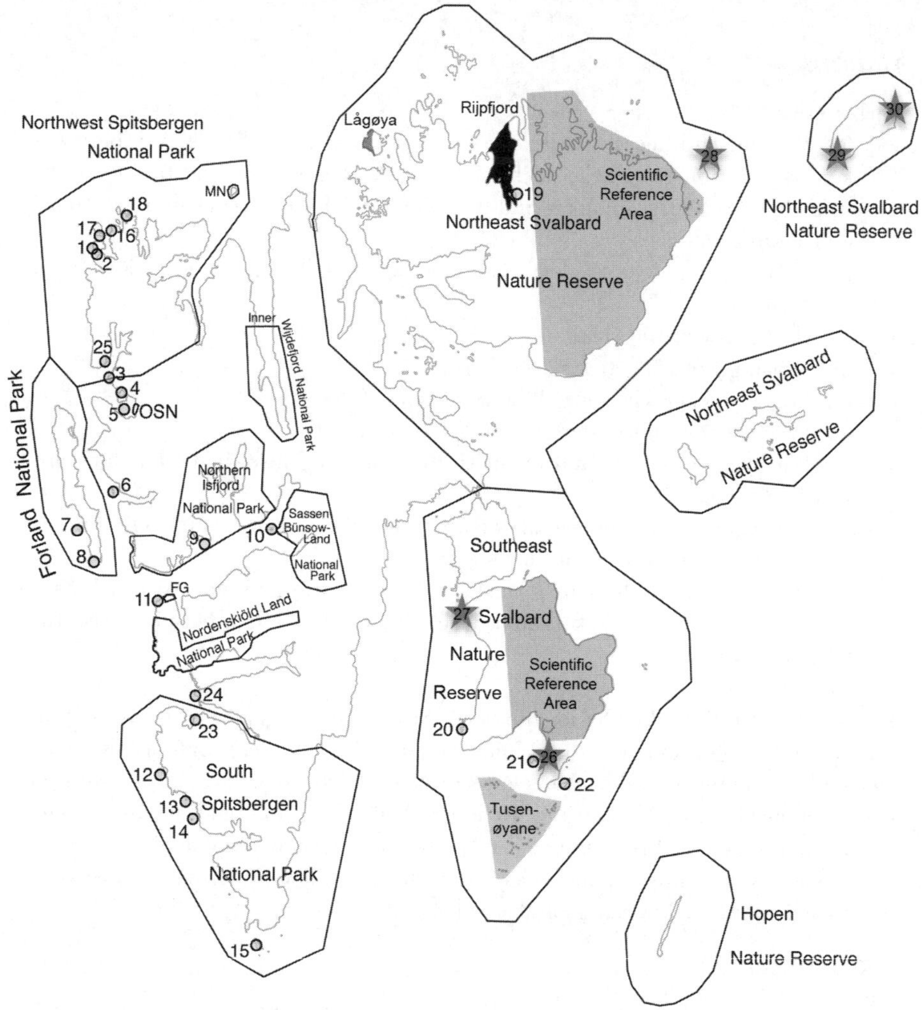

2014 sind saisonale (15.5.-15.8.), schmerzhafte Sperrungen der Gebiete Tusenøyane und Lågøya (Westseite), die Einrichtung wissenschaftlicher Referenzgebiete, in denen eine besondere Melde- und Berichtpflicht gilt (jeweils Osten von Edgeøya und Nordaustland), und das Verbot, im Rijpfjord WC- und Duschabwasser sowie Grauwasser abzulassen. Die Melde- und Berichtpflicht für die Referenzgebiete ist eine rein bürokratische Maßnahme, denn in den Nationalparks und Naturreservaten besteht ohnehin schon lange für alle eine Melde- und Berichtpflicht. Hier haben sich malevolente Behörden ein Hintertürchen gelassen, durch das doch noch eine de facto Sperrung erreicht werden könnte, da man bei der Anmeldung nur die Hürden hoch genug hängen muss, damit daraus in der Praxis eine Sperrung wird.

Naturschutzgebiete in der Inselgruppe Spitzbergen (ohne Bjørnøya)
FG = Festningen Geotop, MN = Moffen Naturreservat,
OSN = Ossian Sarsfjellet Naturreservat.

Kreise (1-15): Vogelreservate.
Besuchs- und Annäherungsverbot (300 Meter vor dem Ufer) vom 15. Mai bis 15. August
1 = Skorpa, 2 = Moseøya, 3 = Kapp Guissez, 4 = Blomstrandhamna,
5 = Kongsfjord, 6 Hermansenøya, 7 = Forlandsøyane, 8 = Plankeholmane,
9 = Bohemanflya, 10 = Gåsøyane, 11 = Kapp Linné, 12 = Olsholmen,
13 = Isøyane, 14 = Dunøyane, 15 = Sørkappøya.

Kreise (16-25): Seit 2010 (Virgohamna länger) gesperrte historische Orte. Virgohamna kann mit Genehmigung unter Auflagen besucht werden, die anderen Orte sind kleinräumig komplett geschlossen.
16 = Likneset, 17 = Virgohamna, 18 = Ytre Norskøya, 19 = Haudegen, 20 = Habenichtbukta, 21 = Delitschøya/Zieglerøya/Spekkholmen, 22 = Halvmåneøya, 23 = Lægerneset, 24 = Midterhukhamna, 25 Ebeltofthamna.

Sterne (26-30): Seit 2014 gelten ortsspezifische Richtlinien (erhältlich auf www.aeco.no -> guidelines -> site guidelines, zusammenfassend auch jeweils im Regionalteil dieses Buches).
26 = Andréetangen, 27 = Kapp Lee/Dolerittneset, 28 = Polarstarodden,
29 = Andréeneset, 30 = Kræmerpynten

Tusenøyane und Lågøya (Westseite): seit 2014 gilt Besuchs- und Annäherungsverbot (500 Meter vor dem Ufer) vom 15. Mai bis 15. August. Bei den Tusenøyane ist das gesamte Gewässer im grau markierten Bereich eingeschlossen.

Scientific Reference Area (wissenschaftliches Referenzgebiet, graue Bereiche auf Nordaustland und Edgeøya): seit 2014 gesonderte Melde- und Berichtspflicht.

Rijpfjord (dunkel markiert): Hier ist es verboten, Grauwasser und Abwasser aus Dusche und WC abzulassen. Sonst gilt dies in den Naturreservaten nur innerhalb von 500 Metern vor dem Ufer.

VOGELRESERVATE

Es gelten die gleichen Vorschriften wie für Naturreservate und ein generelles Betretungsverbot in der Zeit 15. Mai bis 15. August. Der vorgeschriebene Mindestabstand in dieser Zeit, den auch Boote einhalten müssen, beträgt 300 m. Es gibt 15 Vogelreservate. Die Vogelreservate sind vergleichsweise klein und dienen dem Schutz einzelner Plätze an der Westküste, meistens kleine Inseln, an denen große Mengen von Vögeln brüten, vor allem Eiderenten und Gänse.

SPERRZONEN

Seit 2010 gilt für eine Reihe von historischen Stätten ein Betretungsverbot. Der jeweils verbotene Bereich ist recht kleinräumig, Karten sind im Regionalteil dieses Buches (Kapitel 6) und beim Sysselmannen erhältlich. Es handelt sich um folgende Orte (angefangen im Nordwesten, weiter geografisch im Uhrzeigersinn):

- **Ebeltofthamna** (Ebeltoftodden/Enjalbalstranda südlich der Bucht) im Krossfjord.
- Der Walfänger-Friedhof **Likneset** im Smeerenburgfjord.
- Der Walfänger-Friedhof und die am Südufer liegenden Tranöfen auf **Ytre Norskøya** (Landungen auf der West- und Ostseite der Insel sind weiterhin möglich).
- Die Kriegswetterstation **Haudegen** aus dem Zweiten Weltkrieg im Rijpfjord. Verboten ist, näher an die jeweils am nächsten liegende Gebäudewand zu gehen als 30 m von Norden und Westen sowie 10 m von Süden und Osten.
- In der **Habenichtbukta** ist das Gebiet direkt nördlich der Bucht mit den Resten der alten Walfang-/Pomorenstation gesperrt.
- **Zieglerøya, Delitschøya** und **Spekkholmen** sind vollständig gesperrt (bei Andréetangen im Südosten der Edgeøya).
- Fast vollständig gesperrt ist die **Halvmåneøya**. Nur die Trapperstation Bjørneborg ist auf kürzestem Weg vom Ufer zugänglich.
- Am **Lægerneset** im Recherchefjord ist das Gelände mit den Resten der alten Walfangstation gesperrt (und somit leider auch eine gute Landestelle).
- Das Gelände rund um die kleine Trapperhütte in **Midterhukhamna** im Bellsund ist gesperrt.

Unterm Strich gibt es für folgende Orte ein **Betretungs- und Annäherungsverbot** (Stand Anfang 2015):

- Die 15 **Vogelreservate** (das Verbot gilt in der Zeit 15. Mai bis 15. August).
- Bei **Moffen** ist in der Zeit 15. Mai bis 15. September jegliche Annäherung unterhalb von 300 m verboten, für Luftfahrzeuge gilt ein Mindestabstand von 500 m.
- Für **Kong Karls Land** gilt ganzjährig ein Verbot für Annäherungen unterhalb von 500 m.
- Die großen Vogelfelsen an der **Südspitze der Bjørnøya** sind saisonal besonders geschützt. An Land gilt „Betreten verboten“ vom 01. April bis 31. August. Boote mit einer Länge von mehr als 40 Fuß (12,2 m) müssen in dieser Zeit einen Mindestabstand von einer Seemeile (1,852 km) einhalten.
- Im **Norden der Bjørnøya** darf das Gebiet um die Seen Kalven, Laksvatnet und Lomvatnet zwischen 15. Juni und 31. August nicht betreten werden.
- In **Virgohamna** auf der Danskøya gilt generell „Betreten verboten“. Der Sysselmannen erteilt für touristische Zwecke unter Auflagen Ausnahmegenehmigungen.
- Die abgezäunten Gebiete auf Gravneset im **Magdalenefjord** dürfen nicht betreten werden.
- **9 historische Orte** dürfen seit 2010 gar nicht mehr besucht werden.
- Für die Tusenøyane und den Westen und Norden der Lågøya gilt das Besuchsverbot (einschließlich 500 m Gewässer) 15. Mai bis 15. August.

GEOTOPSCHUTZGEBIETE

Geotope dienen dem Schutz geologischer Besonderheiten: Alles, was diese beschädigt, ist verboten. Derzeit gibt es ein Geotopschutzgebiet bei Festningen im Isfjord. Das dortige Beispiel zeigt, wie ursprünglich gut gemeinter gesetzlicher Schutz nach hinten losgehen kann: Geologische Lehre und Forschung, deren langfristige Sicherung der Hauptgrund für die Einrichtung des Geotops war, hatten nun schon mit Einschränkungen zu kämpfen.

3.6.2 EISBÄREN & WAFFEN

In diesem Abschnitt geht es um Eisbären aus der Perspektive der Sicherheit. Naturkundliche Informationen zu Eisbären im Abschnitt 4.7.1 *Eisbär*.

In Svalbard gibt es mehr **Eisbären** als menschliche Einwohner, und einen Eisbären in seiner Heimat zu beobachten, gehört sicherlich zu den schönsten und eindrucksvollsten Erlebnissen, die Liebhaber arktischer Natur im hohen Norden haben können. Zu einer Eisbärenbeobachtung gehören Geduld und Glück sowie die Wahl der richtigen Reise: Eine seriöse Garantie kann niemand geben, aber die Chancen stehen auf einer längeren Schiffsreise in die entlegenen Gebiete sicherlich besser als bei einem Kurzaufenthalt in Longyearbyen, wo man sich wohl mit dem Fotografieren eines ausgestopften Eisbären zufrieden geben muss, beispielsweise im Flughafen - das ist auch aus der Nahdistanz ohne Waffe mit überschaubarem Risiko machbar.

Sonst ist aber mit den Eisbären ein Risiko verbunden. Es hat auf Spitzbergen eine Reihe tödlicher Unfälle mit Eisbären gegeben (s.u.), bislang letztmals 2011. Im Sommer 2010 wurde ein Paddler im Lager auf dem Nordaustland verletzt. Jahr für Jahr werden 2-3 Eisbären in Notwehr erschossen. Die Tendenz ist langfristig sinkend, obwohl die Zahl der Personen im Gelände im gleichen Zeitraum gestiegen ist. Dies wird auf die gestiegene Sensibilität, Erfahrung und Verantwortungsbewusstsein der Beteiligten zurückgeführt. Meistens sind Wissenschaftler die Schützen, gefolgt von Einheimischen. Touristen nehmen das ehrenvolle Schlusslicht ein in der Statistik blutiger Zusammenstöße von Menschen und Eisbären

Grundsätzlich gilt, dass Eisbären schützenswerte und geschützte Tiere sind. Der Abschuss eines Eisbären ist illegal, muss umgehend gemeldet werden und wird in jedem Fall vom Sysselmannen untersucht und bestraft, wenn nicht unverschuldete Notwehr vorliegt. Die Strafe im Falle eines vermeidbaren Abschusses trifft nicht unbedingt nur den Schützen, sondern gegebenenfalls auch andere, wenn diese durch verantwortungsloses Verhalten (z.B. Entfernen von der Gruppe) den Abschuss provoziert haben. Es ist auch streng verboten, Eisbären anzulocken, zu füttern oder weglaufende oder davonschwimmende Eisbären zu verfolgen. Im Spitzbergen-Umweltgesetz (Svalbard miljølov) heißt es in § 30: „Es ist verboten, Eisbären anzulocken, zu füttern, zu verfolgen oder mit einer anderen aktiven Handlung so aufzusuchen, dass der Eisbär gestört wird oder Gefahr für Menschen oder Eisbären entstehen kann“ (eigene Übersetzung).

Teilnehmer gebuchter Reisen gehen oft davon aus, dass sie die gesamte Verantwortung an den Veranstalter und die Guides abgeben können. Das ist falsch, auch wenn Veranstalter, Fahrtleiter und Guides natürlich die primäre Sicherheitsverantwortung tragen. Wenn Sie als Teilnehmer einer organisierten Reise nach Spitzbergen kommen, tragen Sie aber mit Ihrem Verhalten entscheidend dazu bei, dass Zwischenfälle vermieden werden. Es geht dabei um Ihre eigene Sicherheit, die der gesamten Gruppe inklusive der bewaffneten Begleiter und natürlich auch um die Sicherheit des Eisbären. Halten Sie sich konsequent an die Verhaltensregeln, die Ihr Tourenleiter vorgibt!

Innerhalb der gesamten Spitzbergen-Inselgruppe müssen Sie immer und überall mit der Anwesenheit von Eisbären in Ihrer Umgebung rechnen, ganz gleich für wie wahrscheinlich oder unwahrscheinlich Sie dies halten. Eisbären kommen nicht nur in Küstennähe vor, sondern werden auch immer wieder weit im Land und gelegentlich auch auf Bergen und Gletschern gesichtet. Es gibt überall einen Stein oder eine unauffällige Senke, in der ein Eisbär windgeschützt und unsichtbar liegen kann, so dass man selbst in ebener, scheinbar gut überschaubarer Tundra über einen Bären „stolpern" kann. Besonders gefährlich sind unübersichtliche Bereiche wie Moränen und unbewohnte Hüttenansammlungen.

Nur innerhalb der ständig bewohnten Bereiche der heutigen Siedlungen ist nicht mit Eisbären zu rechnen. Wenn ein Bär in unmittelbare Siedlungsnähe kommt, wird er schnell entdeckt und vertrieben werden. Überraschungen sind aber dennoch möglich, vor allem in der dunklen Zeit und im Randbereich der Bebauung ist eine unerwartete Begegnung nicht mit letzter Sicherheit auszuschließen. Im Juni 2010 war ein Eisbär in unmittelbarer Nähe bewohnter Gebäude in Nybyen, dem oberen Ortsteil von Longyearbyen. Im Oktober 2014 ist ein Eisbär im unteren Ortsteil, der zum Adventdalen hin liegt, frühmorgens in der Dunkelheit um die Häuser geschlichen.

Außerhalb des Siedlungsbereiches ist das Mitführen ausreichender **Bewaffnung** für den Fall von Eisbärenkontakt notwendig, entsprechende Kenntnisse und Erfahrung sind lebenswichtig. Dies gilt auch für Touren in der nahen Umgebung von Longyearbyen, beispielsweise im Adventdalen oder Bjørndalen, auf dem Platåberget usw. In Longyearbyen ist es möglich, Waffen kommerziell zu leihen, üblicherweise handelt es sich dabei um altertümliche, aber robuste Mauser-Repetierbüchsen (Adressen am Ende dieses Abschnitts). Hierzu ist es notwendig, in englischer oder norwegischer Sprache abgefasste Papiere vorzulegen, die die Berechtigung nachweisen, üblicherweise also ein europäischer Feuerwaffenpass. Alternativ kann eine Ausleihgenehmigung beim Sysselmannen beantragt werden, wobei die üblichen Bearbeitungszeiten der öffentlichen Bürokratie zu beachten sind. Dabei werden üblicherweise ein polizeiliches Führungszeugnis und ein Sachkundenachweis o.ä. vorausgesetzt, jeweils auf englisch oder norwegisch. Die Zeit für die kommerzielle Vermietung ist auf maximal 6 Monate beschränkt.

Privat dürfen Gewehre (nicht: Pistole oder Revolver) bis zu 4 Wochen lang an geeignete Personen (gesetzlich unbescholten, charakterlich geeignet, volljährig) verliehen werden. Eine vom Besitzer unterschriebene und mit Datum versehene Ausleiherklärung dient als Nachweis der legalen Ausleihe. So gehen auch Betriebe vor, die Waffen an Angestellte im Rahmen ihrer Arbeit ausleihen.

Weitere rechtliche Fragen zu Waffen beantwortet der Sysselmannen (direkt zuständig: vaapen@sysselmannen.no).

Die Anschaffung und Mitnahme einer Waffe aus der Heimat wird meistens nicht sinnvoll sein. Die bürokratischen Hürden vor dem Erwerb sind zumindest in Deutschland recht hoch, und vor der Mitnahme auf die Reise sind noch waffen-, zoll- und außenwirtschaftliche Formalitäten zu beachten. Das kostet alles Zeit und Nerven, so dass sich der Aufwand für eine einzelne Tour kaum lohnen wird, es sei denn, man besitzt ohnehin bereits eine geeignete Waffe. Sinnvoller ist es, sich zu Hause um die Papiere zu kümmern und in Longyearbyen eine Waffe zu mieten.

Der Vollständigkeit halber sei angemerkt, dass das Mitführen einer Waffe außerhalb der Siedlungen auf Spitzbergen nicht, wie oft zu lesen ist, gesetzlich vorgeschrieben ist. Es gibt kein Gesetz, das dies explizit fordert. Dennoch verlangt der Sysselmannen etwa für eine Tourengenehmigung die Waffe, und der Autor kennt keinen Einheimischen oder spitzbergenerfahrenen Tourengeher, der sich freiwillig ohne Waffe ins Gelände begeben würde. Offiziell werden zur Großwildjagd geeignete Kaliber wie 30.06, .308 mit aufpilzenden Geschossen oder Flintenkaliber 12 (mit Flintenlaufgeschossen) empfohlen. Weit verbreitet sind Repetierbüchsen mit den Kalibern 30.06. Einheimische verwenden teilweise auch großkalibrige Revolver (keine Pistolen), die offizielle Empfehlung ist aber die weiter reichende Langwaffe.

Sehr nützliche Hüllen aus wasserdichtem Material für Gewehre und Signalpistolen gibt es bei Randis Systue in Longyearbyen (s. Abschnitt 3.7 *Longyearbyen*).

Fünf für Menschen **tödliche Unfälle** zwischen November 1971 und August 2011 zeigen, dass das Thema sehr ernst zu nehmen ist. In vier Fällen spielte nicht vorhandene beziehungsweise unzureichende Bewaffnung entscheidende eine Rolle, im fünften Fall vermutlich mangelnde Erfahrung im Umgang mit dem vorhandenen Gewehr.

Im November 1971 wurde auf der Bjørnøya der unbewaffnete Stationstelegraphist Bjørn Tessem auf einem Spaziergang von einem Eisbären angegriffen und getötet. Im Sommer 1977 drang ein hungriger Eisbär im Magdalenefjord in ein Zeltlager schlafender österreichischer Bergsteiger ein, zog einen der Kletterer aus dem Zelt und verschwand mit diesem vor den Augen seiner entsetzten Kameraden, die mangels Waffe aber nichts tun konnten. Von dem Unglücklichen wurde nichts mehr gefunden.

Ebenfalls unbewaffnet waren zwei junge Norwegerinnen im Frühjahr 1995 auf dem Platåberg direkt bei Longyearbyen zu einem Spaziergang unterwegs, als sich ein relativ kleiner Eisbär näherte, den die beiden Frauen fatalerweise zunächst für ein Rentier hielten. Eine der beiden schaffte es unglaublicherweise, sich mit einem Sprung über die Steilklippen hinab ins Tal zum Ort zu retten, die andere hatte gegen den nur 70 kg schweren Bären keine Chance. An der Stelle des Unglücks steht der Ninavarden („Nina-Gedenkstein").

Der nächste tödliche Unfall ereignete sich nur wenige Monate später, im Sommer 1995, auf der Kiepertøya, einer kleinen Insel in der südlichen Hinlopenstraße, als Besatzungsmitglieder eines kleinen Expeditionskreuzfahrtschiffes zu einem Spaziergang an Land gingen. Während die Touristen in der Nähe in wohlbewaffneter

Begleitung unterwegs waren, hatten die Seeleute zu ihrem Schutz nur eine völlig ungeeignete Pistole und somit praktisch keine Chance, als sie plötzlich einem aggressiven Eisbären gegenüberstanden. Selbst mehrere Kopftreffer beeindruckten den Eisbären nicht im Geringsten. Kurz darauf war ein Mann tot und ein weiterer schwer verletzt.

Zum bislang (Anfang 2015) letzten für Menschen tödlichen Unfall kam es, als eine Gruppe englischer Jugendlicher im August 2011 in ihrem Zeltlager im Tempelfjord von einem äußerst aggressiven Eisbären angegriffen wurde. Der Alarmzaun war aufgebaut, hatte allerdings versagt. Die Gründe hierfür sind nicht genau bekannt, technisch soll der Zaun in Ordnung gewesen sein. Möglicherweise war er nicht richtig aufgebaut. Der Eisbär drang in ein Zelt ein, in dem mehrere Personen in ihren Schlafsäcken waren. Das einzige vorhandene Gewehr, eine gemietete Mauser aus Longyearbyen, versagte. Auch bei der Waffe hat laut polizeilicher Untersuchung kein technischer Defekt vorgelegen, was einen Bedienungsfehler mit der Sicherung nahelegt. Diese hat bei dieser Waffe eine manchen Anwendern unbekannte Position, in der repetiert, aber nicht geschossen werden kann. Vermutlich war diese Stellung versehentlich gewählt worden. Daraufhin gingen die Verleiher in Longyearbyen tatsächlich teilweise dazu über, von ihren Mietwaffen die Sicherungsknöpfe abzusägen, was wohl kaum im Sinne des sicheren Umgangs mit Schusswaffen ist. Und es ändert auch nichts am tragischen Ausgang des Vorfalls: Ein 17 Jahre alter Jugendlicher starb und mehrere weitere Personen wurden teilweise schwer verletzt, bevor es schließlich doch gelang, den Bären zu erschießen. Dieser war, wie sich später zeigte, völlig ausgehungert und muss unter sehr starken Zahnschmerzen gelitten haben: Die Nerven lagen teilweise im wahrsten Sinne des Wortes blank, was sicherlich zur außergewöhnlichen Aggressivität des Angriffs beigetragen hatte. Alles in allem kamen viele ungünstige Umstände äußerst unglücklich zusammen und führten so zur Katastrophe. Der Fall ging weltweit durch die Medien und wurde strafrechtlich seitens norwegischer Behörden untersucht, Anklage wurde aber nicht erhoben. Ein eventuelles Urteil in England steht noch aus.

Nach dieser kurzen Zusammenfassung der Schreckgeschichten, die auf mehrfache Anfragen hin in dieses Buches aufgenommen wurden, nun wieder zurück zu dem, was man im Gelände tun kann, um derartige Vorfälle möglichst zu vermeiden. Im Falle einer Konfrontation muss zuerst versucht werden, den Bären mit Lärm, Warnschüssen o.ä. zu vertreiben. Wenn dies nicht möglich und ein Angriff unmittelbar zu erwarten ist, muss gezielt geschossen werden. Dabei ist auf Brust und Schulter zu zielen: Dort ist die Wahrscheinlichkeit, lebenswichtige Organe oder wichtige Teile des Bewegungsapparates zu treffen, am größten, während der Kopf ein zu kleines und unsicheres Ziel darstellt. Ein angeschossener Bär ist lebensgefährlich und muss so schnell wie möglich erschossen werden.

Über das Gewehr hinaus ist das Mitführen von Signalwaffen sinnvoll, ein „geeignetes Abschreckmittel" ist auch gesetzlich vorgeschrieben. Effektiver als die kleinen Signalstifte sind großkalibrige **Signalpistolen**, aus denen zum Verscheuchen von Eisbären spezielle Knallkörper verschossen werden können, die einige Augenblicke nach dem Abfeuern in einer Distanz von knapp 100 m noch einmal sehr laut knallen und dadurch den ungelegenen Gastgeber (der Gast ist man selbst) hoffentlich verscheuchen. Da auch das Treibeis und Gletscherfronten, in deren Nähe sich ein Eisbär sein Leben lang aufhält, ständig knallen und Eisbären somit an derartige Geräusche gewöhnt sind, funktioniert das allerdings nicht immer. Fatal kann es sein, wenn man die Entfernung falsch abschätzt und der zweite Knall hinter dem Eisbären erfolgt: Dann setzt dieser sich vielleicht in die falsche Richtung in Bewegung. Signalpistolen können in Longyearbyen gemietet und auch frei gekauft werden (für den Besitz in Deutschland sind entsprechende Papiere erforderlich).

Pfefferspray ist in Spitzbergen umstritten und verboten, vom Sysselmannen wird es ausdrücklich nicht empfohlen. Manche, darunter der Autor, sind der Meinung, dass es in bestimmten Situationen, wohlüberlegt eingesetzt, entscheidend dazu beitragen kann, die Lage zu entschärfen und Konflikte unblutig zu beenden, etwa aus der relativen Sicherheit einer Hütte oder eventuell auch eines Zeltes heraus. Voraussetzung für die sichere Anwendung ist in jedem Fall eine zum unmittelbaren Schuss bereitgehaltene Waffe. In freiem Gelände ist Pfefferspray angesichts der wirksamen Distanz von weniger als 10 m wohl kaum als sicheres Mittel anzusehen.

Waffen sollten im Ortsbereich möglichst gar nicht getragen werden und wenn überhaupt, dann nur auf kürzester Strecke und sichtbar entladen mit entnommenem Bolzen. Dies gilt gleichermaßen in Barentsburg, Longyearbyen, Ny Ålesund und Sveagruva; in den verlassenen Siedlungen Colesbukta, Grumantbyen und Pyramiden ist eine Waffe hingegen notwendig. Das Mitführen von Waffen ist in öffentlichen Gebäuden untersagt, teilweise besteht die Möglichkeit zur kurzfristigen Aufbewahrung in Waffenschränken, z.B. im Svalbardbutikken (Supermarkt) und in Hotels. Um Longyearbyen herum ist Schießen weiträumig verboten, diese bleifreie Zone erstreckt sich im gesamten Longyeardalen und in der Umgebung aller Straßen, also vom Bjørndalen bis ins Adventdalen. Unsachgemäßer Umgang mit Waffen ist mindestens ebenso gefährlich wie ein schlechtgelaunter Eisbär!

Die Sicherung von Zeltlagern ist Thema in Abschnitt 3.6.5 *Zelt & Hütte*.

3.6.3 KOMMUNIKATION UND SICHERHEIT UNTERWEGS

Es gibt noch weitere Sicherheitsausrüstung, die sinnvoll und teilweise auch vorgeschrieben ist. Darunter fallen vor allem diverse **Kommunikationsmittel**. Mittlerweile herrschen auch in Spitzergen moderne Zeiten, und im Nahbereich um Longyearbyen, Barentsburg und Sveagruva herum funktionieren **Mobiltelefone**. Ob Sie Ihr eigenes Mobiltelefon verwenden können, hängt vom Gerät und vom Vertrag ab. Verlassen darf man sich auf diese Technik zu Sicherheitszwecken allerdings nicht. Die kleinen, technischen Geräte können immer aus den verschiedensten Gründen versagen: Das Netz ist nicht erreichbar, der Akku leer oder was auch immer; der Teufel sitzt im Detail und freut sich schon darauf, Tourengehern Sand ins Getriebe zu streuen.

Übrigens, tun Sie sich und den Menschen in Ihrer Umgebung einen Gefallen: Lassen Sie Ihr Mobiltelefon abgeschaltet, wenn Sie in der Tundra unterwegs sind.

Bei längeren Touren sollte ein **Notpeilsender** dabei sein, bei Touren in meldepflichtige Gebiete (siehe Abschnitt 3.6.4 *Anmeldung von Touren bei der Verwaltung*) ist dies vorgeschrieben. Diese kleinen Kästen beinhalten moderne Technik, sind aber robust und wasserdicht konstruiert und einfach in der Bedienung. Beim Einschalten senden sie ein Signal aus, das von Satelliten aufgefangen und an Zentralen weitergeleitet wird. Dort liegt dann die Information vor, dass der Besitzer des Gerätes in einer Notlage ist, und seine ungefähre Position kann angepeilt werden. Die Art der Notlage bleibt der Außenwelt allerdings zunächst unbekannt. Somit wird in jedem Falle eine umfangreiche SAR-Operation in Gang gesetzt (SAR = Search and rescue = Suche und Rettung). In der Praxis bedeutet dies meistens ein Ausfliegen eines teuren Rettungshubschraubers, im Winter kommt auch eine Motorschlittenexpedition durch die Mitarbeiter der Verwaltung in Frage. Die Position des aktiven Senders kann, je nach Gerät, mitunter nur mit einiger Ungenauigkeit ermittelt werden, so dass unter Umständen eine langwierige, teure Suche hinzukommt, vor allem bei schlechtem Wetter. Als Verursacher einer solchen Rettungsexpedition muss man darauf gefasst sein, diese Kosten anschließend zu übernehmen; Individualreisende sollten vorher mit ihrer Versicherung genau abklären, ob sie dieses Risiko für die angestrebte Tour übernimmt. Die Pflicht zur Kostenübernahme gilt bei anmeldepflichtigen Touren, für Zugereiste also außerhalb von Verwaltungsgebiet 10 (s.u.) und für Ortsansässige in den Schutzgebieten. Bislang wurden die Kosten in der Praxis von der Verwaltung übernommen, die angesichts der steigenden Anzahl teurer SAR-Operationen aber angekündigt hat, künftig öfter den Verursachern eine Rechnung zu schicken. Innerhalb des Verwaltungsgebietes 10 gehört SAR in Spitzbergen zur öffentlichen Vorsorge und ist für den Betreffenden nicht mit Kosten verbunden, solange keine grobe Fahrlässigkeit vorliegt.

Auf jeden Fall ist der Notpeilsender eine Technik, die schon viele Menschenleben gerettet hat. Wer ihn dabei hat, sollte sich jedoch dadurch nicht zu riskanten Unternehmungen verleiten lassen, sondern jede Entscheidung im Gelände so treffen, als hätte man den Sender nicht dabei. Wer den Notpeilsender in Betrieb nimmt, weil die Schokoladenvorräte zu Ende gehen, ein Verpassen des Heimfluges droht, die Schuhe nass sind oder die Tour schlicht keinen Spaß macht, wird mit unerfreulichen und teuren Reaktionen der „Retter" rechnen müssen.

Wer Touren in anmeldepflichtigen Gebieten macht, muss einen Notpeilsender dabeihaben, auch wenn zusätzlich ein Satellitentelefon vorhanden ist. Notpeilsender kann man in Longyearbyen leihen (Adressen am Ende dieses Abschnitts). Auch bei nicht meldepflichtigen Touren ist es sinnvoll, das Gerät vorher beim Sysselmannen registrieren zu lassen, damit dieser im Notfall weiß, wen er retten soll, einschließlich Anzahl betroffener Personen und Kontaktperson in der Heimat.

Gegenüber Notpeilsendern haben **Satellitentelefone** den deutlichen Vorteil, dass man nicht nur ein Standardnotsignal aussenden, sondern mit der Außenwelt kommunizieren kann. Man kann beispielsweise eine per GPS ermittelte Position oder eine Beschreibung des Aufenthaltsortes durchgeben, man kann harmlose Verspätungen mitteilen und somit eine überflüssige Such- und Rettungsexpedition vermeiden und

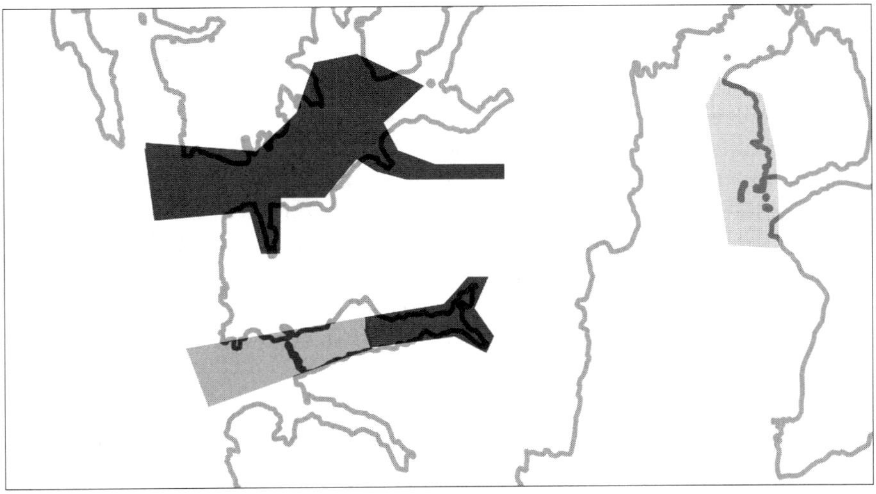

Mobilnetz (Telenor, NetCom) in Spitzbergen. Im dunkelgrauen Bereich stehen die Chancen gut, eine Verbindung zu bekommen, im westlichen Bereich etwas variabel. Im hellgrauen Bereich (Van Mijenfjord, Bellsund) schwankt die Netzqualität, aber meistens bekommt man eine Verbindung, die zumindest für Kurznachrichten ausreicht. Im hellgrauen Bereich im Storfjord (Westseite Barentsøya, nordwestliche Edgeøya) ist das Netz sehr schwach, aber mit etwas Glück gelingt es trotzdem, eine SMS zu verschicken, kaum aber ein Gesprächsaufbau.
Bei Bedarf kann es sich fast überall im Isfjord lohnen zu probieren, ob man eventuell Kontakt hat. Die Chance steigt mit direkter Sicht auf eine der Ortschaften sowie mit der Höhe über dem Meeresspiegel, bei Bedarf kann somit ein Anstieg auf eine Anhöhe den Erfolg in Form einer Telefonverbindung bringen. Bei ausreichender Höhe hat man in großen Teilen des Nordenskiöld Landes Netz, da auf dem Berg Skolten (südlich vom Adventdalen) eine starke Antenne in über 1100 Meter Höhe steht. Auch auf der vielbefahrenen Motorschlittenroute nach Sveagruva hat man für Mobilfunknetz gesorgt. In Ny Ålesund gibt es kein Netz für Mobiltelefone, da die Wellen wissenschaftliche Messgeräte stören würden.
Für Notfallkommunikation sind Handys zu unzuverlässig (schwacher Akku, unzuverlässiges Netz).

Eigene Darstellung auf Basis einer Karte aus den Sailing directions Svalbard and Jan Mayen *(Norwegian Hydrographic Service, 2012), modifiziert.*

man kann im Falle kleinerer Notfälle Rettungsexpeditionen im Aufwand deutlich minimieren, wenn man die Retter gleich über die Art der Notlage informiert. Wie beim Notpeilsender gilt, dass man sich vom Satellitentelefon nicht zu riskanten Entscheidungen verleiten lassen darf, frei nach dem Motto „wenn es schief geht, rufe ich eben den Hubschrauber".

Der Nachteil ist, dass Satellitentelefone recht teuer sind, aber der Preis ist um ein Vielfaches geringer als der einer überflüssigen Such- und Rettungsexpedition.

Auch Satellitentelefone kann man in Longyearbyen leihen (Adressen am Ende dieses Abschnitts). Wer auf einer meldepflichtigen Tour ein Satellitentelefon dabei hat, muss dennoch darüber hinaus einen Notpeilsender mitführen.

Mittlerweile gibt es Zwitter zwischen Notpeilsender und Satellitentelefonen, die das kostenpflichtige, aber vergleichsweise günstige Versenden kleiner Textnachrichten ermöglichen, dazu berät der gut sortierte Outdoor-Ausrüstungshandel.

Wichtig: Die allgemeinen Notrufnummern (110, 112, 113) sind von Satellitentelefonen aus nicht anwählbar. Stattdessen sollte die Bereitschaftsnummer des Sysselmannen (+47 7902 12 22, rund um die Uhr) für Notfälle gespeichert sein.

Ausleihmöglichkeiten für Waffen, Notpeilsender etc. in Longyearbyen (Waffen nur bei lizensierten Waffenhändlern: IGP und Sportscenteret). Ohne Anspruch auf Vollständigkeit.

- **Ingenieur Paulsen** (kurz **IGP**): im unteren Ortsteil in Fjordnähe (Sjøområdet) an der „Uferstraße" Richtung Adventdalen. Tel. +47 7902 32 00, Fax +47 79 02 18 10, Email igp@spitsbergentravel.no, Internet www.spitsbergentravel.no/igp.
- **Poli Arctici**: Büro neben dem North Pole Expedition Museum. Tel. +47 7902 17 05, Fax +47 7902 17 34, Mobiltelefon +47 91 38 34 67, Email stefano@poliarctici.com, Internet www.poliarctici.com.
- **Sportscenteret:** Unweit des Lompensenter, auf der anderen Straßenseite zum Fluss hin (Elvesletta). Tel. +47 7902 15 35, Fax -35, Email post@sportscenteret.no, Internet www.sportscenteret.no.
- **Svalbard Snøscooterutleie AS** (kurz **SSU**): Motorschlitten und Ausrüstung, direkt neben IGP im Sjøområdet, dem Ortsteil in Fjordnähe. Telefon +47 7902 16 66, Fax +47 7902 17 71 Email post@scooterutleie.net, Internet www.scooterutleie.net.

Preisbeispiele (Leihgebühr pro Tag): Gewehr 190 Kronen, Notpeilsender 180 Kronen, Satellitentelefon 250 Kronen, Signalpistole (ohne Munition) 75 Kronen. Bei Ausleihe für längere Zeit wird der Preis günstiger. Entsprechende Kenntnisse und Fertigkeiten, bei Waffen auch Papiere, müssen vorhanden sein.

3.6.4 ANMELDUNG VON TOUREN BEI DER VERWALTUNG

Es ist selbstverständlich, dass man seine Tourenpläne vor Aufbruch in die Wildnis bei einer Person hinterlässt, die bei der Verwaltung in Longyearbyen Alarm schlägt, sobald man sich zu einem bestimmten Zeitpunkt nicht zurückgemeldet hat. Je genauer die Angaben zur geplanten Route sind, desto besser; spontane Abweichungen sind im Falle von Suchaktionen natürlich fatal.

Nicht anmeldepflichtig sind Touren in das sogenannte **Verwaltungsgebiet 10**, ausgenommen Zeltlager, die länger als eine Woche an einem Platz stehen. Wer sich in Svalbard, einschließlich der Zwölfmeilenzone, außerhalb dieses Gebietes aufhält, muss sich rechtzeitig vorher beim Sysselmannen angemeldet und eine Genehmigung erhalten haben, was bei gebuchten Touren der natürlich Veranstalter übernimmt.

Das ***Verwaltungsgebiet 10*** *(schraffiert). Touren außerhalb dieser Gebiete müssen vorher beim Sysselmannen angemeldet werden. Auch Anlandungen auf der Nordseite des Isfjord sowie die Passage der Bjørnøya (nicht eingezeichnet) innerhalb der Zwölfmeilenzone sind anmeldepflichtig.*

Boote müssen berücksichtigen, dass dies auch die Zwölfmeilenzone um die Bjørnøya betrifft. Für die Bürokratie muss man mindestens vier Wochen einplanen. Einheimische müssen sich nur bei Touren in die großen Schutzgebiete (Nordwest und Südwest Spitzbergen Nationalpark, Naturreservate) anmelden.

Gefragt sind die Anschrift sowie eine Kontaktperson, die während der Tour erreichbar ist, und diverse Angaben zur Tour: Teilnehmer und deren relevante Erfahrung, Route, Dauer, Art der Fortbewegung, Ausrüstung, insbesondere detaillierte Angaben zu sicherheitsrelevanter Ausrüstung (Waffen, Kommunikationsmittel). Je nach Art und Ziel der Tour wird der Sysselmann daraufhin die Höhe einer Versicherungssumme festsetzen, die vor Beginn der Tour nachgewiesen werden und im Falle einer Such- und Bergungsexpedition die Kosten übernehmen muss. Wer in den meldepflichtigen Gebieten Touren plant, muss sich rechtzeitig daheim um die Versicherung kümmern. Alternativ kann man auch eine Bankgarantie nachweisen.

Der Nachweis über die Genehmigung muss während der Tour dabei sein, es ist mit Kontrollen im Gelände zu rechnen. Nach Ende der Tour muss man sich rechtzeitig beim Sysselmannen zurückmelden, damit nicht der Hubschrauber aufsteigt, während man daheim schon in der Badewanne sitzt.

3.6.5 ZELT & HÜTTE

Zelten ist im Siedlungsbereich nur auf den Campingplätzen erlaubt (vorhanden bei Longyearbyen und Ny Ålesund). Auch in der Umgebung von Hütten und Kulturdenkmälern gilt „Zelten verboten", der vorgeschriebene Mindestabstand beträgt 100 m. Ansonsten darf man sein Zelt überall aufstellen; soweit möglich, fordert das Gesetz, das auf vegetationsfreiem Untergrund zu tun.

Spätestens nach einer Woche sollte jedes Zelt etwas versetzt werden, damit die Vegetation wieder zu ihrem Recht kommt. Zeltlager, die länger als eine Woche an einem Ort stehen sollen, müssen angemeldet werden, auch im Verwaltungsgebiet 10 (siehe Abschnitt 3.6.4 *Anmeldung von Touren*).

Wegen der Eisbärengefahr muss nachts ein spezieller **Bärenalarmzaun** (norwegisch: snublebluss) ums Zeltlager herum aufgestellt werden. Dieser besteht aus einer Art Stolperdraht, der an stabil aufgestellten Pfosten zwischen Knie- und Hüfthöhe ums Zelt herum aufgestellt wird, und zwar in ausreichender Distanz vom Zelt. An den Pfosten sind kleine Minen befestigt, die mit einem Knall explodieren, wenn jemand durch den Draht stolpert. Meistens werden diese Alarmanlagen von Wind, Rentieren oder nächtlichen Toilettengängern ausgelöst und nicht von Eisbären. Bei Bärenbesuch soll idealerweise der Bär vom Krach vertrieben oder aber zumindest die schlafende Bewohnerschaft des Zeltes geweckt werden.

Da Eisbären oft dem Fjordufer folgen, sollten Zeltlager nicht direkt am Strand stehen. Lebensmittel sollten möglichst außerhalb des Zeltes aufbewahrt werden.

Die Ausrüstung für Bärenalarmzäune kann man theoretisch in Longyearben bei Ingenieur Paulsen (IGP) (siehe Ende von Abschnitt 3.6.3 *Kommunikation ...*) zum Preis von 350 NOK für 2 Wochen leihen. Praktisch ist der Vorrat ist sehr begrenzt, so dass man am besten langfristig reserviert. Ein Alarmzaunsystem, das speziell zur Sicherung von Camps gegen Eisbärenbesuch entwickelt wurde, gibt es in England (Internet: www.icebearalarm.com, Email chris@icebearalarm.com). Als Knallkörper werden Schrotpatronen (Kaliber 12) ohne Schrot benötigt. Sowohl das Alarmsystem als auch die Munition gibt es bei Ingenieur Paulsen zu kaufen (begrenzter Vorrat, am besten vorher bestellen. Der Kauf von Munition setzt eine Munitionserwerbserlaubnis voraus). Künftig soll es dort auch lautstärkere Spezialmunition geben.

Gleich wo man sich damit versorgt: Die Pfosten etc. sind nicht dabei. Am besten bereitet man schon zu Hause stabile, leichte Pfosten aus Holz oder Alurohren vor.

Ein Bärenalarmzaun ist ohne Frage sinnvoll, bietet aber keinen hundertprozentigen Schutz. Die Minen können versagen, und Bären sind schon dabei beobachtet worden, wie sie unter dem Draht durchkriechen. Wer im Inland wandert, muss nicht nur die Minen und den Draht, sondern auch die Pfosten mitschleppen, die mit Schnüren und Häringen noch gegen den Zug der Drähte nach außen hin abgespannt werden müssen, damit sie nicht umfallen. Richtiges Aufbauen trägt wesentlich zur Sicherheit bei; wer hier schlampt, trägt ein größeres Risiko. Der nicht korrekte Aufbau des Alarmzauns hat möglicherweise dazu beigetragen, dass ein englischer Jugendlicher im August 2011 im Tempelfjord sein Leben verlor. Der täglicher Auf- und Abbau

Mit Alarmzaun (Auslöser von icebearalarm.com) gesichertes Camp. Zwei übereinander gespannte Schnüre machen es einem Eisbären schwer, den Zaun zu überwinden, ohne wenigstens eine Mine auszulösen. Die Abspannung nach außen verhindert, dass Zug an der Schnur den Pfosten umlegt, statt den Mechanismus auszulösen. Die Knallkörper bestehen aus Schrotpatronen ohne Schrot.

des Alarmzauns gehört zu den weniger erfreulichen Routinen einer Zeltwanderung.

Wer die Möglichkeit hat, einen **Schlittenhund** mitzunehmen, hat damit nicht nur einen unterhaltsamen Begleiter, sondern auch eine Alarmanlage, die sicherlich zuverlässiger funktioniert als der Alarmzaun. Ein kräftiger Hund kann im Sommer sein Futter für mehrere Tage in einer Art Satteltasche selber tragen. Wer einen Hund mitnehmen will, kann bei den Eignern kommerzieller Hundehöfe anfragen (siehe Abschnitt 3.3 *Veranstalter*).

Wenn genug Leute da sind, ist eine nächtliche **Eisbärenwache** ein gutes, aber natürlich anstrengendes Mittel zur Sicherung gegen Überraschungsbesuch.

Die Verwendung von mindesten einem anerkannten Mittel zur Campsicherung (Alarmzaun, Polarhund, Wache) wird nicht nur vom gesunden Menschenverstand nahegelegt, sondern auch vom Gesetz gefordert.

All das löst aber das Problem nicht, dass unbewachte Zeltlager tagsüber Opfer von neugierigen Eisbären werden können, während man selbst in der Nähe eine Wanderung unternimmt.

Es gibt außerhalb der Ortschaften keinerlei Infrastruktur, auch keine **Hütten**, die man als Individualtourist mieten kann (siehe Abschnitt 6.1 *Longyearbyen: Übernachtungsmöglichkeiten*). 2007 hat die norwegische Verwaltung lokalen Veranstaltern drei Genehmigungen erteilt, Hütten für touristische Zwecke zu bauen bzw. umzurüsten. Diese dürfen allerdings nur im Rahmen organisierter Touren verwendet werden. Eine befindet sich unweit von Sveagruva am Van Mijenfjord, eine Weitere am Brentskardet im inneren Adventdalen und die Dritte in der Adolfbukta beim Nordenskiöldbreen.

Die meisten Hütten in Svalbard haben einen Besitzer, ohne dessen Erlaubnis die Benutzung nur in echten Notfällen möglich ist. Schlechtes Wetter rechtfertigt keinen Einbruch. Es gibt in Longyearbyen Vereine (Longyearbyen Jeger og Fiskerforening sowie Totakterklubben), die Hütten besitzen und diese an ihre ortsansässigen Mitglieder verleihen, aber nicht an Touristen von außerhalb.

3.6.6 RISIKEN IM GELÄNDE: GLETSCHER, LAWINEN, EIS & SCHNEE, FLUSSQUERUNGEN, MATSCHLÖCHER, TOLLWUT & CO, TRINKWASSER, MÜCKEN

Viele **Gletscher** in Svalbard sind recht spaltenarm und einfach zu begehen, wenn die **Spalten** im Frühjahr weitgehend schneegefüllt sind beziehungsweise wenn große Bereiche im Sommer schneefrei sind und das Eis mitsamt potenziellen Spalten somit sichtbar ist. Hinderlich sind dann vor allem die Schmelzwasserbäche, die oft Umwege erzwingen. Gletschertouren können in Spitzbergen viel Spaß machen und einfacher sein als das Zurücklegen der gleichen Distanz in der oft unwegsamen Tundra.

Auf bekannten Routen über die spaltenarmen Gletscher bei Longyearbyen ist es üblich, ohne Seil zu gehen. Die Gletscher verändern sich allerdings, und früher ungefährliche Stellen können plötzlich Spalten haben. Im April 2014 fiel ein Student auf dem Gletscher am Nordenskiöldfjellet in etwa 900 m Höhe im oberen, steileren Bereich über 20 m tief in eine Spalte. Mit viel Glück überlebte er unverletzt. Der betreffende Spaltenbereich war Ortskundigen schon vorher bekannt, zu der Zeit aber unter Schnee verborgen. Der Vorfall zeigt, wie ernst man das Thema nehmen muss.

Viele Gletscher sind allerdings auch sehr spaltig. Ich weise ausdrücklich darauf hin, dass das Begehen und Befahren von Gletschern immer mit spezifischen Risiken (Spalten, Schmelzwasserflüsse, unsichtbare Hohlräume unter der potenziell einsturzgefährdeten Gletscheroberfläche etc.) verbunden ist. Das Mitführen der entsprechenden Ausrüstung sowie die Beherrschung und konsequente Anwendung der entsprechenden Sicherungstechniken ist wichtig.

Gletscherfronten, von denen im Sommer immer wieder Eismassen abbrechnen, was zu heftigen Wellen führt, sind offensichtliche Gefahren. Besonders gefährlich sind die Wellen im flachen Wasser, wo sie sich brechen. Gewinnen Sie auf jeden Fall Abstand von der Uferlinie: Wenn Sie an Land sind, gehen Sie den Hang hoch, und wenn Sie im Boot sind, fahren Sie in tieferes Wasser. Schlagen Sie auf keinen Fall in der Nähe kalbender Gletscher oder sich möglicherweise drehender Eisberge in unmittelbarer Ufernähe ein Lager auf! Die offizielle Empfehlung des norwegischen Polarinstitutes ist, mit Schiffen 200 m von Abbruchkanten zu halten. Für kleine Boote ist das bei großen Gletschern sicher noch zuwenig. Gefährlich sind untiefe Bereiche, wo die Welle auch noch in größerer Entfernung mitten im Fjord kräftig brechen kann. Gerade die Gewässer vor Gletscherfronten sind meist unvermessen, so dass die Lage eventueller Untiefen unbekannt ist.

Im August 2012 kam es vor dem Esmarkbreen in der Ymerbukta zu einem tödlichen Unfall, als von der Gletscherfront Eis abbrach. Das Eis fiel aber nicht ins Wasser, sondern auf Felsen, so dass Eisstücke umherflogen. Eine Frau in einem kleinen Boot, das zu einem französischen Schiff gehörte, wurde von einem Eisstück am Kopf getroffen und starb fast unmittelbar. Die genaue Distanz konnte nicht ermittelt werden, möglicherweise waren es weniger als 200 m.

Die winterliche **Schneelawinengefahr** wird oft unterschätzt. Auch häufig befahrene Motorschlittenrouten können nach viel Schneefall oder starkem Wind lawinengefährdet sein. Starke Temperaturschwankungen erhöhen das Risiko, etwa indem die Oberfläche antaut und dann zu rutschigem Eis gefriert, auf das anschließend größere Schneemengen fallen. An der Oberfläche ist davon nichts zu sehen, dennoch herrscht dann an steilen Hängen höchste Lawinengefahr! Auf exponierten Strecken gehört Lawinensuchausrüstung (Lawinenstange, Sender, Schneeschaufel) ins Gepäck. In der Umgebung von Longyearbyen gehören Fardalen und Todalen sowie direkt beim Ort Vannledningsdalen und Tverrdalen zu den potenziell gefährdeten Strecken.

Bei Wintertouren, ganz egal mit welchem Fortbewegungsmittel, ist dem **Eis in den Fjorden** besondere Aufmerksamkeit ist zu schenken. Die beliebten Motorschlitten-Tagestouren in den Tempelfjord funktionieren nur, wenn dieser ausreichend zugefroren ist. Normalerweise ist der Tempelfjord im März und April ab Fredheim befahrbar, aber was ist schon normal in Zeiten des Klimawandels? 2014 plätscherten die ganze Saison über bei Fredheim die Wellen am Ufer, und die Befahrbarkeit des Eises weiter im Fjord war umstritten. Dasselbe betrifft das Eis vor der Ostküste, im Billefjord (Pyramiden) und im Grønfjord (Barentsburg). Wer sich nicht auskennt, sollte sich dringend vor Ort über die aktuelle Situation informieren, bevor es losgeht. Ein Blick aus der Höhe kann Orientierung bieten, dunkel gefärbte Bereiche sollte man auf jeden Fall meiden. Im schlimmsten Fall können schnell greifbare Eiskrallen, mit denen man sich aufs Eis ziehen kann, und ein Seil Leben retten. Sollte man jemals gezwungen sein, über dubioses Eis zu gehen oder zu fahren, dann sollte das man einzeln und zügig tun, damit im schlimmsten Fall nicht mehrere gleichzeitig einbrechen.

Für die Schifffahrtsrouten zu den Siedlungen, insbesondere den Van Mijenfjord, kommt im Frühjahr noch hinzu, dass das Eis für den Schiffsverkehr nach Sveagruva irgendwann aufgebrochen wird; unangenehm, wenn man dann auf der falschen Seite des Fjords steht und nach Hause will. Die Termine werden in der Lokalpresse (Svalbardposten) bekannt gegeben oder können bei der Bergbaugesellschaft Store Norske Spitsbergen Kulkompani erfragt werden (www.snsk.no).

Nicht lebensgefährlich, aber auch nicht völlig harmlos ist das **Aufwasser** (norwegisch: overvann), also Meerwasser, das von den Gezeiten auf das Eis gedrückt wird. Unter einer scheinbar harmlosen Schneedecke befindet sich ein flüssiger Brei aus Wasser und Schnee, in dem man schnell knietief versinken kann. Das gibt zunächst einen ordentlichen Schreck, weil man natürlich erst denkt, gleich in der Tiefe zu versinken. Unter der Wasserschicht kommt aber solides Eis (und wenn nicht, ist man irgendwo hin geraten, wo man sich wirklich hätte fernhalten müssen...), so dass man nicht unter dem Eis verschwindet. Aber erstens sind nasse Füße natürlich auch eine Gefahr, mindestens aber sehr unangenehm, und zweitens steht man vor dem Problem, den halb versunkenen Motorschlitten aus dem Schlamassel zu holen. Dabei leisten Schneeschaufel und ein langes Abschleppseil beste Dienste. Vor allem ist natürlich darauf zu achten, dass nicht auch noch weitere Motorschlitten in den Sumpf geraten.

Im späten Frühjahr wird der sogenannte **Eisfuß** zur Gefahr. Das sind Reste von Fjordeis, die noch an Land „kleben" und scheinbar gute Wege darstellen. Manch ein waghalsiger Wanderer hat schon zusammen mit einem abbrechenden Eisfuß ein Vollbad im kalten Wasser genommen. Für Schiffsbesucher kann die Blockierung der Küste mit Eis und Schnee Anlandungen im Frühsommer (Juni) schwierig oder mitunter sogar unmöglich machen.

Zur Zeit der **Schneeschmelze** ist mit **Muhrgängen** und **Schlammlawinen** zu rechnen. Mit Schnee und Steinen vermischte Schmelzwassermassen können sich in kleinen Tälchen, auch mit nur geringem Gefälle, plötzlich in Bewegung setzen und Geschwindigkeiten von mehr als 100 km/h erreichen. Wer erfasst wird, hat keine Überlebenschance, es hat schon tödliche Unfälle gegeben.

Flussquerungen werden häufig unterschätzt. Die großen Flüsse im Nordenskiöld Land, der weiteren Umgebung von Longyearbyen, sind im Sommer schwierig zu queren (siehe auch Abschnitte 3.2.5 *Zu Fuß individuell: Trekkingtouren* und 3.4 *Praktisches für unterwegs - Bekleidung*). Dies betrifft insbesondere die Flüsse Adventelva, Sassenelva und Reindalselva in den jeweils gleichnamigen Tälern. Der Wasserstand kann kurzfristig kräftig schwanken. Während und kurz nach der Schneeschmelze, also um den Monat Juni herum, ist der Wasserstand im Durchschnitt am höchsten, aber auch später im Sommer fließen große Wassermassen von den Gletschern in die Flüsse, vor allem an warmen Tagen, bis die Flussbetten mit Einsetzen des Frostes irgendwann im September wieder trocken fallen und den Weg auch für Leute mit ausgeprägter Abneigung gegen wasserdichtes Schuhwerk freigeben. Der Wasserstand passt sich Temperatur und Sonneneinstrahlung schnell an, so dass es sich lohnen kann, einen Fluss lieber frühmorgens oder spät abends zu queren; lieber eine kleine Extra-Tagestour zur sinnvollen Überbrückung als ein Vollbad mit Ausrüstung. Ein kräftiger Wanderstock ist hilfreich. Den Hüftgurt und Brustriemen vom Rucksack sollte man offen lassen, um sich im Notfall schnell vom Gepäck trennen zu können. Je weiter man talaufwärts geht, je mehr Nebenarme einzeln gequert werden, desto einfacher wird natürlich auch der Hauptfluss.

Bei allen Risiken, die auch zum Verlust von Ausrüstung führen können, sollten die wichtigsten Sachen (Waffe/Signalpistole, Kommunikationsmittel) natürlich auf mehrere Personen verteilt werden, um dem Totalverlust aller lebensrettenden Hilfsmittel vorzubeugen.

Unerwartet aufgetretene Hindernisse oder Gefahren im Gelände werden vom Sysselmannen im Internet bekanntgegeben (http://feltlogg.blogspot.com/), das natürlich nur einzelne Beobachtungen mit Schwerpunkt auf der Wintersaison enthält. Und wo für die ortskundigen Bewohner Longyearbyens alles normal und daher keiner Meldung wert ist, können Greenhorns sich noch über einiges wundern.

Oft ist die Tundra im Sommer feucht. Das macht das Gehen etwas mühsam, ist aber darüber hinaus meistens kein Problem. Es gibt aber stellenweise unangenehm tiefe, gelegentlich sogar potenziell gefährliche **Matschlöcher**. Diese „findet" man im Bereich junger Moränen und in Fließerdedecken, also wassergesättigtem Sediment im unteren Hangbereich, das im aufgetauten Zustand im Sommer langsam den Hang hinabfließt. Gefährliche Stellen innerhalb dieser Fließerdedecken (= Solifluktionsdecken) sind selbst mit einiger Erfahrung mitunter nur schwierig rechtzeitig zu sehen. Es ist nützlich zu wissen, dass sie vor allem dort vorkommen, wo nur mäßig verfestigte, feinkörnige Sedimente des Erdmittelalters (v.a. Trias und Jura) den Untergrund bilden. Somit sind vor allem Wilhelmøya, Barentsøya und Edgeøya, aber auch Teile des Nordenskiöld Landes prädestiniert dafür, unvorsichtige Wanderer bis zu den Knieen oder im Einzelfall sogar darüber hinaus versinken zu lassen. Jeder, der schon einige Male am Dolerittneset („Kapp Lee") im Nordwesten der Edgeøya war, wird wissen, was ich meine.

In Verbindung mit Regen oder Schneefall bringt der Frost ab September und Oktober oft **Glatteis**, so dass man sich im Gelände nur eingeschränkt bewegen kann. Auch in Longyearbyen kann die Sturzgefahr dann kräftig steigen.

Sobald die **Dunkelheit** kommt, ist für Fußgänger und Radfahrer **reflektierende Kleidung** eine wichtige Überlebenshilfe. Ein Autofahrer, der einen nicht sieht, ist mindestens so gefährlich wie ein schlechtgelaunter Eisbär.

Schlammbad in Fließerde.
Foto: Ein Bekannter (ich war gottseidank nicht dabei).

Füchse können **Tollwut** und **Fuchsbandwurm** haben. Man sollte niemals Füchse berühren, insbesondere keine toten Füchse, auch keinen Kot. Auch andere Wirbeltiere können das Tollwutvirus in sich haben, bei Rentieren und Ringelrobben wurde es in seltenen Fällen schon gefunden. Tollwut wurde seit 1980 in Svalbard sechsmal nachgewiesen, bislang zuletzt 2011 (Stand Anfang 2015). Bei versehentlichem oder unvermeidbarem Umgang mit potenziell betroffenen Tieren sind Gummihandschuhe und anschließende, gründliche Handhygiene (möglichst Desinfektion) wichtig. Eine Übertragung des Virus durch bloßen Hautkontakt ist sehr unwahrscheinlich, gefährlich wird es bei Bisswunden. Bei Tollwutverdacht ist der Sysselmann umgehend zu benachrichtigen, betroffene Personen können zeitnah auch nach Kontakt mit eventuell infizierten Tieren oder Tierleichen durch nachträgliche Impfung noch Schutz erhalten. Tollwutinfektionen enden für Menschen fast immer tödlich!

Trinkwasser aus der Natur sollte man sicherheitshalber abkochen, vor allem in der Nähe der Siedlungen. Dies gilt insbesondere im Bereich um Grumantbyen und Colesbukta, wo es immer noch eine eingeschleppte Feldmausart (*Microtus rossiaemeridionalis*) gibt, obwohl der Ort seit 1962 verlassen ist. Bislang beschränkt sich das Vorkommen der Mäuse weitgehend auf die nähere und mittlere Umgebung der alten Siedlung. Mäuse sind die Zwischenwirte des mit den Mäusen eingeschleppten **Fuchsbandwurms** *(Echinococcus multilocularis)* im Larvenstadium. Für den Menschen gefährlich ist aber nicht das Larvenstadium, sondern die Eier, die sich im Verdauungstrakt der Endwirte entwickeln, hier also in Eisfüchsen. Die Aufnahme der Eier erfolgt beim Menschen meistens oral, also durch Kontakt mit Kot, Trinkwasser oder Nahrungsmitteln. Unbehandelt führt eine Infektion meistens zum Tod. Diese Infektion macht sich erst nach sehr langer Zeit bemerkbar und die Behandlung ist dann teuer, eine vollständige Heilung aber nicht immer möglich. Die Wahrscheinlichkeit, sich während eines Aufenthaltes in Grumantbyen oder Colesbukta mit dem Fuchsbandwurm zu infizieren, bezeichnen Experten als äußerst gering: Abkochen von Trinkwasser und gute Hygiene (Klartext: Händewaschen) reduzieren das Infektionsrisiko deutlich.

Wenn der Erwärmungstrend des Klimas in Spitzbergen anhält, ist es wohl nur eine Frage der Zeit, bis Mäuse aus den Siedlungen auch dauerhaft in die Wildnis ziehen. Mit der üblichen bürokratischen Gemütlichkeit wird in der Verwaltung diskutiert, was man mit den derzeit noch auf bestimmte Orte beschränkten Nagern machen soll, während man auf subantarktischen Inseln längst mit großem Aufwand eingeführte Arten wieder ausrottet.

Abschließend gibt es aber auch noch gute Nachrichten: **Mücken**, die sonst unausweichliche Plage der Tundra, sind in Spitzbergen eine Rarität. Nur an warmen, windstillen Sommertagen wird man die kleinen Quälgeister wahrnehmen, nur selten in solcher Menge, dass sie einem auf die Nerven gehen, und sie kommen nur an wenigen Orten im Isfjord überhaupt vor (Ekmanfjord, südliches Dickson Land, Billefjord, Longyearbyen). Mit zunehmender Erwärmung werden vielleicht auch die Mücken zahlreicher werden. Aber bislang gilt: Wer in Spitzbergen wirklich einmal ernsthaft von Mücken geplagt wurde, kann sich damit trösten, eine Seltenheit erlebt zu haben. Immerhin übertragen Mücken dort keine Krankheiten.

Und wer daheim von **Heuschnupfen** und anderen Umweltallergien geplagt wird, wird die Arktis wohl ohnehin als Paradies empfinden.

3.6.7 ORIENTIERUNG

Die genauesten **topographischen Karten** sind vom norwegischen Polarinstitut im Maßstab 1:100 000 herausgegeben, mehr existiert nicht, abgesehen von ein paar Spezialkarten (Planungskarten für die Orte etc.). Sie sind in Longyearbyen und daheim im Kartenfachhandel erhältlich oder in Norwegen bestellbar (www.kartbutikken.no).

Schon wegen des groben Maßstabs sind nicht alle wichtigen Details des Geländes erkennbar, und vieles ändert sich rasch in der Natur, vor allem die genaue Lage der Gletscher an der Küste, Gletscherseen und der Lauf der Flüsse. Es ist oft im Kartenbild nicht erkennbar, ob sich eine bestimmte Stelle passieren lässt oder nicht, die Höhenlinien im Vertikalabstand von 50 m lösen kleine Steilstufen im Gelände nicht auf. Damit muss man zurechtkommen und sich seine Route im weglosen Gelände selbst suchen, wenn man auf eigene Faust in Spitzbergen unterwegs ist.

Es gibt keine markierten Wege. Nur wo häufig Leute unterwegs sind, etwa rund um Longyearbyen, bilden sich Trampelpfade, denen man folgen kann.

Von der topographischen Karte ist eine digitale Version zum Gebrauch mit Garmin GPS erhältlich. Die mangelnde Genauigkeit großer, abgelegenerer Bereiche in der digitalen Karte, auch im Vergleich zu den deutlich besseren Papierkarten, ist kritisiert worden: Höhenlinien existieren auf weiten Flächen nur im sehr dürftigen 200-m-Abstand. Unter http://toposvalbard.npolar.no/ stellt das Polarinstitut die digitale Karte online hingegen flächendeckend in voller Genauigkeit zur Verfügung, allerdings ohne Exportmöglichkeiten, möglich ist also tatsächlich nur das Betrachten im Internet. Warum die Kaufversion nicht die vollständigen Daten enthält, bleibt das Geheimnis des Polarinstitutes. Da die digitalen Daten ab 2015 gemeinfrei sind, kann man auf Besserung hoffen. Ungeachtet dieser bislang geltenden Einschränkungen ist die digitale Karte auf dem GPS eine äußerst nützliche Sache, die jeder haben sollte, der für Orientierung sorgen muss.

Bei gutem Wetter ist die großräumige Orientierung mit ein wenig Übung im Kartenlesen einfach, da die Sicht niemals von Wald und Gebäuden verstellt wird. Spannender ist die „Mikro-Orientierung“: Wo genau gehe ich lang, um nasse Stellen oder Fließerde zu vermeiden, einen Fluss oder eine Moräne zu queren? Hier geben Karten ohnehin nur eine grobe Orientierung, alles Weitere muss sich im Gelände finden.

Interessant wird es bei schlechter Sicht. Erfahrung im Umgang mit Kompass und Karte ist Pflicht und ein GPS äußerst nützlich, vor allem mit der digitalen Karte. Die **Missweisung** ist überraschend gering, um Longyearbyen herum nur etwa 4 Grad östlich. Sie variiert über die Inselgruppe und kann lokal kräftig abweichen. Mit lokalen Abweichungen ist insbesondere dort zu rechnen, wo Diabas (basaltähnliches Gestein) den Untergrund bildet. Zu **Seekarten** siehe Abschnitt 3.2.3 *Segeln.*

3.6.8 KULTURDENKMÄLER

Hier gelten eigene Regeln. Grundsätzlich ist alles geschützt, was von Menschenhand gemacht und älter als von 1946 ist, selbst eine Glasscherbe oder ein rostiger Nagel. Jüngere Artefakte können im Einzelfall ebenfalls geschützt sein. Das bedeutet, es darf nichts verändert werden, der Umgang mit geschützten Artefakten erfolgt weitgehend berührungsfrei. Man tritt auf nichts drauf, hebt nichts auf, dreht nichts um, nimmt schon gar nichts mit. Viel ist insbesondere in früheren Zeiten, vor der Unterschutzstellung, bereits zertreten oder geklaut worden. Tragen Sie dazu bei, das zu erhalten, was noch da ist! Grundsätzlich gilt, dass in der Umgebung der Kulturdenkmäler nicht gelagert und gezeltet werden darf, auch Lagerfeuer sind verboten. Das gilt auch, wenn die Kulturdenkmäler von Schnee bedeckt und somit nicht sichtbar sind. Der vorgeschriebene Mindestabstand beträgt 100 m vom nächstgelegenen Teil des Kulturdenkmals.

Virgohamna auf Danskøya ist eine Art arktisches Cape Canaveral der Sonderklasse: Von hier starteten im späten 19. und frühen 20. Jahrhundert die Ballon- beziehungsweise Luftschiffpioniere Salomon August Andrée und Walter Wellman. Beide haben einiges zurückgelassen. Was in Virgohamna für Unkundige wie Schrott aussieht, ist für Interessierte eine Art heiliger Gral der Eroberungsgeschichte des Nordpols. Um diesen Ort zu schützen, ist Virgohamna grundsätzlich gesperrt und es gilt: Zutritt verboten. Ausnahmegenehmigungen können beim Sysselmannen beantragt werden und werden unter Auflagen routinemäßig erteilt.

Seit 2010 sind 9 weitere, in der ganzen Inselgruppe verteilte Kulturdenkmäler kleinräumig vollständig gesperrt. Diese sind im Regionalteil jeweils an passender Stelle mit Karte erwähnt, eine Auflistung findet sich in Abschnitt 3.6.1 *Naturschutz:*

gesetzliche Regelungen und Schutzgebiete. Im Gelände gibt es keine Hinweisschilder o.ä. Wer auf eigene Faust unterwegs ist, muss sich also rechtzeitig informieren. Bei Verstößen sehen die norwegischen Denkmalschutzgesetze Geld- oder gar Freiheitsstrafen bis zu einem Jahr vor.

Vollständige Sperrungen der Kulturdenkmäler, die in jüngerer Vergangenheit deutlich mehr unter natürlicher Erosion als unter Besuchern zu leiden haben, sind umstritten. Prinzipiell ist strenger gesetzlicher Schutz sinnvoll, da viele historische Stätten schon zu stark gelitten haben - absichtlich oder unabsichtlich ist hinsichtlich des Ergebnisses gleichgültig. Dabei darf man aber nicht vergessen, dass die strengen Gesetze vor allem den Sinn haben, die Bewahrung der Kulturgüter gerade im Interesse künftiger Besucher sicherzustellen; ob es in diesem Sinne zielführend ist, interessante Stellen ganz zu sperren, die langsam aber sicher von der Natur zerstört werden, darf bezweifelt werden. Umstritten ist die Situation auch mit Blick auf historische Hütten, wo der gesetzliche „Schutz" vor künstlicher Veränderung oft schnell und unmittelbar zur Zerstörung führt, weil sie nicht mehr repariert werden. Regelmäßig benutzte Hütten werden bei Bedarf schnell repariert und bleiben so über viele Jahrzehnte erhalten. Lebendige, erlebbare Geschichte! Unterbindet man Benutzung und Reparatur, verfallen Hütten schnell. Dies geschieht in Spitzbergen derzeit leider vielfach. Soweit Hütten nicht abgeschlossen, privat oder aktuell in Verwendung sind, darf man aber hineingehen und sich umsehen.

Beim **Sammeln von Müll** muss mit besonderer Vorsicht vorgegangen werden: Sammeln Sie nur, was Sie einwandfrei als Müll identifzieren können (also v.a. Plastik). Im Einzelfall kann es durchaus eine Streitfrage sein, ob etwas als Müll oder Kulturdenkmal zu betrachten ist. Es gilt: In dubio pro Kulturdenkmal, im Zweifelsfall handelt es sich um ein schützenswertes Kulturdenkmal, auch wenn der fragliche Gegenstand in Ihren Augen vielleicht nur ein Stück Schrott ist. Zu entscheiden hat letztlich die norwegische Verwaltung und nicht der einzelne Tourist.

3.7 LONGYEARBYEN

Skal du gjøre bare en ting i Longyearbyen, reis til Gruve 7, sitt der en halv time uten å si et ord, og du er et nytt menneske.

Wenn du in Longyearbyen nur eine Sache machen kannst, dann fahr hoch zur Grube 7, setz dich für eine halbe Stunde hin, ohne ein Wort zu sagen, und du bist ein neuer Mensch.

Arne Holm, *Gruvebyen gjennom 100 år*

Für die meisten Touristen ist Longyearbyen der erste Ort, den sie auf Spitzbergen zu sehen bekommen, und für viele auch die Basis für alle weiteren Erlebnisse. Daher wird Longyearbyen mit seiner touristisch relevanten Infrastruktur und Tourenmöglichkeiten hier ausführlicher beschrieben, die umgebende Landschaft und Natur sind Thema des Abschnittes 6.1.4 *Adventfjord.*

Longyearbyen wurde 1906 von dem Amerikaner John Munro Longyear unter dem Namen Longyear City als Kohlebergbausiedlung gegründet. Heute leben gut 2000 Menschen in der immer noch wachsenden Siedlung (weitere Details zur Geschichte im Abschnitt 3.7.7 *Von Steinkohle bis zur Weltraumforschung: 100 Jahre Longyearbyen*).

Es ist bei vielen öffentlichen Gebäuden und privatem Wohnraum üblich, sich vor dem Eintreten die Schuhe auszuziehen (z.B. Museum). In Geschäften und den meisten Restaurants kann man die Schuhe anbehalten. Gängige Kreditkarten werden fast überall akzeptiert (Ausnahme: die Post, s.u.), Euro und Dollar in bar teilweise in größeren Geschäften, aber zu einem schlechtem Kurs, so dass man besser mit norwegischen Kronen (NOK) oder Kreditkarte zahlt. Die meisten Geschäfte öffnen unter der Woche 10-18 Uhr und Samstags 10-15 Uhr, Öffnungszeiten ändern sich teilweise saisonal.

Die angegebenen Preise wurden, soweit möglich, aktualisiert und entsprechen dem Stand von 2014/15. Wer etwas Bestimmtes sucht, kommt oft bei der Touristeninformation weiter (www.visitsvalbard.com).

3.7.1 ALLGEMEINE DIENSTLEISTUNG UND WICHTIGE INFRASTRUKTUR

Apotheke - Autoverleih - Bank/Post - Bibliothek - Fahrradverleih - Feuerwehr - Flughafen - Flugtickets - Hafen - Kino - Kommunikation - Krankenhaus/Ärzte/Gesundheitswesen - Kulturhaus - Lompensenter - Näherei (Randis Systue) - Notrufnummern - Schwimm-/Sporthalle - Sysselmannen (Gouverneur, auch Polizei und Rettungsdienst) - Taxi - Toiletten - Touristeninformation - Universität UNIS - Zeitung

Apotheke: Im Lompensenter gibt es eine Apotheke, Tel. +47 79 02 12 12. Ansonsten kann das Krankenhaus mit Medikamenten helfen (siehe dort). Rezeptfreies gibt es auch im Svalbardbutikken.

Autoverleih:
Arctic Autorent AS: Mit Büro im Flughafen, Öffnungszeiten abhängig von Starts und Landungen, Abholung kann bei vorheriger Absprache rund um die Uhr erfolgen. Tel. +47 917 02 258. Email info@autorent.no, Internet www.autorent.no.

Svalbard Auto AS: Telefon +47 79 02 49 30, Fax +47 7902 49 31, Email post@svalbardauto.no, Internet www.svalbardauto.no.

Bank/Post: Beide befinden sich direkt nebeneinander im gleichen Gebäude im Zentrum. In der Bank gibt es einen Geldautomaten, aber keinen Bargeldumtausch (!), den gibt es in Spitzbergen nirgendwo. Öffnungszeiten: Bank Mo-Fr 10-15.30 Uhr, Post Mo-Fr 09.30-17 Uhr, Sa 10-15 Uhr. Die Post akzeptiert nur norwegische (!) Kreditkarten und Bargeld.

Briefkästen befinden sich in der Post (wer hätte es gedacht?), am Flughafen sowie in Barentsburg am Hotel und in Ny Ålesund am Laden und in der alten Post. Sämtliche Post aus Spitzbergen, auch aus Barentsburg, geht über Longyearbyen und Norwegen, man sollte mit mindestens einer Woche Zustellzeit rechnen, ebenso mit Post nach Spitzbergen. Vor allem Päckchen und Pakete zu Weihnachten und Ostern brauchen ihre Zeit. Barentsburg, Longyearbyen, Ny Ålesund und Sveagruva haben heute noch jeweils einen eigenen Poststempel.

Bibliothek: Die Bibliothek befindet sich in der ersten Etage des Lompensenters und steht Montag, Mittwoch und Donnerstag von 11-18 Uhr, Dienstag und Freitag 11-16 Uhr sowie Samstag von 11-14 Uhr allen offen, die sich vor dem Eingang die Schuhe ausziehen. Neben überwiegend norwegischer Literatur gibt es 2 Computer mit Internetzugang, für die man sich allerdings vorher anmelden muss, sowie drahtloses Internet, das man mit eigenem Laptop kostenlos nutzen kann.

Fahrrad: Fahrräder können im für Fußgänger doch recht weitläufigen Longyearbyen eine feine Sache sein. Man kann eines mieten bei Basecamp Spitsbergen (Adresse siehe Abschnitt 3.7.2 *Schlafen, Essen und Trinken*), im Spitsbergen Gästehaus (dito) sowie bei Ingenieur Paulsen (s. Abschnitt 3.6.2 *Eisbären & Waffen*), Poli Arctici (s. Abschnitt 3.3 *Veranstalter*) und auf dem Campingplatz (s. Abschnitt 3.7.2 *Essen, Schlafen und Trinken*). Verkauf und Reparatur im Sportssenteret (3.6.2 *Eisbären & Waffen*).

Feuerwehr: Telefon +47 911 09 700, Notruf 110.

Flughafen: Der Flughafen **Svalbard Lufthavn Longyear** (IATA-Code LYR), der 1975 eingeweiht wurde, liegt einige Kilometer westlich von Longyearbyen oberhalb des Campingplatzes. Es gibt rund ums Jahr fast täglich Flüge von und nach Tromsø und Oslo, sowie innerhalb von Spitzbergen zu den Flugplätzen von Ny Ålesund und Sveagruva (nicht buchbar). Telefon +47 67 03 54 00, Fax +47 67 03 54 01, Internet www.avinor.no/lufthavn/svalbard. Siehe auch Abschnitt 3.5 *Anreise*.

Flugtickets: SAS Ground Services, die Serviceadresse der Fluggesellschaft SAS, ist Montag bis Freitag 09-16 und Sonntag 12-16 Uhr erreichbar. Telefon in Norwegen 05400 , aus dem Ausland +47 915 054 00, Internet www.sas.no. Derzeit (2015) macht auch Norwegian auch im dritten Anlauf den anscheinend erfolgreichen Versuch, SAS mit Linienflügen nach Longyearbyen Konkurrenz zu machen, mehr unter www.norwegian.no. In Longyearbyen kann Spitsbergen Travel (siehe 3.3 *Veranstalter*) mit der Buchung von Flugtickets helfen.

Hafen: Es gibt einen Hafen mit 3 Anlegern in Longyearbyen, wobei Passagierschiffe meistens am „Bykaia", dem „Stadtkai", anlegen, von wo aus es zu Fuß gut 20 Minuten bis zum Zentrum sind (Taxi: etwa 100 NOK). Der Bykaia befindet sich direkt an der Straße vom Flughafen zum Ort und ist unverfehlbar, dort gibt es das Hafenmeistergebäude mit Hafenmeister und Hafenagentur. Mit etwas Glück ist während der Öffnungszeiten sogar jemand da. Im Hafenmeistergebäude gibt es Kartentelefon,

Münzwaschmaschine, Toilette etc, sowie nach vorherigem Arrangement die üblichen Dienstleistungen wie Treibstoff, Wasser, Strom, Abfallentsorgung und dergleichen für Segelboote und Schiffe, alles natürlich gegen klingende Münze. In der Sommersaison ist die recht kleine Hafenanlage oft überlastet, so dass Schiffe teilweise im Fjord vor Anker liegen und Passagiere mit Schlauchbooten an Bord oder an Land gebracht werden müssen. Künftig soll aber kräftig in den Hafenausbau investiert werden.

Der Hafen in Longyearbyen ist mittlerweile mit einem verschlossenen Zaun gegen Bombenleger und andere Bösewichte gesichert, das Sicherheitspersonal ist oft streng. Das bedeutet für Sie als Passagier, dass Sie nicht vor der in den Reiseunterlagen angegebenen Zeit der Einschiffung am Hafen erscheinen sollten: Nicht nur, dass das Schiff vorher noch vorbereitet wird, Sie kommen vorher wahrscheinlich auch gar nicht auf die Kaianlage. Trinken Sie lieber noch einen Kaffee im Ort oder machen Sie einen kleinen Spaziergang, bis es soweit ist.

Tel. (Büro) +47 70 02 21 50, im Sommer Bereitschaftsnummer +47 91 12 23 00. VHF Kanal 12 und 16, Fax: +47 79 02 13 15, Email bykaia@lokalstyre.no, Internet www.portlongyear.no. Hafensicherheit: Telefon +47 48 19 27 45.

Als Hafenagent vermittelt **Pole Position** Dienstleistungen für Schiffe und allgemeine Logistik, für deren Inanspruchnahme jedoch vorherige Kontaktaufnahme notwendig ist.

Pole Position Spitsbergen AS, Bykaia/Port of Longyear. Postbox 514, 9171 Longyearbyen, Norwegen. Telefon +47 79 02 49 90, Fax +47 79 02 49 99, Email mail@pole-position.no, Internet www.pole-position.no.

Kino: Zweimal die Woche im Kulturhaus im Zentrum, mit Kindervorstellung um 18 Uhr und Stoff für Erwachsene anschließend um 20 Uhr. Gelegentlich gibt es Freitagabend noch eine Premiere.

Kommunikation: Longyearbyen hat ein zuverlässiges Mobilnetz, siehe Abschnitt 3.6.3 *Kommunikation und Sicherheit unterwegs*. Wer sich länger in Longyearbyen aufhält, kann überlegen, sich eine norwegische SIM-Karte zu kaufen. SIM-Karten gibt es bei Telenor und im Isbjørnbutikken, dem Kiosk im Lompensenter. Prepaid-Guthaben ist auch im Svalbardbutikken erhältlich. Allerdings ist darauf zu achten, dass nicht alle SIM-Karten ohne norwegische Personennummer („fødselsnummer" oder „D-Nummer") aktiviert werden könne. Für etliche Varianten ist diese Nummer erforderlich, die ein nicht-norwegischer Tourist, der nicht früher mal in Norwegen gelebt hat, nicht hat und auch nicht auf die Schnelle bekommt.

Ansonsten kann man im Svalbardbutikken (Supermarkt) und im Hafen (Pole Position) Karten für die öffentlichen Kartentelefone erwerben. Allerdings hat die Zahl der Kartentelefone deutlich abgenommen und die Überlebensdauer der noch existierenden ist unsicher. Die Verbliebenen gibt es im Forskningspark (UNIS, Garderobenbereich), in Mary-Ann's Polarriggen, im oberen Ortsteil Nybyen (bei der Rezeption des Gästehauses) und im Hafenmeistergebäude. Weitere Kartentelefone gibt es in Ny Ålesund sowie in Sveagruva.

Ebenfalls mager ist die Situation bezüglich öffentlicher Nutzungsmöglichkeiten für das Internet, sofern man nicht den eigenen Rechner mitbringt. In der Bibliothek gibt es 2 Computer, an denen man sogar kostenlos nach Anmeldung ins Netz kommt. Benutzern eigener Laptops bieten die Bibliothek und das Café Fruene (im Lompensenter) freien Zugang zum drahtlosen Internet. Die meisten Hotels bieten ihren Gästen Internetzugang, aber auch hier ist mitunter der eigene Rechner erforderlich.

Krankenhaus/Ärzte: Das Krankenhaus, zwischen Zentrum und Radisson Blu Hotel, ist im Falle eines Falles die Adresse der Wahl, auch wenn's die Zähne sind. Telefon +47 7902 42 00, Zahnarzt +47 7902 42 30, Notrufnummer 113.

Kulturhaus: Das Kulturzentrum mit Café Rabalder, Kino und diversen Bühnenveranstaltungen liegt direkt neben dem Lompensenter.

Lompensenter: Einkaufszentrum mitten in Longyearbyen mit Apotheke, Café Fruene, Taste of Thai Restaurant, Kita Sushi Restaurant, Bibliothek, zwei Outdoor-Ausstattungsläden, Souvenirshops, Bekleidung, Isbjørnbutikken (großer Kiosk), Friseur, Toiletten und Dönerbude.

Näherei: Bei Bedarf hilft **Randis Systue** beim Flicken (hinter Rabis Bua/Skinnboden). Randi näht am liebsten Trachten und schicke Sachen, hilft aber auch, wenn Tourenbekleidung auseinanderfällt. Sie freut sich aber, wenn man diese vorher wäscht. Dort bekommt man auch sehr praktische Hüllen für Gewehr, Signalpistole etc. aus wasserdichtem Material. Öffnungszeiten Mo-Fr 10-16 Uhr. Tel. +47 7902 11 00, Mobiltelefon +47 901 26 079, Email post@randissystue.no, Internet: randissystue.no.

Notrufnummern: 110 (Feuerwehr), 112 (Polizei) und 113 (Ambulanz). Weitere Nummern siehe Feuerwehr bzw. Sysselmannen. Die allgemeinen Notrufnummern sind von Satellitentelefonen aus nicht anwählbar. Stattdessen sind die Bereitschaftsnummern des Sysselmannen für Notfälle permanent erreichbar und sollten gespeichert sein.

Schwimm- und Sporthalle: Die Sporthalle, offiziell als **Svalbardhalle** bezeichnet, liegt bei der Schule und hat unter anderem ein Schwimmbad, eine Sauna und eine Kletterwand zu bieten. Öffentliche Öffnungszeiten auf www.svalbardturn.no. Dort sind auch Informationen zum erstaunlich breiten Spektrum sportlicher Aktivitäten.

Sysselmannen (Gouverneur)/Polizei: Der Sysselmannen vertritt auf Svalbard die norwegische Regierung, hat die **Polizei**hoheit und ist verantwortlich für den **Rettungsdienst**. Sysselmannen på Svalbard, P.O. Box 633, 9171 Longyearbyen, Norwegen. Öffnungszeiten: montags bis freitags 08.30-15.30 Uhr, Telefon +47 7902 43 00, Bereitschaftstelefon +47 7902 12 22, Notrufnummer 112, Fax +47 7902 11 66, Email firmapost@sysselmannen.no, Internet www.sysselmannen.no.

Taxi: Die Taxipreise sind innerhalb weniger Jahre um gut 30 % gestiegen, 80 NOK sind auch im Ort schnell weg. Immerhin akzeptieren die Taxis auch Kreditkarten. Beide Taxifirmen haben auch Minibusse für kleine Gruppen und sperriges Gepäck. **Svalbard Maxi Taxi AS**: Arrangiert auch geführte Rundfahrten in und bei Longyearbyen. Telefon +47 7902 13 05, Fax +47 7902 35 96, Email post@taxiguiden.no. **Longyearbyen Taxi**: Telefon +47 7902 13 75.

Toiletten: Ja, das Wichtigste. Öffentliche Toiletten gibt es zentral im Lompensenter.

Touristeninformation: Ab 2015 am oberen Ende der Fußgängerzone, Nähe Kroa/ Svalbard Hotel. Allerhand nützliche Informationen wie das aktuelle Programm buchbarer Tagestouren, Anschriften, Übernachtungsmöglichkeiten, Broschüren etc. Öffnungszeiten: 01. Mai bis 30. September täglich 10-17 Uhr, 01. Oktober bis 30. April 12-17 Uhr, an Feiertagen nach Ankündigung. Telefon +47 7902 55 50, Email info@visitsvalbard.com, Internet www.visitsvalbard.com.

Universität UNIS: Es gibt wohl nicht viele Städtchen der Größe Longyearbyens, die über eine eigene Universität verfügen. Streng genommen ist UNIS („The University Centre in Svalbard“) keine eigenständige Universität. Etwa 450 Studenten, davon die Hälfte aus Norwegen, die Übrigen aus aller Damen und Herren Länder, studieren hier Biologie, Geologie, Geophysik oder Technologie, jeweils mit dem Präfix „arktisch“ versehen. UNIS befindet sich zusammen mit dem Forschungspark, der Touristeninformation und dem Museum im großen, braunen Bau zwischen Zentrum und Adventfjord. Telefon +47 7902 33 00, Fax +47 7902 33 01, Email post@unis.no, Internet www.unis.no.

Zeitung: Die **Svalbardposten** erscheint wöchentlich und bringt lokale und regionale Nachrichten auf norwegisch, spart internationale Nachrichten aber bewusst aus. 2011 betrug die Gesamtauflage 2 772 (2006: 3 252). Es gibt für Abonnenten eine online-Ausgabe und den einen oder anderen Artikel auf englisch auf www.svalbardposten.no.

Mittlerweile gibt es mit **Icepeople** auch eine kleine englischsprachige Konkurrenz zur Svalbardposten, die vielerorts kostenlos in Longyearbyen ausliegt und im Netz unter www.icepeople.net zu finden ist.

Ein paar internationale Zeitungen sind manchmal im Svalbardbutikken erhältlich.

3.7.2 SCHLAFEN, ESSEN UND TRINKEN

Übernachtungsmöglichkeiten: Es gibt in Longyearbyen eine ganze Reihe von Unterbringungsmöglichkeiten für verschiedene Geschmäcker und Geldbeutel, wobei keine echten „Low Budget“ Unterkünfte vertreten sind. Wie auch sonst, so gilt hier: Die Preise, Telefonnummern und dergleichen mehr in diesem Buch entsprechen dem Stand Anfang 2015 und wurden sorgfältig recherchiert, können sich aber ändern.

Drei Investoren haben Hotelprojekte angekündigt, so dass absehbar mehrere hundert Betten hinzukommen sollen. Baubeginn ist ab Frühjahr 2015 geplant.

Am preisgünstigsten ist der **Campingplatz**, er liegt unterhalb des Flugplatzes. Lärmbelästigung ist aber kein großes Problem, da die Zahl der Landungen und Starts überschaubar ist. Schon eher gelegentlich anstrengend sind Zeitgenossen, die vergessen, dass es Menschen gibt, die auch bei Mitternachtssonne nachts gelegentlich schlafen wollen. Es gibt eine schöne Aussicht über den Isfjord und ein Servicegebäude (Öffnungszeiten mindestens 08-10 und 20-22 Uhr, tatsächlich meistens deutlich darüber hinaus) mit Duschen (5 warme Minuten für 10 NOK) und Kochgelegenheit für Selbstversorger. Nach Longyearbyen sind es knapp 5 Straßenkilometer, es gibt keinen Bus, abgesehen vom Flughafenbus vor Starts und nach Landungen. Übernachtung im Sommer ab 120 NOK. Es besteht die Möglichkeit, für den Gebrauch auf dem Zeltplatz Schlafsack Platz im Gemeinschaftszelt zu mieten, wie auch Fahrräder für den Weg in den Ort (Leihausrüstung nur begrenzt, vorher anfragen, davon abgesehen ist Reservierung für Einzelreisende nicht erforderlich). Geöffnet ist während der Sommersaison (Anfang Juni bis Anfang September, ab Mitte August besser vor Ankunft Kontakt aufnehmen). Manchmal werden vom Campingplatz aus geführte Tagestouren günstig angeboten. Wer mutig oder verrückt genug ist, unbekleidet in den nahegelegenen Fjord (Wassertemperaturen 3-6°C) zu springen, kann Mitglied im „Arctic Naked Bathing Club“ werden, mit Mitgliedschaftsurkunde!

Longyearbyen Camping, P.O. Box 15, 9171 Longyearbyen, Norwegen. Telefon +47 7902 14 44, Email mail@longyearbyen-camping.com, Internet www.longyearbyen-camping.com.

Für sämtliche **Übernachtungsmöglichkeiten im Ort** sind in der Saison rechtzeitige Reservierungen zu empfehlen und vor allem in der Zeit um Ostern dringend erforderlich. Auch im Sommer ist zeitweise alles belegt. In der Nebensaison, vor allem während der Dunkelzeit, sind Übernachtungen deutlich preiswerter zu haben.

Ein festes Dach über dem Kopf zu vergleichsweise günstigen Preisen bieten mehrere **Gästehäuser**. Dort gibt es relativ schlichte, aber ordentliche Zimmer mit Frühstück und Selbstversorgerküchen sowie Bad auf dem Gang.

Das **Spitsbergen Guesthouse**, geöffnet von Anfang März bis Anfang September, liegt im oberen Longyeartal im Ortsteil Nybyen, zu Fuß etwa 20 Minuten bis zum Zentrum. Ein-, Zwei- und Mehrbettzimmer sowie kleine Appartments gibt es zwischen 305 und 1 690 NOK mit Frühstück. Selbstversorgerküchen stehen zur Verfügung. Spitsbergen Guesthouse, P.O. Box 500, 9171 Longyearbyen, Norwegen, Telefon +47 7902 63 00, Fax +47 7902 63 01, Email guesthouse@spitsbergentravel.no, Internet www.spitsbergentravel.com.

Auch das **Gästehaus 102** liegt in Nybyen, 20 Gehminuten vom Zentrum. Ein-, Zwei- und Mehrbettzimmer von 300 bis 950 NOK (mit Frühstück). Selbstversorgerküche, Waschmaschine, Internet und Konferenzraum stehen zur Verfügung. Gjestehuset

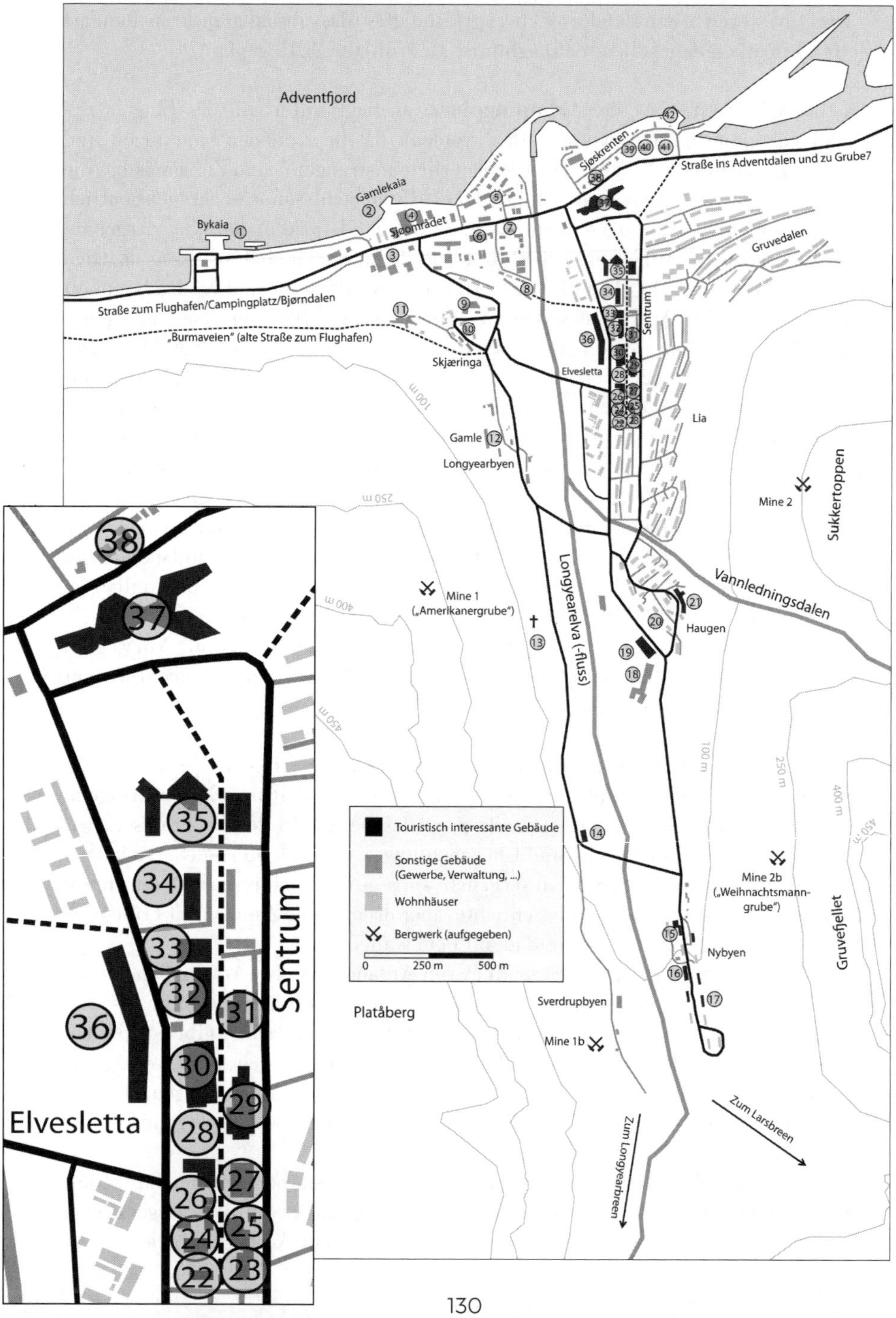
Adventfjord
Bykaia ①
Gamlekaia ②
Sjøområdet
Sjøskrenten
Straße ins Adventdalen und zu Grube7
Gruvedalen
Straße zum Flughafen/Campingplatz/Bjørndalen
„Burmaveien" (alte Straße zum Flughafen)
Skjæringa
Elvesletta
Sentrum
Lia
Gamle ⑫
Longyearbyen
Mine 2
Sukkertoppen
Mine 1
(„Amerikanergrube")
Longyearelva (-fluss)
Vannledningsdalen
Haugen
Touristisch interessante Gebäude
Sonstige Gebäude
(Gewerbe, Verwaltung, ...)
Wohnhäuser
Bergwerk (aufgegeben)
0
250 m
500 m
Mine 2b
(„Weihnachtsmann-
grube")
Gruvefjellet
Nybyen
Platåberg
Sverdrupbyen
Mine 1b
Zum Longyearbreen
Zum Larsbreen
100 m
250 m
400 m
450 m

Sjøområdet („See-Gebiet", am Adventfjord)
1 = Bykaia („Stadtkai", hier legen die meisten Touristenschiffe an)
2 = Gamlekaia („Altes Kai")
(Außerhalb der Karte, Richtung Flughafen, befindet sich noch „Kullkaia", das „Kohlenpier", das nur ausnahmsweise von Passagierschiffen genutzt wird.)
3 = Kraftwerk
4 = Store Norske Spitsbergen Kulkompani
5 = Galleri Storø
6 = Tankstelle
7 = Vedlikeholdsbutikken (Werkzeug)

Skjæringa („Der Einschnitt", nach einer für die Kohle-Seilbahn in den Hang gesprengten Lücke)
8 = Mary-Ann's Polarrigg
9 = Sysselmannen
10 = Telenor
11 = Taubanesentrale (Seilbahnzentrale)

Gamle Longyearbyen („Altes Longyearbyen", der älteste Ortsteil)
12 = Kirche
13 = Friedhof

14 = Huset (früher soziales und kulturelles Zentrum, heute Kneipe, Disko, Restaurant und Weinkeller)

Nybyen („Die Neustadt", nach dem Zweiten Weltkrieg aufgebaut)
15 = Galleri Svalbard (Svalbard Galerie), Kunst- og håndverksenter (Zentrum für Kunst und Handwerk)
16 = Spitsbergen Gjestehus (Gästehaus)
17 = Gjestehus (Gästehaus) „102"

18 = Schule
19 = Svalbardhalle

Haugen („Der Hügel")
20 = Haugen Pensjonat
21 = Spitsbergen Hotel (ehemalige Funktionärsmesse, danach Hotel „Funken")

Zentrum
22 = Touristeninformation
23 = Hotel (Bau geplant 2015)
24 = Svalbard Hotel
25 = Basecamp Hotel, Kroa (Kroa plant Umzug nach Elvesletta)
26 = Souvenirs & Mode (Rabi's Bua, Skinnboden), Randis Systue (Schneiderei)
27 = SvalBar, Svalbard Lodge
28 = Parkplatz (übliche Bushaltestelle für Charterbusse), daneben Svalbard Arctic Sport (Outdoor-Ausrüster)
29 = Svalbardbutikken
30 = Lompensenter (Café Fruene, Taste of Thai, Kita Sushi, Apotheke, Bibliothek, WC, Outdoor-Läden, Kiosk, Souvenirs)
31 = Bank (mit Geldautomat), Post
32 = Næringsbygget (Verwaltung)
33 = Kulturhuset Kulturzentrum (Bühne, Kino, Café Rabalder)
34 = Krankenhaus
35 = Radisson Blu Polar Hotel, Barents Pub, Spitsbergen Travel

Elvesletta
36 = Sportssenteret, 78°N (Werkzeug etc.), Svalbard Catering, ...

Sjøskrenten („Fjordufer", in Fjordnähe)
37 = Svalbard Museum, UNIS
38 = Airshipmuseum, Poli Arctici
39 = Henningsen Transport & Guiding
40 = Ingenieur Paulsen (IGP)
41 = Svalbard Snøscooterutleie (SSU)
42 = Loff-Häuschen (Vogelbeobachtung)

102, P.O. Box 664, 9171 Longyearbyen, Norwegen. Telefon +47 7902 57 16, Fax +47 79 02 56 81, Email info@gjestehuset102.no, Internet www.gjestehuset102.no.

Etwas komfortabler als die Gästehäuser ist das **Haugen Pensjonat**, wo jeweils 2 der insgesamt 9 Doppelzimmer sich ein Bad teilen. Es gibt eine Küche zur Selbstbedienung und drahtloses Internet. Preise je nach Saison zwischen 600 und 1200 NOK. Haugen Pensjonat Svalbard AS, P.O. Box 648, 9171 Longyearbyen. Telefon +47 7902 1705, Mobil +47 91 38 34 67 oder +47 95 73 57 42. Email post@haugenpensjonat.no, Internet http://haugenpensjonat.no.

Svalbard Lodge bietet Wohnungen im Zentrum mit Kochecke, Waschmaschine etc. zur kurzzeitigen Miete mit Platz für bis zu 6 Personen. Preise je nach Größe und Saison pro Person 550 bis 950 NOK, wobei mindestens 3 Personen buchen müssen. Im Erdgeschoss liegt die SvalBar, eine beliebte Bar, was abends mitunter hörbar ist. Telefon +47 7902 46 60, post@svalbardbooking.com, Internet svalbardbooking.com.

Auch bei **Stefano Poli** kann man kurzzeitig kleine Wohnungen mieten. WLAN ist möglich, Waschmaschine auch, fürs Essen sorgt man selbst. Preise pro Person zwischen 430 und 950 NOK. Poli Arctici A/S, P.O. Box 89, 9171 Longyearbyen, Norwegen. Telefon +47 79 02 17 05, Mobil +47 91 383 467, Fax +47 79 02 17 34. Email stefano@poliarctici.com, Internet: www.poliarctici.com.

Svalbard Villmarkssenter bietet 2 Übernachtungsmöglichkeiten. *Sjø Lodge* ist eine Wohnung für 5-6 Personen direkt am Ufer. 650/750 NOK (Neben-/Hauptsaison) einschließlich Internet und Waschmaschine, Bad und Küche, mindestens 3 Personen. *Tommy's Lodge* ist eine rustikale Hütte direkt am Hundehof im Adventdalen, kurz außerhalb von Longyearbyen, und perfekt, wenn man Schlittenhunde und im Frühsommer eine Kolonie Eiderenten als Nachbarn schätzt. Tommy's Lodge hat Strom, Wasser aus Kanistern, keine Dusche und eine „behagliche Toilette“ auf dem gleichen Gelände, aber nicht in der Hütte. Die Lage ist außerhalb des als eisbärensicher betrachteten Bereichs, aber eine bessere Alarmanlage als mehrere Dutzend Polarhunde gibt es nicht. 9 Betten und Platz für ein paar Matratzen. Doppelzimmer 500/700 NOK, Viererzimmer 1000/1400 NOK, die ganze Hütte 1500/2100 NOK.

Wer es komfortabel haben will, hat verschiedene **Hotels** zur Auswahl. In der Nebensaison (November-Januar) sind einzelne Hotels zeitweise geschlossen. Die meisten Hotels haben Konferenzsäle (Polarriggen nicht) und standardmäßig kostenfreies, drahtloses Internet (kostenpflichtig im Polarriggen). Man kann an den Rezeptionen sämtlicher Hotels Tagestouren buchen. Der **Flughafenbus** hält bei allen Gästehäusern und Hotels.

Wie erwähnt, haben drei Investoren angekündigt, zentrumsnah ab 2015 auf Elvesletta je ein Hotel zu bauen, so dass absehbar mit deutlich mehr Kapazität zu rechnen ist. Vielleicht wirkt sich das erfreulich auf die ziemlich gesalzenen Preise aus.

Mary-Ann's Polarrigg liegt im Ortsteil Skjæringa, 7 Gehminuten zum Zentrum, und bietet Einzel- und Doppelzimmer sowie eine Luxusvariante „Luxury riggen“, je nach Jahreszeit zwischen 795 und 6 000 NOK. Frühstück zusätzlich 135 NOK,

Nutzung der Gästeküche 35 NOK, Internet ist kostenpflichtig. Das Polarriggen hat Bar/Restaurant und sogar ein Spa mit Sauna und Massage. Mary-Ann's Polarrigg, P.O. Box 17, 9171 Longyearbyen. Telefon +47 7902 37 02, Email info@polarriggen.com, Internet www.polarriggen.com.

Spitsbergen Hotel (ehemals Hotel Funken) liegt auf halbem Weg zwischen Nybyen und Zentrum und bietet Einzel- und Doppelzimmer mit gehobenem Standard, je nach Saison und Zimmer von 835 bis 3 650 NOK. Spitsbergen Hotel, P.O. Box 500, 9171 Longyearbyen. Telefon +47 7902 62 00, Fax +47 7902 62 01, Email hotel@spitsbergentravel.no, Internet www.spitsbergentravel.com.

Das **Basecamp Trapper's Hotel** im Zentrum wurde konsequent mit dem Ziel gestaltet, eine rustikale Trapperhütten-Atmosphäre zu schaffen, bis hinein in die einzelnen Zimmer. Im Erdgeschoss liegt das beliebte Restaurant Kroa, so dass die Geräuschkulisse v.a. Freitag und Samstag abends anders sein kann als in einer einsamen Trapperhütte. Allerdings soll das Kroa umziehen. Preise je nach Zimmer und Saison von 1 050 bis 3 690 NOK. Basecamp Spitsbergen AS, P.O. Box 316, 9171 Longyearbyen. Telefon +47 7902 46 00, Email svalbard@basecampexplorer.com, Internet www.basecampexplorer.com.

Viel Komfort bietet das zentrumsnahe **Radisson Blu Polar Hotel**. Das Gebäude stand während der Winterolympiade 1994 in Lillehammer und wurde anschließend nach Longyearbyen verfrachtet. Je nach Saison sind die verschiedenen Zimmer zwischen 615 und 3 950 NOK zu haben, es gibt auch Appartments mit Miniküche. Radisson Blu Polar Hotel Spitsbergen, P.O. Box 554, 9171 Longyearbyen. Telefon +47 7902 34 50, Fax +47 7902 34 51, Email sales.longyearbyen@radissonblu.com, Internet www.spitsbergentravel.com.

Das **Svalbard Hotel** ist vom Flair her elegant-nüchtern gehalten. Zentrale Lage, Preise je nach Saison und Zimmer 990 bis 2590 NOK. Svalbard Hotel, P.O. Box 538, 9171 Longyearbyen Telefon +47 79 02 50 00, Email post@svalbardbooking.com, Internet svalbardbooking.com.

Obschon nicht in Longyearbyen selbst gelegen, sollen an dieser Stelle die übrigen buchbaren Übernachtungsmöglichkeiten auf Spitzbergen erwähnt werden (Barentsburg und Pyramiden siehe die jeweiligen Abschnitte im Regionalteil, Kapitel 6).

Kapp Linné ist ein kleines, aber feines Hotel am Ausgang des Isfjord in den Gebäuden der ehemaligen Radiostation Isfjord Radio. Geöffnet wird Anfang Februar bis Ende September. Die Preise bewegen sich zwischen 1 900 und 3 250 NOK einschließlich Frühstück und Abendessen, dazu kommt Transport von und nach Longyearbyen. Übernachtungen auf Kapp Linné finden oft als Bestandteil einer organisierten Motorschlittentour oder Bootsfahrt statt. Kapp Linné wird von Basecamp in Longyearbyen betrieben. Basecamp Spitsbergen AS, P.O. Box 316, 9171 Longyearbyen. Tel. +47 7902 46 00, Fax +47 7902 46 01, Email svalbard@basecampexplorer.com, Internet www.basecampexplorer.com.

Das **Schiff im Eis** ist die wohl ausgefallenste Übernachtungsmöglichkeit auf Spitzbergen. Das Segelboot *Noorderlicht* liegt im Winter im Eis des Tempelfjord eingefroren, so dass man es von Longyearbyen aus mit Motor- oder Hundeschlitten erreichen kann. Es dient als Ziel für Ausflüge mit Übernachtungsmöglichkeit. Es gibt 10 Zweibettkabinen ab 2 850 NOK mit Vollpension, und für 270 NOK ein warmes Mittagessen. Wegen Auflagen der Verwaltung dürfen auf der eingefrorenen *Noorderlicht* aber nur Gäste einkehren, die im Rahmen organisierter Touren kommen; wer auf eigene Faust vorbeikommt, wird dort also nicht glücklich werden. Die Mannschaft bedauert dies, ist aber an die Auflagen gebunden.

Seit ein paar Jahren haben drei Veranstalter **Hütten** im Gelände, die im Rahmen organisierter Touren genutzt werden. Individuelle Anmietung ist nicht möglich. Schön gelegen ist die Hütte von Basecamp am Nordenskiöldbreen im Billefjord. Spitsbergen Travel hat am Brentskardet im inneren Adventdalen eine Hütte und PoliArctici eine im Van Mijenfjord.

Übernachtungsmöglichkeiten in Barentsburg und Pyramiden: siehe jeweils dort.

Essen & Trinken in Longyearbyen: Mittlerweile gibt es eine Reihe von Restaurants verschiedenen Anspruchs in Longyearbyen. Wer mit mehreren Personen ausgehen will, sollte einen Tisch reservieren. Norwegische Kronen und Kreditkarten werden überall akzeptiert, aber andere Währungen in den Cafés und Restaurants nicht. Die Garderobe ist üblicherweise sportlich, nur abends in den gehobenen Restaurants zieht man sich schon mal gerne fein an, muss aber nicht. Wanderkleidung, die nach einer vierzehntägigen Trekkingtour aussieht und riecht, ist sicher nicht angebracht.

FÜR KLEINERE ODER EHER FLÜSSIGE MAHLZEITEN

Zunächst die Gastronomie im Zentrum:

Für die kleine, schnelle und vergleichsweise preisgünstige Stärkung zwischendurch bietet sich der Kiosk **Isbjørnbutikken** im Lompensenter mit diversen Würstchen etc. an.

Das **Café Fruene** befindet sich im Lompensenter und bietet eine schöne Möglichkeit, zwischendurch bei Kaffee und Kuchen oder einer kleinen Mahlzeit zu entspannen.

Ebenfalls im Lompensenter ist das **Taste of Thai** Restaurant, dessen Titel die Provenienz verrät. Montags bis Freitags von 11.00 bis 20 Uhr, Samstags 13-22 Uhr. Gegenüber befindet sich, etwas versteckt, die **Kita Sushi-Bar**.

Der **Karlsberger Pub** im Lompensenter ist eine Bar mit beeindruckender Getränkeauswahl, geöffnet täglich bis 02 Uhr früh. Eng, laut und beliebt.

Das **Rabalder Kulturcafé** ist im Kulturzentrum, direkt neben dem Lompensenter und somit ebenfalls sehr zentral. Täglich 10-17 Uhr, nicht ganz so charmant und weniger Auswahl als fast nebenan im Fruene, aber auch nicht so überlaufen.

Barents Pub & Spiseri im Radisson Blu Polar Hotel. Hotelbar mit Speisekarte, gelegentlich Livekonzerte, täglich 16 bis 02 Uhr früh.

SvalBar Pub AS. Gastronomieangebot mit eher „urbaner" Atmosphäre im Zentrum von Longyearbyen (nah Basecamp Hotel) mit Café, Bar, warmer Küche, Sportübertragungen und gelegentlichen Live-Konzerten, wo „keiner rausgeworfen wird, der es nicht auch verdient hat." Öffnungszeiten Montag-Freitag 11 bis 02 Uhr, Samstag-Sonntag 12 bis 02 Uhr. Internet www.svalbar.no.

Preisgünstiges Mittagessen zum Mitnehmen von 11 bis 13.30 Uhr sowie Catering Service bietet **Svalbard Catering** (Elvesletta, zentrumsnah).

Die **Funken Bar** im Spitsbergen Hotel (früher „Funken Hotel") ist nicht nur abends als gemütliche Bar mit warmer Küche geöffnet, sondern auch ein guter Platz für einen Nachmittag mit Waffeln. Geöffnet täglich 11 bis 02 Uhr früh.

Das **Café La Recherche** in der Galleri Svalbard ist eine Möglichkeit, sich im oberen Ortsteil Nybyen mit einem Getränk zu stärken, die Öffnungszeiten richten sich nach der Gallerie.

DIE GEHOBENE KLASSE:

Brasseri Nansen im Radisson Blu Polar Hotel. Hotelrestaurant mit schönem Blick auf den Fjord. Es gibt zusätzlich einen exklusiven Bereich in der ersten Etage, wo kleine Gruppen sich nach Reservierung kulinarisch verwöhnen lassen können. Tel. +47 7902 34 55 oder +47 7902 61 00, Email brasseri@spitsbergentravel.no.

Funktionærmessen Restaurant, das Hotelrestaurant im Spitsbergen Hotel (Kontaktdaten siehe dort).

Das **Huset** im oberen Ortsteil, etwa 20 Minuten zu Fuß vom Zentrum, ist ein traditionsreiches Restaurant mit abendlicher Bar und Disko (Freitag und Samstag 23-04 Uhr). Warmes Essen im vorderen Bereich (Café) täglich 16 (samstags 14) bis 22 Uhr. Das Restaurant im hinteren Bereich öffnet täglich um 19 Uhr seine vielgerühmte Küche mit mehrgängigen Menüs, denen man den regionalen Einfluss anmerkt, sowie den Weinkeller (ca. 20.000 Flaschen, Weinproben nach Angebot oder Absprache). Tel. +47 7902 25 00, Fax +47 7902 25 01, Email booking@huset.com, Internet www.huset.com.

Das beliebte **Kroa** befindet sich im selben Gebäude wie das Basecamp Hotel, der Betreiber hat aber angekündigt, dass es nach Elvesletta umziehen soll. Es ist rustikal mit Trapperatmosphäre gestaltet. Abends sollte man reservieren, insbesondere am Wochenende. Gruppen mit mehr als 10 Personen haben nur eine beschränkte Speisenauswahl. Tel. +47 7902 13 00, Email post@kroa-svalbard.no, Internet www.kroa-svalbard.no.

3.7.3 EINKAUFEN

Es gibt in Longyearbyen so ziemlich alles für den täglichen Gebrauch und Einiges darüber hinaus. Die Zeiten, als es im Käseregal nur eine Sorte gab, sind lange vorbei.

Aufgrund der Regelungen des Spitzbergenvertrages ist Spitzbergen mehrwertsteuerfreie Zone, so dass manches billiger ist als in Norwegen, beispielsweise Luxusgüter und Alkohol. Anderes wird durch den Transport wieder teurer, vor allem Frischwaren. Im Vergleich zu Deutschland ist alles teuer.

Die Öffnungszeiten sind verschieden und variieren je nach Jahreszeit, aber viele Läden haben typischerweise von Montag bis Freitag 10-18 Uhr und Samstag 10-15 Uhr geöffnet. Die meisten Geschäfte bleiben an Sonn- und an Feiertagen (Ostern, Himmelfahrt, Pfingsten, 01. und 17. Mai, Weihnachten) geschlossen.

Eine komplette Übersicht über alle Geschäfte ist hier weder möglich noch sinnvoll, stattdessen gibt es eine Auswahl der Läden, die für Touristen am öftesten wichtig sein werden.

Bücher und Landkarten: Die beste Adresse, um sich vor Ort mit Polarliteratur und Landkarten einzudecken, ist das Svalbardmuseum, gefolgt vom North Pole Expedition Museum und dem Svalbardbutikken.

Souvenirs: Es gibt eine ganze Reihe von Souvenirläden mit unterschiedlichen Schwerpunkten, wie **Gullgruva**, die „Goldgrube" im Lompensenter, wo es neben den „üblichen" T-Shirts, Postkarten usw. auch Produkte einer lokal ansässigen Goldschmiedin gibt (auch im Svalbardmuseum erhältlich). **Rabi's Bua**, etwas oberhalb des Lompensenter, ist auf Strickwaren und andere Bekleidung spezialisiert. Wer Einzelteile von Tieren wie beispielsweise Felle und daraus hergestellte Bekleidung kaufen will, ist im nebenan im **Skinnboden** richtig, wo man auch importierte Felle der auf Spitzbergen streng geschützten Eisbären kaufen kann.

Supermarkt: Das größte Geschäft ist der **Svalbardbutikken** im Zentrum. Neben Lebensmitteln bekommt man hier Schreibwaren, Souvenirs, Elektro- und Elektronikkram, eine kleine Auswahl Bücher und Karten und in der Saison ein paar internationale Zeitungen, mitunter auch die eine oder andere deutsche. Die Lebensmittelabteilung des Svalbardbutikken hat auch sonntags tagsüber für ein paar Stunden geöffnet. Alkoholische Getränke gibt es im Monopolladen, der sich im Svalbardbutikken befindet. Da Alkohol quotiert ist, müssen Touristen das Flugticket vorweisen und Einheimische eine spezielle Karte. Wein ist davon ausgenommen.

Tourenausrüstung: Ingenieur Paulsen (IGP) und **Svalbard Snøscooterutleie** im unteren Ortsteil unterhalb der Universität wurden in Abschnitt 3.6.3 *Kommunikation und Sicherheit unterwegs* bereits erwähnt (Adressen siehe dort). Darüber hinaus gibt es **Arctic Sport** (Telefon +47 7902 32 95) am Parkplatz im Zentrum und 2 Läden im Lompensenter mit diverser Ausrüstung (**Sport 1 Svalbard**, Tel. +47 7902 32 50 sowie **Arctica**) sowie auf Elvesletta noch das **Sportscenteret**, Tel. +47 7902 15 35, dort gibt es auch Fahrradwerkstatt und Waffenverkauf.

Werkzeug haben **78°N** (Elvesletta) und der **Vedlikeholdsbutikken** (unweit der Tankstelle).

3.7.4 SEHENSWERTES IM ORT

Friedhof: Der alte Friedhof liegt etwas abseits am Fuß des Platåberg in der Nähe der Kirche. Die erste Beisetzung fand 1917 statt, 1950 endete die regelmäßige Benutzung.

Erst 2013 gab es wieder zwei Urnenbeisetzungen, sonst werden die verstorbenen Einwohner Longyearbyens auf dem Festland beigesetzt.

In der **Galleri Storø** in Fjordnähe stellt der lokale Künstler Olaf Storø seine Werke mit lokalen Motiven aus, vor allem Aquarelle. Geöffnet auf Anfrage. Tel. +47 901 72 071, Email: olaf@storoe.no, Internet www.storoe.no

Die **Galleri Svalbard** befindet sich im oberen Ortsteil Nybyen. Ständige Ausstellung mit Verkauf, Wechselausstellung, Bücher- und Kartensammlung, Café, dienstags geschlossen, sonst in der Saison von 13 bis 17 Uhr. Im gleichen Gebäude befindet sich das **Longyearbyen Kunst - og håndverksenter**, wo lokale Kunsthandwerker ausstellen und verkaufen: Bild- und Rahmenwerkstatt, Aquarelle, Schmuck, Mode, Glas, Fotografie (Longyearbyen Fotoclub und die lokale Fotografin Eva Grøndal) usw. Galleri Svalbard, P.O. Box 350, 9171 Longyearbyen. Tel. +47 7902 23 40, Fax +47 7902 15 57, Email galleri.svalbard@lokalstyre.no, Internet www.gallerisvalbard.no.

Grubenbesuch/Bergbaumuseum: Früher gab es in zwei Bergwerken bei Longyearbyen Führungen. Die Bergbaugesellschaft Store Norske hat diese Besuche aus Sicherheitsgründen eingestellt, aber angekündigt, längerfristig (2017?) wieder eine Besuchergrube mit Museum zugänglich machen zu wollen.

Historisches Longyearbyen: Longyearbyen hat eine interessante Lokalgeschichte, die Spuren des Bergbaus sind offensichtlich und der Zweite Weltkrieg ist ebenfalls stellenweise im Ortsbild sichtbar. Historisch Interessierte werden bei einem kleinen Rundgang sicherlich auf ihre Kosten kommen, vor allem in Begleitung eines Ortskundigen. Svalbard Maxi Taxi bietet regelmäßig Ortsrundfahrten an.

Am lohnendsten ist ein einfacher Spaziergang durch den ältesten Ortsteil Skjæringa oberhalb des Kraftwerks. Die ältesten Gebäude sind allerdings dem deutschen Angriff von 1943 zum Opfer gefallen, nur noch verkohlte Balkenreste weisen stellenweise auf diese Häuser hin.

Zu den historischen Sehenswürdigkeiten gehört das älteste Bergwerk, die Grube 1a oder „Amerikanergrube“, oberhalb von Skjæringa, in Betrieb ab 1906, vorläufige Schließung 1920 nach einer schweren Kohlenstaubexplosion am 3. Januar, bei der 26 Bergleute umkamen, endgültige Schließung 1958. Weitere Bergwerke und andere Bergbauanlagen sind rund um Longyearbyen an den Berghängen offensichtlich. Unterhalb der Grube 1a steht die auffällige Seilbahnzentrale (taubanesentrale) . Die erste Seilbahn zum Kohletransport von den Gruben zum Kohlekai wurde 1907 gebaut. Im Laufe der Zeit kamen von den neuen Gruben jeweils neue Seilbahnen hinzu, die ab den 1950ern in der sehenswerten Seilbahnzentrale auf Skjæringa zusammenliefen. Die Anlage wurde 1987 stillgelegt und durch Lastwagen ersetzt.

Es gibt mehrere **Denkmäler**, wie den 8 m hohen Gedenkstein für die Kriegsopfer auf Skjæringa und ein Denkmal beim Huset für Einar Sverdrup, Direktor der Bergbaugesellschaft, der 1942 bei einem deutschen Angriff bei Barentsburg ums Leben kam. Auch die Kirche und der Friedhof sind schöne Stationen für einen Spaziergang in die Geschichte. Die **Kirche** liegt unübersehbar auf der Westseite des Longyeartals und öffnet ihre Pforten täglich von 10-22 Uhr. Jeder ist willkommen, sich umzusehen und sich mit Kaffee oder Tee zu stärken. Sonntags sowie zu besonderen Anlässen gibt es Gottesdienste, meist um 11 Uhr (siehe www.svalbardkirke.no). Die erste Kirche Spitzbergens wurde 1921 am selben Ort gebaut, fiel aber 1943 dem deutschen Angriff zum Opfer. Die heutige Kirche wurde 1957 gebaut und 1958 geweiht.

Kulturelle Ereignisse: Diese finden überwiegend in der ruhigen Zeit statt. Ende Oktober gibt es in Longyearbyen ein **Bluesfestival**, das mittlerweile überregional einen guten Ruf genießt, im November die **Kunstpause** mit Kunst und Musik und im Januar ein **Jazzfestival**. Die wiederkehrende Sonne wird Anfang März eine Woche lang gefeiert („**Solfestuke**"). Wer **Marathon** laufen will, kann das entweder auf Skiern Ende April/Anfang Mai tun oder per pedes Anfang Juni, dazwischen wird am **17. Mai** der norwegische Nationalfeiertag mit großem Umzug gefeiert. Wer ein paar Wochen später wieder zu Atem gekommen ist, kann sich in die **Sankt-Johannes**-Feierlichkeiten stürzen, mit großem Feuer am Ufer und kräftigem Konsum stärkender Getränke.

Museum: Es gibt derer zwei in Longyearbyen, und beide sind sehenswert. Für den ersten Überblick ist das Svalbardmuseum die richtige Adresse, während das North Pole Expedition Museum ein spezielleres Interesse bedient, das allerdings auf hohem Niveau. An Feiertagen (Ostern, Himmelfahrt, Pfingsten, 01. und 17. Mai, Weihnachten) haben beide Museen geschlossen.

Das **North Pole Expedition Museum** (früher: **Luftschiffmuseum**) ist, wie der Name sagt, den Nordpol-Expeditionen gewidmet, die zwischen 1906 und 1928 von Walter Wellman, Roald Amundsen und Umberto Nobile mit Luftschiffen durchgeführt wurden, sowie den verschiedenen Suchexpeditionen im Zusammenhang mit der *Italia*-Katastrophe. Man sollte diese Geschichten zumindest grob im Kopf haben (in Kapitel 5.6. *Flugversuche zum Nordpol* steht alles nötige), sonst ist der Detailreichtum der Ausstellung etwas erschlagend, aber dann ist dieses Museum eine ansprechend gestaltete historische Schatzkiste. Es liegt direkt unterhalb des Svalbardmuseums im Sjøskrenten-Gebiet am Fjord. In der Nebensaison, Ende September bis Ende Januar, ist es geschlossen, sonst 11-17 Uhr. Tel. +47 91 38 34 67 oder + 47 95 73 57 42, Email info@spitsbergenairshipmuseum.com, Internet www.spitsbergenairshipmuseum.com.

Das **Svalbardmuseum** befindet sich im Svalbardporten, dem unübersehbaren, braunen Gebäudekomplex zwischen dem Zentrum und Fjord. Neben einer modern gestalteten Ausstellung über so ziemlich alle Aspekte von Spitzbergen gibt es dort auch eine große Auswahl an Büchern und Karten mit Spitzbergen- oder anderem Polarbezug zu kaufen. Wenn die englischen Informationen auch teilweise deutlich kürzer sind als die norwegischen, hat das Svalbardmuseum 2008 doch den Europäischen Museumspreis gewonnen. Der Eintritt kostet 75 NOK (Studenten/Pensionäre 50, Kinder 15), geöffnet ist von März-September täglich von 10-17 Uhr, sonst 12-17 Uhr. Für Gruppen kann für 350 NOK zuzüglich zum normalen Eintritt auch außerhalb dieser Öffnungszeiten geöffnet werden. Tel. +47 7902 64 92 oder +47 7902 64 90, Fax +47 79 02 64 91. Email kontor@svalbardmuseum.no, Internet www.svalbardmuseum.no.

Samenbank: Im Februar 2008 wurde unter großer Aufmerksamkeit internationaler Medien das **Svalbard Global Seed Vault** (SGSV) eröffnet, wie die Samenbank offiziell heißt. Das SGSV soll dazu beitragen, die Artenvielfalt der Erde über gobale Katastrophen hinaus zu erhalten, insbesondere landwirtschaftliche Nutzpflanzen. Über die nächsten Jahre sollen etwa 4,5 Millionen Samenproben mit je mehreren tausend Samen aus über 100 Länden kommen. Die erste Lieferung kam am 26. Februar 2008 und enthielt Proben aus Syrien, Deutschland und den Philippinen. Bis Februar 2013 sind über 774 000 Proben eingelagert worden. Der Eingang liegt gut sichtbar oberhalb des Flughafens am Hang des Platåberg, das Lager selbst besteht aus drei Hallen am Ende eines 125 m langen Tunnels im Berg. Die Kammern werden auf -18°C gekühlt, aber in dieser Tiefe soll der Permafrost nach Ausfall der Kühlung selbst nach einer umfassenden Erwärmung noch mindestens 200 lang Jahre für die notwendige Kühlung sorgen. Aufgrund der Lage hoch über dem Meeresspiegel wäre die Samenbank auch nach einem vollständigen Abschmelzen der Eismassen in Grönland und der Antarktis noch trocken. Vier Panzertüren und Bewegungsdetektoren sollen das Lager gegen ungebetene Besucher absichern.

Samen aus dem SGSV sollen nur nach vollständiger Zerstörung sämtlicher anderen Vorräte weltweit wieder verwendet werden. Artenverlust durch die scheinbar schleichende, tatsächlich aber rasante aktuelle Dezimierung der weltweiten Biodiversität ist eine wahrscheinlichere Ursache für einen solchen Totalverlust als etwa ein Atomkrieg, aber selbst einen solchen soll das Lager überstehen. Das Innere des von Norwegen finanzierten Baus ist nicht öffentlich zugänglich. Internet: www.seedvault.no.

3.7.5 TAGESTOUREN BEI LONGYEARBYEN

Zunächst werden ein paar Aktivitäten kurz beschrieben, die beliebt sind und eine wichtige Rolle bei den geführten Tagestouren spielen. Im nächsten Abschnitt folgen ausführlichere Beschreibungen verschiedener Bergwanderungen. Anbieter und Adressen im Abschnitt 3.3 *Veranstalter* oder unter www.visitsvalbard.com.

TAGESTOUREN WINTER

Motorschlitten: Motorschlittenfahrten stehen für einen großen Teil des winterlichen Tourismus, der von Ende Februar bis Anfang Mai Hochsaison hat. Siehe Abschnitt 3.2.10 *Motorschlitten* für ausführliche Informationen einschließlich Routenbeschreibungen.

Gletscherhöhle (=Eisgrotte): Die Schmelzwasserhöhlen der Gletscher fallen im Winter trocken und sind dann mit entsprechender Ausrüstung teilweise begehbar. Im Longyearbreen, unweit vom Ort, sind solche Abenteuer möglich und werden von den Einwohnern gerne gemacht sowie Besuchern als organisierte Tagestour angeboten. Zu Fuß, mit Skiern, Kettenfahrzeug, Motor- oder Hundeschlitten geht es auf den Gletscher. Gletschererfahrung ist nicht notwendig, aber Klaustrophobie ist für die teilweise engen Eisgänge ein Ausschlusskriterium. Mit Helm, Licht, Steigeisen, Seil usw. ausgerüstet, sind Touren in Gletscherhöhlen faszinierende Erlebnisse! Weitere Gletscherhöhlen gibt es auf dem Larsbreen und auf dem Scott Turnerbreen im Bolterdalen, um die am leichtesten erreichbaren Beispiele zu nennen.

Hundeschlitten: Es gibt verschiedene Angebote für Halbtags- oder Tagestouren.

Solange genügend Schnee liegt, geht es hinaus ins Adventdalen und später, im Mai und Juni, auf größere Höhe oberhalb der Grube 7, solange dort noch Schnee in Straßennähe ist. Kürzere Hundeschlittenausflüge gibt es auch in der Polarnacht, wenn das Wetter mitspielt. Wer das machen will, sollte möglichst zur Zeit um Vollmond kommen. Mit Hundeschlitten im Mondlicht oder sogar unter dem Polarlicht - schöner geht's nicht! Je nach Wunsch und Anbieter können Sie einfach auf dem Schlitten sitzen oder für ein eigenes Gespann in einer geführten Gruppe von mehreren Schlitten verantwortlich sein.

Natürlich werden im März und April auch mehrtägige Touren angeboten, auf Anfrage auch mehrwöchige Fahrten in entlegenere Gebiete, die aber auch an die Teilnehmer hohe Ansprüche stellen. Siehe Abschnitt 3.2.8 *Hundeschlitten*.

TAGESTOUREN SOMMER

Fossiliensammeln: An vielen Stellen Spitzbergens kann man schöne Fossilien finden, und außerhalb der Schutzgebiete darf man Versteinerungen auch sammeln und mitnehmen, also überall in Wandertagestourenreichweite um Longyearbyen. In der Umgebung von Longyearbyen locken alttertiäre Blattabdrücke und - etwas weiter weg - mesozoische Meeresfrüchte wie Muscheln und Ammoniten. Geführte Tagestouren bringen Sie zu Fuß oder mit einem kleinen Boot an die richtigen Stellen, was früh im Sommer sicherlich ergiebiger ist als spät in der Saison, wenn viele Exkursionsgruppen schon alles abgegrast haben. Die Frostsprengung sorgt bis zum nächsten Jahr dann wieder für Nachschub. In Ortsnähe sind die Moränen der Gletscher lohnenswerte Gebiete für Fossiliensucher.

Hundeschlitten: Solange noch irgendwo ein Fleckchen Schnee liegt, wird auch gefahren, im Frühsommer noch auf dem höher gelegenen Gletscher Foxfonna östlich von Longyearbyen. Man hat im Sommer auch schon Hundegespanne auf der Straße ins Adventdalen gesehen, die einen zum motorlosen Cabrio umgebauten VW-Käfer hinter sich hergezogen haben ... Umweltfreundlicher kann man nicht Auto fahren. Tatsächlich sind sommerliche Touren mit von Hundegespannen gezogenen Vehikeln Richtung Adventdalen oder Bjørndalen ein schönes, regelmäßig angebotenes, umweltfreundliches Vergnügen.

Kajak: Mehrstündige Fahrten führen quer über den Adventfjord zu den Resten der Minensiedlung Hiorthhamn und sind geführt für fast jeden machbar, auch ohne entsprechende Erfahrung.

Reiten: Man kann mehrstündige Ausritte mit Islandpferden an der Isfjordküste westlich von Longyearbyen machen. Das Angebot richtet sich nicht nur an erfahrene Reiter, sondern vor allem an Anfänger fast aller Altersgruppen.

Stadtrundfahrten: Die verschiedenen Höhepunkte und die Geschichte Longyearbyens lassen sich bequem mit dem Auto oder Bus während geführter Stadtrundfahrten erleben. Die Taxifirma Maxi Taxi bietet dies regelmäßig sowie auf Anfrage an.

Bootsausflüge: Eine beliebte Möglichkeit, den Isfjord kennenzulernen, besteht in Tagesfahrten mit kleinen Schiffen. Start ist am Bykaia um 9 Uhr, es gibt zusätzlich manchmal kürzere Abendfahrten. Die Dauer beträgt etwa 8 Stunden, eine warme Mahlzeit gehört dazu (man muss damit rechnen, eventuell Walfleisch angeboten zu bekommen). Klassische Ziele sind Barentsburg und Pyramiden mit geführten Ortsrundgängen von etwa 1,5-2 Stunden Dauer, kombiniert mit einem Gletscherbesuch.

2014 haben 3 kleine Schiffe mit Platz für jeweils 70-80 Gästen diese Programme angeboten, was nach Überkapazität aussah. Die Boote beginnen die Saison so früh wie möglich, für 2015 sind die ersten Fahrten für Mitte April angekündigt. Pyramiden ist so früh kaum zu erreichen, der Hafen dort wird meist erst gegen Ende Juni eisfrei. Barentsburg ist schon eher im Frühjahr realistisch, aber ohne Garantie. Sind diese Häfen nicht zugänglich, gibt es keinen Landgang, sondern nur Kreuzfahrten, billiger werden die Fahrten dadurch nicht. Ist der Hafen in Longyearbyen blockiert, fällt die frühe Saison aus.

Der Fahrplan ist recht straff. Sowohl die Aufenthalte vor den Gletscherfronten als auch die Ortsbesuche sind zeitlich so geplant, dass es nicht für viel mehr reicht als für einen Eindruck. Die Preise liegen mittlerweile bei 1700 NOK, umgerechnet stolze 200 Euro (Stand Ende 2014). Transport vom Hotel zum Hafen und eine warme Mahlzeit sind inbegriffen, Getränke, Waffeln und Snacks sind erhältlich.

Alle Routen führen teilweise über den weiten Isfjord. Das ist nicht der offene Ozean, aber er ist groß genug, um Wellen hervorzubringen und bei kräftigem Wind ist Seekrankheit nicht fern. Daher und weil man bei schlechter Sicht natürlich wenig von den landschaftlichen Höhepunkten hat, könnte man eine solche Fahrt kurzfristig buchen, wenn der Wetterbericht günstig ist. In der Saison sind manche Fahrten allerdings ausgebucht, so dass man nicht die Tour der Wahl machen kann, was man mit der längerfristigen Buchung natürlich vermeidet.

Warme Kleidung ist wichtig: Vom Innenbereich aus hat man kaum Aussicht, die landschaftliche Musik spielt draußen. Wer nur an Deck geht, wenn das Schiff hält, verpasst viel. Neben den häufigen Eissturmvögeln wird man auch Papageitaucher im Vorbeiflug sehen und vielleicht sogar den Blas von Walen. Fernglas und Teleobjektiv lohnen sich also. Wird sogar ein Eisbär am Ufer gesichtet, gibt die Mannschaft Bescheid.

Eisbärensichtungen sind im Billefjord (Pyramiden-Tour) 2013 und 2014 recht häufig gewesen, sind aber die Ausnahme und nicht die Regel. Dennoch bieten diese Fahrten definitiv die beste Chance von allen sommerlichen Tagestouren für eine Eisbärensichtung. Solange noch Eis in den Buchten ist (bis Mitte/Ende Juni), stehen die Chancen für solche Sichtungen besser. In der Ymerbukta (Barentsburg-Tour) werden manchmal Walrosse gesehen, solange noch Fjordeis da ist.

Derzeit bieten Henningsen Tranport & Guiding mit *Langøysund* und *Billefjord* und Polar Charter (siehe 3.3 *Veranstalter*) mit der *Polargirl* diese Fahrten an, Buchungen sind im Hotel und in der Touristeninformation möglich. Da diese Tagesausflüge im Sommer sehr beliebt sind, werden die Fahrten nach Barentsburg und Pyramiden genauer beschrieben (manchmal wird die Route in umgekehrter Richtung gefahren). Darüber hinaus gibt es Abendfahrten zur Gletscherfront in der Borebukta ohne Landgang. Weitere Informationen über die besuchten Gegenden sind in den entsprechenden

Abschnitten im Kapitel 6, v.a. 6.1.6 *Östliches Dickson Land* beziehungsweise 6.1.10 *Ymerbukta* und 6.1.2 *Grønfjord, Barentsburg* zu finden.

BOOTSAUSFLUG NACH PYRAMIDEN

Die Fahrt beginnt mit der Abholung vom Hotel um 08.30 Uhr und dem Transport zum Hafen (1), das Boot liegt am Bykaia oder am Schwimmsteg Flytekaia direkt daneben. Sobald alle an Bord sind, legt das Schiff sofort ab, so dass man besser sehr pünktlich erscheint, wenn man individuell zum Hafen kommt. Während der Ausfahrt aus dem Adventfjord gibt es eine Begrüßung durch den Guide mitsamt Sicherheitseinweisung und kurzer Einführung in das Programm und ein paar Hintergrundinformationen. Um das Revneset (2) herum geht es nach Norden. Der Kapitän hält das Schiff in Küstennähe, so dass man landschaftlich etwas zu sehen bekommt. Geologisch Interessierten fallen am Forkastningsfjellet (2) nicht nur die Schichten auf, sondern auch kleinere, gut sichtbare Störungen (Brüche), daher auch der Name des Berges: Forkastning bedeutet Verwerfung oder Störung. Für ein paar Meilen geht es am Südufer des Sassenfjord entlang, wo sicher irgendwo ein paar Rentiere auf der grünen Tundra stehen, bis wir mit dem Diabasodden (4) eine Felsklippe aus Diabas (ein basaltähnliches Gestein) erreichen. Hier brüten Dickschnabellummen sowie, in kleinerer Zahl, Papageitaucher und Gryllteisten. Gute Fotos von den Vögeln auf dem Brutfelsen wird man aus der Entfernung nicht machen, aber es ist ein schöner Gesamteindruck von einem arktischen Vogelfelsen, und wer Glück hat und schnell ist, „schießt“ einen Papageitaucher oder eine Lumme im Vorbeiflug ab.

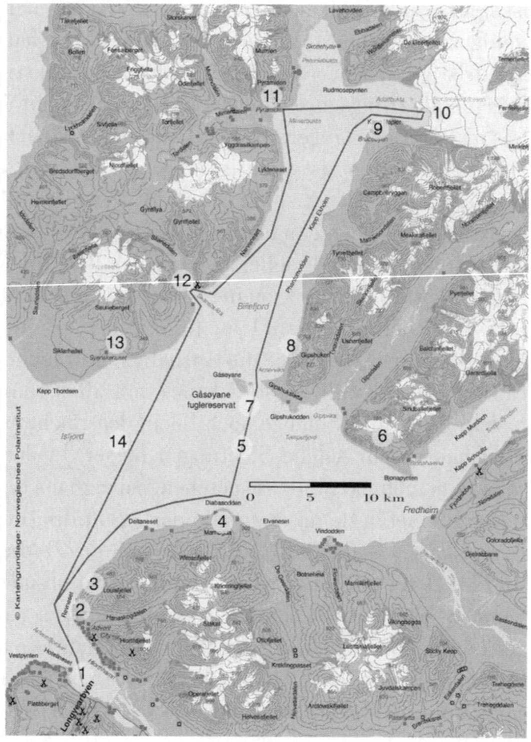

Nun geht es 9-10 km lang quer über den Sassenfjord (5). Ob dieser mit Seegang in Erinnerung bleibt oder mit wunderschönen Eindrücken von der Landschaft, vorneweg dem mächtigen Tempelfjellet (6), hängt vom Wetter ab: Bei Wind in ostwestlicher Richtung wird der Sassenfjord oft zum Windkanal. Dann ist es aber mit guter Wahrscheinlichkeit wieder ruhig, sobald wir die Gåsøyane (7) passieren, eine kleine Inselgruppe aus Diabasgestein, wo im Frühsommer zahlreiche Vögel brüten. Nach der schnellen Passage haben wir den Billefjord erreicht, einen der landschaftlich schönsten Fjorde Spitzbergens mit Bergen, die echte Charakterköpfe sind. Wir passieren den schönen Gipshuken (8) mit seinen beeindruckenden geologischen Strukturen und Farben. Diese karbonat- und gipsreichen, bunten Schichten sind deutlich älter als die Ablagerungen südlich des Sassenfjord, sie stammen aus dem Karbon und Perm. Eine ganze Weile ziehen diese Eindrücke in verschiedenen Varianten an uns vorbei, bis wir um das Kapp Napier (9) herum abbiegen, wo am Ufer ein paar Hütten stehen. Diese Mini-Siedlung heißt Brucebyen, hier hat 1919-20 das *Scottish Spitsbergen Syndicate* nach Kohle gesucht. Schöne Berge mit bunten Schichten zu beiden Seiten, fahren wir nun in die kleinere (gut 3 km breit) Adolfbukta ein, benannt nach dem schwedischen Polarforscher Adolf Erik Nordenskiöld. Früher hieß sie einmal Altenburger Bucht, nach der thüringischen Residenzstadt des Herzogs Ernst II. von Sachsen-Altenburg, der 1911 mit seiner Yacht *Senta* hier auf Expedition war. Das wird wohl kaum jemandem an Bord bewusst sein, und es ist der gewaltige Nordenskiöldbreen (10), der die Aufmerksamkeit vollständig auf sich zieht. Unterbrochen von ein paar felsigen Inseln, ist die Abbruchkante über 3 km breit. Dahinter steigt der Gletscher in zerklüfteten Wellen auf über 1000 m Höhe an und geht fern im Inland in die 600 km^2 große Eiskappe Lomonossovfonna über. Von dieser Eiskappe sieht man natürlich nichts, aber dennoch großes Landschaftskino! Der Kapitän manövriert das Schiff in die Nähe des Gletschers und hält für einige Minuten, vielleicht holt die Mannschaft ein Stück Gletschereis aus dem Wasser und serviert Whisky on the rocks. Der Gletscher zieht sich von Jahr zu Jahr weiter zurück, und da mehr und mehr Felsen unter dem Eis sichtbar werden, steht zu befürchten, dass er seine schöne Abbruchkante langfristig verlieren könnte. Da hilft es auch wenig, dass die zum Vorschein kommenden Felsen auf deutlich mehr als eine Milliarde Jahre datieren und damit zu den ältesten Gesteinen Spitzbergens gehören.

Unterdessen wird auf dem fahrtwindgeschützten Achterdeck das Mittagessen vorbereitet, oft vom Grill. Während des Essens legt das Schiff die 11 km nach Pyramiden (11) in knapp einer halben Stunde zurück. Nach dem Anlegen im Hafen wird die Gruppe vom russischen Guide zur Einleitung der etwa zweistündigen Ortsbesichtigung begrüßt. Wegen der Eisbärengefahr auch innerhalb der aufgegeben Siedlung müssen alle bei der Gruppe bleiben, individuelle Rundgänge sind nicht möglich beziehungsweise nur nach Absprache, wenn man eine eigene Waffe dabei hat (die ist übrigens bei der Mannschaft abzugeben, solange man an Bord ist). Während der Strecke von knapp 1 km zum Ort erzählt der Guide während der Fotostops in charmantem Englisch von der Geschichte des Ortes. Beim Ortsrundgang gibt es Gelegenheit, das alte, große Kulturhaus zu besuchen, eventuell auch das Schwimmbad und die Kantine. Die Gebäude mit den lärmenden Dreizehenmöwen, die auf den Fenstersimsen brüten und die Leninstatue gehören zu den beliebtesten Fotomotiven, wie auch der Eisfuchs, der häufig durch den Ort läuft - mehr Zeit müsste man haben für all diese Eindrücke! Abschließend geht es ins Hotel Tulipan und dort in die Bar und in den Souvenirshop, bevor ein Bus die Gruppe zurück zum Hafen fährt. Kurz darauf legt das Schiff wieder ab und nimmt Kurs durch den Billefjord nach Süden. Nun liegt der Kurs auf der Westseite des Fjords, also Blicke zwar auf dieselben Berge wie vormittags, aber aus anderer Perspektive. Der letzte nennenswerte Programmpunkt ist eine kurze Runde in der sehr schönen Bucht Skansbukta (12), wo unter einem mächtigen Berg die Reste einer alten Gipsmine am Ufer stehen. Oft reduziert der Kapitän dabei die Geschwindigkeit nur wenig, so dass man schnell sein muss, um die Eindrücke aufzunehmen. Vielleicht wird hier noch eine Gruppe Kajakfahrer oder Wanderer aufgenommen, die sich auf die Zivilisation freuen, während der eine oder andere Passagier nicht ganz ohne Neid versucht sich vorzustellen, was diese in den vergangenen Tagen wohl so alles erlebt haben.

Bei den meisten wird nun eine gewisse Müdigkeit eintreten, so dass das in der Ferne sichtbare Svenskehuset (13) mit der Geschichte der tragischen Überwinterung von 1872-73 weniger Aufmerksamkeit erhält als der Mann an der kleinen Schiffsbar, der Waffeln und heiße sowie starke Getränke verkauft. Noch einmal muss der Sassenfjord gequert werden, dieses Mal etwas weiter draußen (14), bevor der Adventfjord wieder in Sicht kommt und das Schiff gegen 19 Uhr den Hafen erreicht, wo der Bus schon bereit steht, um die Passagiere zurück zu ihren Hotels zu bringen.

BOOTSAUSFLUG NACH BARENTSBURG

Der Anfang der Fahrt nach Barentsburg verläuft genauso wie die Pyramiden-Tour, mit Abholung vom Hotel, Transport zum Hafen (1), Ablegen, Begrüßung, Einweisung und Information. Unterdessen zieht der große, alte Verladekran am Ufer vorbei, gefolgt von Flughafen und Campingplatz.

Nun ist zu hoffen, dass die gut 30 km lange Strecke über den Isfjord (15) von schönen Ausblicken und vorbeigleitenden Eissturmvögeln, vielleicht sogar vom entfernten Blas eines Wals geprägt ist und nicht von Wind und Seegang. Nach etwa 2 Stunden Fahrt über das offene Wasser biegt das Schiff um eine lange, flache Landzunge herum in die Ymerbukta ein. Die schroffen, spitzen Berge, unterbrochen von Gletschern, die bereits von Longyearbyen aus in der Entfernung sichtbar waren, liegen nun zum Greifen nah vor uns. Auf der Ostseite der Bucht flaches Land, die Erdmannflya, mit Moränenhügeln am Ufer. Auf der Westseite ein ansteigender Bergrücken, der Värmlandryggen, mit seinen steil gekippten, harten Gesteinsschichten ein schöner Anblick. Bald ist der Esmarkbreen (16) erreicht, eine zerklüftete Gletscher-Abbruchkante, etwa 2 km breit, eingerahmt von schroffen Bergen. Der Kapitän hält das Schiff an und vielleicht gibt es Whisky mit Gletschereis, während die Gäste die Landschaft bestaunen, der Guide sich auf norwegisch und englisch mit Erläuterungen zu Wort meldet und der Koch auf dem Achterdeck einen Grill aufbaut. Manchmal werden in der Ymerbukta Kajakfahrer oder, früh im Sommer, Skiwanderer nach einer Gletschertour aufgenommen. Aus dieser wilden Landschaft auftauchend, erscheinen sie vielen Gästen wie Polarhelden.

Als das Schiff abdreht, ist es Zeit zum Mittagessen. 15 km oder 8 Seemeilen sind es quer über den Isfjord (17), eine Strecke, für die wir eine knappe Stunde benötigen.

Während wir auf die Mündung des Grønfjord zuhalten, erkennen wir auf dessen Westseite eine auffallende, kleine Insel, die wie eine Mauer vor der Küste steht: Festningen (18), zu deutsch die Festung. In den dort senkrecht stehenden Sandsteinschichten aus der Unterkreide haben Geologen in den 1960er Jahren Fußspuren von Iguanodons gefunden, vegetarische Dinosaurier und Kosmopoliten, die fast weltweit verbreitet waren. Aus einer Entfernung von knapp 4 km sind allerdings keine Spuren zu erkennen, die betreffende Felsplatte ist ohnehin wenige Jahre nach dem Fund ins Meer gefallen. Gut zu erkennen sind die großen Gebäude der russischen Hubschrauberbasis am Kapp Heer (19). Der Grønfjord selbst ist landschaftlich grob ähnlich strukturiert wie der Isfjord: auf der einen Seite, 4-5 km entfernt, schroffe Berge und ein paar Gletscher, am hiesigen Ufer Tafelberge und statt Gletscher die russische Siedlung Barentsburg (20).

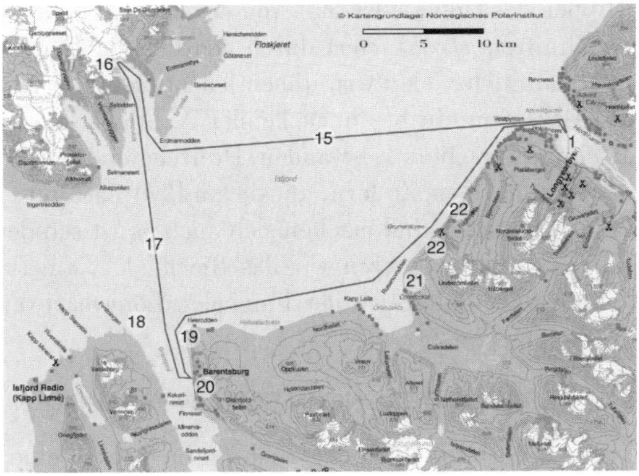

Bald haben wir den kleinen Hafen erreicht und angelegt. Ein lokaler Guide begrüßt die Gäste auf englisch mit russischem Einschlag und über eine lange Holztreppe geht es den Hang hinauf zum Ort. Im Gegensatz zu Pyramiden wird in Barentsburg bis heute Kohlebergbau betrieben, in den Gruben arbeiten Russen und Ukrainer, im Ort leben Familien, die ihre Kinder in Kindergarten und Schule schicken. Der Guide berichtet über die Geschichte von Barentsburg und das Leben im Ort, während wir Fotostopps machen. Die deutlich sowjetisch geprägte Architektur hat allerdings 2013 und 2014 viel von ihrem rustikalen Charme verloren, da viele Außenwände bei Renovierungsarbeiten hinter geschmacklos bunten Fassaden verschwunden sind. Ein wenig Zeit bleibt noch, um die Bar im Hotel, den Souvenirladen oder das Museum zu besuchen, bevor sich alle, die nicht bis morgen warten oder zu Fuß nach Longyearbyen zurücklaufen wollen, pünktlich wieder an Bord eingefunden haben.

Das Schiff verlässt den Grønfjord und biegt in den Isfjord ein. Der nächste Küstenstreifen ist mit seinem flachen, weitläufigen Ufer landschaftlich vergleichsweise nichtssagend, eine gute Gelegenheit, zu schauen, was die kleine Schiffsbar so zu bieten hat. Nach einer Weile passieren wir die Colesbukta (21) und sehen in der Entfernung große, alte Gebäude am Ufer: Reste einer russischen Siedlung, die bis 1961 als Verladehafen für Kohle diente. Die dazu gehörende Bergbausiedlung Grumantbyen (22) kommt kurze Zeit später in den Blick, unter steilen Klippen ans Ufer gedrängt. Hier passieren wir nahe genug, um die verfallenden Gebäude gut sehen zu können. Mindestens so beeindruckend sind direkt daneben die über 500 m hohen, steilen

Klippen des Fuglefjellet (23). Von der Erosion in vorspringende, regelmäßige Türme zerschnitten, strukturiert durch deutlich sichtbare horizontale Schichten und mit in erstaunlich vielen Grüntönen leuchtender, kräftiger Vegetation bewachsen, sind diese Klippen ein beeindruckender Anblick. Tausende von Seevögeln brüten hier an den senkrechten Felswänden, Dreizehenöwen und Dickschnabellummen sind die häufigsten Arten. Zu fern, um sie am Brutplatz gut erkennen zu können, fliegen sie zahlreich umher und machen sich auch akustisch deutlich bemerkbar.

Bald darauf passieren wir das Bjørndalen, am flacher werdenden Ufer künden Hütten und schließlich der Flughafen Longyearbyen an und kurze Zeit später ist der Hafen erreicht.

3.7.6 BERGWANDERUNGEN BEI LONGYEARBYEN

In der Umgebung von Longyearbyen bietet sich eine ganze Reihe schöner Tagestouren an. Zunächst darf hier der Hinweis nicht fehlen, dass für alle Touren außerhalb des permanent bewohnten Bereiches eine Waffe erforderlich ist. Die tatsächlichen Möglichkeiten hängen stark von der Jahreszeit und vom Wetter ab. Manche Auf- bzw. Abstiege sind zeitweise wegen Lawinengefahr. nicht begehbar. Gletscher sind zur Zeit der Schneeschmelze sulzige Sümpfe und somit äußerst unerfreuliches, sogar gefährliches Gelände, denn der Sulz (Schneeschlamm) kann sich in Bewegung setzen. Gleiches gilt auf steilen Hängen und vor allem in engen, steilen Tälchen. Die Schneeschmelze ist, neben der Polarnacht, die ungünstigste Zeit für Wanderungen. Mit lockerem Frostschutt, wo Steine schnell in Bewegung geraten können, hat man es im Sommer immer zu tun. Und wenn es am Ende des Sommers wieder kalt wird, sind oft die Steine vereist und das Gelände wird sehr rutschig. Eine gute Einschätzung des Geländes gehört also dazu, um nicht je nach Jahreszeit in gefährlichem Terrain zu landen. Festes Schuhwerk ist immer Pflicht. Die Anstiege erfordern Ausdauer. Aber bei gutem Wetter lohnt es sich wirklich!

Alle Berge rund um Longyearbyen sind technisch mehr oder weniger einfach erwanderbar, sowohl die um 500 m hohen (**Platåberget, Sukkertoppen** und **Gruvefjellet, Sarkofagen**) als auch die höheren, **Trollsteinen** (850 m) und **Nordenskiöldfjellet** (1050 m). Alle bieten fantastische Ausblicke und es ist bei gutem Wetter auf jeden Fall lohnenswert, mehr als einen zu besteigen.

Wer selbstständig loszieht, wird bei einem Blick auf die Karte reichlich Inspiration für viele Touren finden, aber viele Touren werden auch von den lokalen Veranstaltern angeboten. Egal ob es mit Guide oder auf eigene Faust losgeht: Die folgenden Beschreibungen geben Anregungen und eine Vorstellung von beliebten Touren. Natürlich sind viele weitere Varianten möglich.

BERGTOUREN BEI LONGYEARBYEN (1): PLATÅBERGET, NORDENSKIÖLD-FJELLET

Die Tour auf den Platåberg ist sehr beliebt, bei gutem Wetter sind dort ständig Leute unterwegs. Von einem kleinen Abendspaziergang den halben Hang hoch bis zur langen

Tagestour sind alle Varianten möglich. In jedem Fall steht ein steiler Anstieg über einen schuttbedeckten Hang am Anfang. Die „Standardrunde" führt über ca. 6,5 km (Punkte 1-8) von der Seilbahnzentrale bis zum Huset, wofür man mindestens 2 Stunden reine Gehzeit benötigen wird, dazu diverse Pausen, so dass 3-4 Stunden schnell vergangen sind, und wenn man sich richtig Zeit lässt, werden es auch 5 Stunden. Steigt man nicht durchs Tverrdalen (7) ab, sondern nimmt den weiteren Weg über das Plateau bis zu den kugelförmigen Antennen von SvalSat (20), beträgt die Strecke bis zur Schranke (20) oberhalb des Flughafens gut 12 km, wofür man 5-6 Stunden rechnen sollte, wenn man nicht nur laufen, sondern auch die Eindrücke genießen will. Zur Schranke kann man sich ein Taxi bestellen, ansonsten sind es noch einmal 5 km von dort bis zum Ort.

Wer es sportlich angeht und noch das Nordenskiöldfjellet „mitnimmt", hat 1000 Höhenmeter vor sich, verteilt auf etwa 12 km von der Seilbahnzentrale (1) bis zum Huset (8) mit Abstieg durchs Tverrdalen (7), wofür man mindestens 8 Stunden rechnen sollte, eher 9-10. Auf alle Zeitangaben kann man mindestens eine zusätzliche Stunde schlagen, wenn auf dem Plateau Schnee liegt.

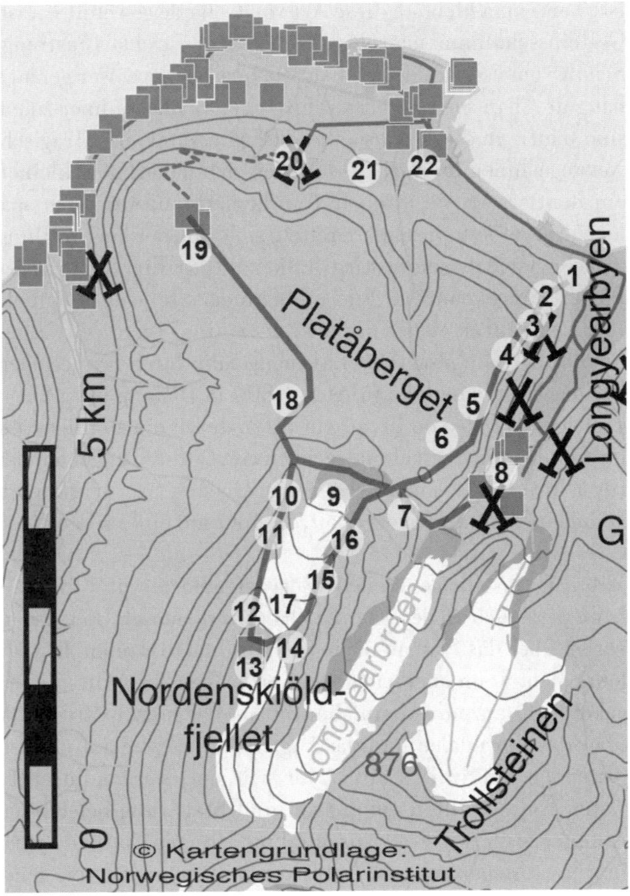

Grundsätzlich ist die Platåberg-Tour fast rund ums Jahr möglich, soweit ausreichend Licht ist. Der Anstieg (2-4) ist für Skier sehr steil, aber mit Steigfellen möglich. Im Winter hat man auf dem schneebedeckten Plateau ohne Ski oder Schneeschuhe wenig Freude. Vom Tverrdalen (7) sollte man sich bei Schnee- oder Schmelzwasserlawinengefahr fernhalten.

Ausgangspunkt ist der Ortsteil Skjæringa mit der alten Seilbahnzentrale (1). Bald findet man einen Trampelpfad, dem man gut folgen kann. Ein Stück den Hang hoch passieren wir einen alten Aussichtspunkt (2), von dem aus norwegische Soldaten im Zweiten Weltkrieg den Fjord überblicken konnten. Nun haben wir einen steilen Anstieg über lockere Gesteinsplatten vor uns und damit schon den anstrengendsten Teil der Tour, bis wir in gut 300 m Höhe auf einer Schulter bei einem großen Steinmann (3) ankommen: der erste, beeindruckend schöne Aussichtspunkt. In den Steilwänden sieht und hört man ganz in der Nähe Krabbentaucher. Wenn Einwohner sagen, sie machen einen Spaziergang bis zum Steinmann (engl. cairn, norw. varde), dann ist meistens diese Stelle gemeint, die man bei sportlichem Ansteigen in 15-20 Minuten erreicht.

Nach einem letzten Anstieg ist in 400 m Höhe (4) der Rand des weitläufigen Plateaus erreicht. Auch von dieser Ecke aus bietet sich eine tolle Aussicht in alle Richtungen, und auf der Kante zum Ort hin wachsen erstaunlich schöne Blümchen. Nun geht es in etwa gleichbleibender Höhe mehrere Kilometer weit über das sanft gewellte Plateau (5), das ein so typisches Merkmal der Landschaft um Longyearbyen herum ist. Wenn man nicht an diese Art von Gelände gewöhnt ist, ist das Gehen über groben Gesteinsschutt und matschige Stellen aber durchaus anstrengend. Stellenweise ist der Schutt vom Frost zu deutlichen Mustern sortiert. Wer genau hinschaut bzw. hinhört, hat gute Chancen, eines der zahlreichen Schneehühner zu entdecken. Auch Rentiere sind häufig in dieser kargen Landschaft unterwegs. Tragischerweise hielten 2 junge Norwegerinnen im April 1995 einen sich nähernden, kleinen Eisbären zunächst für ein Rentier. Als sie ihren Irrtum bemerkten, war es zu spät. Eine wurde von dem Eisbären getötet, die andere rettete sich, von der Verzweiflung getrieben, durch einen raschen, waghalsigen Abstieg direkt zum Ort. Eine Waffe hatten die beiden nicht dabei. Für die umgekommene Nina steht an der Stelle des Unglücks der Ninavarden (6).

Kurz darauf erreichen wir den Einstieg ins Tverrdalen (7), das steil ins Longyeardalen hinabführt; wie gesagt, bei Lawinengefahr durch Schnee oder Schmelzwasser meiden wir das Tverrdalen. Es führt auf 800 m Distanz über 250 Höhenmeter hinab, ein kräftiges Gefälle von bis zu gut 30 % durch ein steiniges, enges Tälchen, durch das im Sommer ein Schmelzwasserbach rinnt. Unten angekommen, folgen wir einem Pfad für 2 km, bis wir am aufgegebenen Ortsteil Sverdrupbyen hindurch zum Huset (8) kommen. Eine gute Gelegenheit, die Tour mit einer ordentlichen Stärkung zu beenden.

Will man anstelle des steilen Tverrdalen noch weiter über einfaches Gelände laufen, kann man auch an der Moräne (9) des namenlosen Gletschers am Nordenskiöldfjellet vorbei über das Plateau nach Nordwesten (18) laufen. Ein Abstecher auf die Moräne lohnt sich, wenn man nach Fossilien suchen will: Alttertiäre Blattabdrücke und eingekohlte Pflanzenreste sind häufig. Auf der ganzen Strecke hat man schöne Ausblicke über das Bjørndalen und das Fuglefjellet hinweg auf den Isfjord und die kugeligen Antennen von SvalSat direkt vor sich, dort werden im Auftrag von NASA, ESA etc. Daten von Satelliten empfangen und Steuerungsbefehle nach oben geschickt. Die Antennen, die wie eine Ansammlung riesiger Golfbälle wirken, sehen bizarr fremd in dieser Umgebung aus. Natürlich hält man sich von den Anlagen fern, während man zwischen den Antennen hindurch auf die Straße zusteuert. Diese führt den Hang hinab, wobei es einen guten Blick von oben auf Flughafen und Campingplatz gibt. Im oberen Bereich ist die Straße nicht öffentlich, und erst wenn wir unweit der Grube 3 die Schranke (20) passiert haben, könnten wir uns ein Taxi bestellen. Ansonsten passieren wir bald das berühmte Samenlager (21) und erreichen dann die Straße vom Flughafen nach Longyearbyen. Schöner ist es für Fußgänger aber, den alten Weg oberhalb der Straße zu benutzen, den sogenannten Burmaveien (22).

Wenn es eine längere Tour mit höherem sportlichem Anspruch werden soll und die Wolken sich verlässlich von den Bergen fernhalten, ist das Nordenskiöldfjellet ein schönes Ziel. Im Frühjahr nehmen Skiläufer gerne die Route über den Gletscher (17), der im oberen Bereich jedoch einige Spalten aufweist und daher nur mit Vorsicht zu genießen ist. Im April 2014 ist ein Student 25 m tief in eine unterm Schnee verborgene Spalte gestürzt, er überlebte mit viel Glück unverletzt. Solange der Fels nicht wegen Glatteis zu rutschig ist, ist der Weg über die Rücken beiderseits des Gletschers auf jeden Fall sicherer. Auch einige einheimische Motorschlittenfahrer kommen über den Gletscher auf das Nordenskiöldfjellet hinauf, was aber bei den nicht motorisierten Tourengehern nicht unbedingt auf Freude stößt und bestimmt keine übliche Route für Touristen ist.

An der Moräne (9) vorbei, eventuell verbunden mit einer kleinen Fossiliensuche, geht es zum westlichen Rücken (10), der zum Nordenskiöldfjellet hochführt. Geologisch bedingt, besteht der untere Teil des Rückens aus sehr feinkörnig verwittertem, dunklen Sediment, das angenehm zu begehen ist und interessante landschaftliche Eindrücke liefert. Auf halber Höhe des Rückens, gut 750 m hoch, kommen dann härtere Silt- und Sandsteinschichten zum Vorschein (11), wo man vielleicht kurz die Hände zuhilfe nimmt, aber von Kletterei ist nicht die Rede. Nur vereist und rutschig oder sehr stark windig sollte es nicht sein, und mit ausgeprägter Höhenangst und mangelnder Trittsicherheit kommt man hier nicht vorbei. In diesem Wechsel des Geländes spiegelt sich die erdgeschichtliche Entwicklung wider, charakterisiert durch ein mehrfaches Hin und Her der Küstenlinie, so dass die Ablagerungen wechselweise im tieferen Schelfbereich entstanden (dunkel und feinkörnig) und dann wieder küstennah, wo Flüsse und Ufer Sand lieferten. Das Alter dieser Sedimente liegt bei 40-50 Millionen Jahren (Eozän im Paleogen, früher Alttertiär, es handelt sich um die jüngsten sedimentären Festgesteine Spitzbergens).

Dann wird der Rücken wieder breiter (12), und der verbleibende Anstieg ist nur noch eine Frage der Puste, bis das weitläufige Gipfelplateau (13) erreicht ist. Dort steht eine alte, blechverkleidete Hütte, die im Zweiten Internationalen Polarjahr (1932-33) von schwedischen Meteorologen gebaut wurde. Diese erlebten hier die höchste Überwinterung, die es in Spitzbergen gegeben hat. Die Hütte ist leider abgeschlossen, wie so viele historische Hütten in Spitzbergen. Dafür entschädigt eine grandiose Aussicht über weite Teile des Nordenskiöld Landes und den Isfjord.

Der Abwechslung halber kann man für den Rückweg den anderen Rücken nehmen, in diesem Fall ist das der östliche, der im oberen Bereich (14) etwas steiler ist als sein westliches Gegenstück. Auch hier müssen wir in gut 750 m Höhe wieder ein paar hervorstehende Sandsteinschichten (15) überwinden und dabei wahrscheinlich die Hände zu Hilfe nehmen, bevor wir auf den abwärts angenehm zu gehenden Hangabschnitt mit den dunklen, feinkörnigen Ablagerungen (16) gelangen. Von dort führt das Tverrdalen (7) auf kürzestem verfügbarem Weg abwärts nach Longyearbyen.

BERGTOUREN BEI LONGYEARBYEN (2): GRUVEFJELLET, SUKKERTOPPEN, TROLLSTEINEN, SARKOFAGEN, LARSBREEN, LONGYEARBREEN

Auf ähnliche Weise wie Platåberget und Nordenskiöldfjellet, aber doch mit ganz anderen Aussichten, locken östlich von Longyearbyen das Gruvefjellet einschließlich seines nördlichen Ausläufers Sukkertoppen und als möglicher Höhepunkt der Trollsteinen. Die Route kann durch einen Abstieg über den Larsbreen oder Longyearbreen mit einer Gletschertour ergänzt und zur Rundwanderung werden. In jedem Fall hat eine Tour auf das Gruvefjellet durch den kräftigen Anstieg zu Beginn sportlichen Charakter. Die kürzeste Rundtour mit Anstieg durch das Vannledningsdalen (22, 23) und Abstieg über den Sukkertoppen (24, 25) ist je nach genauer Streckenführung gut 4,5 km lang, damit wird man sicher 2 Stunden verbringen. Beim Abstieg über den Larsbreen (31, 35) werden daraus fast 9 km und somit eine solide Halbtagestour von 4-5 Stunden, ggf. kommt der Abstecher auf den Bergrücken Sarkofagen (33, 34) noch hinzu. Und wenn man es bei schönem Wetter sportlich angeht und bis zum 850 m hohen Trollsteinen (30) ansteigt, kommen noch gut 3 km hinzu, für die man angesichts der zusätzlichen Höhenmeter sicher 2 Stunden brauchen wird. Die Trollsteinen-Tour ist also eine Ganztagestour, wobei gute Skiläufer den Weg bergab vom Trollsteinen über den Larsbreen in Windeseile zurücklegen können. Gruvefjellet, Trollsteinen, Larsbreen und Sarkofagen sind im Sommer wie im Winter schöne Tourenziele, nur in der Schneeschmelze und zu lawinengefährdeten Zeiten sind diese Routen nicht ratsam. Das Vannledningsdalen ist zeitweise stark lawinengefährdet (Schneeschmelze einschließlich Warmluft- und Regentage im Winter, Schneelawinen) und sollte zu entsprechenden Zeiten gemieden werden. Auf die Risiken im Zusammenhang mit Gletschertouren wurde schon mehrfach hingewiesen. Gletscher verändern sich im Lauf der Jahre, und wo man heute sicher gehen kann, können sich jederzeit Spalten bilden. Jeder, der sich auf eigene Faust auf den Weg macht, muss damit umgehen können und ist selbst für seine Sicherheit verantwortlich. Gletschererfahrene Wanderer werden Larsbreen und Longyearbreen aber als technisch einfaches Gelände erleben. Das ganze Gebiet ist motorschlittenfrei und somit nicht-motorisierten Tourengehern vorbehalten, die sich hier über arktische Stille freuen können.

Der Aufstieg beginnt im engen Vannledningsdalen (22), das auf steinigem Weg auf knapp 2 km fast 400 m in die Höhe führt, so dass Ausdauer und ein paar Verschnaufpausen erforderlich sind. Im oberen Bereich (23) ist zeitweise auf große Schneewächten zu achten, die abbrechen und herabfallen können. Dann ist bald das Plateau erreicht.

Die kürzeste Rundtour führt nun zum Sukkertoppen (24), einem schönen Felsgrat, auf dem man wie auf einem Weg gehen und die herrliche Aussicht genießen kann, bevor es über einen steilen Schutthang (25) zum Ortsteil Gruvedalen hinabgeht. Dieser Abstieg über losen, groben Schutt erfordert Trittsicherheit.

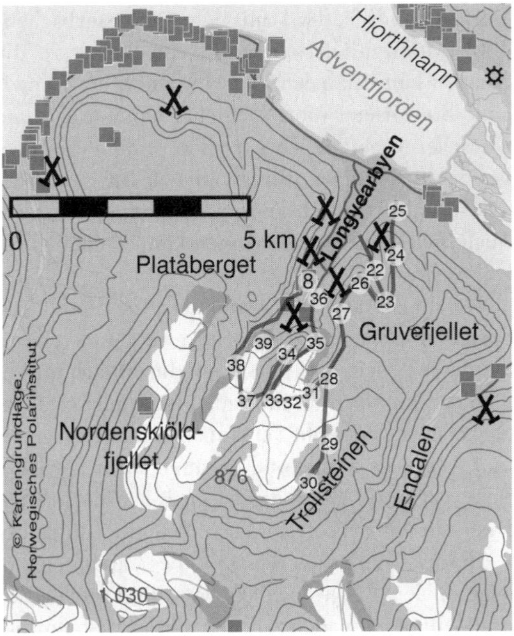

Wer mehr Zeit hat, wendet sich vom Vannledningsdalen Richtung Longyeardalen und erfreut sich an der Kante (26, 27) grandioser Ausblicke über Longyearbyen und die Gletscher Larsbreen und Longyearbreen. Das Plateau ist steinig und saisonal stellenweise matschig, aber insgesamt einfach zu gehen, im Winter macht die Fortbewegung mit Skiern hier Freude. Nun liegt der Trollsteinen als lockendes Ziel schon vor uns, aber die Entfernungen (2,5 km von 27 nach 29) werden in der Arktis immer unterschätzt, und so dauert es eine Weile, bis wir den Aufstieg (29) über einen breiten, einfachen Rücken erreicht haben. Das Gelände präsentiert sich ähnlich wie beim Aufstieg vom Platåberg zum Nordenskiöldfjellet (siehe vorhergehender Abschnitt einschließlich einiger naturkundlicher Anmerkungen) und ist einfach zu gehen, aber natürlich kostet der kräftige Anstieg über 250 Höhenmeter etwas Ausdauer, bis der Fuß der natürlichen Steinmauer (30) erreicht ist, die dem Trollsteinen seinen Namen gegeben hat. Auch hier ist die geologisch-landschaftliche Parallele für alle offensichtlich, die bereits auf dem Nordenskiöldfjellet waren. Dort geht es von der entsprechenden Position (11 bzw. 15) noch weiter hinauf, während die jüngeren, höheren Schichten hier auf dem Trollsteinen durch Erosion abgetragen wurden, so dass wir nun den höchsten Punkt erreicht haben. Das reicht aber auch völlig aus, denn die Sicht reicht über große Teile des Nordenskiöld Landes und ist wirklich beeindruckend schön. Man kann auch ganz oben auf die Steinmauer (30) gelangen. Dazu gehen wir zunächst an ihrem Fuß entlang ein kleines Stück weiter, direkt am oberen Ende eines steil abfallenden Schutthangs, wozu Trittsicherheit Voraussetzung ist, bis wir eine Aufstiegsmöglichkeit erreicht haben und kurz darauf haben wir den vollen Rundumblick.

Abwärts geht es wieder über denselben Rücken. Ganz gleich, ob wir den Trollsteinen erwandert haben oder direkt vom Gruvefjellet (28) kommen: Soll es ein Rundweg werden, steht nun die Querung des Larsbreen an. Zunächst geht es über eine kleine

Moränenlandschaft (31) mit Schmelzwasserbächen und dann auf das Eis des hier etwa 800 m breiten Gletschers (32). Im Winter ist dies eine beliebte Skipiste, und im Sommer kann man den Gletscher mit Steigeisen einfach queren. Es geht notfalls auch ohne Steigeisen, wobei Vorsicht vonnöten ist; nach Regenfällen ist das schneefreie Gletschereis gefährlich rutschig, so dass die Gletschertour mit Steigeisen wirklich besser und weniger sturzgefährlich ist. Es wurde bereits darauf hingewiesen, dass die Verhältnisse sich ändern können, so dass sich künftig Spalten bilden können. Auch die Schmelzwasserrinnen können gefährlich sein, und davon gibt es auf jeden Fall mehrere.

Wer weiß, was er tut, kann aber für diese kurze Strecke die Gletscherlandschaft genießen: Hochgebirgseindrücke in gerade einmal 550 m Höhe! Wenn schließlich auf der Westseite des Larsbreen die einfach querbare Moräne (33) erreicht ist, sollte man den kurzen, von hier aus bestechend einfachen Abstecher auf den Bergrücken Sarkofagen (34) nicht versäumen. Hier blicken wir zu beiden Seiten auf Gletscher und Moränen herab und schauen nach vorn längs über das Longyeardalen und Longyearbyen. Allein dieser Ausblick macht die Tour lohnenswert, und natürlich lässt sich der Sarkofagen auch ohne die Runde über das Gruvefjellet erreichen.

Abwärts geht es am Westrand des Larsbreen entlang, entweder auf dem Gletscher oder auf dem Eis, je nachdem, was die aktuellen Bedingungen abhängig von Jahreszeit und Witterung nahelegen. Die Moräne ist im unteren Bereich (35) steil, und man muss daran denken, dass die dünne Schicht aus Schutt und Matsch auf rutschigem Gletschereis aufliegt und abrutschen kann, wenn sie nicht gefroren ist. Man sieht dem Gelände an, dass die Landschaft sich immer wieder ändert, und so sollte man den genauen Weg mit Bedacht wählen beziehungsweise dem sichtbaren Trampelpfad folgen, wenn der nicht mal wieder abgerutscht ist. Hier haben Stürze schon zu Unfällen mit Knochenbrüchen geführt. Im Winter führt die übliche Route nicht über die Moräne, sondern über den Gletscher und dann einen kurzen, steilen Schneehang hinab.

Sobald man die Moräne hinter sich hat, sind es nur noch einige hundert Meter bis nach Nybyen (36), wo wir nach dieser Tour besten Gewissens in der Galerie auf einen Kaffee einkehren und so die Wanderung angenehm beenden können.

Alternativ kann man ab Sarkofagen (33) auch zum Longyearbreen absteigen, wobei wir uns weit genug nach Süden halten müssen, um im begehbaren Bereich des Hanges zu bleiben. Den Longyearbreen queren wir diagonal zur Westseite (38), wobei sich ein kleiner Abstecher zur Moräne zum Fossiliensuchen und Aussicht Genießen anbietet, vom Gletscher aus ist die Moräne sehr einfach erreichbar. Allerdings fällt die Moräne zum Longyeardalen hin sehr steil ab, und seitlich brausen kräftige Schmelzwasserflüsse in steilen Einschnitten, so dass wir darauf achten, den Übergang vom Gletscher auf das benachbarte Gelände (38) weit genug oben zu machen, wo es unproblematisch ist. Im Winter folgt man einfach der breit ausgefahrenen Motorschlittenbahn und hat eine schöne, kleine Abfahrt, wobei man auf Gegenverkehr achten muss.

Ist der Hang (38) abseits des Gletschers erreicht, führt der weitere Weg über Schutt abwärts, bis wir zwischen Moräne und Tverrdalen das Longyeardalen erreichen und beim Huset (8) auf die Straße kommen, ohne Flüsse queren zu müssen.

BERGTOUREN BEI LONGYEARBYEN (3): FUGLEFJELLET, GRUMANTBYEN

Auf dieser Tour locken herrliche Aussichten über den Isfjord und die seit über einem halben Jahrhundert leerstehende kleine russische Grubensiedlung Grumantbyen als Ziel. Die Strecke hat es allerdings in sich: Auf den gut 13 km vom Ende der Straße (41) bis nach Grumantbyen (46) steht nach der Querung des Flusses im Bjørndalen ein steiler Anstieg über fast 300 Höhenmeter an und im Grumantdalen (45-46) ein unwegsamer Abstieg von 500 m Höhe bis ans Fjordufer. Und wenn man nicht das Zelt mitschleppen und aufbauen will, hat man direkt anschließend den gleichen Weg auch heimwärts wieder vor sich, so dass eine lange, anspruchsvolle Tagestour daraus wird.

Mitunter wird auch die Route am Fjordufer zwischen Grumantbyen und Bjørndalen begangen. Diese Strecke ist nur gut halb so lang, ohne Höhendifferenzen und daher natürlich verlockend, aber sie ist steinschlaggefährdet und zudem nur bei Niedrigwasser und ruhiger See begehbar und daher wirklich nicht zu empfehlen. Wer dennoch das Risiko eingehen will, sollte vorher die Gezeitentabelle und die Wettervorhersage prüfen und verzichten, wenn die Bedingungen nicht wirklich optimal sind. Zur Zeit der Schneeschmelze wäre die Tour am Ufer entlang quasi suizidal. Solange kräftiger, anhaltender Frost die steilen Hänge stabilisiert, ist das Risiko geringer. Insgesamt rate ich ab. Von dieser Strecke mussten schon Wanderer, die sich verschätzt hatten, vom Sysselmannen vor Seegang und Steinschlag gerettet werden.

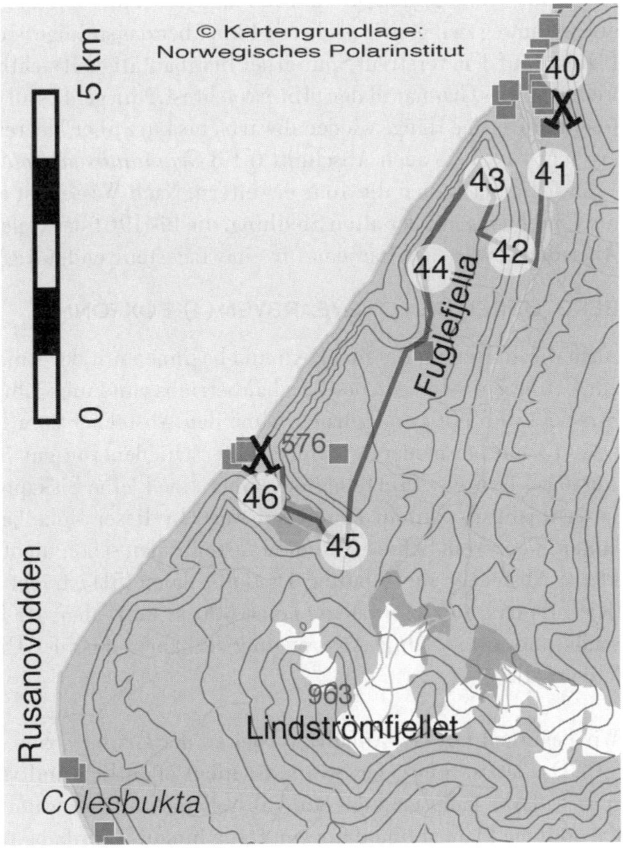

In der Region dieser Wanderung sowie im westlich angrenzenden Colesdalen sollte man

Trinkwasser nicht einfach der Natur entnehmen, sondern abkochen, siehe Abschnitt 3.6.6 *Risiken im Gelände*. Die Straße Richtung Bjørndalen ist bei Schnee nicht immer befahrbar.

Die Wanderung beginnt am Ende der Straße im Bjørndalen (41), wobei man die Krabbentaucherkolonien am Platåberg (40) nicht verpassen sollte, wenn die Jahreszeit stimmt. Nach einer kurzen Strecke ist der Fluss Bjørndalselva zu queren. Dieser gehört nicht gerade zu Spitzbergens größten Flüssen, aber im Sommer wird es kaum gelingen, ihn mit Wanderstiefeln trockenen Fußes zu queren. Der Aufstieg zum Fuglefjellet hat es in sich: Die meisten der 300 Höhenmeter verteilen sich auf nur 500 m Horizontaldistanz. Diese sehr kräftige Steigung verlangt Ausdauer und einen sicheren Tritt auch auf lockeren Steinen.

Auf dem steinigen Plateau angekommen, sollte man einen kleinen Umweg zur Ecke (43) nicht scheuen. Die Aussicht über den Isfjord und das Bjørndalen ist reichliche Belohnung für den anstrengenden Aufstieg. Den Blick über den Isfjord kann man noch eine ganze Weile genießen, während man der Kante folgt, bis das Litle Bjørndalen zu einem Umweg zwingt. Die nächsten 4 km über das steinige, stellenweise auch sumpfige Plateau, auf dem verstreut Spuren der Bergbautätigkeit sichtbar sind, strecken sich ein wenig, bis das Grumantdalen (45) erreicht ist. Nun geht es all die schönen Höhenmeter über unwegsame Hänge wieder abwärts, bis kurz über Meereshöhe Grumantbyen (46) erreicht ist. Siehe auch Abschnitt 6.1.3 *Grumantbyen, Colesbukta*.

Natürlich lässt sich die Tour erweitern. Nach Westen ist es nicht mehr weit bis in die Colesbukta mit der alten Siedlung, die bis 1961 der Hafen für Grumantbyen war. Aber damit wäre der Rahmen für eine Tagestour endgültig gesprengt.

BERGTOUREN BEI LONGYEARBYEN (4): FOXFONNA

Auch die Touren im Bereich Foxfonna beginnen mit der Anfahrt im Auto. Die Straße zur Grube 7 wird wegen des Bergbaubetriebs rund ums Jahr befahrbar gehalten. Die Strecke (50-55-56) und zurück, ohne den Abstecher zum Bolterdalen (51), beträgt etwa 13 km bei moderaten Höhenunterschieden von gut 350 m ohne allzu starke Anstiege. Teilweise führt die Route über eine kleine Eiskappe, daher ist sie vor allem im Frühjahr als Skitour empfehlenswert. In dieser Höhe kann man noch schön Ski laufen, wenn vom Schnee unten im Adventdalen schon nicht mehr viel übrig ist. Der kleine Abstecher zur Schulter des Bolterdalen (51) ist vom Nordlichtobservatorium (Kjell Henriksen Observatory) keine 800 m weit, aber der Blick über das Tal ist so schön und mit so wenig Anstrengung zu haben, dass der Hinweis darauf hier nicht fehlen soll.

Wir beginnen mit der Anfahrt vorbei an der Grube 7 zum Nordlichtobservatorium (50). Das letzte Stück der Straße ist nicht öffentlich und von einer Schranke abgesperrt, davor kann man das Auto abstellen. Am Observatorium vorbei geht es über das steinige Plateau und dann den Hang hinauf. Hier haben wir gleich zu Beginn die

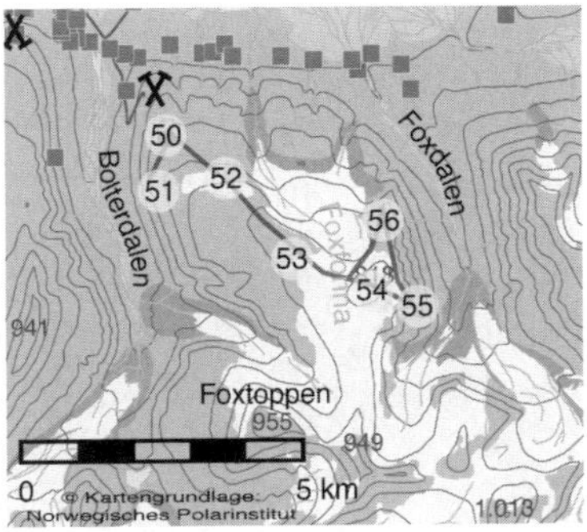

stärkste Steigung der Tour. Auf knapp 2 km sind 250 Höhenmeter zu bewältigen, aber gut die Hälfte davon ist innerhalb von wenigen 100 m konzentriert, so dass der Anstieg sich bemerkbar macht.

Nach einer weiteren, sanft ansteigenden Strecke über ein Plateau erreichen wir den Rand (53) der kleinen Eiskappe Foxfonna, die sich im Winter allerdings nicht sichtbar von der schneebedeckten Umgebung unterscheidet. Natürlich wirkt der Begriff Eiskappe für die nicht einmal 2 km im Durchmesser umfassende Eisfläche etwas hochtrabend, aber es handelt sich um eine Masse aus Gletschereis, die von einem zentralen Bereich (54) in alle Richtungen nach außen abfließt, so dass der Begriff gerechtfertigt ist. Und wann hat man schon die Gelegenheit, eine ganze Eiskappe zu überqueren, noch dazu mit so wenig Aufwand? Wir halten uns vom steileren Hang fern, über den die Eiskappe nach Norden abfließt, denn dort steigt das Spaltenrisiko dem Gelände entsprechend an. Stattdessen halten wir genau auf den höchsten Bereich (54) zu und genießen dort das Gefühl, in der Mitte einer Eiskappe zu stehen, auch wenn es sich dabei nicht um das Inlandeis von Grönland handelt. Dafür sieht man von der Foxfonna aus in alle Richtungen schöne Berge, was man von der Mitte Grönlands nicht behaupten kann.

Der von nun an gleichmäßig abfallende Hang ist für Skiläufer eine schöne, steiler werdende Abfahrt, bis wir eine gletscherfreie Schulter (55) erreichen, wo die Natur eine beeindruckend schöne Aussichtsterrasse geschaffen hat. Der Blick über das Foxdalen ist wirklich sehenswert. Weiter geht es nach Norden, bis wir den nächsten Aussichtspunkt (55) erreichen. Auch hier ist die Bezeichnung „geil" für die Aussicht noch untertrieben: Wir schauen auf große Teile des Adventdalen mitsamt umgebender Berge herab. Grandios!

Auf dem Rückweg halten wir zunächst wieder auf den höchsten Teil (54) der Eiskappe zu und achten darauf, nicht auf den stärker nach Norden abfallenden Hang zu geraten, bis wir wieder auf unsere eigene Spur treffen und dieser nun bis zur Straße folgen können.

BERGTOUREN BEI LONGYEARBYEN (5): HIORTHFJELLET

Die Tour auf das über 900 m hohe Hiorthfjellet bringt schöne Ausblicke aus eher ungewöhnlichen Perspektiven auf den Adventfjord und Longyearbyen, aber auch die Herausforderung, über den Adventfjord zu kommen. Daher wird sich im Sommer eher selten die Gelegenheit zu dieser beeindruckenden Bergtour ergeben. Sie wird von Veranstaltern angeboten, die sie mit einer Kajakfahrt über den Fjord kombinieren, und natürlich kann man kommerziellen Bootstransport organisieren, oder mit entsprechenden Kontakten auch privat. Wenn man die Gelegenheit hat, ist diese Tour hochgradig lohnenswert, aber auch sehr anstrengend. Zum Gipfelplateau sind ab Ufer

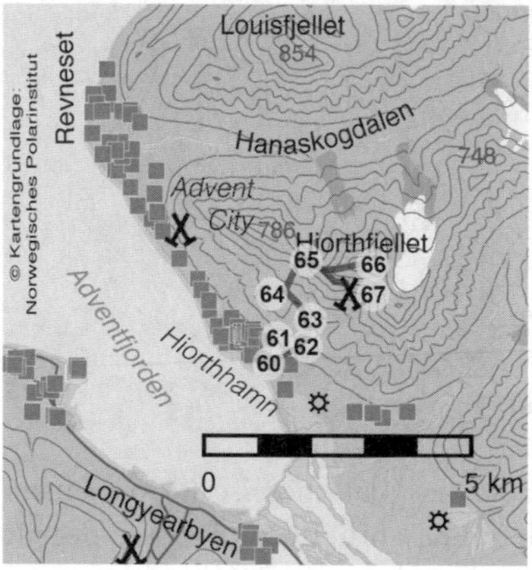

zwar nur 5 km zurückzulegen, aber die gut 900 Höhenmeter, teilweise über steile Schutthänge, haben es in sich, und man sollte mindestens 7-8 Stunden Zeit einplanen, woraus mit ein wenig Sightseeing schnell 10 Stunden werden.

Der Anmarsch zu Fuß nach Hiorthhamn mit Querung des Adventelva ist im Sommer im Rahmen einer Tagestour nicht realistisch. Zu weit muss man das Adventdalen hinauf, bis man auf Höhe des alten Flugplatzes an eine Flussquerung denken kann. Sobald der Fluss im Herbst trockenfällt, sieht das natürlich ganz anders aus, und im Winter kann man einfach zu Fuß oder besser mit Skiern quer über die Flussmündung laufen, oder sogar direkt über den Adventfjord, wenn dieser zugefroren ist, was allerdings mittlerweile die Ausnahme ist. Mit Motorschlitten ist die Anfahrt sowieso nur ein Katzensprung.

Schon alleine die Überreste des Bergbaus in Hiorthhamn (60) sind es wert, die Gelegenheit der Fahrt dorthin wahrzunehmen, wenn man sie denn hat. Am auffälligsten ist die alte Verladeanlage, ein wirklich ergiebiges Fotomotiv. In der Umgebung stehen eine ganze Menge Hütten, die in privater Eignerschaft sind und an Wochenenden genutzt werden. Ein wenig höher am Hang (61) liegen die verstreuten Überreste eines deutschen Aufklärungsflugzeuges, das 1942 nach MG-Treffern dort abstürzte. Siehe Abschnitt 6.1.4 *Adventfjord*.

Der Anstieg durch das kleine Tälchen (62) ist kein Problem und lässt sich auch im Winter mit Ski oder Motorschlitten gut bewältigen. In etwa 350 m Höhe gibt es eine größere Terrasse (64) und einen beeindruckenden Ausblick über den Adventfjord und Longyearbyen. Hier steht eine kleine Hütte mit großen Antennenschüsseln und brummendem Generator, genannt Telelinken („Tele-Verbindung"), die Longyearbyen mit den Segnungen des Fernsehens beglückt. Beim nun folgenden Aufstieg zum Sattel (65) zwischen Hiorthfjellet und Adventtoppen trennt sich die Spreu vom Weizen, denn dieser Hang ist steil und wegen der großen, lockeren Gesteinsplatten nicht gerade angenehm zu gehen. Wenn man den Weg hierher mit Skiern zurückgelegt hat, wird man diese sicher hier stehenlassen und den weiteren Aufstieg zu Fuß angehen. Trittsicherheit ist erforderlich, aber dafür lockt auf dem Sattel in knapp 600 m Höhe die Aussicht auch nach Norden. Von hier könnte man auch den westlich gelegenen Adventtoppen ansteuern, der mit 786 m merkbar niedriger ist als das Hiorthfjellet, dafür aber nicht so ein großes Gipfelplateau hat, was für den Rundumblick natürlich gut ist. Die Qual der Wahl! Uns zieht es aber auf das höhere Hiorthfjellet. Im Vergleich zum soeben erstiegenen Hang ist der weitere Aufstieg über einen gut ausgetretenen Pfad über die Schulter bis zum Gipfelplateau einfacher. Zwar sind über kräftige

Steigungen noch gut 300 m zurückzulegen, aber der Pfad macht das Gehen leichter, bis das Plateau (66) erreicht ist. Es lohnt sich, über das Plateau zu gehen, um von den Ecken im Norden und im Osten den Blick zu genießen, denn der hat es in sich. Große Teile von Isfjord und nördlichem Nordenskiöld Land sind von hier aus sichtbar.

Der Weg zurück folgt der gleichen Route, wobei sich ein seitlicher Abstecher zur alten Grubenanlage von Hiorthhamn anbietet, die in 582 m Höhe liegt. Man mag sich nicht vorstellen, wie das Baumaterial dort hochgeschleppt wurde, bis die Seilbahn in Betrieb war, von der noch einige Stützpfeiler stehen. Im Sommer ist die alte Anlage über einen gut sichtbaren horizontalen Pfad einfach erreichbar, sobald wir auf unserer Route die entsprechende Höhe erreicht haben. Der Name Ørneredet (Adlernest) erklärt sich von selbst. Zunächst erreicht man einen alten Grubeneingang und kurz darauf ein Unterkunftsgebäude mit mehreren Räumen und Küche, das dank Restaurierungsarbeiten ab 1991 in recht gutem Zustand ist: Unbedingt sehenswert, wenn man es schon bis in die Nähe geschafft hat. Es empfiehlt sich, denselben Weg wieder zurück zu verfolgen und auf der alten Route abzusteigen, da der Hang unterhalb der alten Grube wirklich sehr steil und wegen des lockeren Gesteinsschutts schwierig zu gehen ist. Bis zu einem Unfall ist es da nicht weit.

TOUREN BEI LONGYEARBYEN (OHNE „BERG"): ADVENTDALEN

Wen es mehr in die weite Tundra statt in die Höhe zieht, sollte ins Adventdalen und in dessen Seitentäler wandern. Anfang Juni versammeln sich Gänse (Weißwangen- und Kurzschnabelgänse) in großer Zahl in der Tundra, um sich nach dem Frühjahrszug satt zu futtern, bevor sie sich zum Brüten bald wieder verteilen. In dieser kurzen Zeit zwischen Anfang und Mitte Juni lassen sie sich wirklich schön beobachten, und wenn man im Auto unterwegs ist und dieses nicht verlässt, stört man die Gänse auch nicht.

Im Gegensatz zu den Gänsen brüten die Eiderenten in größerer Zahl im Adventdalen, ganz in der Nähe von Longyearbyen. Beim ersten Hundehof befindet sich eine Eiderentenkolonie direkt neben der Straße. Etwas weiter im Tal hat man an kleinen Tümpeln nahe der Straße gute Chancen, auch seltenere Arten wie Prachteiderenten und Sterntaucher zu sehen. Links und rechts des Weges gibt es viele Schönheiten der Tundra wie Vegetation, Rentiere und bei genauem Hinschauen Bodeneis, das durch Risse sichtbar sein kann. Am alten Flugfeld befindet sich das alte Nordlichtobservatorium, das mit Einrichtung des Kjell Hendriksen Observatoriums oberhalb der Grube 7 aber außer Betrieb genommen wurde. Nun wird am alten Flugplatz der Untergrund daraufhin erkundet, ob man dort CO_2 aus dem Kraftwerk langfristig in Sandsteinschichten speichern könnte. Man will sich als Vorreiter präsentieren und weist auf gute Voraussetzungen hin, aber ob es zur praktischen Umsetzung kommt, ist noch nicht entschieden. Direkt daneben liegt am Flussufer das Wrack eines am Boden abgeschossenen deutschen Wetterflugzeuges aus dem Zweiten Weltkrieg. Und am Ende der Straße lockt die gute Aussicht über das Tal aus der Höhe kurz vor der Grube 7.

All dies lässt sich bequem mit dem Mietwagen erreichen, eine gute Lösung für diejenigen, denen kein Gewehr zugänglich ist, denn die Waffe wird verzichtbar, wenn man jederzeit mit dem Auto flüchten kann. Mit Waffe kann man schöne, beliebig lange Wanderungen ins Endalen, Todalen oder Bolterdalen machen. In den beiden erstgenannten Tälern kann man aufgegebene, aber noch ziemlich intakte Bergbauanlagen besichtigen, die unübersehbar an den Hängen kleben, sich teilweise aber auch auf dem Talgrund befinden und dort einfach erreichbar sind. Im Endalen kann man schon wenige hundert Meter von der Straße entfernt die seltene Zwergbirke finden.

3.7.7 VON DER STEINKOHLE BIS ZUR WELTRAUMFORSCHUNG: 100 JAHRE LONGYEARBYEN

Die **Frühgeschichte Longyearbyens** begann 1901, als der amerikanische Geschäftsmann **John Munro Longyear** mitsamt Familie eine Kreuzfahrt nach Spitzbergen machte und von den dortigen Bergbaumöglichkeiten so begeistert war, dass er 1903 zurückkam, um Proben zu nehmen. 1904 kaufte Longyear einer norwegischen Firma ein Gelände im Adventfjord ab, und 1905 ging es mit den Vorbereitungen für bergbauliche Aktivitäten los. 1906 begann der Bergbau im Ort, der Longyear City genannt wurde. Reste der Grube 1a, der „Amerikanergrube“, sind noch heute oberhalb der Kirche zu sehen. Nach diversen Schwierigkeiten verkauften die Amerikaner 1916 alles an die norwegische Bergbaugesellschaft Store Norske Spitsbergen Kulkompani (SNSK). Seit Inkrafttreten des Spitzbergenvertrags 1925 ist Longyear City Sitz des Sysselmannen und damit der norwegischen Verwaltung, 1926 wurde der Ort in Longyearbyen (byen = die Stadt) umbenannt.

Städtebaulich hat der Ort sich gegen den Uhrzeigersinn um den Fluss herum entwickelt: Der Ortsteil Skjæringa oberhalb des Kraftwerks geht auf 1906 zurück und ist somit am ältesten, 1937 folgte das heute verlassene und weitgehend zerstörte Sverdrupbyen im oberen Longyeartal. Im Krieg wurden in Sverdrupbyen nur 2 Gebäude zerstört, der Rest fiel weitgehend 1986 einer Feuerwehrübung zum Opfer - kurz bevor Denkmalschutzregelungen dies unmöglich gemacht hätten. Drei Gebäude sind mittlerweile in privater Eignerschaft und teilweise saniert. 1946 wurde erstmalig auf der Ostseite des Tals gebaut, als die Ortsteile Nybyen und Haugen entstanden. Die heutige Entwicklung Longyearbyens findet primär im Zentrum, im fjordnahen Sjøområdet sowie im Eingangsbereich des Adventdalen statt.

1941 wurde Longyearbyen evakuiert und während des **Zweiten Weltkrieges** befand sich nur eine kleine norwegische Garnison vor Ort. Wie auch alle anderen Orte auf Spitzbergen mit Ausnahme von Pyramiden, wurde Longyearbyen während des deutschen Angriffs 1943 weitgehend zerstört.

Im Krieg landeten deutsche Flugzeuge im Adventdalen. Die erste Landung eines zivilen Flugzeuges war im Februar 1958 im Adventdalen, um einen Notfallpatienten zum Festland zu bringen. Daraufhin wurde ein 1 800 m langes Rollfeld planiert, auf dem 1959 das erste Passagierflugzeug landete. In den folgenden Jahren landete im Durchschnitt jeweils ein Flugzeug pro Jahr. 1975 wurde der heutige **Flughafen** gebaut, der 2007 eine neue Ankunftshalle bekam. Damit war es mit der Isolation Longyearbyens endgültig vorbei und der politisch gewollten Entwicklung des Ortes hin zu einer „normalen" Siedlung stand nichts mehr im Wege.

Die **Bevölkerung** ist seit den ersten Jahren langsam gewachsen: 1919-20 überwinterten 230 Menschen (darunter 37 Frauen und Kinder), 1934-35 waren es 550. Diese Zahl blieb bis Ende der 1980er konstant. Heute hat Longyearbyen offiziell etwa 2100 Einwohner und eine hohe Fluktuation. Als wichtigste Gründe für einen Umzug nach Longyearbyen haben viele Norweger „Abenteuerlust" sowie „Naturerlebnis" angegeben, gefolgt vom „Angebot einer guten Arbeitsstelle" (Männer) sowie „Partner bekam eine Stelle in Longyearbyen" (Frauen). Neben dem Naturerlebnis sind es die im Vergleich zum Festland niedrigen Steuern, die manche länger in Longyearbyen bleiben lassen. Nach Norwegern stellen Thailänder mit 107 Personen (Stand Juli 2014) die zweitgrößte Bevölkerungsgruppe; anscheinend haben sich die guten Löhne und die vorteilhaften Bedingungen des Spitzbergenvertrages bis nach Ostasien herumgesprochen. Es folgen Schweden (89), Russen (36), Deutsche (18) und Dänen (17).

Die wichtigsten Sektoren auf dem **Arbeitsmarkt** der norwegischen Siedlungen (inklusive Ny Ålesund und Sveagruva) sind Bergbau (272 Angestellte, Tendenz fallend), Bauwesen (212), Transportwesen und Lager (115), Verwaltung (79), Bildung (153), Gesundheits- und Sozialwesen (70), Gastronomie (215), Einzelhandel (120), Kultur und Freizeit (45), wissenschaftliche oder technische Dienstleistung (41), geschäftliche Dienstleistung (99). Diese Zahlen stammen von 2013. Tourismus wird nicht mehr separat erfasst, 2003 wurden hierfür 120 Stellen angegeben, diese Zahl ist deutlich gestiegen. Der wichtigste Arbeitgeber ist die im Staatsbesitz befindliche SNSK, wenn auch mit rückläufiger Bedeutung. Einschließlich SNSK und anderer staatseigener Betriebe sind fast 60 % der Arbeitsplätze im öffentlichen Bereich angesiedelt.

In den späten 1980er Jahren begann der **Tourismus** in Longyearbyen eine Rolle zu spielen und hat mittlerweile eine Position erreicht, die aus dem wirtschaftlichen Gefüge des Ortes nicht mehr wegzudenken ist. Schon die Anzahl der Gästehäuser und Hotels spricht Bände.

Bergbau wird nur noch in der Grube 7 im Adventdalen betrieben. Dort werden von 18-20 Bergarbeitern im Jahr 70 000 bis 90 000 Tonnen Steinkohle gefördert, die teilweise in der lokalen Stromproduktion verbraucht werden. Es wird davon ausgegangen, dass die Produktion in Grube 7 bis etwa 2030 fortgeführt wird. Ein weiterer Zweig, der das moderne Longyearbyen wirtschaftlich prägt, ist die **Forschung**. Den Start machte die Nordlichtstation im Adventdalen, die 1978 eröffnet wurde. Sie ist 2007-08 in die Nähe der Grube 7 umgezogen. Ebenfalls 1978 wurde die MAB-Station (MAB = Man and biosphere, Unesco-Forschungsprojekt) am Ende der Straße im Adventdalen gebaut. 1993 wurde die Universität UNIS eröffnet und seit 1996 ist die Satellitenanlage EISCAT (European Incoherent Scatter) im Adventdalen zur Nordlichtforschung in Funktion. SvalSat, eine Großanlage mit einer Reihe mächtiger Antennen zur Steuerung von Satelliten in Polumlaufbahn sowie zum Datentransfer, befindet sich seit 1997 auf dem Platåberg und wird weiter ausgebaut. Um die umfangreichen Datenmengen transferieren zu können, wurde 2004 ein Glasfaserkabel von Longyearbyen nach Norwegen gelegt.

Überall Gletscher und Schnee und Eis zwischen den Gipfeln, und mächtige Moränen nach dem Fjord. Das sind die Urkräfte selbst in ihrer Entfaltung, Wasser und Stein, Schwere und Frost.

Fridtjof Nansen, *Spitzbergen* (1921)

Zur Landschaft und zur Geologie etc. finden sich im Regionalteil (Kapitel 6) Details.

Das Buch *Steine und Eis. Landschaften des Nordens* vom gleichen Autor (siehe www.Spitzbergen.de) widmet sich den Landschaften von Spitzbergen und Ostgrönland mitsamt der Geologie, Vergletscherung und Permafrostphänomenen nachvollziehbar und detailliert.

4.1 GEOGRAPHIE, GLETSCHER, PERMAFROST

Ein für Spitzbergen ganz besonders wichtiges Gestein ist, wie wir bereits sehen konnten, das Eis in seinen verschiedenen Arten.

August Sieberg, *Die europäische Polarwelt* (1914)

Svalbard vereint auf seiner Fläche eine beeindruckende landschaftliche Vielfalt. Das geologische Mosaik und klimatische Unterschiede spielen auf eine Weise zusammen, die es ermöglicht, innerhalb kurzer Entfernungen verschiedenste arktische Landschaftstypen zu erleben, von schroffen, vergletscherten Bergen mit spitzen Gipfeln über weite Plateauberge, die von breiten Gletschertälern zerschnitten werden, bis hin zu offenen Tundraebenen, die der Küste vorgelagert sind.

Etwa 36 500 km^2 oder gut 60 % der Landsfläche von Svalbard sind **vergletschert**. Je höher und gebirgiger das Land ist, desto stärker ist es vergletschert. So sind fast alle Täler an der Westküste Spitzbergens von Gletschern ausgefüllt. Diese ergießen sich oft mit großen Kalbungsfronten in die Fjorde an der West- und Nordküste Spitzbergens. Da sich im Hinterland dieser Gletscher kein Inlandeis in einer Größenordnung wie in Grönland oder der Antarktis befindet, erreichen die Eisberge in Spitzbergen aber nicht die gewaltige Größe ihrer Artgenossen jener Regionen.

Weite Eiskappen bedecken vor allem im Osten und Nordosten Svalbards große Flächen. Der gesamte Osten und Süden vom Nordaustland ist von den Eiskappen Austfonna und Vegafonna bedeckt, die zusammen fast 8500 km^2 einnehmen und damit größer sind als der Vatnajøkull auf Island. Auf der Süd- und Ostseite des Nordaustland erstreckt sich eine Gletscherfront, die mit einer fast ununterbrochenen Länge von etwa 180 km die längste der Nordhalbkugel ist.

Größere, unvergletscherte Landflächen finden sich vor allem in zentralen Bereichen Spitzbergens, deren durchschnittliche Höhe tiefer liegt als die Gebirge der Westküste. Das Nordenskiöld Land um Longyearbyen herum weist große, eisfreie Täler und Plateauberglandschaften auf. Das Kong Karls Land im fernen Osten Svalbards mit seinen tiefliegenden Plateaubergen und Küstenebenen ist vollständig unvergletschert, wie auch die Außenposten Hopen und Bjørnøya.

Seit dem späten 19. Jahrhundert sind die meisten Gletscher Spitzbergens auf dem Rückzug. Große, weit von den heutigen Gletscherfronten entfernt liegende Moränenzüge sowie der Vergleich der aktuellen Situation mit Land- und Seekarten, die den Gletscherstand aus der Vergangenheit dokumentieren, machen dies immer wieder deutlich. Bei Annäherungen an Gletscher mit Schiffen fährt man der Seekarte zufolge immer wieder in Gletscher hinein, die sich tatsächlich innerhalb weniger Jahrzehnte um mehrere Kilometer zurückgezogen haben.

Während der Eiszeit war das gesamte Gebiet mehrfach eisbedeckt; in besten Zeiten hat es eine Eiskappe gegeben, die von Spitzbergen bis zur Elbe reichte. Das Verschwinden dieser gewaltigen Eismasse hat Spuren hinterlassen, die deutlich in der Landschaft sichtbar sind: **Strandwälle**. Das große Gewicht des eiszeitlichen Gletschers hat die Erdkruste weiträumig um mehrere 100 Meter eingedrückt. Nach dem Verschwinden des Eises hat das Land sich entsprechend gehoben, zunächst mit über 1 cm pro Jahr recht schnell, später langsamer werdend. Gleichzeitig stieg global der Meeresspiegel, da das Wasser der tauenden Gletscher wieder in die Ozeane strömte. Da das Land sich aber schneller hob als der Meeresspiegel, war ein Vordringen der Küstenlinie ins Meer hinein die Folge. Die Kieswälle, von kräftigen Stürmen an den flachen Küsten aufgeworfen, wanderten scheinbar landeinwärts und werden heute als alte oder fossile Strandwälle bezeichnet. Vielerorts finden sich weite, flach ansteigende Ebenen mit interessanten Mustern aus vielen alten Strandwällen, welche die Lage der ehemaligen Küste dokumentieren. Man findet auch uralte Walknochen und zerfallendes Treibholz in einiger Entfernung von der heutigen Küste.

Die ältesten und höchsten Strandwälle sind über 10 000 Jahre alt und liegen über 100 m über dem heutigen Meeresspiegel. Strandwallserien gibt es in fast allen halbwegs flachen, unvergletscherten Gebieten. Am eindrücklichsten werden sie aus erhöhter Perspektive sichtbar.

Sämtliche unvergletscherten Landflächen sind **Permafrost**-Gebiet. Das bedeutet, dass nur die oberste Schicht des Bodens im Sommer für wenige Monate auftaut. Von diesem sommerlichen Auftauboden abgesehen, der je nach Bodenart und Geländeklima wenige Dezimeter bis über einen Meter tief reichen kann, ist der Untergrund rund ums Jahr gefroren.

Zunächst ist Permafrost also ausschließlich über die Temperatur definiert und somit nichts Sichtbares. Wenn mehrere Faktoren aufeinandertreffen, können jedoch verschiedene, auffällige Phänomene entstehen: Eiskeilnetze, Pingos und Blockgletscher sind in ihrer Entstehung an Permafrost gebunden, während Steinringe und Fließerden zwar in ihrer Bildung von Permafrost begünstig werden, auf diesen jedoch nicht unbedingt angewiesen sind (Details zu diesen Phänomenen sind im Buch *Steine und Eis. Landschaften des Nordens* vom gleichen Autor zu finden).

Eiskeilnetze finden sich in vielen Flachlandgebieten in der Arktis. Es handelt sich dabei um ein Muster aus Frostrissen im Boden. Idealerweise bildet sich ein bienenwabenförmiges Sechseckmuster, wobei die einzelnen Waben einen Durchmesser von 8 bis 20 m haben. Die Risse sind in der Tiefe aufgrund des Permafrostes dauerhaft mit Eis gefüllt.

Bei einem **Pingo** handelt es sich im weiteren Sinne um eine gefrorene Quelle. Er besteht aus einer oberflächennahen, großen Eislinse, die einen Erdhügel von bis zu 20 oder 30 m Höhe und einem Durchmesser von über 100 m aufwerfen kann. Pingos gibt es in Spitzbergen vor allem in den großen, eisfreien Tälern im Nordenskiöld Land wie dem Adventdalen und Reindalen.

Ein eher unbekanntes, jedoch weit verbreitetes Permafrost-Phänomen stellen die **Blockgletscher** dar. Dabei handelt es sich um zungenförmige Ströme aus grobem Gesteinsschutt, die einige 100 m Länge erreichen, am unteren Ende eine steile Kante haben und im Schneckentempo von einigen Zentimetern pro Jahr steile Hänge herabkriechen.

Steinringe sind häufig. Sie entstehen durch regelmäßiges und tiefgreifendes Auftauen und Gefrieren eines wassergesättigten Untergrundes aus lockerem Sediment. Idealerweise bilden sich Kreise mit einem Durchmesser von 1-3 m, wobei die äußeren Wülste aus groberem Gesteinsschutt von einem inneren Feinerdekern scharf abgegrenzt sind.

Die Vielfalt des geologischen Untergrundes und der klimatischen Unterschiede sorgt dafür, dass es viele verschiedene Arten von Steinringen gibt, die zusammenfassend als **Frostmusterboden** bezeichnet, wozu auch die Eiskeile gehören.

Auf einem geneigten Hang kann wassergesättigter, weicher Boden langsam hangabwärts fließen. Dieses sogenannte **Bodenfließen** (**Solifluktion**) kommt in Permafrostgebieten, in denen der Frost ein Versickern des Wassers und damit ein Austrocknen des Bodens verhindert, auf großen Flächen vor, so dass die Solifluktion trotz geringer Geschwindigkeiten ein effektiver Faktor der Landschaftsgestaltung in der Arktis sein kann. Solifluktionsdecken (= Fließerde) können sehr matschig und beim Wandern unangenehm sein.

4.2 GEOLOGIE

Ich traue meinen Augen kaum. Eine strahlende Morgenröte beleuchtet ein an sich schon rotes Land. Rot ist hier das Meer, rot die Felsen, rot der Strand und rötlich die Treibholzblockhütte. Roter Wüstensand, sei das hier, Sand aus der Urzeit unserer Erde, bekomme ich auf meine Fragen geantwortet.

Christiane Ritter, *Eine Frau erlebt die Polarnacht* (1938)

Auch für die Themen dieses Kapitels sei für weitere Details auf das Buch *Steine und Eis. Landschaften des Nordens* desselben Autors verwiesen.

Wer sich für Geologie interessiert, sollte sich die *Bedrock Map of Svalbard and Jan Mayen, 1:750 000* vom norwegischen Polarinstitut (www.npolar.no) zulegen, die für den Überblick und bei Schiffsreisen sehr nützlich ist (im Svalbardmuseum erhältlich).

Bei längeren Aufenthalten in kleineren Gebieten lohnt es sich, die entsprechenden geologischen Karten im Maßstab 1:100 000 im Rucksack zu haben.

Spitzbergen wird immer wieder ein Eldorado für Geologen genannt. Diese Bezeichnung ist gerechtfertigt: Zum einen sind große Flächen entblößt, so dass der Gesteinsuntergrund gut sichtbar ist. Zum Anderen sind auf überschaubarer Fläche viele Gesteinsarten und Erdzeitalter vertreten. Wer einen detaillierten Blick auf die Geologie Spitzbergens werfen, also das anstehende Festgestein betrachten will, muss sich allerdings die richtigen Stellen suchen. Die unteren Hangbereiche sind meist mit Gesteinsschutt bedeckt, die oberen steil und unerreichbar, die Talsohlen sind mit Flussschottern zugeschüttet. Der Spätsommer, nicht vor Mitte August, ist eine gute Zeit für eine geologische Exkursion, da vorher mancher interessante Aufschluss wegen der Anwesenheit brütender Vögel unzugänglich ist.

Es gibt schöne **Fossilien** aus verschiedenen Erdzeitaltern. Sammler müssen allerdings auf die Schutzbestimmungen achten, bevor sie sich die Taschen füllen, da Gesetze das Sammeln von Fossilien und Steinen in den Naturschutzgebieten verbieten, die mittlerweile den größten Teil der Inselgruppe Svalbard umfassen. Außerhalb der Schutzgebiete ist das Sammeln von lose herumliegenden Fossilien erlaubt.

Im Folgenden wird ein kurz gehaltener Abriss der regionalen **Erdgeschichte und Geologie** gegeben. Die Geologie der einzelnen Regionen wird im Regionalteil jeweils vorgestellt.

Spitzbergen liegt an der Nordwestecke des Kontinents Europa. Zwischen Spitzbergen und dem Festland von Skandinavien erstreckt sich ein nur wenige hundert Meter flaches Schelfmeer, dessen Boden sich auf halber Strecke in Form der Bjørnøya über den Meeresspiegel erhebt. Westlich und nördlich von Spitzbergen fällt der Meeresboden zum offenen Ozean hin mit Tiefen über 1 000 m kräftig ab.

Es gibt in Spitzbergen einen geologischen Sockel, das sogenannte **Grundgebirge**. Darunter versteht man kein Gebirge im Sinne einer Ansammlung von Gipfeln und Tälern, sondern eine alte Gesteinsmasse, die vor geologisch langer Zeit tektonischen Bewegungen ausgesetzt war, seitdem aber ruhig ist. Durch die frühere Aktivität wurden diese alten Gesteinsmassen Druck und Hitze ausgesetzt und dabei teilweise aufgeschmolzen und sind zu Kristallingesteinen wie Granit erstarrt, oder sie wurden durch den Druck in metamorphe Gesteine wie Schiefer und Gneis umgewandelt.

In Spitzbergen ist das Grundgebirge während einer Kollision zweier Kontinente vor gut 400 Millionen Jahren entstanden, im Silur. Dabei kam es zur Bildung eines Gebirges, des sogenannten kaledonischen Gebirges.

Dessen Überreste wurden vielerorts mit jüngeren Ablagerungen zugedeckt, die jedoch stellenweise wieder abgetragen wurden, so dass das alte Grundgebirge wieder an der Oberfläche sichtbar ist. In Spitzbergen wird dieses Grundgebirge regional als **Hecla Hoek** bezeichnet, nach einem Berg im Nordosten von Spitzbergen, dem Heclahuken (dieser Begriff wird mittlerweile von Geologen als altmodisch betrachtet und gerät zunehmend außer Mode). Das Hecla Hoek tritt auf der Bjørnøya zutage, in Spitzbergen an der gesamten Westküste und Teilen der Nordküste, um die nördliche Hinlopenstraße und an der Nordküste des Nordaustland bis hin zur Kvitøya. Die höchsten Berge Spitzbergens, der Newtontoppen (1 713 m) und der Perriertoppen (1 712 m), befinden sich in einer Region aus Hecla Hoek-Gestein.

Fossilien sind im Hecla Hoek selten, naturgemäß kommen sie in hochmetamorphen oder magmatischen Gesteinen nicht vor. Es gibt dennoch stellenweise Fossilien, die allerdings oft unansehnlich oder kaum sichtbar und meistens auch sehr klein sind. Um die nördliche Hinlopenstraße herum findet man aber jungproterozoische Karbonate mit schönen Stromatolithen, 600-700 Millionen Jahre alten Kalkalgenkolonien.

Nach der Bildung des Grundgebirges folgte über mehrere hundert Millionen Jahre hinweg dessen Abtragung und somit die Ablagerung verschiedener Sedimente. Den Anfang machten im Devon (408-360 Millionen Jahre) grobe Konglomerate und Sandsteine, die aufgrund ihrer oft intensiven, rötlichbraunen Färbung als **Old Red** bezeichnet werden. Das Old Red steht in Spitzbergen in einem schmalen Streifen in der Hornsund-Region an, östlich des Kongsfjord, auf der Ostseite des Raudfjord und um den äußeren Liefdefjord. Das Hauptverbreitungsgebiet befindet sich im Andrée Land einschließlich Woodfjord und im nördlichen Dickson Land, dem sogenannten Andrée Land Graben. Fossilien sind im Old Red selten, Geologen haben aber unter anderem teilweise perfekt erhaltene Fischfossilien gefunden.

Nach der Ablagerung des Old Red setzte Spitzbergen als Teil einer größeren tektonischen Platte seine langsame Drift nach Norden fort. Zunächst überquerte es den Äquator. In der Hitze dieser Breiten verdampften im Karbon große Wassermassen in Lagunen, so dass Evaporite zurückblieben, darunter Gips. In benachbarten Sümpfen entstanden große Mengen organischer Substanz, aus denen später Kohle wurde. Zusätzlich wurden diverse Sand- und Kalksteine abgelagert. In den Kalken finden sich in vielen Schichten zahlreiche Fossilien wie Brachiopoden (Armfüßer), Korallen und Bryozoa (Moostiere). Diese bunte Mischung aus Sedimenten des ausgehenden Erdaltertums (**Karbon** und älteres **Perm**) findet man vor allem in Zentralspitzbergen um den Billefjord und Tempelfjord herum, die karbonische Kohle wurde bis 1998 in Pyramiden abgebaut. Sedimentserien des älteren Perms sind in Svalbard sehr weit verbreitet. Die teilweise harten und fossilreichen Kalksteine bilden vielerorts charakteristische Steilstufen, Landspitzen und Inseln und somit sehr markante Landschaften.

Im **Erdmittelalter** oder **Mesozoikum** wurde es tektonisch relativ ruhig. Als Teil eines großen Kontinents driftete Spitzbergen langsam weiter nach Norden. Langsames Absenken der Oberfläche führte zum Vordringen flacher Schelfmeere und zur weitflächigen Ablagerung von Flachmeersedimenten. Bei Hebung fiel das Land wieder trocken, und die Sedimente wurden teilweise wieder abgetragen. Die recht gleichförmigen, meist dunklen und feinkörnigen Ablagerungsgesteine dieser Zeit sind auf weiter Fläche an der Ostküste Spitzbergens um den Storfjord zu sehen, auf der Wilhelmøya, Kong Karls Land, Barentsøya, Edgeøya und Hopen sowie im Süden auf der Bjørnøya. In manchen Schichten gibt es viele versteinerte Bewohner der erdmittelalterlichen Meere wie Ammoniten und Muscheln. Es wurden auch immer wieder Überreste von Dinosauriern gefunden, zuletzt ab Sommer 2006 in der Nähe des **Diabasodden** im Isfjord. Dort wurden Knochenreste von nicht weniger als 28 einzelnen Tieren gefunden. Es handelt sich primär um Reste von delphinähnlichen Ichthyosauriern (4-6 m lang) und Plesiosauriern, größeren Raubtieren aus dem Jura. Ein Pliosaurier (=Untergruppe der Plesiosaurier) muss 15 m lang gewesen sein und ist der bislang größte bekannte Vertreter seiner Art. Weitere Funde von Fossilen mariner Dinosaurier wurden im Sauriedalen (Dickson Land) sowie auf der Edgeøya gemacht.

Die bevorstehende Öffnung des Nordatlantiks kündigte sich im späteren Erdmittelalter durch **Vulkanismus** an, der jedoch nicht an der Oberfläche stattfand, sondern in einiger Tiefe. Dort drangen Basaltmassen in die älteren Ablagerungen ein und kühlten aus. Die harten Basalte wurden in vielen Teilen Svalbards in der jüngeren Erdgeschichte von der Erosion wieder freigelegt und bilden nun durch ihre Widerstandsfähigkeit in Form von Steilklippen, Landspitzen oder kleinen Inseln charakteristische Landschaften. Man findet sie im Isfjord (Diabasodden), in der Hinlopenstraße, rund um den Storfjord und südlich der Edgeøya (Tusenøyane).

Das nächste Kapitel in der Erdgeschichte Spitzbergens besteht in der **Öffnung des Nordatlantiks** mit seinen diversen Folgeerscheinungen, beginnend vor 100 Millionen Jahren. Die offensichtliche Folge war die Trennung von Spitzbergen und Nordostgrönland, die vorher lange Zeit direkte Nachbarn gewesen waren. Rund um den entstehenden Ozean wölbten sich die Ränder der Landmassen zu hohen Randgebirgen auf: Dabei entstanden die Gebirge in Ostgrönland und Norwegen sowie an der Westküste von Spitzbergen. Ältere Gesteine wurden noch einmal kräftig gefaltet.

Als Abtragungsprodukt dieses heute noch existierenden Gebirges wurden im frühen Tertiär (heute offiziell Paläogen) vor 50 Millionen Jahren in Spitzbergen mächtige Sedimentstapel abgelagert, in denen mehrere Kohleflöze zu finden sind. Diese **Steinkohle** wurde in Spitzbergen unter anderem in Barentsburg, Grumantbyen, Longyearbyen und Ny Ålesund abgebaut. Spuren der Pflanzenwelt, aus der die Kohle entstanden ist, finden sich in Form sehr schöner Blattabdrücke.

Mit der Ablagerung der Sedimentschichten aus dem Tertiär ist die Bildung der Gesteine Svalbards fast vollständig. Später kam noch ein wenig **Vulkanismus** im Nordwesten von Spitzbergen hinzu, der im Bockfjord eine kleine, längst erloschene Vulkanruine sowie ein paar warme Quellchen hinterlassen hat, sowie die jungen, unverfestigten Ablagerungen der Strandwälle, Gletscher und Flüsse.

4.3 MEERESSTRÖMUNGEN

Diese beiden Zweige (des Golfstroms) führen verhältnismäßig warmes Wasser teils in die Barentssee, teils nordwärts nach der Westküste Spitzbergens und erhalten dadurch Bedeutung für das Klima dieser Gegenden.

Fridtjof Nansen, *Spitzbergen* (1921)

Neben der Geologie ist es vor allem das Klima, das Spitzbergens Landschaften und Tierwelt prägt, und das besondere Klima der Inselgruppe ist auf ihre Lage im Grenzbereich zwischen 2 Meeresströmungen zurückzuführen.

Ganz entscheidend ist der **Golfstrom**, dessen warme Wassermassen entlang der Küste Norwegens nach Norden streifen. Ein Zweig driftet ums Nordkap Norwegens herum nach Osten, während ein anderer der Grenze zwischen flachem Schelfmeer und tiefem Ozean nach Norden folgt. Diese milde Meeresströmung streicht als **West-Spitzbergen-Strom** entlang der Westküste Spitzbergens nach Norden und folgt der Nordküste ein Stück, bis sie sich verliert. In manchen Jahren reicht der Einfluss des Spitzbergen-Stroms bis zu den Sjuøyane oder sogar darüber hinaus, was an den Eisverhältnissen deutlich wird (siehe nächster Abschnitt).

Mit **Wassertemperaturen** von bis 8°C im Sommer ist der West-Spitzbergen-Strom nur für eher hartgesottene Badefreunde attraktiv, aber das ist immer noch besser als der -1,7°C bis +2°C kalte **Ost-Spitzbergen-Strom**, der nördlich der Küste Sibiriens „entspringt" und durch das Nordpolarmeer driftet. Er verzweigt sich mehrfach: Ein Teil fließt östlich von Svalbard nach Süden und sorgt dort für deutlich schwerere Eisbedingungen sowie für ein etwas kälteres Klima als an der Westküste. Ein anderer Arm umspült die Ostküste Grönlands mit kaltem Wasser sowie reichlich Treibeis. Dort, wo diese Wassermassen sowie wärmere und hocharktisch-kalte Luftmassen aufeinanderstoßen, gibt es im Frühjahr und Sommer häufig **Nebel**.

Lokal kommen noch **Gezeiten**strömungen hinzu. Obwohl der Tidenhub mit etwa 1 m (maximal ca. 1,80 m) ist, können die Strömungen in den Fjorden und Sunden mitunter erheblich sein. Rekordhalter sind die schmalen Meerengen Heleysund und Ormholet zwischen Barentsøya und Spitzbergen, in denen Gezeitenströmungen von bis zu über 10 Knoten (ca. 18 km/h) auftreten. Bei starkem Niedrigwasser sind Landestellen mit flachem Ufer schwer oder sogar gar nicht zugänglich.

4.4 MEEREIS

Der Effect, welchen die tiefe Temperatur innerhalb der Polarmeere ausübt, tritt als Eisdecke zur sinnlichen Wahrnehmung.

Julius Payer, *Die Österreichisch-Ungarische Nordpol-Expedition* (1876)

Spitzbergen hat ganz erstaunliche, auf den ersten Blick beinahe paradoxe Eisverhältnisse, die sich nicht mit dem Eisgang in anderen Regionen auf 80°N vergleichen lassen. Nirgendwo sonst kann man mit Schiffen beinahe rund ums Jahr eine so hohe

Breite erreichen. Der Golfstrom hält die Westküste überwiegend eisfrei, und die großen Fjorde an der mittleren Westküste frieren nur noch selten zu. Vor allem der große Isfjord bleibt nun meistens offen, wohingegen er vor dem Zweiten Weltkrieg oft vollständig zufror. Seine inneren Verzweigungen sind aber von Fjordeis bedeckt, das sich spät im Winter legt, dann aber bis in den Juni hinein bestehen kann. Ähnlich gestalten sich die Eisverhältnisse in den anderen Fjorden der Westküste wie Kongsfjord und Krossfjord. Der Van Mijenfjord spielt eine Sonderrolle, da sein Eingangsbereich von der langen, schmalen Akseløya weitgehend blockiert wird, was die Eisbildung fördert und das Aufbrechen hinauszögert.

Der kalte Ost-Spitzbergen-Strom bringt große Treibeismassen aus dem Arktischen Ozean mit sich, welche die Ostküste lange Zeit über blockiert halten. Der genaue Verlauf der Eisgrenze schwankt allerdings schnell und stark von Jahr zu Jahr: Während das Treibeis bis Mitte Juli die gesamte Nordküste Spitzbergens östlich der Amsterdamøya blockieren kann, können ein Jahr später sogar die Sjuøyane bereits Ende Juni zugänglich sein. Der „Normalfall" liegt irgendwo dazwischen, wobei es bei der starken Variabilität schwer fällt, einen „Normalfall" zu definieren. Generell hat der Osten von Svalbard deutlich mehr Treibeis als der Westen. Während man von der Westküste aus recht früh im Sommer meistens schon die kleine Insel Moffen auf 80°N erreichen kann, sind Barentsøya und Edgeøya im Osten trotz ihrer Lage etwas weiter südlich manchmal noch von Eismassen umgeben.

Ein Ausläufer der kalten Strömung bringt Treibeis ums Südkap von Spitzbergen herum zur südlichen Westküste, so dass Treibeisfelder an der Westküste Spitzbergens kurioserweise von Süden kommen und nicht von Norden. Der Hornsund ganz im Süden von Spitzbergen ist deutlich länger von Eis blockiert als die Fjorde der zentralen Westküste, wobei man selbst im Isfjord mit gelegentlichen Treibeisfeldern rechnen muss, auch wenn dies recht selten ist.

Für Schiffsreisen hat all das seine Auswirkungen. Auf einer Schiffsreise in Spitzbergen will man etwas Treibeis sehen, aber es soll auch nicht zu viel sein, damit bestimmte geographische Ziele erreicht werden können. Wer sicher sein will, Spitzbergen umrunden zu können, sollte nicht vor Ende Juli kommen, kann dann aber das Treibeis verpassen. Wer Anfang Juli kommt, wird wahrscheinlich recht früh auf die Eisgrenze stoßen, die eine Umrundung unmöglich machen kann. Letztlich muss man wissen, was einem wichtig ist, aber die Eisverhältnisse sind und bleiben unvorhersehbar.

Die Eisgrenze kann sehr unterschiedlich aussehen. Wenn der Wind vom Eis zum offenen Wasser bläst, zieht er das Eis auseinander, so dass sich von den ersten Eisschollen bis hin zur halbwegs geschlossenen Eisdecke eine sehr weite Übergangszone erstreckt. Schieben Winde und Strömungen das Eis zusammen, kann der Übergang sehr abrupt sein.

Eine **Fahrt ins Treibeis** kann Bestandteil einer Spitzbergen-Schiffsreise mit einem eisverstärkten Schiff sein. Neben dem faszinierenden Erlebnis des Eises sind es vor allem die Möglichkeiten zur Tierbeobachtung, die eine solche Eisfahrt attraktiv machen: Verschiedene Robbenarten, Eisbären, mit Glück Wale und seltene Vogelarten können auftauchen. In jedem Fall sind für gute Beobachtungen Glück, gutes Wetter und nicht zuletzt möglichst viele ausdauernde Beobachter nötig.

Und denken Sie bei dieser Gelegenheit auch einmal an Polarforscher, die wochen-, monate- oder sogar jahrelang in dieser bizarren Welt verbrachten, in und bei Spitzbergen etwa die Expeditionen von Phipps, Parry, Nordenskjöld, Nansen und Wellman.

Das norwegische meteorologische Institut stellt verschiedene **Eiskarten** ins Internet, so dass man sich die Verhältnisse im gesamten Nordatlantik oder rund um Spitzbergen ansehen kann. Wie heute international üblich, wird dabei je nach Grad der Eisbedeckung kategorisiert: Eine als Bruch verkleidete Prozentzahl gibt an, wieviel von der Gesamtfläche jeweils eisbedeckt ist. Es gibt die Kategorien „very close drift ice" (sehr dichtes Treibeis) mit 9/10-10/10 Eisbedeckung (90-100 %), „close drift ice" (dichtes Treibeis) mit 7/10-9/10, „open drift ice" (offenes Treibeis) mit 4/10-7/10 und „very open drift ice" (sehr offenes Treibeis) mit 1/10-4/10. Dazu gibt es noch „fast ice", also das Festeis an der Küste, vor allem in Buchten und Fjorden, das mit dem Land verbunden ist und daher nicht treibt.

Wenn früh im Sommer entlegene Regionen vielleicht sogar schon zugänglich sind, kann ein schmaler Streifen Festeis am Ufer, Eisfuß genannt, oder eine hohe Schneemauer an Land eine Anlandung immer noch unmöglich machen. Andererseits erleichtert das oft recht ebene Festeis in den Fjorden die Fortbewegung im Frühjahr mit Ski, Hunde- oder Motorschlitten ganz erheblich.

Eiskarten gibt es im Internet unter http://wms.met.no/icechart/ und unter http://polarview.met.no/, siehe auch die Linksammlung auf www.spitzbergen.de.

4.5 TREIBHOLZ, MÜLL UND UMWELTGIFTE

Die verschiedenartigen, von den Meeresströmungen hergeführten und mit Geröll und Sand am Ufer ausgeworfenen fremdartigen Producte, insbesondere die Treibhölzer bieten den Bewohnern der baumlosen Polargegenden ein ganz unentbehrliches Existenzmittel.

Theodor Heuglin,
Reisen nach dem Nordpolarmeer in den Jahren 1870 und 1871. Dritter Theil (1874)

An vielen Stränden finden sich erstaunliche Mengen von Treibholz, das mit den Strömungen angespült wird. Es kommt entweder aus Sibirien oder aus warmen Meeren im Herkunftsgebiet des Golfstroms, wobei der mit Abstand größere Teil aus Sibirien stammt. Die meisten Stämme liegen sauber abgesägt ohne Wurzelballen in Spitzbergen. Diese Bäume sind nicht von selbst umgefallen, sondern wurden gefällt und die großen sibirischen Flüsse herabgeflößt und gingen dabei der Forstwirtschaft verloren. Stämme, die das Nordpolarmeer erreichen, treiben oft zusammen mit dem Eis über die Nordpolregion hinweg und landen schließlich in Ostgrönland, Jan Mayen, Franz Josef Land oder Spitzbergen. Ohne das Eis würde das Treibholz vorher untergehen.

Aufgrund der Herkunft des Treibholzes überwiegend aus der sibirischen Waldwirtschaft leuchtet ein, dass in vergangenen Jahrhunderten weniger Treibholz an den Küsten Spitzbergens lag, als es heute der Fall ist, so dass es den Walfängern im 17. Jahrhundert nur in geringer Menge zur Verfügung stand. Im weiteren Sinne könnte man das jüngere Treibholz als eine Art Industrieabfall bezeichnen, auch wenn es keinerlei Schaden anrichtet, sondern im Gegenteil sogar recht dekorativ aussieht und lokal als Rohstoff genutzt wurde, vor allem von Trappern, die es zum Heizen und gelegentlich auch zum Hüttenbau gesammelt haben.

Während die Meeresströmungen von Norden das meiste Treibholz bringen, kommt mit dem Golfstrom leider auch eine ganz andere Art von **Treibgut** aus dem Süden, und zwar **Müll** in ganz erheblichen Mengen. Herkunftsländer dieses Mülls sind sämtliche Länder, die beiderseits des Nordatlantiks an diesen angrenzen. Überwiegend handelt es sich um Plastikmüll aus der Fischerei wie Reste von Netzen, Fischkisten und Auftriebskörper aus Plastik, Kork oder Metall. Die großen Mengen an Plastikmüll, die man selbst in den entlegensten Teilen von Svalbard an der Küste zu sehen bekommt, hat somit niemand vor Ort weggeworfen, sondern sie stammen aus den sogenannten zivilisierten Breiten. Dort muss man die Ursache bekämpfen, die Verschmutzung der Meere. Lokal kann man höchstens an den Symptomen basteln, was sinnvollerweise auch getan wird. Wichtig ist dies, weil der Müll nicht nur störend ins Auge fällt, sondern auch für Tiere gefährlich ist, die sich in alten Seilen und Fischernetzen verheddern und dann qualvoll zugrunde gehen. Gefährdet sind nicht nur Meeressäuger wie Delfine, Robben und Walrosse sowie Meeresvögel, sondern auch Rentiere und Eisbären.

Um die Müllmengen zu reduzieren, hat die norwegische Verwaltung das Projekt **„Clean up Svalbard“** ins Leben gerufen und fordert Touristen auf, durch Sammelaktionen zur Säuberung beizutragen. Das Verbrennen von Plastikmüll am Fundort ist ausdrücklich unerwünscht. Beim Sysselmannen in Longyearbyen gibt es stabile Müllsäcke in verschiedenen Größen und im Hafen einen Container für den gesammelten Müll. Auch die Lokalbevölkerung in Longyearbyen beteiligt sich mit logistischer Unterstützung der Verwaltung an diesem Projekt. Zum Dank gibt es vom Sysselmannen für eifrige Müllsammler kleine Anstecknadeln. Auf diese Weise sind viele hundert Tonnen Plastikmüll von den Stränden Svalbards verschwunden, und wer dort schon eine längere Zeit unterwegs ist, kann bezeugen, dass die erfreuliche Entwicklung deutlich sichtbar ist. Vorsicht ist angebracht, um historische Stätten, die auf den ersten Blick im Einzelfall durchaus nach Müllkippen aussehen können, nicht zu beschädigen. Als Grundregel kann gelten, ausschließlich Plastik zu sammeln, aber kein Holz, Metall oder Glas.

Neben dem sichtbaren Müll tragen die Strömungen im Meer und in der Luft allerdings auch unsichtbaren Müll in die empfindliche Arktis: **Umweltgifte**. Der Golfstrom sowie anströmende Luftmassen bringen Abwässer und Abgase der Industrieländer in Nordamerika und Europa nach Norden, aber auch ostasiatische Länder, insbesondere China, spielen bei der Herkunft eine wichtige Rolle. In der Arktis erreichen die Konzentrationen von Schwermetallen wie Quecksilber und Chemikalien wie PCBs

(Polychlorierte Biphenyle, bereits verboten, aber sehr langlebig) und POPs (Persistant Organic Pollutants, leicht flüchtige, aber langlebige organische Gifstoffe) bedrohliche Konzentrationen im Gewebe von Tieren, und zwar in steigendem Maße, je höher diese in der Nahrungskette stehen. Somit sind vor allem Eisbären und Vogelarten wie die Eismöwe von Umweltgiften bedroht, um nur 2 Beispiele zu nennen. Wenn die Konzentrationen der Schadstoffe nicht gesenkt werden, sind bei den Eisbärbeständen im Nordatlantik ernsthafte Folgen bis hin zur Unfruchtbarkeit zu erwarten. Diese Entwicklung ist nicht nur für die arktische Umwelt katastrophal, sondern auch für die dort lebenden Menschen, die sich aus der Natur ernähren. Dies ist auf Spitzbergen kein Problem, da es dort nie eine Urbevölkerung gegeben hat. Umso schlimmer ist es in Grönland und Nordkanada, deren Bewohner sich teilweise nach wie vor von dem ernähren, was sie in ihrer Umgebung jagen können. Diese Menschen sind einer schleichenden Vergiftung ausgesetzt sind mit Fleisch und Speck, dessen Schadstoffkonzentrationen in Mitteleuropa sofort den nächsten Lebensmittelskandal lostreten würden (siehe auch Kapitel 7. *Arktische Umwelt und Tourismus*). Die Gifte entstehen beispielsweise bei der Herstellung scheinbarer Harmlosigkeiten wie bromierten Flammschutzmitteln und der Anti-Haft-Beschichtung von Bratpfannen.

Verbote der betreffenden Chemikalien zeigen Wirkung: Die Konzentrationen mancher Schadstoffe haben bereits deutlich abgenommen. Dafür steigen die Konzentrationen von ähnlichen Ersatzstoffen, die genauso problematisch, aber (noch) nicht verboten sind. Problematisch sind auch der illegale Gebrauch schädlicher Chemikalien, auch in der EU, sowie fehlende Verbote anderswo.

Darüber hinaus ist bekannt, dass die Siedlungen Spitzbergens ebenfalls im unterschiedlichen Grad zur Belastung der lokalen Umgebung mit Schadstoffen beigetragen haben: Im Schlamm am Fjordboden wurden erhöhte PCB-Konzentrationen gefunden. Dies betrifft den Meeresboden in unmittelbarer Nähe der russischen Siedlungen Barentsburg und Pyramiden, in geringerem Umfang aber auch Longyearbyen. Quelle der Schadstoffe ist vor allem alter Elektroschrott. Ein von der norwegischen Verwaltung initiiertes Sanierungsprogramm wurde zusammen mit den russischen Siedlungen umgesetzt und die PCB-haltigen Bauteile wurden bis 2010 praktisch vollständig von Spitzbergen entfernt und zur Entsorgung nach Skandinavien gebracht.

4.6 KLIMA & WETTER

In den zwey ersten Spitsbergens Sommer-Monaten ist das Zahnklappern sehr gemein / die Begierde deß Essens ist auch grösser als in andern Ländern.

Friedrich Martens,
Spitzbergische oder Groenlandische Reisebeschreibung (1675)

Der hohen Breite entsprechend, ist das Klima hocharktisch. Allerdings sind die Sommer kühler und die Winter weniger streng, als dies in vergleichbarer Nähe zum Pol im Norden von Grönland und Kanada der Fall ist. Svalbard ist eine Inselgruppe im unmittelbaren Einflussbereich des Meeres, und der West-Spitzbergen-Strom, also der nördlichste Ast des Golfstroms, macht sich mildernd bemerkbar. Das Klima ist somit maritim-hocharktisch, und das vergleichsweise mildeste Klima herrscht an der mittleren Westküste (Bellsund, Isfjord, Kongsfjord). Allerdings ist der Einfluss des West-Spitzbergen-Stroms auf die Westküste und Teile der Nordküste beschränkt, während der Osten vom kalten Ost-Spitzbergen-Strom umspült wird und somit hocharktisch ist. Die Auswirkungen dieser unterschiedlichen Meeresströmungen auf die Eissituation sind erheblich (siehe Abschnitt 4.4 *Meereis*).

Die **Jahresmitteltemperatur** im Isfjord liegt bei -7,5°C. Der Juli ist mit 5-6°C der wärmste Monat, Frost gibt es zu dieser Zeit fast nie. Praktisch wird man zwischen Ende Juni und Mitte August Temperaturen unter 2°C genauso selten erleben wie Wärme über 10°C. An windstillen, sonnigen Tagen macht sich lokal ein Gefühl sommerlicher Hitze bemerkbar, auch wenn das Erlebnisse mit Seltenheitswert sind. Solche Genießer-Tage sind in geschützten Lagen wie den inneren Verzweigungen des Isfjord häufiger als an der äußeren Westküste; T-Shirt-Wetter ist im Nordwesten Spitzbergens nur wenig häufiger als Schneefall auf Kuba.

Auch im Winter gibt es Warmlufteinbrüche mit feuchtem, unangenehmem Tauwetter, die aber im Februar und März seltener werden, wenn das Quecksilber im Mittel auf frostige -15°C sinkt. Zu dieser Zeit gibt es mitunter wochenlange Perioden, in denen es nicht wärmer wird als -20°C.

Der **Niederschlag** schwankt regional stark, ist aber generell niedrig und beträgt jährlich nur 200-300 mm (In Deutschland zum Vergleich: 783 mm), mit Maxima im März und August/September. Ein paar Einzelwerte: Longyearbyen (Flughafen) 192 mm, Ny Ålesund 401 mm, Barentsburg 525 mm, Hopen 463 mm, Bjørnøya 396 mm. Da die Messstationen alle auf Meereshöhe stehen, große Teile Spitzbergens aber recht gebirgig sind, sind die tatsächlichen Niederschlagswerte, gemittelt über die gesamte Fläche, sicherlich höher als angegeben. Starkregen gibt es fast nicht, aber Nieselregen kommt häufig vor und kann recht ausdauernd sein.

Die **Wettervorhersage** für Longyearbyen findet man im Internet unter www.yr.no und das aktuelle Wetter beispielsweise bei UNIS, www.unis.no (siehe Linksammlung auf www.spitzbergen.de). Das Wetter in Svalbard ist weitgehend unvorhersehbar, da es kleinräumig stark variiert und sich schnell ändern kann. In jedem Fjord, hinter jeder Ecke kann es anders sein, und es gibt keine verlässliche Wettervorhersage für die einzelnen Regionen der Inselgruppe.

Vor allem im Sommer ist **Nebel** leider kein unbekanntes Phänomen, oft niedriger Seenebel, der an Land oder in der Nähe großer Gletscher manchmal abrupt einem blauen Himmel weicht. Bergwanderer können mit der Höhe den Nebel unter sich lassen - oder müssen feststellen, dass dieser nach oben hin nahtlos in eine Wolkendecke übergeht ... Auf der Bjørnøya werden im Jahr durchschnittlich 64 Nebeltage (Sicht weniger als 1 km) verzeichnet, auf Hopen sogar 76, in Longyearbyen (Flughafen) aber nur 13.

Die **Mitternachtssonne** scheint im Isfjord für 4 Monate, in Longyearbyen vom

19. April bis zum 23. August. Im Juni und Anfang Juli steht die Sonne so hoch über dem Himmel, dass es auch nachts kaum warme Farben gibt. Ab Mitte August gibt es nachts wieder schöne Sonnenuntergangs-Lichtstimmungen. Vom 26. Oktober bis zum 16. Februar bleibt die Sonne unter dem Horizont, und die „offizielle" Dunkelzeit, während der die Sonne immer mindestens 4 Grad unter dem Horizont bleibt, erstreckt sich vom 14. November bis zum 29. Januar.

Sobald die nächtliche Dunkelheit ausreichend ist, kann man wieder mit **Nordlichtern** rechnen, also ab Mitte September.

Das Thema **Klimaänderung** ist zu komplex, um es in ein paar Sätzen zu erfassen. Festzuhalten ist, dass der Klimawandel, weltweit wie auch speziell in der Arktis, keine abstrakte Prognose ist, sondern eine mess- und erlebbare Entwicklung. In Spitzbergen ist seit dem Ende der kleinen Eiszeit im 19. Jahrhundert eine Erwärmung zu beobachten, die Schwankungen unterlag, sich seit den 1990er Jahren aber deutlich beschleunigt, statt eine Abschwächung zu zeigen, wie man erwarten sollte, wenn man die Erwärmung als natürliche Folge des Endes der Kleinen Eiszeit erklären will. Damit einhergehend, sind verstärkte Niederschläge zu beobachten, allerdings mit deutlich weniger eindeutigem Trend. Die Erwärmung des Permafrostbodens hingegen ist kräftig und beschleunigt sich ebenfalls.

Viele Gletscher haben sich in wenigen Jahrzehnten um etliche Kilometer zurückgezogen, im Einzelfall ist die Interpretation aber schwierig wegen des komplizierten Verhaltens vieler Gletscher, die unabhängig vom Klima jahrzehntelange Rückzugsphasen haben, um anschließend kräftig vorzustoßen („Surge"). Dennoch ist die Gesamttendenz zum Rückzug unübersehbar. Kleinere Gletscher in der Umgebung von Ny Ålesund haben seit Beginn der Beobachtung 1936 im Durchschnitt 15 Meter Dicke verloren (über die gesamte Fläche), der Eisverlust hat sich in jüngerer Vergangenheit deutlich beschleunigt. Das Meereis ist zwischen 1979 und 2009 in der Fläche um 35-40 % zurückgegangen (bezogen auf den Monat April, die maximale Ausdehnung) und ist im Schnitt nicht mehr 1,20 m dick, sondern nur noch 0,80 m (Messung bei Hopen, Zeitraum 1966-2006). Die Beschleunigung dieser Entwicklung in jüngerer Zeit ist mit natürlichen Vorgängen kaum erklärbar; dass der Mensch hier mittels Treibhausgase auf unheilvolle Art seine Finger im Spiel hat, ist unter Fachwissenschaftlern deutlich weniger stark umstritten, als in Medien und Politik. Die mittel- und langfristigen Folgen für die Arktis, für den übrigen Planeten und für die Menschheit werden sicherlich erheblich und insgesamt wohl kaum erfreulich sein, wenn man sich auch regional etwa über zugänglicher werdende Rohstoffe und Schifffahrtswege freuen mag. Siehe auch Abschnitt 7. *Arktische Umwelt und Tourismus*.

4.7 SÄUGETIERE

Steine und Eißberge finden wir die Menge / was darauff lebet und schwebet / soll hernacher beschrieben werden.

Friedrich Martens,
Spitzbergische oder Groenlandische Reisebeschreibung (1675)

Die Säugetierfauna ist artenarm, das einzige echte Landsäugetier ist das Rentier. Der Eisfuchs folgt im Winter oft Eisbären ins Treibeis, um dort Nahrung zu finden, und ist daher kein „echtes“ Landsäugetier. Nagetiere gibt es bis auf ein paar eingeführte Arten im Bereich der Siedlungen nicht, darin unterscheidet Spitzbergen sich von anderen Regionen der Arktis. Marine Säugetiere sind deutlich artenreicher, auch der Eisbär zählt hierzu. Das Walross, wie auch der Eisbär ein Charaktertier der Hocharktis, war in den 1950ern fast ausgerottet, erholt sich dank rigorosem Schutz seitdem aber wieder. Walrosse haben sich an einer Reihe von Ruheplätzen mittlerweile wieder etabliert und der Bestand nimmt weiterhin zu. Auch andere Robbenarten sind häufig, in küstennahen Gewässern vor allem die Bartrobbe und die Ringelrobbe.

Einige Säugetierarten wie der Moschusochse und der Schneehase wurden im frühen 20. Jahrhundert eingeführt, sind jedoch wieder ausgestorben.

Nicht alle vorkommenden Tierarten werden in diesem Buch beschrieben. Der Schwerpunkt liegt auf Arten, die man als Tourist wahrscheinlich zu sehen bekommt. Zusätzlich sollen einige Arten erwähnt werden, die im Gegensatz dazu aufgrund ihrer Seltenheit prominent sind. Für alles andere ist die Fachliteratur zuständig.

4.7.1 EISBÄR (*URSUS MARITIMUS*)

Isbjørn (DK) - Polar bear (E) - Ours blanc (F) - Orso bianco (I) - Isbjørn (N) - Ijsbeer (NL) - Isbjörn (S)

Beschreibung: Abbildung auf Seite 177. Der Eisbär ist weltweit die größte Bärenart. Männchen werden 300-700 kg schwer (Länge Schwanz-Nase 1,80-2,60 m) und Weibchen 150-350 kg, das Gewicht variiert kräftig je nach Jahreszeit und Verfügbarkeit von Nahrung. 1995 wurde auf Hopen ein 800-850 kg schwerer Eisbär geschossen. Die Farbe reicht von dreckig-gelb über cremig-gelb bis beinahe weiß, ist aber nicht schneeweiß. Wenn ein Eisbär sich über längere Zeit an Land aufhält, wird das Fell dunkelgelb. Leidet der Bär unter Nahrungsmangel und vernachlässigt die Fellpflege, erscheint er irgendwann schmutzig und unansehnlich.

Die Unterscheidung der Geschlechter aus der Distanz ist schwierig und bedarf guter Beobachtungsmöglichkeiten sowie einiger Erfahrung. Männchen werden größer, haben einen sehr kräftigen Nacken und einen breiten Schädel, Weibchen eher einen (relativ!) schlanken Nacken und einen (ebenfalls relativ) länglichen Schädel.

Zudem kann der Nasenrücken herangezogen werden (bitte nur im übertragenen Sinne): Beim Männchen ist er eher kurz, kräftig, oft vernarbt; beim Weibchen länglich und schlank.

Verbreitung/Wanderungsverhalten: Eisbären sind zirkumpolar in der Arktis verbreitet, mit mehreren regionalen Populationen, unter denen jedoch ein Austausch besteht. Die Eisbären der Region Svalbard-Franz Josef Land werden als eine Population betrachtet, die sich jedoch mit Eisbären der östlichen russischen Arktis austauscht. Eine Zählung von 2004 hat in der Barentssee eine Schätzung des Bestandes auf etwa 2 650 Tiere ergeben (weltweit 20 000 bis 25 000).

Innerhalb von Svalbard besteht grundsätzlich immer und überall außerhalb der Ortschaften die Möglichkeit bzw. das Risiko einer Eisbärenbegegnung. Die Wahrscheinlichkeit, auf Eisbären zu treffen, steigt aber deutlich an, je weiter man nach Norden und Osten kommt, also in die Regionen, die länger vom Eis eingeschlossen sind.

Eisbären sind Meerestiere, worauf schon der lateinische Name *Ursus maritimus* hindeutet. Sie sind hervorragende Schwimmer und können ohne weiteres einige Zehnerkilometer im Wasser zurücklegen, mehr als 100 km Schwimmdistanz wurden schon beobachtet. Ob diese Tiere aber wieder Eis oder Land erreichen können, ist eine andere Frage. Neuere Untersuchungen haben ergeben, dass Ertrinken beim Langstreckenschwimmen in Jahren mit wenig Treibeis in Alaska die Mortalität heraufsetzt. Ähnliches ist sicherlich auch in Svalbard der Fall, und diese Todesursache wird in Zukunft möglicherweise deutlich zunehmen, je weiter das Treibeis sich saisonal von den Inseln entfernt.

Das primäre Habitat der Eisbären ist das Treibeis. Dort sowie auf dem Eis gefrorener Fjorde und Buchten verbringen sie den größten Teil ihres Lebens und stellen ihrer wichtigsten Beute nach, Bart- und Ringelrobben, von denen sie langfristig etwas mehr als eine pro Woche benötigen. Im Notfall können Bären mit einer dicken Speckschicht aber bis zu 8 Monate ohne Nahrungsaufnahme überleben! Eisbären sind Nahrungsopportunisten und fressen wirklich alles, was sie bekommen und herunterschlucken können. Bei ihren Techniken zur Jagd und Nahrungssuche erweisen sie sich als sehr intelligent, kreativ und lernfähig.

Ein Männchen muss nach seiner Geburt theoretisch nie wieder Land betreten. Jedoch bleiben einige Tiere mehr oder weniger freiwillig den Sommer über an Land und warten dort auf die Rückkehr des Eises. Einige davon haben sich recht gut angepasst und verbringen die eisfreie Zeit oft auf kleinen Inseln, um Vogelnester zu plündern, oder bei Gletscherfronten, wo sie auf kleinen Eisstücken liegende Robben jagen können. Weibchen scheinen eher regional gebunden zu sein und länger in bestimmten Fjorden oder Küstenstreifen zu bleiben, während Männchen ein ausgeprägtes Wanderungsverhalten haben und weite Strecken zurücklegen.

Eisbären sind Einzelgänger und tolerieren die Anwesenheit anderer Eisbären nur, wenn ein Überangebot an Nahrung herrscht wie beispielsweise ein gestrandeter Walkadaver. Weibchen meiden die Nähe von Männchen außerhalb der Paarungszeit, da starke Männchen gelegentlich den bereits vorhandenen Nachwuchs töten, um die Weibchen paarungsbereit zu machen. Selbst ausgewachsene Weibchen sind vor ihren hungrigen, männlichen Artgenossen nicht sicher.

Biologisches: Die Paarung erfolgt im April oder Anfang Mai. Während dieser Zeit bleiben Männchen und Weibchen für einige Tage zusammen und trennen sich anschließend wieder. Starke Männchen (ab ihrem 10. Lebensjahr) können sich mit mehreren Weibchen paaren, auch Weibchen verschmähen nicht die wiederholte Paarung mit verschiedenen Partnern. Das befruchtete Ei entwickelt sich erst ab September, und Ende Dezember werden 2 (selten 1, noch seltener 3) rattengroße Eisbärchen in einer Schneehöhle geboren. Wichtige Gebiete für Geburtshöhlen liegen im Osten Svalbards. Die größte Dichte von Geburtshöhlen liegt auf Kongsøya im Kong Karls Land mit bis zu 12 Wochenstuben pro km^2! Ende März oder Anfang April verlässt die Familie die Höhle. Das Weibchen hat nun etwa vier Monate lang keine Nahrung aufgenommen, dafür aber die Jungen gesäugt. Entsprechend ist der Erfolgsdruck bei der Jagd nun groß, und selten überleben beide Jungtiere das erste Jahr. Nach 2 ½ Jahren sind die überlebenden Jungbären selbstständig. Auch im ersten Jahr der Selbstständigkeit ist die Mortalität hoch, bis die Bären einige Jagderfahrungen gemacht haben. Sind die Bären halbwegs ausgewachsen (ab einem Alter von etwa 5 Jahren), ist ihre Chance, etwa 15-25 Jahre alt zu werden, recht hoch.

Eisbären rennen nicht gerne, erreichen im Sprint auf kurzen Strecken aber Geschwindigkeiten von über 30 km/h.

Sonstiges: Eisbären wurden in Svalbard bis 1973 intensiv gejagt; erst dann trat auch Norwegen dem international geltenden Jagdverbot bei. Seitdem sind sie global geschützt, mit Ausnahme von begrenzter Jagd für die Bewohner bestimmter Regionen von Grönland, Kanada, Alaska und Russland. In der russischen Arktis müssen jährlich wohl 200 bis 300 Eisbären durch Wilderer ihr Leben lassen. Globale Bedrohungen für Eisbären liegen in der Klimaerwärmung mit ihren Auswirkungen auf das Treibeis sowie in der schleichenden Vergiftung durch Umweltgifte (Schwermetalle, PCBs etc.). Die oberen Glieder der Nahrungskette (Eisbär, Eismöwe etc.) weisen teilweise beängstigende Konzentrationen von Umweltgiften in Fett und Leber auf. Folgen bestehen u.a. in einer Beeinträchtigung des Immunsystems und der Reproduktionsfähigkeit sowie möglicherweise in einer erhöhten Mortalität der Jungbären. All dies betrifft vor allem Eisbären im Nordatlantik, also primär in der Region Spitzbergen/Franz Josef Land.

Ein Abschuss darf nur in Situationen akuter Bedrohung von Gesundheit und Leben erfolgen, wobei zunächst alles zu tun ist, um gefährliche Situationen zu vermeiden. Jeder Abschuss muss umgehend dem Sysselmannen gemeldet werden und wird polizeilich untersucht. Siehe Abschnitt 3.6.2 *Eisbären & Waffen ...*

4.7.2 EISFUCHS (*VULPES LAGOPUS*, FRÜHER *ALOPEX L.*)

Polarræv (DK) - Arctic fox (E) - Renard arctique (F) - Volpe artica (I) - Fjellrev (N) - Poolvoos (NL) - Fjällräv (S)

Beschreibung: Abbildung auf Seite 177. Ausgewachsene Eisfüchse sind etwa 60 cm lang (ohne Schwanz) und 2,5-5 kg schwer. Sie haben ein sehr dichtes, dickes, meist vollständig weißes Winterfell und ein mehr oder weniger braunes Sommerfell, der Fellwechsel erfolgt von Mai-Juli sowie September-Dezember. Im Gegensatz zu dieser

„normalen", als „Weißfuchs" bezeichneten Variante gibt es noch den sogenannten „Blaufuchs", bei dem auch das Winterfell dunkelbraun ist; es handelt sich um eine dunkle, in Svalbard seltene Morphe („Variante") der gleichen Art.
Verbreitung/Wanderungsverhalten: Eisfüchse sind zirkumpolar in der Arktis verbreitet. Sie haben teilweise ein ausgeprägtes Wanderungsverhalten und legen weite Strecken zurück, so dass es keine abgetrennten Subpopulationen zu geben scheint. In Svalbard kommen Eisfüchse überall vor, auf allen Inseln und in allen Lebensräumen vom Treibeis bis in die Berge, obwohl sie sich meist auf der Tundra aufhalten, vorzugsweise in der Nähe von Vogelfelsen. Dort ist die Populationsdichte besonders hoch, ein Fuchs benötigt hier ein Revier von weniger als 10 km^2, normalerweise sind es 10-20 km^2. Territorial sind sie aber nur im Frühjahr und Sommer.
Biologisches: Eisfüchse fressen so ziemlich alles, was man zerbeißen kann, bevorzugen im Sommer aber Eier und Küken. Im Gegensatz zu anderen Regionen in der Arktis gibt es in Spitzbergen keine Lemminge oder andere Nagetiere, so dass diese sonst gerne genutzte Nahrungsquelle entfällt. Tierkadaver werden nicht verschmäht. Im Sommer ist reichlich Nahrung vorhanden, im Winter ist das Leben eher mager. Während dieser Zeit müssen Eisfüchse mit Schneehühnern, Kadavern, im Sommer angelegten Vorräten und ggf. Abfällen in Siedlungsnähe auskommen. Manche Eisfüchse folgen Eisbären im Treibeis und bedienen sich an den Überresten der Bärenmahlzeiten. Verhungern in den mageren Wintermonaten scheint die Haupttodesursache zu sein.

Die Paarung erfolgt um den März herum, und das Weibchen wirft in einem Lager oft unter Felsblöcken Ende Mai oder Anfang Juni 5 bis 6 Junge, in guten Jahren auch mehr. Die Mortalität der Jungfüchse ist in den ersten, sommerlichen Lebensmonaten gering, steigt im ersten Winter aber drastisch an. Die überlebenden Eisfüchse haben gute Chancen, 3 oder 4 Jahre alt zu werden und im Einzelfall auch über 10.
Sonstiges: Trotz jahrhundertelanger, intensiver Jagd ist die Eisfuchspopulation in Svalbard auf natürlichem Niveau und stabil. Einwohner dürfen auch heute außerhalb der Naturschutzgebiete während der winterlichen Jagdzeit Füchse fangen, was aber nur lokal getan wird, innerhalb zugewiesener Reviere. Der Fuchs wurde und wird im Winter mit Schlagfallen gefangen, um den wertvollen Winterpelz unbeschädigt zu erhalten, dessen Verkauf für Trapper die Haupteinkommensquelle war.

Oft sind Füchse neugierig und lassen sich aus der Nähe betrachten und fotografieren.

Eisfüchse können in Svalbard Tollwut und Fuchsbandwurm haben. Beides kann für Menschen tödlich sein, so dass Vorsicht geboten ist: Füchse, auch Losung oder tote Füchse, sollte man keinesfalls berühren (siehe Abschnitt 3.6.6 *Risiken im Gelände*).

4.7.3 SPITZBERGEN-RENTIER (*RANGIFER TARANDUS PLATYRHYNCHUS*)

Svalbardrensdyr (DK) - Svalbard reindeer (E) - Renne du Spitzberg (F) - Renna (I) - Svalbardrein (N) - Rendier (NL) - Svalbardsren (S)

Beschreibung: Abbildung auf Seite 178. Das Spitzbergen-Rentier (oder Svalbard-Rentier) ist die einzige Rentierart, die in Svalbard vorkommt. Es handelt sich um

4.7.1: Begegnung mit einem Eisbären, so wie sie sein soll. Neugier auf beiden Seiten, Genuss ohne Reue oder Gefahr.

4.7.2: Eisfuchs.

4.7.3: Spitzbergen-Rentier.

4.7.4: Bartrobbe.

4.7.5: Ringelrobbe.

4.7.6: Sattelrobben.

4.7.7: Walrosse auf einer Treibeisscholle. Rechts ein Jungtier.

4.7.8: Seehunde in typischer Pose bei Niedrigwasser. Virgohamna.

4.7.9: Zwergwal, Woodfjord.

4.7.10: Weißwal (Beluga), Liefdefjord.

4.7.11: Buckelwal in der Hinlopenstraße.

4.7.12: Finnwal in der Hinlopenstraße.

4.7.13: Blauwal in der Hinlopenstraße.

4.7.14: Grönlandwal. Eine sehr seltene Begegnung vor der Nordküste Spitzbergens.

4.7.15: Weißschnauzendelfin südlich der Bäreninsel.

4.8.1: Sterntaucher Mitte Juni im Adventdalen. Foto: Kristina Hochauf-Stange.

4.8.2: Eissturmvogel.

4.8.3: Eiderenten. Weibchen (links) und zwei Männchen, Ende Mai im Adventdalen.

4.8.4: Prachteiderenten (Männchen), Mitte Juni im Adventdalen.

4.8.5: Eisenten. Männchen (links) und Weibchen.

4.8.6: Kurzschnabelgänse, Ende Mai im Adventdalen.

4.8.7: Weißwangengans im Adventdalen (Ende Mai).

4.8.8: Alpenschneehuhn im Juli und im April.

4.8.9: Meerstrandläufer.

4.8.10: Schneeammer.

4.8.11: Thorshühnchen. Weibchen (vorn) und Männchen.

4.8.12: Küstenseeschwalbe.

4.8.13: Skua („Große Raubmöwe“) und Küstenseeschwalbe.

4.8.14: Spatelraubmöwe.

4.8.15: Schmarotzerraubmöwe.

4.8.16: Falkenraubmöwe.

4.8.17: Schwalbenmöwe.

4.8.18: Elfenbeinmöwe.

4.8.19: Rosenmöwe. Zeichnung: Sabine Formella.

4.8.20: Eismöwen.

4.8.21: Mantelmöwe.

4.8.22: Dreizehenmöwe im Kongsfjord.

4.8.23: Papageitaucher auf der Bjørnøya.

4.8.24: Trottellummen, Bjørnøya.

4.8.25: Dickschnabellumme.

4.8.26: Krabbentaucher.

4.8.27: Gryllteisten, Ryke Yseøyane.

eine etwas kleinere Unterart der Art „Rentier". Wer die Rentiere des skandinavischen Festlandes kennt, wird überrascht sein, wie groß der Unterschied ist: Das Spitzbergen-Rentier ist deutlich kleiner, gedrungener und hat kürzere Beine. Die Männchen sind größer als die Weibchen und haben kräftigere Geweihe, aber beide Geschlechter tragen Geweihe. Das Geweih des Männchens wächst von April bis Juli. Der Bast, welcher der Versorgung des wachsenden Geweihes dient, fällt im August bis September ab. Das Geweih wird nach der Brunftzeit im Spätherbst abgeworfen. Das Weibchen bekommt sein Geweih im Juni und trägt dieses das gesamte Jahr.
Weibchen: Gewicht 53 kg im Frühjahr, 70 kg im Herbst. Länge 1,50 m.
Männchen: Gewicht 65 kg im Frühjahr, 90 kg im Herbst. Länge 1,60 m.

In Spitzbergen sieht man nur einzelne Rentiere oder kleine Gruppen. Die Tiere sind nicht domestiziert und gehören niemandem.

Verbreitung/Wanderungsverhalten: Rentiere sind zirkumpolar verbreitet, die Unterart „Spitzbergen-Rentier" gibt es nur in Svalbard. Nachdem Rentiere im frühen 20. Jahrhundert durch Jagd der Ausrottung nahe waren, sind sie mittlerweile wieder über weite Teile der Inselgruppe verbreitet, wobei stellenweise künstlich nachgeholfen wurde, indem Rentiere innerhalb von Spitzbergen umgesiedelt wurden. Sogar auf den ungemütlichen Polarwüsten im hocharktischen Nordosten kauen vereinzelte Rentiere auf den wenigen Flechten herum, nur auf den abgelegensten Inseln, Storøya, Kvitøya, Hopen und Bjørnøya, gibt es keine. Die größten Bestände auf großen, fruchtbaren Tundraflächen, also im Nordenskiöld Land, auf Barentsøya und Edgeøya.

Spitzbergen-Rentiere haben kein ausgeprägtes, jahreszeitliches Wanderungsverhalten, da es keine getrennten Sommer- und Winterweidegebiete gibt.

Biologisches: Das Spitzbergen-Rentier frisst beinahe alles, was unten Wurzeln und oben Blätter hat, mit wenigen Ausnahmen wie dem Vierkantigen Heidekraut. Im Sommer fressen sie sich eine dicke Speckschicht an, von der sie im Winter weitgehend leben. Rentiere verbringen den Winter an Stellen, an denen der Schnee vom Wind weggeweht ist, mitunter in etwas größeren Höhen auf Bergen, um an Vegetation zu gelangen.

Eine schwierige Jahreszeit ist der späte Winter, solange noch Schnee liegt und die Fettreserven schon aufgebraucht sind. Vor allem, wenn Tauwetter und anschließender Frost die Tundra mit einer Eisschicht überziehen, steht Rentieren eine Hungersnot bevor. Verhungern zu solchen Zeiten sowie dann, wenn die Zähne mit dem Alter abgenutzt sind, ist die häufigste Todesursache. Alte Tiere mit schlechtem Gebiss verhungern mit gefülltem Magen, da sie die harte Vegetation nicht mehr ausreichend kauen können. Daher werden Rentiere in Svalbard kaum älter als etwa 10 Jahre. Im Sommer hingegen verendet kaum ein Rentier.

Brunftzeit ist im Oktober. Zu dieser Zeit verteidigen starke Bullen einen Harem von bis zu zehn Kühen. Im folgenden Frühsommer, meist Juni, kommt das einzelne Kalb zur Welt, so dass es seine ersten Lebensmonate in der günstigsten Jahreszeit verbringen kann. Der Anteil der Weibchen, die ein Kalb zur Welt bringen, schwankt stark: von 10 % in schwierigen Jahren bis hoch zu 90 %, bei guten Bedingungen.

Sonstiges: Die Größe der Gesamtpopulation wird auf mindestens 10 000 Tiere geschätzt und kann von Jahr zu Jahr stark schwanken. 1925 wurden Rentiere in Svalbard unter Schutz gestellt, seit 1983 ist Einwohnern wieder eine begrenzte Jagd in der mittleren Umgebung von Longyearbyen gestattet. Jagdsaison ist im September, die Jagd hat keinen Einfluss auf den Bestand. Im Jahr 2010 wurden 332 Jagdkarten freigegeben (jeweils zum Abschuss eines Rentieres), 202 Rentiere wurden geschossen. Trotz der Jagd können Rentiere erstaunlich neugierig sein und sich sogar an Gruppen bis auf wenige Meter annähern, wenn man Glück hat. Meist ziehen sie beständig weidend langsam über die Tundra und kümmern sich nicht um Menschen. Wenn sie die Anwesenheit der Besucher wahrgenommen haben, schwanken sie oft mehrfach zwischen Flucht und neugieriger Annäherung.

Motorschlitten können eine erhebliche Belastung darstellen, zumal in der für Rentiere schwierigsten Jahreszeit. Entsprechende Rücksicht ist daher wichtig - Rentiere haben Vortritt.

Im Sommer findet man oft Rentierhaar und neigt wunschgemäß dazu, es für Eisbärenhaar zu halten. Die Unterscheidung ist einfach: Das recht grobe Rentierhaar ist leicht zerreißbar, während die feineren Eisbärenhaare deutlich haltbarer sind.

ROBBEN

In küstennahen Gewässern sieht man die Bartrobbe am häufigsten, gefolgt von der Ringelrobbe und dem Walross. Regional gibt es Seehunde, an der Treibeisgrenze sind Sattelrobben anzutreffen.

In der Arktis sieht man fast „nur" einzelne Robben. Große Konzentrationen gibt es nur beim Walross, das von Eisbären normalerweise nichts zu befürchten hat, sowie während der Wurfsaison im Frühjahr bei der Klappmützenrobbe. Ansonsten sieht man keine größeren Ansammlungen, schon gar nicht an Land, da dies im wahrsten Sinne des Wortes ein gefundenes Fressen für Eisbären wäre.

4.7.4 BARTROBBE (*ERIGNATHUS BARBATUS*)

Remmesæl (DK) - Bearded seal (E) - Phoque barbus (F) - Foca barbata (I) - Storkobbe (N) - Baardrob (NL) - Storsäl (S)

Beschreibung: Abbildung auf Seite 178. Bartrobben werden bis zu 2,5 m lang und über 300 kg schwer, in Einzelfällen bis über 400 kg, sie sind die zweitgrößte Robbenart der Arktis nach dem Walross. Das Weibchen ist geringfügig größer als das Männchen, die Geschlechter sind für Laien aber nicht zu unterscheiden.

Man erkennt Bartrobben am besten an den Proportionen: Eine große, fette, beinahe kastenförmig erscheinende „Wurst" mit einen kleinen Kopf, das ist eine Bartrobbe. Ihren Namen verdankt sie einem kräftig ausgeprägten Schnurrbart. Bartrobben sieht man meist einzeln schwimmend oder auf Eisschollen liegen, gelegentlich auch zu zweit, aber nie in größerer Anzahl und praktisch nie an Land.

Verbreitung/Zugverhalten: Bartrobben kommen in vielen Regionen rund um die Arktis vor. Sie bevorzugen recht flache, küstennahe Gewässer mit Treibeis, oft Fjorde

mit Gletscherfronten. Bartrobben sind das ganze Jahr über zu sehen.
Biologisches: Der Fellwechsel erfolgt über den größten Teil des Jahres verteilt. Bartrobben fressen so gut wie alles, was am und im Meeresgrund lebt, Muscheln, Krabben, Krebse, Tintenfisch und Fisch. Die Barthaare sind ein empfindliches Tastorgan und helfen bei der Nahrungssuche in Tiefen von bis zu 200 m. Viele Bartrobben beenden ihr Leben als Eisbärenmahlzeit, aber auch Orcas, Grönlandhaie und Walrosse mit etwas abnormalem Speiseverhalten gehören zu den natürlichen Feinden.

Die Geburt erfolgt auf Eisschollen Anfang Mai, und schon nach wenigen Stunden ist das Robbenbaby schwimmfähig. Zunächst leben die Jungtiere von 8 Litern Muttermilch am Tag, die etwa 50 % Fettgehalt hat, so dass die tägliche Gewichtszunahme über 3 kg beträgt. Nach 3 Wochen können junge Bartrobben selbstständig tauchen und auf Nahrungssuche gehen. Eine Bartrobbe kann 20-25 Jahre alt werden.
Sonstiges: Man kann Bartrobben mit etwas Glück gut aus der Nähe beobachten. Außerhalb der Schutzgebiete sowie der Brutsaison darf die Bartrobbe gejagt werden (mit Jagdschein, versteht sich). Robbenfleisch findet, wie auch in Grönland, vor allem als Hundefutter Verwendung. Da man damit aber keine Motorschlitten betanken kann, hält die Jagd sich in Grenzen.

4.7.5 RINGELROBBE (*PHOCA HISPIDA*)

Ringsæl (DK) - Ringed seal (E) - Phoque annelé (F) - Foca dagli anelli (I) - Ringsel (N) - Ringelrob (NL) - Vikare (S)

Beschreibung: Abbildung auf Seite 179. Ringelrobben sind mit einer Länge von 1,1-1,6 m (Gewicht 50-100 kg, Minimum im Mai/Juni, Maximum im Herbst) deutlich kleiner als Bartrobben. Die Geschlechter sind kaum unterscheidbar. Die Unterseite ist silbergrau, die Seiten und der Rücken deutlich dunkler mit einem Muster aus Ringen, das der Ringelrobbe ihren Namen gegeben hat.
Verbreitung/Wanderungsverhalten: Die Ringelrobbe ist in der gesamten Arktis bis in die nördlichsten Regionen verbreitet. Sie ist die einzige arktische Robbe, die in der Lage ist, mit den Klauen an ihren Vorderflossen in dickem Eis ein Atemloch offenzuhalten, so dass sie sich auch in schwerem Packeis aufhalten kann. Man kann Ringelrobben rund ums Jahr in küstennahen Gewässern sehen, im Sommer aber vor allem bei der Treibeisgrenze. Diese Robbe verbringt ihr gesamtes Leben in unmittelbarer Nähe von Pack- und Fjordeis. Solange im Frühjahr und Frühsommer noch Eis in den Fjorden und Buchten ist, halten sie sich zahlreich dort auf. Hier bauen sie kleine Höhlen im Schnee auf dem Eis, oft bei eingefrorenen, kleinen Eisbergen. Nach dem Fellwechsel, der im Juni und Juli stattfindet, suchen sie offenere Gewässer auf, nahe bei der Treibeisgrenze oder im Packeis.

Beobachtungen von Ringelrobben aus naher Distanz sind seltener als bei Bartrobben.
Biologisches: Die Ringelrobbe kann einige 100 m tief tauchen und verbringt bis zu 45 Minuten unter Wasser, um kleine Fischarten und Krebstierchen zu jagen.

In Spitzbergen findet die Geburt in einer kleinen Schneehöhle auf dem Fjordeis statt. Wenn zu wenig Schnee zum Bau einer Höhe da ist, hat das Robbenbaby kaum eine Überlebenschance. Bei der Geburt im April oder Mai ist das Ringelrobbenbaby weiß, 60 cm lang und wiegt 4,5 kg. Nach der Geburt bleibt es für 6 Wochen mit der Mutter zusammen. In dieser Zeit, die es zur Hälfte im Wasser verbringt, erreicht es ein Gewicht von 20 kg.

Wenn die Zeit der Selbstständigkeit für das Jungtier naht, paart sich die Mutter erneut. Es dauert aber noch 4 Monate, bis das befruchtete Ei beginnt, sich zu entwickeln. Durch diese Verzögerungsstrategie, die auch von anderen Säugetieren bekannt ist, wird erreicht, dass die Geburt zu einer günstigen Jahreszeit stattfindet.

Sonstiges: Die Ringelrobbe ist die häufigste Robbenart in der Arktis, die globale Population wird auf mehrere Millionen Tiere geschätzt. Sie ist das Lieblingsgericht der Eisbären, aber auch Grönlandhaie sowie in einzelnen Fällen Walrosse können ihr gefährlich werden. Ringelrobbenbabys fallen manchmal auch Füchsen zum Opfer oder Eismöwen, wenn kein Schnee da ist, unter dem sich das Weibchen bei der Geburt verstecken kann. Auch der Mensch hat seit Jahrtausenden Jagd auf Ringelrobben betrieben und tut dies immer noch. In Spitzbergen kann die Ringelrobbe außerhalb der Naturschutzgebiete und außerhalb der Brutsaison gejagt werden, tatsächlich ist die Jagd aber nicht allzu umfangreich. In Grönland wird die Ringelrobbe noch deutlich stärker bejagt. Das Fleisch dient vor allem als Hundefutter, untergeordnet auch der menschlichen Ernährung, und das Fell wird gelegentlich verarbeitet, heute jedoch meistens direkt zusammen mit dem Speck an Hunde verfüttert.

Sobald eine Ringelrobbe ausgewachsen ist, hat sie gute Chancen, ein Alter von mehreren Jahrzehnten zu erreichen.

4.7.6 SATTELROBBE (*PHOCA GROENLANDICA*)

Harp seal (E) - Phoque du Groenland (F) - Foca dala sella oder Foca della Groenlandia (I) - Grønlandssel (N) - Zadelrob (NL) - Grönlandssäl (S)

Beschreibung: Abbildung auf Seite 179. Sattelrobben sind mit 1,70 bis 1,80 m Länge und einem Gewicht von 120 bis 140 kg mittelgroße Robben. Ausgewachsene Sattelrobben haben eine charakteristische Markierung des Fells, das überwiegend silbergrau ist, jedoch eine sattelähnliche Markierung aufweist, die vom Rücken auf beiden Seiten herunterzieht. Dieser Markierung, die bei männlichen Tieren stärker ausgeprägt ist, verdankt die Sattelrobbe ihren Namen. Der Kopf ist ebenfalls teilweise schwarz.

Am einfachsten erkennt man Sattelrobben an ihrem Verhalten: Man sieht sie fast ausschließlich in größeren Gruppen im Treibeis schwimmen und lebhaft planschen, wobei sie weit aus dem Wasser kommen. In Fjorden sieht man sie selten.

Wanderung/Zugverhalten: Das Verbreitungsgebiet ist die Arktis im Nordatlantik von Neufundland über West- und Ostgrönland bis in die Barentssee. Sie halten sich in der Nähe des Treibeises auf.

Biologisches: Sattelrobben haben eine große Bandbreite verschiedener Fische und

Krebse auf der Speisekarte und können bei der Nahrungssuche bis zu 200 m tief tauchen. Die Paarung erfolgt im Januar oder Februar. Nach einer Verzögerung von gut 4 Monaten beginnt das Ei, sich zu entwickeln, bis im Januar oder Februar des Folgejahres das 85 cm große Jungtier auf dem Eis zur Welt kommt. Es säugt nur 12 Tage lang, legt in dieser Zeit aber täglich bis zu 2 kg Gewicht zu. Anschließend bleibt es noch 2 Wochen auf dem Eis liegen, bis sein zunächst weißes Fell gewechselt und ein geflecktes Fell bekommen hat, bevor es ins Wasser geht. Die Mutter paart sich bereits gegen Ende der Laktationszeit (Säugephase). Das endgültige Fellmuster haben Sattelrobben erst nach 7 (Männchen) bzw 12 Jahren (Weibchen). Eisbären, Grönlandhaie und Schwertwale sind gefährliche Fressfeinde; wenn sie diesen entkommen, können sie 35 Jahre alt werden.

Sonstiges: Die ursprünglich viele Millionen Tiere umfassende, globale Sattelrobbenpopulation wurde durch jahrhundertelangen, industriellen Raubbau stark dezimiert, wird aber immer noch auf mindestens 7 Millionen geschätzt. Heute werden jährlich noch mehrere 100 000 Tiere gefangen, die meisten davon in Kanada.

4.7.7 WALROSS (*ODOBENUS ROSMARUS*)

Hvalros (DK) - Walrus (E) - Morse (F) - Tricheco dell'Atlantico (I) - Hvalross (N) - Walrus (NL) - Valross (S)

Beschreibung: Abbildung auf Seite 179. Das Walross ist die größte Robbenart in der Arktis und weltweit die zweitgrößte (See-Elefantenbullen erreichen noch gewaltigere Dimensionen). Die bis zu 1 m langen Eckzähne machen es unverwechselbar, sie sind bei Weibchen etwas kleiner als bei Bullen. Die Farbe von Walrossen ist braun, variiert jedoch: Waren sie einige Zeit an Land, färbt sich die Haut bei warmem Wetter mehr und mehr ins Rosafarbene, da eine gesteigerte Durchblutung der Haut der Wärmeabfuhr dient. Umgekehrt sind Walrosse fast grau, wenn sie aus dem Wasser kommen, da die Durchblutung der Haut dann zwecks Minimierung der Wärmeabgabe verringert ist. Walrossbullen werden bis zu 3,5 m lang und 1 500 kg schwer, Kühe erreichen 2,5 m Länge und ein Gewicht von 900 kg. Bei der Geburt bringt das Walrossbaby es auf 60-85 kg und 1,3 m Länge.

Das Pazifische Walross (*O. r. divergens*) wird noch etwas größer als das Atlantische Walross (*O. r. rosmarus*). Beide sind Unterarten derselben Art.

Die Unterscheidung der Geschlechter ist schwierig. Bei ausgewachsenen Bullen ist die Größe ein eindeutiges Merkmal, aber jüngere Männchen und Weibchen sind schwer auseinanderzuhalten. Männchen haben mehr Narben und um Hals und Nacken eine charakteristische Haut mit vielen warzenähnlichen Unebenheiten.

Die Bedeutung der langen Eckzähne ist unklar, bei der Nahrungssuche spielen sie keine Rolle. Bei der Verteidigung gegen Eisbären (selten erforderlich) wie auch beim Heraufsteigen auf Eisschollen sind sie nützlich. Ihre größte Bedeutung, zumindest für die Bullen, werden sie als Statussymbol und Waffe bei Paarungskämpfen haben. Wenn diese Zähne abbrechen, leben Walrosse weiter.

Walrosse sind sehr soziale Tiere. Einzelne Walrosse sind die Ausnahme, meist sieht man 20-60. Herden von über 100 oder sogar über 300 Walrossen sind in Svalbard ungewöhnlich, kommen aber vor.

Verbreitung/Wanderungsverhalten: Es gibt verschiedene, mehr oder weniger getrennte Populationen in Nordostkanada und Westgrönland sowie ein weiteres Verbreitungsgebiet in der Beringstraße und in der östlichen russischen Arktis. Das Atlantische Walross ist von Nordostgrönland über Spitzbergen und Franz Josef Land bis in die südliche Karasee verbreitet. Ein Schwerpunktgebiet ist die Region Svalbard-Franz Josef Land, wobei die Mehrzahl der Tiere sich auf Franz Josef Land aufhält. Austausch zwischen Spitzbergen und Ostgrönland scheint unbedeutend zu sein. Interessant ist die Geschlechtertrennung: Während in Spitzbergen vor allem Bullen zu sehen sind, halten sich Kühe und Kälber überwiegend auf Franz Josef Land und in den nordöstlichen, abgelegensten Bereichen von Svalbard auf. Eine Zählung von 2006 ergab etwa 3000 Walrosse in Spitzbergen, der Bestand scheint seitdem weiter zugenommen zu haben. Mittlerweile sind auch in anderen Teilen Spitzbergens häufiger Kühe und Kälber zu sehen. Diese erfreuliche Tendenz hat ihre Ursache in der Rückkehr der Walrosse in ihr früheres Verbreitungsgebiet, nachdem sie durch jahrhundertelange Jagd in den 1950er Jahren in Spitzbergen praktisch ausgerottet waren.

Das Norwegische Polarinstitut hat bei 5 Walrosskolonien (Lågøya, Storøya, Kapp Lee, Andréetangen, Havmerra/Tusenøyane) automatische Kameras aufgestellt, um Bestand und Verhalten zu dokumentieren. Vorläufige Ergebnisse deuten darauf hin, dass der Bestand in jüngerer Zeit zunimmt und die Tiere sich weder von Eisbären noch Touristen nennenswert stören lassen. Über die Jahre schwanken die Zahlen bei einzelnen Ruheplätzen stark, vermutlich als Folge natürlicher Vorgänge wie etwa Schwankungen der lokalen Nahrungsgrundlage.

Auch heute noch findet man Walrosse in Svalbard vor allem im Norden und Osten, lokal auch an der Westküste, vor allem im Forlandsund. Eine bekannte Kolonie gibt es an der Südspitze der geschützten Insel Moffen.

Walrosse verbringen das ganze Jahr in etwa in der gleichen Region, ziehen sich im Winter aber in Gegenden mit offenem Wasser zurück. Dabei handelt es sich um Polynyas, also rund ums Jahr offene Wasserflächen innerhalb ansonsten eisbedeckter Gewässer. Diese gibt es auch nördlich von Svalbard und Franz Josef Land. Sobald die angestammten Ruheplätze an Land im Sommer frei von Eis und Schnee sind, kehren sie zurück. Sie benutzen Jahr für Jahr die gleichen Ruheplätze: flache Strände in der Nähe von produktiven, nicht zu tiefen Gewässern mit schlammigem Grund, wo sie gute Weidegründe finden. Nach der Nahrungssuche ruhen Walrosse sich am Strand für einige Tage aus - historische Aufzeichnungen sprechen von Verdauungsschläfchen von bis zu 7 Wochen. Im frühen 20. Jahrhundert hat sich einmal ein Walross in die südliche Ostsee verirrt.

Biologisches: Walrosse ernähren sich fast ausschließlich von der Sandklaffmuschel (*Mya arenaria*), die im Schlamm am Meeresgrund steckt und Plankton filtert. Mit seinen sensitiven Barthaaren stöbert das Walross die Muschel auf und saugt das Fleisch mit seinen kräftigen Lippen aus der Schale. Nur gelegentlich werden die Zähne als Werkzeuge beim Graben nach Muscheln genutzt; in weichem Schlamm wird nur mit der Schnauze gewühlt. Als Mageninhalt von Walrossen wurden schon gut 70 kg Muschelfleisch gefunden, jedoch keine einzige Schale! Entsprechend brauchen Walrosse sehr produktive und vorzugsweise weniger als 20 m tiefe Gewässer.

Einzelne Walrosse haben einen anderen Speiseplan und ernähren sich von Robben. Diese Walrosse sind einer besonders hohen Belastung durch Umweltgifte ausgesetzt.

Die Paarung erfolgt zwischen Dezember und Februar an der Eiskante. Bullen fechten heftige Paarungskämpfe aus, bei denen es zu mitunter schweren Verletzungen kommt. Die Kopulation findet im Wasser statt. Nach einer Schwangerschaft von 15 Monaten Dauer wird das einzelne Kalb im Mai geboren, hierzu trennt sich die Kuh von der Herde und zieht sich auf eine Eisscholle zurück. Das Kalb ernährt sich 2 Jahre lang von Muttermilch, die in steigendem Maße mit Muscheln ergänzt wird.

Sonstiges: Die Größe der Walrosspopulation in Svalbard und Franz Josef Land wird auf 6000-7000 Tiere geschätzt, davon ungefähr 2600 in Svalbard, Tendenz steigend. Früher waren das kräftige Leder, aus dem zu Zeiten der Industrialisierung Treibriemen für Maschinen hergestellt wurden, und das Elfenbein begehrte Güter. Daher wurden Walrosse seit dem 17. Jahrhundert intensiv gejagt. Vielfach wurden innerhalb von Stunden hunderte von Walrossen abgeschlachtet. Vor diesen Gemetzeln müssen Walrosse überall in Svalbard sehr zahlreich gewesen sein. In frühen Berichten kann man von großen Kolonien selbst auf der Bjørnøya lesen, heute ein unvorstellbares Bild. Der ursprüngliche Spitzbergen-Bestand, vor 1596, mag bei 100 000 Tieren gelegen haben

1952 wurden Walrosse in Svalbard unter Totalschutz gestellt, unter dem sie immer noch stehen. Die Population hat ihre ursprüngliche Größe bei weitem noch nicht erreicht, nimmt jedoch langsam aber sicher zu. Heutige Bedrohungen für Walrosse liegen in Störungen am Ruheplatz, schleichender Vergiftung durch Umweltgifte (vor allem bei Walrossen, die sich entgegen der Normalität von Robben ernähren), Klimaänderung und Ölverschmutzung.

Bedrohung durch andere Tiere haben Walrosse kaum zu befürchten. Eisbären versuchen gelegentlich, Kälber oder schwache Tiere von einer Herde zu trennen, haben aber großen Respekt vor den wehrhaften Walrossen. Schwertwale könnten Walrossen im Wasser gefährlich werden. Über die Lebenserwartung ist wenig bekannt, sie wird mindestens bei über 30, möglicherweise bei gut 40 Jahren liegen.

An Land sind Walrosse potenziell störanfällig. Bei Annäherung an Walrosse, die am Strand liegen, muss man daher Vorsicht walten lassen: Wichtig sind langsame Annäherung, Vermeidung von Lärm, Geruch v.a. durch Motoren und plötzlichen Bewegungen und vor allem die Einhaltung eines großzügigen Mindestabstandes (offizielle Empfehlung: 30 m beziehungsweise 150 m bei Herden mit Kühen und Kälbern). Wenn Walrosse die Anwesenheit von Menschen wahrnehmen, sei es optisch, durch Geräusche oder Geruch, sollte dies langsam und schrittweise in größerer Entfernung beginnen und nicht erst in geringer Distanz, was im schlimmsten Fall die panische Flucht ins Wasser zur Folge haben kann. Für gute Fotos sollten Sie ein Teleobjektiv haben, 300 mm Brennweite sind aber meistens ausreichend.

Natürlich kennen Walrosse diese Regeln nicht und kommen mitunter neugierig herangeschwommen - ein fantastisches Erlebnis, wenn man sicher an Land steht, aber kleine Boote sollten respektvollen Abstand halten. Insbesondere Kühe mit Kälbern können aggressiv und gefährlich sein, sogar Angriffe auf ankernde Segelyachten mit Beschädigung von bis zu 1,5 m über dem Wasser hängenden Beibooten sind vorgekommen.

Sehr beeindruckend ist auch die Geräuschkulisse einer Herde von Walrossen, die sich primär der genüsslichen Verdauung von bis zu 70 kg rohem Muschelfleisch pro Tier widmet. Auch der Geruch kann unvergessliche Eindrücke hinterlassen.

4.7.8 SEEHUND (*PHOCA VITULINA*)

Spættet sæl (DK) - Harbour seal (E) - Phoque commún (F) - Foca comune (I) - Steinkobbe (N) - Gewone zeehond (NL) - Knubbsäl (S)

Beschreibung: Abbildung auf Seite 180. Seehunde sind mit 1,5 m Länge und einem Gewicht von gut 100 kg etwas größer als Ringelrobben und haben eine sehr variable Farbgebung des Fells von schwarz über dunkelgrau bis hin zu braun, mit dunklen Flecken oder Ringen. Junge Seehunde sind bei der Geburt fast 1 m groß und haben schon ein ähnliches Fell wie ausgewachsene Tiere. Gute Unterscheidungsmerkmale zur Ringelrobbe sind Beobachtungsort und Erscheinungsbild: In Spitzbergen fast ausschließlich an der Westküste, selten auch an der Nordküste, und man sieht fast immer mehrere Seehunde gleichzeitig. Auch wenn man Robben auf Steinen liegen sieht, handelt es sich sicherlich um Seehunde.

Verbreitung/Wanderungsverhalten: Seehunde gehören zu den am weitesten verbreiteten Robben, sind aber vor allem in gemäßigten und subarktischen Gewässern beheimatet. In Mitteleuropa kennt man sie von der Nordseeküste. In Spitzbergen befindet sich das weltweit nördlichste Vorkommen. Die einzige Kolonie ist auf Prins Karls Forland, wo sie rund ums Jahr anzutreffen sein sollen. Von dort aus unternehmen sie jedoch Streifzüge in die Fjorde der Westküste, so dass man sie gelegentlich im Isfjord, Kongsfjord oder im Nordwesten (Danskøya, Amsterdamøya) sehen kann.

Möglicherweise handelt es sich um ein Reliktvorkommen aus Zeiten vor einigen 1 000 Jahren, als das Klima inklusive der Wassertemperaturen etwas wärmer war.

Biologisches: Seehunde sieht man meistens an der Küste, oft bei Niedrigwasser auf Steinen liegend. Auf Eis liegen sie fast nie, solange die Küste zugänglich ist.

Außerhalb der Paarungszeit sowie der Zeit des Fellwechsels (Ende August-Anfang September) halten Männchen und Weibchen sich getrennt voneinander auf. Anschließend gehen alle im September auf intensive Nahrungssuche, um die Speckschicht für den Winter aufzubauen. Seehunde fressen so ziemlich alles, was im Wasser schwimmt und deutlich kleiner ist als sie selbst: Fische, Weich- und Krustentiere.

Schwertwale und Grönlandhaie sowie gelegentlich Walrosse mit etwas abnormalem Geschmack sind gefährliche Fressfeinde von Seehunden; Eisbären eher selten, da das Verbreitungsgebiet der wachsamen Seehunde an der Westküste Spitzbergens am Rande des Verbreitungsgebietes von Eisbären liegt.

Die Geburtszeit für Seehunde in Spitzbergen liegt bei Anfang oder Mitte Juni. Der Nachwuchs kommt im flachen Wasser zur Welt, ist sofort schwimmfähig und ernährt sich noch für 3 bis 4 Wochen von Muttermilch. Dann haben sie ihr Gewicht von anfänglich 10-12 kg auf 25-30 kg erhöht und fangen an, sich ihre Nahrung selbst zu suchen. Sobald die Jungtiere langsam selbstständig werden, kommen die Männchen wieder in die Nähe der Weibchen, um unter Wasser durch Tanz und Gesang um ihre Gunst zu werben. Wie auch bei anderen Robben und bei den Eisbären, beginnt die Entwicklung des Embryos erst nach einigen Monaten, im September oder Oktober.

Die Lebenserwartung von Seehunden in Spitzbergen ist deutlich kürzer als bei ihren Artgenossen weiter im Süden, das höchste nachgewiesene Alter liegt bei nur 22 Jahren (sonst bis zu 35 Jahren). Anscheinend fallen sie häufig Grönlandhaien zum Opfer, von denen sie wahrscheinlich im Schlaf überrascht werden.

Sonstiges: Die Größe der Population in Spitzbergen wird auf etwa 1 000 Seehunde geschätzt, vermutlich eine natürliche Größe. Die Chancen, Seehunde auf Steinen zu sehen, sind bei Ebbe größer, während sie bei Flut auf Nahrungssuche sind.

Jagd und Beifang sowie Verschmutzung (u.a. Ölpesten) haben Seehundpopulationen im gesamten Verbreitungsgebiet immer wieder unter Druck gesetzt. Seehunde stehen auf der norwegischen Roten Liste und sind vollständig geschützt.

WALE

Auch Wale wurden mir versprochen, und ich fand es beeindruckend, daß das Reisebüro das Leben im Meer dermaßen gut unter Kontrolle hatte.

Anne B. Ragde, *Mord in Spitzbergen* (1998)

Spitzbergen hat in jüngeren Jahren als Gebiet für beeindruckende Walbeobachtungen merklich an Qualität gewonnen. Die Chancen für schöne Sichtungen stehen auf längeren Schiffsreisen gut, auch wenn die Populationsdichte weit unter dem sagenhaften Walreichtum liegt, der die Fjorde bevölkert hat, bevor die Walfänger im 17. Jahrhundert kamen.

Am häufigsten sind Weißwale und Zwergwale, aber auch Buckelwale und Finnwale werden regelmäßig gesehen. Sogar die raren Blauwale haben sich in den letzten Sommern immer wieder blicken lassen, und als Höhepunkt der Extraklasse wurden mehrfach äußerst seltene Grönlandwale gesichtet. Ebenfalls auf der Artenliste Spitzbergens steht der hocharktische Narwal, jenes marine Einhorn, das in dieser Region kaum häufiger gesehen wird als sein in Märchenwäldern vorkommendes vierbeiniges Gegenstück.

Wale kann man überall in Spitzbergens Gewässern sehen, aber gute Gegenden scheinen die Nordküste zu sein, etwa der äußere Woodfjord und weiter östlich bis in die Hinlopenstraße und die südlich anschließende Olgastraße. Vielversprechend, wie überall in den Weltmeeren, ist auch der Kontinentalhang, also jene Zone auf offener See, wo die Tiefen von 200 m zur Tiefsee hin abfallen. Bei einer Überfahrt von Norwegen nach Spitzbergen hat man ebenfalls beste Chancen auf Walsichtungen.

Das Wissen über das Vorkommen und die Verbreitung von Walen ist nach wie vor lückenhaft. Daher bitten Biologen des norwegischen Polarinstituts alle, ihre Beobachtungen festzuhalten (Datum/Zeit, Position, Art, Anzahl, Bemerkungen) und anschließend der Wissenschaft zur Verfügung zu stellen. Ein passendes Formlar gibt es unter http://mms.data.npolar.no/oder auf Anfrage: mms-contact@npolar.no.

4.7.9 ZWERGWAL („MINKIE") (*BALAENOPTERA ACUTOROSTRATA*)

Vågehval (DK) - Minke whale (E) - Petit rorqual (F) - Balenottera minore (I) - Vågehval (N) - Dwergvinvis (NL) - Vikval (S)

Beschreibung: Abbildung auf Seite 180. Der Zwergwal ist der kleinste Bartenwal, mit 10 m Länge aber immer noch ein imposantes Tier. In Form und Färbung ähnelt er größeren Bartenwalen: Er ist schlank und stromlinienförmig, dunkelgrau bis schwarz mit hellem Bauch. Neben der vergleichsweise geringen Größe ist die Rückenflosse ein gutes Merkmal: Relativ zur Körpergröße ist sie groß, verglichen mit anderen Bartenwalen, sichelförmig und sitzt recht weit vorne auf dem hinteren Drittel der Körperlänge. Der Blas ist nicht allzu groß und hat keine besondere Form, die Fluke (Schwanzflosse) bleibt beim Abtauchen unsichtbar. Wenn sie nicht gerade oberflächennah auf Nahrungssuche sind, bleiben sie nur kurz sichtbar.

Verbreitung/Wanderungsverhalten: Zwergwale gibt es weltweit, vor allem in hohen Breiten. Der Bestand im Nordostatlantik wird mit über 100 000 Tieren angegeben, hier gehen die Meinungen zwischen offiziellen Stellen in Ländern, in denen Zwergwale gejagt werden (Island, Norwegen) und einigen Wissenschaftlern jedoch auseinander.

In Svalbard sind Zwergwale nicht allzu zahlreich, kommen jedoch regelmäßig in Fjorden, küstennahen und offenen Gewässern sowie an der Eiskante vor. Meist sieht man einzelne Tiere, gelegentlich auch kleine Gruppen.

Im Winter ziehen sich die Zwergwale des Nordatlantiks in die südlichen Bereiche ihres Verbreitungsgebietes zurück, irgendwo zwischen Portugal und der Karibik.

Biologisches: Zwergwale fressen eine Reihe kleinerer und teilweise auch größerer Fischarten sowie Plankton, das sie mit ihren Barten aus dem Wasser filtern. Die Paarung erfolgt zwischen Oktober und März (variabel je nach Region), das etwa 2,5 m große Kalb wird nach einer Schwangerschaft von 10 Monaten Dauer im Überwinterungsgebiet in wärmeren Breiten geboren.

Sonstiges: Zwergwale lassen sich meistens nur sehr kurz an der Wasseroberfläche blicken und sind daher schwer zu beobachten und zu fotografieren. Typisch ist auch, daß sie unverhofft immer wieder an anderen Stellen auftauchen und sich ihre Route nicht „vorausdenken" lässt. Spektakuläre Begegnungen mit neugieriger Annäherung an Schiffe und akrobatischen Sprüngen kommen vor, sind aber selten.

Im Nordatlantik werden Zwergwale seit vielen Jahrhunderten gejagt. Norwegen erlaubt seiner Fangflotte nach wie vor eine Quote von über 1000 Tieren pro Jahr: 2014 lag die Quote bei 1286 Zwergwalen, tatsächlich gefangen (2013) wurden 594.

4.7.10 WEISSWAL (BELUGA) (*DELPHINAPTERUS LEUCAS*)

Hvidhval (DK) - White Whale (E) - Beélouga/ Baleine blanche (F) - Beluga (I) - Hvitfisk/ Hvithval (N) - Beluga (NL) - Vitval (S)

Beschreibung: Abbildung auf Seite 180. Der Weißwal ist ein mittelgroßer Zahnwal. Weißwalbullen werden bis zu 4,5 m lang und 1 500 kg schwer, Kühe bleiben etwas kleiner. Aufgrund ihrer cremeweißen Farbe sind sie unverwechselbar (Jungtiere sind grau). Meistens treten sie in Gruppen von 20 oder mehr Tieren auf.
Verbreitung/Zugverhalten: Weißwale sind rund um die Arktis beheimatet. In Svalbard ziehen sie innerhalb der Fjorde längs der Küsten. Die Anzahl der Weißwale in Svalbard ist nicht bekannt, Sichtungen sind nicht alltäglich, aber mehr oder weniger regelmäßig. Bullen beziehungsweise Kühe mit Kälbern bilden meistens Herden für sich, wobei die Bindung an eine bestimmte Herde flexibel zu sein scheint. Insgesamt ist vieles unbekannt, wie auch das Wanderverhalten. Zumindest teilweise scheinen Weißwale den Winter in Gewässern mit viel Packeis zu verbringen.
Biologisches: Weißwale sind langsame Schwimmer, die aber über 1 000 m tief tauchen können und eine Art Echolot zur Nahrungssuche und Orientierung verwenden. Sie ernähren sich von einer breiten Palette an Bewohnern des Meeresbodens, Fisch und Tintenfisch, in bestimmten Gegenden saisonal auch Lachse in großen Mengen.

Die Paarung erfolgt im Frühjahr (April-Mai), die Geburt zwischen Mai und August des nächsten Jahres. Weißwale können bis zu 40 Jahre alt werden. Eisbären und Orcas können Weißwalen gefährlich werden.
Sonstiges: Weißwale wurden in Spitzbergen zunächst von Pomoren, von 1867 bis 1962 von Norwegern gejagt. Ein paar Beispiele für Fangzahlen (in Klammern das Jahr) demonstrieren die Entwicklung: 17 (1867), 285 (1868), 513 (1869), 1348 (1870). Ganze Herden wurden mit Netzen in flachen Buchten eingeschlossen und dann mit Lanzen, später auch mit Gewehren und sogar Sprengstoff getötet, um Speck und Haut zu erbeuten. Der Rest blieb meistens liegen. Heute sind sie in Spitzbergen geschützt, werden woanders aber nach wie vor gejagt (Kanada, Grönland). In Spitzbergen scheint der Bestand wieder langsam zuzunehmen.

4.7.11 BUCKELWAL (*MEGAPTERA NOVAEANGLIAE*)

Pukkelhval (DK) - Humpback whale (E) - Baleine à bosse (F) - Megattera (I) - Knølhval (N) - Bultrug (NL) - Knölval (S)

Beschreibung: Abbildung auf Seite 181. Buckelwale sind 12 bis 15 m lang (Maximum 18 m) und wiegen bis zu 30 Tonnen. Sie sind somit kleiner als Finn- und Blauwale, aber deutlich größer als Zwergwale. Kühe werden etwas größer als Bullen.

Die Brustflossen sind, relativ zur Körperlänge, die größten aller Wale: Ihre Länge kann bis zu einem Drittel der Körperlänge entsprechen. Die Schwanzflosse (Fluke) hat eine auffällig bucklige Kante und ein, schwarz-weißes Muster, das für jedes Tier individuell ist. Der Kopf und der Unterkiefer weisen warzenartige Unebenheiten auf. Die Rückenflosse ist recht gedrungen und, relativ zur Körperlänge, kleiner als die eines Zwergwals; ihr ist ein charakteristischer Buckel vorgelagert.

Manchmal ermöglicht das Verhalten eine schnelle Identifizierung von Buckelwalen: Sie sind die akrobatischsten und verspieltesten Wale und zeigen vorm Abtauchen oft ihre beeindruckende Fluke. Dass sie danach für längere Zeit tauchen, ist allerdings nicht unbedingt gesagt; mancher hat nach Sichtung der Fluke schon die Kamera weggepackt und es wenige Augenblicke später schon bereut. Gelegentlich springen sie, wobei sie bis zu zwei Dritteln ihrer Körperlänge zeigen können.

Verbreitung/Wanderungsverhalten: Buckelwale kann man in allen Ozeanen beobachten. Sie verbringen die Sommer in polaren Breiten und die Winter in tropischen Gewässern. Vermutlich gibt es eine südliche Population, die den Südsommer in der Antarktis verbringt, und mehrere nördliche, die den Sommer der Nordhalbkugel im Nordatlantik bzw. Nordpazifik verbringen. Einzelne Tiere treten genauso auf wie kleinere Gruppen, große Herden werden hingegen nur selten beobachtet.

Biologisches: Buckelwale sind Bartenwale und ernähren sich im Sommer von Krebstierchen und Schwärmen kleiner Fische. Im Winter ist Paarungszeit, während der sie von ihren Fettreserven zehren. 11,5 Monate später wird ein einzelnes Kalb geboren, dass bereits ein Drittel der Körperlänge seiner Mutter hat. Während der ersten sechs Monate lebt das Kalb von der fettreichen Milch seiner Mutter, bis es nach und nach gelernt hat, sich selbst zu versorgen. Die Lebenserwartung liegt bei 40 bis 50 Jahren, möglicherweise aber auch deutlich höher.

Sonstiges: Buckelwale wurden stark bejagt, bis sie 1966 unter Schutz gestellt wurden. Sie waren in Spitzbergen bis 2011 nicht gerade ein alltäglicher Anblick. Im Sommer 2012 gab es eine Vielzahl von Sichtungen von mindestens 40 verschiedenen Individuen, darunter ein weiß gefärbtes Tier. Fotos davon gingen um die Welt. 2013 und 2014 wurden weiter regelmäßig größere Herden gesehen, im Einzelfall weit über hundert Buckelwale. Ihr manchmal neugieriges oder lebhaftes Verhalten macht sie zum Liebling der Fotografen und Touristen.

4.7.12 FINNWAL (*BALAENOPTERA PHYSALUS*)

Finhval (DK) - Fin whale (E) - Rorqual commun (F) - Balenottera comune (I) - Finnhval (N) - Gewone vinvis (NL) - Sillval (S)

Beschreibung: Abbildung auf Seite 181. Der Finnwal ist der zweitgrößter aller Bartenwale nach dem Blauwal. Die Weibchen erreichen stolze 24 m Länge und ein Gewicht von 75 t, Männchen immerhin 22 m. Der Körper ist lang und schlank mit einer dunkelgrauen Oberseite und einer hellen Unterseite. Die sichelförmige Rückenflosse sitzt weit hinten bei drei Vierteln der Körperlänge. Diagnostisch ist die asymmetrische Färbung des Kopfes: Dunkelgrau auf der linken Seite, während der untere Teil der rechten Kopfhälfte weiß ist. Auch die Barten sind links dunkel und rechts hell. Finnwale haben einen kräftigen, bis zu 6 m hohen Blas.

Die Unterscheidung von anderen Walen ist nicht immer einfach. Finnwale haben vollständig dunkelgraue Brustflossen ohne einen weißen Fleck wie Zwergwale. Natürlich ist die gewaltige Größe ein Indikator wie auch der lange Rücken: Erst ganz hinten am Körper, also ganz am Schluß einer Auftauchphase, erscheint eine relativ kleine Rückenfinne.

Verbreitung/Wanderungsverhalten: Der Finnwal ist in allen Weltmeeren anzutreffen. Den Winter verbringt er in gemäßigten Gewässern, wo auch Paarung und Geburt stattfinden. Im Sommer zieht er in höhere Breiten mit nahrungsreichen Meeren. Finnwale aus dem Nordatlantik verbringen den Winter im offenen Ozean, möglicherweise in der Höhe von Spanien und dem Golf von Mexiko, teilweise auch im Mittelmeer. Im Nordatlantik sind sie auf offenem Meer bei Ostgrönland am häufigsten.

Biologisches: Finnwale sind meistens in kleinen Gruppen unterwegs, gelegentlich auch alleine oder in größeren Herden, wenn das Nahrungsangebot gut ist. Kühe und Bullen ziehen getrennt voneinander. Sie sind schnelle Schwimmer, die 14 km/h und im Sprint bis zu 27 km/h erreichen. Finnwale tauchen selten länger als 15 Minuten oder tiefer als 200 m und ernähren sich von Plankton.

Sonstiges: Ab dem Ende des 19. Jahrhunderts machten schnellere Schiffe, ausgerüstet mit Sprengharpunen, intensive Jagd auf Finnwale. Der globale Bestand wird heute auf 75 000 Tiere geschätzt, im Nordatlantik leben vielleicht 25 000 bis 30 000. Abgesehen von gelegentlichem Ertrinken in Netzen und einer beschränkten Jagd in Westgrönland haben Finnwale derzeit vom Menschen zumindest direkt nichts zu befürchten, die Bestände nehmen wieder langsam zu. Indirekt sind Überfischung der Nahrungsgrundlagen, Umweltgifte und Lärm mögliche Gefahren. Die neueste Bedrohung für diese und andere Walarten besteht in Fernortungs-Sonaren der US-amerikanischen Marine, genannt LFAS (Low Frequency Active Sonar), mit Ausgangsschallpegeln von über 215 Dezibel - das heißt, in 480 km Entfernung können noch immer Druckpegel von 140 Dezibel gemessen werden, was dem Wert eines Gewehrschusses entspricht. Die Lebensspanne liegt bei fast einem Jahrhundert.

4.7.13 BLAUWAL (*BALAENOPTERA MUSCULUS*)

Blåhval (DK) - Blue whale (E) - Baleine bleue (F) - balenottera azzurra (I) - Blåhval (N) - blauwe vinvis (NL) - Blåval (S)

Beschreibung: Abbildung auf Seite 181. Blauwale erreichen durchschnittlich eine Größe von 26 m und können bis zu über 30 m lang werden, maximal gut 33 m. Das bringt ein gewaltiges Gewicht von bis zu 200 Tonnen. Auf der Südhalbkugel erreichen Blauwale größere Dimensionen als im Norden, wo sie „nur" 28 m groß werden; Kühe sind etwas größer als Bullen.

Ähnlich wie bei Finnwalen, ist die Rückenflosse klein und sitzt weit hinten auf dem Rücken, sie wird nur kurz am Ende des Auftauchens des Rückens sichtbar. Die Fluke ist breit und an der hinteren Kante ziemlich gerade, mit einer recht kleinen Einkerbung, Blauwale zeigen die Fluke seltener als beispielsweise Buckelwale.

Der schlanke Körper ist blaugrau und macht bei guter Sichtung einen gefleckten Eindruck, die Haut ist heller als bei anderen großen Walen. Der Blas ist beeindruckend und kann bis zu 12 m Höhe erreichen. Blauwale sind Einzelgänger oder als Kleinfamilie unterwegs, bestehend aus Kuh und Kalb.

Verbreitung/Wanderungsverhalten: Ähnlich wie auch andere große Bartenwale, sind Blauwale weltweit verbreitet. Es gibt regionale Populationen, die zwischen sommerlichen Weidegründen in Polnähe und den wärmerem Kinderstuben hin- und herziehen. Die Populationen der Nord- und Südhalbkugel scheinen getrennt zu sein. Blauwale sind Hochseebewohner und kommen nur selten in Küstengewässer. Das normale Verbreitungsgebiet liegt südlicher als Spitzbergen, wo sie selten sind; im gesamten Nordatlantik, von Neufundland bis Island und in der Peripherie Spitzbergen, gibt es vielleicht 600-1500 Blauwale.

Biologisches: Blauwale filtern im Sommer mit ihren bis zu 1 m langen Barten massenhaft Zooplankton. Davon futtern sie mehrere Tonnen am Tag, um während des Winters von den Fettreserven zu leben. In dieser Zeit erfolgt die Paarung, und 11 Monate später kommt das 7 m große Kalb zur Welt. Nach einem guten halben Jahr folgen langsam die Entwöhnung von Muttermilch und die Eigenständigkeit, so dass die Kuh alle 2 Jahre ein Kalb zur Welt bringen kann.

Blauwale haben vermutlich eine Lebenserwartung von bis zu über 90 Jahren, aber genaue Daten fehlen weitgehend. Schwertwale können Kälbern oder geschwächten Alttieren gefährlich werden, sonst sterben sie durch Alter, Krankheiten oder Parasiten.

Sonstiges: Es gibt in der Natur mehrfach belegte Fälle von Kreuzungen zwischen Blau- und Finnwalen.

Nach Erfindung der Sprengharpune wurde der Blauwal weltweit gejagt. Um 1920 herum wurde der bereits kräftig geschrumpfte global Bestand auf 220 000 Tiere geschätzt, von denen ein paar Jahrzehnte später nur noch ein kleiner Bruchteil von vielleicht 1000-3000 Exemplaren übrig war. Diese sind seit 1966 geschützt. Heute mögen noch 10 000 bis 20 000 blaue Wale um den blauen Planeten ziehen.

Der Blauwal ist das größte bekannte Tier, das jemals auf der Erde gelebt hat. Begegnungen mit diesem sanften Riesen sind selten, finden mittlerweile an der Nordküste Spitzbergens aber jedes Jahr statt. Wer so etwas erlebt hat, kann sich glücklich schätzen und hat eine Erfahrung fürs Leben.

4.7.14 GRÖNLANDWAL (*BALAENA MYSTICETUS*)

Grønlandshval (DK) - Bowhead whale (E) - Baleine boreale (F) - Balena della Groenlandia (I) - Grønlandshval (N) - Groenlandse Walvisch (NL) - Grönlandsval (S)

Beschreibung: Abbildung auf Seite 182. Der Grönlandwal ist ein großer, dunkelgrauer Bartenwal. Länge bis 20 m, Gewicht bis 100 t. Das gewaltige Maul kann ein gutes

Drittel der Körperlänge einnehmen. Auffällig ist, dass die Rückenflosse fehlt. Die vom Oberkiefer herabhängenden Barten, mit denen der Wal Plankton filtert, erreichen bis zu 3 oder 4 m Länge und sind die längsten aller Walarten. Der Grönlandwal ist ein langsamer Schwimmer und hat einen kräftigen, V-förmigen Blas.

Verbreitung/Wanderungsverhalten: Es handelt sich um eine arktische Walart, die meistens in der Nähe von Treibeis anzutreffen ist. Bis ins frühe 17. Jahrhundert hinein war der Grönlandwal im Nordatlantik äußerst zahlreich, die Küstengewässer Spitzbergens mit eingeschlossen. Der ursprüngliche Bestand rund um Spitzbergen, vor Beginn des Walfangs, mag bei 100 000 Tieren gelegen haben. Durch intensiven Walfang im 17. und 18. Jahrhundert wurde diese Art im Nordatlantik fast ausgerottet. Zwischen 1940 und 1980 hat es ganze 3 Sichtungen bei Spitzbergen gegeben, von 1981 bis 2010 waren es hingegen 43. Ob dies an einer Bestandszunahme liegt, an einem Ortswechsel bestehender Bestände oder auch einfach an der höheren Beobachtungsdichte, vermag niemand zu sagen. Im Sommer 2006 trieb sich tatsächlich ein einzelner Grönlandwal für eine Weile im Adventfjord vor Longyearbyen herum - eine gar nicht so kleine Sensation! 2007 wurden südlich von Kvitøya sogar 5 Tiere gleichzeitig beobachtet.

Dennoch muss der Grönlandwal im Nordostatlantik nach wie vor als praktisch ausgerottet gelten, und niemand vermag derzeit zu sagen, ob der Bestand sich dort jemals wieder erholen wird. In der russischen sowie nordamerikanischen Arktis geht man von noch mehreren 100 Tieren aus, und für den Bestand westlich von Grönland gibt es Zeichen einer leichten Zunahme.

Es scheint paradoxerweise so zu sein, dass der Grönlandwal den Winter weit nördlich verbringt, zwischen 78 und 80°N, im Sommer aber in südlichere Breiten (70-73°N) zieht. Hierfür sprechen sowohl historische als auch moderne Beobachtungen, allerdings liegen nur sehr wenige Daten vor.

Biologisches: Da der Grönlandwal heute so selten ist, weiß man wenig über ihn. Wie auch andere Bartenwale, zieht er langsam durch oberflächennahe Gewässer der Ozeane und filtert dabei gewaltige Mengen von Plankton zu seiner Ernährung. Alle 2 Jahre bringt eine Kuh ein Kalb zur Welt, das bei der Geburt 3,5 m lang ist.

Sonstiges: Aus seiner dicken Speckschicht wurde das wertvolle Walöl gewonnen, das eine begehrte Ware war, wie auch die Barten. Daher wurde der Grönlandwal im 17. und 18. Jahrhundert das Opfer eines sehr intensiven, internationalen Walfangs. Die letzten Grönlandwale wurden in Spitzbergen 1911 gefangen, unter Schutz gestellt wurde die Art erst 1939, offensichtlich viel zu spät. Es ist heute kaum noch vorstellbar, wie es vor wenig mehr als 400 Jahren in den Fjorden Spitzbergens von Walen gewimmelt haben muss. Alte Berichte aus Walfangzeiten belegen immense Vorkommen.

4.7.15. WEISSSCHNAUZENDELFIN (*LAGENORHYNCHUS ALBIROSTRIS*)

Hvidnæse (DK) - White-beaked dolphin (E) - Dauphin à nez blanc (F) - Lagenorinco rostrobianco (I) - Kvitnos (N) - Witsnuitdofijn (NL) - Vitnos (S)

Beschreibung: Abbildung auf Seite 182. Weißschnauzendelfine werden 2,5-3 m lang und 350 kg schwer, wirken aber federleicht, wenn sie akrobatisch aus dem Wasser springen. Die von oben und unten cremeweiße Nase und das nördlichere Verbreitungsgebiet helfen, sie von den ähnlichen Weißseitendelfinen zu unterscheiden. An den Seiten hat der Weißschnauzendelfin ein etwas variables Muster aus 2 weißgrauen Feldern.
Verbreitung/Wanderungsverhalten: Der Weißschnauzendelfin kommt im ganzen Nordatlantik vor, von Neufundland bis in die Karasee. Er ist vor fast allen Küsten Nordeuropas zu sehen, einschließlich gelegentlichen Sichtungen in der westlichen Ostsee, und ist vor Norwegen häufig. Im Sommer zieht die Art nach Norden, mitunter bis ans Packeis. Auf Überfahrten von Norwegen nach Spitzbergen kann man den Weißschnauzendelfin häufig sehen. In den Fjorden lässt er sich fast gar nicht blicken.
Biologisches: Von diesem häufigen Delfin ist erstaunlich wenig bekannt. Im Spätsommer kommt der Nachwuchs mit 1,20 m Länge zur Welt. Auf dem Speisezettel stehen verschiedene Fischarten und Tintenfisch.
Sonstiges: Weißschnauzendelfine kommen in Gruppen von wenigen Dutzend bis vielen hundert Tieren vor. Sie sind sehr lebhaft und neugierig, spielen häufig mit der Bugwelle von Schiffen und springen aus dem Wasser. Der Gesamtbestand ist unbekannt, wird aber auf viele zehntausend oder sogar mehrere hunderttausend geschätzt.

4.7.16 AUSGESETZTE UND EINGESCHLEPPTE ARTEN

Früh im 20. Jahrhundert wurden mehrfach Arten ausgesetzt, um jagdbares Wild in Siedlungsnähe zu haben. 1929 wurden in Hiorthhamn, gegenüber von Longyearbyen im Adventfjord, 17 junge **Moschusochsen** aus Grönland freigelassen, die sich zunächst gut hielten und vermehrten. Ganz wohl gefühlt haben sie sich aber auf Spitzbergen offensichtlich nicht, der letzte wurde 1985 gesichtet. Ähnlich ging es 30 **Schneehasen**, die 1930 unfreiwillig von Grönland und Nordnorwegen nach Hiorthhamn umgesiedelt wurden, die letzten hielten sich bis in die 1970er Jahre.

Unabsichtlich eingeführt, vermutlich im Tierfutter, wurde eine **Feldmausart** (*Microtus rossiaemeridionalis*) in Grumantbyen, die sich in der Umgebung bis heute mehr oder weniger wohlfühlt. Sie wurde an etlichen Stellen an der Küste zwischen Longyearbyen und Barentsburg gesichtet, selten auch in der mittleren Umgebung, hat sich aber in der Wildnis noch nicht darüber hinaus etabliert. Darüber hinaus gibt es Mäuse auch in Pyramiden und Barentsburg (zum Infektionsrisiko für Menschen siehe Abschnitt 3.6.6 *Risiken*).

Die weitere **Einfuhr neuer Arten**, absichtlich oder unbeabsichtigt, ist verboten und zum Schutz der Natur unbedingt zu vermeiden. Dazu gehört, Ausrüstung, Stiefel und Kleidung vor der Reise gründlich von Erd- und Pflanzenresten zu reinigen.

Reell ist das Risiko der Einfuhr mit dem Ballastwasser oder am Rumpf von Schiffen. Mannschaften sollten dagegen unbedingt geeignete Maßnahmen treffen wie den regelmäßigen Austausch des Ballastwassers, um Transport über weite Entfernungen zu vermeiden.

4.7.17 RÜCKGRATLOSES

Die Invertebratenfauna Svalbards, also jene Tiere, die keine Wirbelsäule haben, ist sehr unscheinbar, umfasst aber mindestens 1200 Arten an Land (einschließlich vieler winziger Bodenbewohner) und in Süßwasser - und das sind nur die bislang Bekannten, die in der Umgebung der Siedlungen und weniger anderer Orte gefunden wurden. Die Individuenzahlen sind beeindruckend: So wurde geschätzt, dass es in einem Quadratmeter Tundra in Longyearbyen etwa 100 000 Springschwänze gibt!

Zu dieser Artenvielfalt gehören etwa 20 Arten Käfer, Wespen (kleiner als die allgemein bekannten), Fliegen, Flöhe, 2 Motten, Blattläuse, 60 Springschwänze, 140 Milben (meist Bodenbewohner), Spinnen, Würmer (einschließlich Parasiten) und Mikroorganismen. Eine kleine Zahl dieser Arten ist sogar endemisch (kommt nur auf Spitzbergen vor). Es scheint so zu sein, dass die Artenzusammensetzung an der Ostküste der Edgeøya jener in Sibirien stärker ähnelt als an der Westküste Spitzbergens. Sollten künftige Forschungen dies bestätigen, würde dies bedeuten, dass die Drift mit der Strömung von Sibirien über den Arktischen Ozean zur Edgeøya, zusammen mit Treibholz und Eis, für Wirbellose leichter zu überwinden ist als die relativ kurze Distanz von dort zur Westküste.

Die allermeisten dieser Arten finden aber nur Spezialisten, die mit der Lupe über die Tundra kriechen, Steine umdrehen und Bodenproben ins Labor schleppen. Besuchern fallen höchstens Fliegen auf oder winzige rote Milben, die über sonnenbeschienene Steine oder Treibholzstämme kriechen, oder in geschützten Seitenarmen des Isfjord an schönen, windstillen Sommertagen sogar Mücken (eine Art: *Aedes nigripes*), die aber hinsichtlich ihrer Fähigkeit, unschuldige Menschen zu quälen, nicht an die virtuosen Künste ihrer sadistischen Artgenossen in Schweden heranreichen. Eventuell wurden Mücken übrigens unbeabsichtigt vom Menschen nach Spitzbergen gebracht, aber eine natürliche Einwanderung mit dem Wind ist wahrscheinlicher: Die eine Mückenart, die es in Spitzbergen gibt, wurde bereits 1868 am Kap Thordsen entdeckt.

Da bislang so wenig über die Invertebraten Spitzbergens bekannt ist, freut UNIS in Longyearbyen sich über Informationen zu interessanten Beobachtungen (Insekten Fangen und Mitbringen ist allerdings nicht erlaubt). Kontakt: Dr. Steve Coulson. Email: steve.coulson@unis.no, Internet: www.svalbardinsects.net.

P.S.: Der Verfasser weiß, dass Invertebraten keine Säugetiere sind. Die Einordnung dieses kurzen Abschnittes in das Kapitel 4.7 *Säugetiere* ist auch ausschließlich durch die Struktur dieses Buches bedingt und nicht durch die der Evolution.

4.8 VÖGEL

In einem der Möwenberge am Eisfjord wohnt im ersten Stockwerk der Spitzbergen-Alk. Er macht einen Heidenlärm und kläfft wie ein Hund, wenn man die Böschung hinaufklimmt.

Gunnar Holmsen, *Spitzbergens Natur und Geschichte* (1912)

Von etwa 30 Vogelarten, die regelmäßig in Spitzbergen brüten, sind hier die 26 wichtigsten beschrieben. „Wichtig" bedeutet entweder, dass sie wegen ihrer Häufigkeit ins Auge fallen, oder dass sie wegen ihrer Seltenheit für Vogelkundler besonders interessant sind. Die Auswahl ist sicher subjektiv.

Insgesamt wurden 163 Arten in Svalbard nachgewiesen (Stand 1998), viele davon als seltene Irrgäste, die sich „verflogen" haben. Einige der etwa **30 Brutvögel** kommen nur auf der Bjørnøya vor, wie der Eistaucher und der Basstölpel.

Die Beschreibungen beziehen sich auf das Sommerkleid der Altvögel. Eine Beschreibung der verschiedenen Gefiederstadien der Jungvögel sowie des Winterkleids würde den Rahmen sprengen, letzteres bekommt man in der Arktis ohnehin nicht zu sehen. Dafür wird mancher Vogel, den man in Spitzbergen im Brutkleid zu sehen bekommt, Vogelfreunden aus heimischen Breiten im winterlichen Gefieder bekannt sein.

4.8.1 STERNTAUCHER (*GAVIA STELLATA*)

Rødstrubet lom (DK) - Red-throated diver (E) - Plongeon catmarin (F) - Strolaga minore (I) - Smålom (N) - Roodkeelduiker (NL) - Smålom (S)

Beschreibung: Abbildung auf Seite 182. Sowohl auf dem Wasser als auch im Flug erinnern Seetaucher, von denen es weltweit 4 Arten gibt, an große Enten. Der Sterntaucher ist mit einer Länge von 53-69 cm und einem Gewicht von 1 500-1 700 g die kleinste Seetaucherart und die einzige in Spitzbergen (abgesehen von Bjørnøya, wo auch der Eistaucher in geringen Zahlen brütet), so dass die Identifikation einfach fällt. Charakteristisch ist der lange, spitze, leicht hochgebogene Schnabel, der auf der Vorderseite braunrote Hals sowie der ansonsten graue Kopf. Männchen und Weibchen sind optisch nicht zu unterscheiden. Im Flug ist der schlanke Hals langgestreckt und leicht abwärts gebogen, was die Silhouette charakteristisch macht. Man sieht den Sterntaucher entweder im Flug oder aber, in der Brutsaison, direkt neben kleinen Süßwasserseen in der Tundra am Nest beziehungsweise auf dem Wasser schwimmend, wohin er sich schnell flüchtet, wenn Mensch oder Tier sich annähern. Der Sterntaucher liegt tief im Wasser und hat dabei einen eleganten, leicht vorwärts strebenden Umriss. Bei der Fortbewegung an Land, die auf das Nötigste beschränkt bleibt, sieht der Vogel eher tolpatschig aus, da die Beine sehr weit hinten unterm Körper sitzen.

Sterntaucher rufen häufig beim Fliegen; diese lauten, monotonen Flugrufe sind weit zu hören.

Verbreitung/Zugverhalten: Der Sterntaucher ist zirkumpolar in der Arktis und

Subarktis bis zur Zone der borealen (nördlichen) Nadelwälder verbreitet. In Svalbard ist er an der Westküste, im Südosten (Tusenøyane) sowie auf der Bjørnøya am häufigsten. Sterntaucher kommen im Mai oder Juni in die Brutgebiete und bleiben recht lange, bis September oder sogar Oktober. Anschließend ziehen sie nach Süden, in küstennahe Gewässer von Südnorwegen bis zum Mittelmeer.

Biologisches: Sterntaucher brüten paarweise, gelegentlich sieht man mehrere Brutpaare nicht allzu weit voneinander entfernt. Das Nest wird am Rand eines kleinen Sees in flacher Tundra angelegt, manchmal auch auf einem kleinen Inselchen in einem See. Ihre Nahrung in Form kleiner Fische finden Sterntaucher im Meer, wobei sie - wie der Name sagt - recht gut tauchen können; zusätzlich fressen sie Pflanzen und Wirbellose (Insekten) an Land.

Ende Juni oder Anfang Juli, sobald der See beim Nest eisfrei ist, werden 1 bis 3 Eier (meist 2) gelegt. Während der 26-28 Tage langen Brutphase wechseln beide Eltern sich ab, wie auch bei der anschließenden Pflege der Jungvögel, bis diese nach 6 oder 7 Wochen selbstständig werden.

Sonstiges: Die Größe der Population in Svalbard ist unbekannt, dürfte aber nicht allzu hoch sein. Sterntaucher sind sehr schöne, elegante Vögel, und der Anblick eines Sterntauchers bei einem malerischen See in der Tundra ist ein schönes Arktis-Erlebnis. Andererseits sind Sterntaucher sehr scheu und verlassen das Nest schnell, wenn man nur schon 100 oder 200 m entfernt vorbeigeht; Eier und Küken kühlen dann schnell aus oder werden zur Beute von Eisfuchs, Skua oder Eismöwe. Daher sollte man bei der Beobachtung große Vorsicht walten lassen, einen weiten Abstand halten und auf seine eigene Silhouette achten, wenn man plötzlich auf einem Hügel im Sichtfeld eines Sterntauchers erscheint. Wenn Sie Fotos vom Sterntaucher machen wollen, benötigen Sie ein Teleobjektiv mit langer Brennweite. Für wirklich gute Fotos muss man allein sein und viel Zeit haben.

4.8.2 EISSTURMVOGEL (*FULMARUS GLACIALIS*)

Mallemuk (DK) - Northern Fulmar (E) - Pétrel fulmar (F) - Procellaria cenerina (I) - Havhest (N) - Noordse stormvogel (NL) - Stormfågel (S)

Beschreibung: Abbildung auf Seite 183. Länge 45-53 cm, 650-1 000 g schwer. Der Rumpf ist torpedoförmig mit großem Kopf. Das Gefieder ist grau gefärbt und nicht so kontrastreich wie bei Möwen. Es gibt 2 Farbvarianten (Morphe) , in Spitzbergen ist die dunklere Morphe häufiger, weiter südlich die helle. Im Flug erkennt man den Eissturmvogel schon von weitem an seinem steifen, wenig lebhaften Flügelschlag und seinem sehr eleganten, ruhigen Segelflug oft ganz knapp über der Wasseroberfläche; ein Flugverhalten, das ihn eindeutig von den Möwen oder Raubmöwen unterscheidet. Die kleine Röhre auf dem Schnabel macht ihn aus der Nähe unverwechselbar.

Verbreitung/Zugverhalten: Eissturmvögel sind im Nordatlantik weit verbreitet, von Neufundland und Nordfrankreich bis hinauf nach Spitzbergen, wo sie steile Brutfelsen bevölkern, nur auf den abgelegenen Inseln im Nordosten brüten sie nicht.

Außerhalb der Brutsaison erweist sich der Eissturmvogel als echter Meeresvogel mit pelagischer Lebensweise, indem er immer auf hoher See bleibt. Mit Ausnahme der dunkelsten Jahreszeit sind sie fast das ganze Jahr über in Spitzbergen zu sehen, die verbleibende Zeit, etwa 2 Monate, verbringen sie etwas weiter südlich auf offenem Wasser im Nordatlantik. In Spitzbergen brüten Eissturmvögel vor allem an der Westküste und auf der Bjørnøya.

Biologisches: Der Eissturmvogel brütet in kleinen, lockeren Kolonien auf steilen Klippen in Küstennähe und im Inland. Er findet seine Beute wie Tintenfisch, kleine Fische und Plankton nahe der Wasseroberfläche auf offener See und im Treibeis und unternimmt weite Flüge bei der Nahrungssuche.

Wie auch andere Röhrennasen haben Eissturmvögel eine langsame Reproduktionsrate, aber eine hohe Lebenserwartung. Ende Mai wird das einzelne Ei in eine Mulde oder direkt auf den Fels gelegt. Beide Eltern brüten etwa 50 Tage. Küken und Altvögel können das Nest effektiv mit einer gut gezielten, gespuckten Ladung eines stinkenden und zähen Öls verteidigen. Die Mortalität ist gering, Alter von über 60 Jahren kommen vor. Die durchschnittliche Lebenserwartung soll bei 34 Jahren liegen.

Sonstiges: Trotz gewisser äußerlicher Ähnlichkeiten ist der Eissturmvogel nicht mit den Möwen verwandt, sondern ein Vertreter der Röhrennasen, zu denen auch Sturmvögel und Albatrosse gehören. Die meisten davon leben auf der Südhalbkugel.

Die Größe der Eissturmvogelpopulation in Svalbard ist nicht bekannt, aber diese Art gehört zu den am häufigsten gesichteten. Eissturmvögel folgen Schiffen geduldig, so dass man fast immer mehrere Vögel in Sicht hat. Der Anblick eines Eissturmvogels, der bei rauer See ganz „cool“ haarscharf über die sich brechenden Wellen gleitet, ist ein elegantes und eindrucksvolles Bild der Anpassung von Tieren an eine für Menschen hart erscheinende Umgebung.

4.8.3 EIDERENTE (*SOMATERIA MOLLISSIMA*)

Ederfugl (DK) - Common eider (E) - Eider à duvet (F) - Edrodone comune (I) - Ærfugl (N) - Eidereend (NL) - Ejder (S)

Beschreibung: Abbildung auf Seite 183. Die Eiderente ist eine große Tauchente (Länge 58 cm, Gewicht 1,2-2,8 kg) und in Spitzbergen kaum verwechselbar. Eine Ausnahme sind die viel selteneren Prachteiderenten, von denen sich gelegentlich ein Paar in einer größeren Ansammlung von Eiderenten versteckt. Vor allem die Weibchen dieser beiden Arten sind nur schwer auseinanderzuhalten, geübte Beobachter könnten dies anhand von Details des Gesichts.

Bei der Eiderente unterscheiden sich Weibchen und Männchen deutlich voneinander: Das Männchen hat ein auffälliges, kontrastreiches, schwarz-weißes Gefieder, dessen Farbverlauf in jeder Altersphase unterschiedlich aussieht, während das Weibchen ein dunkelbraunes Tarnkleid hat. Markant und von weitem auffällig sind die fehlende „Stirn“, die bei der Prachteiderente deutlich vorgewölbt ist, und die plumpe Größe. Der Rücken des Eiderentenmännchens ist weiß, bei der Prachteiderente schwarz - ein

sicheres Feldkennzeichen, um beide Arten von weitem schon auseinander zu halten.
Verbreitung/Zugverhalten: Eiderenten sind rund um die Arktis und in der Subarktis weit verbreitet. Sie verbringen den Winter überwiegend in den Brutgebieten, nur die nördlichsten Populationen weichen nach Süden aus. Eiderenten aus Svalbard überwintern vermutlich überwiegend in Nordnorwegen und Island.

In Svalbard ist die Eiderente weit verbreitet, vor allem an der West- und Nordküste sowie im Südosten. Sie brütet bevorzugt in dichten Kolonien auf kleinen, flachen Inseln, die mit dem Aufbrechen des Eises für Eisfüchse unzugänglich werden.
Biologisches: Die Paarbindung erfolgt bereits im Herbst und oft bleiben die Paare für mehrere Jahre zusammen, allerdings nicht auf Lebenszeit. Die Brutzeit beginnt, sobald die Brutplätze schneefrei werden (Ende Mai - Mitte Juni). Das Weibchen baut das Nest, eine flache Mulde in der Tundra, die mit Pflanzenstückchen sowie gut isolierenden Eiderdaunen ausgelegt wird. Meistens besteht das Gelege aus 4 bis 6 Eiern, gelegentlich mehr. Es kommt auch vor, dass sich 2 Weibchen ein Nest teilen. Das gut getarnte Weibchen brütet 24 bis 26 Tage, es lebt in dieser Zeit von Fettreserven und geht nicht auf Nahrungssuche. Das Männchen bleibt zunächst in der Nähe, bildet dann aber zusammen mit anderen Männchen an der Küste große Mausertrupps. Sobald die Küken geschlüpft sind, gehen sie zusammen mit der Mutter aufs Wasser und bleiben dort, in unmittelbarer Nähe zur Küste, bis zum Spätsommer oder Herbst.

Typisch für Eiderenten sind große „Kindergärten“: Wenige Weibchen hüten eine ganze Horde von Jungvögeln.
Sonstiges: Die Population in Svalbard wird auf 13 500 bis 27 500 Brutpaare geschätzt, dazu kommt eine größere Anzahl nichtbrütender Alt- und Jungvögel. Im frühen 20. Jahrhundert haben Trapper die Eiderdaunen in großem Umfang von den Nestern gesammelt, was heute immer noch in geringem Maß geschieht. Wenn man es richtig macht, hat es für die Enten keine schädlichen Folgen. Mittlerweile sind Eiderenten wie auch - durch die Einrichtung von Vogelreservaten - die wichtigsten Brutplätze geschützt. Ein großer Teil der Eier und Küken fällt Eismöwen und Eisfüchsen zum Opfer. Eisbären, die sich im Sommer in Brutgebieten aufhalten, leben gerne eine Weile von Rührei, so dass die Brutsaison der Eiderenten erfolglos sein wird.

Wie auch bei anderen Vögeln, muss man während der Brutsaison vorsichtig sein und Störungen der brütenden Weibchen vermeiden (was aufgrund der guten Tarnung leider schwer ist), damit die Eier nicht zum Frühstück für Eismöwe oder Eisfuchs werden.

4.8.4 PRACHTEIDERENTE (*SOMATERIA SPECTABILIS*)

Kongeederfugl (DK) - King Eider (E) - Eider à tête grise (F) - Re degli Edredoni (I) - Praktærfugl (N) - Koningseider (NL) - Praktejder (S)

Beschreibung: Abbildung auf Seite 183. Mit einer Länge von 55 cm und einem Gewicht von 1,5-1,8 kg ist die Prachteiderente geringfügig kleiner als die Eiderente, die Weibchen beider Arten unterscheien sich nur durch kleine Details, insbesondere am Kopf. Einfacher ist es bei den Männchen: Das Prachteiderentenmännchen hat

einen grauen Kopf, eine auffällig gewölbte, farbenprächtige Stirn und einen roten Schnabel. Schon von weitem ist sein dunkler Rücken zu erkennen (beim Eiderentenmännchen: weiß).
Verbreitung/Zugverhalten: Die Prachteiderente ist zirkumpolar in der Arktis verbreitet. In Spitzbergen brütet die Prachteiderente vor allem an der mittleren Westküste sowie bei der Reinsdyrflya im Eingangsbereich des Liefdefjord, möglicherweise aber auch im Osten der Inselgruppe. Sie ist viel seltener als die Eiderente. Den Winter verbringt sie wahrscheinlich an der Küste von Nordnorwegen.
Biologisches: Das bevorzugte Bruthabitat der Prachteiderente ist flache Tundra mit kleinen Süßwasserseen, sie ernährt sich von allerlei Grundlebewesen (Weichtiere, Krebstierchen, ...). Prachteiderenten bilden keine Kolonien, finden sich nach der Brutsaison aber in kleineren Trupps zusammen. Sie kommen etwas später als Eiderenten in die Brutgebiete und legen 4 bis 6 Eier, welche vom Weibchen ausgebrütet werden (22 bis 24 Tage), das Männchen verlässt den Brutplatz kurz nach der Eiablage. Das Weibchen verlässt das Nest mit den Küken meist, bevor diese flugfähig sind, und bildet zusammen mit anderen Weibchen Trupps auf dem Wasser.
Sonstiges: Vor allem das Männchen ist ein schöner, farbenprächtiger Vogel, der hoch oben steht auf der Wunschliste von Vogelbeobachtern, die Spitzbergen besuchen. Es gehört ein wenig Glück dazu, es zu sehen. Wer Ambitionen hat, sollte jeden Schwarm der „normalen" Eiderenten genau absuchen, oft „versteckt" sich eine Prachteiderente darunter. Prachteiderenten sind auch auf dem Wasser meist recht scheu und lassen sich nur selten aus der Nähe betrachten und fotografieren. Die besten Chancen hat man im Juni an kleinen Tümpeln neben der Straße im Adventdalen. Wenn man das Auto nicht verlässt, nehmen die Vögel Beobachter kaum als Bedrohung wahr.

4.8.5 EISENTE (*CLANGULA HYEMALIS*)

Havlit (DK) - Long-tailed duck (E) - Harelde de Miquelon (F) - Moretta codona (I) - Havelle (N) - Ijseend (NL) - Alfågel (S)

Beschreibung: Abbildung auf Seite 184. Es handelt sich um relativ kleine Enten mit ausgeprägtem Sexualdimorphismus (Unterschiede zwischen Männchen und Weibchen): Erpel werden dank ihrer bis zu 13 cm langen, auffälligen Schwanzspieße 50-55 cm lang, Weibchen bringen es auf etwa 40 cm (Gewicht jeweils 650-900 g). Beide haben ein kontrastreiches Gefieder, am auffälligsten ist beim Weibchen der weiße Ring um den Hals und beim Erpel der weiße Kopfseitenfleck.

Eisenten haben ein kompliziertes Mauserschema und wechseln dreimal im Jahr das Gefieder, jeweils für die Brutzeit, den Herbst und den Winter.
Verbreitung/Zugverhalten: Eisenten sind zirkumpolar von der Sub- bis in die Hocharktis anzutreffen und halten sich sowohl im Gebirge als auch in der flachen Tundra auf, in Spitzbergen vorwiegend bei kleinen Seen im Flachland an der Westküste. Die Vögel aus dem Norden Europas ziehen spät, im Oktober oder gar November, sie verbringen den Winter in Nordnorwegen und dem nördlichen Ostseeraum.

Biologisches: Der Speiseplan der Eisenten ist gemischt aus etwas pflanzlicher Kost, aber hauptsächlich Muscheln, Krebstieren und Larven. Als Nestplatz dient ein trockenes Stück Tundra in Süßwassernähe. Die Erpel kehren jedes Jahr zum gleichen Brutplatz zurück und halten von ihren Artgenossen gerne etwas Abstand. Sobald die Schneeschmelze es zulässt, meist gegen Ende Juni, werden 5 bis 9 Eier gelegt und dann gut 4 Wochen lang bebrütet. Unterdessen sammeln sich die Erpel in Trupps zur Mauser. Die Mütter bleiben mit dem Nachwuchs beim nächstgelegenen See und später an der Küste, bis die Jungvögel nach 5-6 Wochen flugfähig sind und unabhängig werden.
Sonstiges: Eisenten sind recht gute Flieger und erreichen im Tiefflug Geschwindigkeiten bis zu 100 km/h.

4.8.6 KURZSCHNABELGANS (*ANSER BRACHYRHYNCHUS*)

Kortnæbbet gås (DK) - Pink-footed goose (E) - Oie à bec court (F) - Oca delle zampe rosse (I) - Kortnebbgås (N) - Kleine rietgans (NL) - Kortnæbbet gås (S)

Beschreibung: Abbildung auf Seite 184. Die Kurzschnabelgans ist eine mittelgroße Gans (Länge 60-75 cm, Gewicht 2,2-3,5 kg) mit recht kurzem Hals, überwiegend schwarzem Schnabel und rosafarbenen Beinen. Sie erscheint deutlich weniger kontrastreich als die Weißwangengans.
Verbreitung/Zugverhalten: Die Kurzschnabelgans ist ein ausgeprägt hocharktischer Vogel und brütet in Island, Ostgrönland und Svalbard, wo sie auf der gesamten Inselgruppe anzutreffen ist, aber vor allem im westlichen Teil. Den Winter verbringt sie in Küstengebieten rund um die Nordsee; die Insel Andøya in Nordnorwegen dient unterwegs als wichtiger Rastplatz.
Biologisches: Als Ernährung dienen der Kurzschnabelgans vor allem Blätter und Knospen. Sie trifft bereits Mitte bis Ende Mai in den Brutregionen ein und brütet dort einzeln oder in lockeren Kolonien auf der Tundra am Fuße steiler Klippen. Das Weibchen legt Anfang Juni 2 bis 5 oder sogar 7 Eier und bebrütet diese knapp 4 Wochen lang, während das Männchen sich daran nicht direkt beteiligt, aber das Nest bewacht und notfalls verteidigt. Die Jungvögel verlassen das Nest schnell und sind nach 2 Monaten flugfähig. Die Altvögel mausern im Juli, sind dann flugunfähig und bilden zum Schutz größere Trupps, bis sie im September mit frisch nachgewachsenen Schwungfedern den Rückweg nach Süden antreten. Die Familie bleibt bis zum nächsten Frühjahrszug zusammen.
Sonstiges: Die Kurzschnabelgans ist in Spitzbergen die zahlreichste Gänseart, wird aber sowohl dort als auch in den Überwinterungsgebieten gejagt und ist daher ziemlich scheu. Man muss somit von Nestern sowie von Vögeln in der Mauser großen Abstand halten und auf Fotos verzichten. Man sieht sie in der zweiten Maihälfte für einige Tage zahlreich in und um Longyearbyen, auch dicht bei den Wegen und Straßen.

4.8.7 WEISSWANGENGANS (*BRANTA LEUCOPSIS*)

Bramgås (DK) – Barnacle goose (E) – Bernache nonnette (F) – Oca a faccia bianca (I) – Hvitkinngås (N) – Brandgans (NL) – Vitkindad gås (S)

Beschreibung: Abbildung auf Seite 184. Die Weißwangengans, auch Nonnengans genannt, ist eine mittelgroße Gans (58-70 cm lang, 1,5-2 kg schwer) mit kontrastreichem Gefieder, schwarzem Hals und teilweise weißem Kopf. Sie ist kaum mit einer der beiden anderen in Spitzbergen brütenden Gänsearten verwechselbar.
Verbreitung/Zugverhalten: Es gibt 3 Regionen, in denen Weißwangengänse brüten: Nordostgrönland, Spitzbergen und Nordwestrussland bis hinab in den Ostseeraum. Die wichtigsten Brutgebiete in Svalbard liegen in den Tusenøyane sowie an der Westküste Spitzbergens. Die Vögel aus Spitzbergen verbringen den Winter in der Grenzregion von England und Schottland, wobei die Bjørnøya im September ein wichtiger Rastplatz auf dem Herbstzug ist. Auf dem Weg nach Norden machen die Weißwangengänse an der Westküste von Norwegen Pause.

Die Weißwangengänse aus Grönland überwintern in Island und im Westen von Schottland, und jene aus Russland an der deutschen und niederländischen Nordseeküste.
Biologisches: Weißwangengänse sind eingefleischte Vegetarier und ernähren sich von Pflanzen und Moosen.

Als bevorzugte Brutplätze für diese in Kolonien brütenden Gänse dienen Felsterrassen auf Klippen sowie kleine Inseln in Seen und an der Küste, möglichst außerhalb der Reichweite von Füchsen. Das Gelege besteht aus 4 oder 5 Eiern, die für 24-25 Tage von den Weibchen bebrütet werden. Das Männchen bleibt in der Nähe und verteidigt die Familie gegen Füchse oder andere Angreifer, falls nötig.

Sobald die Küken geschlüpft sind, verlässt die Gänsefamilie den Brutplatz und verbringt die nächsten Wochen in vegetationsreicher Tundra bei einem See oder der Küste, so dass sie bei Gefahr schnell aufs Wasser flüchten kann. Die Altvögel mausern während dieser Zeit und sind daher für eine Weile flugunfähig, der Nachwuchs hat im Alter von 40-45 Tagen die Kunst des Fliegens gelernt.

Nach der Mauser finden die Gänse sich in großer Anzahl an Sammelplätzen mit reicher Vegetation ein, wo sie sich für den bevorstehenden Zug nach Süden stärken. Die Gänsefamilie bleibt bis zum nächsten Frühjahrszug zusammen.
Sonstiges: Früher sind Weißwangengänse in Svalbard fast bis zur Ausrottung gejagt worden, haben sich mittlerweile aber wieder gut erholt. Die Population ist stabil oder wächst sogar, so dass möglicherweise in Zukunft sogar wieder eine begrenzte Jagd erlaubt werden wird. Die starke räumliche Konzentration zu bestimmten Zeiten wie vor dem Herbstzug macht Weißwangengänse anfällig für Störungen.

4.8.8 ALPENSCHNEEHUHN (*LAGOPUS MUTA HYPERBOREA*)

Fjeldrype (DK) - Rock ptarmigan (E) - Lagopède des Alpes (F) - Pernice bianca (I) - Svalbardrype (N) - Sneeuw hoen (NL) - Fjällripa (S)

Beschreibung: Abbildung auf Seite 185. Alpenschneehühner sind 35-40 cm lang und 490-1 200 g schwer. Im Winter weiß, haben sie im Sommer ein bräunliches Federkleid. Das Männchen mausert später als das Weibchen. Die gut getarnten Vögel sind sehr schwer zu entdecken, dann aber unverwechselbar. Meist hört man zunächst den Ruf.
Verbreitung/Zugverhalten: Alpenschneehühner sind zirkumpolar verbreitet. Die Unterart *L. m. hyperboreus* gibt es nur in Svalbard und Franz Josef Land, sie kommt fast überall in Svalbard vor. Das Alpenschneehuhn ist der einzige Vogel, der während des Winters auf den Inseln bleibt.
Biologisches: Das Alpenschneehuhn lebt von Vegetation, wobei die genaue Zusammensetzung des Speiseplans je nach Jahreszeit wechselt. Der Hahn sucht schon Mitte März das Brutrevier auf, oft steile, steinige Hänge, soweit hinauf, wie noch Vegetation vorhanden ist. Die Paarung erfolgt im Mai, die Ablage der 9-11 Eier Anfang/Mitte Juni, je nach Zeitpunkt der Schneeschmelze. Die Henne brütet 3 Wochen lang.
Sonstiges: Die Größe der Population in Svalbard ist unbekannt. Insgesamt ist das Alpenschneehuhn häufig in Svalbard (3-5 Hähne mit je 1 bis 2 Hennen pro Quadratkilometer in geeignetem Gelände). Im Herbst und Frühwinter wird das Alpenschneehuhn gejagt, die Zahl pro Saison geschossener Vögel liegt zwischen 1 000 und 2 000.

4.8.9 MEERSTRANDLÄUFER (*CALIDRIS MARITIMA*)

Sortgrå ryle (DK) - Purple sandpiper (E) - Bécasseau violet (F) - Piovanello violetto (I) - Fjæreplytt (N) - Paarse Strandloper (NL) - Skärsnäppa (S)

Beschreibung: Abbildung auf Seite 185. Der Meerstrandläufer ist ein kleiner, kräftiger Watvogel (Länge 21 cm, Gewicht 60-100 g) mit einem schwach abwärts gekrümmten, 3 cm langen Schnabel. Die Geschlechter sind nicht unterscheidbar. Im Sommer ist das Gefieder an Kopf, Rücken und Flügeloberseiten tarnfarben bräunlich-rostgelb gemustert und auf der Unterseite hell. Unter den kleinen Vögeln, die man an der Küste und in der Tundra sehen kann, ist der Meerstrandläufer einer der häufigsten, oft treten mehrere gleichzeitig auf.
Verbreitung/Zugverhalten: Meerstrandläufer sind vom Nordosten Kanadas bis in den Nordwesten von Russland verbreitet. In Spitzbergen brüten sie auf flacher, eher trockener Tundra fast überall. Sie erreichen die sommerlichen Brutgebiete in der ersten Maihälfte und bleiben dort bis September oder Oktober. Dann ziehen sie in die Überwinterungsgebiete, an die Küsten von Nordnorwegen oder nach Südschweden.
Biologisches: Meerstrandläufer ernähren sich von kleinen Krebstierchen und Insekten und sind zur Futtersuche in der Gezeitenzone unterwegs. Man sieht sie aber auch küstenfern und in einiger Höhe über dem Meer.

Brutpaare bauen ihr Nest einzeln aus Pflanzenstückchen in der Tundra. Anschließend

brüten die Eltern 12-13 Tage lang gemeinsam die 4 Eier aus, hauptsächlich jedoch das Männchen. Dieses kümmert sich anschließend eine Weile um den Nachwuchs, der schnell das Nest verlässt.
Sonstiges: Wenn man dem Gelege zu nahe kommt, spielt der Meerstrandläufer verletzt und läuft auffällig mit einem hochgestreckten Flügel davon, um den potenziellen Angreifer vom Nest wegzulocken. Bei diesem „Verleiten" genannten Verhalten sollte man Abstand suchen, damit Eier und Brut nicht durch Kälte, Füchse oder Eismöwen gefährdet werden; der Vogel führt einen vom Nest weg, so dass es günstig sein kann, ihm zu folgen, wenn unklar ist, wo sich das Nest befindet. Meerstrandläufer auf Nahrungssuche sind oft gar nicht so scheu und lassen sich gut beobachten.

4.8.10 SCHNEEAMMER (*PLECTROPHENAX NIVALIS*)

Snespurv (DK) - Snow bunting (E) - Bruant des neiges (F) - Zigolo della neve (I) - Snøspurv (N) - Sneeuwgors (NL) - Snösparv (S)

Beschreibung: Abbildung auf Seite 185. Schneeammern (Länge 16-17 cm, Gewicht 25-40 g) sind kleiner als Amseln und haben ein kontrastreiches Gefieder mit weißem Bauch und hellem Kopf sowie fleckig-braunen Flügeln und Rücken. Das Männchen (ganz weißer Kopf) ist weitgehend schwarzweiß und kontrastreicher als das Weibchen. Schneeammern sind in Spitzbergen nicht nur die Vögel ihrer Größe mit dem kontrastreichsten Gefieder, sondern auch die einzigen Singvögel.
Verbreitung/Zugverhalten: Die Schneeammer ist zirkumpolar verbreitet, den Winter verbringt sie in gemäßigten Breiten. In Spitzbergen findet man sie von Ende März/April bis Ende August/September fast überall. Dann ziehen sie nach Nordrussland in die Region des Weißen Meeres sowie in die Steppe nördlich des Kaspischen Meeres und nach Kasachstan.
Biologisches: Auf dem Speiseplan stehen vor allem Samen, untergeordnet auch Insekten, soweit verfügbar. In Bezug auf das Bruthabitat sind Schneeammern nicht gerade wählerisch, Nester dieses paarweise brütenden Vogels findet man überall von vegetationsreichen Stellen in der Nähe von Seevogelkolonien bis hin zu kargen Berghängen, in Küstennähe und weit im Land. Meist ist das gut isolierte Nest allerdings bestens versteckt. Kurz nach der Ankunft im Brutgebiet im April bauen sie sich zum Schutz vor extremem Wetter mitunter vorübergehend kleine Schneehöhlen. Das Männchen etabliert ein Territorium und lockt mit seinem Gesang ein Weibchen an. Ende Mai oder Anfang Juni legt das Weibchen 4 bis 7 Eier und brütet 12 bis 14 Tage lang. Hierbei beteiligt sich das Männchen nicht, hilft aber bei der Suche nach Nahrung, während die Küken nach dem Schlüpfen noch 12 bis 14 Tage lang gefüttert werden.
Sonstiges: Die genaue Größe der Population in Svalbard ist unbekannt, liegt aber bei einigen 1 000 Brutpaaren und kann kurzfristig kräftig schwanken. Langfristig scheint der Bestand aber stabil zu sein. Schneeammern sieht man häufig.

Ihr melodischer Gesang ist im Frühling ein willkommenes Geräusch, denn er kündigt den Sommer an.

4.8.11 THORSHÜHNCHEN (*PHALAROPUS FULICARIUS*)

Thorshane (DK) - Grey phalarope (E) - Phalarope à bec large (F) - Falaropo beccolargo (I) - Polarsvømmesnipe (N) - Rosse Franjepoot (NL) - Brednäbbad simsnäppa (S)

Beschreibung: Abbildung auf Seite 186. Das Thorshühnchen ist im Brutkleid weitgehend rostrot, abgesehen von den tarnfarbenen Oberseiten von Flügeln und Kopf sowie einem weißen Bereich um die Augen herum. Es handelt sich um einen kleinen Vogel (Länge 20 cm, Gewicht 40-75 g). Die Geschlechter unterscheiden sich auf ungewöhnliche Weise voneinander: Das Weibchen ist nicht nur etwas größer, sondern im Gegensatz zum Normalfall in der Vogelwelt hat es auch das etwas auffälliger gefärbte Gefieder. Dies hängt mit dem Brutverhalten der Thorshühnchen zusammen.
Verbreitung/Zugverhalten: Man findet das Thorshühnchen rund um den Nordpol in der Hocharktis. In Svalbard brütet es nahezu überall in Küstennähe, am häufigsten ist es allerdings an der Westküste und der westlichen Nordküste Spitzbergens, den Tusenøyane sowie auf Bjørnøya. Im Winter mögen Thorshühnchen es warm und ziehen bis in die Tropen, Vögel aus Svalbard überwintern vermutlich vor der Küste von Westafrika. Die Brutplätze erreichen sie Anfang oder Mitte Juni und bleiben dort bis Ende Juli oder Anfang August. Die Weibchen ziehen zuerst, die Männchen folgen, sobald das Brutgeschäft endgültig beendet ist.
Biologisches: Thorshühnchen brüten paarweise oder in kleinen, lockeren Kolonien auf flacher, feuchter und reich bewachsener Tundra, meist in der Nähe kleiner Tümpel. Brutvögel sind recht ortstreu und kehren mehrfach an den gleichen Brutplatz zurück. Ihre Nahrung finden Thorshühnchen auf der Tundra, in flachen Tundraseen oder an der Küste, sie leben von Insekten und kleinen Krebstierchen.

Beim Brutverhalten haben Thorshühnchen die Rollen weitgehend getauscht. Die Ablage der 4 Eier um Mitte Juni ist noch Angelegenheit der Weibchen, aber dann übernehmen die Männchen das Ausbrüten (18-20 Tage) und die Pflege des Nachwuchses (16-18 Tage). Das Weibchen kann sich noch einmal mit einem anderen Männchen paaren. Nach der zweiten Eiablage zieht es rasch in den warmen Süden.
Sonstiges: Im Winter ist das Thorshühnchen grau (daher der englische Name) und unansehnlich. Daher wollen viele, die diesen Vogel außerhalb der Brutsaison in Europa schon gesehen haben, ihn einmal im Sommer in der Arktis erleben. Auch das auffällige Rollenverhalten macht ihn interessant. Mit etwas Glück und in der richtigen Gegend kann man gleich mehrere Thorshühnchen direkt am Strand beobachten, wobei man sich zu Fuß oder mit dem Schlauchboot manchmal recht gut annähern kann.

Bei der Nahrungssuche zeigen Thorshühnchen gelegentlich ein merkwürdiges Verhalten, indem sie auf flachem Wasser sitzen und sich schnell im Kreis drehen. Dabei wirbeln sie Nahrung vom Gewässergrund auf. Aufgrund dieses Verhaltens nennt man die Gattung, denen Thors- und Odinshühnchen angehören, Wassertreter.

4.8.12 KÜSTENSEESCHWALBE (*STERNA PARADISAEA*)

Havterne (DK) - Arctic tern (E) - Sterne arctique (F) - Rondine di mare coda lunga (I) - Rødnebbterne (N) - Noordse stern (NL) - Silvertärna (S)

Beschreibung: Abbildung auf Seite 186. Die Küstenseeschwalbe ist die einzige Seeschwalbe, die in Svalbard brütet, und daher unverwechselbar. Männchen und Weibchen sind nicht zu unterscheiden. Mit 35 cm Länge und 100-125 g Gewicht ist sie für Seeschwalben recht klein.

Verbreitung/Zugverhalten: Die Küstenseeschwalbe ist zirkumpolar in der Sub- und Hocharktis verbreitet, sie ist die nördlichste Seeschwalbenart. Ihre lange Zugroute hat sie berühmt gemacht: Mit ihren Brutplätzen in der Arktis und ihren Überwinterungsgebieten in küstennahen Gewässern der Antarktis ist sie der Zugvogel, der jährlich die größte Distanz zurücklegt (bis zu 30 000 km pro Jahr). Ende Mai/Anfang Juni trifft sie in den Brutgebieten ein und verlässt diese wieder Ende August oder in der ersten Septemberhälfte.

Küstenseeschwalben brüten auch in unmittelbarer Nähe von Menschen, z.B. am Campingplatz in Longyearbyen oder an den Wegen in den Siedlungen, vor allem in Ny Ålesund.

Biologisches: Die Küstenseeschwalbe brütet in mehr oder weniger dichten Kolonien auf flacher Tundra, meist in Küstennähe oder direkt am Strand sowie auf kleinen Inseln. Oft sieht man sie im Sturzflug über dem Meer auf Beutejagd, wo sie an der Wasseroberfläche kleine Fische, Krebstierchen oder Insekten findet.

Sobald die Kolonieplätze schneefrei sind, beginnen die Küstenseeschwalben mit der Brut, aber wenn die Schneeschmelze erst sehr spät einsetzt, verzichten sie mitunter auf die Brutsaison. Das Nest befindet sich in einer kleinen Mulde direkt auf dem Boden, hier werden 2 Eier gelegt (gelegentlich 1 oder 3) und von beiden Eltern für 3 Wochen bebrütet. Nach 3 Tagen verlässt das Küken das Nest, wird noch 3 Wochen lang von den Altvögeln gefüttert und ist dann selbstständig.

Wie auch andere Meeresvögel, setzen Küstenseeschwalben auf eine niedrige Reproduktionsrate und hohe Lebensspanne. Ein Individuum wurde 21 Jahre nach dem Beringen wieder gesichtet.

Sonstiges: Küstenseeschwalben verteidigen ihre Kolonien sehr aggressiv gegen sämtliche Eindringlinge: Raubvögel, Füchse, Eisbären und Menschen. Alle werden im Sturzflug attackiert

Angreifende Küstenseeschwalbe.

und manchmal auch mit den spitzen Schnäbeln traktiert. Wenn Sie von Küstenseeschwalben angegriffen werden, sollten Sie sich schnell zurückziehen (verzichten Sie auf Fotos vom Gelege, wie überhaupt bei allen Vogelarten). Die Vögel greifen laut schreiend den höchsten Punkt ihres Opfers an, halten Sie also einfach Stativ, Wanderstock, Schießeisen oder Ihren Reiseleiter hoch, um Ihren Kopf zu schützen. Und schlagen Sie keinesfalls nach den angreifenden Küstenseeschwalben!

Da die Schwalben ihre Kolonien recht erfolgreich verteidigen, mischen andere Vögel wie Eiderenten sich gerne zum Brüten unter die Küstenseeschwalben. Wenn hartnäckige Angreifer (v.a. Füchse oder Bären) den Bruterfolg zu sehr beeinträchtigen, werden die Küstenseeschwalben ihr Glück in der nächsten Brutsaison eher an einer anderen Stelle versuchen.

Die Gesamtpopulation in Svalbard beträgt vermutlich um 10 000 Brutpaare oder etwas weniger (gefühlt 10 000 000 000 in der Nähe aggressiver Kolonien), der Populationstrend ist unbekannt.

4.8.13 SKUA (*STERCORARIUS SKUA*)

Storkjove (DK) - Great skua (E) - Grande labbe (F) - Stercorario maggiore (I) - Storjo (N) - Grote jager (NL) - Storlabb (S)

Beschreibung: Abbildung auf Seite 186. Die Skua ist die größte Raubmöwe (50-58 cm lang, Gewicht 1,2-1,8 kg) und hat ein recht einheitlich-dunkelbraunes Gefieder, nur die Handschwingen weisen ober- und unterseits weiße Flecken auf, was im Flug gut sichtbar ist. Mit den breiten Flügeln und dem kräftigen, an der Spitze leicht gebogenen Schnabel erinnert sie an einen Greifvogel.
Verbreitung/Zugverhalten: Die Skua ist ein primär subarktischer Vogel und brütet im östlichen Nordatlantik von Island über die Færøer und die Shetlands bis nach Norwegen. Als Brutvogel wurde sie auf der Bjørnøya 1970 und auf Spitzbergen 1976 erstmals beobachtet, hat sich seitdem aber gut etabliert und brütet auf der gesamten Inselgruppe mit Ausnahme des hocharktischen Nordostens. Sie verbringt den Winter auf dem offenen Atlantik etwas südlich der Brutgebiete.
Biologisches: Skuas mögen Fisch, vor allem, wenn andere ihn gefangen haben: Wie auch die anderen Raubmöwen, so jagen sie Seevögeln oft die Beute ab. Vor allem aber räubern sie Eier und Nachwuchs anderer Vögel.

Die 2 Eier werden in eine kleine Vertiefung auf flacher Tundra gelegt und von beiden Eltern zusammen gut 4 Wochen lang ausgebrütet. Anschließend hält sich die Familie noch 6-7 Wochen lang in Nestnähe auf, bis die Jungvögel flugfähig sind.
Sonstiges: Die kräftigen Skuas verteidigen Nest und Nachwuchs aggressiv und wirkungsvoll, so dass man freiwillig schnell wieder auf Abstand geht, wenn man versehentlich zu nahe kommt.

Skuas sind Schmarotzerraubmöwen genetisch sehr ähnlich. Auch auf der Südhalbkugel gibt es große Raubmöwen, die der Skua des Nordens zum Verwechseln ähnlich sehen.

4.8.14 SPATELRAUBMÖWE (*STERCORARIUS POMARINUS*)

Mellemkjove (DK) - Pomarine skua (E) - Labbe pomarin (F) - Stercorario mezzano (I) - Polarjo (N) - Middelste jager (NL) - Bredstjärtad labb (S)

Beschreibung: Abbildung auf Seite 186. Mittelgroße (44-51 cm lang, Gewicht 550-900 g) Raubmöwe mit auffällig langem Schwanz, der von der Seite deutlich löffelförmig aussieht. Die Geschlechter sind äußerlich nicht unterscheidbar. Das Gefieder ist meist hell-dunkel kontrastreich, aber es gibt auch eine seltene, vollständig dunkle Morphe. Es besteht Verwechslungsgefahr mit der häufigeren Schmarotzerraubmöwe.
Verbreitung/Zugverhalten: Die Spatelraubmöwe brütet in der Hocharktis Nordamerikas und Sibiriens. Sie hält sich meist auf dem Meer auf, nur zum Brüten sucht sie flache Tundragebiete in Küstennähe auf, gerne mit Seen oder Flüssen. Svalbard gehört nicht zu ihren üblichen Brutgebieten, aber auf den umliegenden Meeren wird sie regelmäßig gesehen, vor allem in Eisnähe. Im Winter mögen Spatelraubmöwen es warm und ziehen bis in tropische Breiten vor Westafrika.
Biologisches: Die liebste Beute der Spatelraubmöwen sind kleine Nagetiere, was auch erklärt, warum sie in Svalbard nicht brüten. Dort jagen sie anderen Seevögeln die Beute ab und stehlen Eier sowie Jungvögel.
Sonstiges: Die Spatelraubmöwe gehört nicht zu den regelmäßigen Brutvogelarten Svalbards, lässt sich aber regelmäßig blicken und gehört für viele Vogelkundler zu den Höhepunkten einer Spitzbergen-Reise. Die besten Chancen hat man auf dem Meer in Eisnähe oder im frühen Sommer auf See südlich von Spitzbergen.

4.8.15 SCHMAROTZERRAUBMÖWE (*STERCORARIUS PARASITICUS*)

Almindelig kjove (DK) - Arctic skua (E) - Labbe parasite (F) - Labbo (I) - Tyvjo (N) - Kleine jager (NL) - Kustlabb (S)

Beschreibung: Abbildung auf Seite 187. Die Schmarotzerraubmöwe ist eine mittelgroße Raubmöwe (Länge 46 cm mit Schwanzfedern, Gewicht 350-600 g). Sie hat ein kontrastreiches Gefieder mit dunkler Kappe, hellem Hals und Bauch sowie dunklem Rücken und Flügeln. Sie ist leicht mit der Spatelraubmöwe und der Falkenraubmöwe zu verwechseln, die beide deutlich seltener sind. Unterscheidungsmerkmale sind die Größe (die Falkenraubmöwe ist etwas kleiner und eleganter im Körperbau) und der Schwanz (jeweils deutlich länger bei Falken- und Spatelraubmöwe, bei letzterer mit charakteristischer Löffelform). Neben dieser „normalen" Variante gibt es von der Schmarotzerraubmöwe noch die deutlich seltenere dunkle Morphe, bei der das gesamte Gefieder dunkel ist. Die dunkle Morphe ist selten in Svalbard, sie hält sich eher weiter südlich auf.
Verbreitung/Zugverhalten: Während der Brutsaison ist die Schmarotzerraubmöwe rund um den Pol in Arktis und Subarktis anzutreffen. In Svalbard findet man sie überall, sie ist aber an der West- und Nordküste am häufigsten. Sie verbringt den Winter auf offener See, vermutlich vor der Küste von West- und Südwestafrika.

Biologisches: In Spitzbergen brütet die Schmarotzerraubmöwe paarweise in der ebenen Tundra, oft auf einer flachen Erhebung mit guter Sicht, wo sie ihr Nest aggressiv gegen potenzielle Angreifer verteidigt. Anfang Juni erreicht sie die Brutgebiete im hohen Norden, wobei sie fast immer zum gleichen Ort zurückkehrt. Nach der Eiablage Anfang Juli wird das Gelege aus 1 oder 2 Eiern von beiden Eltern für 26 Tage bebrütet. Bald nach dem Schlüpfen der Jungvögel verlässt die Familie das Nest. Beide Eltern bleiben mit dem Küken zusammen, bis dieses nach etwa 5 Wochen flugfähig ist.

Wie der Name schon sagt, geht die Schmarotzerraubmöwe eher nicht selbst auf Nahrungssuche, sondern jagt anderen Vögeln wie Dreizehenmöwen und Dickschnabellummen ihre Beute ab. Dabei greift sie diese im Flug an, bis das Opfer seine Beute fallenlässt beziehungsweise wieder hochwürgt. Ansonsten ernährt sie sich auch räuberisch von den Eiern und Küken anderer Vögel. In anderen Brutgebieten sind Nagetiere eine wichtige Nahrungsquelle, die in Spitzbergen aber wegfällt, da es keine Lemminge oder Mäuse gibt.

Sonstiges: Die Schmarotzerraubmöwe ist mit Abstand die häufigste Raubmöwe in Spitzbergen, die dortige Population wird auf 1 000 Brutpaare geschätzt. In der flachen Tundra trifft man häufig auf sie. Aufgrund des guten Tarngefieders sind sie oft schlecht sichtbar. Häufig versucht zunächst einer der Altvögel, verletzt zu spielen und somit eine leichte Beute vorzutäuschen, um dadurch Angreifer vom Nest wegzulocken. Wenn man zu nahe ist, wird die Schmarotzerraubmöwe sich aggressiv verteidigen und vermeintliche oder tatsächliche Angreifer im Sturzflug attackieren. In diesen Fällen hilft vor allem der schnelle Rückzug - verzichten Sie in jedem Fall auf Fotos vom Nest, damit die Eier nicht auskühlen oder Beute anderer Räuber werden.

4.8.16 FALKENRAUBMÖWE (*STERCORARIUS LONGICAUDUS*)

Lille kjove (DK) - Long tailed Skua (E) - Labbe à longue queue (F) - Labbo codalunga (I) - Fjelljo (N) - Kleinste jager (NL) - Fjällabb (S)

Beschreibung: Abbildung auf Seite 187. Die Falkenraubmöwe ist mit 53 cm zwar insgesamt länger als die deutlich häufigere Schmarotzerraubmöwe (46 cm), ist aber tatsächlich etwas kleiner und leichter (220-350 g), da die 15 cm weit überstehenden Spieße (Schwanzfedern) eingerechnet sind. Sie wirkt schlanker und eleganter. Sie hat eine schwarze Kappe, weiße Brust und einen weißen Nacken und ist ansonsten überwiegend graubraun. Charakteristisch sind die langen Schwanzspieße der Falkenraubmöwe sowie ihr eleganter, beinahe schwalbengleicher Flug.

Verbreitung/Zugverhalten: Die Falkenraubmöwe kommt zirkumpolar vor, vereinzelt auch in Norwegen, vor allem im Norden. In Spitzbergen ist die Falkenraubmöwe sehr selten, da ihre Hauptnahrungsquelle fehlt, die Nagetiere. Es gibt eine kleine Anzahl Brutpaare auf der Blomstrandhalvøya im Kongsfjord, eventuell auch im Ekmanfjord und im Austfjord. Auch im Treibeis ist sie gelegentlich zu sehen, möglicherweise auf dem Weg zu oder von den Brutplätzen in Grönland und der russischen Arktis. Den

Winter verbringt die Falkenraubmöwe im Südatlantik.
Biologisches: Die Falkenraubmöwe ernährt sich vor allem von Nagetieren. In Ostgrönland, wo es Nager gibt, ist sie ein häufiger Brutvogel. In Spitzbergen ernährt sie sich von Insekten, Kadavern und Zooplankton im ufernahen Wasser.

Sie brütet paarweise auf flacher, trockener Tundra. Die Eier - selten 1, meist 2 - werden von beiden Eltern 23 Tage lang ausgebrütet. Nach wenigen Tagen verlassen die Küken das Nest, bleiben aber noch bei ihren Eltern, bis sie in einem Alter von etwa 25 Tagen flugfähig sind.
Sonstiges: In Spitzbergen ist die Falkenraubmöwe recht neugierig und leicht zu beobachten und zu fotografieren.

4.8.17 SCHWALBENMÖWE (*LARUS SABINI* ODER *XEMA SABINI*)

Sabinemåge (DK) - Sabine's gull (E) - Mouette de Sabine (F) - Gabbiano a coda forcuta (I) - Sabinemåke (N) - Vorkstaartmeeuw (NL) - Tärnmås (S)

Beschreibung: Abbildung auf Seite 188. Mit einer Länge von 33 cm und einem Gewicht von 150-210 g ist die Schwalbenmöwe eine eher kleine Möwe. In Svalbard ist sie die einzige Möwe mit dunklem Kopf und daher leicht zu erkennen, wenn man diesen seltenen Vogel überhaupt sieht. Die Geschlechter sind nicht unterscheidbar. Lebhafter, eleganter Flug. Die äußeren Ränder und Spitzen der Flügel sind schwarz.
Verbreitung/Zugverhalten: Die Schwalbenmöwe brütet in der Subarktis bis Hocharktis von Nordamerika über Grönland und Spitzbergen bis Nordrussland. In Svalbard ist sie sehr selten, es gibt nur ganz wenige Brutlokalitäten im Norden, darunter Moffen, Lågøya und Storøya. Den Winter verbringen Schwalbenmöwen vor der Küste von Südwestafrika sowie Südwest-Südamerika.
Biologisches: Wichtige Nahrungsquellen sind kleine Fische und marine Wirbellose, gelegentlich auch Eier und Küken anderer Vögel. Als Bruthabitat bevorzugt die Schwalbenmöwe flache, trockene Tundra mit Süßwasser in Reichweite. Aus den 2 oder 3 Eiern schlüpfen die Küken nach 23 bis 26 Tagen Brut durch beide Altvögel. Nach wenigen Stunden verlassen die Küken das Nest und folgen ihren Eltern zur Küste oder zu einem Teich, wo sie abwarten, bis sie flugfähig sind. Jungvögel verbringen den ersten Sommer vermutlich in den Überwinterungsregionen im Süden.
Sonstiges: Die Population in Svalbard ist sehr klein und liegt vermutlich unterhalb von 10 Brutpaaren, entsprechend ist diese Möwe nur sehr selten zu sehen. Auch global ist die Schwalbenmöwe mit unter 10 000 Brutpaaren nicht gerade ein häufiger Vogel. Chancen, sie in Svalbard zu sehen, bestehen für Leute mit guten, geschulten Augen und Ferngläsern oder Spektiv bei Moffen oder auf der Nordseite des Nordaustland sowie im Treibeis. Auch am Monacobreen lassen sich Schwalbenmöwen blicken. Hier wie auch bei Moffen ist es schwierig, sie inmitten tausender Dreizehenmöwen und Küstenseeschwalben ausfindig zu machen. Schwalbenmöwen brüten gerne in Kolonien der aggressiven Küstenseeschwalben, die jeden Eindringling wirkungsvoll verscheuchen. Der englische Name der Schwalbenmöwe, „Sabine's gull", leitet sich

von Sir Edward Sabine ab, der sie 1818 bei Grönland entdeckt hatte.

4.8.18 ELFENBEINMÖWE (*PAGOPHILA EBURNEA*)

Ismåge (DK) - Ivory gull (E) - Goéland sénateur (F) - Gabbiano eburneo (I) - Ismåke (N) - Ivoormeeuw (NL) - Ismås (S)

Beschreibung: Abbildung auf Seite 189. Die Elfenbeinmöwe ist eine mittelgroße Möwe mit reinweißem Gefieder und gelbem Schnabel, nur die Beine und Augen sind schwarz. Länge 44 cm, Gewicht 400-500 g.
Verbreitung/Zugverhalten: Elfenbeinmöwen sind in bestimmten Regionen in der Hocharktis rund um den Pol verbreitet. In Svalbard brütet sie in den entlegenen Regionen im Nordosten und Osten (Sjuøyane, Nordaustland, Kong Karls Land). Die Kolonien sind klein, wechseln gelegentlich den Standort und befinden sich meistens an steilen Klippen, oft weit im Landesinneren auf Nunatakkern (Bergen innerhalb von Gletschern), selten auf flachem Grund.

Die Elfenbeinmöwe verbringt ihr Leben im Wesentlichen in Gewässern mit viel Treibeis. Da sie gerne mit gewissem Abstand Schiffen folgt, wird sie im Treibeis häufig gesehen, wie auch in der Nähe von Siedlungen, da sie bei Müllplätzen sowie bei Altwasserauslässen nach Nahrung sucht. Den Winter verbringt die Elfenbeinmöwe in der Nähe der Eiskante, in der Labrador-See und in Einzelfällen sogar in der Beringstraße.
Biologisches: Ende Juni oder Anfang Juli legt die Elfenbeinmöwe ihre 1 oder 2 Eier in ein schlichtes Nest aus Pflanzenmaterial und Federn. Beide Eltern brüten für zusammen etwa 25 Tage, und nach weiteren 7 Wochen verlässt der Nachwuchs das Nest.

Ihr Nahrungsspektrum ist breit, von kleinen Fischen und Zooplankton über Reste von Eisbärenmahlzeiten bis hin zur Plazenta von Robben. Für Nest und Nachkommenschaft sind Eismöwen eine Gefahr, auf flachem Boden auch Eisfuchs und Eisbär.
Sonstiges: Die globale Population ist gering und wurde auf 14 000 Brutpaare geschätzt, die zum größten Teil in der russischen Arktis beheimatet sind. Ein Zensus von 2006 deutet allerdings darauf hin, dass die tatsächliche Anzahl bei wohl nur einem Drittel der ursprünglichen Schätzung liegt. Trotz der ungenauen Datengrundlage muss von einem Rückgang der Art ausgegangen werden. Die Gründe haben aller Wahrscheinlichkeit nach mit dem abnehmenden Packeis und mit steigenden Konzentrationen von Umweltgiften zu tun: Elfenbeinmöwen aus der russischen Arktis haben hohe PCB- und DDE-Werte im Fettgewebe.

4.8.19 ROSENMÖWE (*RHODOSTETHIA ROSEA*)

Rosenmåge (DK) - Ross' gull (E) - Mouette de Ross (F) - Gabbiano polare di Ross (I) - Rosenmåke (N) - Ross' meeuw (NL) - Rosenmås (S)

Beschreibung: Abbildung auf Seite 188. Kleine (32 cm lang, 200-250 g leicht), sehr elegante Möwe mit schwalbenartigem Flug. Hellgraue Oberseite, sonst weiß

mit schwarzem Nackenband und einem rosa Schimmer auf der Brust, schwarzer Schnabel, rote Beine.
Verbreitung/Zugverhalten: Die wichtigsten Brutgebiete liegen in Nordsibirien östlich der Taymyr-Halbinsel. Nach der Brutzeit verlassen sie diese Regionen und verbringen den Spätsommer auf dem Meer in unmittelbarer Eisnähe. Von Spitzbergen gibt es nur eine ungesicherte Beobachtung brütender Rosenmöwen, 1955 bei Kapp Linné.
Biologisches: Rosenmöwen leben von wirbellosen Kleintieren und kleinen Fischen. Sie brüten in flacher Moortundra oder auf einer kleinen Insel in einem See und legen Mitte Juni 2-3 Eier, das Brüten dauert 3 Wochen.
Sonstiges: Die Rosenmöwe ist ein sehr schöner, hocharktischer Vogel und steht weit oben auf der Wunschliste vieler Vogelbeobachter. In Svalbard ist sie äußerst selten. Es kommt vor, dass kräftige Winde eine Rosenmöwe bis zu den britischen Inseln weht, wo sie schnell zur Attraktion wird, bis sie bald wieder verschwindet.

4.8.20 EISMÖWE (*LARUS HYPERBOREUS*)

Gråmåge (DK) - Glaucous gull (E) - Goéland bourgmestre (F) - Gabbiano bianco (I) - Polarmåke (N) - Grote burgemeester (NL) - Vittrut (S)

Beschreibung: Abbildung auf Seite 189. Die Eismöwe ist die größte in Spitzbergen brütende Möwe (vergleichbar mit der Mantelmöwe, die in Svalbard aber selten ist). Ausgewachsen ist die Eismöwe 65-78 cm lang und wiegt 1,3-2,2 kg. Herr und Frau Eismöwe sind äußerlich nicht unterscheidbar. Das Gefieder ist mit Ausnahme der hellgrauen Flügeloberseiten weiß. Von der Dreizehenmöwe ist sie sowohl durch die Größe als auch durch das Fehlen der schwarzen Flügelspitzen gut unterscheidbar.
Verbreitung/Zugverhalten: Die Eismöwe ist zirkumpolar in der Hocharktis verbreitet. Sie verbringt den Winter in der Hocharktis auf offenem Wasser, teilweise in Küstennähe, in der Großregion der Bruträume. In Svalbard brütet sie bei fast allen Seevogelkolonien.
Biologisches: Die Eismöwe übernimmt in Spitzbergen die Rolle der Greifvögel, die es dort nicht gibt. Sie lebt von so ziemlich allem, was sie schlucken kann: Fisch, Muscheln, Krebstierchen, Eier, Küken und ausgewachsene Vögel, vor allem von Dreizehenmöwen, Dickschnabellummen und Krabbentauchern. Sie brütet oft nahe bei Kolonien anderer Seevögel, von denen sie sich ernährt.

Oft brüten Eismöwenpaare einzeln, bei gutem Nahrungsangebot bilden sich auch kleine, lockere Kolonien. Die Eismöwe baut ihr Nest aus Gras, Moos und Tang gerne in einer etwas erhöhten Position. Das Gelege aus 2 oder 3 Eiern wird von beiden Eltern 4 Wochen lang ausgebrütet. Eismöwen kommen zum Brüten meist an ihren Geburtsort zurück. Sobald sie einen Nistplatz gefunden haben, bleiben sie diesem über längere Zeit hinweg treu.
Sonstiges: Es gibt in Svalbard einige 1 000 Brutpaare, genaue Zahlen liegen nicht vor. Vermutlich nehmen die Bestände leicht ab. Als Endglieder der Nahrungskette reichern Eismöwen bedrohliche Mengen an Umweltgiften in Fett und Leber an.

4.8.21 MANTELMÖWE (*LARUS MARINUS*)

Svartbag (DK) - Great black-backed gull (E) - Goéland marin (F) - Mugnaiaccio (I) - Svartbak (N) - Grote mantelmeeuw (NL) - Havstrut (S)

Beschreibung: Abbildung auf Seite 189. Die Mantelmöwe gehört mit 61-78 cm Länge und bis zu 1,70 m Flügelspannweite und 2,1 kg Gewicht zu den größten Möwen Svalbards. Zu unterscheiden ist die Mantelmöwe von der deutlich häufigeren Eismöwe durch das deutlich dunklere Gefieder auf der Flügeloberseite. Männchen und Weibchen sind äußerlich nicht unterscheidbar.
Verbreitung/Zugverhalten: Die Eismöwe ist eher ein subarktischer Vogel und brütet an Felsküsten in Nordwesteuropa, weitverbreitet in Island und Nordskandinavien. In Svalbard brütet sie in kleinen Zahlen, vor allem auf der Bäreninsel. An der Westküste Spitzbergens wird sie vor allem im Bellsund regelmäßig beobachtet.
Biologisches: Die Mantelmöwe lebt räuberisch und frisst, ähnlich wie die Eismöwe, so ziemlich allem, was sie schlucken kann: Fisch, Muscheln, Zooplankton, Eier, Küken und kleinere Vögel, vor allem von Dreizehenmöwen, Dickschnabellummen und Krabbentauchern, aber mitunter auch Altvögel dieser Arten. Unverdauliche Nahrungsbestandteile werden als Gewölle wieder ausgewürgt.
Sonstiges: Seit einigen Jahrzehnten nehmen die Populationen praktisch überall im Verbreitungsgebiet zu.

4.8.22 Dreizehenmöwe (*Rissa tridactyla*)

Ride (DK) - Black-legged kittiwake (E) - Mouette tridactyle (F) - Gabbiano tridattilo (I) - Krykkje (N) - Drieteenmeeuw (NL) - Tretåig mås (S)

Beschreibung: Abbildung auf Seite 190. Dreizehenmöwen sind mittelgroße Möwen mit schwarzen Beinen, gelbem Schnabel, grauen Flügeloberseiten mit schwarzen Spitzen und weißer Unterseite. Die Geschlechter sind nicht unterscheidbar. Sie sind 41 cm lang und 330-350 g schwer.
Verbreitung/Zugverhalten: Es handelt sich um eine weitverbreitete Möwenart, die überall in der Arktis und Subarktis vorkommt. Überall in Svalbard finden sich Kolonien an steilen Berghängen, die größten auf Hopen und Bjørnøya. Ein paar besondere Brutkolonien befinden sich auf Fensterbänken vor Fenstern, die offenbar nicht allzu häufig geöffnet werden, beispielsweise in Pyramiden. Der Bestand in Svalbard wird auf 270 000 Brutpaare geschätzt (1/3 davon auf Bjørnøya). Die offene See östlich von Neufundland scheint für Dreizehenmöwen aller Brutgebiete im Nordatlantik ein wichtiges Überwinterungsgebiet zu sein. Mitunter kommen sie im Winter in Küstennähe, aber nicht an Land.
Biologisches: Die Kolonien befinden sich außerhalb auf steilen Klippen, oft zusammen mit Dickschnabellummen. Dreizehenmöwen fressen so ziemlich alles, vor allem Krebstierchen und Fisch, sie folgen aber auch Fischtrawlern. Eisfuchs, Eismöwe und Skuas räubern Gelege und vertilgen mitunter sogar ausgewachsene Dreizehenmöwen.

Im Gegensatz zu anderen Kliffbrütern bauen die Dreizehenmöwen ein Nest aus Pflanzenstückchen auf den Felsabsätzen, woran sich beide Geschlechter beteiligen. Die Eiablage erfolgt in der ersten Junihälfte. Es werden 2 Eier gelegt (weiter südlich 3), beide Eltern brüten insgesamt 27 Tage. Oft schlüpft ein Küken 1 oder 2 Tage vor dem zweiten, meistens überlebt nur das Erstgeborene.

Dreizehenmöwen sind nicht an bestimmte Kolonien gebunden, sondern brüten mitunter weit weg von ihrer Geburtskolonie.

Sonstiges: Auf eine Zunahme der Population folgt seit Mitte der 1990er Jahre aus nicht näher bekannten Gründen eine Abnahme (Nahrungsmangel?).

4.8.23 PAPAGEITAUCHER (*FRATERCULA ARCTICA*)

Lunde (DK) - Atlantic puffin (E) - Macareux moine (F) - Pulcinella di mare (I) - Lunde (N) - Papegaaiduiker (NL) - Lunnefågel (S)

Beschreibung: Abbildung auf Seite 190. Der Papageitaucher ist ein recht kleines Mitglied der Alkenfamilie (Länge 30 cm, Gewicht 320-550 g), wobei die Papageitaucher in Spitzbergen etwas größer sind als ihre Artgenossen weiter südlich. Ihr sehr kräftiger, bunter Schnabel macht sie im Sommer unverwechselbar.

Verbreitung/Zugverhalten: Papageitaucher brüten vor allem in der Subarktis (Island, Færøer, Schottland, Nordnorwegen), in kleinen Zahlen auch in der Hocharktis im Atlantik (eine ähnliche Art brütet im Nordpazifik). In Svalbard brüten sie vor allem auf der Bjørnøya sowie in den Fjorden entlang der West- und Nordküste bis hinauf zu den Sjuøyane. Die Überwinterungsgebiete liegen auf hoher See im Atlantik, etwa auf der Höhe von Spanien. Papageitaucher kommen früh zu den Brutplätzen, Anfang oder Mitte Mai, und bleiben dort bis weit in den August hinein.

Biologisches: In der Subarktis brüten Papageitaucher in großer Zahl in Erdhöhlen an der Kante von steilen Klippen. Der meistens steinige Boden und Permafrost machen dies in Spitzbergen unmöglich, so dass sie hier wie die anderen Alken auf steilen Felsklippen brüten, manchmal in Nischen und Spalten oder zwischen Felsblöcken, und deshalb viel weniger dicht gedrängt als in der Subarktis. Das einzelne Ei wird von beiden Eltern 6 Wochen lang bebrütet. Das Küken bleibt für 5 bis 10 Wochen beim Nest, bis es selbstständig ist. Die langsame Reproduktionsrate wird von einer hohen Lebensspanne ausgeglichen: Ist ein Papageitaucher einmal ausgewachsen, hat er gute Chancen, älter als 30 Jahre zu werden.

Sonstiges: Große Kolonien, wie sie aus Island, den Færøern, Schottland oder Norwegen bekannt sind, gibt es in Spitzbergen nicht, aber einzelne Papageitaucher fliegen häufig vorbei. In Svalbard gibt es nur wenige zugängliche Kolonien, an denen man sie am Brutplatz beobachten kann. Spitzbergen ist kein Eldorado für Papageitaucher-Fans.

Übrigens: Es heißt Papageitaucher, nicht Papagei**en**taucher ...

4.8.24 TROTTELLUMME (*URIA AALGE*)

(Atlantisk) Lomvie (DK) - Common guillemot (E) - Guillemot de Troïl (F) - Uria comune (I) - Lomvi (N) - Zeekoet (NL) - Sillgrissla (S)

Beschreibung: Abbildung auf Seite 191. Die Trottellumme hat einen weißen Bauch und ist sonst schwarz, ihre Länge beträgt 41 cm und das Gewicht 900-1100 g. Die subarktische Trottellumme ist ihrem hocharktischen Verwandten, der Dickschnabellumme, sehr ähnlich. Unterscheidungsmerkmale sind am Schnabel: Dieser ist länger und spitzer, und der weiße Längsstreifen, den die Dickschnabellumme hat, fehlt. Ein weiteres, gutes Unterscheidungsmerkmal, das man oft auch von weitem sieht, ist das Weiß am Vorderhals: bei der Dickschnabellumme läuft das Weiß spitz zum Hals hin, bei der Trottellumme rundlich.

Ein kleinerer Anteil der Trottellummen hat eine weiße „Brille". Bei den meisten Vögeln ist diese jedoch schwarz und wenig auffällig.

Verbreitung/Zugverhalten: Auf Spitzbergen kommt die Trottellumme nicht vor, von wenigen, kleinen Brutvorkommen im Bellsund und an der Nordspitze vom Prins Karls Forland abgesehen. Die nördlichsten großen Brutkolonien befinden sich auf der Bjørnøya. Dort brüten Dickschnabel- und Trottellummen zu hunderttausenden nebeneinander. Insgesamt bevölkert die Trottellumme also eher subarktische Gefilde, kommt aber rund um die Arktis in höheren Breiten vor und ist einer der zahlreichsten Meeresvögel des Nordens. Das Zugverhalten ist nicht sehr ausgeprägt, die Vögel verbringen den Winter vermutlich in offenen Gewässern nicht allzuweit von den Brutplätzen entfernt. Die Bewohner der nördlichen Brutplätze (Bjørnøya) ziehen wohl ein paar 100 km nach Süden in Richtung der norwegischen Küste.

Biologisches: Je dichter die Brutkolonien, desto besser ist der Bruterfolg der Trottellumme, da dichte Kolonien Schutz gegen Feinde wie Eisfuchs und Eismöwe bieten. Die Trottellumme ist ein Meeresvogel und verbringt ihr Leben außerhalb der Brutsaison auf offenem Meer, mitunter in Küstennähe, kommt aber nicht an Land. Sie hat einen spezialisierteren Speiseplan als die Dickschnabellumme und ernährt sich von Fisch. Sie kann deutlich tiefer als 100 m tauchen, bleibt jedoch meistens zwischen 20 und 50 m.

Der Brutzyklus ist dem der Dickschnabellumme sehr ähnlich. Die Ablage des einzelnen, birnenförmig-länglichen Eis erfolgt Ende Mai oder Anfang Juni. Beide Eltern brüten insgesamt 32 Tage und füttern das Küken anschließend 3 Wochen lang, bevor dieses, noch flugunfähig, den berühmten „Lummensprung" macht, von der Klippe in zig Metern Höhe hinab ins Meer, oder auf die Tundra. Dabei gehen viele an Verletzungen zugrunde oder fallen Eisfüchsen zum Opfer. Um dieses Risiko gering zu halten, verläuft der Brutzyklus innerhalb einer Kolonie weitgehend synchron: Wenn viele Küken gleichzeitig über die Tundra zum Wasser watscheln, ist das Risiko für das einzelne Küken, gefressen zu werden, geringer.

Sonstiges: 1987 kollabierte der Trottellummenbestand auf Bjørnøya um 85 %, von ursprünglich etwa 245 000 Brutpaaren waren plötzlich nur noch etwa 36 000 übrig.

Die vergleichbar großen Bestände der ebenfalls dort brütenden Dickschnabellumme waren davon nicht betroffen. Die Ursache lag in der Überfischung. Die Dickschnabellumme kann mit ihrem abwechslungsreicheren Speiseplan leichter auf andere Nahrung ausweichen. Seitdem haben die Bestände der Trottellumme auf der Bjørnøya wieder zugenommen, ihre ursprüngliche Größe jedoch noch nicht wieder erreicht.

4.8.25 DICKSCHNABELLUMME (*URIA LOMVIA*)

Polarlomvie (DK) - Brünnich's guillemot (E) - Guillemot de Brünnich (F) - Uria grossa (I) - Polarlomvi (N) - Dikbekzeekoet (NL) - Spetsbergsgrissla (S)

Beschreibung: Abbildung auf Seite 191. Dickschnabellummen sehen mit ihrem schwarzen Rücken und Kopf sowie dem weißen Bauch aus wie fliegende Adeliepinguine, sie sind 41 cm lang und 700-1 200 g schwer. Die hocharktische Dickschnabellumme sieht ihrem subarktischen Verwandten, der Trottellumme, sehr ähnlich und ist von ihr nur schwer unterscheidbar. Ein wichtiges Merkmal ist der kürzere und kräftigere Schnabel der Dickschnabellumme, auf dessen Seiten sich ein weißer Streifen von der Wurzel bis fast zur Spitze zieht (weitere Unterscheidungsmerkmale: siehe Trottellumme).
Verbreitung/Zugverhalten: Dickschnabellummen sind in der Arktis weit verbreitet und sehr zahlreich. In kleinerer Anzahl kommen sie in Nordnorwegen vor, verstärkt im Norden von Island, Grönland, Jan Mayen und in großen Mengen in Svalbard und Franz Josef Land. Die Population von Svalbard wird auf 850 000 Brutpaare geschätzt, von denen die meisten an der südlichen Ostküste von Spitzbergen, auf Hopen und der Bjørnøya brüten. Mittelgroße und kleinere Kolonien gibt es fast überall. Sie verbringen den Winter in den Gewässern um Island, Südgrönland und Neufundland.

Die Population in Svalbard scheint insgesamt trotz kleinerer Fluktuationen recht stabil zu sein, bei einigen Kolonien nehmen die Bestände allerdings ab.
Biologisches: Die Dickschnabellumme brütet auf schmalen Felsterrassen an senkrechten Felswänden. Bei der Ankunft in den Brutgebieten im April oder Mai sind diese wegen Schnee und Eis noch nicht zugänglich. Die Ablage des einzelnen, länglichen Eis erfolgt Ende Mai oder Anfang Juni. Beide Eltern brüten insgesamt 32 Tage und füttern das Küken anschließend 3 Wochen lang, bevor dieses, noch flugunfähig, den berühmten „Lummensprung" macht, wie auch die Küken der Trottellumme (siehe dort). Dickschnabellummen ernähren sich von Fisch und Krebstierchen.
Sonstiges: Dickschnabellummen, die in Spitzbergen brüten, laufen Gefahr, in Grönland oder Neufundland im Kochtopf zu landen. Trotzdem sind sie im Sommer an den Brutplätzen gegenüber menschlichen Besuchern recht tolerant und lassen sich meistens aus der Nähe beobachten und fotografieren. Einzelne Kolonien können nervöser reagieren, dann muss man größere Abstände halten.

4.8.26 KRABBENTAUCHER (*ALLE ALLE*)

Søkonge (DK) - Little auk (E) - Mergule nain (F) - Gazza marina minore (I) - Alkekonge (N) - Kleine alk (NL) - Alkekung (S)

Beschreibung: Abbildung auf Seite 192. Der Krabbentaucher ist mit einer Länge von 20 cm und einem Gewicht zwischen 120 und 180 g der kleinste Alkenvogel im Nordatlantik. Mit seinem recht großen Kopf, dem kurzen Schnabel und dem kräftigen Nacken hat er eine gedrungene Erscheinung. Im Flug sind Krabbentaucher von Dickschnabellummen durch ihre geringere Größe sowie ihren deutlich schnelleren Flügelschlag unterscheidbar.

Verbreitung/Zugverhalten: Der Krabbentaucher ist der zahlreichste Vogel der Hocharktis. In Island ist es ihm schon „zu warm", oder genauer: Sein Speiseplan zwingt ihn in die Nähe von kalten Wassermassen. Dafür brütet er überall von Baffin Island in Kanada bis nach Severnaya Zemlya in der russischen Arktis. In Spitzbergen brütet der Krabbentaucher nahezu überall, die größten Kolonien sind aber im Nordwesten Spitzbergens, im Hornsund und im Bellsund. Das Vorhandensein geeigneter Plätze ist Bedingung für große Koloniedichten: steile Schutthänge, deren Blöcke eine bestimmte Größe haben müssen. Die Krabbentaucher brüten in Hohlräumen unter den Blöcken; diese Hohlräume sollten eine bestimmte Mindestgröße haben, dürfen aber nicht zu groß sein, da sonst Füchse das Gelege ausräubern. Grobe Blöcke sind wichtig, denn in feinem Schutt sind die Hohlräume zu klein. Die größten Kolonien umfassen etliche 10 000 Brutaare, genaue Zählungen existieren nicht.

Der Krabbentaucher ist einer der ersten Zugvögel, die zu den sommerlichen Brutplätzen zurückkehren. Bereits im April, spätestens Anfang Mai, ist er dort in großen Mengen wieder zu sehen. Mitte August reist er wieder ab und verbringt den Winter auf offener See bei Südwestgrönland.

Biologisches: Krabbentaucher ernähren sich während der Brutsaison primär von Krebstierchen. In der zweiten Junihälfte wird ein einzelnes Ei gelegt und anschließend von beiden Eltern 29 Tage lang bebrütet. Das Küken bleibt noch für 4 Wochen am Brutplatz, bis es zur offenen See fliegt.

Sonstiges: Wegen methodischer Schwierigkeiten blieben bisherige Zählversuche mehr oder weniger erfolglos, vermutlich gibt es mehr als eine Million Brutpaare in Svalbard. Aufgrund der hohen Anzahl spielen Krabbentaucher eine wichtige Rolle beim Transport von Dünger zur Tundra, Schätzungen zufolge düngt ein Krabbentaucher die Tundra zwischen Küste und Brutplatz pro Saison mit etwa einem halben Pfund Guano.

Da das Nest sich unter Felsblöcken oder manchmal auch in Felsspalten befindet, ist es fast nie sichtbar. Dennoch lassen sich Krabbentaucher am Brutplatz beobachten, da sie gerne eine Weile auf großen Steinen sitzen und dabei auch keine Angst vor Menschen haben, solange man sich nicht bewegt. Wichtig ist, am äußeren Rand der Kolonien zu bleiben und nicht in diese einzudringen, da Störungen die Folge wären. Anschließend ist Geduld gefragt: Irgendwann werden die Vögel kommen und sich auf die Steine setzen (vorausgesetzt, man verhält sich ruhig). Sobald eine Eismöwe in der Nähe ihre Kreise zieht, werden die Krabbentaucher die Flucht ergreifen: Dies ist ein günstiger Moment, um näher an den Rand der Kolonie zu gehen oder sich zurückzuziehen, ohne Störungen zu verursachen.

Da die Kolonieplätze sich auf groben Schutthängen befinden, sind sie nicht gerade einfach zugänglich. Manchmal sind die Kolonien sehr aktiv und Besuche entsprechend interessant, manchmal ist aber auch wenig los und dann gibt es nicht viel zu sehen. Dies ist der Fall bei starkem Wind, aber auch zu anderen, nicht vorhersagbaren Zeiten, wenn die Vögel auf Nahrungssuche sind oder vor dem Fernseher sitzen.

Wer einmal eine Krabbentaucherkolonie zur richtigen Zeit besucht hat, wird dieses Erlebnis sicher nicht vergessen. Die kleinen, lebhaften und sehr zahlreichen Vögel mit ihrer charakteristischen Geräuschkulisse sind der Inbegriff konzentrierten, regen Lebens in der Arktis. Ein Kenner der arktischen Vogelwelt hat die Krabbentaucher als „Seele der Arktis" bezeichnet, und da ist etwas dran.

Es gibt mehrere kleine Krabbentaucherkolonien bei Longyearbyen (die Hänge des Platåbergs zum Ort, und am Gruvefjellet oberhalb von Nybyen) und in der näheren Umgebung, z.B. kurz vorm Eingang ins Bjørndalen.

4.8.27 GRYLLTEISTE (*CEPPHUS GRYLLE*)

Tejst (DK) - Black guillemot (E) - Guillemot à miroir (F) - Uria nera (I) - Teist (N) - Zwarte zeekoet (NL) - Tobisgrissla (S)

Beschreibung: Abbildung auf Seite 192. Die Gryllteiste ist ein mittelgroßer Alkenvogel. Mit einer Länge von 34 cm und einem Gewicht von 350-450 g bewegt sie sich zwischen den Dickschnabellummen und den kleinen Krabbentauchern. Sie ist vollständig schwarz mit Ausnahme eines charakteristischen, weißen, ovalen Flecks auf der Flügeloberseite. Beine und Schnabelinnenseite sind leuchtend rot. Die Geschlechter sind äußerlich nicht unterscheidbar.
Verbreitung/Zugverhalten: Die Gryllteiste ist nahezu zirkumpolar in der Arktis und Subarktis verbreitet. Die Svalbard-Population zieht nicht allzu weit, sie verbringt den Winter nahe der Eiskante.
Biologisches: Auf ihren Nahrungszügen bleibt die Gryllteiste eher in Küstennähe als andere Alken, abgesehen von nicht brütenden Vögeln. Sie findet ihre Nahrung - kleine Fische und Krebstierchen - nahe an der Wasseroberfläche. Sie brütet in Felsspalten, unter großen Steinen oder auf steilen Klippen. Die Kolonien sind klein und übersteigen selten 100 Brutpaare. Als einziger Alkenvogel der europäischen Arktis legt sie meist 2 Eier, beide Eltern brüten für gut 4 Wochen. Nach 30 bis 40 Tagen sind die Jungvögel flügge und dann sofort unabhängig von ihren Eltern.
Sonstiges: Die Gesamtpopulation von Svalbard wurde auf 20 000 Brutpaare geschätzt, man sieht sie häufig. Die Gryllteiste wird in Spitzbergen in geringer Anzahl gejagt. Sie kann schnell abtauchen und tut dies meist genau in dem Moment, in dem man den Auslöser der Kamera drücken will.

4.9 PFLANZEN

Die Kräuter alle / wie auch die Mos-Kräuter / wachsen auf dem Gries und Sand von Steinen / ... die Vögel geben den Mist dazu / daß also die Kräuter zu ihrer vollkommenen Wachsung gelangen können.

Friedrich Martens,
Spitzbergische oder Groenlandische Reisebeschreibung (1675)

Der erste Blick aus dem Flugzeug aus fast 10 000 m Höhe auf den stark vergletscherten Süden Spitzbergens scheint nahezulegen, dass es auf dieser Insel gar nichts gibt, was Wurzeln, Blätter und Blüten hat. Sobald man aber einmal da ist, sieht man schnell, dass die Wirklichkeit anders aussieht, und kaum einer kann sich auf Dauer der Schönheit der kleinen Blüten und der Faszination hartgesottener Pflänzchen in einer lebensfeindlichen, kargen Umgebung entziehen.

Die Vegetation Svalbards bildet ein vielseitiges Mosaik. Wer glaubt, „Tundra" und „Tundra" seien dasselbe, wird sich bei jedem Landgang an verschiedenen Stellen der Inselgruppe von Neuem erstaunt die Augen reiben.

Um etwas mehr Übersicht in dieses bunte Muster zu bringen, hat man die Pflanzendecke Svalbards in eine „mittelarktische" und eine „hocharktische" Zone gegliedert. Diese werden jeweils noch in 2 Vegetationszonen (insgesamt 4) unterteilt, in denen jeweils bestimmte Charakterpflanzen besonders häufig sind. Kleinräumig hängt es natürlich von den Standortbedingungen ab, was tatsächlich wächst.

Als **mittelarktische Vegetationszone** werden die mittlere und nördliche Westküste, die Nordküste und der zentrale Bereich Spitzbergens bezeichnet. Hier macht sich der mildernde Einfluss des Golfstroms bemerkbar und der Schutz der Fjorde, in deren inneren Bereichen sich die reichste Vegetation der ganzen Inselgruppe befindet. Drei Viertel aller Pflanzenarten sind hier zu finden. Die mittelarktische Vegetationszone wird unterteilt in:

- Die klimatisch am stärksten begünstigte *Cassiope tetragona*-Zone (Vierkantiges-Heidekraut-Zone).
- Die *Dryas octopetala* Zone (Silberwurz-Zone)

Der Süden Spitzbergens sowie der gesamte Osten Svalbards zählen hingegen zur **hocharktischen Vegetationszone**, da deren karge Küsten vom kalten Wasser des Ost-Spitzbergenstroms umspült werden. Dort gibt es:

- Die Polarweidenzone, vor allem auf der Westseite von Edge- und Barentsøya, wo die Tundra noch eine dichte Decke bilden kann.
- Die Svalbardmohnzone, wo das Reich der sehr kargen Polarwüsten erreicht ist.

Die Pflanzendecke Svalbards bildet also ein abwechslungsreiches, kleinräumig fleckenhaftes Muster, dessen großräumige Verteilung von Klima und Meeresströmungen abhängt, das im Detail aber sehr stark von der Höhe über dem Meer, Feuchtigkeit, Boden, Nährstoffen und Licht beeinflusst wird. Auch die Dicke und Dauer der winterlichen Schneedecke spielt im Zusammenwirken dieser Faktoren ganz vorne mit.

Eines lässt sich dennoch eindeutig festhalten: Ganz Svalbard, von Bjørnøya im Süden bis zu den Sjuøyane im Norden, gehört zur **Tundra**-Zone, da es keine Wälder gibt und keine freistehenden Bäume. Die Pflanzen erreichen eine Höhe von maximal 20-30 cm. Die 5 Gehölzarten (Polarweide, Krautweide, Netzweide, Arktische Weide, Zwergbirke) kriechen direkt über den Boden und bilden nicht einmal Gestrüpp.

Um in dieser extremen Umwelt zu überleben, haben verschiedene Pflanzenarten eine ganze Reihe erstaunlicher Strategien entwickelt. Das tiefe Kriechen am Boden oder teilweise sogar in diesem ist eine effektive Anpassung gegen Wind und Kälte sowie an den Schutz durch die oft sehr dünne Schneedecke im Winter. Eine weitere Anpassung besteht darin, dass viele arktische Arten mehrere Fortpflanzungsstrategien haben, neben der „normalen", sexuellen Vermehrung auch asexuell durch die Bildung von Ablegern. Je nach Bedingungen greift eine Pflanze von Jahr zu Jahr mal auf die eine und mal auf die andere Möglichkeit zurück. Viele Blütenpflanzen sind auch mehrjährig, brauchen also oft 2 oder mehr Jahre zur Vorbereitung einer reproduktiven Phase.

Tiere haben einen großen Einfluss auf die Vegetation. In der Nähe größerer Vogelkolonien sowie in der unmittelbaren Umgebung einzelner Nester ist die Pflanzendecke dank Düngung reicher. Direkt unter Vogelfelsen befindet sich eine leuchtendgrüne, dicke Vegetationsdecke, die aber wegen der extremen Düngung artenarm ist: Neben Gebräuchlichem Löffelkraut und dem Alpensäuerling finden sich vor allem Moose und Gräser (z.B. *Alopecurus borealis*).

Rentiere haben den gegenteiligen Effekt und halten die Tundra kurz. Wo es derzeit keine Rentiere gibt, ist die gesamte Flora, vor allem Moose und Flechten, sichtlich kräftiger ausgeprägt.

Mindestens 173 Blütenpflanzenarten wurden in Svalbard bereits nachgewiesen (Zahlenangaben überwiegend nach Elvebakk & Prestrud, 1996), wovon mindestens 5 eingeführt sind. Einige weitere, eingeführte Arten wurden wieder ausgerottet oder sind von selbst wieder ausgestorben. 38 der Pflanzenarten Svalbards sind auf dem Festland Skandinaviens unbekannt, viele andere kommen auch auf dem skandinavischen Festland und/oder in den Gebirgen Mitteleuropas vor. Viele der 173 Blütenpflanzenarten Spitzbergens sind dort sehr selten und man findet sie nur an wenigen Stellen.

In diesem Kapitel werden 29 Pflanzenarten kurz vorgestellt. Die Auswahl folgt keinen wissenschaftlichen Kriterien, sondern ich habe versucht, vor allem solche Arten auszuwählen, die häufig sind und schnell ins Auge fallen. Ich habe lieber einige charakteristische Steinbrecharten aufgenommen und mich bei den schwerer zu bestimmenden Hahnenfußarten auf einen Vertreter beschränkt. Und wer einmal gesehen hat, wie selbst gestandene Botaniker halbe Ewigkeiten lang mit der Lupe um ein kleines Felsenblümchen kriechen und sich trotz langer Diskussionen nicht einigen können, um welche von 12 möglichen Arten (plus Hybriden = „Mischlinge") es sich denn genau handelt, wird auch verstehen, warum ich mich hier an dieser

Unterscheidung nicht versuche. Aber wer Spitzbergen im Sommer besucht, sollte sich das Vergnügen nicht nehmen, vor den kleinen Blüten gelegentlich einen Kniefall zu machen und zu schauen, worum es sich handelt. Nach ein paar Tagen ist man schon mit einer Handvoll häufiger Arten vertraut, die dann nicht nur zarte Schönheiten in der rauen Umgebung sind, sondern auch Vielfalt und ein Stückchen wiedererkennbare Vertrautheit in die Tundra bringen.

Wer in verschiedenen Büchern nachliest, wird schnell feststellen, dass einige Arten mehrere deutsche Namen haben. Entscheidend ist die Übereinstimmung der lateinischen Namen, wobei es selbst da im Einzelfall Verwirrung geben kann. Im Einzelfall ist auch umstritten, ob es sich bei bestimmten Pflanzen um eigene Arten oder um Unterarten handelt.

Buchtip mit detaillierter Beschreibung der Arten und allerlei Hintergrundwissen: *Die kleine Spitzbergenflora. Portraits interessanter Pflanzen des Archipels* von Elke Lindner & Kay Meister (bestellbar auf www.spitzbergen.de).
Endemisch = kommt nur an einem Ort (Region, Insel) vor.
Zirkumpolar = Rund um den Pol verbreitet: in Alaska, Nordkanada, Grönland, Spitzbergen und der russischen Arktis.

4.9.1 POLARWEIDE (*SALIX POLARIS*)

Polarpil (DK) - Polar willow (E) - Saule polaire (F) - Salice Polare (I) - Polarvier (N) - Poolwilg (NL) - Polarvide (S)

Abbildung auf Seite 241. Die Polarweide ist mit großem Abstand die häufigste der 5 Baumarten Spitzbergens, ansonsten gibt es noch die Netzweide, die Krautweiden, die Arktische Weide und die Zwergbirke. Neben der Polarweide ist nur die Netzweide an der Westküste Spitzbergens noch halbwegs verbreitet, die anderen Weiden sind sehr selten und kommen nur an einzelnen Standorten vor. Die kleinen, oval-runden Blätter der Polarweide sind kaum mit anderen Pflanzen verwechselbar. Die meist nur stricknadeldicken Stämmchen und Äste der Polarweide kriechen auf der gesamten Inselgruppe über den Boden und bedecken lokal große Teile der Tundra, so dass sie dort richtige „Wälder“ bilden, in denen sich wegen der geringen Höhe aber noch nicht einmal eine Maus verlaufen würde. Bei Wachstumsraten von nur wenigen Millimetern pro Jahr müssen die größten Polarweiden einige Jahrzehnte alt sein. Vor allem im Spätsommer bringen sie durch die herbstlichen, gelbroten Farben bunte Flecken in die Tundra, auch im Norden Russlands und Kanadas.

4.9.2 ZWERGBIRKE (*BETULA NANA*)

Dværg-Birk (DK) - Dwarf birch (E) - Bouleau nain (F) - Betulla Nana (I) - Dvergbjørk (N) - Dwergberk (NL) - Dvärgbjörk (S)

Abbildung auf Seite 241. Neben den 3 Weidenarten gehört auch die Zwergbirke zu den „Bäumen“ Spitzbergens. Sie ist aber selten. Freunde der Zwergbirke müssen in die geschützten, klimatisch relativ begünstigten Täler des Nordenskiöld Landes wie das Adventdalen und seine Seitentäler oder das Colesdalen vordringen. Der am leichtesten erreichbare Standort ist das Endalen bei Longyearbyen, wo man die Zwergbirke nur wenige 100 m von der Straße entfernt finden kann. Etwas Geduld gehört dazu, um die gezackten Blättchen und bis zu fingerdicken Stämmchen zu finden, die dicht über den Boden kriechen. Wie auch andere Pflanzen, so erreicht die Zwergbirke in Spitzbergen bei weitem nicht die Größe ihrer Artgenossen in Skandinavien.

4.9.3 ALPENSÄUERLING (*OXYRIA DIGYNA*)

Fjeldsyre (DK) - Mountain sorrel (E) - Oxyria à deux carpelles (F) - Acetosa soldanella (I) - Fjellsyre (N) - Bergzuring (NL) - Fjällsyra (S)

Abbildung auf Seite 242. Der Alpensäuerling wächst überall in Svalbard, in der Arktis und in Gebirgen nördlicher und mittlerer Breiten, meist an feuchten Stellen, und wird bis zu 20 cm hoch. Er ist eine Pionierpflanze und bevorzugt feuchte, kalkarme Schuttböden. Seine sattgrünen Blätter schmecken säuerlich und enthalten Vitamin C, so dass diese Pflanze von indigenen Völkern in der Arktis sowie von Walfängern gesammelt und als Mittel gegen Skorbut verzehrt wurde. An geeigneten Stellen, vor allem in der Nähe von Vogelfelsen, ist der Alpensäuerling sehr häufig und wächst groß und kräftig, so dass er dort oft bei Rentieren auf dem Speiseplan steht.

4.9.4 KNÖLLCHENKNÖTERICH (*BISTORTA VIVIPARA*)

Tospirende pileurt (DK) - Knotweed oder Knotgrass (E) - Renouée vivipare (F) - Poligono viviparo (I) - Harerug (N) - Levendbarende Duizendknoop (NL) - Ormrot (S)

Abbildung auf Seite 242. Der Knöllchenknöterich wird bis zu 15 cm hoch und hat auffällige, länglich-spitze Blätter. Da er die Kunst der Fortpflanzung durch Ableger mit Brutknöllchen, die bereits am Stamm keimen (vivipar = lebendgebärend), weit entwickelt hat, tritt er als Pionierpflanze auf. Der Knöllchenknöterich ist überall in Svalbard sowie in der Arktis und Gebirgen nördlicher und gemäßigter Breiten häufig und leicht zu erkennen. Er ist eine Lieblingsspeise von Rentieren und Schneehühnern.

4.9.5 ARKTISCHES HORNKRAUT (*CERASTIUM ARCTICUM*)

Arktisk hønsetarm (DK) - Arctic mouse-ear (E) - Céraiste arctique (F) - Peverina Artica (I) - Snøarve (N) - Poolhoornbloem (NL) - Svalbardsarv (S)

Abbildung auf Seite 243. Das Arktische Hornkraut bildet kleine Polster und kommt in mehreren Unterarten in ganz Svalbard vor und darüber hinaus stellenweise in der Subarktis und der Arktis um den Atlantik. Es bevorzugt kalk- und stickstoffhaltige, feuchte Standorte, an denen es nahezu flächendeckend auftreten kann und so lokal für Tiere eine wichtige Nahrungsquelle darstellt.

4.9.6 SCHNEESTERNMIERE (*STELLARIA CRASSIPES*)

Stilkfladstjerne (DK) - Tundra chickweed (E) - Stellaire succulente (F) - Snøstjerneblomst (N) - Sneeuwmuur (NL) - Polarstjärnblomma (S)

Abbildung auf Seite 243. Die kleinen, weißen Blüten und dünnen, ziemlich langen Stengel der Schneesternmiere kann man fast überall in Svalbard antreffen. Meistens sind es nur einzelne Pflanzen, an günstigen Standorten gibt es jedoch größere Vorkommen. In Spitzbergen hat die Schneesternmiere zwei verschiedene Blüten: weibliche und zweigeschlechtliche. Sie bevorzugt trockenen, kalkhaltigen Untergrund.

4.9.7 WIMPER-SANDKRAUT (*ARENARIA PSEUDOFRIGIDA*)

Kalkarve (DK) - Fringed sandwort (E) - Sabline des pays froids (F) - Kalkarve (N) - Gewimperde Zandmuur (NL) - Polarnarv (S)

Abbildung auf Seite 244. Das Wimper-Sandkraut ist keine häufige Pflanze. Es wächst vor allem auf trockenem Grund an der West- oder Nordküste Spitzbergens, oft im Inneren der Fjorde. Das Wimper-Sandkraut bildet Polster, die denen des Stengellosen Leimkrauts nicht unähnlich sind, es hat aber weiße und etwas größere Blüten.

4.9.8 KRONLOSE NELKE (*SILENE URALENSIS*)

Lygte-Pragtstjerne (DK) - Polar campion (E) - Silène de Wahlbergue (F) - Silene di Wahlberg (I) - Polarblindurt (N) - Poolsilene (NL) - Fjällblära (S)

Abbildung auf Seite 244. Die Kronlose Nelke erreicht 5-10 cm Höhe und ist, abgesehen von der Bjørnøya, überall an geeigneten Stellen auf der Inselgruppe zu finden, vor allem an der West- und Nordküste. Sie tritt aber eher einzeln und nicht flächendeckend auf. Darüber hinaus wächst sie vielerorts in der gesamten Arktis. Es gibt noch die ziemlich ähnliche Kleine Alpennelke, die in Spitzbergen aber selten ist.

4.9.9 STENGELLOSES LEIMKRAUT (*SILENE ACAULIS*)

Tue-limurt (DK) - Moss campion (E) - Silène acaule (F) - Silene a cuscinetto (I) - Fjellsmelle (N) - Stengelloze Silene (NL) - Fjällglim (S)

Abbildung auf Seite 245. Häufige und auffällige Pflanze, die kräftige, grüne Polster mit kleinen, rosaroten oder seltener weißlichen Blüten bildet. Meist fangen die Blüten zunächst auf der Seite an zu blühen, die am kräftigsten vom Sonnenlicht beschienen wird, so dass die ersten Blüten theoretisch nach Süden weisen. Daher wird das Stengellose Leimkraut auch als Kompasspflanze bezeichnet. Der Polsterwuchs bringt guten Schutz gegen Kälte und Austrocknung durch Wind und ist somit eine hervorragende Anpassung an das extreme Klima. Es bevorzugt eher trockenere Standorte und ist überall in Svalbard sowie darüber hinaus fast rund um den Nordpol zu finden. Das

Stengellose Leimkraut wird bis zu 100 Jahre alt, wobei ihm sicherlich zustatten kommt, dass es von Rentieren meistens verschmäht wird.

4.9.10 SCHNEE-HAHNENFUSS (*RANUNCULUS NIVALIS*)

Sneranunkel (DK) - Snow buttercup (E) - Renoncule des neiges (F) - Ranuncolo delle Nevi (I) - Snøsoleie (N) - Sneeuwboterbloem (NL) - Fjällsörblomma (S)

Abbildung auf Seite 245. Der Schnee-Hahnenfuß steht hier stellvertretend für eine Reihe von Hahnenfuß-Arten, wobei die meisten ziemlich selten und sich untereinander sehr ähnlich sind. So ist der Schnee-Hahnenfuß nur schwer vom Schwefelgelben Hahnenfuß zu unterscheiden; Verwechslungsgefahr besteht auch mit anderen Hahnenfußgewächsen und für Laien auch mit Steinbrecharten wie dem Moorsteinbrech. Die leuchtendgelben Blüten sind, meist an eher feuchten Stellen, überall auf der Inselgruppe außer Bjørnøya zu sehen, am häufigsten an der West- und Nordküste von Spitzbergen, und zirkumpolar in der übrigen Arktis. Zum Leidwesen der Rentiere scheint der Schnee-Hahnenfuß nicht allzu gut zu schmecken.

4.9.11 SVALBARDMOHN (*PAPAVER DAHLIANUM*)

(Fjeld-)Valmue (DK) - Svalbard poppy (E) - Pavot Dahlia/P. de Svalbard (F) - Papavero delle Svalbard (I) - Svalbardvalmue (N) - Spitsbergen Papaver (NL) - Spetsbergsvallmo (S)

Abbildung auf Seite 246. Der Svalbardmohn ist die inoffizielle „Nationalpflanze" Spitzbergens, obwohl er darüber auch hinaus vorkommt. Es gibt 2 Varianten, eine mit weißlicher Blüte und eine mit kräftig-gelber. Der Svalbardmohn ist überall auf der ganzen Inselgruppe häufig, eher an trockeneren Standorten mit gewissem Kalkgehalt. Diese Pflanze hält den Höhenrekord, sie wurde schon mehr als 1 000 m hoch über dem Meer gefunden.

4.9.12 GEBRÄUCHLICHES (ODER ECHTES ODER GRÖNLÄNDISCHES) LÖFFELKRAUT (*COCHLEARIA OFFICINALIS* ODER *C. GROENLANDICA*)

Grønlandsk Kokleare (DK) - Scurvy grass (E) - Cranson officinal (F) - Coclearia medicinale (I) - Skjørbuksurt (N) - Lepelblad (NL) - Vanlig skörbjuggsört (S)

Abbildung auf Seite 247. Das Gebräuchliche Löffelkraut oder „Skorbutkraut" kommt überall in Svalbard sowie zirkumpolar in der übrigen Arktis vor, ist aber unter Vogelfelsen am weitaus häufigsten und wird dort auch deutlich größer. Wegen des Vitamin-C-Gehalts seiner Blätter wurde es früher als Arznei gegen Skorbut verwendet. Die Hänge des Berges in der Nähe der alten Walfangstation Smeerenburg heißen immer noch „Salatberg", nach den Gemüsesammelzügen, welche die holländischen Walfänger dort veranstaltet haben.

4.9.13 FELSENBLÜMCHEN (*DRABA SPEC.*)

Draba (DK) - Whitlow-grasses (E) - Drave (F) - Draba (I) - Rublom (N) - Hongerbloempjes (NL) - Draba (S)

Abbildung auf Seite 247. Man geht von 12 verschiedenen Arten der kleinen, weiß (7 Arten) oder gelb (5 Arten) blühenden Felsenblümchen aus sowie zusätzlich von 4 Hybriden. Die Bestimmung der einzelnen Arten, von denen viele in der Arktis weit verbreitet sind, ist etwas für Spezialisten.

4.9.14 ROTER (ODER GEGENBLÄTTRIGER) STEINBRECH (*SAXIFRAGA OPPOSITIFOLIA*)

Purpur-Stenbræk (DK) - Purple saxifrage (E) - Saxifrage à feuilles opposées (F) - Sassifraga a foglie opposte (I) - Rødsildre (N) - Zuiltjessteenbreek (NL) - Purpurbräcka (S)

Abbildung auf Seite 248. Der Rote Steinbrech, der in niedrigen, langsam wachsenden Fäden oder Polstern über den Boden kriecht, ist fast überall in Svalbard sehr häufig und kommt darüber hinaus überall in der Arktis und in viele Gebirgen Mittel- und Südeuropas vor. Er ist eine der ersten blühenden Blumen im Sommer. Mancherorts färbt er die Tundra im Juli auf weiten Flächen rötlich, bevor die Blüten später blässlich weißrosa werden. Er ist eine flachwurzelnde Pionierpflanze und gehört daher zu den ersten, die frische Flächen wie Schutt und instabile Moränen besiedeln.

4.9.15 FETTHENNENSTEINBRECH (*SAXIFRAGA AIZOIDES*)

Solstenbræk (DK) - Yellow mountain saxifrage (E) - Saxifrage jaune (F) - Sassifraga cigliata (I) - Gulsildre (N) - Gele bergsteenbreek (NL) - Gullbräcka (S)

Abbildung auf Seite 248. Der in Polstern wachsende Fetthennensteinbrech ist nicht allzu häufig, an einigen, überwiegend trockenen Stellen mit nährstoff- und kalkhaltigem Untergrund an der Westküste Spitzbergens aber zahlreich. Er fällt dort im August schnell ins Auge, wenn andere Blumen bereits verblüht sind. Man findet den Fetthennensteinbrech auch in der niederen und mittleren Arktis und in den Alpen.

4.9.16 SCHNEESTEINBRECH (*MICRANTHES NIVALIS*)

Snestenbræk (DK) - Alpine saxifrage (E) - Saxifrage des neiges (F) - Sassifraga delle Nevi (I) - Snøsildre (N) - Sneeuwsteenbreek (NL) - Fjällbräkka (S)

Abbildung auf Seite 249. Der auffällig hochgewachsene Schneesteinbrech kommt in ganz Svalbard und darüber hinaus überall in der Subarktis und Arktis an geeigneten Stellen vor und sieht seinem selteneren Verwandten, dem Habichtskrautblättrigen Steinbrech, recht ähnlich. Er kommt mit verschiedenen Standortbedingungen klar, muss sich an vegetationsreichen Stellen aber oft der Konkurrenz anderer Pflanzen geschlagen geben und beispielsweise in trockenen Felsspalten siedeln.

4.9.17 HABICHTSKRAUTBLÄTTRIGER STEINBRECH (*MICRANTHES HIERACIFOLIA*)

Rank stenbræk (DK) - Hawkweed-leaved saxifrage (E) - Saxifrage à feuille d'éperviere (F) - Sassifraga nordalpina (I) - Stivsildre (N) - Havikskruidbladige Steenbreek (NL) - Styvbräcka (S)

Abbildung auf Seite 249. Der Habichtskrautblättrige Steinbrech ist auf Spitzbergen mit einer Größe von bis zu 20 cm beinahe so beeindruckend wie sein Name. Er wächst an feuchten Standorten, oft inmitten von Moospolstern. Man sieht ihn nicht ganz so oft wie den sehr ähnlichen Schneesteinbrech, vor allem im Osten Svalbards ist er selten. Der Habichtskrautblättrige Steinbrech kommt auch in vielen anderen Regionen rund um den Nordpol vor.

4.9.18 MOORSTEINBRECH (*SAXIFRAGA HIRCULUS*)

Gul stenbræk (DK) - Bog saxifrage (E) - Saxifrage oeil de bouc/Saxifrage dorée (F) - Sassifraga delle torbiere (I) - Myrsildre (N) - Bokjes Steenbreek (NL) - Myrbräcka (S)

Abbildung auf Seite 250. Der Moorsteinbrech bildet kleine Polster und ist mit seinen kräftiggelben Blüten recht auffällig, wenn auch für Nicht-Fachleute Verwechlungsgefahr mit anderen Steinbrecharten sowie Hahnenfußgewächsen besteht. Er ist in ganz Svalbard und weiten Teilen der Arktis verbreitet und kommt vor allem an feuchten Standorten häufig vor, teilweise auf großen Tundraflächen.

4.9.19 NICKENDER STEINBRECH (*SAXIFRAGA CERNUA*)

Knop-Stenbræk (DK) - Drooping saxifrage (E) - Saxifrage penchée/à bulbilles (F) - Sassifraga incurvata (I) - Knoppsildre (N) - Knikkende Steenbreck (NL) - Knoppbräcka (S)

Abbildung auf Seite 250. Die kleinen Polster und fragil wirkenden Stengel findet man überall in Svalbard und der übrigen Arktis, meist an feuchten Standorten.

4.9.20 RASENSTEINBRECH (*SAXIFRAGA CESPITOSA*)

Tuestenbræk (DK) - Tufted saxifrage (E) - Saxifrage en touffe/en coussinet (F) - Tuesildre (N) - Groenlandse Steenbreek (NL) - Tuvbräcka (S)

Abbildung auf Seite 251. Der Rasensteinbrech bildet kleine Polster mit kleinen, weißlichen Blüten und ist überall in Svalbard, wie auch sonst in der Arktis, häufig anzutreffen. Stellenweise nimmt er größere Flächenanteile ein. Je nach Nährstoffsituation oder bei Befall mit Pilzen färben sich die sonst grünen Blätter mitunter kräftig tiefrot.

4.9.1: Polarweide.

4.9.2: Zwergbirke im Adventdalen, zwischen Janssonelva und Adventelva.

4.9.3: Alpensäuerling, Skansbukta.

4.9.4: Knöllchenknöterich, Barentsøya.

4.9.5: Arktisches Hornkraut.

4.9.6: Schneesternmiere. Foto: Michelle van Dijk.

4.9.7: Wimper-Sandkraut, Dicksonfjord.

4.9.8: Nördliche Alpennelke. Trygghamna.

4.9.9: Stengelloses Leimkraut. Bohemanneset.

4.9.10: Schnee-Hahnenfuß bei Mushamna im Woodfjord. Die Art ist dem Schwefelgelben Hahnenfuß sehr ähnlich.

4.9.11-1: Svalbardmohn (weiße Variante). Vibebukta, Nordaustland.

4.9.11-2: Svalbardmohn (gelbe Variante).

4.9.12: Gebräuchliches Löffelkraut.

4.9.13: Felsenblümchen (2 Arten, weiß und gelb).

4.9.14: Roter Steinbrech. Trygghamna.

4.9.15: Fetthennensteinbrech. Dicksonfjord.

4.9.16: Schneesteinbrech.

4.9.17: Habichtskrautblättriger Steinbrech.

4.9.18: Moorsteinbrech. Tordenskioldbukta, Forlandsund.

4.9.19: Nickender Steinbrech.

4.9.20: Rasensteinbrech. Treskelen, Hornsund.

4.9.21: Fadensteinbrech. Rindedalen, Barentsøya.

4.9.22: Silberwurz. Stasjonsøyane, Liefdefjord.

4.9.23: Vierkantiges Heidekraut.

4.9.24: Nördliche Himmelsleiter (oder N. Jakobsleiter). Skansbukta.

4.9.25: Polarschaumkraut. Alkhornet.

4.9.26: Wolliges Läusekraut. Liefdefjord.

4.9.27: Scheuchzers Wollgras. Longyearbyen.

4.9.28: Arktischer Löwenzahn. Faksevågen, Lomfjord.

4.9.29: Polarlöwenzahn.

4.9.30-1: Flechten und Moose. Hermansenøya, Forlandsund.

4.9.30-2: Pilze. Bohemanneset.

4.9.21 FADENSTEINBRECH (AUCH SCHLANGENSTEINBRECH) (*SAXIFRAGA FLAGELLARIS*)

Spider plant (E) - Saxifrage toile d'araignée/à flagelles (F) - Sassifraga del ragno (I) - Trådsildre (N) - Spinneplantje (NL) - Trådbräcka (S)

Abbildung auf Seite 251. Der Fadensteinbrech ist nicht gerade häufig, man findet ihn aber, von der Bjørnøya abgesehen, in ganz Svalbard vor allem an feuchten Stellen. Er ist zirkumpolar in der Hocharktis verbreitet. Der Fadensteinbrech ist eine charakteristische Pflanze, welche die Strategie vieler arktischer Blumen, sich mangels Insekten durch Ableger zu vermehren, gut sichtbar demonstriert. Er gehört zu den wenigen Pflanzen, die Rentiere meist stehen lassen.

4.9.22 SILBERWURZ (*DRYAS OCTOPETALA*)

Almindelig Rypelyng (DK) - Mountain avens (E) - Dryade à huit pétales (F) - Camedrio alpino (I) - Reinrose (N) - Achtster/zilverkruid (NL) - Fjällsippa (S)

Abbildung auf Seite 252. Diese schöne Blume mit weißlichgelben Blüten kommt an trockenen Stellen in ganz Svalbard vor (nicht auf der Bjørnøya), insbesondere an Standorten mit kalkhaltigem Boden an der West- und Nordküste Spitzbergens. Darüber hinaus ist sie fast überall in der Arktis zu finden. Mancherorts ist die Silberwurz so häufig, dass sie die ganze Tundra im eher späten Hochsommer auf weiten Flächen im Sonnenschein silbrig-weiß schimmern lässt, woran sich sowohl Touristen als auch Rentiere auf jeweils ihre Art erfreuen. Sie ist auch in Skandinavien häufig und war in der Eiszeit in Mitteleuropa weit verbreitet, so dass die letzten Kältephasen vor über 11 000 Jahren als Älteste Dryas, Ältere Dryas und Jüngere Dryas bezeichnet werden.

4.9.23 VIERKANTIGES HEIDEKRAUT (*CASSIOPE TETRAGONA*)

Almindelig Kantlyng (DK) - Arctic bell-heather (E) - Cassiopée tétragone (F) - Campanula Artica (I) - Kantlyng (N) - Vierkante Lavendelheide/Kantheide (NL) - Kantljung (S)

Abbildung auf Seite 252. Das Vierkantige Heidekraut gehört zu den auffälligsten und leicht bestimmbaren Pflanzen. Es kommt, abgesehen von der Bjørnøya, überall auf der gesamten Inselgruppe und in der übrigen Arktis vor. Es wächst an trockenen Standorten, vorzugsweise solchen, die im Winter schneebedeckt sind, ist aber an der West- und Nordküste Spitzbergens am häufigsten und bildet dort mitunter ausgedehnte Heiden. Da die ansonsten nicht wählerischen Rentiere das Vierkantige Heidekraut verschmähen, hat es einen ökologischen Vorteil. Mancherorts ist es so häufig, dass es im eher frühen Sommer mit seinen weißlichgelben Blüten der Tundra einen schönen Hauch Farbe verleiht.

4.9.24 NÖRDLICHE HIMMELSLEITER ODER NÖRDLICHE JAKOBSLEITER (*POLEMONIUM BOREALE*)

Polarjakobsstige (DK) - Boreal Jacob's ladder (E) - Polémoine Boréal (F) - Polemonio Boreale (I) - Polarflokk (N) - Arctische Jacobsladder (NL) - Polarblågull (S)

Abbildung auf Seite 253. Blumen mit blauen Blüten sind in Spitzbergen selten, so auch die Nördliche Himmelsleiter, die nur an wenigen Stellen in den inneren Fjorden der Westküste Spitzbergens vorkommt. Dort wächst sie aber stellenweise kräftig und hat im früheren Sommer schöne, violettblaue Blüten. Darüber hinaus ist sie im Norden von Russland, Kanada und Alaska zu finden.

4.9.25 POLARSCHAUMKRAUT (*CARDAMINE NYMANII* ODER *C. PRATENSIS POLEMONIOIDES*)

Engkarse (DK) - Polar cress (E) - Cardamine de Nymani (F) - Crescione Polare (I) - Polarkarse (N) - Pinksterbloem (NL) - Polarbräsma (S)

Abbildung auf Seite 253. Der Anblick des zartrosa bis blassblau blühenden Polarschaumkrauts ist Blumenfreunden eher selten vergönnt. Es kommt zwar überall in Svalbard wie auch in der sonstige Arktis an feuchten Stellen vor, wächst aber nur einzeln hier und dort. Das Polarschaumkraut hat sich so weitgehend an die insektenarme Umwelt angepasst, so dass die Blüten meist nur noch „Schmuck" sind und es sich stattdessen asexuell vermehrt, indem abfallende Blätter wieder Wurzeln schlagen.

4.9.26 WOLLIGES LÄUSEKRAUT (*PEDICULARIS LANATA* ODER *P. DASYANTHA* ODER *P.L.D.*)

Uldhåret troldurt (DK) - Wooly lousewort (E) - Pédiculaire à anthères épaisses (F) - Ullmyrklegg (N) - Kartelblad (NL) - Ullspira (S)

Abbildung auf Seite 254. Man sieht das auffällige Wollige Läusekraut recht häufig in den Fjorden der West- und Nordküste Spitzbergens, vor allem an leicht feuchten Standorten. Darüber hinaus kommt es nur noch an einigen Stellen der russischen Arktis vor. Es sieht dem Behaarten Läusekraut (welches kleiner und schlanker ist) sehr ähnlich, das überall in Svalbard zu finden ist. Alle Läusekrautarten sind Giftpflanzen.

4.9.27 SCHEUCHZERS WOLLGRAS (*ERIOPHORUM SCHEUCHZERI*)

Polarkæruld (DK) - Arctic cottongrass (E) - Linaigrette de Scheuchzer (F) - Pennacchi di Scheuchzer (I) - Snøull (N) - Eenjarig wollegras (NL) - Polarull (S)

Abbildung auf Seite 254. Das Scheuchzers Wollgras ist eine Seggenart und gehört somit zu den Gräsern, auf die im nächsten Abschnitt noch allgemein etwas eingegangen wird. Es ist eine auffällige, schöne und unverwechselbare Charakterpflanze für

Moore und nasse Tundragebiete. Man kann es, abgesehen von der Bjørnøya, überall in Svalbard an den passenden Standorten antreffen, vor allem an der Westküste, und darüber hinaus in weiten Teilen der Subarktis, Arktis und in Gebirgen gemäßigter Breiten. Scheuchzers Wollgras ist in Longyearbyen und Umgebung häufig.

Da Wollgras auf nasse Stellen hindeutet, sollte man es nach Möglichkeit umgehen. Es gibt noch eine weitere, etwas kleinere Wollgrasart in Svalbard, das Trauerwollgras (*Eriophorum triste* oder *E. angustifolium*).

4.9.28 ARKTISCHER LÖWENZAHN (*TARAXACUM ARCTICUM*)

Arktisk mælkebøtte (DK) - Arctic dandelion (E) - Pissenlit arctique (F) - Tarassaco Artico (I) - Arktisløvetann (N) - Arctische Paardebloem (NL) - Arktisk maskros (S)

Abbildung auf Seite 255. Der weiß blühende Arktische Löwenzahn ist nicht gerade ein alltäglicher Anblick, aber er kommt überall in Svalbard vor (nicht auf Bjørnøya) und ist die häufigste von den 3 natürlich vorkommenden Löwenzahnarten der Region (eine davon kommt nur auf Bjørnøya vor). In Siedlungen gibt es weitere, eingeschleppte Arten. Darüber hinaus gibt es ein fleckiges Verbreitungsmuster mit Vorkommen im Osten und Nordwesten Grönlands, auf Novaya Zemlya, der Taymyr-Halbinsel und dem äußersten Osten Sibiriens.

4.9.29 POLARLÖWENZAHN (*TARAXACUM BRACHYCERAS*)

Bredbladet mælkebøtte (DK) - Polar dandelion (E) - Pissenlit à dents/cornes courtes (F) - Polarløvetann (N) - Poolpaardebloem (NL) - Polarmaskros (S)

Abbildung auf Seite 255. Der Polarlöwenzahn ist dem Arktischen Löwenzahn ähnlich, aufgrund seiner gelben Blütenblätter aber unverwechselbar. Er ist auf trockenen Untergrund spezialisiert und nur an einigen Stellen an der West- und Nordküste Spitzbergens zu finden.

4.9.30 GRÄSER, MOOSE, FLECHTEN, ALGEN & PILZE

Pflanzen, die man landläufig als „**Gräser**“ bezeichnet, sind in der Tundra weit verbreitet. Es gibt mindestens 59 verschiedene Arten: 4 Binsen (*Juncaceae*), 4 Hainsimsen (*Luzula*), 17 Seggen (*Cyperaceae*. Davon 3 Sauergräser, Gattung *Carex*; 2 Wollgräser, Gattung *Eriophorum;* 1 *Kobresia*) und weitere 34 Gräser im engen Sinne (*Poaceae*).

Von diesen Arten sind aber weniger als 10 in Svalbard weit verbreitet und häufig (z.B. *Juncus biglumis, Luzula confusa, Luzula arctica, Carex rupestris, Deschampsia alpina*). Etliche kommen nur an einer sehr geringen Anzahl kleiner Stellen vor, und mindestens 5 Arten sind dem Menschen nach Spitzbergen gefolgt und haben sich in der Umgebung der Ortschaften angesiedelt. Die meisten Touristen werden all diese Pflanzen vermutlich einfach als „Gras“ wahrnehmen (wie, zugegebenermaßen, auch der Autor) und sich nicht an einer selbst für Fachleute mitunter schwierigen Bestimmung der einzelnen Arten versuchen.

Es gibt „offiziell“ 373 **Moose,** die auch in den entlegenen, hocharktischen Bereichen der Inselgruppe bunte Flecke und Streifen an feuchte Stellen und Bachbetten zaubern, wo ansonsten kaum noch etwas wächst. Die Farben hängen nicht nur von der Art, sondern auch von Umweltbedingungen wie dem Nährstoffgehalt des Untergrundes ab: Bei Nährstoffarmut kann ein sonst kräftiggrünes Moos tiefrot erscheinen. Moose sind für Trittschäden empfindlich, man sollte sich Mühe geben, nicht auf sie zu treten.

Flechten gehören in lebensfeindlichen Regionen zu den Spitzenreitern der Artenvielfalt. Das ist auch in Svalbard so, wo Experten „offiziell“ 597 Arten gezählt haben. Bei Flechten handelt es sich nicht um Pflanzen, sondern um eine Symbiose aus einem Pilz und einer Alge. Sie besiedeln tote Flächen wie blanken Fels und erdulden extreme Temperaturunterschiede, weitgehende Austrocknung und Nährstoffarmut: Oft dient herabsinkender Staub der Ernährung (der Autor bekommt schon Hunger, wenn er nur versucht, sich das vorzustellen). Bei der Anpassung an diese Bedingungen haben Flechten sich eine Reihe erstaunlicher Strategien einfallen lassen.

Flechten kämpfen auch untereinander hart um begehrte Standorte wie sonnenbeschienene Steine und schrecken dabei selbst vor international geächteten Methoden wie chemischer Kriegführung mit der Nachbarschaft nicht zurück.

Algen besiedeln auf unscheinbare Art weite Flächen feuchter und nasser Tundra und bilden dort einen dünnen, blauschwarzen Überzug. Andere Arten, die **Schneealgen** (z.B. *Chlamydomonas nivalis*), leben im Schnee und färben Schneefelder und Gletscher rötlich, wenn am Ende des Sommers der Schnee schmilzt und die Algen sich dann an der Oberfläche konzentrieren.

Insgesamt sind die „niederen Pflanzen“ wie Moose, Flechten und Algen die vielfältigsten und am weitesten verbreiteten Lebensformen in der Tundra und verdienen mindestens gelegentliche Beachtung, auch wenn sie oft nicht ins Auge fallen.

Es gibt eine ganze Reihe verschiedener Arten von **Pilzen** auf Spitzbergen, die allesamt auch in Skandinavien bzw. Nordrussland vorkommen. Bis 2012 wurden 278 Arten Großpilze gezählt, die für das bloße Auge sichtbar sind, dazu kommen einige hundert Arten einzelliger Pilze. Diese sind als Mikroorganismen überall in der Umwelt vorhanden. Sie ermöglichen teilweise als Symbionten anderen Pflanzen überhaupt erst das Dasein oder leben als Parasiten auf Kosten anderer. Sind die eigentlich kräftiggrünen Blätter des Rasensteinbrechs oder des Vierkantigen Heidekrauts tiefrot verfärbt, dann ist dafür eine Pilzinfektion verantwortlich.

Die Artenliste der Pilze wird künftig an Länge gewinnen, wenn die Wissenschaft sich diesem Thema genauer widmet. Entgegen verbreiteter Gerüchte sind nicht alle Arten essbar oder gar gute Speisepilze, manche sind sogar giftig. Wer die guten Plätze kennt, kann im Herbst die eine oder andere Pilzpfanne zubereiten. Laut einer Informationsbroschüre aus Barentsburg ist die Sammlerlust aber ungleich verteilt: „Citizens of the Russian settlements of Spitsbergen are fond of gathering mushrooms as a habitual rest time spending. The Norwegians prefer to look at (sic) mushrooms in the shops!“ („Die Bewohner der russischen Siedlungen auf Spitzbergen sammeln in ihrer Freizeit oft Pilze. Die Norweger suchen lieber in den Läden nach Pilzen“ ☺)

Insbesondere mercken wir / daß Gott der Höchste nicht wolle / daß der äusserste kälteste Nord-Strich ledig liege / in dem vor etlichen dreyssig Jahren unsere Hamburger zum ersten mahl mit einem oder zweyen Schiffen es gewaget in so grausamen kalten Landen Nahrung zu suchen.

Friedrich Martens,
Spitzbergische oder Groenlandische Reisebeschreibung (1675)

Die Geschichte Spitzbergens ist geprägt von verschieden Phasen, die sich mitunter zeitlich überlappen, teilweise erst nach einer Unterbrechung aufeinander folgen, aber nicht unbedingt historisch miteinander verknüpft sind. So kann man vor allem bei den frühen Kapiteln jedes für sich betrachten und verstehen, natürlich im Zusammenhang mit der Geschichte Europas, die für das wirtschaftliche und wissenschaftliche Interesse an der Arktis eine entscheidende Rolle spielt.

Die Reihenfolge der Abschnitte in diesem Kapitel ist sicherlich ein wenig willkürlich. Ein streng chronologischer Abriss wäre unübersichtlich, da manche „Handlungsstränge" streckenweise parallel ablaufen. Es ist sinnvoller, Spitzbergens Geschichte in verschiedene Kapitel zu unterteilen. Daher wird man beim Lesen am Anfang eines neuen Abschnittes mitunter in der Zeit wieder zurückversetzt.

Diese Übersicht soll einen kurzen Überblick geben. Mit ein wenig Hintergrundwissen wird manches Relikt in der Tundra zur spannenden Entdeckung, während es sonst unscheinbar geblieben oder sogar als störendes Stück Müll wahrgenommen worden wäre. Auch Landkarten werden durch die Namen aus verschiedenen historischen Epochen zu Geschichtsbüchern.

Ganz gleich, welches der vielen Kulturdenkmäler Svalbards Sie besuchen: Es liegt inmitten der schönsten arktischen Landschaft, und nicht nur Touristen, sondern auch Tiere statten den historischen Orten Besuche ab - Rentiere, Füchse oder sogar Walrosse wie jenes, das einmal auf einem Tranofen von Smeerenburg Mittagsschlaf hielt.

Eine steinzeitliche Besiedlung wie in der nordamerikanischen Arktis, Grönland und Sibirien hat es auf Spitzbergen nicht gegeben. Die Legende besagt, dass schon die Wikinger Spitzbergen entdeckt haben sollen, was aber nicht belegbar ist. Unwahrscheinlich, aber immerhin möglich ist eine Nutzung durch Jäger aus dem Norden Russlands, die Pomoren, schon vor der „offiziellen Entdeckung" durch den Niederländer Willem Barentsz im Jahre 1596. Auf Barentsz' Reise folgte die erste Phase des Walfangs in den Gewässern Spitzbergens. Als die Pomoren verschwanden, setzten Trapper die Jagd auf Eisbären, Füchse und andere arktische Tiere fort. Gleichzeitig entdeckten Wissenschaftler verschiedener Nationen Spitzbergen als interessantes Forschungsziel. In ihrem Fahrwasser folgten Rekordjäger auf dem vermeintlichen Weg zum Nordpol und Bergbaugesellschaften, welche es auf Bodenschätze abgesehen hatten. Den Streit um die Souveranität über die Inselgruppe konnte Norwegen 1920 für sich entscheiden.

Die 1920er Jahre sahen in Spitzbergen mit den legendären Expeditionen von Roald

Amundsen und Umberto Nobile, die beide in Ny Ålesund starteten, wichtige Ereignisse der Polargeschichte. Wie überall in der Welt, stellte der Zweite Weltkrieg auch in der Arktis einen entscheidenden Schnitt dar, in dessen Verlauf es zu dramatischen und leider auch zu tragischen Ereignissen kam. Die Moderne ist geprägt von einem Nebeneinander norwegischer und russischer Siedlungen, vom Bergbau, der Forschung, vom Tourismus und moderner Dienstleistung sowie einer ausufernden Bürokratie. Aber auch heute noch ist Platz für Abenteurer und Trapper.

5.1 WIKINGER

Opp gjennom årene har det vært spunnet mange myter omkring norrøne ferder nord i ishavet med mulige oppdagelser og ilandstigninger på Svalbard.

Über die Jahre hinweg wurden viele Mythen um Fahrten der Nordleute nach Norden ins Eismeer mit möglichen Entdeckungen und Anlandungen auf Svalbard gesponnen.

Sysselmannen på Svalbard, *Kulturminneplan for Svalbard 2000-2010* (2000)

Ob die Wikinger tatsächlich, wie vielfach behauptet wurde, im Jahre 1194 das heutige Spitzbergen entdeckten, ist nicht nachzuweisen und eher unwahrscheinlich. Das in einer isländischen Chronik für 1194 erwähnte „Svalbarði", der „kalte Rand", war vermutlich eine andere Insel oder vielleicht auch einfach die Packeisgrenze; auch gibt es im Norden Islands Siedlungen mit diesem Namen. Es gibt heute auf Spitzbergen nichts, das auf Besuche der Wikinger hindeutet. Von einer Besiedlung Spitzbergens durch die Wikinger zu reden, so wie sie in Grönland und Neufundland nachgewiesen wurde, hat sich bislang immerhin noch niemand getraut.

Selbst wenn die Wikinger Spitzbergen im 11. oder 12. Jahrhundert tatsächlich gesehen oder sogar betreten hätten, dann ist das für die dortigen Ereignisse oder die Entwicklung des geographischen Kenntnisstandes in Europa offensichtlich folgenlos geblieben. Dennoch war dieser vermutete Besuch ein Grund für die im frühen 20. Jahrhundert in Norwegen verbreitete Ansicht, Svalbard solle Teil Norwegens werden. Darauf soll auch die Verwendung des damals völlig ungebräuchlichen Begriffes „Svalbard" anstelle von Spitzbergen als offizieller norwegischer Name für die Inselgruppe hinweisen.

5.2 POMOREN

Die Russen sind die eigentlichen Matadore von Spitzbergen.

Barto von Löwenigh,
Reise nach Spitzbergen von Barto von Löwenigh (1830)

Die Pomoren waren ein Volk, das im Norden Russlands lebte, an der Küste des Weißen Meeres. Sie waren Jäger und Fischer und hatten eine lange Tradition, in der Arktis

Jagdfahrten zu machen. Unzweifelhaft waren sie über Jahrhunderte in weiten Teilen Spitzbergens aktiv, das sie „Grumant“ nannten. Dieser Name ist vermutlich eine alte Veränderung des Wortes „Grönland“ und lebt heute noch in der Bezeichnung „Grumantbyen“ fort. Früher wurde weithin angenommen, dass Spitzbergen und Grönland im Norden eine zusammenhängende Landmasse bildeten.

Neben der Suche nach guten Jagdgebieten haben auch religiöse Gründe für die teilweise sogar mehrjährigen Aufenthalte der Pomoren im Norden eine Rolle gespielt: Die Pomoren waren „Raskolniki“, Altgläubige, die sich von der russisch-orthodoxen Staatskirche abgespalten hatten und verfolgt wurden.

Die Anfänge der Pomorenzeit liegen im Dunkeln. Eine vieldiskutierte Frage war und ist, ob sie schon vor der „offiziellen Entdeckung“ durch Willem Barentsz auf „Grumant“ waren. Vor allem zu Zeiten des Kalten Krieges war das eine Frage, die insbesondere sowjetische Archäologen gerne in ihrem Sinne entscheiden wollten, um eine russische Entdeckung Spitzbergens vor der holländischen in Anspruch nehmen zu können.

Auch wenn sowohl die historischen Belege als auch archäologische Befunde und Datierungen nicht eindeutig und entsprechend umstritten sind, haben die Pomoren möglicherweise schon im 16. Jahrhundert Jagdstationen in Spitzbergen gehabt. Ein halbes Dutzend Stationen an der mittleren und südlichen Westküste Spitzbergens wurde in die Mitte des 16. Jahrhunderts datiert. Das methodische Problem hierbei ist allerdings, dass dieses Datum das Alter des Bauholzes ist und nicht unbedingt der Zeitpunkt des Hausbaus in der Arktis. Die Ausstattung der Häuser stammt, soweit Altersbestimmungen vorgenommen wurden, aus dem 18. und frühen 19. Jahrhundert. Gegen umfangreiche russische Aktivitäten vor dem 17. Jahrhundert sprechen mangelnde Erwähnungen in den Berichten der Walfänger.

Wie dem auch sei: Jedenfalls sind die Pomoren diejenigen, welche die längste Nutzung und Besiedelung Spitzbergens für sich beanspruchen können. Nach einer Hauptphase im späten 18. Jahrhundert wurden die kleinen Jagdstationen nach und nach in der ersten Hälfte des 19. Jahrhunderts aufgegeben. Die Jagdgründe waren nach wie vor gut, möglicherweise haben politische oder wirtschaftliche Gründe dazu geführt, dass die Pomoren Spitzbergen fernblieben. Die letzte Überwinterung fand 1851-52 am Biskayarhuken statt, an der Nordküste Spitzbergens östlich des Raudfjord. Von 18 Pomoren starben 12 an Skorbut, die anderen überlebten mit knapper Not und erreichten mit Hilfe norwegischer Fangschiffe Tromsø.

Sie kamen, um arktische Tiere zu jagen, und bauten zu diesem Zweck regelrechte Minisiedlungen, in denen bis zu etwa 20 Personen einige Zeit gelebt haben können, mit Sauna, Schmiede und weiteren Einrichtungen, die deutlich über die kleineren Stationen hinausgingen, die später von norwegischen Trappern gebaut wurden. Reste von Schachbrettern und ähnliches wurde vielfach bei Ausgrabungen gefunden. Charakteristisch für die Pomorensiedlungen im Gegensatz zu den Hütten der norwegischen Trapper sind auch Ziegelreste von den Kaminöfen, die Norweger brachten Metallöfen mit.

Die Familien blieben in Russland: Spitzbergen war das Jagdgebiet der Pomoren, aber nicht ihre Heimat. Dennoch wurde spekuliert, dass im Einzelfall auch Frauen und Kinder überwintert haben könnten. Darauf deuten der Fund eines kleinen Schuhs auf der Sørkappøya und des Schädels einer Kuh hin, die möglicherweise zur Versorgung mit Milch mitgenommen wurde.

Während der Überwinterungen der Pomoren kam es zu vielen Unglücksfällen wie Skorbut und Schiffbruch. Aufzeichnungen gibt es leider nicht, abgesehen von einer abenteuerlichen Geschichte von 1743, als 4 Männer auf der Edgeøya strandeten und sich durchschlugen, bis sie 1749 gerettet wurden, einer war allerdings vorher gestorben.

Der bekannteste Vertreter der Pomoren war Ivan (auch Ermil) **Starostin**, der sich von 1787 bis 1826 auf Spitzbergen aufhielt und sich die letzten 15 Jahre lang nicht mehr die Mühe machte, in seine Heimat auf dem Festland zurückzukehren. Er lebte bei Russekeila zwischen Kapp Linné und dem Grønfjord und wurde nach seinem Tod bei Kapp Starostin beigesetzt.

Reste ihrer Jagdsiedlungen finden sich auch heute noch vielfach an den Küsten in weiten Gebieten der Inselgruppe. Die früher weit verbreiteten orthodoxen Kreuze sind allerdings weitgehend dem Wetter und dem Brennholzbedarf späterer Generationen zum Opfer gefallen, gelegentlich sieht man noch liegende Reste von Kreuzen. Stehende Originalkreuze gibt es nur noch 2, auf den Inseln im Eingang zum Murchisonfjord.

5.3 WILLEM BARENTSZ

The land', says Barents, ‚was for the greatest part broken, rather high, and consisted only of mountains and pointed hills; for which reason we gave it the name of ‚Spitsbergen.'

Martin Conway, *No Man's Land* (1906)

Die Ehre der „offiziellen Entdeckung" Spitzbergens fällt unwidersprochen dem Holländer **Willem Barentsz** (eigentlich: Barentszoon) zu, der 1596 mit 2 Schiffen zu seiner dritten Reise aufbrach, um einen Seeweg nach China zu suchen. Den fand er nicht, dafür aber zunächst die Bäreninsel („Bjørnøya"), wo Barentsz und seine Leute einem Eisbären begegneten und diesen nach langem Kampf schließlich auch bezwangen. Barentsz nannte die Insel daraufhin „Beeren Eyland". Wenig später erreichte Barentsz Spitzbergen irgendwo im Nordwesten. Verschiedene Stellen der Westküste Spitzbergens wurden angelaufen, wobei der alpine Landschaftscharakter Barentsz zu der Namensgebung „Spitsbergen" veranlasste. Auf der Weiterfahrt schließlich kam es zur Überwinterung im Norden von Novaya Zemlya, wobei mehrere Männer an Skorbut starben, unter ihnen auch Barentsz. Die übrigen schafften die Heimreise nach Holland und brachten die Nachricht von den Neuentdeckungen im Norden mit dem Reichtum an jagbaren Tieren nach Europa.

Archäologische Funde, die von der Barentsz-Expedition stammen, gibt es auf Spitzbergen nicht. Die ältesten Ortsbezeichnungen Spitzbergens gehen auf seine Reise zurück: Spitsbergen, Beeren Eyland, Inwyck (Bellsund), Grooten Inwyck (Isfjord),

Vogelhoek (Fuglehuken), Keerwyck (nördlicher Forlandsund).

Zu Ehren von Barentsz selbst wurde sein Name später gleich mehrfach auf der Karte verewigt: Neben der Barentsøya, dem Barentsfjellet am Nordende von Prins Karls Forland, dem Barentsgattet zwischen Fuglesangen und Klovningen und Barentsburg ist sogar ein ganzes Meer nach ihm benannt, die Barentssee zwischen Spitzbergen und dem Nordkapp von Norwegen.

5.4 WALFANG IM 17. JAHRHUNDERT

Da gab es noch Zeiten - es klingt wie ein Märchen - daß man nach Belieben nicht allein an den Fisch hinrudern konnte, sondern auch, wenn er geschossen war, vielmals die andern Fische weg-scheuen, oder mit dem Rimen (Ruder) auf den Leib schlagen und aus dem Weg jagen mußte, damit man dem vestgemachten Fisch beikommen konnte. Es war sodenn nichts seltsames, daß an einem Orte viele Fische, weil sie einfältig waren, gefangen wurden.

C.G. Zorgdrager : *Alte und neue Grönländische Fischerei und Wallfischfang* (1723)

Sowohl die Überlebenden der Barentsz-Expedition als auch andere Reisende jener Zeit wie Henry Hudson (1607) brachten die Kunde von den reichen Walfanggründen der Arktis zurück nach Europa. Es dauerte nicht lange, bis Walfänger verschiedener Nationen nach Norden aufbrachen, zunächst mit erfahrenen Lehrmeistern aus dem Baskenland an Bord. Die ersten waren die Engländer von der Muscovy Company, welche die ersten Fangschiffe 1603 auf Walrossjagd zur Bjørnøya und ab 1610 die ersten Walfangschiffe nach Spitzbergen schickte. Bereits 1611 folgten die Holländer. Walfänger beider Länder waren jedes Jahr mit vielen Schiffen unterwegs und errichteten schnell eine Reihe von Landstationen, um den Speck zu Öl zu kochen, das in Europa zu guten Preisen verkauft werden konnte und als Lampenöl, zur Seifenproduktion, als Schmiermittel u.ä. genutzt wurde. Die Barten wurden zur Herstellung von Regenschirmen und Korsetts nachgefragt.

Die bevorzugte Beute im 17. Jahrhundert war der Grönlandwal, damals auch „Right Whale" genannt: Er war der „richtige Wal" zum Jagen, da er langsam schwamm, auch tot noch an der Oberfläche trieb und viel tranreiches Fett lieferte, den sogenannten „Blubber". Der Walfang selbst ging mit Ruderbooten und Wurfharpunen vor sich und war eine sehr gefährliche Arbeit für Spezialisten. In einem Fangboot saßen normalerweise 6 Männer: Ein Steuermann, 4 Ruderer und der Harpunier. War der Wal einmal erlegt, wurde er zur Trankocherei gezogen, am Ufer geflenst (zerlegt) und gekocht. Zunächst wurde nur der Speck genutzt, der Rest verrottete und blieb für Füchse, Bären und Vögel zurück. Erst später fand man heraus, dass sich auch aus den übrigen Bestandteilen der Wale Öl kochen ließ.

Da das Kochen des Specks auf den hölzernen Schiffen technisch zunächst nicht möglich war, war die Einrichtung von Landstationen erforderlich, ein Umstand, der arktischen Inseln wie Jan Mayen und Spitzbergen, die direkt bei den Fanggründen lagen, eine immense strategische gab. Ein guter Standort für eine Landstation musste schnellen Zugang zum offenen Meer haben, aber dennoch gut geschützt sein. Trinkwasser war ebenso eine Voraussetzung wie ein flacher Strand. Eine schnell erklimmbare Erhebung, von der aus man nach Walen Ausschau halten konnte, war von Vorteil.

Es gab eine ganze Reihe von Walfangstationen. Die berühmteste war die holländische Siedlung Smeerenburg („Transtadt") auf der Amsterdamøya im Nordwesten Spitzbergens. Die Größe der Landstationen ist in der Literatur lange stark übertrieben worden, bis archäologische Untersuchungen zeigten, dass sich in einer einzelnen Station nie mehr als etwa 200 Personen gleichzeitig aufhielten, meist deutlich weniger. Die berühmten Kirchen und Rotlichtviertel, die mitunter beschrieben wurden, gehören ins Reich der Legenden. Die wichtigste Einrichtung bestand aus einem oder mehreren Speckköfen. Diese bestanden aus einem Fundament und einer Mauer aus Ziegelsteinen, die aus Europa importiert waren, einem Schornstein sowie einer Isolierschicht aus einer Art Zement („Speckbeton"), einer Mischung aus Sand, Kies und Walöl. Was man heute meist noch sehen kann, sind zerfallende Reste von Ziegeln und der schwarzen Isolierschicht, manchmal auch Fundamente.

Zusätzlich gab es Behausungen für die dort arbeitenden Männer, zunächst in Form von Zelten, später gab es hölzerne Häuser, sowie Lagerhäuser und ein paar Werkstätten, eine Zimmerei und eine Schmiede, zumindest bei den größeren Stationen. Diese wurden im Winter sich selbst überlassen. Der Betrieb war teuer, und es waren mindestens 100 Wale erforderlich, um die Kosten einer Saison zu decken.

Zu Überwinterungen kam es nur, als die Niederländer nach Plünderungen entschieden, eine kleine Wachmannschaft von 7 Männern in Smeerenburg zu lassen. Der erste Versuch im Jahr 1633-34 glückte, die zweite Mannschaft überlebte den Winter 1634-35 jedoch nicht, so dass die ersten Walfänger im Frühjahr 1635 nur noch die Toten begraben konnten, die sie gefroren in einer vor Schmerz zusammengekrümmten Haltung vorfanden. Weitere Versuche wurden nicht unternommen, es gab allerdings mehrere unfreiwillige Überwinterungen. Diese endeten natürlich oft in Katastrophen, aber 1630-31, also noch vor der Überwinterung in Smeerenburg, schafften es 8 englische Walfänger, einen ungeplanten Winter im Recherchefjord zu überleben. Dabei handelt es sich vermutlich um die erste erfolgreiche Überwinterung überhaupt auf Spitzbergen, wenn nicht die Pomoren früher schon dort waren, was aber nicht belegt ist.

Es gibt viele Gräberfelder aus den Zeiten der Walfänger auf Spitzbergen, vor allem im Nordwesten. Walfängergräber in Permafrostgebieten sind für Archäologen ein wichtiger Fundort nicht nur für die Erforschung des arktischen Walfangs, sondern auch für Bekleidung einfacher Menschen aus jener Zeit, von der sonst nichts erhalten geblieben ist. Die Bekleidung war für das arktische Klima und die rauen Arbeitsbedingungen alles andere als geeignet. Die meisten Toten waren jung, weniger als 30 Jahre alt, und an Skorbut oder Verletzungen gestorben. Sämtliche Skelette stammen von Männern, es gibt keine Funde oder Belege dafür, dass in Walfängerzeiten jemals Frauen auf Spitzbergen gewesen sind.

Im Nordatlantik entwickelten sich sowohl Spitzbergen als auch Jan Mayen schnell zu Walfangzentren, und die Konkurrenz um gute Fanggründe und geeignete Plätze für Stationen war auf Spitzbergen groß. Es kam zu Konflikten und Zusammenstößen, so dass zeitweise eine Begleitung durch Kriegsschiffe üblich war. Nach ein paar Jahren einigten sich Niederländer und Engländer dahingehend, dass Erstere in Spitzbergen die Nordwestecke übernahmen und Letztere südlich des Magdalenefjords blieben.

Es gab sogar eine regelrechte Seeschlacht, als 1693 drei französische Kriegsschiffe etwa 40 holländische Walfangschiffe im Sorgfjord aufbrachten und 13 Schiffe gefangennahmen. Es gab in jenen Wochen noch einige weitere Scharmützel bei Spitzbergen, und insgesamt kamen 28 holländische Schiffe in die Gewalt der Franzosen, die 11 mit nach Frankreich nahmen und die Übrigen an Ort und Stelle verbrannten.

Zu diesem Zeitpunkt war die große Zeit des Spitzbergenwalfangs aber schon wieder vorbei, die Landstationen wie das berühmte Smeerenburg hatten in den 1620ern ihre besten Jahren.

Auch wenn Deutschland seinerzeit nur eine untergeordnete Rolle im Walfanggeschäft im hohen Norden spielte, erinnern die Namen Hamburgbukta und Ny Friesland doch noch an diese Zeit. Es waren Walfänger aus Hamburg, Altona und aus Friesland, die nach Spitzbergen und Grönland fuhren und als „Grönlandfahrer" bekannt waren.

Nach wenigen Jahrzehnten wurden die Stationen wieder aufgegeben, als die einst sehr zahlreichen Wale in den Küstengewässern selten wurden und ein Fortschreiten der Technik erlaubte, den Speck auf See zu verarbeiten. Mitunter wurde auch der unverarbeitete Speck in Tonnen nach Europa gebracht.

In den aktivsten Zeiten um 1630 waren es in manchen Jahren über 250 Schiffe, die den Walen nachstellten und pro Saison im Durchschnitt 250-750, in Rekordjahren auch über 1 000 Grönlandwale fingen.

5.5 FRÜHE EXPEDITIONEN UND SYSTEMATISCHE ERFORSCHUNG

Nirgends ist wol Wissen mit einer größern Summe von Entbehrungen, Noth und Leiden erkauft; aber der menschliche Geist wird nicht rasten, ehe nicht jeder Fleck auch dieser Gegenden dem Fuße zugänglich gemacht und jedes Räthsel dort oben gelöst ist.

Fridtjof Nansen, *In Nacht und Eis* (Bd. 1, 1897)

Die zahlreichen Walfänger, die Spitzbergen im 17. Jahrhundert heimsuchten, hatten eine rein wirtschaftliche Motivation. Entdeckung und Wissenschaft spielten keine Rolle, von ganz wenigen Ausnahmen abgesehen, wie der Hamburger Schiffsarzt **Friedrich Martens**, der nach einer Spitzbergen-Fahrt 1671 auf dem Walfänger *Jonas im Walfisch* die erste Beschreibung von Spitzbergen und seiner Tierwelt überhaupt veröffentlichte. Ein berühmter Walfänger, der selbst zahlreiche Entdeckungen machte und diese in mehreren Büchern veröffentlichte, war **William Scoresby** Junior aus dem frühen 19. Jahrhundert. Ansonsten behielten die Walfänger ihre Entdeckungen aber für sich, da niemand wissen sollte, wo sie ihren Fang gemacht hatten, oder sie kümmerten sich einfach nicht darum, ihr Wissen zu verbreiten.

Erst im 18. Jahrhundert begannen Expeditionen, die nicht kommerziell motiviert waren, zumindest nicht direkt. Die Suche nach einem Seeweg in den fernen Osten, die natürlich auch im Interesse der Kaufleute lag, war ein Grund für die Durchführung dieser Fahrten. Andere Motive lagen in dem Wunsch, eine möglichst hohe Breite oder den Nordpol selbst zu erreichen, oder in dem Auffinden neuer Walfanggründe oder Inseln, auf denen es vielleicht Bodenschätze gab, sowie dem Drang nach geographischer Entdeckung. Und Nordpolexpeditionen waren eine gute Möglichkeit, die königlich britische Kriegsmarine in Friedenszeiten mit sinnstiftenden Aufgaben zu versorgen.

Aufgrund der polnahen Lage und der günstigen Erreichbarkeit diente Spitzbergen oft als Basis für Vorstöße zum Pol. Der russische Wissenschaftler **Mikhail Lomonossov** initiierte eine Expedition, die nach einer Überwinterung im Recherchefjord 1765 über den Nordpol zur Beringstraße fahren sollte. Lomonossov selbst starb während des Winters daheim und konnte den Vorstoß somit nicht mehr leiten. Sein Nachfolger **Vasilij Vakovlevitsj Tsjitsjagov** musste hinnehmen, dass er weder 1765 noch im folgenden Sommer mit seinen 3 Schiffen viel gegen das Eis ausrichten konnte. Die Gelegenheit, stattdessen wissenschaftlich zu arbeiten, ließ man ungenutzt verstreichen.

Als nächstes traten die Briten auf den Plan und schickten eine Reihe von Expeditionen auf die Suche nach der Nordwestpassage, ließen aber auch den Seeweg via Spitzbergen über den Nordpol nicht unversucht. 1773 segelte **Constantine John Phipps** mit den Schiffen *Carcass* und *Racehorse* nach Norden. Die Anweisung, beim Nordpol umzukehren und nicht zur Beringstraße zur fahren, erwies sich als überflüssig, da die Schiffe schon bei den Sjuøyane im Eis stecken blieben und dieses nur mit knapper Not wieder verlassen konnten. Immerhin hatte man an wissenschaftliche Untersuchungen gedacht und kam somit nicht mit leeren Händen wieder heim. Mit an Bord war der 14-jährige Nelson, der angeblich beinahe bei einer unerlaubten Eisbärenjagd ums Leben gekommen wäre. Diese Anekdote ist aber historisch nicht belegt.

Ein weiterer Versuch wurde 1827 gemacht, als der der Engländer **William Edward Parry** mit Mannschaft und 8 Rentieren an Bord der *Hecla* nach Spitzbergen fuhr. Er hatte Boote dabei, deren Konstruktion es zugleich erlauben sollte, sie bei Bedarf wie Schlitten von den Rentieren über das Treibeis ziehen zu lassen, das man sich als eine flache Oberfläche vorstellte. Eventuell war hinter einem Treibeisgürtel wieder offenes Wasser anzutreffen, was die Mitnahme von Booten erforderlich machte - soweit Parrys Plan.

Geankert wurde im Sorgfjord in der Bucht, die heute Heclahamna heißt. Parry brach mit seinen Schlittenbooten auf, die Rentiere blieben allerdings aus Platzmangel zurück. Nach einer Bootfahrt über das offene Meer stieß er recht weit im Norden auf Eis und begann, die Boote zu ziehen, wobei seine Männer notgedrungen die Rolle der Rentiere übernehmen mussten. Aufgrund des langsamen Vorwärtskommens drehte die Gruppe bei 82°40'N um, erreichte damit aber immerhin eine Rekordbreite, die ungeschlagen blieb, bis die Greely-Expedition 1882 von Ellesmere Island aus etwas weiter vorstieß. Vor der Umkehr hatte Parry erkannt, dass eine ungünstige Strömung das Eis nach Süden trieb und somit die Erfolge ihrer Anstrengungen zunichte machte.

Parry hatte sein Ziel zwar nicht erreicht, jedoch einige wichtige Entdeckungen gemacht, beziehungsweise entsprechende Vermutungen bestätigt: Das Eis erlaubte mit Sicherheit kein Vorstoßen mit Schiffen von Spitzbergen aus nach Norden, die Eisschollen war nicht eben, sondern im Gegenteil sehr unwegsam und ein Marsch über das Eis wurde nicht nur durch die Beschaffenheit desselben, sondern auch von ungünstigen Strömungen in hohem Maße erschwert. Damit wurde Spitzbergen als Ausgangspunkt für Expeditionen, deren Ziel das Erreichen des Pols war, zunächst uninteressant, bis der Luftweg möglich wurde. Nach Parry gab es bis zu Andreés berühmten Ballonflug (s. Abschnitt 5.6 *Flugversuche zum Nordpol von Virgohamna und Ny Ålesund*) kaum ernsthafte Versuche, von Spitzbergen aus den Pol zu erreichen.

Im gleichen Jahr wie Parry, 1827, war der Burscheider Bürgermeister **Bartolomäus von Löwenigh** in Spitzbergen. Von Löwenigh lud den norwegischen Geologen **Balthazar Matthias Keilhau** kurzfristig zur Teilnahme an seiner Reise ein, die ansonsten eine reine Vergnügungsfahrt gewesen wäre. Keilhau veröffentlichte anschließend die geologischen und sonstigen Beobachtungen, die er im Süden Spitzbergens, auf der Edgeøya und Bjørnøya angestellt hatte. Daher steht diese Reise im Ruf, die wissenschaftliche Erkundung Spitzbergens eingeläutet zu haben und wohl auch ganz nebenbei die erste touristische Fahrt dorthin gewesen zu sein.

Die neue wissenschaftliche Orientierung wurde 1838-40 von den Franzosen an Bord der ***Recherche*** vorbildlich fortgesetzt. Eine ganze Reihe von Inseln und Orten im Nordatlantik wurde angelaufen, wobei Spitzbergen eher eine untergeordnete Rolle spielte. Aber 1838 wurden im Recherchefjord, der bei dieser Gelegenheit seinen Namen erhielt, und 1839 im Magdalenefjord jeweils für ein paar Wochen diverse Studien betrieben. Diese Expedition zeichnete sich durch sorgfältige Vorbereitung und die Teilnahme von Wissenschaftlern aus mehreren Ländern aus und lieferte reichhaltige neue Erkenntnisse, mit denen sich mehr als 20 Bände füllen ließen. Ganz nebenbei befand sich 1839 auch die erste Frau an Bord, die Spitzbergen besuchte: Leonie D'Aunet, die Verlobte des Malers, deren Reiseschilderung noch heute erhältlich ist.

Es waren aber vor allem die Schweden, die im 19. Jahrhundert im Zuge ihrer wissenschaftlichen Ambitionen mit der systematischen Erforschung von Spitzbergen begannen. Den Anfang machte 1837 der Meeresbiologe **Sven Lovén**, dann traten aber Forscherpersönlichkeiten wie **Otto Torell**, einer der frühesten Verfechter der Eiszeit-Theorie, und darauf **Adolf Erik Nordenskiöld**, der unter anderem 1878-79 auf der *Vega* als erster die Nordostpassage vollständig durchfuhr, auf den Plan. Zur Erforschung vergletscherter Landschaften besuchte Torell auf selbstfinanzierten Expeditionen die Schweiz, Island und 1858 erstmals Spitzbergen, wobei der junge Nordenskiöld mit an Bord war. 1861 führte Torell eine große Expedition nach

Spitzbergen. An Bord der beiden Schiffe *Aeolus* und *Magdalena* befand sich eine Auswahl der späteren Crème de la Crème schwedischer Polarforscher: Nordenskiöld, Jakob Chydenius und Nils Dunér. Die beiden Schiffe operierten 4 Monate lang, teilweise getrennt, und brachten vor allem aus dem Norden der Inselgruppe reiche wissenschaftliche Ernte mit.

Anschließend übernahm Nordenskiöld die Vorreiterrolle und leitete 1864 seine erste eigene Spitzbergen-Expedition. Neben seiner wissenschaftlichen Tätigkeit hegte der Mineraloge Nordenskiöld Nordpol-Ambitionen, möglicherweise auch, um seine Unternehmungen für Sponsoren attraktiver zu gestalten. 1868 testete er die Möglichkeiten eines Dampfschiffes mit 60 PS Maschine. Trotz dreier hartnäckiger Versuche brachte der Sommer wenig mehr als die Bestätigung der eigentlich spätestens seit Parry bekannten Erkenntnis, dass es nicht möglich sein würde, mit einem Schiff von Spitzbergen aus in die Nähe des Nordpols zu gelangen. Daher erwog Nordenskiöld nun eine Schlittenreise über das Eis. Nach einer Trainingstour in Ostgrönland überwinterte Nordenskiöld 1872-73 in „Polhem" in der Mosselbukta in Nordspitzbergen, um möglichst früh in der Saison starten zu können. Schiffbrüchige anderer Schiffe belasteten die Proviantvorräte unvorhergesehen stark, und die als Zugtiere mitgenommenen 40 Rentiere ergriffen vernünftigerweise frühzeitig die Flucht. Bald nach dem Start zeigte sich, dass der Pol mit den überlasteten Schlitten nicht zu erreichen war. Nach diversen Forschungen auf dem Nordaustland gab Nordenskiöld auf und beendete diese seine letzte Spitzbergen-Expedition. Kollegen wie **Alfred Nathorst** führten weitere schwedische Forschungsunternehmungen nach Spitzbergen. Im Laufe dieser Expeditionen wurden weite Teile Spitzbergens zumindest in küstennahen Bereichen gründlich geologisch und topographisch kartiert.

Als Beginn der systematischen Polarforschung gilt das von **Karl Weyprecht** initiierte erste **Internationale Polarjahr 1882-83**, in dem eine Reihe von Ländern Stationen in den Polargebieten unterhielt. Spitzbergen fiel den Schweden zu, und ein Jahr lang wurden am Kapp Thordsen im Isfjord systematisch geophysikalische Messungen durchgeführt, wobei der später auf tragische Art berühmt gewordene **Salomon August Andrée** für Magnetismus und Elektrizität zuständig war.

1898 begann ein weiteres, großes Unternehmen in Spitzbergen, das in mehrfacher Hinsicht bemerkenswert ist: die **Schwedisch-Russische Gradmessungsexpedition**. Wissenschaftliches Ziel war die Bestimmung der Form des Erdkörpers durch sehr genaue astronomische Ortsbestimmung und topographische Messungen sowie einen Vergleich mit entsprechenden Messungen in äquatornahen Breiten: Wäre die Erde eine Kugel, so müsste die Distanz jeweils zweier Breitengrade in Polnähe und in Äquatornähe gleich sein. Wäre die Erde aber an den Polen abgeflacht, müssten die Breitengrade in Polnähe weiter auseinander liegen. Man entschied sich, ein möglichst langes Nord-Süd-Profil durch die Hinlopenstraße und den Storfjord bis zum Südkap Spitzbergens zu vermessen. Diese logistisch sehr anspruchsvolle Aufgabe wurde durch die Kooperation zweier Länder erfolgreich gelöst: Die Schweden arbeiteten im Norden, während die Russen den Süden vermaßen. Um die notwendigen astronomischen Positionsbestimmungen präzise durchführen zu können, wurden Stationen beim Crozierpynten im Sorgfjord und in der Bucht Gåshamna im Hornsund gebaut und dazwischen über mehrere Sommer von 1898 bis 1904 umfangreiche Vermessungsarbeiten durchgeführt (Hauptarbeitsphase 1899-1902). Sowohl die rein wissenschaftliche Zielsetzung als auch die internationale Kooperation in einer sonst von viel nationalistischem Ehrgeiz geprägten Zeit sowie die erfolgreiche Durchführung ohne Opfer macht die Gradmessungsexpedition zu einer der interessantesten Expeditionen ihrer Zeit. Überreste der erwähnten Stationen sind noch zu sehen.

Im frühen 20. Jahrhundert engagierten sich schließlich die **Norweger** zunehmend bei der Erforschung Spitzbergens. Der Fang von Fischen, Walen und Robben in der Arktis und später auch in der Antarktis hatte die Aufmerksamkeit der Küstenbewohner schon länger auf die Polargebiete gerichtet. Die spektakulären Erfolge von Fridtjof Nansen verstärkten dieses Interesse im späten 19. Jahrhundert schlagartig, und die 1905 von Schweden unabhängig gewordene Nation sah in der Erschließung hoher Breitengrade ein neues Betätigungsfeld vor sich liegen. Auch politisch begann man sich für Spitzbergen zu interessieren: Der vorübergehende Aufbau einer norwegischen Postverbindung vom Adventfjord zum Festland, der Ankauf von Bergbaurechten durch Norwegen und der Bau einer Telegraphenstation 1911 im Grønfjord waren Episoden, an denen sich das wachsende Interesse ablesen lässt.

Tatsächlich blieb die Erforschung Spitzbergens stark international geprägt, und es gab eine Reihe von Expeditionen, die teilweise mehr Jagd- und Lustfahrten wohlhabender Weltreisender waren, mitunter aber auch neue geographische Erkenntnisse mit heimbrachten. Erwähnenswert sind die deutlich wissenschaftlich orientierten Reisen des Prinzen (später Fürst) **Albert von Monaco**. Dieser finanzierte eine ganze Reihe von Spitzbergen-Expeditionen (1898, 1899, 1906, 1907) und nahm selbst teil. Die geleistete wissenschaftliche Arbeit war bedeutend, unter anderem wurden verschiedene Fjorde der West- und Nordküste vermessen. Dort erinnert eine Reihe von Namen an den adeligen Polarfreund, vorneweg der Monacobreen im Liefdefjord, und die anderen Teilnehmer seiner Expeditionen, darunter der norwegische Offizier **Gunnar Isachsen**. Dieser war 1898-1902 als Topograph der zweiten *Fram*-Expedition unter Otto Sverdrup in Nordkanada gewesen und ab 1906 in Spitzbergen dabei. Isachsen wurde zur initialen Triebkraft für die weitere Erforschung durch die Norweger ab 1909. Diese zeigten von nun an über Jahrzehnten hinweg die größte Kontinuität und schickten fast jährlich Expeditionen in den Norden. Der Geologe **Adolf Hoel**, der ab 1908 eine Schlüsselrolle spielte, hatte dabei nicht nur wissenschaftliche Ziele, sondern war stark daran interessiert, die bislang herrenlose Inselgruppe unter norwegische Souveranität zu bringen, was 1920 auch gelang. Der Schwerpunkt lag auf der topographischen und geologischen Kartierung, nicht zuletzt mit Blick auf den Bergbau. Aus den jährlichen Expeditionen ging Hoels Organisation *De Norske* *statsunderstøttede Spitsbergenekspeditioner* hervor, später in *Norges Svalbard- og Ishavsundersøkelser* umbenannt, woraus sich letztlich das heutige norwegische Polarinstitut (NPI) entwickelte.

Bei all den überwiegend erfolgreichen Expeditionen jener Zeit gab es natürlich auch Fehlschläge und sogar Katastrophen. Besonders tragisch verlief die „Deutsche Arktische Expedition", wie sie offiziell hieß, besser bekannt als die **Schröder-Stranz Expedition** (1912-13). Eine Gruppe von 4 Männern, darunter Expeditionsleiter Herbert Schröder-Stranz, verschwand auf Nimmerwiedersehen an der Nordküste des Nordaustland (s. Abschnitt 6.15.3 *Nordenskiöldbukta, Rijpfjord, Duvefjord*). Das Schiff *Herzog Ernst* musste unfreiwillig im Sorgfjord überwintern. Versuche, zu Fuß nach Longyearbyen zu kommen, kosteten 3 weitere Menschen das Leben, andere überlebten mit teilweise schweren Erfrierungen. Mehrere Hilfsexpeditionen brachen im Frühjahr 1913 auf, um die Überlebenden zu retten.

5.6. FLUGVERSUCHE ZUM NORDPOL VON VIRGOHAMNA UND NY ÅLESUND

Es ist doch recht sonderbar, hier über dem Nordpolarmeer zu schweben. Wir sind nun die ersten, die hier im Ballon umherfliegen. Wann es uns wohl jemand nachtun wird? Werden uns die Menschen für verrückt halten oder unserm Beispiel folgen? Ich kann nicht leugnen, daß uns alle drei ein Gefühl des Stolzes beherrscht. Wir finden, daß wir getrost sterben können, nachdem wir das geleistet haben. Vielleicht treibt uns nur ein überspanntes Persönlichkeitsgefühl, vielleicht können wir es nur nicht ertragen, in Reih und Glied mit dem Durchschnitt zu leben, von kommenden Geschlechtern vergessen zu werden?

Salomon A. Andrée, Tagebucheintrag vom 12. Juli 1897,
zwei Tage bevor der Ballon *Örnen* endgültig auf dem Eis liegenblieb.

Nachdem sich weder Schiffs- noch Schlittenreisen von Spitzbergen zum Pol als erfolgreich erwiesen hatten, verging einige Zeit, bis die nächsten Versuche unternommen wurden. Als Ingenieur glaubte der Schwede **Salomon August Andrée** an den technischen Fortschritt seiner Zeit. Eine Reise mit dem damals neuartigen Gasballon schien ihm eine sichere Methode zu sein, den Nordpol zu erreichen. 1896 brach Andrée zum ersten Mal auf und etablierte auf der Danskøya sein Basislager in Virgohamna, konnte aufgrund anhaltend ungünstiger Wetterlagen seinen Ballon *Örnen* (Adler) jedoch nicht starten.

Das Resultat der zweiten Reise 1897 war der Start des Ballons am 11. Juli in Virgohamna und sein legendäres Verschwinden. An Bord befanden sich neben Andrée noch Ingenieur Knut Frænkel und der Meteorologe Nils Strindberg. Nach gut 2 Tagen und diversen technischen Problemen war der Ballon durch Vereisung so schwer, dass die 3 Männer am 14. Juli endgültig auf dem Eis notlanden mussten. Sie schlugen sich zu Fuß über das Eis bis zur Kvitøya durch und errichteten dort ihr letztes Lager, wo ihre recht lädierten Überreste 1930 zufällig gefunden wurden. Sensationell war dabei, dass die Filme noch entwickelt werden konnten.

Auch der amerikanische Journalist **Walter Wellman** wollte von der Danskøya aus auf dem Luftweg den Nordpol erreichen. Nachdem er vorher schon von Spitzbergen und Franz Josef Land jeweils einen erfolglosen Versuch gemacht hatte, mit Schlitten nach Norden vorzustoßen, probierte er nun die neue Technik des Luftschiffes. Der erste Versuch 1906 war aufgrund der viel zu schwachen Antriebsleistung der *America* zum Scheitern verurteilt, und 1908 endete der zweite Start nach wenigen Kilometern mit einer Bruchlandung. 1909 startete Wellman zum dritten und letzten Mal. Nach einem kurzen Flug landete die *America* aufgrund technischer Probleme auf dem Eis nördlich von Spitzbergen und wurde von einem norwegischen Schiff zurück nach Virgohamna geschleppt. Wellman kehrte nicht mehr in die Arktis zurück, da die Amerikaner Peary und Cook behaupteten, den Pol inzwischen erreicht zu haben.

Ein anderer, dessen Lebenstraum das Erreichen des Nordpols war, war der berühmte norwegische Polarheld **Roald Amundsen**. Dieser war zunächst noch mit anderen Abenteuern wie der Eroberung des Südpols sowie mit der *Maud*-Expedition in der Nordostpassage beschäftigt, verließ diese aber vorzeitig, da er keine Möglichkeit für rekordverdächtige Taten sah. Vielmehr eröffnete sich ihm nun der Luftweg, um seinen alten Traum zu verwirklichen und einen Vorstoß zum Nordpol zu wagen. Amundsen wählte Ny Ålesund als Ausgangsbasis, da er hier weit im Norden starten konnte, gute Zugänglichkeit mit dem Schiff gewährleistet war und die Arbeiter der damaligen Kohlemine bei den notwendigen Bauarbeiten behilflich sein konnten. Für den ersten Versuch wählte Amundsen 1925 zwei Dornier-Wal-Flugboote (Wasserflugzeuge), N-24 und N-25. Nach dem Start am 21. Mai vom Eis im Kongsfjord kehrte Amundsen vorerst nicht zurück und wurde schon verloren geglaubt. Nach einer Landung bei 87°41'N musste zunächst eine Landebahn im unebenen Packeis geschaffen werden, damit wenigstens eines der beiden Flugzeuge wieder starten und die Männer zurück nach Spitzbergen bringen konnte. Treibstoffmangel erzwang eine Notlandung im Brennevinsfjord an der Nordküste des Nordaustland, wo ein zufällig anwesendes Fangschiff die Expedition aufnahm und zurückbrachte.

1926 machte Amundsen den nächsten Versuch, wobei er nicht mehr auf Flugzeuge setzte, sondern sich von dem Italiener **Umberto Nobile** das Luftschiff *Norge* konstruieren ließ. Während die Vorbereitungen in Ny Ålesund noch liefen, traf der Amerikaner **Richard Byrd** im Kongsfjord ein, der am 9. Mai mit seinem Fokker-Flugzeug *Josephine Ford* startete, gute 15 Stunden später wieder zurückkam und behauptete, zwischenzeitlich den Pol erreicht zu haben. Dass das tatsächlich der Fall gewesen war, wird heute bezweifelt. Amundsen startete am 11. Mai zusammen mit seinem amerikanischen Sponsor Lincoln Ellsworth und Umberto Nobile an Bord der *Norge*; der für diesen Start errichtete Ankermast, der auch 1928 von Nobile benutzt wurde, steht heute noch. Der Pol wurde überflogen und Alaska ohne weitere Zwischenfälle erreicht. Das dramatischste bei dieser Expedition war der sich anschließend entfachende Streit zwischen Amundsen und Nobile, zwischen der jungen Nation Norwegen und dem faschistischen Italien um die Ehre, die mit dem erfolgreichen Flug verknüpft war.

Das Resultat war, dass Nobile 1928 mit einem neuen Luftschiff, der *Italia*, nach Ny Ålesund zurückkehrte, um den Polflug zu wiederholen. Der Pol wurde erreicht, auf dem Rückweg havarierte die *Italia* jedoch auf dem Packeis nördlich des Nordaustland. Ein Teil des Luftschiffes verschwand mit 5 Mannschaftsmitgliedern auf Nimmerwiedersehen, ein Mann starb beim Absturz und die übrigen 9 landeten auf dem Eis, wobei Nobile schwer verletzt wurde. In den folgenden Wochen versuchten über 20 Flugzeuge und 14 Schiffe aus 6 Nationen, die Nobile-Leute zu finden. Auch Amundsen beteiligte sich an der Suche nach seinem Rivalen, er startete am 18. Juni mit dem französischen Wasserflugzeug *Latham* von Tromsø und wurde nie mehr gesehen. Vermutlich stürzte die *Latham* irgendwo in der Nähe der Bjørnøya ins Meer.

Schließlich gelang es Nobiles Funker, ein SOS mit Position zu senden. Dem schwedischen Piloten **Ejnar Lundborg** glückten eine Landung auf dem Eis und die Evakuierung des verletzten Nobile. Weitere Luftevakuierungen scheiterten allerdings an der Bruchlandung des Flugzeugs. Die auf dem Eis verbliebenen Männer wurden schließlich vom sowjetischen Eisbrecher *Krassin* aufgenommen. Insgesamt waren etwa 1400 Menschen direkt oder indirekt an den Suchexpeditionen beteiligt. 17 Menschen kamen auf der Suche nach Nobile um, Amundsen eingeschlossen. Nobile sah sich schweren Vorwürfen ausgesetzt, da er als erster evakuiert worden war. Auch das Verschwinden des Schweden Finn Malmgren, der sich zusammen mit 2 Italienern vom Lager im Eis aus zu Fuß auf den Weg nach Spitzbergen gemacht hatte, sowie natürlich die Havarie seines Konkurrenten Amundsen warfen ein schlechtes Licht auf Nobile (siehe auch Abschnitt 6.15.4 *Karl XII Øya, Brochøya, Foynøya*).

Nunmehr waren beide Pole zu Fuß beziehungsweise zumindest auf dem Luftweg erreicht worden, und nach den Polflügen war klar, dass keine größeren Landmassen mehr zu entdecken waren. Somit war diese Zeit das Ende des Kapitels derjenigen Arktis-Expeditionen, die eher auf Rekordjagd, Sensation und Entdeckung aus waren: Das „heroische" Zeitalter wich der bereits laufenden systematischen Forschung.

5.7. TRAPPER

Skulle jeg fortelle om alt, ble jeg aldri ferdig. Men for et liv og for et land!

Sollte ich alles erzählen, würde ich niemals fertig.
Aber was für ein Leben und was für ein Land!

Wanny Woldstad, *Første kvinne som fangstmann på Svalbard* (1956)

Die Pomoren waren schon mehrere Jahrhunderte auf Spitzbergen als Jäger aktiv gewesen, bis sie in der zweiten Hälfte des 18. Jahrhunderts fernblieben. Die ökonomische und politische Entwicklung in ihrer Heimat wird eine Rolle gespielt haben, denn die Jagdgründe blieben gut, so dass ihnen Trapper (norw.: fangstmann) aus Skandinavien, vor allem Norweger, in die Arktis folgten. Sie waren auf den wertvollen Winterpelz von Eisbär und Eisfuchs aus. Außerdem wurden Eiderdaunen gesammelt und gelegentlich Weißwale gejagt. Rentiere, Robben und Vögel wurden zur eigenen Verpflegung, als Hundefutter und Fuchsköder gefangen.

Es waren nicht nur Norweger, sondern auch Schweden, Balten, Finnen, Deutsche und Russen, die auf Spitzbergen Jagd betrieben. Dennoch war es eine primär norwegisch dominierte Aktivität. Die Trapperkultur (wenn man es so nennen will) auf Spitzbergen geht zurück auf den Eismeerfang, der im Sommer von kleinen Schiffen aus betrieben wurde. Dieser Erwerb wurde schon länger betrieben und blieb ökonomisch viel bedeutender als die aufwändigen und gefährlichen Überwinterungen. Die erste norwegische Überwinterung in Spitzbergen fand 1795-96 statt, vermutlich im Isfjord. 1822-23 folgten 16 Überwinterer im Krossfjord, und damit war dieses Geschäft etabliert. Nach verschiedenen Tragödien verliefen weitere Aktivitäten stockend mit Zwischenräumen von etlichen Jahren, bis 1892 die Hochphase begann. Je nach Region wurden eher Füchse gefangen, was mit Schlagfallen vor sich ging und vor allem an der West- und Nordwestküste Spitzbergens betrieben wurde. Im Süden und Osten war der Eisbär die begehrte Beute, die mit Selbstschussfallen sowie Giftködern (ein entsprechendes Verbot wurde noch über längere Zeit vielfach ignoriert) gefangen und gelegenheitshalber mit der Büchse geschossen wurde. Manchmal wurden junge Eisbären lebend zu hohen Preisen an Zoos verkauft. Die wichtigsten Jagdgebiete für Eisbären waren der Hornsund und das Südkap, die Südseite der Edgeøya und Hopen. Die Trapper hielten sich hauptsächlich in einer relativ gut ausgebauten Hauptstation auf und nutzten kleinere Hütten, um ihr Einzugsgebiet zu vergrößern.

Die Jagdexpeditionen im frühen 20. Jahrhundert umfassten mehrere Personen, meistens 4 bis 6, während später die Tendenz dazu ging, nur noch zu zweit oder sogar alleine zu überwintern. Damit entwickelte sich diese Art der Jagd von einer von Kaufleuten organisierten Industrie hin zu einem Lebensstil von Aussteigern, denen das ungebundene Leben in der Arktis gefiel. Legendäre Gestalten wie Hilmar Nøis, Arthur Oxaas, der „Eisbärenkönig" Henry Rudi sowie Frauen wie Wanny Woldstad, die in den 1930ern mehrfach auch mit ihren Kindern im Hornsund überwinterte und Eisbärenjagd betrieb, sind heute noch bekannt und gehören zu den Persönlichkeiten, deren Erzählungen und Berichte das Bild prägen, das manche noch heute von Spitzbergen haben. Gerade in jüngerer Zeit ist ihr Leben wieder Gegenstand verschiedener Bücher, sowohl Neuauflagen alter Tagebücher als auch moderner norwegischer Literatur um die „Fangstmannsperiode".

Unterbrochen nur vom Zweiten Weltkrieg, wurde die professionelle Jagd bis 1973 betrieben, als Eisbären international unter Schutz gestellt wurden. Heute sind Trapper in Spitzbergen eine selten gewordene Randerscheinung. Derjenige, der das Trapperleben am konsequentesten lebt, ist ein Norweger, der schon seit über 4 Jahrzehnten auf der Nordseite des Isfjords ein abgelegenes Einsiedlerdasein führt. Ein weiterer Trapper lebt im Bellsund.

Darüber hinaus kann man sich bei der norwegischen Verwaltung um Zuteilung einer Trapperhütte im Austfjord bewerben. Die Zahl der Bewerber ist erstaunlich. So soll die „Trapperkultur“ im 21. Jahrhundert lebendig gehalten werden.

5.8 WALFANG IM FRÜHEN 20. JAHRHUNDERT

Es ist ein ziemlich betrübendes Bild, das diese Geschichte des Walfanges in unserer Zeit von der Art gibt, wie der Mensch mit den Reichtümern der Natur haushält. ... Die Geschichte wiederholt sich selbst, aber die Menschen lernen herzlich wenig daraus, sei es, daß sie nicht wollen oder daß sie nicht können.

Fridtjof Nansen, *Spitzbergen* (1921)

Nach der Aufgabe der Landstationen wie Smeerenburg im 17. Jahrhundert verlagerte der Walfang sich auf die hohe See, und in den küstennahen Gewässern Spitzbergens blieb es in Bezug auf die Jagd nach den Meeresriesen zunächst ruhig. Das änderte sich, als der Norweger **Svend Foyn** auf seiner ersten Eismeerfahrt 1844 das Potenzial der Industrialisierung des Walfangs erkannte. Der entscheidende Wendepunkt war seine Weiterentwicklung der Sprengharpune und der Bau schneller, wendiger Dampfschiffe, mit denen die Jagd auf Großwale wie Finn- und Blauwal möglich wurde. Zunächst ging das Gemetzel unter den großen Walen an der Küste Nordnorwegens vor sich, aber 1890 fuhr Foyn zum ersten Mal nach Spitzbergen und schoss innerhalb einer kurzen Sommersaison an der Westküste 9 Blauwale und 3 Finnwale. Nach einigen halbwegs ruhigen Jahren ging es den Walen rund um Spitzbergen ab 1905 ernsthaft an den Speck: In diesem Sommer wurden von 15 Schiffen etwa 800 Großwale harpuniert. Etliche Fangschiffe verarbeiteten ihre Beute gleich auf hoher See, während für andere 2 Walfangstationen auf Spitzbergen gebaut wurden. Die größte befand sich bei Finneset im Grønfjord, eine weitere auf Bjørnøya. Bald war der Gold- und Blutrausch allerdings schon wieder vorbei: Schon ab 1906 fielen die Ergebnisse ökonomisch bescheiden aus, und nach 1912 kam es nur noch zu sporadischen Versuchen. Insgesamt wurden in jenen Jahren etwa 2 000 Wale gefangen, vor allem Finn- und Blauwale. Davon hat der Bestand sich bis heute noch nicht wieder erholt.

Eine kleinere Walfangstation befand sich am Kapp Toscana im Van Keulenfjord. Dort wurde in den frühen 1920er Jahren mit Ruderbooten und Netzen Jagd auf Weißwale betrieben (s. Abschnitt 4.7.10 *Weißwal*).

5.9 DER SPITZBERGENVERTRAG

In the interests of science and industry alike it is time Spitsbergen were annexed by some power capable of regulating the country. The Norwegians are the people upon whom the task should fall.

Martin Conway, *The First Crossing of Spitsbergen* (1897)

Spitzbergen war bis ins frühe 20. Jahrhundert Niemandsland. Verschiedene Nationen in Nordeuropa hatten sich gelegentlich für die Inseln interessiert, sich aber damit begnügt, dass sie neutral blieben; solange niemand anders Ansprüche erhob, gab es keinen Grund zu verhandeln und womöglich auf wichtigeren politischen Feldern Zugeständnisse zu machen. Wichtige Ressourcen wie Wale und Fische waren ohnehin nicht an das Land gebunden.

Die Lage änderte sich im späten 19. Jahrhundert, als Bergbau an Bedeutung gewann. Unter anderem machten Konflikte der überwiegend norwegischen Arbeiter in den Kohlegruben im Adventfjord mit ihren US-amerikanischen und britischen Arbeitgebern die Notwendigkeit einer funktionierenden Verwaltung und Gesetzgebung deutlich. Verschiedene Möglichkeiten wurden diskutiert, wie beispielsweise eine gemeinsame Verwaltung durch die nächsten Nachbarn Norwegen, Schweden und Russland.

Der Erste Weltkrieg lenkte die allgemeine Aufmerksamkeit weitab von Spitzbergen und schränkte den politischen Handlungsspielraum der interessierten Mächte Deutschland und Russland deutlich ein. Während der anschließenden Friedenskonferenzen konnten die Norweger die anderen Staaten überzeugen, die Inselgruppe Spitzbergen unter ihre Oberhoheit zu stellen. Dies wurde formell im Spitzbergenvertrag geregelt, der 1920 in Versailles unterschrieben wurde und 1925 in Kraft trat.

Der Vertrag wird heute oft als Svalbardvertrag bezeichnet, das Wort „Svalbard" kommt im Originaltext jedoch nicht vor, stattdessen ist ausschließlich von „Spitsbergen" und von „archipelago of Spitsbergen" die Rede. Diese Inselgruppe wurde nicht Teil Norwegens wie die Gebiete auf dem Festland, dies geschah erst auf nationaler Ebene durch ein norwegisches Gesetz von 1925. Der Vertrag legt einige Sonderregelungen fest, zum Beispiel:

- Spitzbergen steht unter norwegischer Verwaltung und Gesetzgebung.
- Bürger aller Signatarstaaten, gleich ob Norweger oder nicht, haben freien Zugang und sind rechtlich gleichgestellt.
- Spitzbergen ist demilitarisierte Zone. Kein Land einschließlich Norwegen darf Militär stationieren, die Durchsetzung hoheitlicher Rechte ist Polizei und Küstenwache vorbehalten.

In der Praxis ist das nicht immer eindeutig. Vor allem zur Frage, was militärisch ist und was nicht, gab es gelegentlich verschiedene Ansichten. Als 1975 der Flughafen bei Longyearbyen eröffnet wurde, protestierte die Sowjetunion, da dieser ihrer Meinung nach militärisch genutzt werden könnte. Der Umfang der russischen Hubschrauberflotte bei Barentsburg in kältesten Zeiten des Kalten Krieges konnte hingegen schwerlich mit dem tatsächlichen Bedarf einer Bergbausiedlung erklärt werden.

1925 wurde die gesamte Inselgruppe in Svalbard umbenannt, als sei sie seit dem hypothetischen Besuch der Wikinger von 1194 norwegisch und die gesamte Zeit von 1596 bis 1925 nur eine kleine geschichtliche Ver(w)irrung gewesen. „Spitsbergen" blieb für einen Teil der Inselgruppe in Gebrauch, für die Hauptinsel wurde die Bezeichnung „Vest-Spitsbergen" eingeführt, die seit der endgültigen Regelung von 1969 aber wieder abgeschafft ist (siehe Kapitel 2 *Einführung*).

Russland ist neben Norwegen das einzige Land, das von seinem Recht, wirtschaftliche

Aktivitäten wie Bergbau zu betreiben, substanziell Gebrauch macht. Während des Kalten Krieges haben die Bewohner der Siedlungen sich jeweils misstrauisch beäugt, jedoch friedlich nebeneinander gelebt. Heute gibt es regelmäßig offizielle und private Kontakte, obwohl Barentsburg nun wieder von quasi-autokratischen ‚Apparatschiks' regiert wird, wie auch Russland daheim.

Daneben nutzen Angehörige vieler Staaten die Möglichkeiten, die ihnen der Spitzbergenvertrag auf individueller Ebene gibt, indem sie sich in Longyearbyen niederlassen und dort Arbeit aufnehmen oder studieren, ohne sich um Aufenthalts- und Arbeitsgenehmigung bemühen zu müssen. Darunter sind Thailänder, Russen, Schweden, Dänen, Deutsche und andere.

5.10 BERGBAU

Die Kohle, der schwarze Diamant, steht an den verschiedensten Stellen der Inseln offen zutage, kostbare Marmorlager, ja sogar Gold soll gefunden sein.

Gunnar Holmsen, *Spitzbergens Natur und Geschichte* (1912)

Als durch die wissenschaftliche Erforschung Spitzbergens bekannt wurde, dass Bodenschätze zu vermuten waren, setzten Aktivitäten ein, die ein wenig an den Goldrausch in Alaska erinnern. Vielfach wurden Unternehmungen gestartet und mitunter erhebliche Mittel investiert, um Mineralvorkommen auszubeuten, deren Qualität und Quantität nicht ausreichend bekannt waren, bis dahin gehend, dass deren Existenz gar nicht feststand.

Waren die Kohlevorkommen teilweise schon den Walfängern des 17. Jahrhunderts bekannt, so wurden die Kohlelager über Jahrhunderte hinweg höchstens von Schiffen und Jägern für den Eigenbedarf genutzt, wenn es sich anbot. Erst der Norweger **Søren Zachariassen** exportierte 1899 zum ersten Mal Kohle von der Bohemanflya im Isfjord zum Zweck des Verkaufs nach Tromsø, was als Beginn des kommerziellen Bergbaus betrachtet wird. (Es wurde sicherlich auch schon im frühen 19. Jahrhundert Kohle von Spitzbergen nach Norwegen gebracht. Das waren aber Einzelfälle, wohingegen nach 1899 schnell eine umfangreiche Entwicklung einsetzte.)

Schnell okkupierten eine Reihe von neugegründeten Firmen große Flächen der noch herrenlosen Inselgruppe. Art und Umfang der Aktivitäten variierten beträchtlich. Oft ließ man die Claims nur von ohnehin anwesenden Trappern bewachen. Vielerorts kam es zu Probebergbau, der schnell wieder aufgegeben wurde. Das bekannteste Beispiel ist die alte Marmorgrube London auf der Blomstrandhalvøya im Kongsfjord, es gab aber noch eine größere Anzahl darüber hinaus. Hervorgetan hat sich die englische *Northern Exploration Company* (NEC) mit **Ernest Mansfield** an der Spitze durch zahlreiche Versuche, deren Erfolglosigkeit mitunter vorhersehbar war. Echte bergbauliche Aktivitäten größeren Stils gab es eher selten, und die Claims und teuren Anlagen wechselten oft den Besitzer. Die erhofften Gewinne blieben aus. Im Rahmen der norwegischen Bestrebungen, die Souveranität über Spitzbergen zu erhalten, kaufte Norwegen viele Claims auf und subventionierte norwegische Firmen.

Die erste Grubensiedlung mit Bergbau auf industriellem Niveau rund ums Jahr war **Advent City**, das 1905 von einer englisch-norwegischen Firma auf der Nordseite des Adventfjord gebaut wurde. Die Arbeiten wurden von diversen Streiks überschattet und bereits 1908 wieder eingestellt.

Sämtliche Siedlungen Spitzbergens waren Kohlebergbausiedlungen und sind es auch teilweise noch. Das von dem Amerikaner **John Munro Longyear** 1906 gegründete Longyear City (ab 1926 Longyearbyen genannt) wurde 1916 norwegisch und blieb für lange Zeit das Zentrum der *Store Norske Spitsbergen Kulkompani* (SNSK). Die SNSK oder einfach „Store Norske" betreibt den Bergbau in Longyearbyen heute nur noch auf bescheidenem Niveau, ist aber immer noch ein wichtiger Arbeitgeber und Grundeigner und somit ein bedeutender Akteur bei der Weiterentwicklung des Ortes zu einem Zentrum für Verwaltung, Dienstleistung, Forschung und Tourismus.

Grob vergleichbar ist die Geschichte von **Ny Ålesund**. Nachdem der Bergbau nach Unfällen dort schon 1962 eingestellt worden war, hat der Ort im Kongsfjord sich zu einer hochmodernen, internationalen Forschungsstation gewandelt. Kohlebergbau in großem Umfang betreibt die SNSK hingegen auch heute noch bei **Sveagruva**, während die russische Firma im Staatseigentum *Trust Arktikugol* ihre Minensiedlung in **Pyramiden** 1998 schloss. Russische Aktivitäten konzentrieren sich auf **Barentsburg**, wenn die dortige Produktion auch überschaubar ist. Vor einigen Jahren veröffentlichte Pläne für ein neues russisches Bergwerk im **Colesdalen** wurden bislang nicht vorangetrieben, und nichts deutet darauf hin, dass dies in absehbarer Zeit passieren würde.

Es bleibt festzuhalten, dass Bergbau im 20. Jahrhundert die klar dominierende wirtschaftliche Aktivität auf Spitzbergen darstellte, unterbrochen nur vom Zweiten Weltkrieg. Nach einer „wilden" Anfangsphase um den Ersten Weltkrieg herum kristallisierte sich bald heraus, an welchen Orten längerfristiger Minenbetrieb etabliert wurde. Daraus entwickelte sich die heutige Siedlungsstruktur Spitzbergens.

5.11 DER ZWEITE WELTKRIEG

In the arctic all men have a common enemy in the climate, and it has always been an unbroken tradition there that men are friends ; and so it seemed incredible to the men at Eskimoness (Ostgrönland. Verf.) when they found themselves, at the end of that winter, suddenly faced with human enemies, forced to hunt men instead of polar bears, and foxes, and to discover what it felt like to be hunted.

David Howarth, *The Sledge Patrol* (1957)

Die Okkupation Norwegens durch Nazi-Deutschland 1940 hatte für Spitzbergen zunächst keine Auswirkungen. Die Situation änderte sich durch Hitlers Angriff auf die Sowjetunion im Juni 1941, da die Barentssee als Transportweg nach Murmansk nun eine neue strategische Bedeutung erhielt. Im August 1941 wurden 1 955 Russen nach Arkhangelsk und 765 Norweger nach Großbritannien evakuiert, wobei die

Siedlungen auf Spitzbergen weitgehend zerstört wurden, damit die Gegenseite sie nicht nutzen konnte. Dies wurde in Deutschland schnell bemerkt und die Gelegenheit zur Einrichtung von Kriegswetterstationen genutzt. Wetterdaten aus der Arktis waren nicht nur für die Schlachtfelder in Mitteleuropa kriegswichtig, sondern auch für die Barentssee und somit für die Murmansk-Konvois. Durch ihre Bedeutung für die Geschehnisse an der Ostfront hatte die sichere Durchführung beziehungsweise der Angriff auf diese Geleitzüge für beide Seiten hohe Priorität, und entsprechend wurde großer Aufwand für die Errichtung eigener und die Zerstörung gegnerischer Kriegswetterstationen aufgebracht. Aufgrund der Konkurrenz zwischen Luftwaffe, Marine und Heer kam es auch dazu, dass mehrere bemannte, deutsche Stationen gleichzeitig auf Spitzbergen überwinterten, so 1941-42 die Stationen „Bansö“ (Adventdalen) und „Knospe“ (Signehamna im Krossfjord).

Im Frühjahr 1942 versuchte eine norwegische Militäroperation unter britischer Beteiligung, mit den beiden kleinen Schiffen *Isbjørn* und *Selis* Spitzbergen wieder unter Kontrolle zu bringen. Bei einem Angriff von 4 deutschen Flugzeugen im Grønfjord in der Nacht zum 14. Mai wurde allerdings die *Isbjørn* versenkt und die *Selis* in Brand geschossen. 14 Menschen starben, weitere wurden verletzt. Die Überlebenden richteten im weitgehend zerstörten Barentsburg eine Garnison mit etwa 80 Soldaten ein.

Im Herbst 1942 bezog eine Wetterstation unter dem Codenamen „Nussbaum“ an der gleichen Stelle wie „Knospe“ in Signehamna im Krossfjord Posten. Im Frühjahr 1943 wurde „Nussbaum“ entdeckt, und bei einem Schusswechsel starb ein deutscher Soldat. Das deutsche U-Boot, das zur Abholung kam, schoss auf das norwegische Boot im Krossfjord, wobei ein norwegischer Soldat ertrank.

Für Norwegen und die Alliierten überraschend, kam es im September 1943 zu einem großangelegten Angriff auf Spitzbergen durch die weitgehend untätig in Nordnorwegen liegende deutsche Nordmeerflotte. Zusammen mit 9 Zerstörern bombardierten die großen Schlachtschiffe *Scharnhorst* und *Tirpitz* Barentsburg und Longyearbyen, wobei mindestens 9 norwegische Soldaten getötet und 41 gefangengenommen wurden, auch 8 deutsche Soldaten starben. Die norwegische Garnison wurde kurz darauf wieder in Longyearbyen etabliert, der obere Ortsteil Sverdrupbyen war unbeschädigt geblieben. Sveagruva wurde im August 1944 von einem U-Boot in Brand geschossen, Pyramiden überstand den Krieg unzerstört. Sogar kleine Trapperhütten wurden von deutschen Flugzeugen beschossen, um diese unbrauchbar zu machen oder um aus der Luft zu prüfen, ob sie wirklich verlassen waren.

Inzwischen ging der „Krieg um das Wetter“ weiter. Im Liefdefjord wurde von der Kriegsmarine mit „Kreuzritter“ 1943 eine weitere, bemannte Wetterstation eingerichtet, die bis 1944 überwinterte. Der Leiter der Station, Hans-Robert Knoespel, sprengte sich kurz vor Abholung bei einem Unfall selbst in die Luft. Ebenfalls 1943-44 war die Station „Svartisen“ für die Luftwaffe auf Hopen tätig, am gleichen Standort 1944-45 gefolgt von „Helhus“. Darüber hinaus wurde 1944-45 mit „Landvik“ eine mit 2 Männern besetzte Station in der Stormbukta in Südspitzbergen eingerichtet und mit „Taaget" eine weitere in der Kvalrossbukta auf Bjørnøya. Hinter Landvik und Taaget stand der militärische Geheimdienst „Abwehr".

Die letzte deutsche Kriegswetterstation war die Marinestation „Haudegen". 1944 tief im Rijpfjord an der Nordküste des Nordaustlands versteckt, überwinterten insgesamt 11 Männer unter der Leitung von Dr. Wilhelm Dege. Aufgrund der abgelegenen Position wurde diese Station erst im September 1945 geräumt und war somit die letzte Stellung der Wehrmacht nach Kriegsende überhaupt. Die Einrichtung von nicht weniger als 4 Wetterstationen 1944-45 in Svalbard, wozu noch weitere Unternehmungen in Nordostgrönland kamen, belegt die Bedeutung, die dem „Krieg ums Wetter" von deutscher Seite beigemessen wurde. Sämtliche Stationen waren immer sowohl mit Wissenschaftlern als auch mit Soldaten besetzt und gegen Angriffe gesichert. Kampfhandlungen im Zusammenhang mit den Wetterstationen waren selten, kamen aber vor und kosteten Menschenleben auf beiden Seiten.

Von den Stationen ist heute überwiegend nur noch wenig zu sehen. Die Zeit und Souvenirjäger und teilweise nahegelegene Siedlungen und Stationen haben die Spuren oft verwischt. In Svalbard ist die „Haudegen"-Station auf dem Nordaustland die einzige, die noch gut erhalten ist, andernorts sieht man nur noch spärliche Überreste.

Nach Kriegsende erneuerten sowohl Norweger als auch Sowjetrussen bald ihre Bergbauanlagen und begannen wieder mit dem Abbau.

5.12 SPITZBERGEN NACH DEM KRIEG

Stikkordet var 'normalisering', men hva var nå det?

Das Stichwort war „Normalisierung", aber was bedeutete das nun?
Thor-Bjørn Arlov, *Svalbards Historie* (1996)

Dieser Abschnitt gibt einen kurzen Überblick über die heutigen Siedlungen und Stationen. Weitere Details dazu finden sich im Kapitel 6 *Fjorde und Inseln, Siedlungen und Stationen.*

Der Minenbetrieb auf Spitzbergen wurde nach dem Krieg sowohl von Russen als auch von Norwegern schnell wieder aufgenommen. Vor allem für Norwegen spielte dabei die Energieversorgung des rohstoffarmen Festlandes in den mageren Nachkriegsjahren eine Rolle (von den Ölvorkommen der Nordsee war damals noch nichts bekannt).

Es waren vor allem die Schweden, die im Rahmen des Geophysikalischen Jahres von 1957-58 die systematische Forschung wieder aufnahmen und in Kinnvika auf dem Nordaustland eine Station errichteten. Zusammen mit anderen Stationen in Arktis und Antarktis wurden verschiedene geophysikalischer Messungen gemacht, um Wetter und Klima sowie Erdmagnetismus und Polarlichtern auf die Schliche zu kommen.

Gleichzeitig wurde von polnischen Wissenschaftlern eine Station in **Isbjørnhamna** im Hornsund errichtet. Zunächst nur für das Geophysikalische Jahr konzipiert, wurde die Station im Sommer weiterbetrieben und arbeitet seit 1978 ganzjährig.

Die Neugründung von **Ny Ålesund** als Forschungssiedlung gab der Arktis-Forschung wesentliche Impulse. Die Gruben in Ny Ålesund wurden nach mehreren

Grubenexplosionen Anfang 1962 geschlossen. Später wurde der Ort zu einer reinen Forschungssiedlung ausgebaut, wo sich wissenschaftliche Stationen aus einer Reihe von Ländern angesiedelt haben.

Später begann auch eine ganz andere Art von Forschung, sich auf Spitzbergen zu etablieren. Durch seine polnahe Lage ist Spitzbergen ein günstiger Standort um Signale von Satelliten in Polumlaufbahn zu empfangen. Daher bietet Longyearbyen sich als Basis für die großen „Schüsseln" an. Für die anfallenden Datenmengen wurde 2004 ein Glasfaserkabel von Longyearbyen zum Festland gelegt.

Diese und andere, moderne Aktivitäten schaffen in Spitzbergen neue Wirtschaftszweige und Arbeitsplätze, so dass der Bergbau in Longyearbyen heute nur noch eine kleinere Rolle spielt. Er soll aber noch bis etwa 2030 weiter betrieben werden.

Das heutige Zentrum des norwegischen Kohlebergbaus ist **Sveagruva** im Van Mijenfjord. Hier wurden die Minen in den letzten Jahren ausgebaut und sind nun so produktiv, dass die Bergbaugesellschaft Store Norske Spitsbergen Kulkompani (SNSK) zeitweise sogar Überschüsse eingefahren hat. Damit war es aber ab 2013 wieder vorbei. Sveagruva ist eine reine Bergbausiedlung, andere Aktivitäten wie Tourismus werden nicht angestrebt und die Arbeiter wohnen in Longyearbyen oder in Norwegen. Am Lunckefjellet nördlich von Sveagruva wurde 2014 eine neue Grube eröffnet, so dass Svea als Bergbauort sicher noch längere Zeit aktiv sein wird. Die wirtschaftliche Situation der SNSK ist aber schwierig.

Untersuchungen von Goldvorkommen im St. Jonsfjord durch die Store Norske Gull, eine Tochtergesellschaft der SNSK, wurden mittlerweile eingestellt.

Neben den Norwegern betreiben die Russen Bergbau, auch wenn die staatseigene Bergbaugesellschaft Trust Arktikugol die Siedlung **Pyramiden** 1998 schloss. Derzeit betreiben die Russen Bergbau in **Barentsburg**, allerdings auf niedrigem Niveau, nachdem der Betrieb nach Unglücken und Grubenbränden mehrere Jahre stillgelegen hat und die Bewohnerschaft des Ortes auf unter 500 geschrumpft ist. In Planung war die Eröffnung einer neuen russischen Mine in der Colesbukta zwischen Barentsburg und Longyearbyen. Diese Pläne sind aus Umweltgründen umstritten, von der norwegischen Verwaltung aber genehmigt. Es sieht aber nicht so aus, als würde der Trust Arktikugol diese Pläne noch weiter verfolgen.

Zusätzlich zu diesen Siedlungen gibt es eine Reihe von kleineren **Stationen**. Die Radiostation Isfjord Radio bei Kapp Linné am Isfjord-Eingang wird seit 1999 automatisch betrieben und ist nicht mehr bemannt. Seit die Kommunikation zum Festland über ein Glasfaserkabel läuft, ist Isfjord Radio technisch außer Funktion, wird aber als kleines Hotel unter dem Namen Kapp Linné weiter betrieben. Permanent bemannte Wetterstationen gibt es noch Hopen, Bjørnøya sowie der nicht zu Svalbard gehörenden Insel Jan Mayen.

Sämtliche Siedlungen und Stationen hatten eigene **Poststempel** und **Postleitzahlen**, die aber 2002 überwiegend eingezogen wurden. Seitdem haben nur noch die Siedlungen eigene Poststempel, nicht aber die kleinen Außenposten Isfjord Radio sowie auf Hopen und Bjørnøya.

KAPITEL 6 – FJORDE UND INSELN, SIEDLUNGEN UND STATIONEN: DIE REGIONEN SVALBARDS

Der unterste Theil dieser Länder / so von den Spitzenbergen / Spitsbergen genennet wird / lieget auf 76 Grad / 30 Minuten. Wir seynd gekommen auf 81. Grad / nicht ferner seynd dieses Jahr Schiffe gewesen / wie aber das ferne Land sich strecket nach Norden / ist noch zur Zeit unbekandt.

Friedrich Martens,
Spitzbergische oder Groenlandische Reisebeschreibung (1675)

Es gibt nur sehr wenige Menschen, die an allen Orten, die in diesem Kapitel erwähnt sind, gewesen sind, und darüber hinaus noch an anderen Stellen. Das sind heutzutage in erster Linie Wissenschaftler sowie diejenigen, die längerfristig professionell im Tourismus arbeiten. Sonst hat kaum einer die Möglichkeit dazu, an so viele der teilweise sehr entlegenen Orte zu gelangen. In den letzten Jahren gab es in der ganzen Inselgruppe Svalbard immerhin fast 200 Plätze, an denen während Schiffsreisen Landgänge gemacht wurden.

Wenn Sie auf Spitzbergen wandern oder eine Schiffsreise rund um die Insel machen, werden Sie in Gegenden kommen, über die Sie auf den folgenden Seiten etwas nachlesen können, aber Sie werden bei einer Schiffsreise wahrscheinlich keinen Einfluss darauf haben, wo Sie nun genau einen Landgang machen. Das mag sich zunächst nachteilig anhören, ist es aber nicht. Die allermeisten Touristen werden den Wunsch haben, innerhalb der recht begrenzten Zeit einer Reise möglichst viel von der Tier- und Pflanzenwelt zu erleben, die verschiedenen Landschaften zu sehen und auch etwas von der interessanten Geschichte mitzunehmen (im übertragenen Sinne). In der Praxis funktioniert dies so: Ein interessantes Ziel ist es beispielsweise, wenn die Eisbedingungen dies zulassen, der kargen Polarwüste auf der Nordseite des Nordaustland einen Besuch abzustatten. In welcher Bucht, auf welcher Insel, bei welchem Kap dies nun genau stattfindet, ist dabei für die allermeisten sicher unerheblich, es gilt „pars pro toto", ein Teil steht für das Ganze. Sie haben die Möglichkeit, den landschaftlichen und biologischen Charakter einer ganzen Region exemplarisch an einer einzelnen Stelle kennenzulernen.

Natürlich hat jeder Küstenabschnitt im Detail seine Besonderheiten, und man könnte den einsamen Stränden sicherlich viele Wochen lang folgen und ständig etwas Interessantes entdecken. Dies ist für die allermeisten aber nicht möglich und für viele wohl auch nicht erstrebenswert (was der Verfasser nicht nachvollziehen kann, aber er muss es zur Kenntnis nehmen).

Der Sinn dieses Kapitels kann es somit nicht sein, jede Stelle, die man theoretisch besuchen kann, zu beschreiben. Die bekannten und relativ häufig besuchten „Klassiker" werden beschrieben, so dass Sie sich auf eine Reise ein wenig vorbereiten oder hinterher nachlesen können, wo Sie gewesen sind. Vielleicht besuchen Sie auch einen Ort, über den nichts geschrieben steht. Um so besser, denn es ist immer spannend, etwas „Neues“ zu entdecken. Sie können dann aber immerhin etwas über die Großregion oder über andere, nahe gelegene Orte nachlesen.

Die Tierwelt der Arktis ist in mancher Hinsicht „schwierig“ und anders, als Polarbegeisterte es vielleicht schon in der Antarktis erlebt haben, wo Pinguine und Robben zuverlässig in großer Anzahl zu sehen sind, wenn man an den richtigen Stellen an Land gehen kann. Die Vogelfelsen sind natürlich auch auf Spitzergen ortsfest, aber Füchse, Bären und Rentiere streifen umher, und es gehört ein wenig Glück dazu, um sie zu sehen. Die Erfahrung zeigt, dass manche Orte bessere Chancen für bestimmte Tiere bieten als andere, aber was zu einer bestimmten Zeit tatsächlich anzutreffen ist, weiß man erst, wenn man dort ist.

Eine Sondersituation gibt es mit den Walrosskolonien. Diese sind im Sommer relativ ortsfest. Es kommt dennoch vor, dass ein Ruheplatz heute belebt ist, während eine Woche später nur noch 1 oder 2 Tiere dort liegen oder sogar gar keins mehr. All das kann sich von Jahr zu Jahr ändern und hängt auch von der Jahreszeit ab.

Es gibt eine Reihe Walrossruheplätze, deren Lage aber absichtlich nicht genau genannt wird, abgesehen von den bekanntesten, um die Tiere ein wenig vor zu vielen Besuchern zu schützen. Diesbezüglich können beispielsweise private Yachten zum Problem werden, denen viele Regionen zugänglich sind, oft ohne dass die Menschen an Bord die notwendige Erfahrung im Umgang mit dem Land und seinen Tieren mitbringen. Diese Schwierigkeit ist auch aus der Antarktis bekannt. Werden Walrosskolonien vernünftig und regelkonform besucht, haben die Walrosse übrigens normalerweise gar nichts gegen Zweibeiner in der Nähe (siehe 4.7.7 *Walross*).

Deshalb soll an dieser Stelle noch einmal der Aufruf erfolgen, ganz gleich, wie Sie in Svalbard unterwegs sind, ob Sie Ihre Reise gebucht oder selbst organisiert haben: Lesen Sie die naturschutz- und sicherheitsrelevanten Abschnitte des Kapitels 3.6 *Unterwegs in Spitzbergen: Was Sie wissen müssen* genau und verhalten Sie sich verantwortungsbewusst. Auch bei einer gebuchten Reise hängen Sicherheit und Naturschutz nicht nur von den Guides, vom Fahrtleiter und den übrigen Mitarbeitern ab, sondern auch ganz Wesentlich von Ihnen selbst!

Die Abschnitte beschreiben die Inselgruppe Svalbard vom Isfjord ausgehend im Uhrzeigersinn. Sie sind jeweils in sich gegliedert: „Allgemein - Ortsnamen - Geologie - Landschaft - Flora und Fauna - Geschichte“, bei Bedarf mit Ergänzungen oder Auslassungen. Landestellen werden nur in einigen häufig angelaufenen Standardfällen angegeben, letztlich lässt sich bei günstigen Bedingungen fast überall Platz für einen Landgang finden. Das hängt stark vom Wetter, vom Eis und manchmal auch von den Gezeiten ab.

Einige wichtige **Ortsnamen** sind kurz erläutert, da sie aus einer Landkarte ein Geschichtsbuch machen, die Landschaft beschreiben oder an Anekdoten erinnern. Die meisten Ortsnamen wurden im 20. Jahrhundert konsequent und systematisch „norwegisiert“. Der Abschnitt **Geologie** ist überwiegend kurz gehalten und setzt mindestens den Inhalt des Kapitels 4.2 *Geologie* voraus. Manches in den folgenden

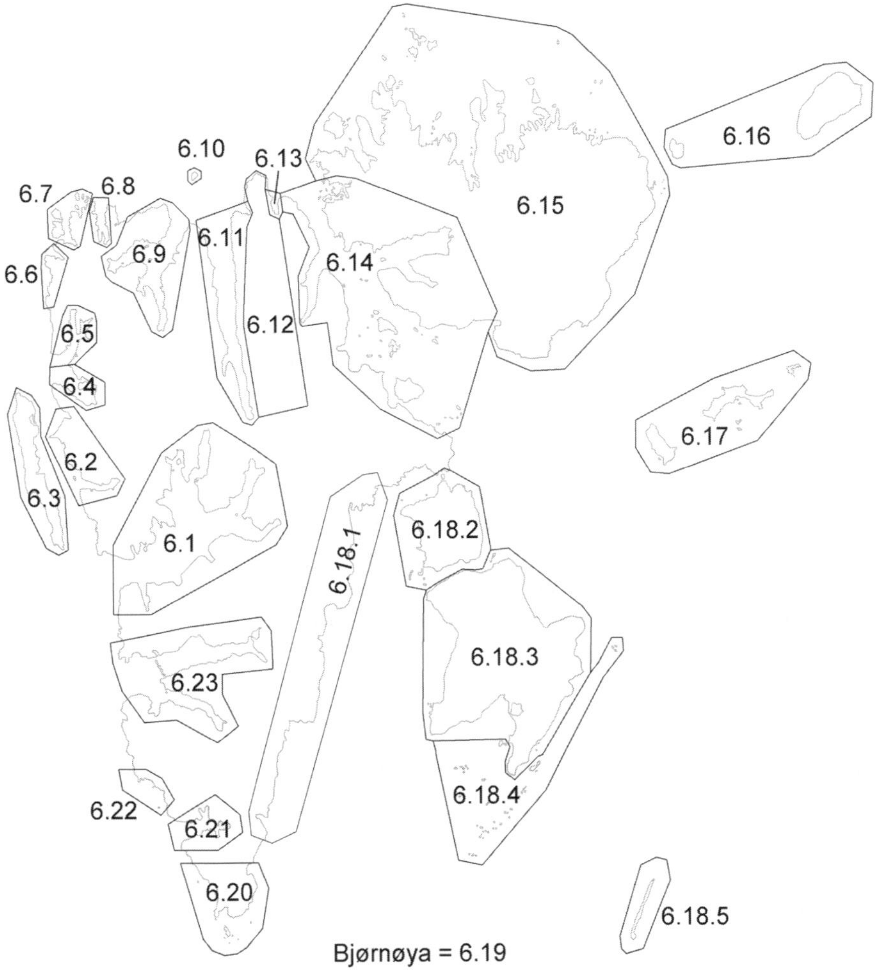

Regionale Zuordnung der Abschnitte im Kapitel 6 Fjorde und Inseln ...
Viele Abschnitte sind in sich weiter regional gegliedert, siehe jeweils dort.

Abschnitten zur Geologie wird vor allem für (Hobby-) Geologen interessant sein, die ein paar Vorkenntnisse mitbringen. Interessierte finden in *Steine und Eis. Landschaften des Nordens. Ein geographischer Reisebegleiter für Spitzbergen und Ostgrönland (68-74°N)* vom gleichen Verfasser weitere detaillierte, aber lesbare und allgemein verständliche Informationen zur Geologie und Naturkunde wie Gletscher und Permafrost (siehe www.Spitzbergen.de).

Im Abschnitt **Flora und Fauna** werden Besonderheiten hervorgehoben, die über den Durchschnitt der Region hinausgehen. Kleinere Vogelkolonien an unzugänglichen

Stellen oder die „übliche" Flora und Fauna der Tundra bedürfen keiner ständigen Erwähnung, dies würde auch den Rahmen bei Weitem sprengen. Unerwartete Begegnungen mit umherstreifenden Tieren (Eisbären, Robben, Wale) sind überall möglich.

Die Bildnummern der **Fotos** korrespondieren mit den Kapitelnummern.

6.1 ISFJORD

Beautiful indeed, and highly characteristic, is the scene of entering with the fine mountains on either hand, the great glaciers, coming down from the north, and the strange table-hills stretching away to the south.

Martin Conway,
The First Crossing of Spitsbergen (1897)

Der Isfjord schneidet 107 km tief ins Land hinein. Er ist der am weitesten verzweigte und der Fläche nach größte Fjord Spitzbergens - nur der Wijdefjord ist offiziell 1 km länger, aber kleiner und deutlich weniger stark gegliedert.

Im Isfjord ist fast das gesamte landschaftliche, biologische, geologisch-geographische und historische Spektrum der Inselgruppe vertreten. Nirgendwo sonst findet man innerhalb eines Fjords so viel landschaftlichen Abwechslungsreichtum. Mehrere der heute aktiven Siedlungen befinden sich hier, und die touristischen Möglichkeiten sind entsprechend vielfältig. Die Lesereise beginnt am Kapp Linné, auf der Südseite des Isfjord-Eingangs. Danach geht es Abschnitt für Abschnitt gegen den Uhrzeigersinn um den Isfjord.

6.1.1 KAPP LINNÉ/ISFJORD RADIO, RUSSEKEILA, FESTNINGEN

Allgemein: Das Gebiet umfasst den etwa 10 km langen Küstenabschnitt zwischen dem Grønfjord und der Außenküste. Der Küstenstreifen ist dem Atlantikwetter ausgeliefert und kann daher rau und windig sein. Die Westküste zwischen Isfjord und Bellsund (Nordenskiöld Kyst) ist weitläufig untief und völlig ungeschützt, so dass Schiffe sich fernhalten. Durch den Hotelbetrieb bei Kapp Linné ist sie aber zugänglich oder, für ausdauernde Wanderer, auch zu Fuß von Barentsburg aus erreichbar. Herrliche Gegend!

Wer eher das Vordergründig-Spektakuläre sucht (Gletscherfronten, Treibeis, ...), wird in dieser offenen Küstenlandschaft, in der es keine Gletscher

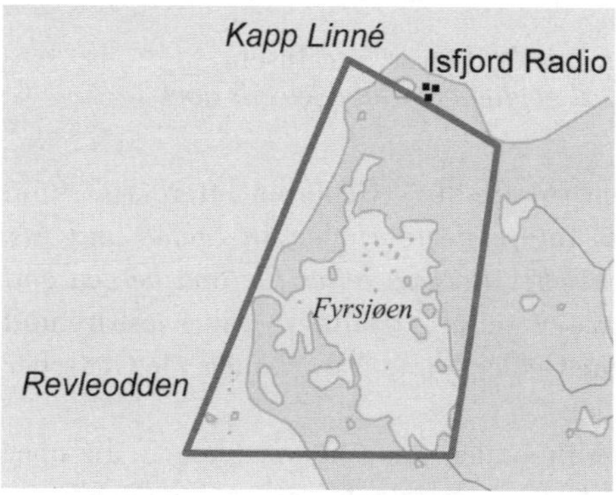

Vogelreservat Kapp Linné (eingerahmt).
© Sysselmannen på Svalbard,
mit freundlicher Genehmigung .

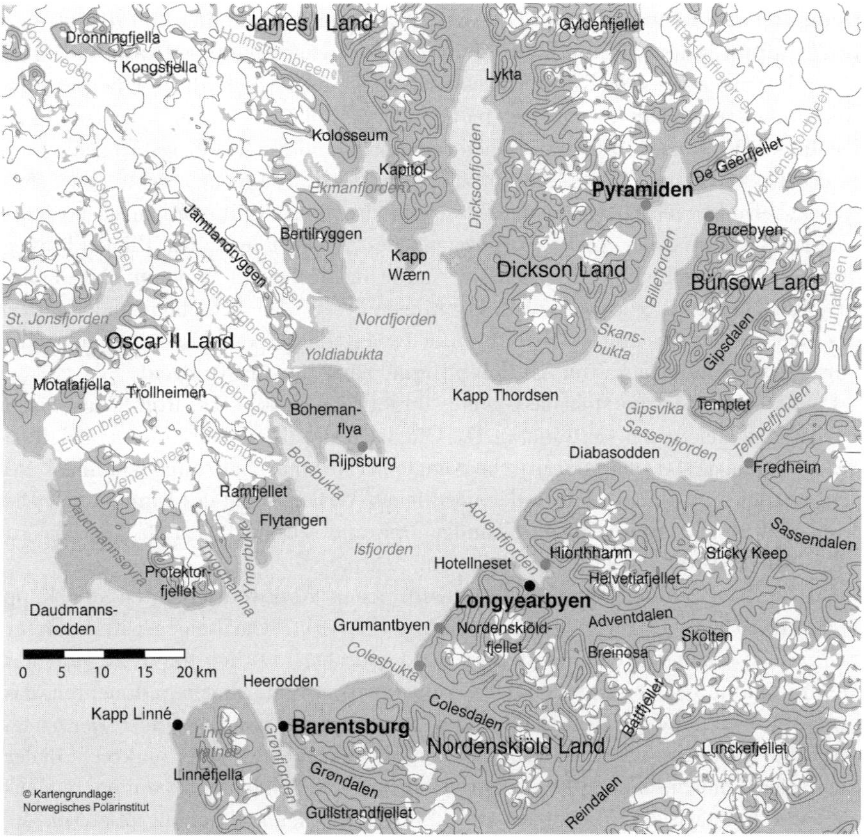

Das Isfjord-Gebiet.
Schwarze Kreise: Siedlung/Station.
Graue Kreise: aufgegebene Siedlung.

gibt, nicht so recht glücklich werden. Wer sich aber für vielfältige landschaftliche Details, Geschichte und Geologie interessiert und für die ganz eigene, weitläufige Landschaft ein offenes Auge hat, wird auf Streifzügen durch diese Gegend viel entdecken können.

Große Teile des Gebietes sind geschützt: Der geologisch und geomorphologisch sehr interessante Küstenstreifen zwischen Festningen und Russekeila ist mitsamt Inland als Geotop vor Eingriffen gesichert, die den wissenschaftlich-geologischen Wert herabsetzen würden. Kapp Linné selbst mit den nahegelenenen Seen ist ein Vogelreservat, wobei das Gelände der alten Radiostation vom ansonsten geltenden Betretungsverbot (15. Mai-15. August) ausgenommen ist.

Ortsnamen: Festningen: „Die Festung", nach dem Erscheinungsbild der kleinen Insel. **Kapp Linné**: Carl von L. (1707-78), schwedischer Botaniker. **Kapp Mineral**: nach Mineralvorkommen. **Kapp Starostin**: Ivan S. (siehe Abschnitt Geschichte). **Russekeila**: „Russenbucht", nach einer früher dort befindlichen Pomoren-Jagdsiedlung.

Geologie: Der Küstenstreifen zwischen Festningen und Russekeila gehört geologisch zu den bekanntesten Lokalitäten Spitzbergens. Da die Sedimentschichten dort steil stehen, befinden sich Ablagerungen der verschiedensten Erdzeitalter in nächster Nähe zueinander, so dass bei einem Spaziergang jeder Schritt über Jahrmillionen hinweg durch die Erdgeschichte führt. Nach der auffälligen, kleinen Insel am Eingang des Grønfjord heißt die Schichtenfolge „Festningen-Profil". Die Schichten sind am Ufer, das überwiegend aus einer kleinen Steilküste besteht, aufgeschlossen. Die folgende, kurze Beschreibung geht von Alt (Kapp Linné) nach Jung (Festningen).

Um Kapp Linné herum steht das Grundgebirge (Hecla Hoek) mit kräftig deformierten Phylliten (schieferartige Gesteine) an. Das Old Red (Devon) fehlt; die ältesten Schichten des Deckgebirges, grobe quarzitische Konglomerate und Sandsteine, stammen aus dem Karbon und finden sich in der nördlichen Verlängerung des Linnéfjellet. Die Grenze zwischen metamorphem Grundgebirge und sedimentärem Deckgebirge ist am nördlichen Abhang des Linnéfjellet gut sichtbar.

Die weitverbreiteten, harten und fossilreichen Kalksteinschichten der Kapp Starostin-Formation (Perm) stehen am Kapp Starostin, dem Namenspatron dieser Sedimente, schön schroff und steil in der Landschaft. Östlich davon beginnt das Mesozoikum mit seinen dunklen, feinkörnigen, etwas einförmigen Sedimenten, das bei Festningen mit der Unterkreide seinen sehenswerten Abschluss findet: Der harte, quarzitische Festningen-Sandstein steht dort als freistehende Mauer senkrecht in der Landschaft. In den späten 1960er Jahren wurden dort Fußabdrücke von Iguanodons entdeckt, vegetarische Dinosaurier mit 3 kräftigen Zehen und Schuhgröße 200. Die betreffenden Schichten fielen später ins Meer.

Direkt östlich von Festningen beginnt der Grønfjord, und wer dem Ufer ein kleines Stückchen weit folgt, befindet sich schnell im Alttertiär und kann dort in den jüngsten Seiten des geologischen Buches blättern, das im Festningen-Profil offen aufgeschlagen in der Landschaft liegt. Leider sind einige Seiten dieses Buches verknickt oder fehlen sogar: Wie überall in Svalbard, gibt es diverse Schichtlücken (v.a. oberes Perm, Oberkreide und oberes Tertiär fehlen), und mehrere - für Laien kaum sichtbare - Störungen ziehen sich durch die Schichten.

Auch die Quartärgeologie ist reizvoll. Alte Strandwälle erstrecken sich über weite Bereiche der flachen Tundra und sind beim kräftig eingeschnittenen Linnéelva gut aufgeschlossen. Eine Besonderheit sind die trichterförmigen Dolinen in der flach ansteigenden Ebene zwischen Linnéelva und Kapp Starostin.

Wer geologische Streifzüge machen will, sollte nach Ende der Brutsaison kommen, da Gänse und andere Vögel oft dort ihre Nester haben, wo es schöne Aufschlüsse gibt. Am besten ist die Zeit ab 16. August, wenn auch das Vogelreservat bei Kapp Linné zugänglich ist.

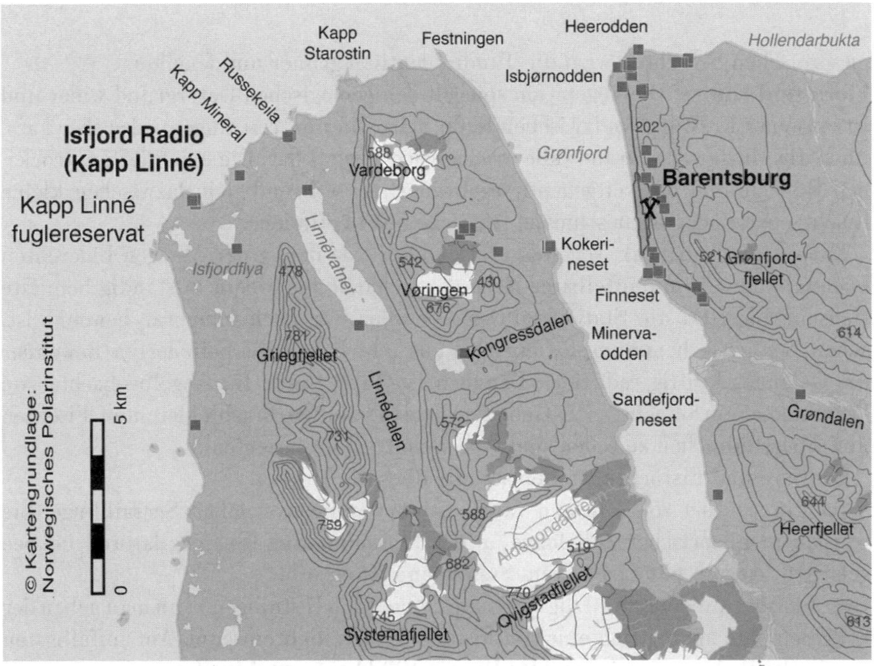

Landschaft: Die gesamte Küstenlandschaft besteht aus einer weiten, offenen Ebene mit vielen kleinen Seen und Feuchtgebieten, insbesondere südlich von Kapp Linné; auf alten Strandwällen kann man dort aber hervorragend auf festem, trockenen Untergrund wandern, abgesehen von den Abflüssen einiger Seen, die recht tief sein können. In feuchten Senken, z.B. unweit von Kapp Linné zwischen der Bucht Randvika und dem kleinen See Tunsjøen, gibt es perfekt ausgebildete Steinringe, und auch sonst kann man viele schöne Details entdecken wie alte Strandwälle, altes Treibholz in der Tundra und anderes mehr.

Die Tundra in dem Dreieck Russekeila - Kapp Starostin - Linnévatnet ist überwiegend schön trocken und lädt zu Streifzügen ein. In diesem Bereich sind die Dolinen unbedingt einen Besuch wert. Der Linnéelva ist an der Küste und am See recht tief, auf halber Strecke aber besser zu queren.

Um den See Linnévatnet herum, einem der größten Seen Spitzbergens, ist die Landschaft sehr karg und steinig. Fließerde macht das Wandern stellenweise mühsam, aber wer gerne perfekte Steinstreifen sehen will, also von Bodenfließen zu Streifen auseinandergezogene Frostmusterböden, wird dort fündig werden.

Das Kapp Starostin ragt nach Norden als auffällige Landmarke in den Isfjord hinein und setzt sich als langgezogener Rücken nach Süden fort. Auch östlich davon macht sich die Geologie im Landschaftsbild wieder deutlich bemerkbar: Über den mesozoischen Schichten wird die Tundra deutlich grüner und feuchter.

Flora und Fauna: Die Vegetation spiegelt den geologischen Untergrund wider und ist entweder kräftig-grün (zwischen Kapp Starostin und Festningen) oder eher karg. Auch die Muster der Strandwälle machen sich bemerkbar: Die exponierten, trockenen Rücken sind oft weitgehend vegetationsfrei, während sich dazwischen kleine Feuchtgebiete oder sogar schmale, längliche Seen befinden.

Kapp Linné wurde als Vogelreservat etabliert, da dort große Mengen Eiderenten brüteten, auch in unmittelbarer Nähe der Gebäude bis hinein in ständig benutzte Hauseingänge. Da die Station mittlerweile aber nur noch temporär bewohnt ist, gehen Eisfüchse hemmungslos ein und aus und haben die gefiederten Bewohner des Geländes kräftig reduziert. Dennoch ist Kapp Linné für Vogelbeobachter im Frühsommer ein lohnenswertes Gebiet, in dem Eiderenten, Prachteiderenten, Eisenten und Thorshühnchen zu sehen sind (Vogelschutzgebiet beachten).

Rentiere und Eisfüchse streifen ständig über die Tundra.

Im Linnévatnet sowie dessen Ausfluss, dem Linnéelva, leben Seesaiblinge. Sie wurden in historischer Zeit lange an der Flussmündung (Russekeila) und im See gefangen, Angeln mit Lizenz vom Sysselmann ist erlaubt.

Geschichte: Auf dem Streifzug von Kapp Linné nach Festningen kann man neben der Erdgeschichte auch gleich eine Art historisches Freilichtmuseum. Am auffälligsten ist die alte Radiostation **Isfjord Radio**, die 1933 bei **Kapp Linné** gebaut wurde und für die Kommunikation zwischen den norwegischen Siedlungen und dem Festland zuständig war. Im Krieg wurde Isfjord Radio zerstört. 1946 wurde der Betrieb wieder aufgenommen und die Station war rund ums Jahr besetzt, bis sie 1999 schließlich automatisiert wurde. In den 1990er Jahren begann auch die zeitweise Nutzung der Gebäude als Hotel, das auch heute noch in der Motorschlittensaison (etwa Mitte Februar bis Anfang Mai) sowie während der Bootsaison im Sommer Gäste aufnimmt (siehe Abschnitt 3.7.2 *Schlafen, Essen und Trinken*). Wer in einer inspirierenden Umgebung im Sommer ein paar ruhige Tage verbringen will, sollte einen Aufenthalt auf Kapp Linné in Erwägung ziehen (Spaziergänge sind allerdings auch dort nur mit Waffe möglich. Vogelschutzgebiet beachten). In der Wintersaison ist es zeitweise voll und betriebsam, vor allem an den Wochenenden um Ostern.

Etwa 3 km nordöstlich von Kapp Linné befindet sich **Kapp Mineral**, wo der norwegische Bergbauingenieur Arthur Levin zwischen 1923 und 1934 einige Tonnen Bleierz aus dem Grundgebirgsgestein kratzte. Der Stolleneingang ist noch sichtbar.

Nicht weit östlich davon liegt ein altes, hölzernes Boot unauffällig am Strand. Es scheint zunächst keiner großen Beachtung wert, erinnert aber an ein Drama aus den Kriegsjahren, welches 49 Menschen das Leben kostete: Das englische Frachtschiff ***Chumleigh*** lief mit einer Mannschaft von 58 Männern im Oktober 1942 von Philadelphia aus, um 5 000 Tonnen Militärausrüstung nach Murmansk zu transportieren. Während des Versuches, einem erwarteten deutschen Angriff auszuweichen, rammte die *Chumleigh* ein Riff vor der Südspitze Spitzbergens. Kurz nachdem die Mannschaft das Schiff in 3 Rettungsbooten verlassen hatte, wurde die *Chumleigh* von 5 deutschen Flugzeugen bombardiert. In einer verzweifelten Fahrt versuchte die Mannschaft, Barentsburg zu erreichen. Nach 8 Tagen schaffte es immerhin ein Boot mit 23 bis dahin Überlebenden, die Isfjord-Küste bei Kapp Linné oder Russekeila zu erreichen. Die darauf folgende eisige Robinsonade in einer kleinen Hütte kostete aber weitere Männer das Leben, bis die verbleibenden 9 am 02. Januar 1943, 53 Tage nach dem Verlust der *Chumleigh*, zufällig von einer norwegischen Ski-Patrouille aus Barentsburg entdeckt und gerettet wurden. Ob das heute noch am Strand liegende Boot tatsächlich das Rettungsboot der *Chumleigh* ist, ist nicht belegt, aber es ist in jedem Fall ein guter Ort, um an die Geschichte zu denken.

Bei **Russekeila**, an der Mündung des Linnéflusses, befindet sich eine kleine Ansammlung von Hütten. Die größte steht offen und beherbergt eine kleine Vitrine mit Exponaten aus der Zeit der Pomoren, die von Archäologen in der unmittelbaren Umgebung gefunden wurden. Wie oft in der Arktis, sind die tatsächlich interessanten Dinge diejenigen, die zunächst am wenigsten ins Auge fallen: Während die noch stehenden Hütten jüngeren Baudatums sind (der blockhüttenartige Bau soll von 1978 sein, von Wissenschaftlern zum Zeitvertreib gebaut), findet man zu beiden Seiten der Flussmündung Fundamente und Ziegelreste von Häusern, die zu einer Pomoren-Jagdstation gehörten. Die Reste wurden archäologisch untersucht, sie bildeten eine Mini-Siedlung mit Wohnhaus, Werkstatt, Schmiede, Lagerhaus und Sauna. Die Station war um die zweite Hälfte des 18. Jahrhunderts in Gebrauch; hier hielten sich bis zu 20 Menschen auf, unter anderem lebte der legendäre Eismeer-Patriarch **Ivan Starostin** von 1787 bis 1826 (oder 1828, je nach Quelle) in Russekeila und kehrte die letzten 15 Jahr gar nicht mehr zum Festland zurück, bis er schließlich in seiner Wahlheimat starb und am Kapp Starostin begraben wurde.

Russekeila ist eines der bekanntesten und wichtigsten Kulturdenkmäler aus der Pomorenzeit, die Lokalität steht unter dem Schutz der üblichen gesetzlichen Regelungen und verdient respektvolles Benehmen seitens aller Besucher.

Am weitesten hinten in der historischen Zeitskala stehen praktisch unsichtbare Reste einer alten **Walfangstation** aus dem 17. Jahrhundert bei Festningen.

6.1.2 GRØNFJORD, BARENTSBURG

Allgemein: Karte: siehe Abschnitt 6.1.1 *Kapp Linné/Isfjord Radio, Russekeila, Festningen.* Die Gegend wird in vielerlei Hinsicht von Barentsburg beherrscht. Barentsburg ist sowohl in der winterlichen Motorschlittensaison als auch in der Bootssaison das Ziel nahezu täglicher Ausflüge von Longyearbyen (siehe Abschnitte 3.2.5 *Motorschlitten-Tagestour: Barentsburg* und 3.7.5 *Bootsausflug nach Barentsburg*). Für ausdauernde Wanderer ist die Strecke Longyearbyen-Barentsburg in wenigen Tagen gut zu schaffen, entweder entlang der Küste oder durch die Täler im Inland (letzteres ist länger, aber landschaftlich interessanter). Privatrechtlich gehört Barentsburg indirekt dem russischen Staat, unterliegt jedoch dem Spitzbergenvertrag, so dass norwegische Gesetze gelten, es gibt keine Passkontrolle o.ä. Besucher können auch individuell kommen und gehen, wie und wann sie wollen.

Ein Besuch dieser russischen Bergbausiedlung liefert nicht unbedingt die Naturerlebnisse, welche die meisten sich von einer Spitzbergen-Reise erhoffen werden, gehört aber dazu, wenn man ein halbwegs vollständiges Bild von Spitzbergen haben will: Russland ist das einzige Land, das von den Möglichkeiten, die der Spitzbergenvertrag bietet, seit Jahrzehnten substanziell Gebrauch macht. Die Folge war nicht nur eine spezielle Geschichte während des Kalten Krieges, wobei die Nachbarschaft der Siedlungen vorsichtige, misstrauisch-neugierige Kontakte zwischen Ost und West mit sich brachte, sondern auch, dass Russland auch heute noch einer der wesentlichen Faktoren in der aktuellen Entwicklung Spitzbergens ist.

Darüber hinaus bietet Barentsburg sich als gut erreichbarer Ausgangspunkt für mehrtägige Wanderungen an. Der innere Grønfjord hat seine landschaftlichen Reize, und von dort aus sind der Bellsund, die Isfjord-Küste mit Festningen und Kapp Linné und die Außenküste in Reichweite. Tolles Wandergebiet für längere Touren!

In Barentsburg gibt es norwegisches und russisches Mobilnetz.

Ortsnamen: Barentsburg: Willem B. (ca. 1550-1597), Entdecker Spitzbergens im Jahre 1596. **Finneset**: „Gute Landspitze", guter Naturhafen. **Grønfjord**: im frühen 17. Jahrhundert „Green harbour" genannt. Die Grüne Bucht zeigt ihre Farben allerdings nur außerhalb von Barentsburg. **Kokerihamna**: „Kochereibucht", Ankerplatz für schwimmende Walfangstation im frühen 20. Jahrhundert.

Geologie: Alttertiäre Sand-, Silt- und Tonsteine mit Kohleschichten. Auf der Ostseite des Fjords liegen die Schichten horizontal, was die Landschaft recht monoton erscheinen lässt. Auf der Westseite des Fjords stehen die Schichten steiler bis senkrecht, was Abwechslung und ästhetisch ansprechendere Strukturen ins Landschaftsbild bringt, sowohl im Fjordinneren um den Aldegondabreen als auch am Fjordeingang bei Festningen. Auf der Westseite stehen, im südlichen Bereich auch ufernah, fossilreiche Karbonate aus dem Perm an.

Landschaft: Der Name „Grønfjord" (grüner Fjord) kann falsche Erwartungen wecken: Um Barentsburg herum erscheint die Gegend eher grau. Südlich des Grønfjord erstreckt sich ein schönes Gletschersystem mit den flach ansteigenden, spaltenarmen (nicht spaltenlosen!) Grønfjordbreane, deren Haupt-Schmelzwasserfluss je nach Wasserstand schwierig zu durchqueren ist. Die Ecke Grønfjordbreane-Aldegondabreen ist meiner Ansicht nach die landschaftlich ansprechendste im Grønfjord.

Das Grøndalen ist eines der größeren der eisfreien Täler Spitzbergens mit weiten Tundragebieten und Pingos. Kleine, steile Kerbtäler machen das Wandern um den Grønfjord mitunter beschwerlich.

Flora und Fauna: Biologisch ist das Grøndalen mit seinen weiten Tundraflächen und Rentierbeständen das wertvollste Gebiet in der Umgebung des Grønfjord, aber auch um den inneren Fjord erstrecken sich reiche Tundragebiete. In Barentsburg sieht man im Sommer erstaunlich viele kräftig gewachsene Blumen. Die saftig-grüne Vegetation hinter dem Stall, beim nördlichen Ortsausgang, sieht man schon vom Fjord aus.

Geschichte: Der Grønfjord hat seit dem 16. Jahrhundert zu allen Zeiten eine Rolle gespielt. Auf der Westseite, bei **Kokerineset**, gab es eine Trankocherei englischer

Walfänger sowie eine Jagdstation der Pomoren, viel zu sehen ist allerdings nicht.

Søren Zachariassen aus Tromsø, der 1899 bereits als Wegbereiter des kommerziellen Kohlebergbaus auf der Bohemanflya Lokalgeschichte geschrieben hatte, kam 1901 mit einer weiteren, neuen Idee zum Kokerineset: Zachariassen errichtete eine kleine Hütte, um Saiblinge zu fangen und diese vor Ort in Konserven einzulöten. Während eines Jagdausfluges nach Ende der Konservensaison erlitt Zachariassen allerdings Schiffbruch und wurde mitsamt seinem Dosenfisch nur mit knapper Not gerettet. Ein großer Erfolg scheint die Fischfabrik im Grønfjord aber nicht gewesen zu sein: Zachariassen beließ es bei der einen Saison. Von der kleinen Hütte ist nichts mehr zu sehen, möglicherweise ist sie dem Verkehr und den Anlagen der russischen Wasserversorgungsstation Vannposten zum Opfer gefallen.

Ab 1905 wurde am **Finneset** südlich von Barentsburg eine moderne Walfangstation betrieben, die mangels Rentabilität jedoch 1912 wieder aufgegeben wurde. In dieser Zeit fingen norwegische Walfänger etwa 2 000 Großwale. Bei Finneset richtete Norwegen 1911 die erste Telegraphenstation Spitzbergens ein, die 1930 nach Longyearbyen verlegt wurde. Von der Walfang- und Radiostation sind heute noch Fundamente, die Holzplattform zum Hochziehen der Wale und das Treibstofflager aus Beton zu sehen.

Barentsburg: Der Kohlebergbau ist offensichtlich das prägende Element der Lokalgeschichte. Dort, wo sich heute **Barentsburg** befindet, begann 1912 eine norwegische Gesellschaft mit ersten Bergbau-Aktivitäten. Der Finne Knut Emil Glad und seine Frau Anna Josefine überwinterten als Wachpersonal, vermutlich in einer zur neugebauten Radiostation bei Finneset gehörenden Hütte, wo Anna am 09. Mai 1913 **das erste auf Spitzbergen geborene Kind** zur Welt brachte, genannt Charles Emil Polar Glad. 1920 übernahm die holländische Bergbaugesellschaft NeSpiCo (Nederlandsche Spitsbergen Compagnie) das Kohlefeld und gründete Barentsburg, das 1932 in den Besitz der Sowjet-Firma Trust Arktikugol überging. Während des Zweiten Weltkrieges wurde Barentsburg 1941 zusammen mit den anderen Siedlungen evakuiert und dabei weitgehend zerstört, die Kohlelager wurden in Brand gesteckt. Im Mai 1942 versuchte die norwegische Exilregierung mit britischer Hilfe wieder Kontrolle über Spitzbergen zu erlangen und schickte die kleinen Schiffe *Isbjørn* und *Selis*. Bei einem Angriff deutscher Flugzeuge am 14. Mai 1942 im Grønfjord wurde die *Isbjørn* versenkt und die *Selis* in Brand geschossen, wobei 14 Menschen starben und weitere verletzt wurden. Dennoch wurde anschließend eine Garnison aus etwa 80 norwegischen Soldaten in Barentsburg stationiert. Diese verfügten über eine Kanone am Heerodden, ein paar Kilometer nördlich von Barentsburg. Nachdem das Geschütz nach dem Krieg viele Jahre lang als eine Art Denkmal am Hotellneset bei Longyearbyen gestanden hatte, wurde es 2012 wieder an seinen ursprünglichen Standort am Heerodden zurückgebracht.

Barentsburg ist das Zentrum aller russischen Aktivitäten auf Spitzbergen. Die Einwohnerzahl erreichte 2010 ein Minimum von 370 Menschen, im Gegensatz zu stolzen 2407 Einwohnern, die die russischen Siedlungen (einschließlich Pyramiden) noch 1990 hatten. Anfang 2013 waren 471 Personen gemeldet.

Nach wie vor wird Bergbau betrieben, wenn auch in eher bescheidenem Umfang. In den Jahren 2000-2004 wurden jeweils etwa 300 000 Tonnen Kohle exportiert, mit kräftigen Schwankungen. Im Sommer 2006 gab es Schwierigkeiten mit einem in Brand geratenen Kohlelager. Im Frühjahr 2008 wurde der Bergbaubetrieb wegen eines Grubenbrandes, bei dem 2 Bergleute ums Leben kamen, vorübergehend eingestellt. Hieß es vor einigen Jahren noch, dass die Kohle nur noch bis 2011 reiche und der Bergbau in einer neuen Grube in Colesbukta fortgeführt werden solle, ist davon nun kaum noch die Rede. Über eine eventuelle neue Kohlegrube soll ab 2015 entschieden werden. Stattdessen soll in Barentsburg nun doch noch für weitere 17 Jahre abgebaut werden, allerdings mit einer Jahresproduktion von nur 120 000 Tonnen, deren Qualität begrenzt ist.

Zu Sowjet-Zeiten versorgte Barentsburg sich mit Frischwaren erfolgreich selbst, aber nun sind Gewächshaus und Kuhstall geschlossen. Die Zukunft des Schweinestalls ist unsicher, so dass Schweine auf Spitzbergen zu den bedrohten Arten zählen.

Nachdem viele Häuser seit den frühen 1990ern stark und sichtbar litten, wurde 2012-13 ein Sanierungsprogramm aufgelegt. Baufällige Gebäude wurden abgerissen und andere modernisiert, wobei viele alte Ziegelsteinfassaden hinter wenig charmanten, dafür ziemlich bunten Abdeckungen verschwunden sind.

Der Energiebedarf wird durch ein Kohlekraftwerk gedeckt. Das Trinkwasser kommt durch ein Rohr vom Kokerineset auf anderen Fjordseite, wo es einem kleinen See entnommen wird. In der „Vannposten" (Wasserposten) genannten Baracke am Kokerineset ist eine kleine Belegschaft stationiert, um die Wasserversorgung zu gewährleisten.

Kaum zu glauben, aber wahr ist die Geschichte eines Mannes vom Vannposten, der von einem Eisbären angegriffen wurde und sich rettete, indem er dem Bären die Daumen in die Augen bohrte. Der Mann überlebte verletzt, der Eisbär trägt seitdem eine dunkle Sonnenbrille.

Zwischenzeitlich wurde angekündigt, auf andere Felder zu setzen: So soll ein Einkaufszentrum entstehen und wichtige Infrastruktur wie Telekommunikation verbessert werden, so dass man auch mit Kreditkarte zahlen kann. Immerhin gibt es mit Spicbergen.ru seit 2013 eine lokale Agentur, die sich um **Tourismus** kümmert, Touren anbietet (s. 3.3 *Veranstalter*) und in beschränktem Umfang mit Ausrüstung helfen kann, Kontakt im Hotel. Angebote für Touren richten sich bislang nur an den russischsprachigen Markt. Der internationale Tourismus hat sich bislang nur wenig über Tagesfahrten von Longyearbyen aus entwickelt, wobei die Aufenthaltsdauer im Ort unter 2 Stunden liegt. Dabei hätte Barentsburg mit seiner Umgebung mehr Potenzial. Man könnte sich im Hotel einquartieren, um in der Umgebung zu wandern und im Ort auf lohnenswerte Fototouren zu ziehen.

Die Preise haben angezogen, sind aber immer noch günstiger als in Longyearbyen: ein Bett im Großraum („Hostel Grumant", bis 16 Betten) 210 NOK, Doppelzimmer im „Hostel Pomor" 600 NOK und im „Hotel Barentsburg" 1000 NOK. Alles befindet sich im gleichen Gebäude, es ist also ein Hotel mit verschiedenen Kategorien. Frühstück 100 NOK, Mittagessen 200 NOK, Abendessen 150 NOK (Stand 2015). Email: tourism@arcticugol.ru, Tel. +47 79 02 76 19 oder mobil +47 94 13 01 28. Im Hotel gibt es einen Briefkasten, eine Filiale der norwegischen Post (die einzige in einer nicht norwegischen Siedlung), einen Souvenirladen und die Bar mit allerlei nicht jugendfreien Getränken. Gezahlt wird in Kronen, mit Euro oder Dollar. Für Besucher lohnt sich ein Besuch des Museums im Kulturhaus (Eintritt 25 NOK), das bei Bedarf geöffnet wird, dort gibt es auch einen weiteren Souvenirladen mit typisch russischen Andenken wie Matruschkas und einfachem Kunsthandwerk sowie Fossilien und einen schönen Spitzbergen-Bildband aus russischer Produktion.

Die wichtigsten Anlaufpunkte für Touristen - Bootsanleger, Kulturhaus, Hotel - liegen zentral nur einige 100 m voneinander entfernt und sind ausgeschildert, so dass die Orientierung im Ort problemlos ist.

Die Kombination zweier jeweils schon für sich exotisch erscheinender Welten - der Arktis und einer russischen Grubensiedlung, die ihren Zenit hinter sich hat - hat ihre ganz eigene Atmosphäre, die erlebenswert ist und eine Menge interessanter Eindrücke und Fotomotive bietet. Darüber hinaus gehört ein Besuch von Barentsburg oder Pyramiden für jeden, der ein halbwegs vollständiges Bild der Entwicklung Spitzbergens haben will, eigentlich zum Pflichtprogramm.

Die Einhaltung einiger Regeln des guten touristischen Benehmens ist auch für Besucher Barentsburgs selbstverständlich:

- Betreten Sie keine Gebäude, sofern diese nicht öffentlich sind (Souvenirladen, Museum, Hotel mit Post und Bar) oder Sie ausdrücklich eingeladen sind.
- Achten Sie die Privatsphäre der Bewohner - das gilt auch und gerade beim Fotografieren. Ansonsten sind Filmen und Fotografieren im Ort erlaubt.
- Denken Sie an das Eisbärenrisiko auch in unmittelbarer Nähe des Ortes, einschließlich bebauter, aber nicht genutzter Bereiche.

6.1.3 GRUMANTBYEN, COLESBUKTA

Allgemein: Fast nirgendwo sonst waren Ost und West im Kalten Krieg so nahe beieinander wie bei Grumantbyen und Longyearbyen. Tagesfahrten per Boot nach Barentsburg passieren Grumantbyen, das auch zu Fuß vom Bjørndalen aus erreichbar ist (siehe 3.7.6 *Bergtouren bei Longyearbyen (3): Fuglefjellet, Grumantbyen*).

Die Täler im Hinterland sind über Pässe miteinander verbunden und bieten diverse Möglichkeiten für mehrtägige Wanderungen. Das Gelände ist mitunter beschwerlich, aber die Eindrücke sind lohnenswert, die man in diesen Tälern bekommt und die zu den vegetationsreichsten von ganz Spitzbergen gehören (v.a. Colesdalen) und entsprechend zahlreiche Rentiere beherbergen. Ein Vorteil ist, dass man direkt von Longyearbyen oder vom Ende der Straße im Bjørndalen aus loswandern kann, so dass teure Boottransfers entfallen. Im Winter ist Colesbukta mit Ski oder Motorschlitten über Longyearbreen und Fardalen schnell erreichbar. Am Kapp Laila stehen mehrere private Hütten. Eine davon gehört dem Schlittenhundeverein in Longyearbyen, so dass man im Colesdalen auch oft Schlitten mit Hunde- statt Pferdestärken sieht.

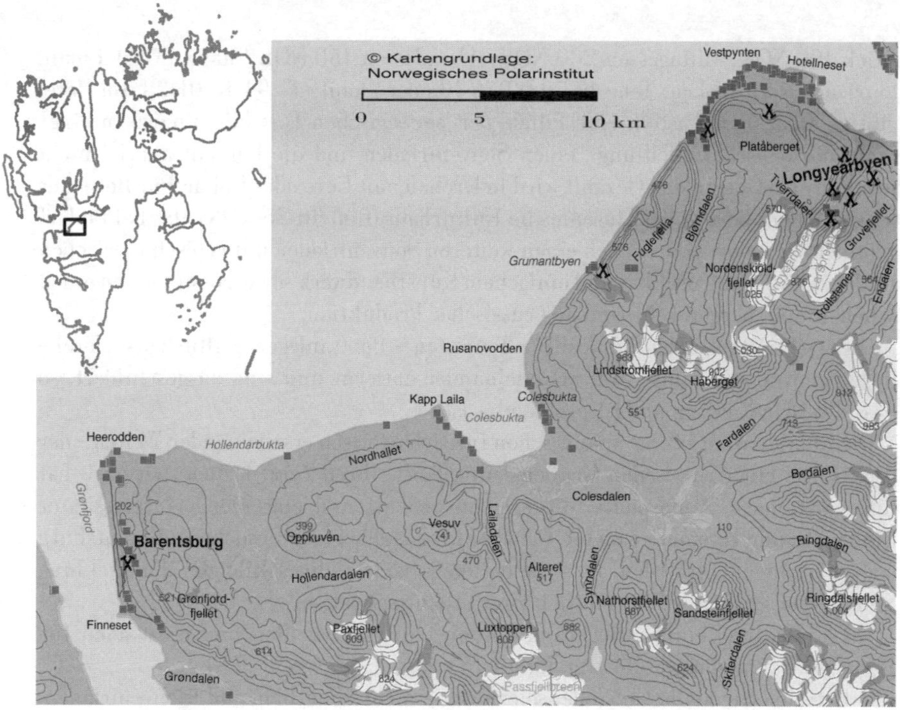

Die verfallenden Geistersiedlungen haben ihren eigenen, morbiden Charme, aber die Gebäude können einsturzgefährdet sein und wurden in Zeiten gebaut, in denen die Verwendung von Asbest noch weit verbreitet war. In der Umgebung von Grumantbyen hält sich eine eingeschleppte Feldmausart, die den auch für Menschen gefährlichen Fuchsbandwurm übertragen kann (siehe Abschnitt 3.6.6 *Risiken im Gelände*). Beim Zelten ist daran zu denken, dass Teile der Siedlungen älter als 1946 und somit geschützt sind: Ein Mindestabstand von 100 m ist einzuhalten und dadurch sind innerhalb dieser alten Siedlungen Zelten und Lagerfeuer verboten.

Auch wenn das Risiko einer Eisbärenbegegnung geringer ist als im Nordosten Svalbards, ist mit Eisbären zu rechnen und im unübersichtlichen Bereich der alten Siedlungen besondere Vorsicht angebracht. In jedem Raum der verlassenen Häuser kann ein Bär Mittagsschlaf halten und wird auf Störungen recht ungehalten reagieren.

Ortsnamen: **Bjørndalen**: „Bärental". **Colesbukta**: „Kohlenbucht". **Fardalen**: „Fahr-Tal", übliche Winterroute von Longyearbyen nach Westen. **Fuglefjellet**: „Vogelberg". **Grumantbyen**: Grumant, Bezeichnung der Pomoren für Spitzbergen („Grönland"). **Kapp Laila**: Nach einem Schiff, das Isachsen während seiner Expedition 1910 verwendete. **Lindströmfjellet**: Gustaf L. (1829-1901), schwedischer Paläontologe.

Geologie: Das Fuglefjellet besteht aus nahezu horizontalen Schichten des Alttertiärs bzw. im unteren Hangbereich östlich von Grumantbyen der Unterkreide. Zwischen Grumantbyen und dem Bjørndalen läuft eine Störung schräg durch den Hang, die Grumantbyen-Störung, die sich für den Bergbau als hinderlich erwies. Die Unterkreide ist im Uferbereich am Fuglefjellet nahe dem Bjørndalen schön aufgeschlossen und bei ruhigem Wetter gut zugänglich (Steinschlaggefahr, Gezeiten und Wetterwechsel beachten).

Die einzelnen Berge um das Colesdalen herum, die deutlich über das weitläufige Plateau in 400-500 m hinausragen (z.B. Lindströmfjellet, 966 m, Vesuv, 739 m) bestehen aus den jüngsten Festgesteinen, die man in Svalbard findet (Aspelintoppen Formation, Eozän-Oligozän, ca. 40 Millionen Jahre).

Landschaft: Charakteristisch sind weitläufige Hochplateaus in 400-500 m Höhe, aus denen einzelne Berggipfel herausragen.

Das Hochplateau des Fuglefjellet fällt zum Isfjord in unzugänglichen Steilklippen ab, und in diesem Bereich ist nur das kleine Grumantdalen begehbar, das nach Grumantbyen hinunterführt. Das Colesdalen ist sehr weitläufig, und das Gehen ist dort aufgrund der dicken, weichen Vegetation, ausgedehnten Feuchtflächen und zahlreicher Flussläufe mitunter beschwerlich. Kleine Seitentäler sind oft steil in die Berghänge eingeschnitten, was das Vorwärtskommen auch nicht gerade einfacher macht. Im Winter ist die Gegend viel leichter zugänglich.

Flora und Fauna: Die Steilklippen um Grumantbyen beherbergen große Seevogelkolonien mit Dreizehenmöwen, Eissturmvögeln und Dickschnabellummen. Durch die kräftige Düngung haben sich im Laufe langer Zeit auf den steilen Hängen dicke Torfmatten gebildet. In diesem extremen Milieu können nur wenige Pflanzenarten wie das Gebräuchliche Löffelkraut und der Alpensäuerling überleben, die dort aber kräftig wachsen und massenhaft vorkommen, so dass das kräftige Grün dieser Hangabschnitte auch aus der Distanz deutlich sichtbar ist. Die Torfmatten kann man fast als hängende Moore bezeichnen, aber wenn sie zu schwer werden, reißen sie ab und rutschen in den Fjord, so dass die Dicke auf 1-1,5 m begrenzt ist.

Im Colesdalen findet man die wohl reichste Tundravegetation Spitzbergens, an der sich Rentiere in großer Anzahl erfreuen. Lokal kommt dort auch die seltene Zwergbirke vor.

Um Grumantbyen gibt es eine eingeschleppte Feldmausart. Auch wenn einzelne Mäuse gelegentlich schon in der weiteren Umgebung gesichtet worden sind, haben sie sich noch nicht über den Bereich der alten Siedlung sowie der nahegelegenen Torfmatten unter den Vogelfelsen hinaus etabliert. Sie scheinen keinen nennenswerten Einfluss auf die sonstige Flora und Fauna zu haben.

Geschichte: Das Grumant-Kohlefeld wurde 1912 von dem russischen Geologen **V.A. Rusanov** in Besitz genommen. Rusanov verschwand im Herbst des gleichen Jahres mitsamt Schiff spurlos in der Nordostpassage. An ihn erinnert noch eine Art Mini-Museum in einer Hütte am Rusanovodden, nördlich der alten Siedlung in Colesbukta. Der Bergbau begann 1913 und wurde mit Unterbrechungen bis 1961 betrieben.

Beim Anblick der verbliebenen Gebäude in dem steilen, unwegsamen Gelände fällt es schwer zu glauben, dass Grumantbyen in den 1950er Jahren die größte Siedlung Spitzbergens war, die Einwohnerzahl zusammen mit Colesbukta betrug zeitweise mehr als 1 000. Wegen der schlechten Hafenverhältnisse wurde die Kohle mit einer teilweise durch einen Tunnel verlaufenden Eisenbahn nach Colesbukta transportiert, wo sie verladen wurde. Die alte Siedlung auf der Ostseite der Colesbukta diente seinerzeit also der Verschiffung der Kohle aus Grumantbyen, Bergbau wurde dort nicht betrieben. Die Einstellung des Bergbaus führte 1962 zur Aufgabe der Siedlungen Grumantbyen und Colesbukta.

Sonstiges: Es existieren Pläne der russischen Bergbaugesellschaft Trust Arktikugol, im biologisch wertvollen Colesdalen eine neue Kohlemine zu eröffnen. Ursprünglich war von einer Eröffnung im Jahr 2008 die Rede, aber nachdem mehrere Jahre lang nichts mehr davon zu hören war, soll nun ab 2015 über eine eventuelle neue Anlage im Colesdalen entschieden werden.

6.1.4 ADVENTFJORD

Auf der Südseite des Adventfjord liegt Longyearbyen. Der Ort mit seiner Geschichte, Dienstleistung, Einkaufs- und Übernachtungsmöglichkeiten und Tagestouren in der näheren und mittleren Umgebung ist Thema des Abschnittes 3.7 *Longyearbyen.*

Allgemein: Der kleine Adventfjord (7 km lang, 3-4 km breit) liegt auf der Südseite des Isfjord und ist die am intensivsten genutzte Gegend Spitzbergens. Auf seiner Südseite liegt Longyearbyen. Für naturkundlich und geschichtlich Interessierte hat die Gegend einiges zu bieten.

Auch in der unmittelbaren Umgebung von Longyearbyen muss man zu jeder Jahreszeit mit Eisbären rechnen. Ohne Waffe kann man sich nur im Ort sicher bewegen. Schon für kleinere Wanderungen auf die Berge um Longyearbyen (Sarkofagen, Platåberg), ins Adventdalen oder Bjørndalen ist hingegen eine Waffe erforderlich. Zelten ist in der Umgebung von Longyearbyen nur auf dem Campingplatz erlaubt.

Longyearbyen liegt zentral im nördlichen Nordenskiöld Land und ist ein guter Ausgangspunkt für längere, anspruchsvolle Wandertouren (siehe 3.2.5 *Trekkingrouten (1): östliches Nordenskiöld Land, Ostküste*).

Ortsnamen: Adventfjord, -dalen: Vermutlich nach dem englischen Walfangschiff *Adventure*, das 1656 den Isfjord besuchte. **Bjørndalen**: „Bärental". **Hanaskogdalen**: nach Hanaskog, einem Eigentum der Familie de Geer in Schweden. Der Geologe Gerhard Jacob de Geer arbeitete zwischen 1882 und 1910 in Spitzbergen. **Hiorthhamn:** Fredrik H., norwegischer Gründer der Bergbaugesellschaft, die den Ort betrieb. **Hotellneset**: 1896-98 wurde dort das erste Hotel der Inselgruppe betrieben. **Larsbreen**: L. Johan Hierta, schwedischer Schriftsteller, Politiker und Förderer von Polarforschung im 19. Jahrhundert. **Longyearbyen**: „Die Longyear-Stadt", ursprünglich Longyear City. Nach John Munro L., dem amerikanischen Gründer. **Mälardalen**: nach Mälaren, einem See in Schweden. **Moskushamn**: nach Moschusochsen, die dort ausgesetzt wurden. Heute ist offiziell wieder der ursprüngliche Name „Hiorthhamn" in Gebrauch. **Nordenskiöldfjellet**: Adolf Erik N. (1832-1901), schwedischer Polarforscher. **Platåberg:** ist klar, oder? **Revneset**: Fuchs-Landspitze. **Sarkofagen**: nach der sargähnlichen Form.

Geologie: Um Longyearbyen herum findet man nahezu horizontale Schichten aus

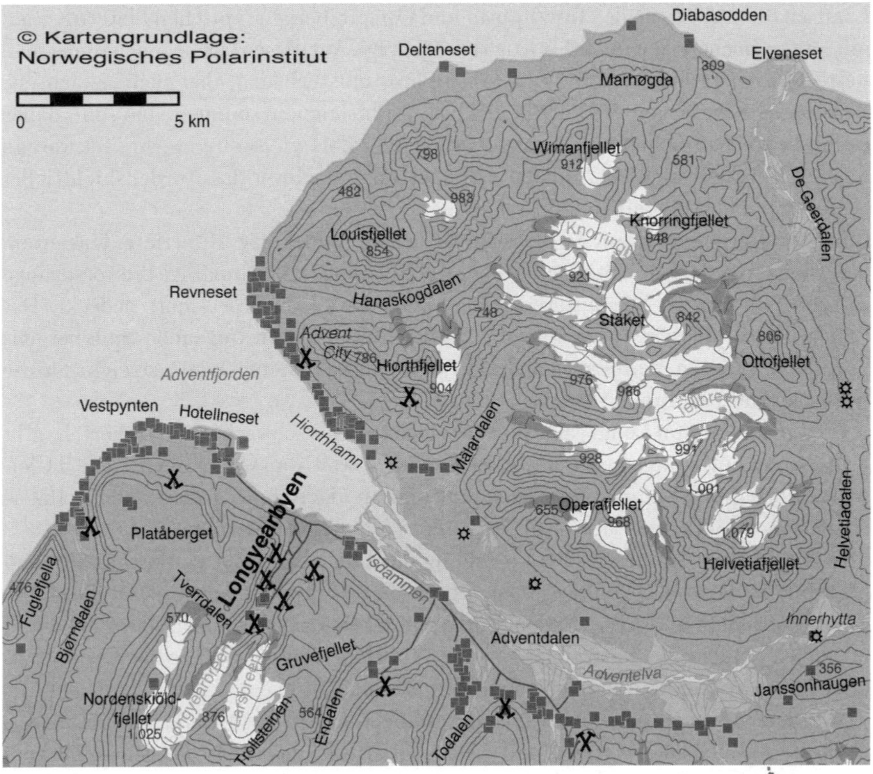

Sandstein und ähnlichen Ablagerungen. Bis gut 250 m Höhe stammen diese Ablagerungen aus der Unterkreide (gut 100 Millionen Jahre, Dinosaurierzeit) abgelagert. Alles, was höher liegt, ist mit 60-40 Millionen Jahren (Alttertiär, seit 2000 offiziell Paläogen) deutlich jünger. Dazwischen gibt es eine Schichtlücke: Sedimente, deren Alter zwischen knapp 100 und gut 60 Millionen Jahren liegt, existieren nicht. Auf der Nordseite des Adventfjord liegt die Grenze zwischen Unterkreide und Alttertiär in gut 600 m Höhe.

Alle diese Gesteine wurden wechselweise von Flüssen, am Meeresufer und im flachen Schelfmeer als Sand und Schlamm abgelagert. Mehrfach wurden die Sumpfwälder, welche die Flüsse säumten, durch den ansteigenden Wasserspiegel von Schlamm begraben, so dass sich Kohle bilden konnte. Von den Wäldern sind nicht nur Kohleschichten übrig geblieben, sondern auch Fossilien wie schöne Abdrücke von haselnussähnlichen Blättern und versteinerte Holzstücke, die man am besten in den Moränen der Gletscher finden kann.

Landschaft: Das Hauptmerkmal des Adventfjord ist zunächst seine starke Besiedlung und Nutzung, was aber nicht heißt, dass die Natur nicht Einiges zu bieten hat. Das

Landschaftsbild ist von den für Zentral- und Ostspitzbergen typischen Plateaubergen mit weiten Hochebenen in 400-500 m Höhe geprägt. Auf diesen Hochebenen findet man weite, fast vegetationsfreie Steinwüsten mit Frostmusterböden, aber auch bewachsene Bereiche. Einige Zeugenberge, die der Erosion bislang entkommen sind (und daher noch von Gesteinsschichten „zeugen", die früher dort viel weiter verbreitet waren), ragen über diese Plateaus hinaus, nahe bei Longyearbyen das Nordenskiöldfjellet (1 050 m) und Trollsteinen (837 m).

In den Berghängen um Longyearbyen herum bildet der alttertiäre Firkanten-Sandstein eine markante Steilstufe, die von der Erosion in gleichmäßige Felsvorsprünge zerschnitten wurde. Die unteren Hänge sind stark von Frostschutt bedeckt. Das Landschaftsbild wirkt insgesamt, im Vergleich zu anderen Gegenden Spitzbergens und auch anderen Seitenarmen des Isfjord, farblich wenig kontrastreich, da die Gesteine eher graubraun sind.

Die Umgebung von Longyearbyen ist vergleichsweise schwach vergletschert. Es gibt 3 Gletscher, einen davon im Longyeardalen, nicht weit vom Ort entfernt. Alle 3 Gletscher haben große Endmoränen. Insgesamt sind weniger als 18 % der Landoberfläche vergletschert, im Gegensatz zu 60 % bei der gesamten Inselgruppe.

In der flachen Tundra in der Umgebung des Flughafens gibt es Strandwälle und Eiskeilnetze. Arktische Flüsse mit den typischen Verzweigungen fließen durch die Täler Bjørndalen und Adventdalen. Einen guten Blick auf das Adventdalen bekommt man auch ohne große Anstrengung aus 400 m Höhe von der Straße zur Grube 7, so dass man dort eine Bergtour mit dem Taxi machen kann.

Wer dem Adventfluss zu Fuß und mit Waffe vom östlichen Ende der Straße aus noch etwa 8 Kilometer (Luftlinie) weit folgt, findet nördlich des Janssonhaugen einen großen, schönen Pingo. Um in unmittelbare Nähe zu kommen, wird allerdings eine Querung des Adventflusses fällig. Ein paar kleinere Pingos stehen schon im äußeren Adventdalen, aber auf der nördlichen Seite des in Fjordnähe im Sommer kaum querbaren Flusses. Im Frühjahr ist der kleine, dann eisüberkrustete Pingo in der Moskuslaguna ein schönes Ausflugsziel für eine kleine Skiwanderung Richtung Hiorthhamn.

Eine oft übersehene geologische Sehenswürdigkeit ist der Blockgletscher am Hiortfjellet, direkt gegenüber von Longyearbyen.

Flora und Fauna: Trotz der starken Nutzung haben Longyearbyen und Umgebung auch biologisch Einiges zu bieten.

Tundra gibt es im Bjørndalen, außerdem ufernah zwischen dort und Longyearbyen und vor allem im Adventdalen, wo es sogar stellenweise die seltene Zwergbirke gibt - viel Erfolg beim Suchen (siehe 4.9.2 *Zwergbirke*). Auch im Ort selbst sind schöne Tundraflächen. Vor den bunten Spitzhäusern hinter dem Svalbardbutikken steht wunderschön das Wollgras, und am Parkplatz beim Amtsgebäude des Sysselmannen hat man einen kleinen Blumenstreifen geschaffen, wo man schnell und bequem eine ganze Reihe typischer Pflanzenarten sehen kann.

In der unmittelbaren Umgebung von Longyearbyen gibt es mehrere kleine Krabbentaucherkolonien hoch oben in den Schutthängen (beispielsweise oberhalb von Nybyen, Tverrdalen, Platåberg oberhalb des Huset sowie nahe der Grube 1, Platåberg vor der Ecke zum Bjørndalen). Wer Küstenseeschwalben, Dreizehenmöwen, eventuell sogar Thorshühnchen und andere Vögel sowie Rentiere und Eisfüchse sehen will, für den ist der Campingplatz mitsamt der dort am Strand gelegenen Lagune eine gute Adresse.

Im Adventdalen kann man im Juni Eiderenten, Weißwangen- und Kurzschnabelgänse in großer Zahl nahe der Straße sehen, dazu Prachteiderenten und Sterntaucher. Am besten beobachtet man ohne auszusteigen aus dem Auto, um die Vögel nicht zu stören. Die hocharktische Elfenbeinmöwe wird gelegentlich beim Hundehof im Eingangsbereich zum Adventdalen gesichtet. Rentiere und Füchse sind auch im Ort keine Seltenheit. Fazit: Wer viele Arten der arktischen Flora und Fauna sehen will, kann sich in Longyearbyen und der unmittelbaren Umgebung durchaus einige Zeit lang sinnvoll beschäftigen.

Geschichte: Zur Geschichte von Longyearbyen siehe Abschnitt 3.7 *Longyearbyen*. Die Geschichte des Adventfjord ist vor allem vom Bergbau geprägt, es hat aber auch frühen **Tourismus** in der Region gegeben. Am Fjordeingang wurde 1896 ein Hotel gebaut, dessen Betrieb sich aber nicht lohnte und 1898 eingestellt wurde. Heute erinnert nur noch der Name Hotellneset an diesen frühen Tourismus. Das Gebäude wurde nach ein paar Jahren nach Longyearbyen (damals Longyear City) gebracht, wo es als Laden diente. Vermutlich wurde es im Zweiten Weltkrieg zerstört.

Das Inland war lange Zeit weitgehend unbekannt, bis der Engländer **Martin Conway** mit mehreren Begleitern im Sommer 1896 das tat, was ihm heute Mancher gerne nachmacht: Er begab sich auf lange Wandertouren, die ihn fast bis zur Ostküste Spitzbergens führten. Für den geographischen Kenntnisstand ist bezeichnend, dass Conway, der sich gut vorbereitet zu haben glaubte (nur die skandinavische Literatur konnte er leider nicht lesen), Pferde und Schlitten mitbrachte in der Erwartung, weite Eisflächen queren zu müssen. Diese Fortbewegungsmittel erwiesen sich in der sommerlichen Tundragelände natürlich als nutzlos.

Auf der Nordseite des Adventfjord liegen mit **Advent City** und **Hiorthhamn** die Reste zweier Grubensiedlungen aus dem frühen 20. Jahrhundert, von denen jeweils noch Überreste sichtbar sind (vor allem Hiorthhamn). Ab 1903 wurde in Advent City in einem 80 m hoch gelegenen Stollen unterkreidezeitliche Steinkohle abgebaut, wobei es sich eher um Probebergbau handelte, der nicht lohnenswert war und nach diversen Schwierigkeiten 1908 eingestellt wurde. Die meisten Gebäude wurden 1917 einige Kilometer nach Osten verlegt, als dort der Bergbau in Hiorthhamn begann, das später vorübergehend in Moskushamn umbenannt wurde. Von Advent City ist heute kaum noch etwas übrig, in Hiorthhamn hingegen ist noch viel zu sehen. Am auffälligsten ist die Verladeanlage am Ufer, ein sehr interessantes Fotomotiv. Ein paar 100 m westlich davon ist ufernah ein Fundament zu sehen, das zeitweise zu einem Sägewerk gehörte: Findige Abenteurer, darunter Spitzbergens letzter Eisbärenjäger Per Johnsson, hielten es für eine gute Geschäftsidee, die Siedlungen mit Bauholz aus lokalem Treibholz zu versorgen. Spitzbergens einziges Sägewerk bestand aber nur 1972-76. Einige der

Hütten in der Umgebung stammen noch aus den Bergbauzeiten, sie werden heute überwiegend privat genutzt. Der Eingang zur Mine von Hiorthhamn, in der wie auch in Longyearbyen alttertiäre Steinkohle abgebaut wurde, befand sich in über 580 m Höhe, ein Besuch lohnt sich noch heute (siehe 3.7.6 *Bergtouren bei Longyearbyen (5): Hiorthfjellet*). Die Mine in Hiorthhamn erwies sich als nicht profitabel, so dass der Bergbau zunächst 1922 und endgültig 1940 eingestellt wurden.

1941 wurden die meisten Siedlungen auf Spitzbergen evakuiert und 1943 von den Deutschen zerstört, Hiorthhamn blieb aber weitgehend verschont. Am 23. Juli 1942 wurde ein deutsches Aufklärungsflugzeug von einer norwegischen Stellung in Longyearbyen abgeschossen und stürzte bei Hiorthhamn ab, die vierköpfige Besatzung kam ums Leben. Verstreute Wrackreste sind am Hang oberhalb der Hütten von Hiorthhamn noch zu sehen. Nach dem Krieg war bis 1947 eine norwegische Garnison in Hiorthhamn stationiert. Weitere Überreste aus Kriegszeiten außerhalb von Longyearbyen finden sich beim alten Flugplatz im Adventdalen, bei dem das Wrack eines deutschen Wetterflugzeugs an einem kleinen Hang am Adventfelva liegt. Diese Junkers 88 landete dort im Juni 1942, konnte wegen des weichen Tundrabodens aber nicht wieder starten und wurde bald von britischen Flugzeugen am Boden zerstört. Unweit davon stand eine Hütte, die 1941-42 der deutschen Kriegswetterstation Bansø als Basis diente, die Hütte brannte am ersten Weihnachtstag 1968 ab.

Nach dem Zweiten Weltkrieg konzentrierten sich weitere Aktivitäten in der Gegend auf Longyearbyen (siehe Abschnitt 3.7 *Longyearbyen*).

Auf dem Gipfel des **Nordenskiöldfjellet** wurden mehrfach meteorologische Messungen betrieben: 1911-12 von einer deutschen Expedition und während des Internationalen Polarjahres 1932-33 von Schweden. Während die Deutschen ihre Unterkunft in Longyear City (Longyearbyen) hatten und, so oft Licht und Wetter es zuließen, zur Ablesung der Instrumente auf den Berg stapften, richteten die Schweden es sich tatsächlich oben auf dem Berg ein und erlebten sicher die höchstgelegene und vermutlich auch die windigste Überwinterung überhaupt auf Spitzbergen. Die zweckmäßig-robust gebaute Hütte steht heute noch, ist aber in den letzten Jahren, dem allgemeinen Trend entsprechend, abgeschlossen worden.

6.1.5 SASSENFJORD, TEMPELFJORD

Allgemein: Tatsächlich handelt es sich um einen durchgehenden Fjord, der im innersten Bereich Tempelfjord genannt wird und weiter westlich Sassenfjord. Geographisch ist die separate Namensgebung aber sinnvoll, da der Sassenfjord die Fortsetzung des Sassendalen ist. Der Tempelfjord ist als Seitental dazu entstanden.

Sassen- und Tempelfjord sind landschaftlich wegen der charakteristischen Berge, allen voran das Tempelfjellet, und der Gletscher im Fjordinneren sehr schön und im Winter häufig Ziel von Tagestouren mit Motorschlitten (siehe 3.2.10 *Motorschlitten-Tagestour: Tempelfjord*), im Sommer auch per Boot. Im Frühjahr 2014 fror der Tempelfjord nicht ausreichend zu, um die üblichen Routen zu ermöglichen. Diese Situation ist 2014 erstmalig seit vielen Jahren eingetreten, die künftige Entwicklung

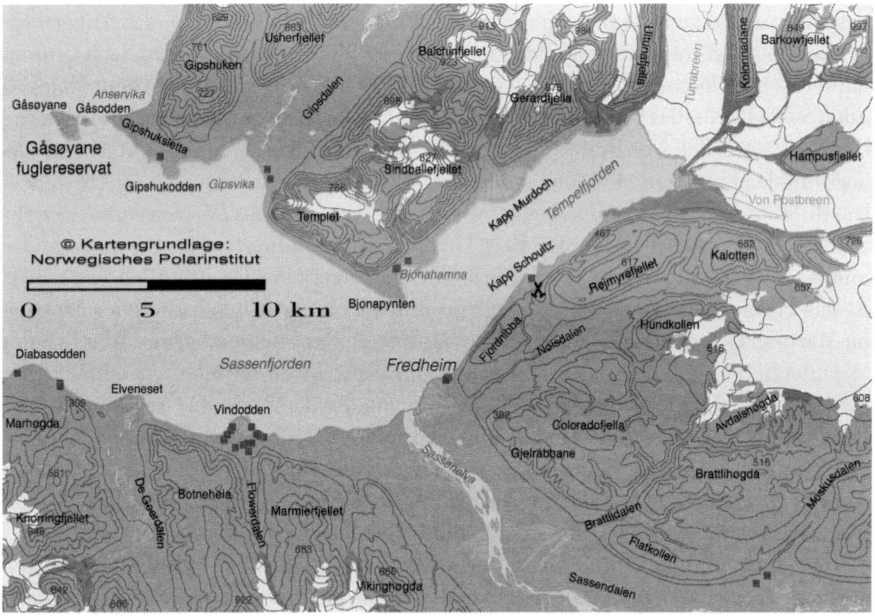

bleibt abzuwarten. Im Frühjahr liegt das Segelboot *Noorderlicht* als „Schiff im Eis" eingefroren im Tempelfjord, um Gäste zu bewirten und Übernachtungsmöglichkeiten anzubieten (nur für organisierte Gruppen. Siehe Abschnitt 3.7.2 *Schlafen, Essen und Trinken*). Auch für das Schiff im Eis hat das Fjordeis 2014 allerdings nicht gereicht.

Im Sommer pfeift oft ein kräftiger Ostwind durch den Fjord, was Bootfahrten und Anlandungen schwierig machen kann.

Es gibt eine Reihe von Orten, die historische oder biologische Besonderheiten zu bieten haben. Das Gebiet gehört überwiegend zum Sassen-Bünsow Land-Nationalpark. Zwischen Billefjord und Sassenfjord befinden sich die kleinen Inseln Gåsøyane, die als Vogelschutzgebiet geschützt sind (Annäherungs- und Betretungsverbot 15. Mai - 15. August).

Ortsamen: Bjonahamna: nach der *Bjona*, Expeditionsschiff von 1882. **De Geerdalen**: Gerard Jacob D. G. (1858-1943), schwedischer Geologe und Polarforscher. **Diabasodden:** Diabaslandspitze. D. = basaltähnliches Gestein. **Gipsdalen**: nach Gipsvorkommen. **Gåsøyane**: „Gänseinseln". **Hyperittfossen**: H.-Wasserfall. H. = basaltähnliches Gestein. **Kapp Schoultz:** Ernst Gustaf Wilhelm Axelson von S., Mitglied von de Geers Spitzbergen-Expedition (1908). **Templet**: „der Tempel", nach dem kathedralenartigen Aussehen der turmartigen Felswände. **Sassendalen, -fjord**:

Ursprung unbekannt, evtl. nach einem alten niederländischen Wort, das Ankermöglichkeiten andeutet. **Tempelfjord**: nach demBerg Templet. **Tunabreen:** Nach Ultuna, schwedischer Hochschule, an der von Post lange tätig war. **Von Postbreen**: Hampus Adolf v. P. (1822-1911), schwedischer Wissenschaftler, u.a. Pionier der Eiszeittheorie.
Geologie: Auf der Nordseite liegt das Bünsow Land, dessen Berge weitgehend aus horizontalen Kalkstein-, Evaporit- und Sandsteinschichten des Permokarbons bestehen. Die Billefjorden-Störungszone (siehe Abschnitt 6.1.6 *Östliches Dickson Land ...*) zieht sich deutlich sichtbar durch den Berg Gipshuken im Südwesten des Bünsow Landes und setzt sich südlich des Sassenfjords im Marmierfjellet fort. Südlich des Fjords ist das Permokarbon deutlich weniger prominent und tritt nur östlich der Störung im Marmierfjellet zutage, vor allem um das untere Sassendalen herum. Westlich des Marmierfjellet stehen Trias und darüber Jura mit ihren dunklen, gleichförmigen Sedimenten an, in denen stellenweise zahlreiche fossile Muscheln, Ammoniten und Belemniten zu finden sind. In den Jura-Sedimenten südlich von Diabasodden wurden 2006 spektakuläre Funde von Dinosaurier-Fossilien gemacht, die international Aufsehen erregt haben; u.a. wurden 21 Skelette von Plesiosauriern sowie 6 von Ichthyosauriern entdeckt; alles Arten, die im Meer gelebt haben.

An mehreren Stellen gibt es basaltische Intrusivgesteine: die Gåsøyane, die östlich davon gelegene Landspitze (Gipshukodden), Diabasodden und Gänge im De Geerdalen (Hyperittfossen) und Botneheia.

Quartärgeologisch ist das Gipsdalen mit seinen sehr deutlich ausgeprägten Strandwällen, einigen Karstphänomenen (Dolinen und früh verfestigte, junge Sedimente) und Blockgletschern an den Hängen des Tempelfjellet interessant. Auch bei Bjonahamna gibt es sehr schöne Strandwälle.

Landschaft: Der beeindruckende Templet beherrscht den Fjord visuell. Es verdankt seinen Namen den regelmäßigen, von Erosion geschaffenen Türmen der Steilwände. Auf der Südseite des Sassenfjords machen sich die weicheren Trias-Sedimente mit dunkleren, weniger steilen Hängen sowie grüneren Tundragebieten bemerkbar. Am Ende des Tempelfjord zieht die schöne Abbruchkante des Tunabreen die Blicke auf sich.

Die harten Basaltgänge prägen das Landschaftsbild lokal deutlich. Aus solchen Gesteinen bestehen die Gåsøyane, und auf der Südseite des Fjords bilden sie am Diabasodden eine Steilklippe, auf der eine Seevogelkolonie inklusive einiger Papageitaucher ein passendes Zuhause gefunden hat. Im Eingangsbereich des De Geerdalen fällt ein Wasserfall, der Hyperittfossen, über eine Basaltschicht herab.

Das sehr große, weite Sassendalen ist im Sommer nur für ausdauernde Wanderer oder mit Boot zu erreichen, im Winter ist es aber eine wichtige Route für Motorschlittentouren, siehe 3.2.10 *Motorschlitten*, Routen *Tempelfjord* und *Ostküste*.

Flora und Fauna: Die reichsten Tundragebiete finden sich südlich des Fjords in halbwegs ebenen, küstennahen Gebieten, vor allem am Diabasodden, im Sassendalen und im De Geerdalen. Rentiere sind häufig, wie auch Füchse, vor allem in der Nähe von Vogelfelsen. Seevogelkolonien gibt es an den meisten Steilwänden, insbesondere am Diabasodden. Andernorts liegen die Brutfelsen so hoch, dass die Vögel von unten kaum erkennbar sind. Vom Berg Fjordnibba, in direkter Nachbarschaft von Fredheim, kann man allerdings von oben in die steilen Klippen schauen, wo ab April Eissturmvögel kreischen. Zu dieser Zeit ist der schöne Aussichtspunkt auf Fjordnibba mit Motorschlitten erreichbar.

Im späten Frühjahr liegen Dutzende von Ringel- und Bartrobben auf dem Eis. Eisbären ziehen regelmäßig durch und lassen sich mitunter für eine Weile nieder.

Geschichte: 1910 durchquerte **Wilhelm Filchner** das stark vergletscherte Inland zwischen Tempelfjord und der Ostküste als Vorbereitung auf eine Antarktis-Expedition.

Am Strand an der Mündung des **Gipsdalen** stehen bei einer Hütte die rostigen Reste eines Traktors. Immerhin ist niemand auf die Idee gekommen, sich dort an Landschwirtschaft zu versuchen, sondern der Traktor diente als Zuggerät, um Bergbauausrüstung über einen noch deutlich sichtbaren Weg ins Tal zu schaffen, wo die im letzten Abschnitt schon erwähnte schottische SSS um 1921 Kohlevorkommen untersuchte. Einige Kilometer talaufwärts stehen noch Reste einer Hütte aus jener Zeit.

Überreste eines Probebergbaus auf Gips/Anhydrit gibt es bei **Kapp Schoultz**. Das meiste findet sich in einer Höhe von mehreren 100 m am Hang. Am Ufer stehen ein paar Hütten, darunter eine, die teilweise aus Beton besteht, die einzige aus diesem Material in Spitzbergen außerhalb der Siedlungen. In Bergbauzeiten diente sie als Lager, die Buchstaben JK an der Außenwand sind die Initialen des ehemaligen Eigners, Reder Jakob Kjøde aus Bergen. Kjøde stand ab 1928 für den regelmäßigen Schiffsverkehr zwischen Longyearbyen und Norwegen. Nicht weit entfernt steht eine kleine Saunahütte (nicht historisch und leider abgeschlossen).

Die Region war sowohl für Pomoren als auch für norwegische Trapper ein wichtiges Jagdgebiet. Bekannt wurde vor allem **Hilmar Nøis**, der 38 Winter in Spitzbergen verbrachte, 35 davon als Trapper, und dabei so ziemlich überall im Isfjord und an der Nordküste überwinterte, bevor er sich mit dem Haus **Fredheim** im Tempelfjord beim Sassendalen ein gemütliches Heim schuf. Dort lebte Nøis lange zusammen mit seiner Frau Helfrid. Nøis hatte, wie auch andere Trapper, noch eine Reihe kleinerer Hütten, die eher gelegentlich benutzt wurden. Eine dieser Hütten steht am Gipshukodden. 1963 beendete Nøis seine Jägerkarriere.

Am Vindodden steht eine Ansammlung privater Freizeithütten, wo die Eigner aus Longyearbyen in der Motorschlittensaison gerne die Wochenenden verbringen.

6.1.6 ÖSTLICHES DICKSON LAND (SKANSBUKTA, PYRAMIDEN), BILLEFJORD

Allgemein: Das Bünsow-Land östlich des Billefjords, südlich des Nordenskiöldbreen, gehört zum Sassen-Bünsow Land-Nationalpark. Das westliche und südliche Dickson Land (bis einschließlich Skansbukta) ist Teil des Nationalparks Nördlicher Isfjord. Im Eingangsbereich des Billefjord befinden sich die kleinen Inselchen Gåsøyane, die als Vogelschutzgebiet geschützt sind (Annäherungs- und Betretungsverbot 15. Mai bis 15. August). Durch die Nähe zu Longyearbyen und regelmäßige Tagesfahrten nach Pyramiden (siehe 3.7.5 *Bootsausflug nach Pyramiden*) ist das Gebiet recht gut

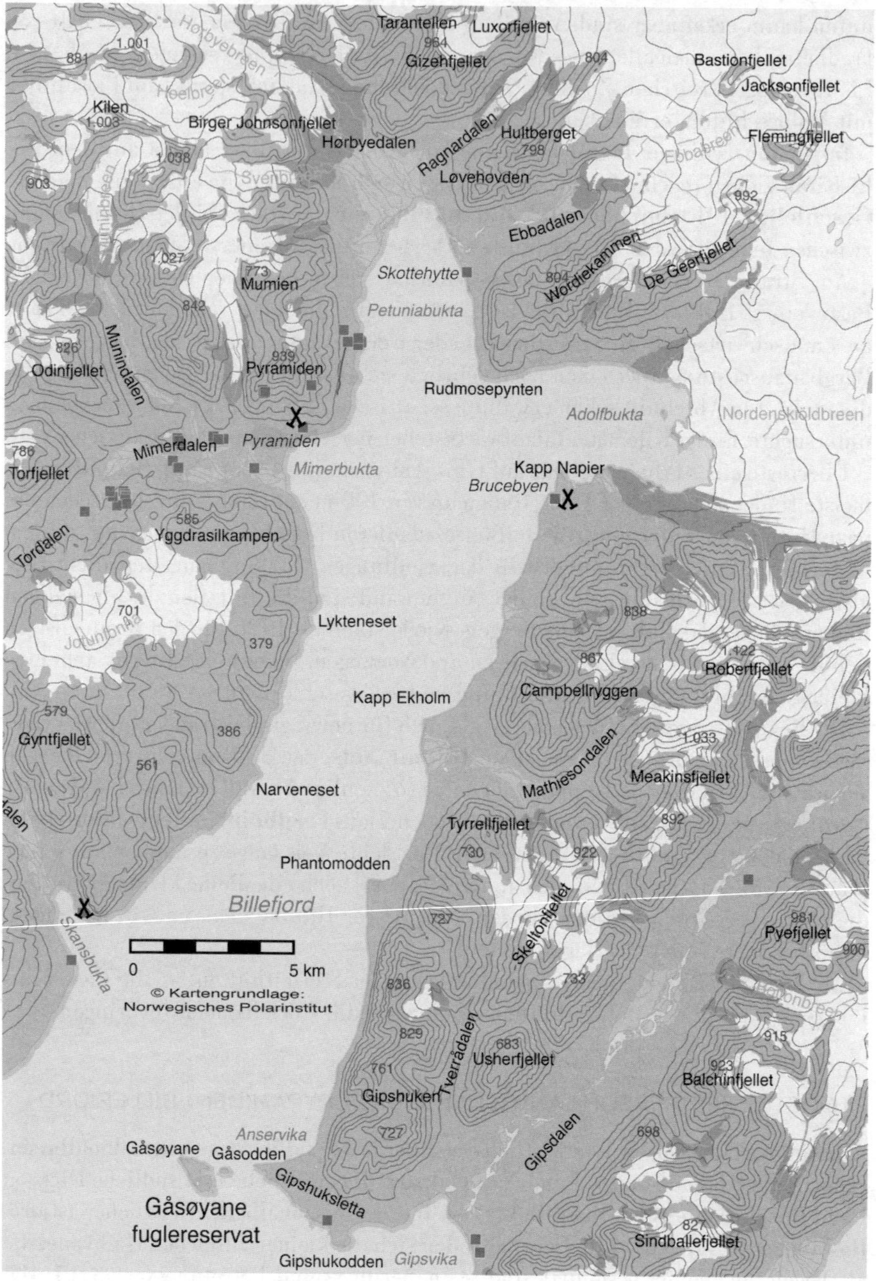

Tarantellen
Luxorfjellet
964
Gizehfjellet
804
Bastionfjellet
Jacksonfjellet
Flemingfjellet
881
1.001
Hørbyebreen
Hoelbreen
Kilen
1.003
Birger Johnsonfjellet
Hørbyedalen
Ragnardalen
Hultberget
798
Løvehovden
Ebbabreen
1.038
903
992
Ebbadalen
Wordiekammen
De Geerfjellet
1.027
773
Mumien
Skottehytte
Petuniabukta
804
842
826
Munindalen
Odinfjellet
939
Pyramiden
Rudmosepynten
Adolfbukta
Nordenskiöldbreen
786
Torfjellet
Mimerdalen
Pyramiden
Mimerbukta
Kapp Napier
Brucebyen
Tordalen
585
Yggdrasilkampen
701
Jotunbreen
379
Lykteneset
838
867
1.122
Robertfjellet
Kapp Ekholm
Campbellryggen
579
Gyntfjellet
386
561
1.033
Mathiesondalen
Meakinsfjellet
Narveneset
Tyrrellfjellet
892
730
922
Phantomodden
Billefjord
Skeltonfjellet
727
981
Pyefjellet
900
Skansbukta
0
5 km
© Kartengrundlage:
Norwegisches Polarinstitut
733
836
829
683
Usherfjellet
915
Tverrådalen
761
923
Balchinfjellet
Gipshuken
Anservika
727
698
Gåsøyane
Gåsodden
Gipsdalen
Gipshuksletta
Gåsøyane
fuglereservat
827
Sindballefjellet
Gipshukodden
Gipsvika

zugänglich und bietet hervorragende, anspruchsvolle Möglichkeiten für mehrtägige Wandertouren (siehe 3.2.5 *Trekkingrouten (2): Dickson Land*).

Auch im Winter ist Pyramiden zugänglich, wenn auch nicht ganz so leicht und weniger zuverlässig (siehe 3.2.10 *Motorschlittentour: Pyramiden*). Der Billefjord und seine Umgebung gehören zu den landschaftlich reizvollsten Gegenden Spitzbergens und sind auch geologisch sehr interessant.

Der Billefjord hat fast keinen Mobilfunkempfang. Schwachen Empfang hat man in Pyramiden in Hafennähe und außen in der Skansbukta, wobei es helfen kann, etwas den Hang hochzugehen.

Ortsnamen: Adolfbukta: siehe Nordenskiöldbreen. **Billefjord**: Cornelius Claeszoon B. (um 1675), holländischer Walfänger. **Brucebyen**: William Spiers B. (1867-1921), schottischer Polarforscher. **Dickson Land**: Oscar D. (1823-97), Förderer schwedischer Polar-Expeditionen. **Hørbyebreen**: Jens Carl H. (1815-1906), norwegischer Naturforscher. **Kapp Fleur de Lys:** Nach der Yacht von Prinz Henry von Bourbon, der 1891 und 1892 Reisen nach Spitzbergen unternahm. **Mimerdalen**: Schwedisches Expeditionsschiff von 1872. **Munindalen**: Munin und Hugin, Odins Raben in der nordischen Mythologie. **Nordenskiöldbreen**: Nils Adolf Erik N. (1832-1901), schwedischer Polarforscher. **Petuniabukta**: Schottisches Expeditionsschiff von 1919. **Pyramiden:** Nach der Form des Berges. **Retrettøya**: „Rückzugsinsel", freigegeben durch den Rückzug des Nordenskiöldbreen. **Skansbukta**: „Schanzenbucht", nach der Form des benachbarten Berges Skansen.

Geologie: Zur Geologie der Westseite des Billefjords siehe auch nächster Abschnitt 6.1.7 *Dicksonfjord, westliches Dickson Land*. Die ältesten Gesteine sind am Nordenskiöldbreen zu finden, wo der Rückzug des Gletschers Uferfelsen und kleine Inselchen (Retrettøya) freigegeben hat. Diese Gesteine reichen über eine Milliarde Jahre in die Erdgeschichte zurück (Mesoproterozoikum) und gehören zu Spitzbergens ältesten.

Durch den Billefjord selbst zieht sich die Billefjorden-Störungszone, die über viele 100 Millionen Jahre hinweg aktiv war und die Blöcke zu beiden Seiten wahrscheinlich einige 100 km gegeneinander versetzt hat. Sowohl der Billefjord als auch der lange, schnurgerade Wijdefjord folgen dieser Schwächezone. Entsprechend sind die geologischen Verhältnisse zu beiden Seiten dieser Fjorde unterschiedlich, zumindest soweit die Gesteine älter sind als die letzten großen Bewegungen der Billefjorden-Störungszone, die wohl ins Oberdevon zu stellen sind (Svalbardische Phase) und ins Karbon; im Perm gleicht sich die Entwicklung der Gesteine zu beiden Seiten dieser Struktur an und in den jüngeren Gesteinen südlich des Sassenfjords verläuft sie sich mehr und mehr unsichtbar im älteren Untergrund.

Nördlich des Billefjords, im Bereich Hørbyebreen-Ålandsvatnet, haben die verschiedenen Zweige der Billefjorden-Störungszone ein deutlich ins Auge fallendes Mosaik aus dunklem Grundgebirgsgestein (Hecla Hoek, vor allem Gneise) und hellen karbonischen Sedimenten geschaffen.

Das untere Perm um den Billefjord enthält neben Sandstein- und Karbonatschichten auch Kohleflöze und Evaporite, weiße und rötliche Gipse/Anhydrite. Diese bunte

Schichtfolge fällt rund um die Adolfbukta und am Hoglandvatnet (Trikolorfjellet) reizvoll ins Auge; das große Gipsdalen verdankt ihr seinen Namen. Der „Gips" wurde in der Skansbukta abgebaut, die Evaporitschichten sind am Kapp Fleur de Lys am Ausgang der Skansbukta sehr schön aufgeschlossen (Steinschlaggefahr).

Es gibt vielerorts Fossilien aus diversen Erdzeitaltern. Ihr hohes Alter macht Abdrücke von Schuppenbäumen aus dem Devon im Munindalen zu einer Besonderheit (siehe 3.2.5 *Trekkingrouten (2): Dickson Land*). Bei Pyramiden kann man schöne Fossilien von Schuppenbäumen aus jüngeren Zeiten (Karbon) finden. Die flachmarine Lebewelt des Perm ist unter anderem in Form gut erhaltener Brachiopoden überliefert.

Auch quartärgeologisch gibt es Interesssanes zu sehen: Die gute Löslichkeit der Evaporite hat im unteren Mathiesondalen zur Bildung von Dolinen und durch Ausfallen der gelösten Minerale lokal zur Verfestigung junger Flussablagerungen und Moränen (nördlich des Hørbyebreen, Mathiesondalen, Gipsdalen) geführt. Sehr schöne Strandwallserien gibt es vor allem bei Brucebyen und im Gipsdalen.

Im Randbereich des Nordenskiöldbreen zeugen große Moränenlandschaften vom kräftigen Rückgang des Gletschers in den letzten Jahrzehnten.

Landschaft: Sehr schön, abwechslungsreich und charakteristisch. Dazu trägt vor allem die Geologie mit den unterschiedlichen Farben, Widerstandsfähigkeiten und Strukturen der Gesteine bei sowie die Vergletscherung. Während das Dickson Land und das Bünsow Land nur schwach vergletschert sind und große, eisfreie Täler zu bieten haben, schließt sich direkt nordöstlich an den Billefjord das sehr stark vergletscherte Olav V Land an, das seine eisigen Grüße in Form des großen Nordenskiöldbreen schickt. Dieser dominiert landschaftlich die Adolfbukta und ist in Kombination mit Pyramiden regelmäßiges Ziel von Tagesausflugsbooten aus Longyearbyen. Der bis zu 600 m dicke Gletscher wälzt sich pro Jahr etwa 50 m vorwärts.

Beeindruckende Steilwände in harten Schichten des Karbon und Perm türmen sich zu beiden Seiten des Billefjord auf. Überall gibt es schöne Steilklippen, die von der Erosion in gleichmäßige, senkrechte Türme zerschnitten wurden. Im nördlichen Dickson Land gibt es charakteristische Berge wie Pyramiden (935 m). Um die Petuniabukta, den nördlichsten Teil des Billefjords, herum stehen wieder auf eigene Art typische Berge mit Steilstufen in den oberen Hangbereichen, die teilweise durch Tektonik bedingte, elegante Kurven bilden. Stellenweise hat die Erosion in diesen harten Schichten durch Zufall spektakuläre Kunstwerke geschaffen, wie die riesige Steinspinne Tarantellen in 750 m Höhe nördlich der Petuniabukta.

Flora und Fauna: Um den Billefjord gibt es schöne Tundragebiete, dank der geschützten Fjordlage und dem geologischen Untergrund. In der Petuniabukta blüht im August der gelbe Fetthennensteinbrech. Die im Juli kräftig lila blühende Nördliche Himmelsleiter in der Skansbukta ist ein botanischer Höhepunkt.

An den steilen Klippen rund um den Billefjord, z.B. in der Skansbukta, gibt es überall kleine und mittelgroße Seevogelkolonien. Hier sind vor allem Dickschnabellummen, Dreizehenmöwen und Eissturmvögel zu Hause, aber auch die selteneren Papageitaucher, die man dort zumindest im Vorbeiflug immer wieder sehen kann.

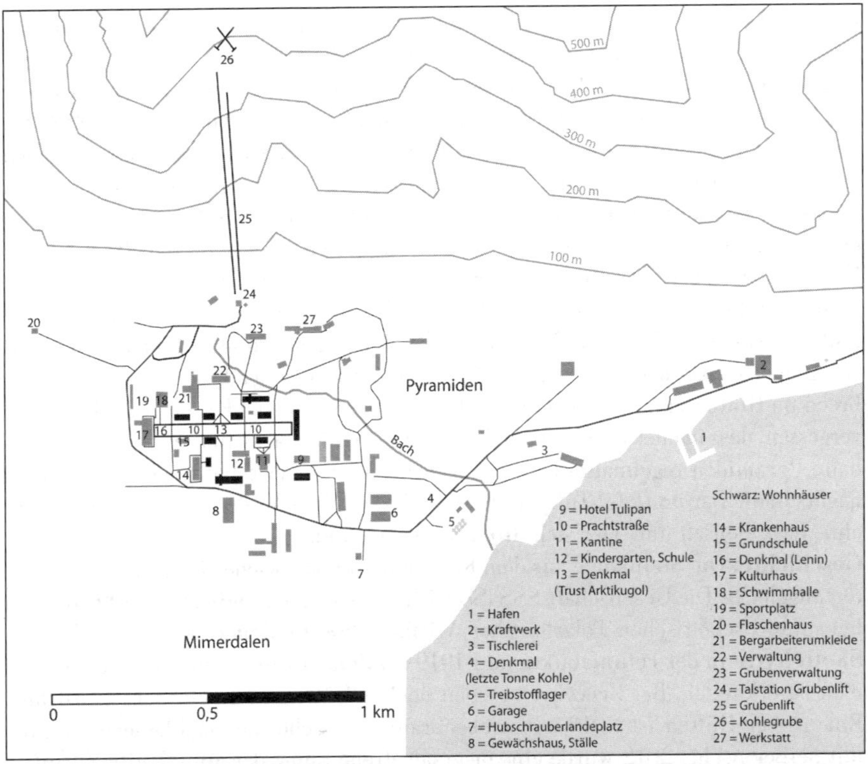

Von der zweiköpfigen Wachmannschaft in Pyramiden wurden während des Winters 1919-20 nicht weniger als 18 Eisbären und 212 Eisfüchse gefangen. Eisfüchse sind in Pyramiden häufig zu sehen. Seit etwa 2012 werden im Billefjord auch regelmäßig Eisbären gesehen. Es sieht so aus, als hätten 1 oder 2 Eisbären sich dort niedergelassen, darunter ein Weibchen, das auch schon Nachwuchs zur Welt gebracht hat.

Pyramiden: 1910 nahm der Schwede **Bertil Högbom** das Gebiet in Besitz, um die Kohlevorkommen abzubauen, und 1911 ging es mit den Vorbereitungen für den Bergbau los. Der wirtschaftliche Erfolg hielt sich in Grenzen, so dass das Gelände 1926 an Russland verkauft wurde. 1931 übernahm die staatseigene Firma Trust Arktikugol alle russischen Liegenschaften auf Spitzbergen. Zusammen mit den anderen Siedlungen wurde Pyramiden 1941 evakuiert, blieb aber als einziger Ort von Zerstörungen verschont, so dass der Bergbau 1946 relativ schnell wieder aufgenommen werden konnte. 1989 wohnten 715 Männer, 228 Frauen und 71 Kinder in Pyramiden; im gleichen Jahr wurde als Folge von Glasnost ein Hotel eröffnet.

1998 wurde Pyramiden aufgegeben. Durch Frostsprengung und den Fluss, der sich seinen Weg in das Gelände des Ortes bahnt, ging der Verfall zunächst schnell vor sich. Gleichzeitig wurde kontinuierlich aufgeräumt und Schrott ausgeschifft, 2010 wurde auch ein Projekt zur Entfernung PCB-haltiger Elektrobauteile abgeschlossen.

Eine kleine Mannschaft ist für Bewachung, Betrieb und Aufräumarbeiten vor Ort. Das Hotel *Tulipan* (Tulpe) wurde im März 2013 wieder eröffnet und bietet Besuchern eine Übernachtungsmöglichkeit, eine Bar und ein paar Souvenirs. Doppelzimmer ab 1000 NOK, Frühstück 150 NOK, Mittagessen 250 NOK, Abendessen 200 NOK, nur Barzahlung (auch Euro, schlechter Wechselkurs). Übernachten kann man auch im Containerhotel („Gästehaus Brücke") am Hafen (nur saisonal, ab 300 NOK). Ein russischer Guide steht für Führungen bereit, wobei man auch die Möglichkeit hat, ein paar der sonst abgeschlossenen Gebäude zu betreten. Das große Kulturhaus mit Konzertsaal, Sporthalle, Bibliothek etc. ist wirklich ein Erlebnis.

Die Kombination aus einer verfallenden Geisterstadt sowjetischer Architektur und der arktischen Landschaft ist faszinierend. Die Umgebung ist sehr reizvoll, und verfallende Gebäude und Anlagen mit dem Pyramiden-Berg oder dem Nordenskiöldbreen im Hintergrund ergeben viele interessante Fotomöglichkeiten. Man darf nicht vergessen, dass in oder hinter jedem Haus ein Eisbär Mittagsschlaf halten kann. 2014 hatte Pyramiden regelmäßig Eisbärenbesuch, im Oktober schaffte ein Bär es sogar nachts in die Bar im Hotel Tulipan. Wirklich! Nach einer Weile verzog er sich wieder, ohne dass Mensch und Tier sich direkt begegnet sind.

Geschichte: Die Steinkohle aus dem Karbon hat immer wieder Bergbaugesellschaften angelockt. Die Gesellschaft SSS (Scottish Spitsbergen Syndicate), 1909 von dem bekannten schottischen Polarforscher **William Speirs Bruce** gegründet, hat die **Skottehytte** in der Petuniabukta und 1919-20 **Brucebyen** gebaut, um die Vorkommen zu erkunden. Bei Brucebyen stehen noch 4 Hütten sowie ein Schienenstrang. Eine dieser Hütten ist 2010 leider abgebrannt, Ursache war nachlässiger Umgang mit heißer Asche. 2012 wurde eine originalgetreue Kopie der alten Hütte gebaut.

Nicht nur die Steinkohlevorkommen, sondern auch die Evaporitschichten aus dem unteren Perm haben die Bergbau-Enthusiasten in Hoffnung versetzt. In der **Skansbukta** sieht man noch die malerischen Reste eines Abbauversuchs der Dalen Portland Cement Works von 1918. Die Mine wurde in den 1930ern kurzfristig wiederbelebt, aber Bergbau ist dort nie in nennenswertem Umfang betrieben worden. Die Überbleibsel in der Skansbukta stammen weitgehend aus der jüngeren Phase in den 1930ern. Zu sehen sind noch der Stolleneingang, ein schön verdrehter Schienenstrang, Fundamente von Gebäuden, eine Hütte und ein Schiffswrack, mit dem Gips zu einem größeren, vor Anker liegenden Schiff transportiert werden sollte.

Einige dieser Überreste, vor allem der Schienenstrang, haben bereits Trittschäden davongetragen. Besucher sollten sich an die Denkmalschutzgesetze halten und dazu beitragen, diesen Zustand nicht unnötig zu verschlimmern.

6.1.7 DICKSONFJORD, WESTLICHES DICKSON LAND

Allgemein: Das Gebiet gehört zum Nationalpark Nördlicher Isfjord und besticht durch schöne Landschaft und gute Wandermöglichkeiten im Dickson Land (siehe 3.2.5 *Trekkingrouten (2): Dickson Land*).

Ortsnamen: Dickson Land, -fjord: Oscar D. (1823-97), Förderer schwedischer Polar-

Expeditionen. **Fiskefjellet:** „Fischberg", nach devonischen Fossilien. **Hugindalen:** Hugin und Munin, Odins Raben in der nordischen Mythologie. **Kapp Thordsen**: nach Nordenskiölds Expeditionsschiff von 1864 **Lykta:** „Laterne", nach der Form der Spitze. **Nathorstdalen**: Alfred Gabriel N. (1850-1921), schwedischer Geologe und Polarforscher. **Sauriedalen**: nach Fossilienfunden aus der Trias. **Triungen**: Tri = 3, Berg mit Gipfeln.

Geologie: Um den nördlichen Dicksonfjord herum steht das Old Red an und verleiht der Landschaft ihre unverwechselbaren, rotbraunen Farben. Auf den Bergspitzen (Triungen, Lykta, Pyramiden etc.) lagern charakteristische, pyramidenartige Steilstufen aus harten Karbonaten des Karbons. Das devonische Old Red und die auflagernden karbonischen Sedimente sind voneinander durch eine Winkeldiskordanz getrennt, einer mit einer Verstellung einhergehenden Schichtlücke. Diese zeugt von der Svalbardischen Phase, tektonischen Bewegungen im obersten Oberdevon.

Etwas weiter südlich kommen das Karbon und die harten Karbonate des Perm bis auf Meereshöhe herab. Im südlichen Dickson Land schließlich verschwinden sie unter dem Meersspiegel, hier findet man Trias-Schichten und stellenweise basaltische Intrusivgesteine. In der Trias im südlichen Dickson Land wurden Fossilienfunde gemacht, unter anderem 2006 Skelettreste von Dinosauriern.

Landschaft: Das Dickson Land sowie das nördlich anschließende Andrée Land gehört zu den am schwächsten vergletscherten Regionen Spitzbergens, da die weiter westlich und östlich liegenden hohen Landmassen die zentral gelegenen Bereiche vom Niederschlag abschirmen.

Jede geologische Einheit bringt ihre eigenen landschaftlichen Charakteristika mit sich. Die Trias im Süden prägt weiche, weitläufige Landschaften mit reicher Tundra. Die harten Karbonate aus Perm und Karbon im mittleren Dickson Land zwischen Skansbukta und Lyckholmdalen bilden spektakuläre, von Erosion in regelmäßige Türme zerschnittene, steile Hänge, canyonartige Täler und Wasserfälle. Im relativ weichen Old Red-Gestein im Norden (Munindalen-Nathorstalen) konnten sich wiederum runden Hangformen und große, offene Täler mit weiten Talsohlen und vielfach verzweigten Schmelzwasserflüssen ausbilden. Die Gipfelbereiche bestehen dort oft aus harten Überbleibseln karbonischer Sedimente, die gestufte Steilklippen bilden. Das Ergebnis sind charakteristische Berge (Fiskefjellet/Lykta, Triungen sowie weiter östlich Pyramiden), die zwar weniger als 1 000 m hoch sind, den Zugang auf die Gipfel durch die Steilstufen aber doch recht hartnäckig verweigern. Zum Felsklettern sind die Sedimente auch wieder nicht hart genug.

Flora und Fauna: Hier, in den geschützten und klimatisch relativ günstigen Verzweigungen im inneren Isfjord, findet man eine reiche Tundra mit weiten Flächen, auf denen als Charakterpflanzen das Vierkantige Heidekraut und die Silberwurz blühen. Insbesondere die Trias im südlichen Dickson Land begünstigt eine dichte, weiche, mitunter nasse Pflanzendecke. Faunistisch ist die Gegend eher unauffällig, aber an warmen, windstillen Sommertagen kann es Mücken geben.

Geschichte: Auf der Westseite des Dicksonfjord finden sich am **Kapp Smith** Reste

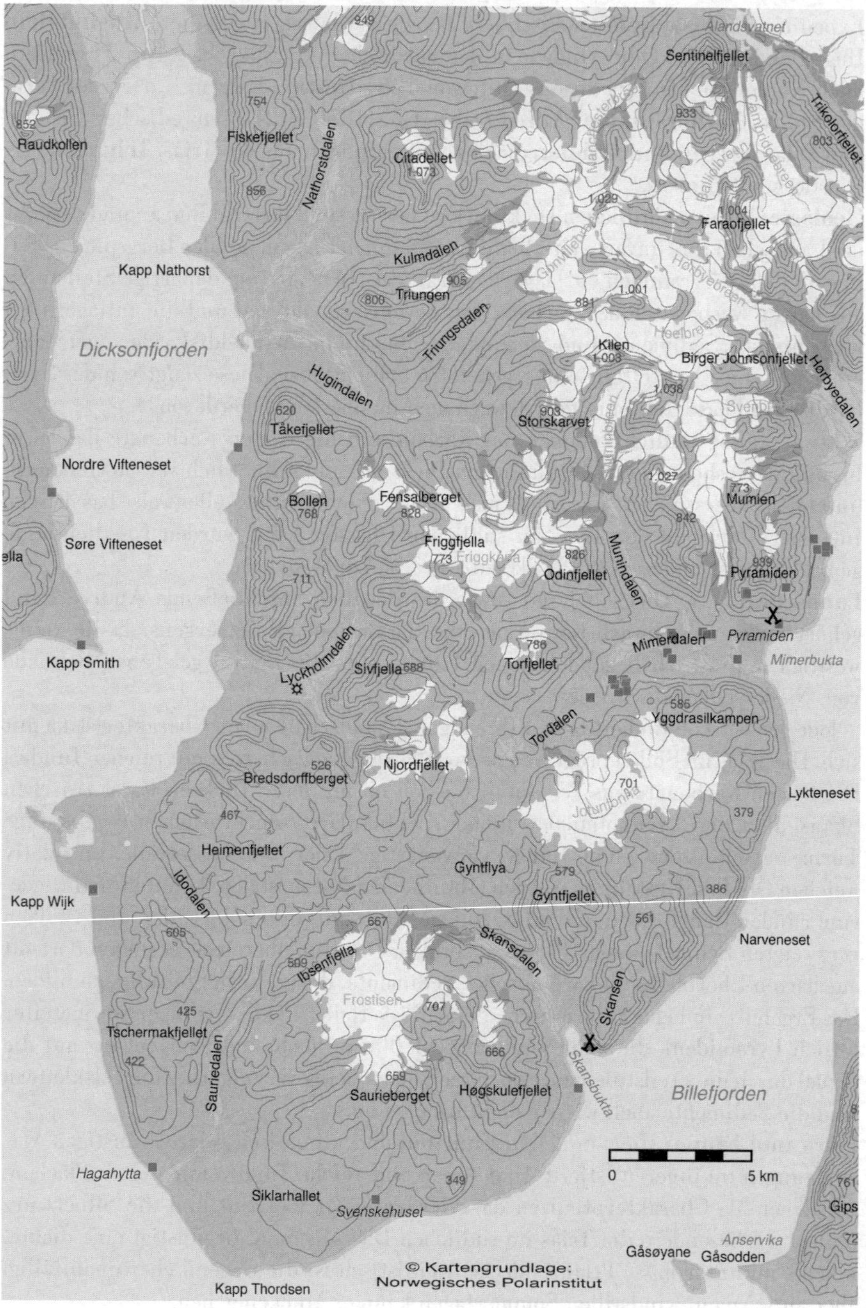
Sentinelfjellet
Trikolorfjellet
Raudkollen
Fiskefjellet
Nathorstdalen
Citadellet
1.073
Faraofjellet
Kulmdalen
Triungen
Kapp Nathorst
Triungsdalen
Dicksonfjorden
Kilen
Birger Johnsonfjellet
Hørbyedalen
Hugindalen
Tåkefjellet
Storskarvet
Nordre Vifteneset
Bollen
Fensalberget
Mumien
Søre Vifteneset
Friggfjella
Munindalen
Odinfjellet
Pyramiden
Kapp Smith
Lyckholmdalen
Sivfjella
Torfjellet
Mimerdalen
Mimerbukta
Tordalen
Yggdrasilkampen
Njordfjellet
Bredsdorffberget
Lykteneset
Heimenfjellet
Gyntflya
Gyntfjellet
Kapp Wijk
Idodalen
Skansdalen
Narveneset
Ibsenfjella
Frostisen
Skansen
Tschermakfjellet
Sauriedalen
Skansbukta
Saurieberget
Høgskulefjellet
Billefjorden
0
5 km
Hagahytta
Siklarhallet
Svenskehuset
Anservika
Gåsøyane
Gåsodden
Kapp Thordsen
© Kartengrundlage:
Norwegisches Polarinstitut

einer Pomoren-Jagdstation. 1936 machte Norwegen erstmals systematische Luftaufnahmen von großen Teilen Spitzbergens und baute zu diesem Zweck ein paar Hütten inklusive Radiostation und Dunkelkammer am Kapp Smith, die später von norwegischen Trappern „recycelt" wurden. An die Aktivitäten von 1936 erinnert noch ein kleines Denkmal, das die Flugpioniere sich gleich selbst gesetzt haben.

Auf der Ostseite des Dicksonfjords gibt es mehrere norwegische Trapperhütten, unter anderem die traditionsreiche Station am **Kapp Wijk**, die in den 1930er Jahren von **Arthur Oxaas** errichtet wurde, welcher sie unter dem Einfluss seiner schließlich mit ihm überwinternden Frau von einer primitiven Hütte in ein gemütliches Heim verwandelte. Nachdem die beiden nach dem Zweiten Weltkrieg feststellten, dass das Leben in der Arktis nicht mehr das Richtige für sie war, machte Oxaas in Tromsø als Würstchenverkäufer und stadtbekannter Geschichtenerzähler Karriere.

Der geschichtsträchtigste Ort findet sich östlich von **Kapp Thordsen**, ganz im Süden des Dickson Landes. Der bekannte schwedische Polarforscher und Geologe Adolf Erik Nordenskiöld hatte in den Trias-Schichten Koprolith (versteinerte Dinosaurierköttel) entdeckt und ließ 1872 ein großes Haus errichten („**Svenskehuset**", Schwedenhaus), um das Vorkommen zu untersuchen und wirtschaftlich als Rohstoff für Düngemittel zu nutzen, was jedoch nie geschah. Das Haus bot aber 17 norwegischen Seeleuten Zuflucht, deren Schiff im Spätsommer 1872 an der Nordküste Spitzbergens im Eis eingeschlossen wurde. Obwohl das Haus gut mit Vorräten, Werkzeug etc. ausgestattet war, starben alle im Laufe des folgenden Winters. 2 wurden bereits im Januar 1873 begraben, die übrigen wurden im Frühsommer in einem Massengrab beim Haus beigesetzt, auf dem noch heute das alte Holzkreuz steht. Seitdem heißt das Svenskehuset auch „Spøkelseshuset" (Gespensterhaus), aber die Mitternachtsonne nimmt der Geisterstunde im Sommer weitgehend den Schrecken. Näheres zur Todesursache der 17 unglücklichen Überwinterer von 1872-73 haben Ausgrabungen im Sommer 2008 erbracht. Eine Vergiftung mit Blei, das zum Verlöten der Konservendosen verwendet worden war, hat demnach eine entscheidende Rolle gespielt. Früher wurde als Todesursache Skorbut angenommen.

Davon ließen sich schwedische Forscher nicht schrecken, die 1882-83 im Rahmen des ersten internationalen Polarjahrs dort überwinterten (der ursprünglich vorgesehene Überwinterungsort Mosselbukta war wegen der Eisverhältnisse nicht erreichbar). Unter den Teilnehmern befand sich der später auf tragische Art berühmt gewordene Salomon August Andrée, dem schon dieses für ihn erste Arktis-Abenteuer nicht allzu viel Spaß gemacht haben soll. Um von der ansonsten östlich des Kapp Thordsen überwiegend unzugänglichen Steilküste hoch zum Svenskehuset zu gelangen, muss man den steilen Hang eines kräftig eingeschnittenen Tälchens hochkrabbeln und dann einen knappen Kilometer über weiche Tundra gehen.

Sonstiges: Am **Kapp Wijk** befindet sich eine Trapperstation, die seit Jahrzehnten permanent bewohnt ist. Der Bewohner weiß seine Ruhe seit über 4 Jahrzehnten zu schätzen, die Umgebung der Station sollte man als Privatgelände betrachten und nur mit Einladung betreten.

6.1.8 EKMANFJORD, CORAHOLMEN, FLINTHOLMEN

Allgemein: Der landschaftlich schöne und geologisch interessante Ekmanfjord gehört zum Nationalpark Nördlicher Isfjord.

Ortsnamen: Coraholmen: *Productus cora*, in Spitzbergen häufiges Fossil in Karbon-Sedimenten. **Ekmanfjord:** Johan Oscar E. (1812-1907), schwedischer Geschäftsmann und Sponsor von Polar-Expeditionen. **Flintholmen**: Flint = Feuerstein. **Sefströmbreen:** Nils Gabriel S. (1787-1845), schwedischer Geologe.

Geologie: Es gibt Einiges zu sehen. Im Gegensatz zu weiter westlich gelegenen Regionen liegen die Schichten hier überwiegend flach, da die Tektonik vor und während der Atlantiköffnung in der Kreide und im Alttertiär sich hier, in größerer Distanz zur Westküste, nicht mehr so stark bemerkbar macht. Die ältesten Schichten gehören zum devonischen Old Red, das seinem Namen hier farblich alle Ehre macht, und finden sich in den unteren Hangbereichen der Berge nördlich und östlich von Coraholmen. Die durch Eisenoxid (Hämatit) verursachten Farben der Sandsteine und Konglomerate des Old Red sind für die Färbung von Schmelzwassermassen und Moränen der Gletscher verantwortlich.

Auf allen Seiten des inneren Ekmanfjord stehen Schichten des oberen Karbon und unteren Perm mit diversen Sandsteinen, Karbonaten und weißen Evaporiten an. Die oberen Hangbereiche bestehen aus den weit verbreiteten, harten und fossilreichen Schichten des Perms. Die Berge werden stellenweise von harten Basaltschichten gekrönt (Kapitol).

Die jüngsten Sedimente wurden in der Trias und im Unterjura abgelagert und finden sich westlich des Eingangsbereichs zum Ekmanfjord (Bertilryggen). Die Quartärgeologie („Eiszeitdreck") ist vor allem auf den Inseln Coraholmen und Flintholmen sehenswert.

Landschaft: Das Old Red bringt rotbraune Farbe in die Landschaft und die jüngeren Schichten weitere, deutlich sichtbare Kontraste. Die aus charakteristischen, horizontalen Karbon- und Permschichten bestehenden Hänge der markanten Berge Kolosseum (655 m) und Kapitol (857 m) sind durch Erosion in gleichmäßige, senkrechte, turmartige Vorsprünge zerschnitten.

Die landschaftlichen Höhepunkte sind die Inseln Flintholmen und Coraholmen. Diese bestehen auf ihrer Süd- bzw. Ostseite aus grüner Tundra auf flachen Strandwällen. Auf der jeweils anderen Seite findet man eine chaotische Moränenlandschaft, die ein Vorstoß des heute unauffälligen Sefströmgletschers hinterlassen hat, mit mondlandschaftsartigen Hügeln und vielen kleinen Seen und Matschlöchern. Da die Gletscher hier Strandwälle aus ehemaligen Old Red-Schichten zusammengeschoben haben, ist die Farbe warm braunrot und es finden sich neben alten Fossilien auch junge, „nur" wenige 1 000 Jahre alte Muscheln, die oft eine auffällige, weißlich-bucklige Kruste aus koloniebildenden Kalkalgen haben. Diese leben auch heute noch in den umliegenden Gewässern und sind keine fossilen Korallen.

Während der Sefströmbreen sich heute weitgehend hinter einer ausgedehnten Moränenlandschaft versteckt, haben auf der Westseite des Ekmanfjord mit Sveabreen und Wahlenbergbreen zwei nicht allzu groß, aber sehr schöne Gletscher ihre

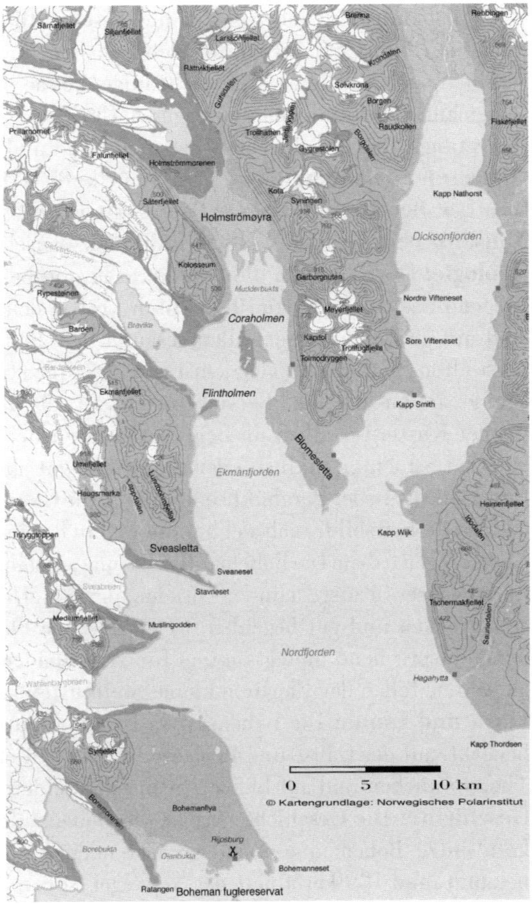

Abbruchkanten, die kräftig zerklüftet und von schönen Bergen eingerahmt sind.

Flora und Fauna: Auf Coraholmen und Flintholmen findet man außerhalb der Moränenbereiche schöne Tundra mit der entsprechenden Vogelwelt (Küstenseeschwalben, Gänse - Abstand halten!). Stellenweise gibt es kleine (20-30 cm hoch) Bülten, also Hügelchen aus Torf und Tundravegetation, deren untere Torfschichten etliche 1 000 Jahre alt sind.

An warmen, windstillen Sommertagen kann es eine weitere, faunistische Besonderheit geben in Form einer - für regionale Verhältnisse - wahren Mückenplage.

Geschichte: Auf der Ostseite des Fjords liegen Überreste von Pomoren-Stationen und Hütten norwegischer Trapper, teilweise noch in Verwendung.

6.1.9 BOREBUKTA, BOHEMANFLYA

Allgemein: Die Borebukta hat zwei schöne Gletscher aufzuweisen und wird gelegentlich auf abendlichen Ausfahrten mit Tagestourenbooten angelaufen. Auf der Bohemanflya machen weiträumig flache Gewässer Anlandungen schwierig, insbesondere bei den Hütten auf der Südseite (Rijpsburg, siehe Geschichte). Dort sollte man nur bei ruhiger See und nicht bei Ebbe an Land gehen. Auf der Ostseite der Landspitze Bohemanneset gibt es einen kleinen Strand, wo es einfacher ist, was die Wassertiefen angeht.

Es gibt einiges zu sehen, nicht nur geschichtlich, sondern auch die Landschaft und die Tundra mit ihrem Vogelleben haben ihre Reize. Das Gebiet gehört zum Nationalpark Nördlicher Isfjord. Einige kleine Inselchen auf der Südseite der Bohemanflya mitsamt den umliegenden Gewässern sind als Vogelreservate geschützt (Betretungs- und Annäherungsverbot zu Land und Wasser 15. Mai bis 15. August).
Ortsnamen: Bohemanflya: Carl Henrik B. (1796-1868), schwedischer Wissenschaftler. **Borebreen, -bukta:** Boreas, altgriechischer Gott des kalten Nordwindes. **Nansenbreen:** Fridtjof N. (1861-1930), norwegischer Polarforscher.
Geologie: Die Berge um die Borebukta herum bestehen aus Sedimentgestein, vorwiegend aus der Trias und tektonisch kräftig deformiert. Die Ufer der Borebukta sind mit großen Moränenwällen gesäumt. Die Bohemanflya besteht aus tektonisch verstellten Sedimenten aus dem Erdmittelalter (Trias bis Unterkreide). Die Unterkreide, die im südlichen Bereich ansteht, ist flözführend (= enthält Kohleschichten). An der Küste, vor allem im Bereich des alten Bergwerks sowie am Bohemanneset, sind die Schichten inklusive der Steinkohle gut aufgeschlossen.
Landschaft: In der Borebukta dominieren die Gletscher Borebreen und Nansenbreen das Landschaftsbild, auch wenn diese sich in der jüngeren Vergangenheit kräftig zurückgezogen haben. Die Bohemanflya ist eine weitläufige, flache Tundraebene, die sich unter Wasser in ausgedehnten Untiefen fortsetzt. Die etwas höher liegenden Bereiche sind trocken und gut begehbar, tiefer gelegene Flächen sind teilweise großräumig nass, entsprechend unwegsam und für Trittschäden empfindlich. Die Brandung hat an weiten Teilen der Uferlinie kleine Steilküsten geschaffen.
Flora und Fauna: Die Bohemanflya ist auf weiten Flächen von Tundravegetation bedeckt, auf der Gänse und Rentiere futtern. Mit etwas Glück können sich am Ufer Thorshühnchen und auf kleinen Seen Prachteiderenten zeigen.
Geschichte: Die Geschichte macht die Bohemanflya interessant. Die westlich der Landspitze Bohemanneset zutage tretenden Kohleschichten waren schon länger bekannt, und 1899 eröffnete der Norweger **Søren Zachariassen** dort den kommerziellen Bergbau auf Spitzbergen, indem er 90 Tonnen Kohle zu dem Zweck an Bord nahm, sie in Norwegen zu verkaufen. Im folgenden Jahr baute Zachariassen ein Haus für 16 Personen, zu weiteren Bergbautätigkeiten kam es aber zunächst nicht. In dieser Hütte überwinterten 1907-08 **Hjalmar Johansen**, der zusammen mit Fridtjof Nansen 1895-96 in Franz Josef Land überwintert hatte, und der deutsche Journalist **Theodor Lerner**, um im Frühjahr zu einer wenig erfolgreichen Entdeckungsreise nach Norden aufzubrechen.

1920 wurde das Gelände von den Norwegern an die holländische Bergbaugesellschaft NeSpiCo verkauft, die 1920-21 Probebergbau in der **Rijpsburg** genannten Grube betrieb. Zunächst ließ die NeSpiCo die Anlagen 1921 und 1922 von dem berühmten norwegischen Jäger Hilmar Nøis bewachen, der während des Winters zusammen mit seiner Frau Ellen Dorothea und einem Jagdgefährten (Leonhard Sørensen) im Sassenfjord der Jagd nachging, im April 1921 aber zum Bohemanneset umzog. Dort kam vermutlich am 11. Juni 1921 Johannes Kaps Nøis als Sohn von Ellen und Hilmar

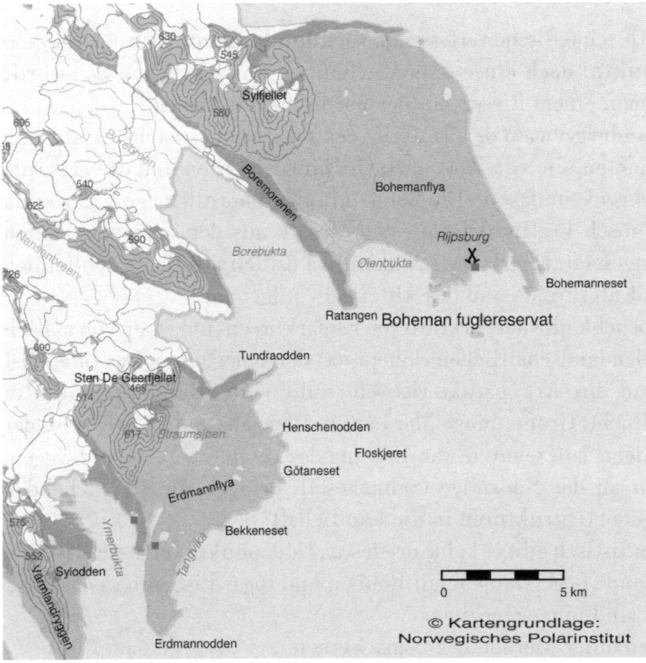

zur Welt. Dem kleinen Johannes bekam die Geburt in der Arktis besser als seiner Mutter, die sich bald darauf von Hilmar trennte. (Möglicherweise kam Johannes in der alten Hütte Danielsbu bei Fredheim im Sassenfjord zur Welt, da stimmen die Quellen nicht überein).

1922 riss die NeSpiCo die meisten Gebäude wieder ab und verlegte sie in ihre zweite Mine Barentsburg, nur das alte norwegische Gebäude blieb stehen. Sowohl Rijpsburg/Bohemanneset als auch Barentsburg wurden 1932 an Russland verkauft.

Die norwegische Hütte von 1900 ist noch in gutem Zustand, von mehreren umliegenden Gebäuden sind verfallende Reste zu sehen. Überall in der mittleren Umgebung finden sich diverse Überreste wie ein Brunnen, Schächte, Annexionsschilder und mindestens ein Grab (nähere Geschichte unbekannt). 1925-26 überwinterte noch einmal ein Trapper in Rijpsburg, der Norweger **Arne Olsen**, der nach einer einsamen Überwinterung im April 1926 die tragische Ehre hatte, als letzter auf Spitzbergen an Skorbut zu sterben. Sein Grab ist auf dem Friedhof in Longyearbyen.

6.1.10 YMERBUKTA

Allgemein: Der Esmarkbreen in der Ymerbukta ist im Sommer häufig das Ziel von Tagesausflügen mit kleinen Schiffen von Longyearbyen aus, in Kombination mit einem Besuch in Barentsburg (siehe 3.7.5. *Bootsausflug nach Barentsburg*). Die Ymerbukta gehört zum Nationalpark Nördlicher Isfjord.
Ortsnamen: Erdmannflya: vermutlich nach Axel Joachim E. (1814-69), schwedischer Mineraloge. Esmarkbreen: Jens E. (1763-1839), norwegischer Mineraloge. **Selmaneset:**

S. Lagerlöf (1858-1940), schwedische Verfasserin. **Vermlandryggen:** Nach einer Region in Schweden. **Ymerbukta:** nach einer schwedischen wissenschaftlichen Zeitschrift und indirekt nach Ymer, einem Riesen aus der nordischen Mythologie.

Geologie: Der Vermlandryggen auf der Westseite der Ymerbukta besteht aus steilstehenden Sedimentschichten, die von West nach Ost jünger werden und die Zeit vom Perm bis in die Unterkreide umfassen. Die Berge im Inland nördlich der Ymerbukta sind aus einem tektonisch kräftig deformierten Mosaik aus dem gleichen, weiten Zeitfenster zusammengesetzt. Die flache Erdmannflya östlich der Bucht schließlich ist aus Gesteinen der Unterkreide und des Alttertiärs aufgebaut.

Landschaft: Die Abbruchkante des zerklüfteten Esmarkbreen, umgeben von malerischen Bergen, bildet den landschaftlichen Höhepunkt der Ymerbukta. Das Inland ist stark vergletschert. Auf ihre Art charakteristisch ist die weite, flache Erdmannflya auf der Ostseite der Bucht. Große, junge Moränen in Ufernähe zeigen, wie groß der Esmarkbreen vor einigen Jahrzehnten war. Entlang des gesamten Vermlandryggen, aber besonders schön an der Südspitze (Selmaneset), bringen die steilstehenden Permschichten sehr schöne Strukturen in die Landschaft.

Flora und Fauna: Faunistisch gibt es keine ortsfesten Höhepunkte von touristischem Interesse, aber spannende Begegnungen mit Robben und sogar Eisbären in der Nähe von Gletscherfronten sind immer möglich.

Geschichte: Im Bereich der Moräne des Esmarkbreen auf der Ostseite der Ymerbukta gibt es Überreste einer Jagdstation der Pomoren. Die Hütten auf der Erdmannflya sind ebenfalls russisch, aber deutlich jüngeren Datums, sie dienten Geologen als Unterkunft.

6.1.11 ALKHORNET, TRYGGHAMNA

Allgemein: Der Berg Alkhornet liegt am Eingang des kleinen Fjords Trygghamna. Trygghamna ist so etwas wie „Spitzbergen in einer Nussschale", denn von dem, was Besucher in die Arktis lockt, ist vieles zu sehen: Schöne Berge und Gletscher, reiche, weite Tundra, Rentiere und Eisfüchse, ein Vogelfelsen und historische Relikte aus verschiedenen Epochen. Das Gebiet gehört zum Nationalpark Nördlicher Isfjord.

Ortsnamen: Alkhornet: bezieht sich auf die hornartige Form des Berges und seine Bewohner, die Alkenvögel. **Kjerulfbreen**: Theodor K. (1825-88), norwegischer Geologe. **Trygghamna:** „sicherer Hafen", die gut geschützte Bucht war schon den Walfängern des 17. Jahrhunderts bekannt (früher: englisch „Safe harbour" oder holländisch „Behouden haven").**Vermlandryggen**: nach einer Provinz in Schweden.

Geologie: Auf der Westseite der Bucht metamorphes Grundgebirgsgestein: Schiefer, Phyllite und Quarzite, stark deformiert und gestört und mitunter von auffälligen, hellen Gängen durchzogen. Im Gegensatz dazu besteht die Ostseite von Trygghamna aus harten, steil stehenden, fossilreichen Sedimentschichten aus dem jungen Erdaltertum (Perm) sowie, zur benachbarten Ymerbukta hin, dem Erdmittelalter (Trias). Die Gegend wurde während der Atlantiköffnung in der Oberkreide und im Alttertiär kräftig tektonisch deformiert; die steilstehenden, harten Sedimentschichten aus dem Perm sind vor allem am Südende des Vermlandryggen sehr schön sichtbar.

Landschaft: Die Landschaft ist abwechslungsreich. Trygghamna ist auf allen Seiten von steilen, markanten Bergen umgeben und kann im Inneren mit mehreren Gletschern aufwarten. Das nördliche Inland ist gebirgig und stark vergletschert. Westlich des Alkhornet erstreckt sich die weite, offene Tundra der Außenküste. Direkt unterhalb des Alkhornet finden sich sehr gut entwickelteEiskeilnetzen.

Flora und Fauna: Wie der Name schon sagt, bietet das Alkhornet einer großen Seevogelkolonie ein Zuhause: Dort brüten mehrere 10 000 Paare Dreizehenmöwen und Dickschnabellummen. Dank der reichen Düngung durch den Vogelfelsen liegt unter dem Alkhornet eine sehr grüne Tundra mit kräftiger Vegetation, von der sich ein guter Rentierbestand ernährt. Eisfüchse haben zwischen den Felsen unterhalb der Vogelkolonie ihre Baue. Auf Klippen und an der Küste brüten Gänse, so dass man sich früh im Sommer mit Vorsicht bewegen muss.

Eisbären sind im Isfjord nicht unbedingt ein alltäglicher Anblick, aber wer meint, sich deswegen sicher fühlen zu können, kann ein gelblich-weißes Wunder erleben.

Geschichte: Die zentrale Westküste ist der Teil Spitzbergens mit der längsten Nutzungsgeschichte, in der die gut geschützte, nahe am offenen Meer gelegene Bucht Trygghamna zu allen Zeiten eine Rolle gespielt hat. Auf der Westseite liegen Relikte aus verschiedenen Epochen.

Mäßig erhaltene Überreste von Specköfen und Gräbern zeugen von den Aktivitäten vermutlich englischer Walfänger im 17. Jahrhundert. Im 18. Jahrhundert hielten die Pomoren Einzug und errichteten - ebenfalls auf der Westseite, nicht weit von der alten Walfangstation - eine kleinere und eine größere Jagdstation. Die größere bestand aus 5 Gebäuden und war eine der größten Pomoren-Stationen Spitzbergens.

Aus diesen Zeiten stammt auch ein kleiner Walrossschlachtplatz auf der Ostseite tiefer in der Bucht.

Nahe am Fjordeingang gibt es Überreste zweier alter Jagdhütten: Die Ruine direkt auf der kleinen Steilküste wurde 1920 von dem legendären Trapper Hilmar Nøis gebaut. Unweit davon zeigt ein nur noch schwach erkennbarer Grundriss, wo davor bereits eine Hütte gestanden hatte. Im Zweiten Weltkrieg gab es einen Beobachtungsposten norwegischer Soldaten außen am Eingang der Bucht (Alkepynten).

Die moderne Hütte gehört dem Sysselmannen und wurde in den 1980ern gebaut, als das Verhältnis zwischen den Norwegern und Russen auf Spitzbergen mitunter etwas angespannt war. Wie zufällig ist Barentsburg mitsamt Hubschrauberbasis von der Hütte aus sichtbar.

An der Küste westlich des Alkhornet strandeten 1949 zwei Kohlefrachter, Don und Ingertre. Eines der Wracks liegt noch in der Nähe des Ingertreodden am Ufer.

6.2 FORLANDSUND

It was at one o'clock in the morning of the 6th of August, 1856, that, after having been eleven days at sea, we came to an anchor in the silent haven of English Bay, Spitzbergen.
And now, how shall I give you an idea of the wonderful panorama in the midst of which we found ourselves?

Lord Frederick Hamilton Dufferin, *Letters from high latitudes* (1856)

An der Westküste von Spitzbergen, zwischen Isfjord und Kongsfjord, halbwegs geschützt durch die vorgelagerte Insel Prins Karls Forland, versteckt sich eine schöne Küstenlandschaft, die mit weiten Ebenen, Buchten, Fjorden und Gletschern viel Abwechslung bietet. Dennoch wird die Gegend recht wenig besucht, da die meisten Schiffe sie nur in einigem Abstand passieren. Das liegt unter anderem daran, dass sich im nördlichen Forlandsund, südlich der Engelsbukta, eine Untiefe quer durch die Meeresstraße zieht. Diese stellt für die meisten Schiffe ein nicht passierbares Hindernis dar, sehr zum Leidwesen aller, die an der Außenküste von Prins Karls Forland bewegte Nächte erleben, da die geschützte, landschaftlich schöne Meerenge auf der Innenseite der langen Insel zu flach ist.

Der Forlandsund ist vor Westwinden halbwegs geschützt, kann aber bei Wind und Seegang aus Nord oder Süd ein raues Pflaster sein.

6.2.1 DAUDMANNSODDEN, FARMHAMNA

Allgemein: Weite Küstenebene mit vielen vorgelagerten Untiefen. Eine zunächst unspektakulär erscheinende, im Detail aber äußerst reizvolle Küstenlandschaft. Für Anlandungen ist die recht exponierte Küste nicht gerade ideal, aber bei gutem Wetter kann man z.B. in Farmhamna und in der Tordenskioldbukta an Land. Karte siehe Abschnitt 6.1.10 *Ymerbukta*.
Ortsnamen: Daudmannsodden: „Toter-Mann-Landspitze", Name von norwegischen

6.1.1-1: Kapp Linné/Isfjord Radio.

6.1.1-2: Festningen.

6.1.2-1: Barentsburg mit Blick über den Isfjord zum Alkhornet (Mitte September).

6.1.2-2: Lenin in Barentsburg.

6.1.3: Grumantbyen mit Fuglefjellet (links) und Lindströmfjellet (Mitte August).

6.1.4-1: Landschaft westlich von Longyearbyen. Blick vom Nordenskiöldfjellet über das Bjørndalen, Fuglefjellet und Isfjord (Ende April).

6.1.4-2: Typisches Nordenskiöld Land: Blick vom Soleietoppen im Bolterdalen 15 km südöstlich von Longyearbyen.

6.1.4-3: Longyearbyens mittlere Umgebung: Blick vom Berg Breinosa über Foxfonna (der Gletscher links) und Adventdalen zum Adventfjord und Isfjord..

6.1.5-1: Der Tempelfjord im April mit der Noorderlicht, *dem „Schiff im Eis".*

6.1.5-2: Blick über Bjonahamna und den Tempelfjord.

6.1.6-1: Route durch das Bünsow Land nach Pyramiden oder Richtung Newtontoppen. Abfahrt über den Boltonbreen zum Gipsdalen.

6.1.6-2: Adolfbukta und Nordenskiöldbreen, Billefjord.

6.1.6-3: Die ehemalige russische Bergbausiedlung Pyramiden vor dem gleichnamigen Berg.

6.1.6-4: Pyramiden mit Blick auf den Nordenskiöldbreen.

6.1.6-5: Altes Gipsbergwerk in der Skansbukta, Billefjord.

6.1.7: Charakterkopf im Dicksonfjord: Der Berg Lykta (856 m). Karbongekröntes Old Red..

6.1.8: Der westliche, von Moräne geprägte Teil der Insel Coraholmen im Ekmanfjord. Im Hintergrund der Berg Kolosseum.

6.1.9: Bohemanflya mit alter Bergbausiedlung („Rijpsburg").

6.1.10: Die Ymerbukta mit dem Esmarkbreen.

6.1.11-1: Die Bucht Trygghamna gegen Mitte Oktober.

6.1.11-2: Das Alkhornet mit der Ruine einer alten Trapperhütte.

6.2-1: Küstenlandschaft bei der Tordenskioldbukta im Forlandsund.

6.2.2: St. Jonsfjord: Berg- und Uferlandschaft.

6.2.4: Engelskbukta.

6.3-1 Lagunenlandschaft bei Poolepynten, Prins Karls Forland.

6.3-2: Die Gletscherlandschaft auf der Ostseite von Prins Karls Forland.

6.4.1-1: Die alte Grubenbahn in Ny Ålesund.

6.4.1-2: Besuch bei der alten Post in Ny Ålesund.

6.4.1-3: Messeinrichtungen und der Luftschiffmast bei Ny Ålesund. Wissenschaft und Entdeckungsgeschichte nebeneinander vor dem Panorama des Kongsfjord.

6.4.2-1: Der Gletscher Kronebreen im inneren Kongsfjord, mit den Bergen Pretender (1070 m, links) und Dronningfjella.

6.4.2-2: Blick von der Blomstrandhalvøya auf die Gletscher Conwaybreen und Kongsbreen.

6.4.2-3: Der Blomstrandbreen reichte bis in die 1990er Jahre bis zur Blomstrandhalvøya (Standpunkt). 2010 zeigte der Gletscher Anzeichen für ein erneutes Vorstoßen.

Jägern gegeben, in Erinnerung an einen verunglückten Kameraden. **Farmhamna:** Nach dem norwegischen Marineschiff S/S *Farm*, 1909-1910 von norwegischen Spitzbergen-Expeditionen verwendet.

Geologie: Kräftig deformierte Sedimente und metamorphe Gesteine des Grundgebirges, vor allem Schiefer, auch Quarzite und Karbonate.

Landschaft: Weitläufige Küstenebene mit felsigen Hügeln in Küstennähe und kleinen Seen. Der Schmelzwasserfluss des Vetternbreen ist recht groß und küstennah im Sommer kaum querbar. Im Inland gibt es einige nasse, schwer begehbare Flächen. An den Küsten liegen sehr viel Treibholz und viele große, alte Walknochen. Die Außenküste ist eine malerische, abwechslungsreiche Felsküste. Insgesamt eine sehr detailreiche, schöne Landschaft.

Flora und Fauna: Rentiere streifen in großer Zahl über die Tundra, und viele Eisfüchse haben in den Felshügellandschaften ihre Baue. Vögel der Tundra und der Küste wie Gänse und Enten sind in großer Zahl zu finden.

Geschichte: Auf dem Hügel bei der Südspitze der Küstenebene (Daudmannsodden) gibt es ein Doppelgrab aus dem 17. Jahrhundert. Die Gegend war später wegen der Fuchsbestände ein von Trappern oft benutztes Revier. Eine Hüttenruine steht in einer kleinen Bucht 1 km südlich von Steinpynten, und an vielen Stellen liegen noch Reste alter Schlagfallen für Füchse.

Sonstiges: In Farmhamna gibt es eine Trapperstation (1991 gebaut) in Privatbesitz. Die Station wird noch genutzt.

6.2.2 ST. JONSFJORD

Allgemein: Landschaftlich auf etwas zurückhaltende Art sehr reizvoller, eher kleiner Fjord (20 km lang) mit mehreren Gletschern und Bergen, deren dezente Farbenpracht bei gutem Wetter schön zur Geltung kommt.

Die Hermannsenøya vor dem Eingang des St. Jonsfjords hat Schutzstatus als Vogelreservat (Betretungs- und Annäherungsverbot 15. Mai - 15. August).

Ortsnamen: Gaffelbreen: „Gabelgletscher", gabelt sich weiter oben in 2 Zuflüsse. **Konowbreen:** Wollert K. (1845-1924), norwegischer Premierminister 1910-12. **Osbornebreen:** siehe **St. Jonsfjord:** nach dem Evangelisten Johannes. Früher Osborne Inlet, nach einem englischen Walfänger aus dem 17. Jahrhundert.

Geologie: Kräftig deformierte Sedimente und metamorphe Gesteine des Grundgebirges. Die tektonische Geschichte macht sich mit deutlich sichtbaren Falten und Brüchen bemerkbar, die vor allem östlich des Fjords schöne Muster und ein buntes Mosaik verschiedener Gesteinsarten mit unterschiedlichen Farben in den Berghängen bilden.

Landschaft: Der St. Jonsfjord ist von Bergen umgeben, die 700-800 m Höhe erreichen. Auch wenn die Berghänge nirgendwo senkrecht zum Fjord abfallen, sind einfach begehbare Bereiche im Fjord kleinräumig. Weitläufigeres Flachland gibt es nur an der Außenküste.

Wer die Chance hat, im Hinterland des St. Jonsfjord eine Wanderung oder Skiwanderung zu machen, kann dort eine fantastische Berg- und Gletscherwelt erleben.

Geschichte: Auf der Nordseite steht beim Gjertsenodden eine schöne Blockhütte, die in den späten 1960ern von Per Johnsson, einer der letzten Eisbärenjäger in Spitzbergen und damals in Ny Ålesund, als Freizeithütte gebaut wurde. Sie wurde nie zur Überwinterung genutzt und wird nach dem Erbauer Perhytta genannt.

Auf der Südseite wurden bei Copper Camp im frühen 20. Jahrhundert von der englischen Northern Exploration Company (NEC) Kupfervorkommen untersucht, zum Abbau kam es aber nicht.

6.2.3 KAFFIØYRA

Allgemein: Kaffiøyra ist ein von Touristen selten besuchter Küstenstreifen. Die polnische Nikolaus-Kopernikus-Universität unterhält südlich des Aavatsmarkbreen seit 1975 die Torun Polarstation, in der jeden Sommer Wissenschaftler aus verschiedenen Ländern Forschung betreiben und dabei vor allem die Gletscher der Umgebung untersuchen, um langfristige Daten über deren Entwicklung zu erhalten. Bislang bestätigen die Ergebnisse den generell rückläufigen Trend der Gletscher Spitzbergens.

Die vorgelagerte Hermansenøya ist ein Vogelreservat (Annäherungs- und Betretungsverbot 15. Mai bis 15. August). Karte siehe Abschnitt 6.2.4 *Engelskbukta*.

Ortsnamen: Aavatsmarkbreen: Ivar A.1(864-1947), norwegischer Offizier, unterstützte Gunnar Isachsens Spitzbergen-Expeditionen von 1909 und 1910. **Kaffiøyra** hat diesen Namen, seit Isachsen und seine Kollegen sich dort 1909 Kaffee gekocht haben (damals war die geographische Namensgebung offensichtlich weniger streng reguliert als heute).

Geologie: Jungproterozoisches Grundgebirge, bestehend aus stark deformierten Sedimenten und metamorphen Gesteinen, in Küstennähe weitflächig vom Quartär überlagert (Strandwälle, Moränen).

Landschaft: Küstenebene mit gebirgigem, stark vergletschertem Hinterland.

6.2.4 ENGELSKBUKTA

Allgemein: Die Engelsbukta befindet sich nördlich der Untiefe im Forlandsund und ist von Norden auch für mittelgroße Schiffe einfach zugänglich. Sie gehört zum Einzugsbereich von Ny Ålesund, so dass sich im Sommer gelegentlich Wissenschaftler zu Forschungs- oder Freizeitzwecken dort aufhalten.

Ortsnamen: Comfortlessbreen: nach „Comfortless Cove“, alter Name für die von den Walfängern offensichtlich nicht allzu sehr geliebte Engelskbukta. **Engelskbukta:** „Englische Bucht“.

Geologie: Komplexes Muster aus Grundgebirgsgestein (Schiefer, Phyllite, schwachmetamorpher „Marmor“ etc.) und Karbon-Sedimenten.

Landschaft: Die Berge fallen auf beiden Seiten flach genug zum Fjord hin ab, um kleine Tundra- und Bergwanderungen zu erlauben. Im Inneren der Engelskbukta hat der Comfortlessbreen eine komplexe, bizarre Moränenlandschaft hinterlassen. 2008/2009 ist der Comfortlessbreen wieder vorgestoßen (Surge-Verhalten), was sich durch einen aufgestauten Moränenwall bemerkbar macht, durch die Front, die

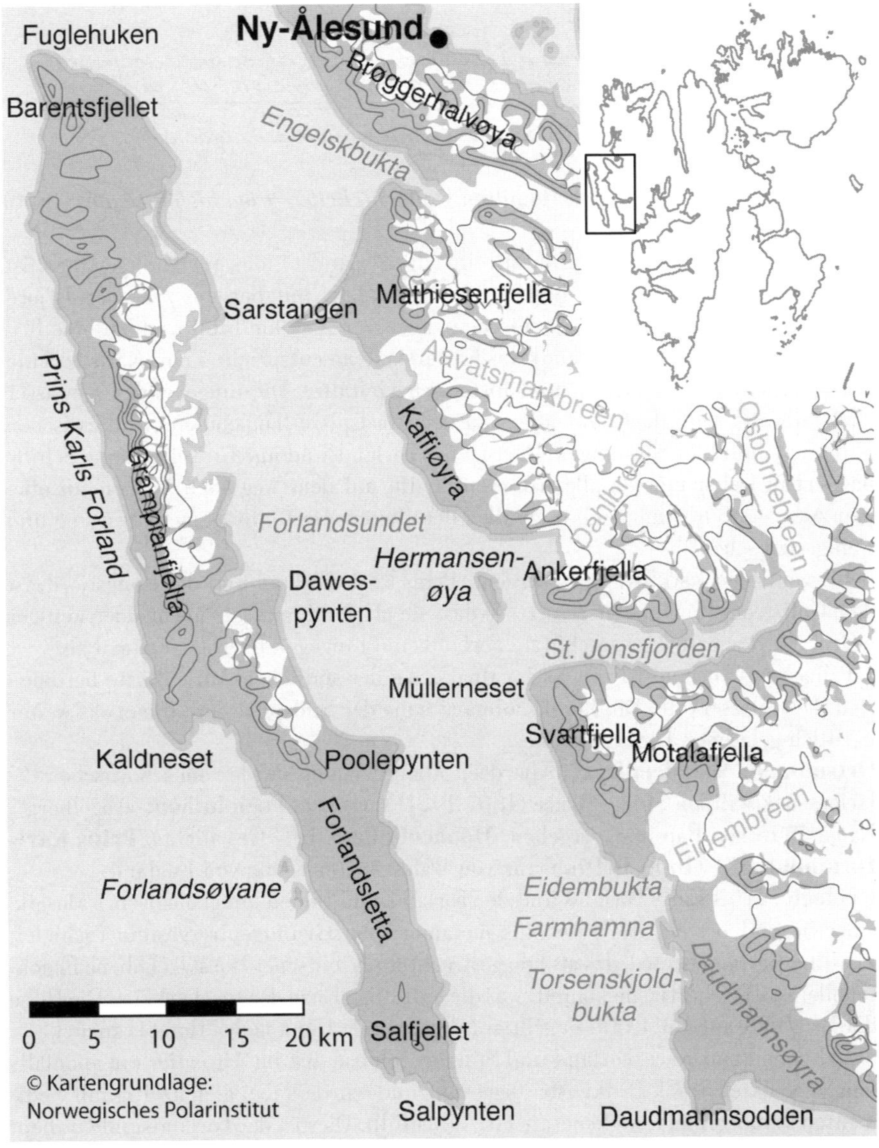

steil ist, obwohl sie auf Land aufliegt, und durch Spalten. Nach Westen hat man bei klarem Wetter eine gute Sicht über den Forlandsund zum Prins Karls Forland mit seiner wilden Gletscherlandschaft.

Geschichte: Wie der Name verrät, hatten englische Walfänger im 17. Jahrhundert in der Engelsbukta eine Basis. Reste eines Speckofens und eines Grabes sind auf der Nordseite der Bucht noch zu sehen.

6.3 PRINS KARLS FORLAND

Down towards either horn run two ranges of schistose rocks about 1,500 feet high, their sides almost precipitous, and the topmost ridge as sharp as a knife, and jagged as a saw; the intervening space is entirely filled up by an enormous glacier ...

Lord Frederick Hamilton Dufferin, *Letters from high latitudes* (1856)

Allgemein: Prins Karls Forland, oft einfach „Forlandet“ (das Vorland) genannt, ist eine auffällig langgestreckte Insel an der Westküste Spitzbergens zwischen Isfjord und Kongsfjord. Die Insel ist 86 km lang, aber nur 5-11 km breit und hat eine Fläche von 640 km^2, was dem Landkreis Kaiserslautern entspricht. Prins Karls Forland ist landschaftlich, biologisch und historisch vielfältig. Die umgebenden Gewässer sind teilweise sehr flach, vor allem an der Nordspitze (Fuglehuken) und zwischen Murraypynten und Sarstangen. Dort ist der Forlandsund nur für sehr kleine Schiffe passierbar. Daher müssen alle größeren Schiffe auf dem Weg nach Norden auf offenem Meer fahren, zum Leidwesen aller Beteiligten: Dort gibt es mehr Seegang und weniger zu sehen.

Die zentrale Westküste Spitzbergens, Prins Karls Forland und der Kongsfjord, ist dem Golfstrom-Einfluss ausgesetzt, so dass sie oft rund ums Jahr mehr oder weniger eisfrei ist. Der halbwegs geschützte Forlandsund hingegen friert manchmal zu.

Prins Karls Forland ist ein Nationalpark. An der südlichen Außenküste befinden sich 2 Vogelreservate: Die Plankeholmane nahe der Südspitze und die etwas weiter nördlich gelegenen Forlandsøyane.

Ortsnamen: Aberdeenflya: „Aberdeen-Ebene“, Name wurde vom schottischen Polarforscher William Spiers Bruce (1867-1921) vergeben. **Fuglehuken:** „Vogelberg“, Name 1596 von Barentsz vergeben. **Monacofjellet:** siehe Geschichte. **Prins Karls Forland:** Karl I. (1600-1649), Prinz von Wales, später König von England.

Geologie: Prins Karls Forland und der Forlandsund bilden ein geologisches Mosaik. Überwiegend besteht die Insel aus metamorphem Grundgebirgsgestein (Schiefer, Phyllite, Karbonate etc.), das als langgestreckter tektonischer Horst (gehobene Bruchscholle) an die Oberfläche kommt, was die auffällige Form der Insel erklärt. Die Höhe der Berge bis auf gut 1 000 m geht auf die kräftige Hebung des Horstes zurück.

Zwischen Prins Karls Forland und Spitzbergen hat sich im Alttertiär ein ebenfalls langgestrecktes Stück Erdkruste abgesenkt und wurde dabei gleichzeitig mit Sedimenten (Sandsteine, Konglomerate etc.) aufgefüllt. Dies ist der Forlandsund-Graben, in dessen Senkungsgebiet sich die heutige Meerenge Forlandsund befindet. Der Küstenbereich im Nordosten des Prins Karls Forland (Aberdeenflya) gehört geologisch teilweise zum Forlandsund-Graben, da dort die alttertiären Ablagerungen anstehen.

Wie so oft, ist das Landschaftsbild zumindest grob von der Geologie vorgegeben.

Landschaft: Prins Karls Forland ist landschaftlich auffällig gegliedert. Ein sattelförmiger Berg im Süden ist vom gebirgigen Norden durch eine weitläufige Tiefebene getrennt, so dass aus der Distanz der Eindruck entsteht, dass es sich um 2 einzelne

Inseln handelt. Auch sonst befindet sich fast überall zwischen Bergen und Küste ein mehr oder weniger breiter Streifen flachen Landes. Es gibt kaum geschützte Buchten.

In der Südhälfte folgen landschaftliche Details wie Bäche, Lagunen und langgestreckte, flache Hügel oft der von der Geologie vorgegebenen Nord-Süd-Richtung, was stellenweise zur Entstehung sehr schmaler, aber küstenparallel einschneidender Buchten geführt hat und auf halbwegs genauen topographischen Karten in Form auffälliger geometrischer Muster sichtbar wird.

Im mittleren und nördlichen Teil der Insel befindet sich eine wild-alpine Gebirgslandschaft, die in den Grampianfjella mehrfach Höhen über 1 000 m erreicht; der höchste Berg ist das Monacofjellet mit 1 081 m. Diese Bergkette ist auf der Ostseite stark vergletschert, die steil abfallenden Gletscher sind ein fantastischer Anblick.

Das küstennahe Flachland ist teilweise steinig und karg, stellenweise sind perfekt ausgebildete Frostmusterböden und alte Strandwallserien zu sehen.

An den steilen Berghängen am Nordende der Insel gibt es eine ganze Reihe perfekter Blockgletscher, die dank der Nähe zur Forschersiedlung Ny Ålesund detailliert untersucht wurden und daher in der Fachwelt einige Bekanntheit erlangt haben.

Flora und Fauna: Die Flora ist auf weiten Flächen recht karg, nur in der Nähe von Vogelfelsen wird die Tundra kräftiggrün. An den steilen Berghängen, wie an der Nordspitze mit ihrem bezeichnenden Namen Fuglehuken, gibt es große Seevogelkolonien.

In der Nähe von Fuglehuken gibt es auch die weltweit nördlichste Seehundkolonie, bei der es sich wahrscheinlich um ein Überbleibsel aus klimatisch wärmeren Zeiten vor einigen 1 000 Jahren handelt.

Im Bereich des Forlandsunds gibt es die derzeit einzigen Walrossruheplätze an der Westküste Spitzbergens. Eine bekannte Kolonie ist bei Poolepynten. Siehe Abschnitt 4.7.6 *Walross*.

Geschichte: Prins Karls Forland war eine der ersten Regionen Spitzbergens, die Willem Barentsz 1596 sichtete, einige der Ortsnamen stammen noch aus dieser Zeit und gehören zu den ältesten der Inselgruppe, wie „Vogel Hoek" (heute: Fuglehuken). Walfänger, Pomoren und Trapper hatten hier ihr Revier und hinterließen jeweils ihre Spuren, wie einen kleinen Walfängerfriedhof etwas südöstlich von Fuglehuken und verfallende Trapperhütten (z.B. Fuglehuken, Baujahr 1929). Prins Karls Forland hat sich jedoch nie zu einem klassischen Revier entwickelt.

1906, 1907 und 1909 hat der schottische Polarforscher **William Speirs Bruce** die Insel erkundet und topographisch sowie geologisch kartiert, wobei ihn nicht zuletzt die Hoffnung auf wirtschaftlich nutzbare Kohle- oder Mineralvorkommen motiviert hat. Bei seinem Sponsor, dem Fürsten von Monaco, bedankte Bruce sich durch die Namensgebung beim höchsten Berg der Insel, dem Monacofjellet (heute würde es heißen: „dieser Berg wird Ihnen vom Fürsten von Monaco präsentiert"). Hüttenreste von Bruce gibt es u.a. noch am McVitiepynten und am Dawespynten.

Zu Zeiten des Kalten Krieges zerschellte ein französisches Militärflugzeug an einem Berghang auf dem Prins Karls Forland, verstreute Überreste finden sich noch in der Nähe der Außenküste nördlich der Ebene Forlandsletta.

6.4 KONGSFJORD

Wer Sinn und Verständnis für Naturschönheiten hat, der wird die Königsbai als einen der hervorragendsten, glänzendsten Punkte im Spitzbergen-Archipel bezeichnen.

Alexander Koenig, *Avifauna Spitzbergensis* (1911)

Der Kongsfjord, früher Kings Bay, liegt auf 79°N an der Westküste Spitzbergens. Er schneidet 30 km tief ins Land ein und ist 4 bis gut 10 km breit. Über Jahrhunderte hinweg war und ist der Kongsfjord eine der am meisten besuchten und genutzten Regionen. Die Gründe hierfür liegen in den guten Eisbedingungen dieses unter Golfstromeinfluss stehenden Küstenstreifens und den Kohlevorkommen, die zur Etablierung von Ny Ålesund als Bergbausiedlung und somit indirekt später zur Ansiedlung der heute dort arbeitenden wissenschaftlichen Stationen führten. Neben Forschern lockt der Kongsfjord mit seiner landschaftlichen Schönheit sowie der Forschersiedlung Ny Ålesund heute regelmäßig Touristenschiffe an.

Im Kongsfjord gibt es mehrere Schutzgebiete: Das Vogelreservat Kongsfjorden umfasst den See Solvatnet direkt bei Ny Ålesund und die Inseln im Kongsfjord (Prins Heinrichøya, Dietrichøya, Mietheøya bei Ny Ålesund sowie die kleine Inselgruppe Lovénøyane im inneren Kongsfjord), hier gilt wie üblich Betreten und Annäherung unter 300 m verboten in der Zeit 15. Mai - 15 August. Das Ossian Sarsfjellet ist ein Naturreservat, als Sonderregelung gilt dort Zelten verboten.

Ortsnamen für die Abschnitte 6.4-6.4.2: Brøggerhalvøya: Waldemar B. (1851-1940), norwegischer Geologe. **Colletthøgda:** Robert C. (1842-1912), norwegischer Zoologe. **Conwaybreen:** William C. (1856-1937), englischer Bergsteiger und Entdecker, in Spitzbergen 1896 und 1897. **Dronningfjella:** „Königinberg". **Garwoodtoppen:** Edmund Johnston G. (geb. 1864), englischer Geologe, mit Conway in Spitzbergen. **Kongsfjord:** „Königsfjord". **Kongsvegen:** „Königsweg". **Kronebreen:** „Kronengletscher". **Kongsbreen:** „Königsgletscher." **Kvadehuken:** früher Quade hoek = „schlechte Ecke", in Walfängerzeiten ungeliebtes Fahrwasser. **Lovénøyane:** Sven Ludvig L. (1809-95), schwedischer Zoologe, 1837 in Spitzbergen. **Ny Ålesund:** nach der norwegischen Stadt Ålesund, Sitz der Bergbaufirma, die Ny Ålesund gründete. **Ossian Sarsfjellet:** Georg O. S. (1837-1927), norwegischer Zoologe, 1878 in Spitzbergen. **Tre Kroner:** „Drei Kronen", die 3 skandinavischen Länder **(Dana, Nora, Svea).**

Folgende Ortsnamen im Kongsfjord wurden 1910 während der Zeppelin-Expedition (siehe *Geschichte*) vergeben: **Dietrichholmen:** Max Konrad Johannes D. (1870-1916), Kapitän der *Mainz*. **Mainzodden:** nach dem Expeditionschiff. **Mietheholmen:** Adolf M. (1862-1927), Chemiker, Teilnehmer der Expedition. **Prins Heinrichøya:** Prinz Heinrich von Preußen (1862-1929), Teilnehmer der Expedition. **Zeppelinfjellet:** Ferdinand Graf Z. (1838-1917), Leiter der Expedition.

Geologie: Der Kongsfjord besteht aus einem komplizierten geologischen Mosaik. Das liegt an tektonischen Bewegungen zu verschiedenen Zeiten der Erdgeschichte, zuletzt und wesentlich prägend während der Öffnung des Nordatlantiks in der Oberkreide.

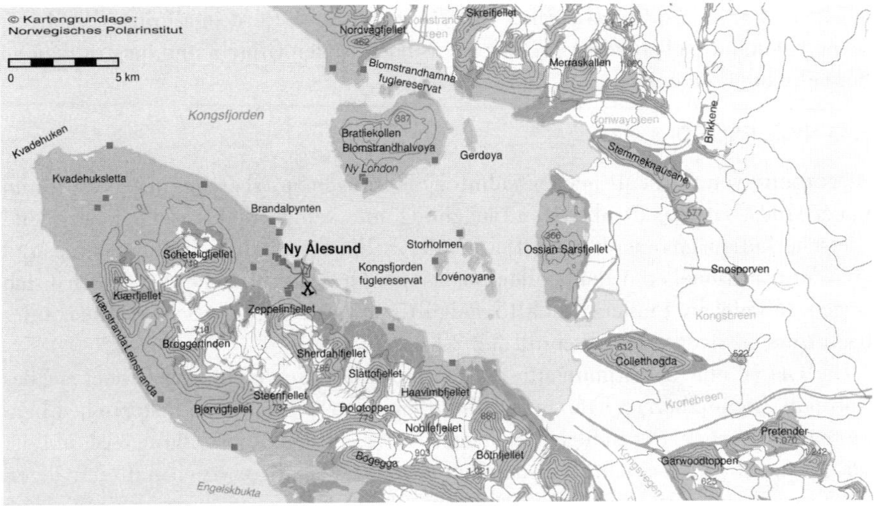

Entscheidend für die Existenz des Fjords ist eine große Störung, also ein Bruch, welche später als Schwächezone diente, der Flüsse und ab Beginn der Eiszeit die Gletscher folgten und das bereits einmal zertrümmerte Gestein leichter als in der Umgebung abtragen konnten. Entsprechend finden sich auf allen Seiten des Fjords heute verschiedene Gesteine, weitere Details hierzu jeweils in den folgenden Abschnitten.

Geschichte: 1910 hielt die *Mainz*, das Schiff der Expedition von **Hugo Hergesell** und **Ferdinand Graf von Zeppelin**, sich eine Weile im Kongsfjord auf, um die Tauglichkeit der Gegend für eventuelle Luftschiff-Expeditionen zu untersuchen.

Bei **Kvadehuken** befand sich 1920-24 eine norwegische geophysikalische Station (Wetterbeobachtung, Erdmagnetismus und -elektrizität, Nordlicht), von der noch Fundamentreste zu sehen sind.

In den späten 1950er Jahren haben norwegische Privatleute die Initiative ergriffen, um bei Kvadehuken eine Landebahn zu bauen. Hintergrund war die geplante Flugroute über den Pol nach Amerika, für die unterwegs Zwischenlandungen erforderlich waren. 1959 entzog die norwegische Regierung dem Projekt die notwendige Unterstützung, da Russland argwöhnte, dass das Projekt militärischen Interessen dienen und somit gegen den Spitzbergenvertrag verstoßen könnte. Vor Ort sind noch Reste eines Weges sowie das „Flughafenterminal" sichtbar, eine schlichte Holzhütte mit der stolzen Bezeichnung „Roald Amundsens Institut."

Zur weiteren Geschichte des Kongsfjord siehe die folgenden Abschnitte.

Sonstiges: Das Wetter an der Westküste Spitzbergens ist im Sommer oft windig, feucht und grau. Wer die Gletscher und Berge im Kongsfjord in all ihrer Pracht zu sehen bekommt, vollständig vom Strand bis hoch zu den Gipfeln und im strahlenden Sonnenschein, kann sich glücklich schätzen.

6.4.1 NY ÅLESUND

Allgemein: Von den heute noch bewohnten Siedlungen Spitzbergens liegt Ny Ålesund in der landschaftlich attraktivsten Umgebung, nur wenige Meilen von der Berg- und Gletscherkulisse im inneren Kongsfjord entfernt. Für Kreuzfahrtschiffe ist Ny Ålesund eine der traditionellen Anlaufstellen, so dass der Ort viele Besucher hat. Es wird sich zeigen, in welchem Umfang das 2015 endgültig in Kraft tretende Schwerölverbot das beeinflussen wird (siehe Abschnitt 3.2.2 *Kreuzfahrten*).

Der Ort ist eine der prominentesten Stätten in der Geschichte der Eroberung des Nordpols, in Spitzbergen kann nur noch Virgohamna Anspruch auf historische Ebenbürtigkeit erheben. Der Kohlebergbau, dem Ny Ålesund seine Gründung verdankt, ist seit Jahrzehnten Geschichte. Seitdem hat der Ort sich zu einer weltweit einmaligen Ansammlung internationaler Polarstationen entwickelt: Ein Forschungsdorf mit einem breiten fachlichen Querschnitt und einer Reihe von Nationen, die langfristig vor Ort aktiv sind und unter der Koordination des Norwegischen Polarinstituts (NPI) arbeiten.

Alle Stationen betreiben langfristige Messprogramme und bieten zusätzlich die Logistik für kürzer angelegte Forschungsprojekte, die meist im Sommer durchgeführt werden. Das bringt starke jahreszeitliche Schwankungen der Bevölkerung mit sich: Während diese hocharktische Metropole im Sommer von ca. 200 Mitarbeitern und Forschern aus bis zu etwa 20 Nationen bewohnt wird, bleibt im Winter nur ein Stammpersonal von 30-40 Personen zurück. Eine permanente Bevölkerung mit Familien gibt es nicht und somit auch keine Kinder, Kindergärten, Schulen etc. Das nächste Krankenhaus befindet sich in Longyearbyen, von wo aus mehrmals wöchentlich eine kleine Propellermaschine nach Ny Ålesund fliegt.

Grundeigner ist Kings Bay AS, die staatseigene Nachfolgefirma der ehemaligen Bergbaugesellschaft Kings Bay Kulkompani AS. Diese wurde in der norwegischen Küstenstadt Ålesund gegründet, was den Namen von Ny Ålesund erklärt. Als Dienstleister für die allgemeine Ver- und Entsorgung betreibt Kings Bay den Flugplatz, das Wegenetz (ca. 9 km ohne 1 Gramm Asphalt), den Hafen, die Entsorgung von Müll und Abwasser, die Versorgung mit Trinkwasser (aus einem See) und mit Strom (Dieselkraftwerk).

Neben der schönen Aussicht und den Eindrücken vom Leben und Arbeiten der Wissenschaftler in der Arktis kann ein gemütlicher Spaziergang durch Ny Ålesund auch einen schönen Querschnitt durch das arktische Tierleben bieten (siehe Abschnitt *Flora und Fauna*).

Der Ort nimmt für sich in Anspruch, die nördlichste Siedlung der Erde zu sein. Allerdings liegen die permanent besetzten Militär- und Wetterstationen Alert (Ellesmere Island, Kanada, 82°30'N) und Station Nord (Grönland, ca. 81°40'N) deutlich weiter nördlich und Alert hat bis in die 1990er Jahre sogar eine größere Bevölkerung gehabt, allerdings ausschließlich militärisches Personal.

Ny Ålesund befindet sich auf 78°55'N und somit gut 9 km südlich des 79. Breitengrades und 1 231 km vom Nordpol entfernt. Angesichts der möglichen künftigen Entwicklung der Plattentektonik hat man aber in weiser Vorausschau schon einmal „79°N" auf die verschiedenen Souvenirs gedruckt, die im Kongsfjordbutikken feilgeboten werden, damit nicht in wenigen Millionen Jahren alles schon wieder Makulatur ist.

Auch sonst wird in Ny Ålesund zukunftsorientiert gedacht: Der Ort schmückt sich mit dem Etikett „Green Village", was bedeutet, dass keinerlei Müll in der Umgebung verbleibt. Stattdessen gibt es ein umfangreiches Mülltrennungs- und Recyclingprogramm nach dem Motto „reduce - reuse - recycle".

In Ny Ålesund ist die Orientierung so einfach, dass sich jeder schnell zurechtfinden wird. Es gibt genau einen Hauptweg, der eine Schleife durch den Ort macht, die man in gut 20 Minuten zu Fuß bewältigen kann. Entlang dieses Weges befinden sich die diversen Sehenswürdigkeiten und mehrsprachige (Norwegisch, Englisch, Deutsch) Informationsschilder.

Wenn Sie vom Anleger aus den Rundgang machen, können Sie - in der Reihenfolge dieser Beschreibung - Folgendes sehen:

Zunächst passiert man rechter Hand das Hafenmeistergebäude und das Marinlaboratorium. Am See **Solvatnet** finden sich immer interessante Vögel (Weißwangengänse, manchmal Sterntaucher, Eisenten, Eiderenten, Prachteiderenten, Sandregenpfeifer). Der See ist Vogelschutzgebiet und jegliche Annäherung verboten; das Verlassen der Wege ist ohnehin in Ny Ålesund nicht gestattet (s.u.). Wer Tiere beobachten und fotografieren will, braucht Fernglas oder Spektiv und Objektive mit langer Brennweite. Küstenseeschwalben und Weißwangengänse sind im Juni und Juli aber oft überall, mitunter auch auf den Wegen.

Die nächsten Gebäude auf der linken Seite sind die hellbraunen **London-Häuser**, die aus der alten englischen Marmorgrube Ny London auf der Blomstrandhalvøya stammen, daher der Name. Heute ist dort die niederländische Station untergebracht.

Ein paar Meter weiter befindet sich auf der rechten Seite das **Besucherzentrum**. Eine kleine Ausstellung informiert allgemein über Spitzbergen sowie Ny Ålesund, und im **Museum** im gleichen Gebäude (Eintritt 2 Euro, Vertrauenskasse) sind diverse Exponate von den Nordpolexpeditionen und der Bergbauzeit ausgestellt. Beim Museum befinden sich auch **öffentliche Toiletten**.

Gegenüber vom Museum befindet sich der **Kongsfjordbutikken**, der einzige **Laden** in Ny Ålesund. Dieser öffnet bei Bedarf und schließt wieder, sobald der Letzte den Einkauf beendet hat; wer danach noch kommt, hat unfreiwillig Geld gespart. Der Laden bietet eine schöne Auswahl an diversen Andenken wie T-Shirts, Teller, Gläser, Tassen, Spitzbergen-Literatur, Land- und Postkarten mitsamt Briefmarken sowie ein paar Artikel des täglichen Bedarfs (Süßigkeiten, Zahnpasta etc.).

Im Kongsfjordbutikken werden neben norwegischen Kronen auch britische Pfund, Euro und US-Dollar akzeptiert, Kreditkartenzahlung bringt bessere Wechselkurse

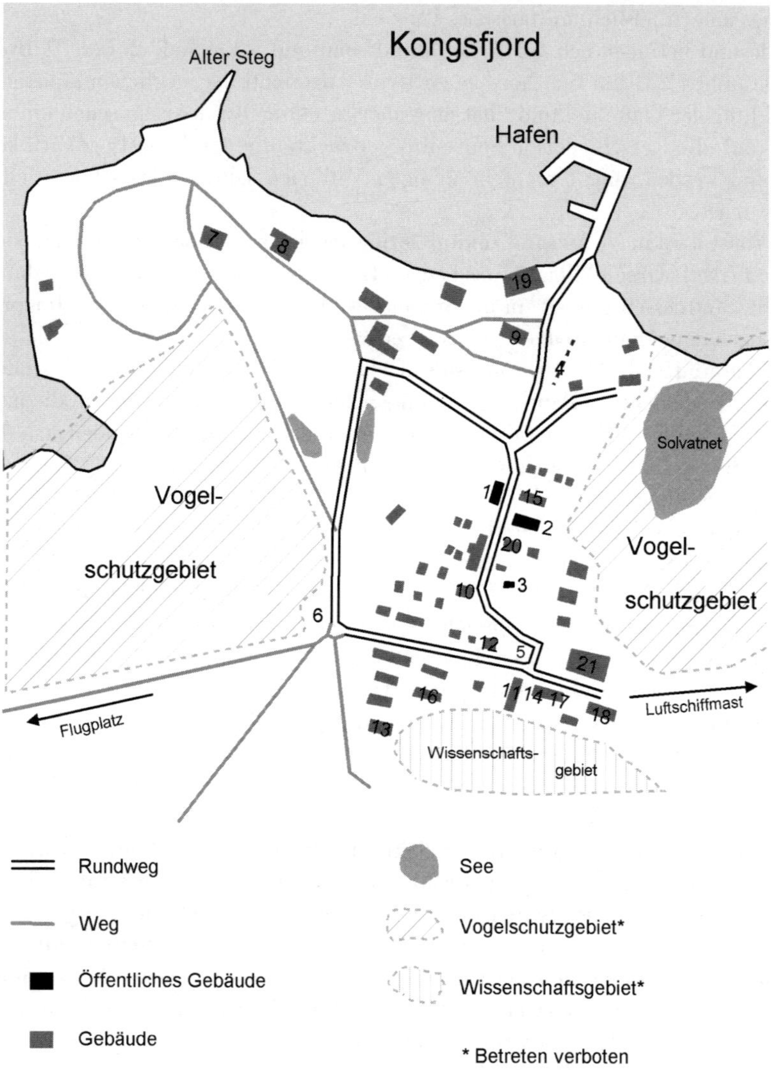

und ist lieber gesehen. Außen am Laden befindet sich der Postkasten.

Schräg gegenüber des Ladens steht in zweiter Reihe ein kleines grünes Häuschen, das als Teil des Museums zu verstehen ist. Darin befindet sich eine Wohnung, wie sie zu Bergarbeiterzeiten ausgesehen hat. Das Haus ist offen und kann betreten werden.

Die alte **Post** befindet sich in einem kleinen, hellblauen Häuschen ein kleines Stück hinter dem Laden in Richtung des Amundsen-Denkmals. Die Tür ist offen, und ein Souvenirstempel liegt aus (kein offizieller Poststempel, keine Briefmarken stempeln), mit dem jeder sein Tagebuch selbst abstempeln kann. Bei Besuch von

Touristisches
1. Informationszentrum/Museum/Toilette
2. Laden
3. Alte Post
4. Alte Lok
5. Amundsen-Denkmal
6. Hundezwinger
7. Alte Kohlensortieranlage
8. Altes Kraftwerk

Sonstiges
9. Hafenmeister
10. Nordpolhotel

Stationen
11. Sverdrup Station, Norwegisch
12. Blaues Haus („Koldewey-Station"), Deutsch-Französisch
13. NDSC-Station, Deutsch-Französisch
14. Rabot Station, Deutsch-Französisch
15. Harland Station, Britisch
16. Dirigibile Italia, Italienisch
17. DASAN-Station, Koreanisch
18. Yellow-River-Station, Chinesisch
19. Meeresforschungslabor, norwegische Leitung
20. Himadri Station, Indien
21. Verwaltung, Kantine

größeren Schiffen (ab 300 Passagiere) ist die alte Post offiziell geöffnet.

Von der Post aus sind es nur ein paar Schritte bis zum **Amundsen-Denkmal**, dem Dorfzentrum. Hier befinden sich die **Amundsen-Villa**, in welcher der legendäre Entdecker während seiner Aufenthalte in Ny Ålesund wohnte, die norwegische **Sverdrup-Station** und das **Blaue Haus** (Koldewey-Station), ein Teil der französisch-deutschen Gemeinschaftsstation. Heute befindet sich hier nur noch die Unterbringung, die Forschungseinrichtungen stehen woanders.

Der Weg macht am Denkmal eine Biegung und führt zum **Hundehof**, wo eine kleine Anzahl von Schlittenhunden zu Freizeitzwecken gehalten wird. Oft hängt an einem Gestell direkt neben dem Zwinger eine Bartrobbe, und wenn man Glück hat, lässt sich eine Elfenbeinmöwe blicken, um den Hunden ein wenig von ihrem Futter, der Robbe, zu klauen.

Am Hundehof befindet sich eine Kreuzung, von der aus mehrere Wege vom Ort zum alten Minengelände, zum Zeppelinfjellet und zum Flugplatz führen (das Verlassen des Ortes, auch auf den Wegen ab Hundehof, ist ohne Waffe nicht möglich). Der Rundweg führt nun weiter in Richtung der alten Kohlesortieranlage vorbei an 2 kleinen Tümpelchen, die für Tier-Interessierte auf jeden Fall einen Blick wert sind: Oft laufen Weißwangengänse oder Rentiere über die Tundra, und vielleicht schwimmt ein Paar Eisenten auf einem der kleinen Gewässer.

Von hier hat man einen schönen Blick zum Kongsbreen, mit einigen der älteren Gebäude im Vordergrund.

Vorbei an der alten Kohlesortieranlage und dem Kraftwerk geht es wieder zurück in Richtung Hafen. Um die **Sortieranlage**, einen großen, grauen Betonklotz, rankt sich eine Geschichte: Nach dem Unglück vom 1962 mit 21 Toten wurde die Anzahl der Opfer mit großen Buchstaben auf die Wand des Gebäudes gemalt, die zum Fjord hin weist, um offizielle Besucher an ihre versäumten Verpflichtungen bezüglich der Grubensicherheit zu erinnern. Der Grubendirektor fand, das ginge etwas zu weit und wies die Arbeiter an, die Lettern überzupinseln, was diese auch taten - mit der Form eines Sarges. Dieser ist vom Meer aus heute noch schwach sichtbar.

Etwas außerhalb des Ortes befindet sich der **Luftschiffmast**, von dem 1926 und 1928 die berühmten Expeditionen mit der *Norge* und der *Italia* starteten (siehe Abschnitt 5.6 *Flugversuche zum Nordpol*). Wer vom Amundsen-Denkmal aus an der chinesischen Station vorbeigeht, stößt am Ortsrand auf einen kleinen Pfad, der zum Mast führt. Obwohl es bis dorthin nur wenige 100 Meter sind, gilt auch dort: Ohne Waffe darf niemand den unmittelbaren Ortsbereich verlassen, die Grenze ist das letzte Gebäude (in diesem Fall die chinesische Station, die dank zweier Marmorlöwen unübersehbar ist). Kleinere Schiffe bieten ihren Gruppen üblicherweise Führungen in bewaffneter Begleitung an; ohne eine solche Führung muss der Blick vom Ortsrand genügen.

In der Nähe des Mastes befindet sich der alte Friedhof für die Grubenarbeiter in der Tundra. Dort gibt es auch ein Gemeinschaftsgrab für Walfänger aus dem 17. und 18. Jahrhundert, die ursprünglich in einem Friedhof auf dem flachen Hügel Hollendarhaugen im Ort (westlich des Hafens) beigesetzt worden waren; 1958 (oder 1957, je nach Quelle) wurden sie umgebettet, damit die Fläche für Infrastruktur wie das Kraftwerk genutzt werden konnte.

Wer dem Weg vom Ort in den Fjord hinein noch ein weiteres Stückchen folgt, gelangt zum ehemaligen Campingplatz, allerdings ist dort, wie auch sonst bei Ny Ålesund, Zelten nicht mehr erlaubt. Komfortabler lässt sich in Ny Ålesund zentrumsnah im **Nordpolhotel** übernachten - wenn man Forscher ist, Buchungen touristischer Besucher werden nicht angenommen (Informationen und Buchung über Kings Bay AS, 9173 Ny Ålesund. Telefon +47 7902 72 00, Fax +47 7902 72 01, Internet www.kingsbay.no, Email booking@kingsbay.no). In der Nähe des früheren Campingplatzes stehen unübersehbar zwei Denkmäler, jeweils für Amundsens Flugzeugexpedition von 1925 und für Mitglieder von Nobiles Expedition von 1928.

Schiffe mit einer Kapazität von über 1 000 Passagieren besuchen Ny Ålesund regelmäßig, was die sommerliche Bevölkerung von knapp 150 Menschen mit gemischten Gefühlen sieht. Vor diesem Hintergrund ist es durchaus verständlich, dass es sfür Besucher einige **verbindliche Regeln** gibt:

- „Reduse - reuse - recycle", also Müll erstens vermeiden, zweitens sortieren, drittens wiederverwerten.
- Halten Sie sich von wissenschaftlichen Geräten fern, auch wenn diese in der Tundra stehen und mitunter auf den ersten Blick keine Funktion zu haben scheinen.
- Bleiben Sie ausschließlich auf den Wegen.
- Werfen Sie keinerlei Müll in die Landschaft, auch keine Zigarettenkippen.
- Stören Sie keine Tiere, vor allem keine brütenden Vögel. Auch an den Wegen im Ort brüten viele aggressive Küstenseeschwalben, halten Sie Abstand und schlagen Sie nicht nach den Vögeln.
- Füttern Sie keine Tiere. Diese in Svalbard allgemein gültige Regel wurde in Ny Ålesund noch einmal wegen der Füchse bekräftigt, die sonst schnell kräftig zunehmen würden (gemeint ist die Anzahl der Füchse und nicht die Taille der einzelnen Tiere).
- Respektieren Sie die Kulturdenkmäler.
- Zur Vermeidung von Störungen empfindlicher Messeinrichtungen dürfen Mobiltelefon (es gibt ohnehin kein Netz), WLAN und Bluetooth nicht genutzt werden.

Zeichnung: Sabine Formella.

Geschichte: Schon 1610 entdeckte der Engländer **Jonas Poole** Kohlestücke am Südufer des Kongsfjord. Es dauerte aber bis 1916, bis in Ålesund die Kings Bay Kull Kompani AS (KBKC) aus der Taufe gehoben wurde, um die Kohlevorkommen abzubauen. 1917 wurde die Schmalspurbahn eingerichtet (1958 stillgelegt), von der immer noch ein charmantes Restchen in Hafennähe steht, und 1918 waren 300 Arbeiter vor Ort beschäftigt (150 im Winter). Profitabel war das Unternehmen aber nicht, so dass der Bergbau schon 1929 zunächst wieder eingestellt wurde und der norwegische Staat die Gesellschaft übernahm. Immerhin hatte Ny Ålesund zwischenzeitlich durch eine Reihe von Versuchen, auf dem Luftweg zum Nordpol zu gelangen, weltweite Berühmtheit erlangt (siehe Abschnitt 5.6 *Flugversuche zum Nordpol*). Es waren nicht zuletzt die schwierigen geologischen Verhältnisse, die den Bergbau unrentabel machten: Die Flöze liegen in einem relativ eng begrenzten Feld in einer Tiefe von 210-340 m unter dem Meer, sind von Störungen durchzogen und wegen des hohen Gasgehaltes kam es immer wieder zu schweren Grubenunglücken.

1935-39 versuchte die KBKC, durch den Betrieb eines Fischereihafens und die Eröffnung des Nordpolhotels Geld zu verdienen, was aber auch nicht den erhofften Erfolg brachte. Am 29. August 1941 wurde die Bevölkerung evakuiert, die wichtigsten Anlagen zerstört und die Kohlehalden in Brand gesetzt. Bereits 1945 wurde der Bergbau wieder aufgenommen, da Norwegen nach dem Krieg schnell die Versorgung mit Kohle sichern wollte. Der Ort war auf gutem Wege, sich zu einer „normalen" Bergbausiedlung zu entwickeln: 1959-60 überwinterten 158 Männer, 53 Frauen und 38 Kinder. Es gab allerdings Rückschläge: Die Kohlepreise auf dem Weltmarkt fielen in den späten 1950ern stark und der Ort wurde von einer Reihe von Grubenunglücken erschüttert, so am 19. März 1953 (19 Todesopfer) und am 05. November 1962 (21 Opfer). Der Verlust von etwa 10 % seiner Bevölkerung zu Beginn der Polarnacht in einer Zeit, als es noch keine Flugverbindung gab, traf die kleine Siedlung hart. Das Unglück führte 1963 zur endgültigen Aufgabe des Bergbaus sowie zum Rücktritt der norwegischen Regierung, die als Eigner der KBKC vor dem Unglück das Kapital kräftig aufgestockt hatte. Es dauerte aber nicht lange, bis neue Nutzungsmöglichkeiten für den alten Minenort gefunden wurden. Gute Erreichbarkeit in einer sehr polnahen Lage und die bereits vorhandene Infrastruktur prädestinierten die Siedlung als Standort für Antennen zum Empfang von Satelliten in Polumlaufbahn, und 1964 wurde der Betrieb einer norwegischen Satelliten-Telemetriestation in Ny Ålesund beschlossen (Schließung 1974). Zusätzlich etablierten Franzosen und Engländer -zunächst vorübergehend - 1964-65 Forschungsbasen, und 1966 folgte ein norwegisches Nordlichtobservatorium. Ab 1968 schließlich betrieb das norwegische Polarinstitut ganzjährig Polarforschung. Damit war der Weg vorgezeichnet, den der Ort bis heute mit wachsender Intensität geht.

Stationen und Forschung:

- Ab 1968 ganzjährig Forschung durch das norwegische Polarinstitut (**NPI**), seit 1999 in der modernen **Sverdrup Station** beim Amundsen-Denkmal. U.a. Seismologie (Erdbebenstation), Erdmagnetismus, Nordlicht, Glaziologie (Gletscher), Ökologie, Umwelt-Monitoring (Umweltgifte in der Arktis). Seit 1989 Betrieb einer Messstation für Atmosphärenchemie (z.B. CO_2-Gehalt) auf dem **Zeppelinfjellet** in 470 m Höhe hinter dem Ort, die Station ist für Wissenschaftler per Lift erreichbar, aber nicht öffentlich zugänglich. Die neueste Einrichtung ist das **Marinlaboratorium** (Arctic Marine Laboratory) am Hafen. Zusätzlich zur eigenen Forschung koordiniert das NPI sämtliche Forschungsaktivitäten in Ny Ålesund.
- **Geodätische Station**: Vom Norwegischen Vermessungsinstitut ganzjährig betriebene Antennen am Flugplatz für hochpräzise, globale Vermessungszwecke (Referenzsysteme für Geodäsie, direkte Messung plattentektonischer Prozesse etc.). Die Station wird zum Brandalspynten (die flache Landzunge westlich von Ny Ålesund) verlegt.
- **SvalRak**: Startplatz für wissenschaftliche Raketen (Erforschung der hohen Atmosphäre, Nordlicht).

- **Koldewey Station**: 1991 im Blauen Haus vom Alfred-Wegener-Institut (**AWI**) eingerichtet. 1994 folgte die Einrichtung eines Forschungslasers zur Erforschung der Atmosphärenchemie (z.B. Ausdünnung der stratosphärischen Ozonschicht, also das berühmte „Ozonloch" in der Arktis) in einem speziellen Gebäude mit Kuppeldach in der Nähe des Hundehofes (**NDSC**-Station, Global Network for Detection of Stratospheric Change).
- **Rabot Station**: Ab 1999 durch das französische Institut Polaire Français Paul Emile Victor (**IPEV**) betrieben.
- Seit 2003 betreiben AWI und IPEV ihre Einrichtungen in Ny Ålesund als gemeinschaftliche wissenschaftliche Basis **AWIPEV**, primäres Forschungsfeld ist die Atmosphäre mit Schwerpunkt auf Änderungen der Stratosphäre (NDSC-Station).
- 1991 etablierte das **japanische National Institute for Polar Research (NIPR)** eine Station beim Flugplatz (Atmosphären-, Gletscherforschung).
- Ebenfalls 1991 bezogen die **Engländer** vom **Natural Environment Research Council (NERC)** ihre Station und erweiterten diese bereits 1992 mit dem zusätzlichen **Harland House** (Schwerpunkt ist v.a. Ökosystemforschung vor dem Hintergrund von Klimaänderungen).
- 1995 zogen holländische Biologen von der Universität Groningen in die gelbbraunen „London-Häuser" ein, um den Weißwangengänsen auf den Pelz zu rücken und den Stoffkreislauf der Tundra zu verstehen.
- Ab 1997 folgte **Italiens Consiglio Nazionale delle Ricerche (CNR)** mit seiner Station **Dirigibile Italia**.
- 2002 begann **Südkorea** mit seiner **DASAN-Station (**Meeresbiologie, Glaziologie, Atmosphärenphysik).
- 2003 bezog die **Chinese Arctic and Antarctic Administration (CAAA)** in guter Nachbarschaft zu Südkorea seine **Yellow-River-Station**.
- Im Juli 2008 wurde die **indische Himadri Station** eröffnet, Schwerpunkt ist die Erforschung von Klimaänderungen.
- **Italien** betreibt seit 2009 einen 30 m hohen Messmast, genannt **„Amundsen-Nobile Climate Change Tower"**.

Eine Reihe dieser Stationen unterhält Webseiten im Internet. Links gibt es auf der Webseite des Verfassers (www.spitzbergen.de). Im Herbst 2012 hat die norwegische Regierung angekündigt, ein neues Gebäude für eine tschechische Station zu bauen. Überhaupt wurde in jüngerer Vergangenheit viel in die Infrastruktur investiert, was allerdings auch mit sich bringt, dass Ny Ålesund streckenweise einen gewissen Baustellencharakter hat.

Ortsnamen: siehe Abschnitt 6.4 *Kongsfjord*.

Geologie: Die Brøggerhalvøya auf der Südseite des Kongsfjord besteht aus einem komplizierten Mosaik. Im Wesentlichen bauen permokarbone Karbonatgesteine den Westteil und Schiefer des Grundgebirges den Ostteil der Brøggerhalvøya auf. Die alttertiären Sedimente, in denen die Kohleflöze zu finden sind, bilden mehrere kleine tektonische Blöcke in der Ebene südöstlich von Ny Ålesund.

Die ganze Gegend ist stark tektonisch beeinflusst, auch die Brøggerhalvøya ist von mehreren Störungen durchzogen. Die Schichten stehen teilweise deutlich sichtbar steil, und selbst das zunächst scheinbar undeformierte Scheteligfjellet westlich des Ortes ist von einer Überschiebungsbahn durchzogen, so dass die permokarbonen Karbonatschichten gleich zweimal übereinander liegen.

Landschaft: Vom Kongsfjord wird gesagt, dass er der schönste Fjord Spitzbergens sei (wie auch viele der anderen Fjorde. Das ist etwa so wie mit den Wasserfällen auf Island, von denen auch jeder der schönste ist). Bei Ny Ålesund befindet sich eine flache Küstenebene von etwa 2 km Breite zwischen dem Fjordufer und den Bergen, die sich im Westen rasch zur weitläufigen Kvadehuksletta verbreitert. Direkt hinter Ny Ålesund erhebt sich eine ganze Bergkette mit Höhen bis 785 m sowie mehrere kräftig schrumpfende Gletscher, die Brøggerbreane (2 Gletscher) und Lovénbreane (3 Gletscher östlich von Ny Ålesund).

Flora und Fauna: Die Tundra erstreckt sich über die gesamte Küstenebene bei Ny Ålesund. Der Rentierbestand ist lokal zusammengebrochen, aber 1978 wurden 15 Rentiere aus dem Isfjordgebiet auf der Brøggerhalvøya ausgesetzt, die sich seitdem gut vermehrt haben.

Auf den im Inland gelegenen Steilklippen der Brøggerhalvøya gibt es eine ganze Reihe Seevogelkolonien mit Dreizehenmöwen, Eissturmvögeln und Lummen.

Ny Ålesund hat faunistisch einiges zu bieten. Durch den Ort spazieren manchmal Rentiere und oft Weißwangengänse, zu deren Leidwesen es sich zeitweilig eine Eisfuchsfamilie unter den Häusern gemütlich eingerichtet hatte, die vermutlich umgezogen ist, zur Freude der niederländischen Gänseforscher, deren Forschungsobjekte allzu oft von den Füchsen gefressen worden waren. An den Wasserflächen beim Ort findet sich ein reiches Vogelleben, mit Eiderenten, Prachteiderenten, Eisenten, Thorshühnchen und Meerstrandläufern. Eine Attraktion für Vogelbeobachter ist die Elfenbeinmöwe, die man mit Glück am Hundehof sehen kann.

Sonstiges: Besucher müssen eine Gebühr von 83 NOK pro Person sowie eine saftige Hafen- oder Ankergebühr entrichten (für Schiffspassagiere im Reisepreis inbegriffen). Ny Ålesund harbour master, Kings Bay AS, 9173 Ny-Ålesund, Norwegen. Telefon +47 7902 72-00, -40. Email harbour@kingsbay.no, Internet www.kingsbay.no.

6.4.2 INNERER KONGSFJORD

Allgemein: Wenn zu lesen ist, der Kongsfjord sei der schönste Fjord Spitzbergens, dann bezieht sich das auf den inneren Bereich. Die kleinen Inseln Lovénøyane sind als Vogelreservat geschützt (Annäherung und Betreten verboten 15. Mai - 15. August), das Ossian Sarsfjellet ist ein Naturreservat, als Sonderregelung ist dort Zelten verboten. Karte siehe Abschnitt 6.4 *Kongsfjord*.

Ortsnamen: siehe Abschnitt 6.4 *Kongsfjord*.

Geologie: Abwechslungsreich; vor allem die Berge im vergletscherten Hinterland bilden ein farbenfrohes, ästhetisch ansprechendes Mosaik mit auch für Laien zumindest in groben Zügen deutlich erkennbaren geologischen Einheiten. Folgende Gesteine sind in verschiedenen Bergen erkennbar (von jung nach alt):

- Sedimente, v.a. Karbonate, aus dem Karbon und Perm. Diese Gesteine sind deutlich geschichtet und bräunlich-gelblich.
- Old Red: rötliche Sandsteine und Konglomerate aus dem Devon.
- Grundgebirge: schwach- bis mittelstark metamorphe Sedimente (Quarzit, verschiedene Schiefer, Marmor). Schichtung nicht oder nur schwach ausgeprägt, grau oder dunkelbraun.

Während der tektonischen Geschichte inklusive der jüngsten Faltungen während der Öffnung des Nordatlantiks in der Oberkreide wurden diese Gesteine in verschiedenen Blöcken umhergeschoben, so dass diese nun in einem Muster auf- und nebeneinander liegen, das mit der ursprünglichen Lagerung nichts mehr zu tun hat. Stellenweise sind sehr schöne Falten und Störungen in den Berghängen erkennbar.

Landschaft: Die Geologie prägt die imposante Bergkulisse, und darüber hinaus sind es die Gletscher, welche die Aufmerksamkeit auf sich ziehen. 4 große Gletscher kalben in den inneren Fjord: im Süden Kongsvegen und Kronebreen mit einer (noch) gemeinsamen Abbruchkante; Kongsbreen zwischen Collettøgda und Ossian Sarsfjellet; nördlich davon der Conwaybreen. Sämtliche Gletscher haben in den letzten Jahrzehnten massiv an Volumen und Ausdehnung verloren, ein Trend, der sich jüngst noch verstärkt. Besonders auffällig sind die von zerriebenem Old Red-Gestein kräftigrot gefärbten Schmelzwassermassen, die südlich des Collettøgda unter dem Kronebreen hervorquellen. Und mit Glück sieht und hört man sogar, wie Eisberge von einer Gletscherkante abbrechen.

Flora und Fauna: Tundrabereiche gibt es im inneren Kongsfjord nicht viele, dafür große, karge Moränenlandschaften auf Landflächen, die in den letzten Jahrhunderten von Gletschern bedeckt waren. Mit dichter Tundravegetation bedeckt sind die Lovénøyane. Dort brüten Weißwangengänse und Eiderenten in großer Zahl und werden dabei von den Biologen aus Ny Ålesund studiert, die in den letzten Jahren einen merkbaren Rückgang dieser Gänse beobachtet haben. Am Ossian Sarsfjellet gibt es Brutkolonien mit Dickschnabellummen und Dreizehenmöwen und kleine Tundrabereiche mit seltenen Pflanzenarten.

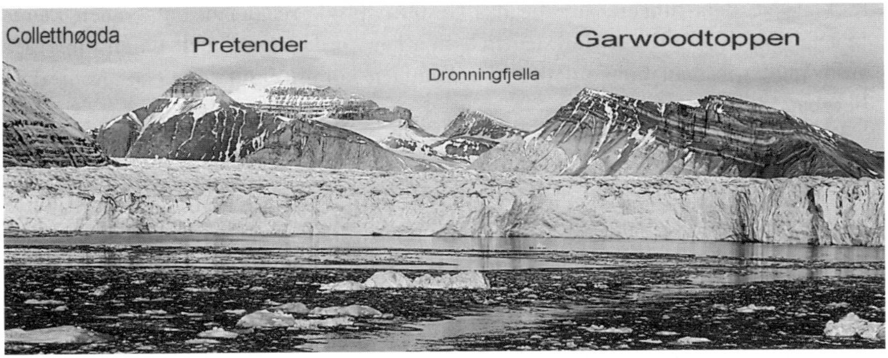

Die Berge im Hinterland der Kronebreen-/Kongsvegen-Gletscher.

Geschichte: Die Geologie und Gletscherwelt wurde im 20. Jahrhundert vielfach von Wissenschaftlern untersucht. Am Ufer der Brøggerhalvøya, auf der Höhe des Grønlietoppen, zeugt eine waggonähnliche Hütte von gletscherkundlichen Expeditionen ostdeutscher Forscher, zunächst 1962 und 1964-65 sogar mit Überwinterung.

Auf Storholmen, der westlichsten und größten Insel der Lovénøyane, hat Ernest Mansfields Northern Exploration Company (NEC) eine Hütte gebaut, um zwischen 1910 und 1920 die Marmorvorkommen zu erkunden (siehe Abschnitt 6.4.3 *Blomstrandhalvøya*). Diese Hütte diente Kurt Wegener 1913 als Ausgangspunkt für seine Expedition, um der verschollenen Schröder-Stranz-Expedition zur Hilfe zu kommen (s. Abschnitt 5.5 *Frühe Expeditionen*). Eine weitere NEC-Hütte steht auf dem Juttaholmen.

6.4.3 BLOMSTRANDHALVØYA

Allgemein: Der Name Blomstrandhalvøya ist heute in doppelter Hinsicht irreführend. Erstens hat der Name „Blomstrand“ nichts mit einem blumenübersähten Ufer zu tun, sondern ist in Erinnerung an einen schwedischen Chemiker aus dem 19. Jahrhundert vergeben worden, zweitens handelt es sich bei der „halvøya“ nicht mehr um eine Halbinsel, sondern um eine Insel, da sich der nördlich gelegene Gletscher Blomstrandbreen zurückgezogen und die Verbindung zur Blomstrandhalvøya verloren hat. Noch in den frühen 1990er Jahren bestand die Verbindung zwischen Gletscher und Insel.

Gegenüber von Ny Ålesund gelegen, wird die Blomstrandhalvøya gerne und oft besucht, da sie in vielerlei Hinsicht attraktiv ist: Sowohl Tier- und Pflanzenwelt als auch die Geschichte locken jeweils mit diversen Besonderheiten, und darüber hinaus gibt es schöne Möglichkeiten für Spaziergänge und Wanderungen vor landschaftlich schöner Kulisse.

Auf der Nordseite der Blomstrandhalvøya befindet sich das Vogelreservat Blomstrandhamna, das die kleinen Inseln Breøyane umfasst (Annäherungs- und Betretungsverbot 15. Mai - 15. August).

Geologie: Fast ausschließlich Marmore des Grundgebirges, vermutlich mittelproterozoischen Alters, also gut eine Milliarde Jahre alt. Der Metamorphosegrad ist aber nicht besonders hoch, so dass der graue Kalkstein eher schwach verbacken ist. Durch tektonische Belastungen, auf die das Gestein spröde reagierte, entstanden kleine Brüche und Risse. Diese sind deutlich sichtbar, so dass sich auch Laien die Frage aufdrängt, wie man hier auf die Idee kommen konnte, umfangreiches Kapital in Bergbau zu investieren.

Kleine, aber farblich deutlich abgesetzte „Taschen“ in den oberen Hangbereichen bestehen aus devonischem Old Red, das tektonisch in das Grundgebirge hineingeknetet worden ist. Auffällig sind die vielen Findlinge, die überall auf der Blomstrandhalvøya herumliegen. Eiszeitliche Gletscher brachten sie aus dem östlich des Kongsfjord gelegenen Inland und ließen sie liegen, als sie vor über 10 000 Jahren die Blomstrandhalvøya freigaben. Die Findlinge bestehen teilweise aus Phyllit, einer Art Schiefer, der in diesem Fall versteinertem Holz täuschend ähnlich sieht, und gelegentlich aus Old Red Brekkzien.

Landschaft: Die Blomstrandhalvøya besteht aus Felshügeln, denen man leicht ansieht, dass sie von eiszeitlichen Gletschern abgeschliffen wurden. Zwischen den Felspartien gibt es kleinräumig flache Bereiche mit Tundra, hier und da mit schönen Steinringen. Auffällig sind die vielen Findlinge.
Flora und Fauna: Große Flächenanteile der unvergletscherten Blomstrandhalvøya bestehen aus unbewachsenen Felspartien, stellenweise findet sich aber eine recht artenreiche Vegetation. Früh im Sommer färbt der Rote Steinbrech die Tundra schwach violett, während im August der sonst nicht gerade häufige Fetthennensteinbrech zahlreich blüht. Häufig sind auch das Vierkantige Heidekraut und die Silberwurz. Beide sind Charakterpflanzen für die „mittelarktische" Tundra der klimatisch relativ milden Westküste sowie für kalkhaltigen Boden. Auch faunistisch hat die Blomstrandhalvøya einiges zu bieten. Eisfüchse und Rentiere lassen sich immer wieder blicken, und bei den kleinen Tundraseen brüten Sterntaucher. Diese sind sehr scheu, daher ist große Vorsicht notwendig! Fotos sind, wenn überhaupt, dann nur mit sehr langen Brennweiten möglich.

Mit etwas Glück deutlich einfacher zu fotografieren ist aber die Hauptattraktion: Die Umgebung der alten Hütten von Ny London ist das einzige bekannte Brutgebiet der Falkenraubmöwe in Spitzbergen. Gelegentlich ist dieser Vogel so neugierig, dass er sich auf wenige Meter nähert.
Geschichte: Die klassische Landestelle auf der Blomstrandhalvøya ist die kleine Bucht Peirsonhamna auf der Südseite. Hinter dem Strand stößt man auf 2 Hütten, Fundamente und diverse andere Kulturdenkmäler, darunter ein kurzer Schienenstrang mit Dampfkesseln, mit denen Bohrer zur geologischen Erkundung betrieben werden sollten. Es war die Northern Exploration Company (NEC) des arktisbegeisterten Engländers **Ernest Mansfield**, die hier zwischen 1910 und 1920 große Summen investierte, um Marmor abzubauen, dann aber erkennen musste, dass der Marmor zwar tatsächlich in großen Mengen vorhanden, aber leider völlig wertlos war: Aufgrund der vielen Risse ist er instabil und zerfällt.

Bis zu 60 Menschen haben im Sommer gearbeitet, um die kleine Grubensiedlung „London" zu errichten und Probebergbau zu betreiben. Später wurden mehrere der Häuser abgerissen und in Ny Ålesund wieder aufgebaut (London-Häuser).

Der Bergbauversuch auf der Blomstrandhalvøya war einer der umfangreichsten der „goldrauschartigen" frühen Bergbauphase Spitzbergens, insbesondere der NEC. Die Gebäude und Anlagen stehen unter gesetzlichem Schutz, nichts darf verändert oder gar mitgenommen werden. Dennoch haben die Überreste durch die Besucher der jüngeren Vergangenheit deutlich gelitten. Tragen Sie dazu bei, alles so zu erhalten, wie es ist; achten Sie insbesondere darauf, auf nichts zu treten, auch nicht auf robust erscheinende Bretter (etwa im Bereich der Dampfbohrmaschinen auf dem kleinen Schienenstrang).

Heute werden die beiden noch stehenden Gebäude von den Bewohnern Ny Ålesunds zu Forschungs- und Freizeitzwecken gepflegt und verwendet.

6.5 KROSSFJORD

Wie eine blaugrüne Ader schneidet das Meer zwischen Fels und Eis ein. Große Gletscher mit weißen und eisblauen gähnenden Spalten senken sich zur blaugrünen Fläche herab. Schwarzblaue Berge türmen sich zwischen den Gletschern höher und höher empor und verschwinden weit landeinwärts in der Nebelkappe, die sich über die Gipfel wälzt.

Fridtjof Nansen, *Spitzbergen* (1921)

Allgemein: Der gut 30 km lange und 5 km breite, mehrfach verzweigte Krossfjord teilt sich die Mündung mit dem Kongsfjord. Landschaftlich und biologisch attraktiv, historisch interessant und mit gut geschützten Buchten, ist der Krossfjord mit seinen Verzweigungen ein häufig besuchtes Ziel.

Der gesamte Krossfjord gehört zum Nordwest Spitzbergen Nationalpark, bei Kapp Guissez befindet sich ein Vogelreservat (Annäherung und Betreten verboten 15. Mai - 15. August). Enjalbalstranda, der Strand mit den historischen Relikten am Ebeltoftodden auf der Südseite von Ebeltofthamna, ist seit 2010 für Besucher gesperrt.
Ortsnamen: Kong Haakons Halvøy: Håkon VII (1872-1957), ab 1905 König von Norwegen. **Kollerfjord:** Alfred K. (geb. 1878), Teilnehmer zahlreicher Spitzbergen-Expeditionen ab 1906. **Krossfjord:** „Kreuzbucht". Der englische Walfänger Jonas Poole stellte 1610 beim Fjordeingang ein Kreuz auf. **Möllerfjord:** Didrik M. (1830-96), schwedischer Astronom. **Lilliehöökfjord:** vermutlich nach Gustaf Bertil L. (1836-99), 1861 mit Torell in Spitzbergen. **Weitere Ortsnamen:** siehe Abschnitt Geschichte.
Geologie: Größtenteils ist der Krossfjord mit seinen Verzweigungen von mittelproterozoischen, also über eine Milliarde Jahre alten, schieferartigen Gesteinen umgeben: Schiefer, Glimmerschiefer, Phyllit, untergeordnet Quarzite. Zusätzlich gibt es stellenweise Marmor wie auf der Blomstrandhalvøya im Kongsfjord, aber nicht an den „üblichen" Landeplätzen. Östlich des Möllerfjord beginnt im Inland das Gneis- und Granitgebiet Nordwestspitzbergens mit schroff-alpinen Gipfeln, die deutlich höher sind als die unmittelbare Umgebung des Krossfjord, welche aus eher weichen Schiefern besteht. Östlich des Krossfjord

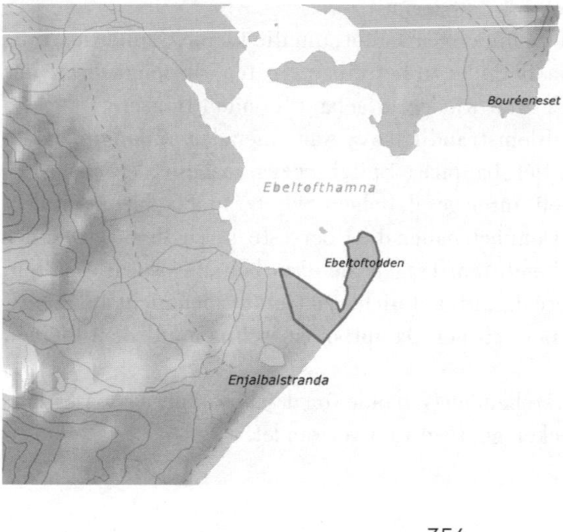

Der geschützte historische Bereich am Ebeltoftodden. Hier gilt ganzjährig „Betreten verboten".

Karte © Sysselmannen på Svalbard.

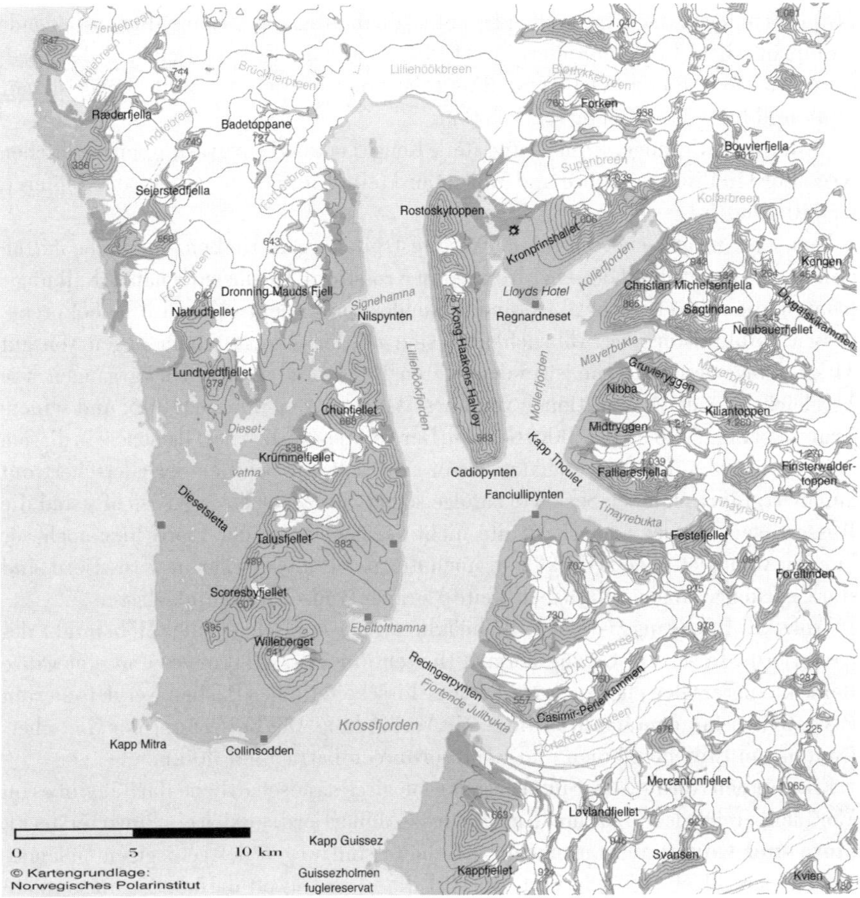

bzw. Möllerfjord verlaufen große Überschiebungsbahnen gut sichtbar diagonal durch die Hänge (Fjortende Julibukta, Tinayrebukta), ein deutliches Zeichen für die „Krustenverkürzung“ (Stauchung) während tektonischer Bewegungen. Diese fanden vor etwa 100 Millionen Jahren statt, in der Frühphase der Atlantik-Öffnung.

Landschaft: Diese ist überwiegend steil und gebirgig, das einzige nennenswerte unvergletscherte Flachland befindet sich an der Außenküste westlich vom Krossfjord, wo sich auch die einzigen Seen der Region befinden. Ansonsten steigt das Land fast überall mehr oder weniger steil von der Küste auf. Die meisten Berge sind

500-800 m hoch, die höchsten Gipfel in Fjordnähe sind das gleichmäßig ansteigende Kronprins Olavs Fjell am Kollerfjord (1 006 m) und die Fallièresfjella auf der Nordseite der Tinayrebukta (1 025 m). Das Inland nordöstlich des Möllerfjord ist sehr alpin und hat viele Gipfel über 1 000 m.

Auffällig ist die lange, schmale und steile Kong Haakons Halvøya, die den nördlichen Krossfjord in Lilliehöökfjord und Möllerfjord teilt. Ihr höchster Gipfel, das Septeret, ist 710 m hoch.

Vom stark vergletscherten Inland Nordwestspitzbergens fließen eine Reihe mittelgroßer und ein großer Gletscher hinab zum Krossfjord. Die meisten haben Kalbungsfronten, die zeitweise sehr aktiv sind. Besonders prominent ist der Lilliehöökbreen, dessen halbkreisförmige Abbruchkante sich mittlerweile in einem Bogen von gut 11 km Länge erstreckt. Sie ist in den letzten 100 Jahren stark zurückgegangen, wie Vergleichsfotos der Expeditionen von Fürst Albert I. von Monaco (1906) und seinem Ururenkel Fürst Albert II. (2006) belegen. Der Volumenverlust des Gletschers in diesem Zeitraum wird auf 40 % geschätzt. Wenn man sich mit Schiffen der Gletscherfront annähert, fährt man der Seekarte zufolge schon „im Gletscher": Wie so oft, sind die Wassertiefen vor der Gletscherkante nicht vermessen, da der Fjord hier noch vor kurzem vom Gletscher bedeckt war. Auch die anderen Gletscher im Krossfjord sind stark zurückgegangen und haben weite Moränenlandschaften hinterlassen.

Trotz des Rückgangs ist der Lilliehöökbreen ein landschaftlicher Höhepunkt des Krossfjords. In seinem Einzugsbereich fließen ihm etwa 10 größere und eine ganze Reihe kleinerer Gletscher zu, und über eine Eisscheide (einen flachen, vergletscherten Pass) steht er mit dem Raudfjordbreen in Verbindung. Die Entfernung der Gletscherfronten von Lilliehöökbreen und Raudfjordbreen beträgt gut 30 km.

Eine für den Nordwesten Spitzbergens geologisch-landschaftliche Rarität gibt es im Moränenbereich des Supanbreen nördlich des Möllerfjord, wo sich ein Pingo versteckt.

Flora und Fauna: Vegetationsreiche Gebiete sind wegen des gebirgigen Geländes auf kleinere Flächen beschränkt. Dort ist die Pflanzenwelt dafür aber umso reichhaltiger. Dafür sind mehrere Faktoren verantwortlich: das relativ günstige Klima in den Fjorden der zentralen Westküste, leicht verwitternde Schiefer im Untergrund, lokal Düngung durch Vogelfelsen und eine geringe Anzahl von Rentieren. Sowohl Moose und Flechten als auch Blütenpflanzen wachsen an bestimmten Stellen jeweils in zahlreichen Arten und erreichen eine für Spitzbergen-Verhältnisse beachtliche Größe. An einigen Stellen in der Nähe von Vogelfelsen kann man schon beinahe von „hängenden Gärten" sprechen, etwa auf der Nordseite der Fjortende Julibukta. Dort kann man Arten wie den Nickenden Steinbrech, Schnee- und Habichtskrautblättriger Steinbrech, Polarlöwenzahn, Stengelloses Leimkraut und andere sehen. Wichtig: Trittschäden auf empfindlichen Hängen und Flächen vermeiden!

Auf etwas größeren Tundraflächen, die nicht in unmittelbarer Nähe von Vogelkolonien liegen, dominieren „mittelarktische" Artenzusammensetzungen mit Vierkantigem Heidekraut und Silberwurz als Charakterpflanzen.

Die Moose und Flechten sind in Ebeltofthamna und Signehamna besonders kräftig und geben der Tundra ein fleckenhaftes Muster in allen möglichen Grün- und Brauntönen.

Faunistisch ist vor allem die Vogelwelt interessant. An steilen Felsen gibt es eine ganze Reihe von Seevogelkolonien, von denen die meisten aber recht weit oben an den Hängen sind. Auf Kong Haakons Halvøya brüten große Mengen Dickschnabellummen; an der Südspitze der Halbinsel (Cadiopynten) auch kurz über Meereshöhe, zusammen mit einigen Papageitauchern. In der Fjortende Julibukta befindet sich ein kleiner Vogelfelsen in Ufernähe, auf dem Dickschnabellummen, einige Eismöwen und als Besonderheit 1 oder 2 Tordalkenpaare sowie ein paar Papageitaucher brüten. Die Chancen stehen also gut, wenigstens im Vorbeiflug einen zu sehen. Oben auf den Klippen und auf der Tundra brüten Gänse, die leicht gestört werden können - Abstand und Rücksicht sind notwendig!

Geschichte: Die Geschichte ist im Krossfjord fast so bunt wie die Vegetation. 1906 und 1907 hielt sich **Fürst Albert I. von Monaco** während seiner Sommer-Expeditionen in der Gegend auf. Für topographische Kartierungen war der Norweger **Gunnar Isachsen** zuständig, und um die Ozeanographie kümmerte der Fürst sich selbst, seinen wissenschaftlichen Interessen entsprechend. Der Krossfjord verdankt diesen fürstlichen Forschungsreisen eine ganze Reihe von **Ortsnamen**: Der **Grimalditoppen** (802 m) beim Kapp Guissez ist nach der Familie der Fürsten von Monaco benannt, die **Fjortende Julibukta** („14. Juli-Bucht") nach dem französischen Nationalfeiertag, die **Tinayrebukta** nach Jean Paul Louis Tinayre, dem Maler der Expedition, und **Cadiopynten** nach dem Matrosen Joseph Cadio. Die Bucht **Signehamna** erinnert an die Frau von Isachsen.

Während der **Zeppelin-Expedition** (1910) und der nachfolgenden deutschen Expedition von 1912 wurde Gelände in Besitz genommen, das für den Betrieb von Luftschiffen und Forschungsstationen als geeignet betrachtet wurde; darunter fiel ein großer Teil der Umgebung des Krossfjord. Im innersten **Möllerfjord**, am **Renardpynten**, der 1910 während der Zeppelin-Expedition in Besitz genommen und 1912 dem Norddeutschen Lloyd übertragen worden war, befindet sich **Lloyds Hotel**, gebaut 1912 oder 1925. Außen knallig-orange angemalt, mit 5 Sternen und einer reichen Auswahl von Schildern, die an viele Besuche von überwiegend deutschen Kreuzfahrtschiffen während des 20. Jahrhunderts erinnern, ist es Dank der grandiosen Landschaft immer noch ein beliebtes und schönes Ziel.

Südlich der **Tinayrebukta** befindet sich „Camp Zoe", eine kleine Hütte, die „Eisbärenkönig" **Henry Rudi** 1911 für die NEC gebaut hat. Die Hütte ist nach der Tochter des NEC-Chefs Ernest Mansfield benannt und wird heute gelegentlich von Wissenschaftlern aus Ny Ålesund genutzt.

In **Signehamna** wird man an ein finsteres Kapitel der Weltgeschichte erinnert. Hinter einer kleinen Anhöhe befand sich 1941-42 die deutsche Marine-Wetterstation „Knospe" und am gleichen Standort 1942-43 die Station „Nussbaum". Während die erste Überwinterung ohne Zwischenfälle verlief, wurde „Nussbaum" im Frühjahr 1943 entdeckt. Bei einem Schusswechsel an Land starb ein Deutscher. Kurz darauf versenkte das deutsche U-Boot, das die Wetterfunker an der Außenküste abgeholt hatte, in Signehamna das norwegische Boot, wobei ein norwegischer Soldat ertrank. Reste der Wetterstation sind heute noch zu sehen, wenn auch Vieles im Laufe der Jahre geklaut wurde, vor allem sämtliche Gegenstände mit Hakenkreuzen.

In **Ebeltofthamna** befindet sich ein arktisches Freilichtmuseum mit Überresten aus vielen Kapiteln der Geschichte Spitzbergens, wenn deren Überreste hier auch alle sehr unscheinbar sind (für die Südseite der Bucht besteht seit 2010 Besuchsverbot). Im 17. Jahrhundert betrieben Walfänger, vermutlich aus England, eine Trankocherei mit Specköfen, nicht weit entfernt liegt auch ein kleines Gräberfeld. Später hatten Pomoren dort eine Jagdstation, und sehr frühe norwegische Überwinterungen in den 1820er Jahren haben möglicherweise dort stattgefunden.

Auch im frühen 20. Jahrhundert überwinterten in Ebeltofthamna mehrfach norwegische Jäger, die für ihre Anwesenheit auf dem NEC-Claim ein kleines zusätzliches Gehalt als Wächter kassierten. Der letzte Jäger überwinterte vor dem Zweiten Weltkrieg in Ebeltofthamna. Ihm gefiel es so gut, dass er dort gleich 5 Winter allein verbrachte.

1912-1914 stand auf der Nordseite der Bucht **Das Deutsche Obervatorium**. Im Auftrag des Grafen Zeppelin sollten meteorologische Beobachtungen gemacht werden, um zu untersuchen, ob Spitzbergen für Luftschiff-Expeditionen geeignet sein könnte; letztlich verhinderte der Erste Weltkrieg die Realisierung jeglicher Zeppelin-Expeditionen. Das Gebäude des Observatoriums wurde wahrscheinlich abgebaut und in Ny Ålesund weiterverwendet. Das Gerücht, dass es 1915 von einem britischen Kriegsschiff zerstört wurde, ist vermutlich deutsche Propaganda aus den Kriegsjahren.

6.6 DIE NÖRDLICHE WESTKÜSTE

Neben uns ... erhebt sich die senkrechte, fast glatte Wand des Adamsgletschers, und über seine Firnmulden und spaltigen Abstürze blicken wir bis zu einem zackigen Kamm, zwischen dessen Gipfeln sich der breite Strom des Gletschers sanft herabsenkt. ... Links schließt sich Gipfel an Gipfel, Gletscher an Gletscher; zunächst die zackigen Wände des Gullygletschers, umstarrt von einer Reihe abenteuerlicher Felsspitzen und weiter, tief in der Bucht drinnen der Absturz des vielarmigen Waggonwaygletschers, aus dessen Mitte sich eine steile, zackige Felsmasse erhebt, deren Gipfel in die klare Luft hineinragen.

Miethe & Hergesell, *Mit Zeppelin nach Spitzbergen* (1911)

Über den Magdalenefjord

6.6.1 DEI SJU ISFJELLA

Allgemein: Dabei handelt es sich um den Küstenstreifen zwischen Krossfjord und Hamburgbukta, genau genommen um die 7 größeren Gletscher dieser Region, die zum Nordwest Spitzbergen Nationalpark gehört. Passagierschiffe fahren regelmäßig vorbei, oft allerdings nachts auf der Passage vom Kongsfjord/Krossfjord nach Norden und in einiger Distanz. Dabei bietet sich immerhin ein beeindruckendes Berg- und

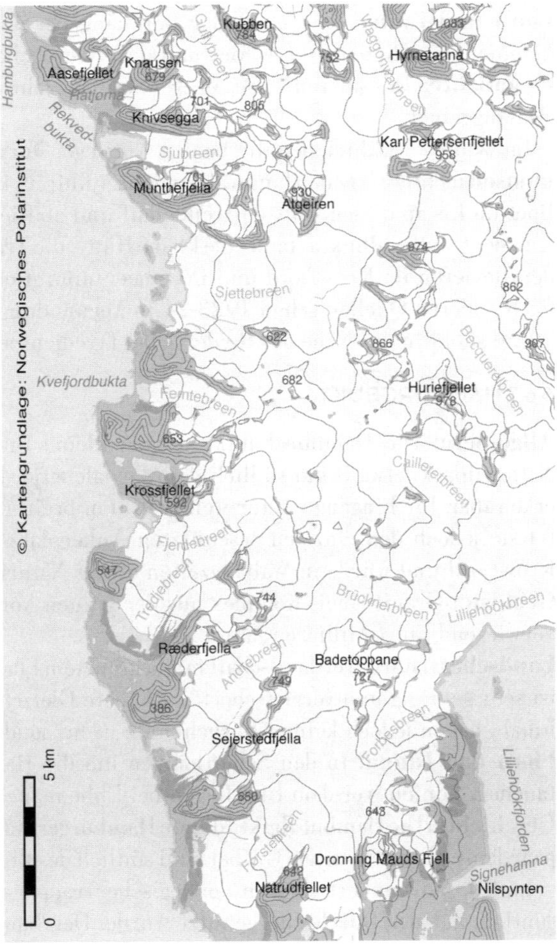

Gletscherpanorama vom Schiff aus. Es gibt kaum für Landgänge geeignete Stellen: Die Küstenlinie bietet fast keine geschützten Buchten und ist der stetigen Brandung des offenen Ozeans weitgehend ausgesetzt. Die Kvedfjordbukta bietet immerhin ein wenig Schutz von Süden.

Ortsnamen: Die Gletscher sind nach ihrer Reihenfolge von Süd nach Nord benannt: **Fyrstebreen** („Erster Gletscher"), **Andrebreen** („Zweiter Gletscher") usw. **Dei Sju Isfjella:** geht vermutlich auf Friedrich Martens' Bezeichnung „Sieben Eisberge" (1675) zurück. **Kvedfjordbukta:** S/S *Kvedfjord*, 1906 und 1907 Expeditionsschiff von Gunnar Isachsen.

Geologie: In der südlichen Hälfte besteht der Küstenstreifen aus relativ weichem Grundgebirgsgestein (Phyllit, Schiefer). Im nördlichen Abschnitt sind die Berge aus härteren Graniten und Gneisen des Grundgebirges aufgebaut (siehe Abschnitt 6.6.3 *Magdalenefjord*) und erreichen dort größere Höhen um 900 m.

Landschaft: Einen ungastlicheren Küstenstreifen kann man sich kaum vorstellen. Die Berge fallen fast überall steil zum Ufer hin ab. Von den 7 Gletschern erreichen allerdings nur noch die größten mit Abbruchkanten das Meer; aufgrund des allgemeinen Gletscherrückgangs bilden sich mehr und mehr Moränenstreifen zwischen den „Eisflüssen" und dem Meer. Dennoch ist der Anblick insgesamt sehr imposant.

Flora und Fauna: Im Schutt der Berghänge brüten zahlreiche Krabbentaucherkolonien, an Klippen gibt es hier und dort Seevogelkolonien, z.B. am Knoffberget.
Geschichte: Das angrenzende Meer war über Jahrhunderte hinweg ein wichtiges Walfanggebiet.

Im Winter 1922 trieben die beiden Norweger **Torgeir Møkleby** und **Harald Simonsen** mehrere Wochen lang während ihrer unfreiwilligen Odyssee in einem kleinen Boot im Eis an diesem Küstenstreifen auf und ab (siehe Abschnitt 6.7.2 *Danskøya*).

In der Kvedfjordbukta stand eine kleine Hütte, die **Trappern** als Bindeglied zwischen den Revieren im Krossfjord und im Smeerenburgfjord diente (Baujahr 1928, aber nach anderen Quellen schon 1923-24 in Verwendung). Eine weitere Hütte (Baujahr 1929) stand in der Nähe des Rœderfjellet (Tredjebreen).

6.6.2 HAMBURGBUKTA

Allgemein: Die Hamburgbukta ist eine kleine Bucht im Nordwest Spitzbergen Nationalpark, etwa 3 km südlich des Magdalenefjord. Sie ist vom Meer aus schwer erkennbar. Ihr Eingang ist nur wenige 100 m breit und 2 m flach, für Yachten bietet sie jedoch den einzigen geschützten Ankerplatz zwischen Magdalenefjord und Krossfjord und wurde in Walfangzeiten oft als Naturhafen genutzt.
Geologie: Granit-Gneis-Komplex aus der grauen Vorzeit des Grundgebirges, Alter vorwiegend um 1 Milliarde Jahre.
Landschaft: Karge Felslandschaft mit begrenztem Flachland an der Küste. Das Inland ist sehr gebirgig und vergletschert. 2 kleinere Gletscher fließen zur Hamburgbukta hinab, haben jedoch keine Abbruchkante mehr, sondern enden in einer Moräne.
Flora und Fauna: In den Schutthängen um die Hamburgbukta gibt es Krabbentaucherkolonien, vor dem Ufer liegen bei Ebbe manchmal Seehunde auf Steinen.
Geschichte: Die Hamburgbukta diente Hamburger Walfängern in den 1640ern für ein paar Jahre als Basis, einige Gräber sind südlich des Eingangs der Bucht noch sichtbar.

Im 20. Jahrhundert stellten norwegische Trapper 1912 eine Hütte auf, die gelegentlich auf der Durchreise genutzt wurde. Der Bau erfolgte ursprünglich für die englische Bergbaugesellschaft Northern Exploration Company. Zwischen 2005 und 2007 brach die Hütte weitgehend zusammen.

1912 wurde das Gelände um die Hamburgbukta von einer deutschen Expedition für den Norddeutschen Lloyd in Besitz genommen.

6.6.3 MAGDALENEFJORD

Allgemein: Der Magdalenefjord schneidet geradlinig etwa 10 km tief und 2-3 km breit ins Land ein. Da dieser Küstenabschnitt unter Golfstromeinfluss steht, ist der Magdalenefjord den größten Teil des Jahres zugänglich und friert im Winter nicht regelmäßig zu. Im mittleren Bereich, in der kleinen Bucht Trinityhamna hinter der Halbinsel Gravneset, gibt es einen gut geschützten Ankerplatz, der im 17. Jahrhundert oft von Walfängern genutzt wurde. Die Tiefenverhältnisse im Fjord erlauben auch großen Schiffen, bei Gravneset vor Anker zu gehen, so dass größere Kreuzfahrtschiffe

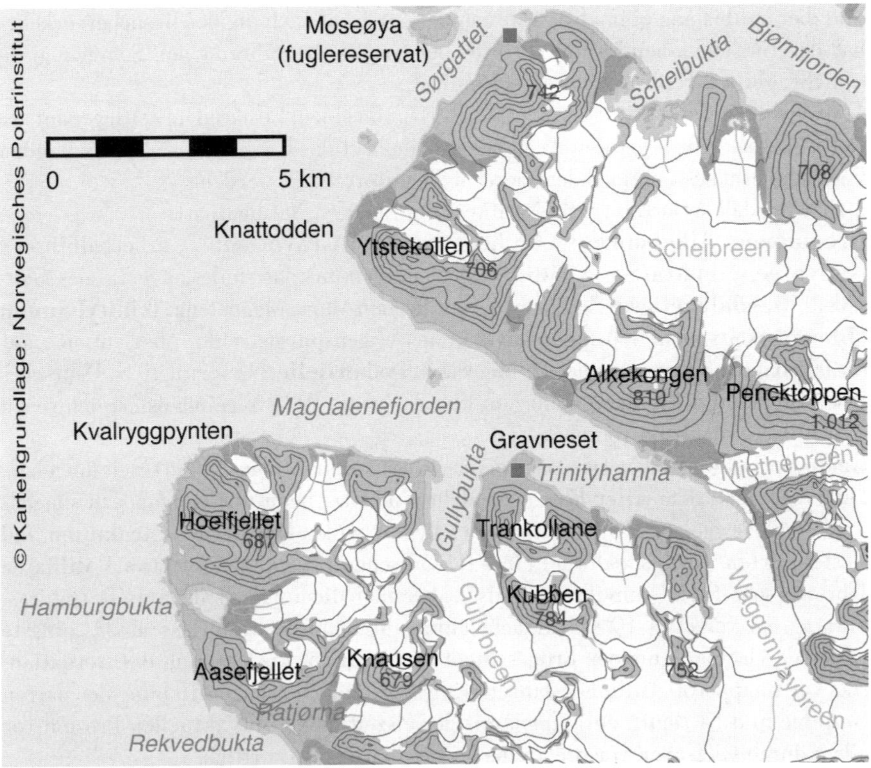

regelmäßig den Magdalenefjord besuchen, damit ihre Passagiere die alpin wirkende Berg- und Gletscherlandschaft sehen können. Dadurch ist Gravneset in der ganzen Inselgruppe Svalbard außerhalb der Siedlungen der Ort mit den meisten Besuchern, im Jahr 2001 wurden offiziell 17 227 Personen registriert (Durchschnitt: 15 000). Die meisten davon kommen an Bord von Schiffen mit mehreren 100 oder sogar über 1 000 Passagieren und machen außerhalb der Siedlungen nur 1 oder 2 Landgänge, so dass die Besucherzahl bei Gravneset diejenige des nächsten Ortes auf der „Hitliste" um ein Vielfaches übersteigt. Das wird sich wohl ändern, wenn ab 2015 das Schwerölverbot auch auf der Route in den Magdalenefjord gilt (siehe Abschnitt 3.2.2 *Kreuzfahrten*).

Um weitere Schäden an den durch Trittschäden und Diebstahl bereits erheblich in Mitleidenschaft gezogenen Kulturdenkmälern sowie der Vegetation auf Gravneset zu vermeiden, sind mehrere Bereiche seit 1996 kleinräumig abgezäunt, eine in

Spitzbergen bislang einmalige Maßnahme. Zur Überwachung des Besucherverkehrs hat der Sysselmannen in einer Hütte bei Gravneset während der Sommersaison üblicherweise 2 Feldinspektoren stationiert.

1977 wurde ein österreichischer Bergsteiger von einem Eisbären im Zeltlager auf der Nordseite des Fjords getötet. Auch heutzutage darf das Risiko eines überraschenden Eisbärenbesuches im Magdalenefjord nicht unterschätzt werden.

Der Magdalenefjord liegt im Nordwest Spitzbergen Nationalpark.

Ortsnamen: Alkekongen: „Krabbentaucher". **Gravneset:** „Gräberhalbinsel". **Gullybreen, -bukta:** Gully = Rinne, bezieht sich auf das steile, enge Tal des Gletschers. **Magdalenefjord:** Zu Ehren der biblischen Maria Magdalena. **Trinityhamna:** „Dreieinigkeitsbucht". **Waggonwaybreen:** „Wagenspurgletscher", bezieht sich auf die fahrbahnartig aussehende Mittelmoräne. **Tyskerfjellet:** Ursprünglich „Deutsches Eck", Ursprung des Namens nicht ganz klar, eventuell 1931 von einer österreichischen Bergsteigerexpedition vergeben.

Geologie: Der Magdalenefjord ist von Bergmassiven aus Migmatit und Gneis umgeben. Die Frage nach dem Alter lässt sich nicht eindeutig beantworten, sondern spiegelt die komplexe geologische Geschichte der Region wider. Die meisten Strukturen und Gesteinsarten wurden während eines tektonischen Ereignisses vor etwa 1 Milliarde Jahren geschaffen („Grenville-Ereignis"), aber auch die jüngere kaledonische Gebirgsbildung hat vor etwa 400 Millionen Jahren ihre Spuren hinterlassen. Das jüngste regionale Großereignis der Erdgeschichte schließlich, die Öffnung des Nordatlantiks vor knapp 100 Millionen Jahren, führte zu einer kräftigen Hebung der harten Gesteine und ist somit, zusammen mit der eiszeitlichen und aktuellen Erosion vor allem durch Gletscher, für die alpine Landschaft verantwortlich.

Landschaft: Die spektakuläre Landschaft ist die Hauptattraktion im Magdalenefjord und begeistert jeden Sommer tausende von Kreuzfahrtpassagieren, solange das Wetter mitspielt. Die Berge auf der Nordseite des Fjords sind 600-900 m hoch, auf der Südseite etwas niedriger. Die größten Gletscher sind der Hauptgletscher am Fjordende, der Waggonwaybreen, und der Gullybreen, der auf der Südseite des Fjords in eine kleine Seitenbucht fließt (Gullybukta). Abseits des Gravneset sind die Uferstreifen sehr steinig und das Gelände sonst steil und teilweise vergletschert.

Flora und Fauna: In den Schuttkegeln der unteren Hangbereiche rund um den Fjord brüten Krabbentaucher in großen Zahlen, vor allem beim Alkekongen auf der Nordseite. In der Nähe der Vogelkolonien gibt es kräftiggrüne Vegetationspolster mit viel Moos und den typischen Arten, welche an die extreme Guano-Zufuhr angepasst sind, Alpensäuerling und Gebräuchliches Löffelkraut. Auf alten Bildern ist zu sehen, dass auch die flache, sandige Halbinsel Gravneset einst von Vegetation bedeckt war, von der aufgrund von Trittschäden durch die zahlreichen Besucher heute jedoch fast nichts mehr übrig ist. Der Schaden ist aber kleinräumig.

Geschichte: Wahrscheinlich hat bereits **Willem Barentsz** 1596 den Magdalenefjord besucht und dort möglicherweise sogar eine Zeremonie zur Besitzergreifung des Landes für die Niederlande durchgeführt. 1614 ließ der Engländer **Robert Fotherby** ein

Kreuz auf Gravneset aufstellen und tat das gleiche wie Barentsz 18 Jahre vor ihm: Er nahm das Land in Besitz, dieses Mal allerdings für James I. von England.

Der Magdalenefjord ist neben seiner Landschaft auch für die Kulturdenkmäler aus der Zeit des Walfangs im frühen 17. Jahrhundert bekannt.

Die englischen **Walfänger** nannten den kleinen Naturhafen auf der Innenseite von Gravneset Trinityhama und unterhielten dort bis etwa 1623 eine Walfangstation, Reste von Speköfen sind noch sichtbar. Aus dieser Zeit stammt auch ein Gräberfeld, das mit insgesamt etwa 130 Grabstellen zu den 3 größten Walfänger-Friedhöfen Spitzbergens gehört. Das Gräberfeld war noch deutlich länger in Benutzung als die Speköfen, die letzten Toten wurden vermutlich gegen Ende des 18. Jahrhunderts begraben, als der Walfang längst auf offener See stattfand und Land nur noch zur Frischwasseraufnahme, für Reparaturen und zur Bestattung Verstorbener aufgesucht wurde. Nicht nur Unfälle, sondern vor allem Krankheiten wie Skorbut forderten immer wieder ihre Opfer, und meistens haben die Walfänger ihre toten Kameraden würdig an Land beigesetzt. Früher befanden sich hölzerne Kreuze mit schlichten Inschriften auf den Gräbern, diese sind im Laufe der Jahrhunderte jedoch alle verschwunden.

Die Frosthebung bringt im Laufe der Jahrhunderte größere Gegenstände wieder an die Oberfläche und macht dabei auch vor Särgen nicht Halt. Daher befinden sich die meisten Gräber in einem Zustand, den man andernorts als skandalös bezeichnen könnte: Sargbretter liegen an der Oberfläche, und Skelettreste wurden nicht nur von Eisbären, sondern früher auch von menschlichen Besuchern verstreut oder vielfach auch entwendet.

Auf der Nordseite, gegenüber des Fugleholmen, befindet sich die unscheinbare Ruine einer kleinen Trapperhütte (siehe Abschnitt 6.7.1 *Sørgattet*). Direkt daneben befand sich früher eine Pomorenhütte. Auch m Gravneset befand sich eine norwegische Trapperhütte (Baujahr 1930), von der aber nichts mehr zu sehen ist. Die sichtbare Hütte ist jüngen Datums und gehört dem Sysselmannen (Feldpolizei).

Eine Reihe von Expeditionen hat den Magdalenefjord besucht, wie etwa 1839 die **Recherche**-Expedition. An Bord befand sich auch Leonie D'Aunet, die Verlobte des Expeditionsmalers. Sie betrat am 31. Juli 1839 im Magdalenefjord als erste Frau spitzbergischen Boden. 1910 hielt die *Mainz*, das Schiff der Expedition des **Grafen Zeppelin**, sich eine Weile im Magdalenefjord auf und hinterließ dort mehrere Ortsnamen auf der Nordseite des innersten Fjordabschnitts: Miethebreen, Tyskerfjellet (ursprünglich „Deutsches Eck"), Pencktoppen. Die nachfolgende Expedition nahm das Gelände um den Magdalenefjord 1912 für den Norddeutschen Lloyd in Besitz.

Sonstiges: Das alpine Hinterland des Magdalenefjord, vor allem das Granitmassiv des Losvikfjella (1 095 m) direkt östlich des Waggonwaybreen und des Hornemanntoppen (1 097 m), war im 20. Jahrhundert mehrfach Ziel von Bergsteigerexpeditionen und ist für solche nach wie vor ein lohnenswertes Gebiet, nur aufgrund seiner Abgelegenheit schwer erreichbar.

6.7 DER NORDWESTEN SPITZBERGENS

Hier stand damals, vor mehr als 250 Jahren, eine ganze Stadt mit Läden und Straßen. Wohl 10 000 Menschen im Sommer mit dem Lärm von Backhäusern, Trankochereien, Spielerkneipen, von Schmieden und Werkstätten und Schänken und Tanzböden. An diesem flachen Strand wimmelte es von Booten mit Seeleuten, die eben von dem aufregenden Walfang kamen, und von Frauenzimmern in bunten Farben, die auf Männerfang ausgingen.

Fridtjof Nansen, *Spitzbergen*. (1921) Über Smeerenburg

Der Nordwesten Spitzbergens ist durch mehrere Sunde, tief eingeschnittene Fjorde und Inseln stark gegliedert und somit landschaftlich sehr abwechslungsreich: Hinter jeder Biegung wartet eine neue, schöne Aussicht mit schroffen Felshängen, die steil zum Meer hin abfallen, und großen Gletschern. Die Region war im 17. Jahrhundert das wichtigste Walfang-Gebiet Spitzbergens, so dass sich an vielen Orten noch Überreste aus jenen Zeiten finden. Auch später haben mehrfach bekannte Expeditionen hier ihr Arbeits- und Ausgangsgebiet gehabt.

Vor allem aufgrund der spektakulären Landschaft, aber auch wegen der historischen Orte, welche die Nordwestecke Spitzbergens zu einem großen, arktischen Freilichtmuseum machen, ist die Region seit Jahrzehnten ein beliebtes touristisches Ziel, und einige der bekanntesten Landeplätze wie Smeerenburg und Virgohamna liegen dort.

Die gesamte Region gehört zum Nordwest Spitzbergen Nationalpark, zusätzlich gibt es mehrere Vogelreservate (Skorpa und Moseøya im Südwesten der Danskøya) sowie seit 2010 Besuchsverbote für mehrere historische Orte (Likneset, Ytre Norskøya).

Glück mit dem Wetter gehört allerdings dazu: Der Nordwesten Spitzbergens ist eine windige, oft feuchte und kalte Ecke, und ein vollständiger Blick auf die Berge vom Fjord bis zu den Gipfeln ist beileibe keine Alltäglichkeit in dieser Region.

6.7.1 SØRGATTET, BJØRNFJORD, SMEERENBURGFJORD

Allgemein: Die nur wenige Kilometer lange Meeresstraße Sørgattet führt zwischen Spitzbergen und Danskøya vom offenen Meer zum Smeerenburgfjord, so dass dieser streng genommen kein Fjord, sondern ein Sund ist. Wegen der engen Passage, die durch Untiefen und eine kräftige Gezeitenströmung noch schwieriger gemacht wird, meiden größere Schiffe die Fahrt durch Sørgattet und fahren von Norden her in den Smeerenburgfjord ein.

Im westlichen Eingangsbereich zum Sørgattet befinden sich 2 Vogelreservate, Skorpa und Moseøya (Annäherungs- und Betretungsverbot 15. Mai - 15. August). Die gesamte Gegend gehört zum Nordwest Spitzbergen Nationalpark. Das Gräberfeld beim Likneset ist seit 2010 für Besucher gesperrt. Karte Abschnitt 6.7.2 *Danskøya*.
Ortsnamen: Aurivilliusfjellet: Karl Wilhelm Samuel A. (1854-99), schwedischer Zoologe. **Bjørnfjord:** „Bärenfjord". **Hornemanntoppen:** Hans Henrik H. (geb. 1878), Mitglied der Spitzbergen-Expedition von Albert I. von Monaco 1906.

Der geschützte historische Bereich am Likneset. Hier gilt ganzjährig „Betreten verboten".

Karte © Sysselmannen på Svalbard, mit freundlicher Genehmigung.

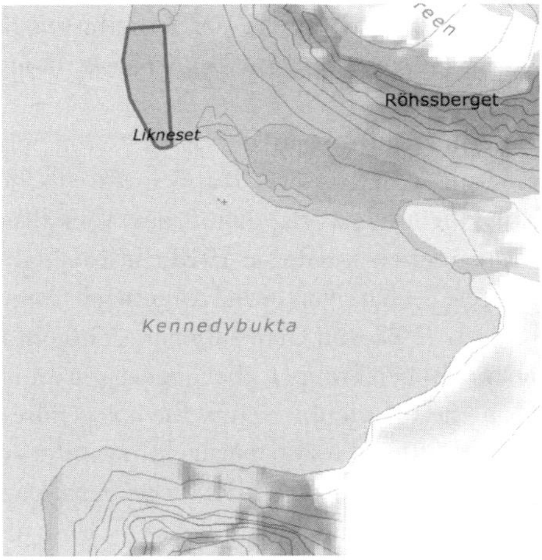

Likneset: „Leichenhalbinsel", nach dem Gräberfeld. **Scheibukta, -breen:** Per S. (1875-1905), norwegischer Geologe, Mitglied der zweiten *Fram*-Expedition (1898-1902) in den arktischen Norden Kanadas. In den Tagen der Walfänger hieß die Scheibukta noch Groote Vogel Baai (niederländisch: Große Vogelbucht). **Smeerenburgfjord:** nach Smeerenburg (siehe 6.7.3 *Amsterdamøya*). Früher: Mauritius Bay. **Sørgattet:** „Süd-Passage".

Geologie: Migmatite, Granite und Gneise des Grundgebirges, vorwiegend präkaledonisch mit Altern von 1 Milliarde Jahren (Grenville-Ereignis).

Im Inland südöstlich des Smeerenburgfjord/Bjørnfjord gibt es ein Massiv aus jüngerem Granit kaledonischen Alters (ca. 400 Millionen Jahre), dem sogenannten Hornemanntoppen-Granit. Dieser findet sich oft in Form eiszeitlicher Findlinge rund um den Smeerenburgfjord am Strand und gibt somit ein Zeugnis vom Umfang der eiszeitlichen Vergletscherung, welche die heutigen Fjorde völlig ausfüllte.

Landschaft: Das Relief ist steil, im Inland stark vergletschert, schroff und alpin. An der Küste sind die Landformen von eiszeitlichen Gletschern rund geschliffen. Flaches Land gibt es nur auf der Amsterdamøya und begrenzt auf der Danskøya, ansonsten ist das Gelände unwegsam und sehr steinig.

Der Bjørnfjord im innersten Smeerenburgfjord endet bei einem schönen Gletscher, dem Smeerenburgbreen. Da auch dieser sich jüngst kräftig zurückgezogen hat, ist der innerste Bereich auf der Seekarte ohne Tiefenangaben. Auf der Ostseite des Smeerenburgfjord gibt es eine Reihe weiterer Gletscher mit kleineren Abbruchkanten.

Im Inland südöstlich des Bjørnfjord gibt es im Bereich des Hornemanntoppen-Granites hochalpine Landschaften mit schroffen Graten und steilen Gipfeln - ein Bergsteiger-Paradies, nur sehr abgelegen und entsprechend schwer bzw. teuer zu erreichen. Die höchsten Gipfel sind Hornemanntoppen (1 097 m) und Aurivilliusfjellet (1 150 m).

Flora und Fauna: Die Vegetation ist äußerst karg, nur in der Nähe von Vogelkolonien wird die Pflanzendecke dichter und kräftiger, was aus der Distanz durch die satte grüne Färbung ins Auge fällt. Erstaunlicherweise kommen sogar einzelne Rentiere in dieser ungastlichen Gegend vor. Wichtig sind die Vogelkolonien, am zahlreichsten sind Krabbentaucher.

Geschichte: Eines der größten Gräberfelder Spitzbergens aus der Walfängerzeit mit etwa 225 Gräbern liegt bei Likneset auf der Ostseite des Smeerenburgfjords (seit 2010 gesperrt). In der Scheibukta befand sich im 17. Jahrhundert eine englische Walfangstation, in Gebrauch bis 1623.

In **Bjørnhamna** auf der Südseite von Sørgattet liegt eine alte norwegische Trappehütte aus dem frühen 20. Jahrhundert, die heute der Verwaltung gehört. Ursprünglich wurde sie 1912 für die englische Bergbaugesellschaft Northern Exploration Company (NEC) gebaut, 1925 von Georg Bjørnnes, einem bekannten norwegischen Trapper, aber abgerissen und in heutiger Form neu errichtet. Zum Revier gehören mehrere Nebenhütten, die zur Übernachtung unterwegs genutzt wurden, um das Fangfeld zu vergrößern. Dazu gehören: Æøya (Virgohamna, Bj. unbekannt, Umbau 1996/97), Sverdrupfjellet (Smeerenburgfjord. Baujahr 1928), Danskøya (westl. von Danskeneset, Bj. 1929), Kobbefjord (Bj. 1934), Magdalenefjord (Nordseite, gegenüber Fugleholmen, Bj. 1912 für NEC. Sowie Trinityhamna, Bj. 1930), Hamburgbukta (Bj. 1912 für NEC), Kvedfjordbukta (Dei Sju Isfjella, Bj. angebl. 1928 als Haupthütte, vermutl. früher) und Rœderfjellet (Dei Sju Isfjella). Somit gibt das Fangrevier Bjørnhamna die typische Struktur eines Jagdgebietes aus dem 20. Jahrhundert gut wider, auch wenn die kleineren Hütten sich fast alle in einem sehr schlechten Zustand befinden oder gar nicht mehr existieren(Ausnahme Æøya, da diese regelmäßig von Sysselmannen-Feldinspektoren genutzt wird).

Der **Hornemanntoppen** wurde während der „Österreichischen Spitzbergen-Fahrt 1931" erstmalig bestiegen.

6.7.2 DANSKØYA

Allgemein: Die karge, 41 km² kleine Danskøya ist durch Virgohamna, ein Art arktisches „Cape Canaveral", unter Polarhistorikern weltbekannt. Darüber hinaus hat die felsige Insel nicht allzu viel von touristischem Interesse zu bieten. Schöne Wanderungen in beeindruckender Landschaft sind zwar theoretisch kreuz und quer über die Insel möglich, wegen des unwegsam-steinigen Terrains aber geländegängigen Wanderern vorbehalten und auch nur an den eher seltenen Schönwettertagen sinnvoll.

Die Danskøya gehört zum Nordwest Spitzbergen Nationalpark, in ihrem Südwesten befinden sich 2 Vogelreservate (Skorpa und Moseøya, Annäherungs- und Betretungsverbot 15. Mai-15. August).

Für Virgohamna gelten besondere Beschränkungen: Ohne schriftliche Genehmigung darf der historische Bereich nicht betreten werden, und es gelten spezielle Vorschriften. Näheres dazu findet sich in der Genehmigung, einschließlich einer detaillierte Skizze mit Angaben zu den Stellen, die betreten werden dürfen. Ohne genaue Ortskenntnis ist es schwierig, die Vorschriften einzuhalten. Um die Einhaltung der Regeln zu überwachen, hat die Verwaltung in einer auf Æøya bei Virgohamna gelegenen Hütte

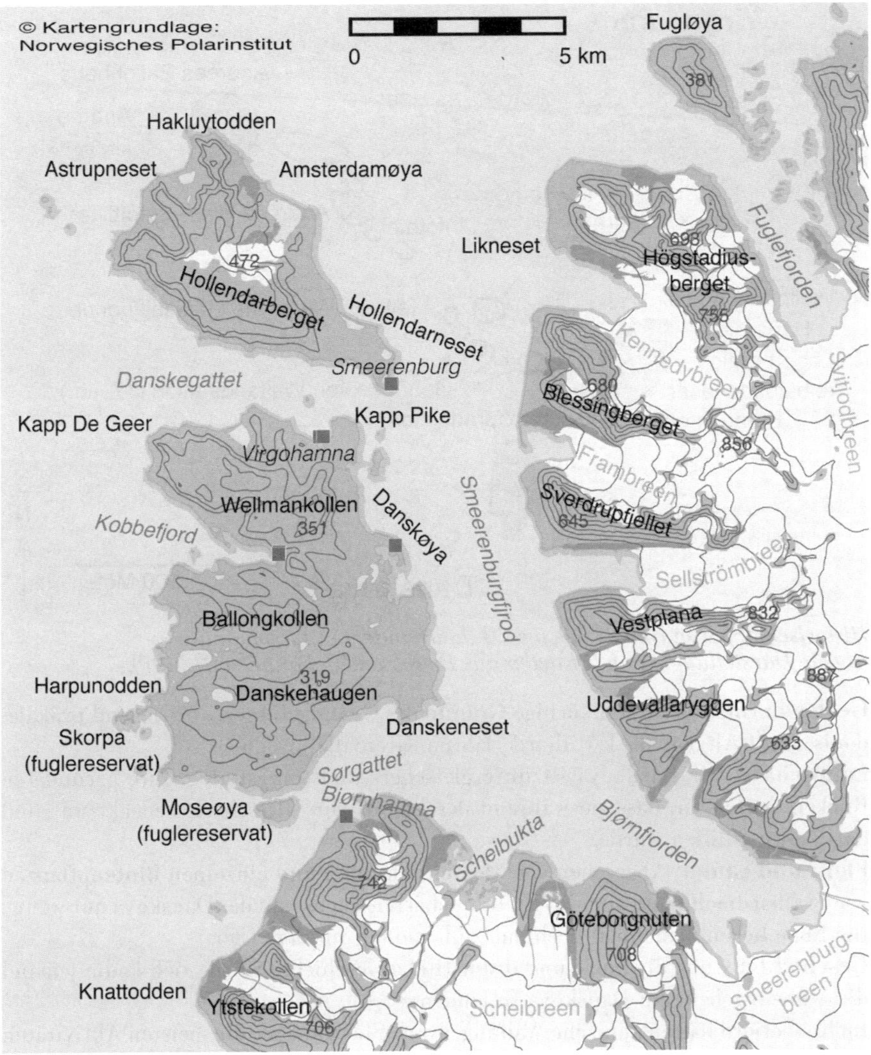

während der Sommersaison Feldinspektoren stationiert. Verstöße können mehr Geld kosten als eine Reise nach Spitzbergen.

Ortsnamen: Danskøya: „Däneninsel", nach einer dänischen Walfangstation im 17. Jahrhundert im Kobbefjord. **Kobbefjord:** „Robbenfjord". Früher: København Bay. **Likholmen:** Toteninsel. Dort wurden Walfänger begraben. **Virgohamna:** nach Andrées Expeditionsschiff *S/S Virgo* von 1896.

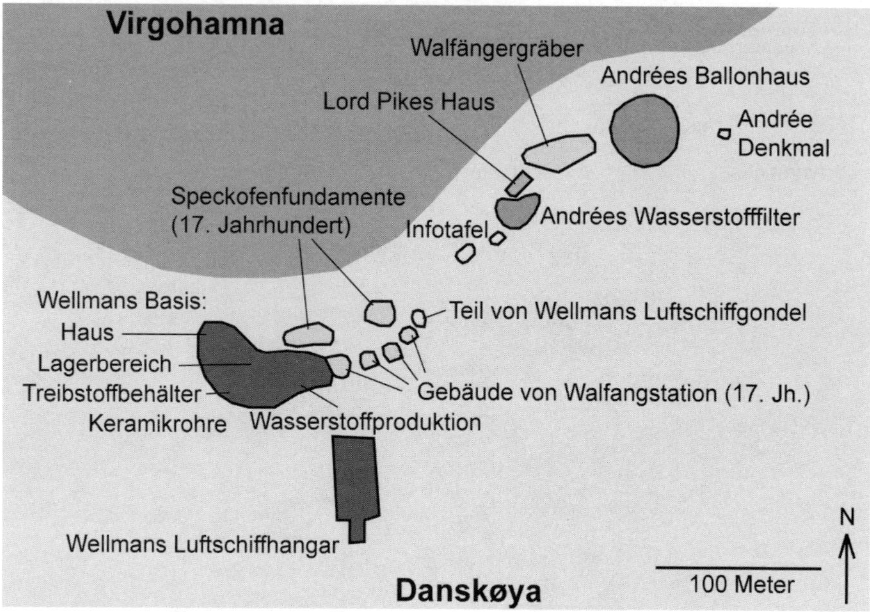

Historische Spuren vom 17. bis ins 20. Jahrhundert in Virgohamna. Eigene Darstellung, nach 2 Karten aus Bjerck und Johannessen (2007).

Geologie: Gneise und feinkörnige Granite des Grundgebirges, vorwiegend präkaledonisch mit Altern von 1 Milliarde Jahren (Grenville-Ereignis).

Landschaft: Die Danskøya ist unvergletschert und sehr steinig. Ihre gerundeten Rücken deuten an, dass sie während der Eiszeit von Gletschern bedeckt war und dabei abgeschliffen wurde.

Flora und Fauna: Abgesehen von Moosen, Flechten und einzelnen Blütenpflanzen wie Svalbardmohn und ein paar Steinbrecharten wächst auf der Danskøya nur wenig. Bei Ebbe liegen manchmal Seehunde auf Steinen vor dem Ufer.

Geschichte: Ohne die lange und dramatische Geschichte würde sich kaum jemand die Mühe machen, auf Danskøya zu landen.

Im Kobbefjord hatten dänische Walfänger eine Station, aber die meisten Aktivitäten waren in Virgohamna konzentriert. Die ältesten Überreste stammen aus den Zeiten des frühen **Walfangs**, hier zwischen 1636 und etwa 1650, als Holländer in Virgohamna, damals Houker Bay genannt, mehrere Specköfen betrieben, von denen noch Fundamente und ein paar Gräber zu sehen sind.

Der nächste bekannte Besucher war ein Engländer, der sowohl an Geld als auch an Spleen keinen Mangel hatte. Lord **Arnold Pike** wollte 1888-89 im Osten von Spitzbergen überwintern, um die Polarnacht zu erleben und sich der Eisbärenjagd zu widmen. Der Osten war vom Eis abgesperrt, so dass Lord Pike schließlich in Virgohamna landete und dort von seinen arktiserfahrenen norwegischen Begleitern ein geräumiges Haus aufstellen ließ, in dem er den Winter in einem Komfort verbrachte, von dem seine nächsten „Nachbarn" nur träumen konnten. Das Haus wurde 1925 abgerissen und in Barentsburg wieder aufgebaut, der spätere Verbleib ist unbekannt. Die Fundamente sind in Virgohamna noch deutlich sichtbar.

Weltbekannt wurde Virgohamna 1896 und 1897, als der schwedische Ingenieur **Salomon August Andrée** versuchte, von dort aus eine Ballonfahrt zum Nordpol zu machen (siehe Abschnitt 5.6. *Flugversuche zum Nordpol*). Andrée schlug sein Lager auf der Ostseite von Virgohamna auf. Das auffälligste Überbleibsel ist der Wasserstoff-Filter, der neben Pikes Haus liegt. Später hat die schwedische Marine ein Denkmal für Andrée und seine Mitstreiter errichtet.

Wenig ist bekannt vom Versuch des Deutschen **Bauenthal**, nach einer Überwinterung in Pikes Haus 1901 den Nordpol zu erreichen. Als Fortbewegungsmittel wollte er ein Floß benutzen, dass er aus Holz von Wellmans Hangar gebaut hatte. Noch weniger aussichtsreich kann man sich eine Nordpolexpedition nicht vorstellen.

Nur wenige Jahre später versuchte der amerikanische Journalist **Walter Wellman**, per Luftschiff zum Nordpol zu fahren. Seine Versuche in den Jahren 1906, 1907 und 1909 scheiterten allesamt, im Rückblick wohnt ihnen ebensoviel Komik wie Dramatik inne (siehe Abschnitt 5.6. *Flugversuche zum Nordpol*).

Schließlich gibt es noch ein weniger bekanntes, aber dafür umso dramatischeres Stückchen Geschichte, das sich im **Kobbefjord** auf der Westseite der Danskøya abspielte. Dort verbrachten die Norweger **Torgeir Møkleby** und **Harald Simonsen** im Frühjahr 1922 einige verzweifelte Wochen, nachdem sie mit einem kleinen Boot von der Wetterstation bei Kvadehuken (Kongsfjord) aufgebrochen waren, um einen vermissten Bekannten zu suchen. Nachdem sie 18 Tage lang hilflos im Eis die Westküste zwischen Kongsfjord und Magdalenefjord auf- und abgedriftet waren, gelang es ihnen, im Kobbefjord an Land zu kommen, wo sie aber schließlich verhungerten.

Im Eingang des Kobbefjords befindet sich eine Schäre namens **Postholmen**, die an eine alte Tradition erinnert: Vorbeifahrende Fangschiffe deponierten auf einer nahegelegenen Landzunge ihre Post, und wer auf dem Weg nach Süden vorbeikam, nahm sie mit nach Norwegen. Dies ist einer von wenigen historischen Lichtblicken in der ansonsten vom Gemetzel des Walfangs und den teilweise tragischen Expeditionen geprägten Geschichte der Danskøya.

6.7.3 AMSTERDAMØYA

Allgemein: Direkt nördlich von der Danskøya gelegen, ähnelt die 19 km^2 kleine Amsterdamøya ihrer Nachbarin in vieler Hinsicht. Smeerenburg im Südosten der Amsterdamøya ist eines der bekanntesten Kulturdenkmäler und eines der beliebtesten Ziele für Landgänge. Die Amsterdamøya gehört zum Nationalpark Nordwest Spitzbergen. Karte siehe Abschnitt 6.7.2 *Danskøya*.
Ortsnamen: Amsterdamøya: Amsterdaminsel, nach den holländischen Walfängern. **Salatberget:** Nach Vorkommen des Gebräuchlichen Löffelkrauts, das von Walfängern als Heilmittel gegen Skorbut verwendet wurde. **Smeerenburg:** „Speckstadt".
Geologie: Gneise und feinkörnige Granite des Grundgebirges, vorwiegend präkaledo-

nisch mit Altern von 1 Milliarde Jahren (Grenville-Ereignis). Die Ebene im Südosten der Amsterdamøya ist von den Resten einer eiszeitlichen Moräne bedeckt.
Landschaft: Der größere Teil der Amsterdamøya besteht aus dem maximal 480 m hohen, tafelförmigen Hollendarberget, nur im Südosten gibt es gut 1 km^2 Flachland mit ein paar kleinen Lagunen. Da diese schwachhügelige Ebene von den Resten einer alten Moräne bedeckt ist, ist das Gelände steinig und im frühen Sommer feucht und matschig. Es gibt viele Findlinge und Frostmusterböden. Bei Smeerenburg haben die Wellen die alte Moräne soweit ausgewaschen, dass sich ein echter Sandstrand gebildet hat, eine Seltenheit in dieser steinigen Gegend. Auf der Nordseite des Hollendarberget gibt es einen kleinen Gletscher, ansonsten ist die Amsterdamøya, wie auch die übrigen kleineren Inseln der Umgebung, unvergletschert.
Flora und Fauna: Die Umgebung von Smeerenburg ist, abgesehen von Moosen und Flechten, sehr karg. Vegetation gibt es vor allem an den Hängen des Hollendarberget in der Nähe von Vogelkolonien. Dort wachsen das Gebräuchliche Löffelkraut und der Alpensäuerling, deren fleischige Blätter Vitamin C enthalten. Schon die Walfänger im 17. Jahrhundert wussten, dass sie sich damit vor Skorbut schützen konnten, und sammelten diese Pflanzen an den steilen Hängen.

Gelegentlich sieht man bei Smeerenburg einzelne Rentiere, und die kleinen Seen können für Vogelbeobachter interessant sein (Küstenseeschwalben, Schneeammern, Steinwälzer, Gänse und Schmarotzerraubmöwen können zu sehen sein). Auf den Steinen am Ufer können Seehunde liegen, die von Prins Karls Forland aus einen Ausflug nach Norden machen. Ab und zu liegen sogar Walrosse am Strand und ruhen sich dort vermutlich von der anstrengenden Besichtigung der alten Specköfen aus.
Geschichte: Wieder einmal ist es vor allem die Geschichte, welche die Amsterdamøya interessant und für Touristen attraktiv macht. Smeerenburg war eine der größten und ist sicherlich heute die bekannteste der Walfangstationen Spitzbergens. 8 Handelshäuser aus verschiedenen niederländischen Städten waren dort aktiv und hatten jeweils mindestens einen Doppel-Tranofen mit 2 dazugehörigen Häusern, vorübergehend beteiligte sich auch eine dänische Gesellschaft. In den besten Jahren arbeiteten an die 200 Männer in Smeerenburg, die Reste der Specköfen sind heute noch sichtbar. Die beiden Öfen am östlichen Ende des Strandes gehörten den Gründern der Station aus Amsterdam, der äußere ist allerdings im 20. Jahrhundert der vorrückenden Küstenlinie zum Opfer gefallen und existiert nicht mehr. Auch dem zweiten Ofen der Walfänger aus Amsterdam droht nun die Zerstörung durch Brandung. Von West nach Ost hatten die Specköfen folgende Besitzer: Hoorn/Enkhuizen, Delft, die dänischen Walfänger, Veere, Vlissingen, Middelburg und Amsterdam.

Insgesamt haben 16 oder 17 Häuser und eine kleine „Festung", vermutlich eine Kanonenstellung, in Smeerenburg gestanden, das gegen 1620 gegründet wurde. Die besten Tage erlebte die Siedlung in den 1620er Jahren, und schon wenige Jahrzehnte später wurde Smeerenburg aufgegeben und begann ab etwa 1660 zu verfallen.

Smeerenburg ist auch der Ort der ersten geplanten Überwinterung von Europäern auf Spitzbergen: 1633-34 überwinterte eine Wachmannschaft von 7 Männern erfolgreich. Im Winter 1634-35 kamen allerdings alle 7 bei dem Versuch einer erneuten Überwinterung ums Leben, die Toten wurden in der Ebene hinter Smeerenburg begraben. Insgesamt sind dort von Archäologen 101 Gräber registriert worden, verteilt auf mehrere kleinere Gräberfelder.

1906 besuchte der niederländische Kreuzer *Friesland* Smeerenburg, um die Gräber in einen ordentlichen Zustand zu versetzen. Das Resultat ist ein „Denkmal", das sich etwa 1,4 km nördlich der alten Walfangstation befindet, bestehend aus Steinen und alten Sargbrettern - nicht gerade eine Maßnahme im Sinne des Denkmalschutzes.
Sonstiges: Oft trägt im Nordwesten Spitzbergens das Wetter dazu bei, die Härten des Walfängerlebens nachvollziehen zu können, und man ist froh, nach wenigen Stunden wieder an Bord eines warmen Schiffes gehen zu können, wo es heiße Getränke gibt und man die Gore-Tex-Kleidung zum Trocknen aufhängen kann. Wer an Land friert, sollte an die Walfänger denken, die einen ganzen Sommer lang mit Kleidung und Schuhwerk auskommen mussten, das wir heute selbst für einen kurzen Landgang als völlig ungeeignet betrachten würden.

6.7.4 FAIR HAVEN, FUGLEFJORD, SALLYHAMNA

Allgemein: Die Fjord- und Inselwelt an der Nordwestecke Spitzbergens ist von großer landschaftlicher Schönheit. Das Gebiet gehört zum Nordwest Spitzbergen Nationalpark.

Fair Haven bezeichnet die Meeresstraße zwischen Fugleøya und Spitzbergen im Süden und Fuglesangen und Klovningen im Norden. Im 17. Jahrhundert für ein etwas größeres Gebiet verwendet, ist Fair Haven eine der wenigen Ortsbezeichnungen Spitzbergens, die nicht „norwegianisiert" wurden. Trotz etlicher Untiefen, die auch modernen Schiffen die Navigation nicht gerade einfach machen, war Fair Haven für die alten Walfänger offensichtlich genau das, was der Name übersetzt bedeutet: ein guter, sicherer Hafen.
Ortsnamen: Fair Haven: „Guter Hafen". **Fuglefjord:** „Vogelfjord". **Holmiabukta:** Holmia (lateinisch) = Stockholm. **Sabineodden:** Sir Edward S., siehe Abschnitt 6.7.5 *Nordvestøyane*. **Sallyhamna:** siehe Geschichte. **Svitjodbreen:** nach einer alten Bezeichnung für eine Region in Schweden
Geologie: Mittelproterozoische (600-1 000 Millionen Jahre) Granite und Migmatite.
Landschaft: Sehr steinig und karg, kaum flaches Land. Meist fallen die Hänge steil zur Küste hin ab. Die wenigen, schmalen Küstensäume sind mit groben Steinen bedeckt. Die kleineren Inseln sind eisfrei, das Inland Spitzbergens ist hingegen stark vergletschert. Der größte Gletscher ist der Svitjodbreen, dessen schöne Abbruchkante sich im inneren Fuglefjord erhebt. Der Svitjodbreen ist in der zweiten Hälfte des 20. Jahrhunderts weniger stark vom Rückgang betroffen gewesen als viele andere Gletscher.

Die ehemalige, eiszeitliche Vergletscherung macht sich überall im küstennahen Landschaftsbild durch die rundlichen Landformen, geschliffene Oberflächen und viele Findlinge bemerkbar, sowie in den Schären und Untiefen in Fair Haven und vor allem im Fuglegattet östlich der Fugleøya. Das steile, unzugängliche Gelände macht längere Wanderungen unmöglich und erlaubt Landgänge an nur wenigen Stellen wie in Sallyhamna. Dort gibt es eine kleine Bucht mit einem flachen Strand und einigen 100 Quadratmetern halbwegs flachen Landes.

Flora und Fauna: Wegen des steilen Geländes gibt es nur wenig Vegetation. Ausgenommen sind Hangbereiche in der Nähe von Vogelfelsen, wo kräftiggrüne Pflanzendecken leuchten. Die biologische Attraktion der Region sind die großen Krabbentaucherkolonien, denen der Fuglefjord und die Fugløya ihre Namen verdanken. Auch wenn

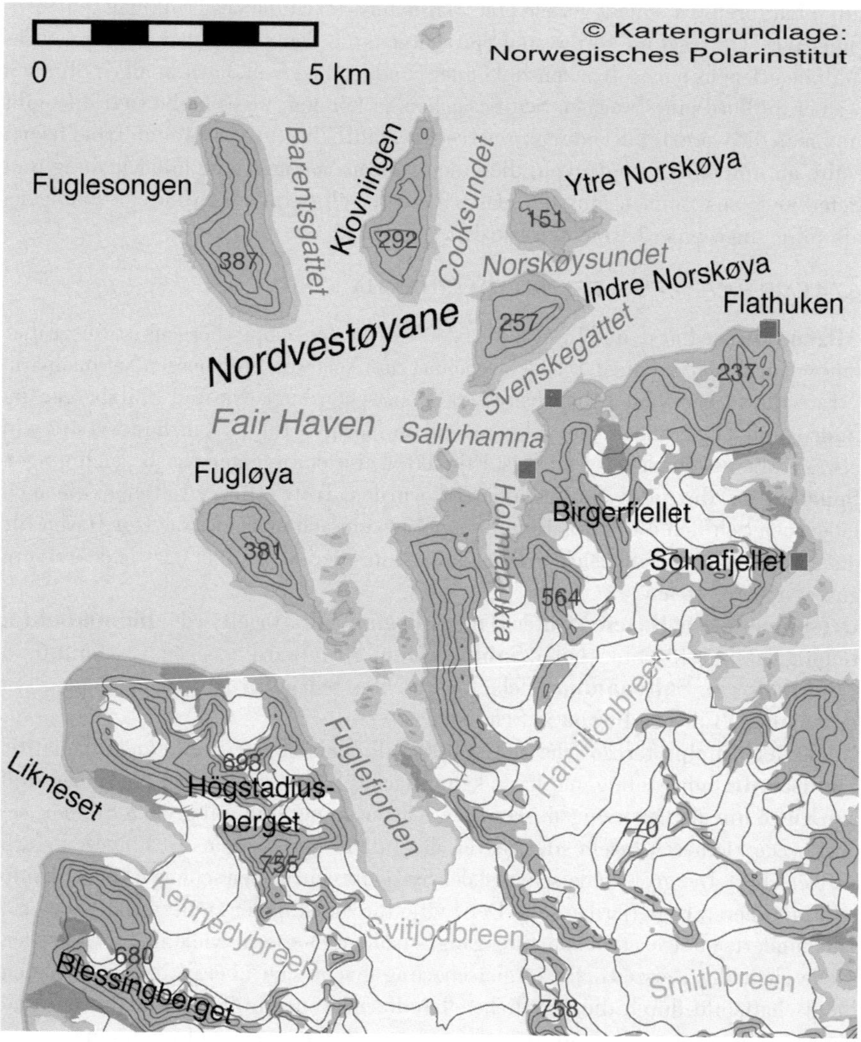

die Brutplätze selbst in steilen Hängen aus grobem Schutt liegen und somit weitgehend unzugänglich sind, fliegen doch immer wieder große Schwärme von Krabbentauchern vorbei - schon allein die Geräuschkulisse eines dicht passierenden Schwarms ist beeindruckend.

2009 und 2010 wurde die kleine Bucht Holmiabukta zu einer lokalen Berühmtheit, als ein angeschwemmter Walkadaver Eisbären anlockte, was hervorragende Beobachtungsmöglichkeiten mit sich brachte. Dabei entstandene Filmaufnahmen fanden in mehreren Fernsehproduktionen Verwendung.

Geschichte: Auf der Ostseite von Fair Haven liegt Sallyhamna, eine kleine Landzunge mit einem der wenigen Plätze, an denen das Gelände überhaupt Aktivitäten zulässt. Dort finden sich Überreste von mehreren Walfang-Speköfen und Gräber aus dem 17. Jahrhundert, ein Grab befindet sich innerhalb eines Speckofen-Fundaments.

1937 baute der norwegische Trapper **Waldemar Kræmer** eine Hütte in Sallyhamna und überwinterte dort mehrfach, mitunter zusammen mit seiner Frau **Sally**, nach welcher der Ort heute benannt ist. Die Hütte selbst steht ebenfalls auf dem Fundament eines Speckofens mit Grab.

Einen Kilometer weiter nördlich von Sallyhamna, am Sabineodden auf der Nordseite der kleinen Bucht Birgerbukta, befindet sich ein weiteres Geschichtsdenkmal: Neben den Überresten einer alten Pomoren-Station aus dem 18. oder frühen 19. Jahrhundert steht die Ruine einer Hütte, die dort 1920 gebaut wurde. **Arthur Oxaas**, ein bekannter Jäger aus Tromsø, der sich später zusammen mit seiner Frau im Dicksonfjord häuslich niederließ, überwinterte nicht weniger als 7 Mal am Sabineodden, davon 3 Mal allein.

6.7.5 NORDVESTØYANE: FUGLØYA, FUGLESANGEN, KLOVNINGEN, YTRE NORSKØYA, INDRE NORSKØYA

Allgemein: Das Gewirr aus den kleinen Inseln und Sunden an der Nordwestecke Spitzbergens erscheint zunächst recht unübersichtlich. Die Sunde sind für größere Schiffe wegen Untiefen teilweise nicht passierbar. Aufgrund des steilen, felsigen Geländes gibt es nicht viele Landeplätze, und selbst an diesen ist das Gelände felsig und unwegsam. Landemöglichkeiten gibt es auf Fuglesangen und der Ytre Norskøya, letztere eingeschränkt, seit 2010 das Gelände um die Walfangstation (Speköfen, Gräber) aus dem 17. Jahrhundert auf der Südseite der Insel für Besucher gesperrt wurde.

Das Gebiet gehört zum Nordwest Spitzbergen Nationalpark.

Ortsnamen: Fugløya: „Vogelinsel". **Fuglesangen** (auch **Fuglesongen**): „Vogelgesang", nach den Krabbentaucherkolonien. **Klovningen:** „Kluftinsel", nach der Form. **Sabineodden:** siehe Geschichte. **Utkiken:** siehe Geschichte. **Ytre/Indre Norskøya:** „Äußere/Innere Norwegerinsel".

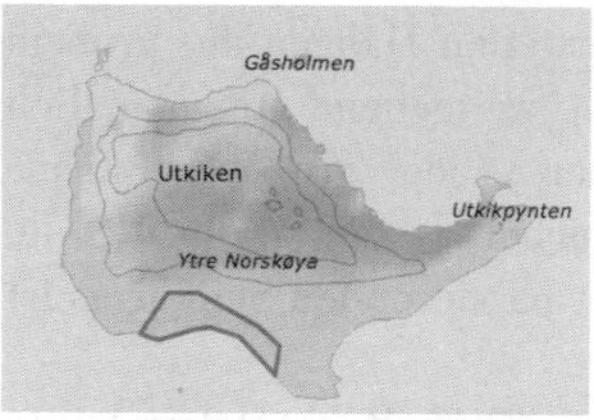

Der geschützte historische Bereich auf der Ytre Norskøya. Hier gilt ganzjährig „Betreten verboten“.

Karte © Sysselmannen på Svalbard, mit freundlicher Genehmigung.

Geologie: Mittelproterozoische (600-1 000 Millionen Jahre) Granite und Migmatite. Das Südende von Klovningen besteht aus Marmor, der sich farblich deutlich vom auflagernden, dunkleren Granit abhebt.

Landschaft: Steil und felsig, die meisten Felshänge sind von groben Gesteinsblöcken bedeckt und fallen schroff zum Meer hin ab, so dass das Gelände insgesamt sehr unwegsam ist. Die Inseln sind unvergletschert. Ein kleines, halbwegs flaches Gebiet gibt es auf der Südseite der Ytre Norskøya (teilweise gesperrt, s.o.).

Auffällig ist die Form der Insel Klovningen, deren nördliches Ende von einer tief einschneidenden Kluft beinahe abgetrennt ist. Diese markante Form ist bereits Barentsz 1596 als gute Landmarke aufgefallen.

Flora und Fauna: Das Land ist sehr karg und größtenteils unbewachsen, von kräftigen Moosbetten bei Vogelkolonien abgesehen. Nur auf der Südseite der Ytre Norskøya gibt es eine kleine Fläche, welche die Bezeichnung „Tundra“ halbwegs verdient.

Die Namen der Inseln Fugløya und Fuglesangen deuten schon an, wer dort zu Hause ist: Das Geschrei tausender Krabbentaucher erfüllt dort die Luft. Die genaue Größe der Kolonien ist unbekannt, dürfte aber in der Größenordnung mehrerer 10 000 Brutpaare liegen. Da diese kleinen Alken auf steilen Hängen unter groben Blöcken brüten, sind die Kolonien größtenteils unzugänglich; die am besten zugängliche Kolonie ist am Südende von Fuglesangen. Die Anlandung auf dem grobblockigen Strand im Südosten der Insel ist allerdings nicht gerade komfortabel. Besuche der Krabbentaucherkolonie auf Fuglesangen sind nur bei gutem Wetter machbar und sinnvoll, und selbst dann ist der Erfolg nicht garantiert (siehe Abschnitt 4.8.25 *Krabbentaucher*). Wenn es gut läuft, ist das Erlebnis aber unvergesslich.

Stellenweise brüten auch die auf Spitzbergen nicht gerade häufigen Papageitaucher auf den Inseln im Nordwesten, so dass man sie dort zumindest im Vorbeiflug gelegentlich sehen kann.

Geschichte: Die Gegend gehörte zu den ersten, die Barentsz 1596 besuchte, wahrscheinlich ankerte er in Fair Haven.

Dem steilen Gelände entsprechend, ist die größere Zahl der Inseln nur selten betreten worden. Sobald die Topographie im Nordwesten Spitzbergens eine Möglichkeit zum Bau einer Niederlassung bot, haben die Walfänger im 17. Jahrhundert sie auch wahrgenommen. Direkt oberhalb des südlichen Ufers der **Ytre Norskøya** liegen die Fundamente einer Reihe von Specköfen (4 einzelne, 4 doppelte), die ab 1617 in Gebrauch waren, und auf einem felsigen Rücken befindet sich ein Friedhof, der mit etwa 165 Grabstellen zu den größten Gräberfeldern überhaupt zählt.

Archäologische Ausgrabungen haben viel Wissen über die nach unseren Maßstäben mangelhafte Bekleidung sowie die Todesursachen der Walfänger ans Licht gebracht. Neben Verletzungen war es oft der Skorbut, der die Walfänger das Leben kostete, und sämtliche untersuchten Skelette stammen von Männern.

Der 150 m hohe Berg auf Ytre Norskøya diente den Walfängern als Spähplatz bei der Ausschau nach Walen, und da die Walfänger aus Zeeland kamen, nannten sie den Berg **Zeeussche Uytkyk**. Auf den modernen norwegischen Karten ist davon nur noch „Utkiken" übrig geblieben. Ein steiler, felsiger Anstieg führt hoch auf den Uytkyk. Wer trittsicher ist, kann von oben bei guter Sicht Ausschau nach dem Nordpol halten.

Reste einer weiteren Walfangstation befinden sich am Südende der **Indre Norskøya**.

Im Sommer 1823 wurde eine englische Expedition mit Kapitän **Charles Clavering** und dem Astronomen **Edward Sabine** ausgeschickt, um an verschiedenen Orten in möglichst hohen Breiten Pendelbeobachtungen zu machen. Sinn der Sache war, die lokale Schwerkraft zu bestimmen und daraus Rückschlüsse über eine eventuelle Abflachung der Erde an den Polen ziehen zu können. Sabine baute zu diesem Zweck ein kleines Observatorium auf der Nordostecke der Indre Norskøya. Nach erfolgreichem Abschluss seiner Untersuchungen zog die Expedition nach Grönland weiter. Edward Sabine verewigte seinen Namen gleich mehrfach in der Arktis: Sabineodden, Sabineøya auf der Nordseite des Nordaustland, Sabine Ø in Ostgrönland, wo Sabine 1823 ebenfalls sein Pendel pendeln ließ, und bei der Benennung der von ihm entdeckten Schwalbenmöwe *Larus sabini*.

Ausblick vom "Zeeussche Uytkyk", Ytre Norskøya.

James Lamont, Yachting in the Arctic Seas

6.8 RAUDFJORD

Das Westufer verschwindet fast ganz unter Gletschereis, das nur durch schmale Felsrippen und vereinzelte Spitzen in eine große Zahl ins Meer reichender Zungen zerlegt wird. Ein gewaltiges, in den Fjord vorspringendes Massiv am Hamilton-Gletscher ist von einer Unzahl von Seevögeln bewohnt, und seinen Fuß bekränzt ein üppig blühendes hängendes Moor.

August Sieberg, *Die europäische Polarwelt* (1914)

Allgemein: Der Raudfjord ist, von Westen, der erste Fjord an der Nordküste Spitzbergens. Gut 20 km lang und 5 km breit, hat er mehrere Buchten auf der Westseite, die alle gemeinsam haben, dass sie zumindest stellenweise sehr flach und untief sind, steile Ufer haben und an Kalbungsfronten von Gletschern enden. Am Fjordende gibt es 2 Verzweigungen, Ayerfjord mit Chauveaubreen und Klinckowströmfjord mit Raudfjordbreen. Der Raudfjord gehört zum Nordwest Spitzbergen Nationalpark.
Ortsnamen: Ayerfjord: Name seit dem frühen 17. Jahrhundert in Gebrauch, Ursprung unbekannt. **Biskayarhuken:** Nach baskischen Walfängern aus dem 17. Jahrhundert. **Breibogen:** „Weite Bucht". **Bruceneset:** William Spiers B. (1867-1921), schottischer Polarforscher. **Buchananhalvøya:** John Young B., Teilnehmer der Expedition des Fürsten Albert I. von Monaco 1899. **Chauveaubreen:** Henri Jean Charles Albert C., Teilnehmer der Expedition des Fürsten Albert I. von Monaco 1899. **Hamiltonbukta:** Nach dem schwedischen Graf Hugo Vilhelm H., 1899 Kapitän eines Schiffes der Gradmessungsexpedition. **Klinckowströmfjord:** Baron Axel K., schwedischer Zoologe und Polarforscher im späten 19./frühen 20. Jahrhundert. **Raudfjord:** „Roter Fjord", in Bezug auf rotbraune Old Red Sandsteine auf der Ostseite des Fjords. Die Färbung ist nicht allzu auffällig und der Name hätte eher zum inneren Woodfjord gepasst, er ist aber seit dem frühen 17. Jahrhundert in verschiedenen Varianten („Red-cliff Sound") in Gebrauch. **Richardvatnet:** Jules R., Teilnehmer an den Expeditionen des Fürsten Albert I. von Monaco, Entdecker des Sees. **Solanderfjellet:** Emil Otto S. (1858-1933), in Spitzbergen 1882-83 (Polarjahr) und 1899 (Gradmessungsexpedition).
Geologie: Auf der Westseite uralte Migmatite, überwiegend präkaledonisch, fast 1 Milliarde Jahre alt (Grenville-Ereignis), teilweise kaledonisch überprägt. Auf der Ostseite im Inland überwiegend mittelproterozoische Phyllite (Grundgebirge).

Durch den Fjord selbst verläuft ein Graben, dessen Füllung aus devonischem Old Red besteht, Sandsteinen und Konglomeraten mit teilweise kräftig rötlichbrauner Färbung (Hämatit). Aus Old Red bestehen ein breiter Streifen auf der Ostseite des Fjords und die Buchananhalvøya. Auf der Westseite steht das Old Red kleinräumig am Konglomeratodden an, was darauf hindeutet, dass der Untergrund im gesamten Fjordbereich aus Old Red besteht. Die rötliche Färbung des Old Red ist auf bestimmte Schichtpakete beschränkt und im Raudfjord nicht allzu augenfällig.
Landschaft: Schön ☺. Die aus harten, kräftig gehobenen Gesteinen bestehende Westseite ist stark vergletschert, hier erreichen insgesamt 10 Abbruchkanten den

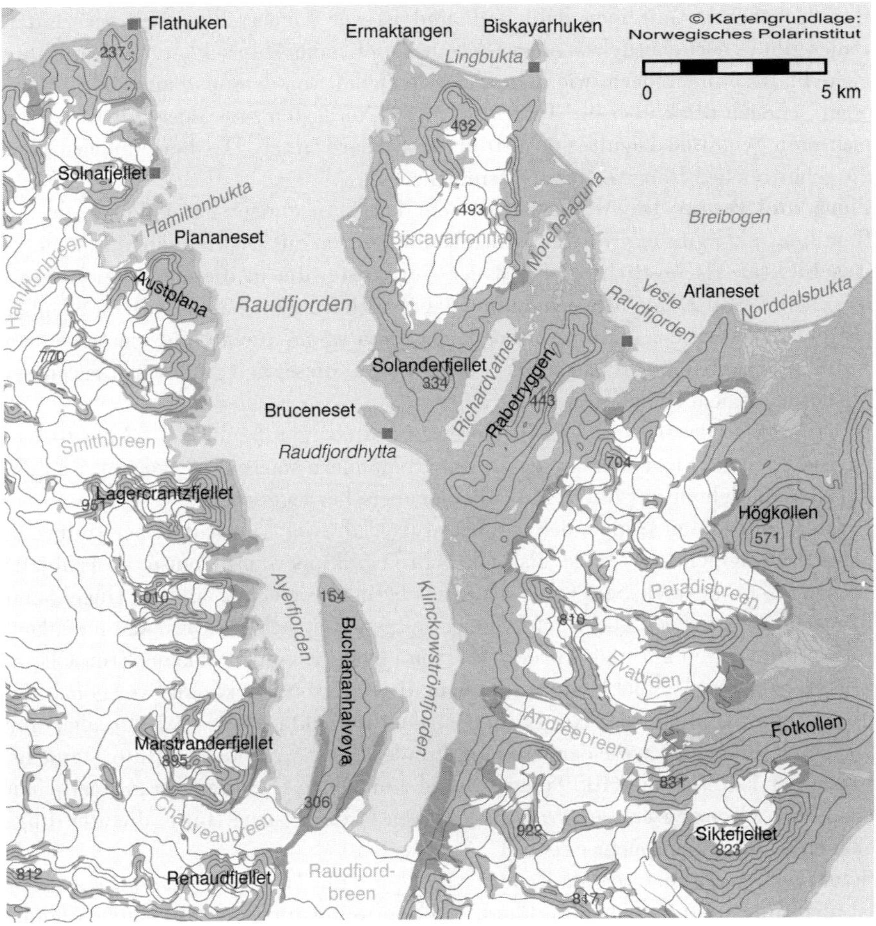

Fjord, Chauveaubreen und Raudfjordbreen am Fjordende eingeschlossen. Der Raudfjordbreen ist der größte Gletscher mit einer Breite von fast 3 km an der Abbruchkante, nach Süden steht er mit dem Lilliehöökbreen in direkter Verbindung. Wie auch sonstwo, sind die meisten Gletscher im Raudfjord seit Jahrzehnten kräftig auf dem Rückzug. Deutlich sichtbar ist das z.B. in der Hamiltonbukta, wo viele kleine Inselchen in Gletschernähe frische Vereisungsspuren wie unverwitterte Gletscherschrammen und Moränenreste aufweisen.

Die harten Gesteine zeigen oft durch die eiszeitliche Gletschererosion geschaffene, senkrechte Felswände.

Die Ostseite des Fjords besteht aus weicheren, weniger

stark gehobenen Gesteinen (Old Red) und ist vor Niederschlag mehr geschützt. Daher gibt es dort deutlich weniger Gletscher und keine Abbruchkanten, dafür aber mehr Platz zum Wandern, wie beim Solanderfjellet, von dem man aus 334 m Höhe einen schönen Blick über ein Tal hat, das nach Nordosten zum Meer führt und von mehreren Seen und Lagunen ausgefüllt ist (Richardvatnet). Das Bergwandern über die schuttreichen Hänge erfordert Trittsicherheit.

Flora und Fauna: Die Vegetation ist sehr karg. An einigen Steilhängen um die Hamiltonbukta gibt es größere Seevogelkolonien, v.a. mit Dickschnabellummen.

Geschichte: Als westlichster Fjord der Nordküste, die in diesem Bereich unter merkbarem Golfstromeinfluss steht und daher auch früher meistens früh im Sommer eisfrei wurde, hat der Raudfjord eine lange Nutzungsgeschichte und war schon den Walfängern im frühen 17. Jahrhundert bekannt. Aus dieser Zeit gibt es am Bruceneset ein Grab auf dem Hügel, unweit der Hütte.

Die letzte Überwinterung von Pomoren in Spitzbergen fand 1851-52 am **Biskayarhuken** statt. Nicht weniger als 12 von 18 Männern starben an Skorbut, und die übrigen überlebten nur durch die Hilfe norwegischer Fangschiffe.

Später entdeckten Trapper den Raudfjord als Jagdrevier. Eine frühe Überwinterung nahm ein unglückliches Ende, als Erik Mattilas, Skipper aus Tromsø, im Frühjahr 1908 an Skorbut starb. Sein Grab mit Kreuz befindet sich oben auf dem Hügel beim Bruceneset - einsamer, aber auch schöner gelegen lässt sich ein Grab kaum denken.

Die Hütte unten am Ufer wurde 1927 von einem Schweden namens Sven Olsson gebaut, bekannt als Stockholm-Sven. Ebenfalls 1927 von Stockholm-Sven gebaut ist die kleinere Hütte auf der Nordseite der Hamiltonbukta. Diese ist heute aber nur noch eine Ruine, durch die der Wind ungehindert bläst. Eine weitere Hütte stand am Biskayarhuken, fiel aber 1959 einem Brand zum Opfer. Die dafür verantwortlichen englischen Geologen bauten 1961 am gleichen Ort eine neue Hütte, die allerdings ebenfalls längst nicht mehr existiert.

Sonstiges: Das Gebiet um den Raudfjord scheint eine Art Wetterscheide zu sein: Es ist nicht ungewöhnlich, dass im Raudfjord und weiter im Osten die Sonne scheint, während im Smeerenburgfjord die Wolken tief hängen und kräftiger Wind um die Berge fegt. Aber wie immer gilt auch hier in Bezug auf das Wetter: das Beste hoffen, auf das Schlimmste vorbereitet sein.

6.9 DAS WOODFJORD-GEBIET

Die Wirkung einer Landschaft oder einer Blume ist die gleiche wie diejenige eines Gedichts oder jener Anordnung von Farben und Formen auf einer Fläche, die wir Bild nennen. Infolgedessen verdient die Frage, warum der Liefdefjord „schön" ist, die gleiche Aufmerksamkeit wie das Problem, das uns eine Fuge von Bach aufgibt.

Alfred Andersch, *Hohe Breitengrade* (1969)

Der zweite Fjord von Westen an der Nordküste ist der lange, mehrfach verzweigte Woodfjord. Vielen, die die Nordküste Spitzbergens erlebt haben, wird vor allem der Liefdefjord in guter Erinnerung sein.

Die Eisbedingungen waren für frühere Bewohner der Region ideal: im Sommer dank Golfstrom gute Zugänglichkeit über das eisfreie Meer und im Winter gute Fortbewegungsmöglichkeiten über das Fjordeis, das den Woodfjord und seine Nebenfjorde dann meistens bedeckt.

6.9.1 WOODFJORD

Allgemein: Der Woodfjord erstreckt sich in nord-südlicher Richtung etwa 65 km ins Land hinein und hat auf der Westseite 2 Seitenfjorde, Liefdefjord und Bockfjord, sowie 2 kleinere Buchten, Mushamna und Jakobsenbukta, auf der Ostseite. Der westliche Teil des Woodfjord gehört zum Nordwest Spitzbergen Nationalpark.

Ortsnamen: Andrée Land: Salomon August A. (s. Abschnitt 6.7.2 *Danskøya*). **Gråhuken:** „Graue Landspitze", nach der vorherrschenden Gesteinsfarbe. **Jakobsenbukta:** Kristian J., Kapitän eines Schiffes der Expeditionen 1906/07 des Herzogs von Monaco. **Mushamna:** „Mäusebucht". Der Name soll bereits 1662 als „Muyshaven" auf die Karte gekommen sein und von einem niederländischen Schiff stammen. **Woodfjord:** Nach dem Treibholz, das an manchen Stränden in großen Mengen zu finden ist.

Geologie: Die Umgebung des Woodfjord besteht aus devonischem Old Red, allerdings wird man feststellen, dass nicht alles rot ist, was Old Red heißt. Die rötlich gefärbten Schichten kommen südlich der Einmündung des Liefdefjord an die Oberfläche. Im nördlichen Bereich sind die Gesteine auf der Ostseite des Fjords graubraun.

Die devonischen Sedimente wurden in tektonischen Senkungsgebieten (Gräben) abgelagert, dadurch vor Erosion geschützt und somit bis heute erhalten. Das größte Grabensystem Spitzbergens ist der Andrée Land-Graben, bestehend aus dem Andrée Land und Teilen des südlich angrenzenden Dickson Landes. Auch der Woodfjord selbst sowie Teile des Bockfjord und Liefdefjord gehören zum Grabenbereich.

Die Grabenfüllung war im Nachhinein noch kräftigen, tektonischen Bewegungen unterworfen (oberstes Devon, sogenannte Svalbardische Phase). Daher liegen die Schichten „kreuz und quer", sind also von vielen Störungen und Falten durchzogen, die teilweise schöne Muster in den Berghängen bilden.

Im Miozän (Jungtertiär, ca. 15 Millionen Jahre) kam es im Andrée Land zu

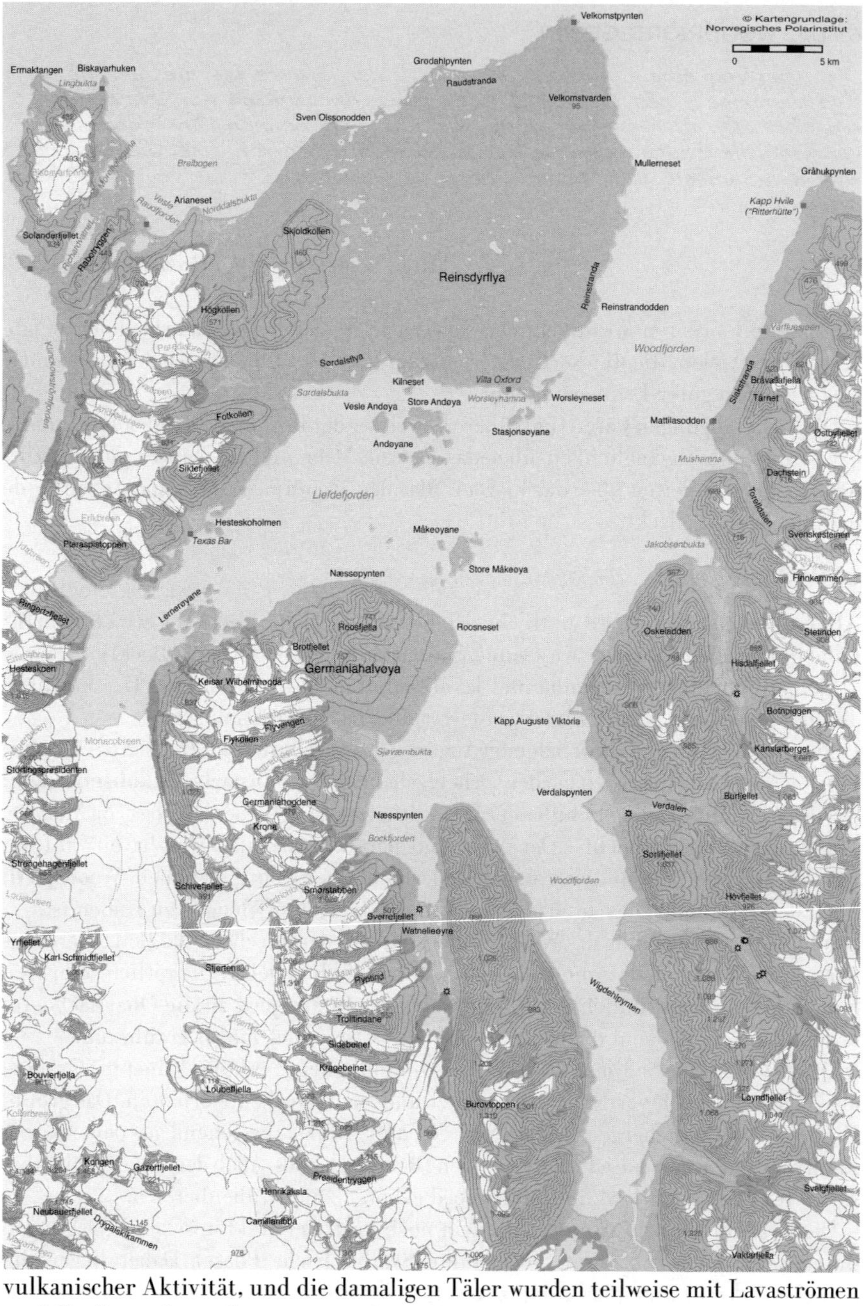

vulkanischer Aktivität, und die damaligen Täler wurden teilweise mit Lavaströmen verfüllt. Reste dieser Lavaströme gibt es heute noch auf den Gipfeln einiger Berge im Andrée Land.

Landschaft: Die Old Red-Gesteine verwittern durch Frostsprengung sehr effektiv. Daher gibt es im Andrée Land keine senkrechten Felswände, scharfen Grate und spitze Zinnen wie in den Gneis-Granit-Gebieten weiter westlich. Die Berge um den Woodfjord haben eher runde, sanfte Formen und reichlich Frostschutt auf den unteren Hängen. Durch den Niederschlagsschatten von der Westküste ist auch die Vergletscherung deutlich geringer und auf einzelne Talgletscher beschränkt, von denen keiner die Küste erreicht. Stattdessen gibt es eine ganze Reihe eisfreier, teilweise tief ins Land reichender Täler, welche die Möglichkeit zu kleineren (oder theoretisch auch sehr langen) Wanderungen bieten.

Echtes Flachland gibt es fast nur im Eingangsbereich. Auffällig ist die weite Ebene Reinsdyrflya (siehe Abschnitt 6.9.2 *Reinsdyrflya, Stasjonsøyane, Andøyane*). Ein ebenfalls ziemlich ausgedehntes Gebiet flacher, karger Tundra erstreckt sich an der Nordspitze des Andrée Landes bei Gråhuken, und auch tiefer im Fjord fällt die Tundra an einigen Stellen sanft genug zum Meer hin ab, um kleine Wanderungen machen zu können. An allen diesen Stellen gibt es gut sichtbare alte Strandwallserien und Frostmusterböden.

Landschaftlich schön ist die Umgebung der Bucht Mushamna, die durch einen Strandwall bis auf einen engen Eingang vom Fjord abgetrennt ist und somit einen sehr gut geschützten Naturhafen für kleine Schiffe bildet, in dem schon mehrfach Segelboote im ruhigen Eis der Lagune überwintert haben.

Flora und Fauna: Während die Vegetation an der Nordküste bei Gråhuken noch sehr spärlich ist, wird sie auf flachen Tundragebieten im Fjordinneren dichter. Reiche Vorkommen von Arten wie der Silberwurz und dem Vierkantigen Heidekraut belegen den klimatisch mildernd wirkenden Golfstromeinfluss und die Zugehörigkeit zur „mittleren Arktis", im Gegensatz zu den weiter östlich gelegenen, kargen Polarwüsten.

Mangels steiler Hänge gibt es an der Küste des Woodfjord keine kliffbrütenden Seevogelkolonien, dafür brüten an manchen Stellen Eiderenten und die aggressiven Küstenseeschwalben in großer Anzahl. Häufig streifen Eisbären die Ufer entlang.

Geschichte: Obwohl der Woodfjord den Walfängern im 17. Jahrhundert bekannt war, gibt es außer Gräbern auf der Ostseite der Reinsdyrflya keine Spuren aus jener Zeit. Auch die Pomoren haben das Revier gekannt und genutzt, wie Fundamente bei der Lagune von Mushamna zeigen.

Der Woodfjord war ein traditionelles Jagdrevier norwegischer Jäger. In Mushamna gibt es eine der schönsten und größten Trapperhütten Spitzbergens, die 1987 von einem norwegischen Trapper gebaut wurde. Sie ist heute im Verwaltungsbesitz, konnte aber bis 2009 noch auf Antrag genutzt werden (siehe 5.7 *Trapper*). Ganz in der Nähe befindet sich eine 1927 von Hilmar Nøis gebaute, kleine Hütte (siehe auch folgende Abschnitte *Liefdefjord* und *Reinsdyrflya*), eine weitere, etwas jüngere Nøis-Hütte steht 6 km weiter nördlich am Vårfluesjøen (Baujahr 1958).

Das für deutschsprachige Touristen sicherlich interessanteste Stückchen Woodfjord-Geschichte ist die Überwinterung 1934-35 von **Christiane Ritter** zusammen mit ihrem Mann Hermann und Karl Nikolaisen südwestlich von Gråhuken am Fjordeingang. Die Hütte hatte Hilmar Nøis 1928 gebaut und Kapp Hvile (Kap der Ruhe) genannt. Christiane Ritter hat die Erlebnisse dieser Überwinterung eindrücklich in „Eine Frau erlebt die Polarnacht" veröffentlicht, einem vielfach aufgelegten Klassiker der deutschsprachigen Spitzbergen-Literatur.

Sonstiges: 1999-2000 und 2010-2011 überwinterte der Hamburger Physiker **Hauke Trinks** an Bord seines in der Lagune von Mushamna eingefrorenen Bootes.

6.9.2 REINSDYRFLYA, STASJONSØYANE, ANDØYANE

Allgemein: Die Reinsdyrflya ist eine sanft-hügelige, etwa 250 km² große Ebene im Eingangsbereich von Woodfjord und Liefdefjord. Die kleinen Inselgruppen Stasjonsøyane und Andøyane gehören geologisch, landschaftlich und biologisch zur Reinsdyrflya.

In den vom offenen Meer abgetrennten Bereichen auf der Südseite der Reinsdyrflya, vor allem in den Buchten und zwischen den Inseln, hält sich das Fjordeis manchmal bis in den Juli hinein. Karte siehe Abschnitt 6.9.1 *Woodfjord*. Das gesamte Gebiet gehört zum Nordwest Spitzbergen Nationalpark. Ein saisonaler Schutz der Andøyane mit zeitweiligem Betretungsverbot wurde vorgeschlagen und könnte als Teil des künftigen Verwaltungsplans Westküste Spitzbergen eingeführt werden.

Ortsnamen: Andøyane: „Enteninseln". **Mullerneset:** Nach einem niederländischen Historiker (18. Jahrhundert). **Reinsdyrflya:** „Rentierebene". **Stasjonsøyane:** „Stationsinseln", nach einer fotogrammetrischen Station (Messpunkt) von 1907. **Sørdalsbukta:** „Süd-Tal-Bucht". **Velkomstpynten:** siehe Geschichte.

Geologie: Old Red, überwiegend von der kräftig roten Sorte (Unterdevon, ca. 390 Millionen Jahre). Auf den alten Rotsedimenten lagern weitflächig Sande und Kiese von Strandwällen, die von der nacheiszeitlichen Landhebung Zeugnis geben.

Landschaft: Stark geneigte Hänge wird man auf der sanfthügeligen Reinsdyrflya vergeblich suchen, die höchste Erhebung befindet sich im Nordosten und liegt schlappe 95 m über dem Meeresspiegel. Die Ebene setzt sich teilweise unter dem Meeresspiegel fort, so etwa auf der Südseite, wo mehrere alte Täler im Liefdefjord ertrunken sind, so dass die noch über dem Meer befindlichen südlichen Teile der Reinsdyrflya in Form kleiner Inselgrüppchen isoliert sind (Andøyane, Stasjonsøyane).

Derartige Küstenebenen, genannt **Strandflate**, sind typisch für Spitzbergen. Ihre Entstehung ist lange diskutiert worden, und so wirklich geeinigt hat sich die Fachwelt bislang nicht. Brandung hat aber sicherlich über längere Zeiträume eine Rolle gespielt. Ein Beleg für die Wirksamkeit der Brandung nicht nur an der Außenküste, sondern auch im Fjord sind die kleinen, nur wenige Meter hohen Steilküsten in Felsgestein, die es an vielen Stellen an der Küste der auf norwegisch „flya" genannten Küsten-Flachländer gibt.

Neben der Weite der welligen Ebene und den kleinen Felsrücken zwischen Tun-

6.4.3: Blomstrandhalvøya mit Blick auf den Kongsfjord. Bei der Bucht (Peirsonhamna) liegen die alten Häuser und Anlagen der Marmorgrube Ny London. Mitte Juni.

6.5-1: Landschaft mit Seen (rechts), Bucht (links) und Fjord (Mittelgrund). Signehamna im Krossfjord, im Hintergrund der Lilliehöökbreen.

6.6.3: Herrlicher Hochsommerabend (Ende Juni) im inneren Magdalenefjord. In der Bildmitte der Waggonwaybreen.

6.7.1-1: Der Smeerenburgfjord mit dem Frambreen, fotografiert von der Nordostecke der Danskøya.

6.7.1-2: Walfängerfriedhof am Likneset (seit 2010 gesperrt).

6.7.2: Virgohamna auf der Danskøya. Vorne ein Walfängergrab, in der Bildmitte rechts Fundamente von Lord Pikes Haus und links Teile von Andrées Ausrüstung (Gasfilter).

6.7.3-1: Speckofenfundament aus dem 17. Jahrhundert in Smeerenburg auf der Amsterdamøya.

6.7.4-1: Der Svitjodbreen im Fuglefjord.

6.7.4-2: Sallyhamna: eine geschichtsträchtige Jagdhütte im Nordwesten Spitzbergens. Im Vordergrund ein Walfängergrab.

6.7.5-1: Krabbentaucher auf Fuglesangen.

6.7.5-2: Ytre Norskøya, mit Blick auf Indre Norskøya (Bildmitte) und Spitzbergen. Die alten Specköfen liegen nahe beim Ufer der Bucht Bildmitte rechts (seit 2010 gesperrt).

6.8-1: Blick über Bruceneset und Raudfjord.

6.8-2: Der innere Raudfjord, Blick vom Solanderfjellet.

6.9.1-1: Mushamna im Woodfjord.

6.9.1-2: Die Hütte bei Gråhuken, in der auch Christiane Ritter überwinterte.

6.9.3-1: Äußerer Liefdefjord und Woodfjord (im Hintergrund), vom Wulffberget bei der „Texas Bar" aus gesehen.

6.9.3-2: Der innere Liefdefjord. Vorne der Erikbreen (rechts) mitsamt Lagune und Moräne, im Hintergrund Monacobreen (links) und Seligerbreen (rechts).

6.9.3-3: Der Monacobreen. Neuschnee auf den Bergen, Anfang Oktober.

6.9.4: Warme Quelle im Bockfjord.

6.10: Alter Walross-Schlachtplatz auf Moffen.

6.11-1: Der Mittag-Lefflerbreen und dahinter der lange Wijdefjord, vorne links das Trikolorfjellet. Blick vom Tarantellen nach Norden.

6.11-2: Eine ganz eigene Fels- und Seenlandschaft bei der Vassfarbukta am nördlichen Wijdefjord.

6.12-1: Ein Hauch unendlicher Weite: Die Eiskappe Lomonossovfonna im südlichen Ny Friesland, südlich des Newtontoppen.

6.12-2: Abfahrt vom Newtontoppen, Spitzbergens höchstem Berg (1713 m).

6.12-3: Die Mosselbukta.

6.13: Blick über den Sorgfjord.

6.14-1: Küste der Hinlopenstraße südlich vom Alkefjellet (Tommelbreen).

6.14-2: Lockeres Treibeis in der Hinlopenstraße im Eingang zum Wahlenbergfjord (Selanderneset), Nordaustland.

6.14-3: Land und Leute in der Hinlopenstraße.

6.14.1-1: Altes orthodoxes Kreuz der Pomoren. Russeøya, Murchisonfjord.

6.14.1-2: Felsig-karge Polarwüste und Küstenlandschaft auf der Indre Russeøya. Murchisonfjord, Nordaustland.

6.14.1-3: Blick vom Fargefjellet im inneren Murchisonfjord zur Eiskappe Vestfonna, Nordaustland. Mitternachtslicht, Anfang August.

drafläche ist es vor allem der Kontrast aus dem kräftigen Rotbraun des Old Red und dem satten Grün der Tundra, welcher die Landschaft der Reinsdyrflya und der südlich gelegenen Inselgruppen Stasjonsøyane und Andøyane zu einem sanften Farb-Erlebnis macht. Auf der Ostseite der Reinsdyrflya bilden die kräftigroten Schichten wunderschöne Felslandschaften in Ufernähe (Mullerneset, Velkomstpynten).

Flora und Fauna: Wie der Name andeutet, streifen Rentiere über die Reinsdyrflya und gelegentlich auch über die südlich vorgelagerten Inseln, die im Winter über das Eis zugänglich sind. Weite Flächen sind von einer dichten „Silberwurz-Vierkantiges Heidekraut-Tundra" bedeckt; diese Arten belegen den mildernden Golfstromeinfluss und sind für die Einstufung dieses Tundratyps als „mittelarktisch" verantwortlich. Auch eher seltene Arten wie der Fadensteinbrech sind dort zu finden.

Wie der Name „Andøyane" (Enteninseln) schon sagt, findet sich auf den kleinen Inseln vor der Reinsdyrflya im Frühsommer eine reiche Vogelwelt. Vor Füchsen durch die Insellage geschützt, brüten dort Eiderenten und Küstenseeschwalben in großer Zahl, so dass man sich zur Brutsaison dort nur sehr vorsichtig bewegen kann. Soweit die Theorie - in der Praxis sind die Brutkolonien der Eiderenten so oft von Eisbären geplündert worden, dass der Bruterfolg deutlich geringer geworden ist und die Zahl der Enten deutlich geschrumpft ist.

Es kann sich immer lohnen, große Trupps von Eiderenten auf dem Wasser genauer zu beobachten, da sich Prachteiderenten darunter „verstecken". Eine weitere vogelkundliche Spezialität sind die auch nicht gerade alltäglichen Thorshühnchen, die im Frühsommer oft am Ufer zu finden sind.

Geschichte: Vom Velkomstvarden, einem Steinmann im Nordosten der Reinsdyrflya auf einer flachen Erhebung in 95 m Höhe, haben die **Walfänger** im 17. Jahrhundert Ausschau nach dem Eis und nach Walen gehalten. Die Bezeichnung „Velkomstpynten" der nahegelegenen Landspitze geht anscheinend darauf zurück, dass Landungen dort immer mit willkommenen Pausen von der harten Arbeit sowie, durch einen Besuch beim Velkomstvarden, ebenfalls willkommenen Informationen über die Eisbedingungen und Fangmöglichkeiten verbunden waren. Die Bezeichnung Velkomstpynten (früher: Point Welcome) wanderte früher mehrfach auf den Landkarten von einer Landspitze zur nächsten, die aber alle einen ähnlichen Zweck erfüllten. Südlich des Velkomstpynten, beim Mullerneset, soll es einen kleinen Walfängerfriedhof gegeben haben.

Später war die Reinsdyrflya Fanggebiet von **Trappern.** Eine Hütte steht noch westlich von Worsleyneset, sie wurde 1924 von Hilmar Nøis gebaut. Nøis nannte die Hütte Villa Oxford, da ihm Holz als Baumaterial diente, in dem eine englische Expedition ein Flugzeug antransportiert hatte. Dabei handelte es sich um die Oxford-Expedition von George Binney von 1924, bei der das Nordaustland im Zentrum der Aktivitäten stand, die teilweise von dieser Stelle ausgingen. Eine weitere Trapperhütte, eine Ruine aber immerhin sehr schön gelegen, steht westlich vom Velkomstpynten an der Nordküste.

In der Sørdalsbukta im Südwesten der Reinsdyrflya stand 1943-44 die deutsche **Kriegswetterstation „Kreuzritter"**, von der noch ein paar verstreute Überreste zu sehen sind sowie das Grab des Stationsleiters Knoespel, der wenige Stunden vor der

Abholung durch ein U-Boot bei der Entschärfung einer Mine in einer Trapperhütte starb. Nachdem die Explosion 45 Minuten überfällig war, war Knoespel in die Hütte gegangen, um nachzuschauen; in diesem Moment explodierte die Sprengladung.

6.9.3 LIEFDEFJORD

Allgemein: Der landschaftlich schöne und abwechslungsreiche Liefdefjord ist auf vielen Spitzbergen-Schiffsreisen Teil der Fahrtroute. Am Eingang zum Woodfjord noch 13 km breit, rücken die gebirgigen Ufer im Inneren des über 30 km langen Fjords auf gut 5 km zusammen.

Es gibt im Liefdefjord verschiedene Möglichkeiten für Exkursionen, von gemütlichen Tundra-Spaziergängen über Bergwanderungen bis hin zu einem Besuch bei einem der größten Gletscher der Region, dem bekannten Monacobreen. Eine Möglichkeit ist auch eine Exkursion zu den Andøyane, die man in vieler Hinsicht als Teil der Reinsdyrflya betrachten kann (siehe Abschnitt 6.9.2 *Reinsdyrflya, Stasjonsøyane, Andøyane*). Weitere mögliche Ziele sind Texas Bar, Erikbreen, Lernerøyane, Måkeøyane, Roosfjellet ...

Geschützte Fjordbereiche sind während des Frühsommers oft noch von Fjordeis bedeckt. Die gesamte Region gehört zum Nationalpark Nordwest Spitzbergen. Karte siehe Abschnitt 6.9.1 *Woodfjord*.

Ortsnamen: Erikbreen: Ursprünglich Erich-Gletscher, Name von Paul Seliger vergeben (s. Seligerbreen), genauer Ursprung unbekannt. **Idabreen:** Nach der Frau von Paul Seliger (s.u.). **Lernerøyane:** Theodor L. (1866-1931), deutscher Journalist und Spitzbergenfahrer. **Liefdefjord:** Holländischer Name aus der Walfängerzeit, übersetzt „Liebesfjord", genauer Ursprung nicht bekannt, evtl. nach einem Schiff. **Monacobreen:** Nach Fürst Albert I. von Monaco, während dessen Spitzbergen-Expeditionen 1906/07 der Gletscher kartiert wurde. **Nyholmen:** siehe Abschnitt Landschaft. **Seligerbreen:** Paul S. (1863-1935), deutscher Topograph, konstruierte eine Karte des Woodfjord nach Vermessungen von Bock (s. Bockfjord) und Poninski von 1907.

Geologie: Der Liefdefjord besteht geologisch aus einem komplizierten Mosaik; es ist aber auch für Laien möglich, sich schnell einen kleinen, aber interessanten und für den Landschaftsbau aussagekräftigen Überblick zu verschaffen. Die Gegend ist aus 2 Gesteinseinheiten aufgebaut, dem devonischen Old Red und dem noch älteren Grundgebirge- der Umstand, dass beide in sich noch einmal sehr komplex sind, kann hier guten Gewissens ignoriert werden. Im Liefdefjord ist das Old Red überwiegend kräftig rötlichbraun gefärbt und neigt durch seine relative Weichheit dazu, sanfte, runde Geländeformen zu bilden.

Das Grundgebirgsgestein hingegen, harte Migmatite, Gneise und Marmore, wirkt aus der Entfernung eher dunkelgrau und neigt wegen seiner Härte zur Bildung alpiner Landschaften mit scharfen Graten und spitzen Gipfeln.

Das Old Red verläuft in 2 Streifen mit Nord-Süd-Ausrichtung durch den Liefdefjord, dazwischen kommt das Grundgebirge an die Oberfläche. Der östliche Old Red-Streifen gehört zum Andrée Land-Graben (siehe Abschnitt 6.9.1 *Woodfjord*) und tritt an der Mündung des Liefdefjord zu Tage, die gesamte Reinsdyrflya, die südlich davon gelegenen Inselchen (Andøyane, Stasjonsøyane, Måkeøyane) und das auffällig runde Roosfjella eingeschlossen.

Der westliche, kleinere Streifen verläuft im innersten Fjord, östlich und unterhalb des Monacobreen und um den Idabreen.

Landschaft: Wie im Abschnitt zur Geologie angedeutet, hat diese einen entscheidenden Einfluss auf das Landschaftsbild. Die beeindruckenden Berge mit zackigen Graten und scharfen Zinnen finden sich in den Grundgebirgsgebieten, auf der Westseite des Monacobreen mit Höhen um 1 000 m. Der landschaftliche Höhepunkt im Liefdefjord ist die über 5 km breite Abbruchkante, die Monacobreen und Seligerbreen zusammen haben. Diese ist in der jüngeren Vergangenheit kräftig zurückgegangen, so dass ab 2005 eine vorher vom Eis bedeckte Insel sichtbar wurde. Diese war allerdings 1991 bereits geologisch untersucht worden und hatte dabei den Namen **Nyholmen** (Neuer Holmen. H. = kleine Insel) bekommen. Ein Vorstoß des Monacobreen im Jahr 1992 hatte sie für 13 Jahre verschwinden lassen. Wenn der Monacobreen sich weiter zurückzieht, wird es nicht mehr lange dauern, bis der Berg Stortingspresidenten das Wasser erreicht und die bislang gemeinsame Front von Monaco- und Seligerbreen trennt.

Flora und Fauna: Die Flora wird karger, je tiefer man in den Fjord gelangt. Während auf den wahrscheinlich schon seit über 20 000 Jahren eisfreien Andøyane reiche Tundra zu finden ist, sind die Lernerøyane, nahe beim Monacobreen und wahrscheinlich noch vor 1 000-2 000 Jahren unter diesem gelegen, felsig und kahl. An steilen Felshängen (Grundgebirge) gibt es kleinere Seevogelkolonien.

Ein Spektakel bietet sich bei der Gletscherfront des Monacobreen, wo Schmelzwasserströme als unterirdische Flüsse hervorquellen und diverse Nährstoffe und Plankton aus dem Fjord mit an die Oberfläche bringen. Dort suchen tausende von Dreizehenmöwen und Küstenseeschwalben auf kleinem Raum nach Nahrung. Manchmal sind noch weitere Nutznießer dieses arktischen Schlaraffenlandes vor Ort, wie Robben, Weißwale oder Eisbären. Letztere werden auch immer wieder nach Nahrung suchend auf dem Fjordeis gesehen, wenn dieses sich früh im Sommer noch vor dem Gletscher erstreckt: Das Eis mag auf den ersten Blick leer aussehen, aber bei genauem Hinschauen entdeckt man meistens Robben, vor allem Bart- und Ringelrobben, weit über 100 sind nicht ungewöhnlich - eine Situation, die im späten Frühjahr und Frühsommer in vielen Fjorden Spitzbergens normal ist.

Wer besonders gute Augen und ein passendes Fernglas hat, sollte sich die Dreizehenmöwen genauer anschauen: Es kann durchaus sein, dass sich eine der seltenen Schwalbenmöwen darunter versteckt ... Viel Glück!

Geschichte: Die deutsche Wetterstation „Kreuzritter" von 1943-44 wurde bereits im Abschnitt 6.9.2 *Reinsdyrflya* erwähnt. Auf der Westseite des Fjords steht eine Trapperhütte mit dem schönen Namen „Texas Bar", die 1927 von Hilmar Nøis und Martin Pettersen Nøis gebaut wurde. Weitere von Nøis' Hütten standen seit 1927 am Roosfjellet und in der Sørdalsbukta, fielen aber 1943 der Zerstörungswut der Deutschen zum Opfer beziehungsweise im Fall der Sørdalsbukta-Hütte einem Sprengstoffunfall (siehe vorhergehender Abschnitt).

1990-92 war der Liefdefjord das Hauptarbeitsgebiet einer umfangreichen Forschungsexpedition unter Leitung des Geographen Prof. Blümel aus Stuttgart, der SPE (German Geoscientific Spitsbergen Expedition). Das gesamte Fjordgebiet wurde von einer fachlich und international bunt gemischten Wissenschaftlergruppe ausgiebig untersucht: Prozesse der Landschaftsformung (Sedimenttransport in Flüssen, Solifluktion), Gletscher (historische Entwicklung und aktuelle Prozesse, Massenhaushalt, Moränenbildung, ...), Geologie, Ökologie etc. Ein Expeditionsmitglied starb bei einem Unfall durch eine Sulzmure, eine sehr schnelle Lawine aus einem Gemisch aus Schnee-Schmelzwasser-Geröll.

6.9.4 BOCKFJORD

Allgemein: Der Bockfjord ist ein 7-8 km langer Seitenfjord des Woodfjord. Er ist landschaftlich schön und hat ein paar geologische und botanische Besonderheiten zu bieten. Der Bockfjord gehört zum Nordwest Spitzbergen Nationalpark. Karte siehe Abschnitt 6.9.1 *Woodfjord*.

Ortsnamen: Bockfjord: Franz-Karl von B. (geb. 1876), nahm 1907 während einer von Theodor Lerner initiierten Expedition den Woodfjord topographisch auf. **Jotunkildene:** „Jotunquellen", nach einem Riesen der nordischen Mythologie. **Trollkildene:** „Trollquellen". **Sverrefjellet:** S. Sigurdsson (1151-1202), norwegischer König.

Geologie: Überwiegend Old Red mit seiner charakteristischen rötlich-braunen Färbung. Im Fjordinneren auf der Westseite Grundgebirgsgestein, v.a. Marmore. Die geologische Besonderheit im Bockfjord ist das 506 m hohe **Sverrefjellet**, ein erloschener Vulkan, der vor wenigen 100 000 Jahren wahrscheinlich unter Gletschereis ausgebrochen ist. Das Vulkangestein hat bei seiner Reise an die Erdoberfläche interessante Mitbringsel ans Tageslicht gefördert: Gesteinsproben aus tieferen Stockwerken der Erdkruste, die nun hier und da in der Lava eingeschlossen sind.

Der Vulkan ist im Laufe seiner geologisch noch jungen Geschichte schon mehrfach von eiszeitlichen Gletschern bedeckt gewesen und hat stark unter diesen gelitten, so dass die Form des heutigen Sverrefjellet nur noch als Vulkanruine zu bezeichnen ist.

Die relativ junge vulkanische Aktivität macht sich heute noch durch ein paar kleine, warme Quellen nördlich des Sverrefjellet in Ufernähe bemerkbar. An diesen Quellen, den Jotunkildene, haben sich Sinterterrassen aus Kalkstein gebildet, die in Spitzbergen einzigartig sind; die verletzlichen Kalkgebilde dürfen nicht beschädigt werden. Ein weiteres Gebiet mit mehreren, etwas größeren warmen Quellen (Trollkildene) gibt es im Tal südlich des Bockfjord, ca. 8 km im Land.

Landschaft: Die Kontraste der verschiedenen geologischen Einheiten mit ihren jeweiligen landschaftlichen Charakteristika (Grundgebirge: scharfe Grate und Spitzen, Old Red: vergleichsweise sanfte, runde Hänge, warme Farben) bilden zusammen ein schönes Panorama, das von mehreren Gletschern sowie dem Sverrefjellet wirkungsvoll ergänzt wird.

Flora und Fauna: Aufgrund der Topographie gibt es nur eher kleine Tundraflächen, aber diese haben es stellenweise botanisch in sich. In der Nähe der warmen Quellen haben sich mehrere Pflanzenarten ansiedeln können, die sonst nirgendwo zu finden sind; es handelt sich dabei zwar um unauffällige Gräser, die keinem Laien ins Auge fallen werden, aber die geologisch-biologischen Besonderheiten des Bockfjord stehen regional einzigartig da.

Sonstiges: Seit 2003 laufen beim Sverrefjellet im Sommer geologische Untersuchungen und Praxistests für Ausrüstung der NASA, die der Vorbereitung von Marsmissionen dienen sollen; das Sverrefjellet ist aufgrund seiner besonderen Geologie dafür prädestiniert.

6.10 MOFFEN

Moffen Island liegt zwölf Seemeilen weit draußen im Meer, vor dem Woodfjord, und ist weiter nichts als ein Kieselring um eine Lagune. ... Weil der Pol alles konserviert, hat er auch den Schindanger eingefroren, und so liegen denn auf Moffen Island die Knochen der Meer-Menschen des 17. Jahrhunderts zu Tausenden weiß auf den grauen Steinen. Die Walroßhäupter mit den Stoßzähnen haben die Jäger als Trophäen mitgenommen, aber aus runden Augenhöhlen glotzen uns unzählige Robbenschädelchen an.

Alfred Andersch, *Hohe Breitengrade* (1969)

Allgemein: Moffen ist ein außergewöhnliches, nur 4-5 km² kleines Inselchen 25 km nördlich von Gråhuken. Auf Moffen ist die sicherlich bekannteste und am öftesten besuchte Walrosskolonie Spitzbergens zu Hause. Daher steht die Insel unter besonderem Schutz: Über ihren Status als Teil des Nordwest Spitzbergen Nationalparks hinaus ist sie zu einem Naturreservat erklärt worden. In der Zeit 15. Mai - 15. September ist jegliche Annäherung auf weniger als 300 m zur Küstenlinie verboten. Luftfahrzeuge müssen immer eine Mindestdistanz von 500 m einhalten.

Die Insel liegt direkt nördlich des 80. Breitengrades, dessen Überquerung natürlich ein besonderes Ereignis ist. Die Entfernung von 80°N zum geographischen Nordpol beträgt noch 10 Breitengrade = 600 Breitenminuten = 600 Seemeilen = 600 x 1,852 km = 1 111 km. Karte siehe Abschnitt 6.11 *Wijdefjord*.

Ortsnamen: siehe Geschichte.

Geologie: Moffen besteht aus mehreren Serien von Strandwällen, die aus verschiedenen Richtungen innerhalb der flachen Umgebung der Insel aufgeworfen wurden.

Landschaft: Moffen ist eine vollständig flache Kiesinsel mit Tropfenform. In der Mitte befindet sich eine Lagune mit Brackwasser. Früher hat es einen Durchlass gegeben, der kleinen Schiffen ermöglichte, in der Lagune vor Anker zu gehen.

Flora und Fauna: Auf Moffen gibt es kaum Vegetation, abgesehen von etwas Moos auf der Fläche am Südende, insbesondere um die alten Walrossschlachtplätze. Dafür ist die Insel faunistisch umso interessanter, wenn die Beobachtungsmöglichkeiten wegen des vorgeschriebenen Mindestabstands auch natürlich eingeschränkt sind. Auf Moffen brüten Küstenseeschwalben in großen Mengen sowie 1 oder 2 Paare der seltenen Schwalbenmöwen, die aus der Distanz inmitten all der Küstenseeschwalben und anderer Vögel allerdings nur sehr schwer auszumachen sind.

• Die biologische Hauptattraktion sind die Walrosse, die in den weitläufig flachen Gewässern um Moffen herum gute Weidegründe finden. Nachdem Walrosse in der Mitte des 20. Jahrhunderts in Spitzbergen praktisch ausgerottet waren, etablieren sie sich nun wieder. Moffen war einer der ersten Ruheplätze, die nach vielen Jahrzehnten wieder besiedelt wurden, nach langer Pause kehrten die Walrosse in den frühen 1970ern dorthin zurück. Seitdem spielt die Insel eine wichtige Rolle bei der Rückkehr der Walrosse nach Spitzbergen, die immer noch am Anfang steht.

Geschichte: Moffen war den Walfängern im 17. Jahrhundert gut bekannt, die dort nicht nur massenweise Walrosse schlachteten, sondern gelegentlich auch ihre eigenen Toten begruben. Am Südende gibt es Flächen, die mit Walrossknochen übersät sind und trauriges Zeugnis von den Blutbädern geben.

Der Name der Insel soll, so eine Theorie, eine unfreundliche Bezeichnung der holländischen Walfänger für die auf ihren Schiffen arbeitenden Deutschen gewesen sein. Wahrscheinlicher ist aber wohl, dass der Name auf die Form Bezug nimmt: Die Form erinnert an die Öffnung eines weiten Ärmels oder eines Muffs, einer Art Rolle aus Wolle, in die man von beide Seiten gleichzeitig die Hände steckt, die sich so gegenseitig wärmen können.

6.11 WIJDEFJORD, MOSSELBUKTA

Here we were not to be disappointed. The scenery of Wijde bay is superb.

Martin Conway, *The First Crossing of Spitsbergen* (1897)

Allgemein: Der Wijdefjord ist mit 108 km der längste Fjord Spitzbergens. An der Mündung ist er über 20 km breit, und bei der Passage entlang der Nordküste sieht der Fjord aus wie ein Sund. Der Wijdefjord hat nur eine Abzweigung, den kleinen Vestfjord. Der Hauptarm heißt südlich des Vestfjords einfallsreicherweise Austfjord. Die dem Fjord benachbarten Landstriche sind das Andrée Land und südlich davon das Dickson Land im Westen sowie das Ny Friesland im Osten.

Der Wijdefjord ist auf der Seekarte recht weiß, die Distanzen sind lang und es gibt nicht viele gute, geschützte Landestellen. Daher wird er von Schiffen selten besucht. Das südliche Fjordende, der Austfjord, ist vom Billefjord aus für ausdauernde Wanderer über mehrere Gletscher erreichbar. Relativ viel Verkehr gibt es hingegen in der Frühjahrssaison, im März und April, wenn Einheimische mit Motorschlitten zu den Hütten im Wijdefjord und zur Nordküste unterwegs sind und gelegentlich eine Gruppe Skiwanderer über das Eis nach Norden zieht.

Der Kinofilm „Die Stunde des Lichts“ (1998), nach dem Buch „Wo bleibt das Licht“ (Helen van der Laan, Ullstein, 2001) mit sehr schönen Landschaftsaufnahmen wurde teilweise am Originalschauplatz im Austfjord gedreht. Die südliche Fjordhälfte samt Umland wurde 2003 zum Nationalpark Innerer Wijdefjord erklärt.

Ortsnamen: Austfjord: „Ostfjord“. **Dirksodden:** Aldert Dirkszoon Groot, niederländischer Walfängerkapitän aus dem 17. Jahrhundert. **Elvetangen:** „Fluss-Landspitze“.

Femmilsjøen: „Fünf-Meilen-See". **Krosspynten:** Nach dem Grabkreuz eines 1912 dort gestorbenen und begrabenen norwegischen Trappers. **Mittag-Lefflerbreen:** Magnus Gustav M.-L. (1846-1927), schwedischer Mathematiker, einer der Organisatoren der Gradmessungsexpedition. **Mosselbukta:** Name aus dem 17. Jahrhundert, Ursprung unbekannt, evtl. nach einem Schiff. **Purpurdalen:** Nach der Farbe der Felsen. **Stubendorffbreen:** Otto Eduardovich von S. (1837-1919), russischer Militärkartograph und treibende Kraft hinter der Schwedisch-Russischen Gradmessungsexpedition (1899-1902), die den Gletscher vermessen hat. **Vassfarbukta:** Nach dem nahegelegenen kleinen Tälchen, das wiederum nach dem Tal Vassfaret in Norwegen benannt worden ist. **Vestfjord:** „Westfjord". **Wijdefjord:** „Weiter Fjord".

Geologie: Die erstaunliche Form des Wijdefjord, über 100 km fast wie mit dem Lineal gezogen, hängt mit einer großen tektonischen Struktur zusammen, der Billefjorden-

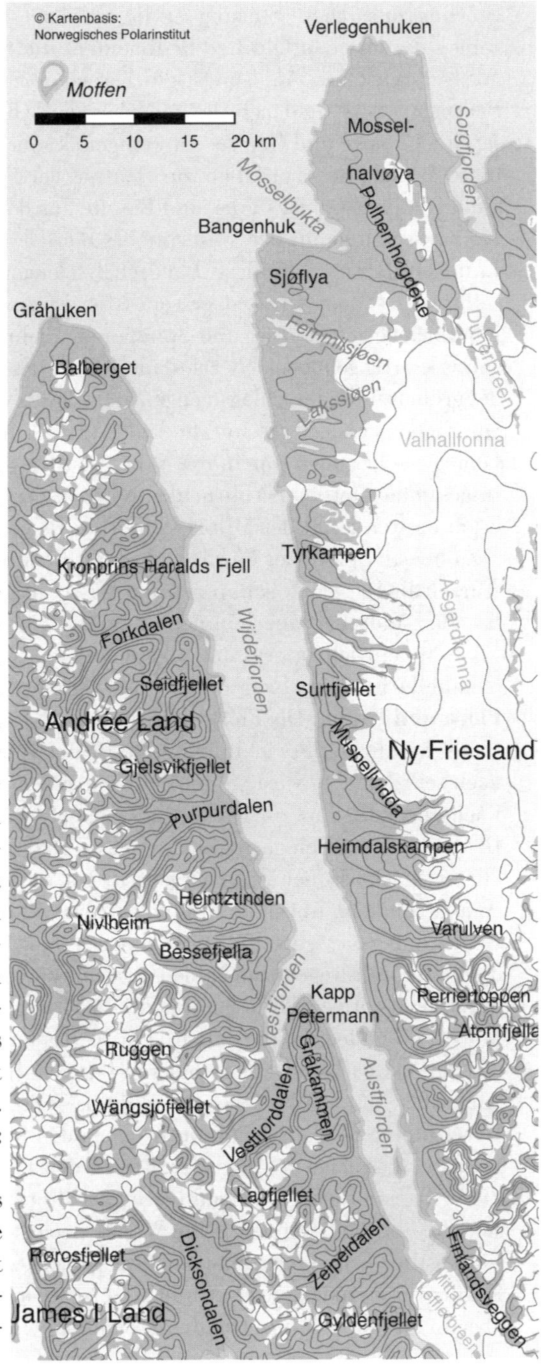

Störungszone. Diese Störung ist die östliche Grenze des Andrée Land-Grabens mit seinen devonischen Old Red-Sedimenten, die entlang des gesamten Fjords auf der Westseite anstehen. Auf der Ostseite befinden sich verschiedene Grundgebirgsgesteine: Sedimente verschiedener Metamorphosegrade (Quarzite, Schiefer, Phyllite, ...), Migmatite, Granite und Gneise. An wenigen, kleinen Stellen gibt es Karbon-Sedimente, die zwar nicht ins Auge fallen, zur Deutung der geologischen Geschichte aber hilfreich sind. Die jüngsten Gesteine sind Basalte aus dem oberen Jura oder der Unterkreide bei Krosspynten auf der Westseite des Fjords.

Landschaft: Das auffälligste Landschaftselement ist der fast schnurgerade Wijdefjord selbst, der so lang ist, dass er vom Isfjord nur durch eine weniger als 20 km weite Landbrücke getrennt ist und Spitzbergen dadurch beinahe in 2 Inseln teilt.

Das kräftig gehobene Ny Friesland östlich des Fjords ist aufgrund seiner Höhe und der größeren Niederschlagsmengen viel stärker vergletschert als das zentral gelegene, vor Niederschlägen geschützte Andrée Land. Die Folge ist, dass auf der Westseite kein Gletscher auch nur in die Nähe des Ufers kommt, während es auf der Ostseite insgesamt 4 Gletscher-Abbruchkanten gibt. Das südliche Fjordende wird von der gut 3 km breiten Front des Mittag-Lefflerbreens beherrscht.

Zu beiden Seiten des Fjords gibt es fast überall einen Uferstreifen, und nirgendwo stürzen die Felswände senkrecht zum Wasser hin ab. Um den Stubendorffbreen herum hat die Landschaft aber alpinen Charakter.

Landschaftlich interessant und innerhalb von Spitzbergen etwas Besonderes ist eine Reihe größerer Seen in der Nähe der Nordküste auf der Ostseite des Fjords.

Flora und Fauna: Die Flora macht von der Fjordmündung nach Süden eine interessante räumliche Entwicklung durch. Ist die Tundra an der Nordküste Spitzbergens noch sehr karg, so wird sie im Fjordinneren immer reicher, da sich klimatisch mit wachsender Distanz zur Küste ein leichter Kontinentalitätseffekt bemerkbar macht: Die Sommer werden geringfügig wärmer. Dadurch sind entlang des Wijdefjords fast alle Vegetationszonen Spitzbergens zu finden, von der Polarwüste ganz im Norden (Verlegenhuken) über die mittelarktische „Silberwurz-Zone" und „Vierkantiges Heidekraut-Zone" bis hin zur „inneren Fjordzone" mit einer fast heideartigen, dichten Tundravegetation in den Tälern, die gegen die sommerliche Austrocknung durch den stetigen Wind geschützt sind. Dieser botanische Querschnitt macht den Wijdefjord biologisch in Svalbard einzigartig und war ein Grund für die Einrichtung des Nationalparks in seinem inneren Bereich. In den Seen am nördlichen Fjords ist ein großer Teil von Spitzbergens Süßwasserfischen (Seesaiblinge) daheim.

Geschichte: Schon die **Pomoren** haben den Wijdefjord als Jagdgebiet zu schätzen gewusst, was sicherlich nicht zuletzt an den Fischvorkommen in den Seen liegt. In dieser Region liegen die 3 am besten erhaltenen Pomoren-Hütten in ganz Spitzbergen; die einzigen, bei denen die Wände noch stehen. Die beiden Hütten in Rekvika (südwestlich von Verlegenhuken, fast genau auf 80°N) und am Dirksodden (beim Lakssjøen) wurden repariert und sind somit nicht mehr ganz originalgetreu, dafür aber in gutem Zustand. Die dritte Pomoren-Hütte liegt bei Elvetangen, von ihr ist nicht mehr viel übrig, aber sie wurde nicht renoviert und ist daher die authentischste, von einer bedeutend jüngeren (1910 oder 1911) norwegischen Hütte (Villa Rave, s.u.) abgesehen, die an die ältere Hütte angebaut wurde.

Eine norwegische Trapperhütte aus dem Wijdefjord wurde abgebaut und befindet sich nun im Polarmuseum in Tromsø. Etliche Hütten stehen heute noch und werden recht gut gepflegt, da sie von Einheimischen auf Motorschlitten-Touren besucht werden.

Im Bereich der Fjordmündung liegt die **Mosselbukta**, in welcher der Schwede Nordenskiöld 1872 das Haus **Polhem** (15x11,5 m^2 Grundfläche) errichten ließ, um nach dem Winter mit Rentieren den Nordpol zu erreichen. Mitte September machte ein früher Wintersturm Nordenskiöld allerdings einen dicken Strich durch die Rechnung: Die beiden Expeditionsschiffe waren plötzlich vom Eis eingeschlossen, so dass beide unvorbereitet den Winter in der Mosselbukta verbringen mussten. In der gleichen unglücklichen Lage fanden sich auch mehrere norwegische Fangschiffe, so dass die knappen Vorräte aufs äußerste gestreckt werden mussten. Zusätzlich hatten von den 40 Rentieren während des Sturms fast alle das Weite gesucht. Nordenskiöld war gezwungen, den Nordpol aufzugeben und nach einem schwierigen Winter stattdessen das Nordaustland zu besuchen, was wissenschaftlich auch deutlich ergiebiger war. Während dieser Reise erfolgten die erste Querung des Nordaustlandes und die erste Überwinterung einer wissenschaftlichen Expedition in Spitzbergen.

1912/13 spielte Polhem noch einmal eine wichtige Rolle, als Mitglieder der gescheiterten **Schröder-Stranz-Expedition** hier und in den Hütten am Wijdefjord Zuflucht suchten; 2 Männer hielten sich für mehrere Wochen in der Hütte bei Elvetangen, während 3 andere weiter südlich bei Krosspynten Unterschlupf gefunden hatten. Bei Krosspynten war auch Kapitän Ritscher, dem es dann gelang, in einem Gewaltmarsch von dort nach Longyear City vorzustoßen. Von den Übrigen, die mit demselben Ziel vom im Sorgfjord eingefrorenen Schiff aufgebrochen waren, schaffte es keiner; 3 Männer erfroren unterwegs im Wijdefjord. Nach einem der beiden unfreiwilligen Bewohner der Hütte am Elvetangen heißt diese seitdem Villa Rave. Polhem ist im Laufe der Zeit leider in sich zusammengefallen. Eine neuere Hütte in der Mosselbukta, ebenfalls als Polhem bekannt, wurde 1972 von einer Ölfirma (Caltex) gebaut, wahrscheinlich zum Gebrauch in der Freizeit.

6.12 NY FRIESLAND, VERLEGENHUKEN

... auf der Ostseite die steilen, von schneegefüllten Schluchten zerfurchten Hänge und Wände von Neu-Friesland, dessen Höhe, völlig abgeflacht, eine mehr als 2 000 Quadratkilometer große Eiskappe bedeckt, aus der nicht ein einziger Berg aufragt.

Hans Münch, *Mein arktischer Sommer* (1967)

Allgemein: Zu den Küstenbereichen siehe Abschnitte 6.11 *Wijdefjord*, 6.13 *Sorgfjord* und 6.14.2 *Lomfjord*. Das Landesinnere von **Ny Friesland** wird wegen seiner Abgelegenheit von Touristen selten besucht. Bergsteiger nehmen die weite Anreise gelegentlich auf sich, um in den Fels- und Eisrevieren der Granit- und Gneismassive zu klettern. Erfahrungsberichten zufolge sollen die Möglichkeiten zum Eisklettern dabei deutlich besser sein als die des Felskletterns. Private und kommerzielle Ski-Expeditionen machen sich regelmäßig auf, um den in Ny Friesland gelegenen **Newtontoppen** zu besteigen, der von Süden soweit gemächlich ansteigt, dass der 1 713 m hohe Gipfel auf Skiern oder per Motorschlitten (nur Einheimischen erlaubt) leicht erreichbar ist. Wer dort oben steht, hat ganz Spitzbergen unter sich und bei gutem Wetter eine feine Aussicht. Der erste Mensch auf dem Gipfel des Newtontoppen war der Schwede **Helge Backlund**, Mitglied der Schwedisch-Russischen Gradmessungsexpedition, im Jahr 1900. 1936 fuhren 2 Mitglieder der englischen Oxford-Expedition sogar mit Hundeschlitten auf den Newtontopen.

Die weite Eiskappe Åsgårdfonna, welche die ausgedehnte Hochebene von Ny Friesland bedeckt, ist in sich wenig gegliedert und technisch relativ einfaches Gelände, wobei Distanzen, Temperaturen und Wind sowie Gefahren durch mögliche Gletscherspalten nicht zu unterschätzen sind. Schwieriger ist der Abstieg hinunter zum Wijdefjord, da die Gletscher, die dort herunter führen, teilweise spaltig oder sehr schneearm sind (sicherer ist der Abstieg über felsigen Untergund im nördlichen Wijdefjord, wo die Abhänge weniger steil sind, oder der sanfter abfallende Gletscher zum Sorgfjord).

Die erste Durchquerung von Ny Friesland von Nord nach Süd gelang 1913 einer norwegischen Hilfsexpedition für die verunglückte Schröder-Stranz-Expedition.

Verlegenhuken zeichnet sich im Wesentlichen dadurch aus, dass es der nördlichste Teil der Insel Spitzbergen ist und nördlich von 80°N liegt. An der nördlichsten Landspitze selbst gibt es außer einer Landmarke, einer Menge Treibholz und angespültem Müll nicht viel zu sehen. Private Skiexpeditionen versuchen mehr oder weniger regelmäßig, im Frühjahr den Verlegenhuken zu erreichen. Unter dem Aspekt des Landschaftserlebnisses gesehen, ist zumindest der nördliche Teil dieser Route aber weniger abwechslungsreich als mögliche Alternativen, etwa im Bereich zwischen Austfjord und Woodfjord.

Der östliche Teil von Ny Friesland gehört zum Nordaust Svalbard Naturreservat. Karte siehe Abschnitt 6.14 *Hinlopenstraße*.

Ortsnamen: Newtontoppen: Sir Isaac N. (1642-1727), englischer Mathematiker und Physiker. **Ny Friesland:** Nach der Provinz Friesland, aus der viele Walfänger stammten, die im 17. Jahrhundert in Spitzbergens Gewässern auf Walfang fuhren. **Verlegenhuken:** „verlegte Landspitze", auf alten Karten falsch eingetragen. Evtl. auch „Verlegenheiten", in die Walfänger wegen der schwierigen Eisbedingungen dort öfter kamen. **Åsgårdfonna:** Åsgård, Wohnort der Götter in der nordischen Mythologie.

Geologie: Ny Friesland besteht aus diversen metamorphen Gesteinen sowie Graniten. Im Westen von Ny Friesland gibt es einige kleine Überbleibsel von Sedimenten aus dem Karbon, die für die Rekonstruktion der regionalen Tektonik wichtig sind. Die Küstenebene bei Verlegenhuken weist eine gut entwickelte Serie alter Strandwälle auf.

Landschaft: Ny Friesland ist eine kräftig gehobene Ebene, die sich größtenteils zwischen 700 m und 1 000 m Höhe befindet. Mit Beginn der Hebung in der Oberkreide setzte gleichzeitig die Zerschneidung durch Flüsse ein, die später, in der Eiszeit, effektiv von Gletschern fortgesetzt wurde. Auf diese Weise bildete sich die heutige Landschaft Spitzbergens mit Hochebenen, Tälern und Fjorden. Der am stärksten gehobene Bereich bildet heute die höchste Erhebung Spitzbergens, den Newtontoppen.

Das hochgelegene Land empfängt kräftige Niederschläge und ist entsprechend stark vergletschert. Die Hochebene ist fast vollständig von der Eiskappe Åsgårdfonna bedeckt. Insbesondere der Bereich Newtontoppen - Atomfjella - Austfjord ist landschaftlich sehr spektakulär mit schönen Gletschern und hohen, senkrechten Felswänden. Östlich vom Newtontoppen wird die Landschaft im Olav V Land mit riesigen Gletschern und wenigen Bergen sehr weitläufig.

Flora und Fauna: Der größte Teil von Ny Friesland ist eine lebensfeindliche Eis- und Felswüste. An steilen Felshängen gibt es aber selbst in einiger Entfernung von der Küste kleine Seevogelkolonien, und wo diese den von der Sonne angewärmten Fels düngen, kann sich lokal erstaunlich viel Vegetation halten - Oasen in der Eiswüste. Sogar Eisfüchse und Eisbären verirren sich gelegentlich in die höher gelegenen Bereiche Ny Frieslands. Wahrscheinlicher ist aber, dass man tagelang unterwegs ist, ohne Leben zu sehen.

6.13 SORGFJORD

„The fire of the Dutch continued heavy till 1 o'clock and was warmly replied to by the French."

Martin Conway, *No Man's Land* (1906)

Allgemein: Der Sorgfjord ist ein relativ kleiner, 15 km langer Fjord ohne weitere Verzweigungen im Nordosten von Spitzbergen, beim Eingang in die Hinlopenstraße. In der Umgebung des Fjords gibt es schöne Möglichkeiten für Wanderungen über die karge, aber doch detailreiche Tundra sowie für Bergtouren. Die östliche Hälfte gehört zum Nordost Svalbard Naturreservat. Karte siehe Abschnitt 6.14 *Hinlopenstraße*.

Ortsnamen: Crozierpynten: nach einem Mitglied von Parrys Expedition. **Eolusneset:** Nach der *Æolus*, einem norwegischen Eismeerschiff aus dem 19. Jahrhundert, u.a. 1861 von Torell und Nordenskiöld gechartert. **Heclahuken:** Nach Parrys Schiff *Hecla*. **Sorgfjord:** Name aus Walfängerzeiten, erinnert an die Sorgen, welche die Walfänger wegen des Eises oder wegen ihrer Konkurrenz hatten. **Treurenburg Bai:** Alter Name für den Sorgfjord, nicht mehr in Gebrauch.

Geologie: Die Umgebung des Sorgfjord besteht aus zum Grundgebirge gehörenden Sedimenten, überwiegend Quarziten und Dolomiten, aus dem Jungproterozoikum. Die Schichten sind kräftig deformiert und fallen steil ein (stehen steil), sind aber nur schwach metamorph, so dass sogar feine Details der Sedimentstrukturen erhalten sind. Die teilweise durch mineralische Beimengungen wie Eisenoxide schön bunten Schichten bringen zarte Farben ins karge Land.

Östlich des Sorgfjords befindet sich der Heclahuken, die Typuslokalität der Hecla-Hoek-Formation, von welcher der aus der Mode gekommene Begriff „Hecla Hoek" für das Grundgebirge Svalbards abgeleitet ist.

Landschaft: Landschaftlich unterscheidet der Sorgfjord sich stark von der westlichen Nordküste Spitzbergens. Weite, niedrige Plateauberge fallen in meist steilen Felswänden zu ausgedehnten Küstenebenen hin ab, die von alten Strandwallserien bedeckt sind. Die Tundra erscheint aus der Ferne leer, aber wer offene Augen für feine Details hat, wird eine Menge finden können: eine kräftig blühende Blume in der Steinwüste, bunte Flechten, bizarre Frostmusterböden, Treibholz ...
Flora und Fauna: Karge Tundra vom Typ „hocharktische Svalbardmohnzone". Tiere lassen sich eher selten blicken.
Geschichte: Geschichtlich ist der Sorgfjord sehr interessant. Die ältesten Spuren datieren in die Zeit des Walfangs und finden sich auf der Westseite des Fjords bei Eolusneset in Form eines Gräberfelds. 1693 fand eine kleine Seeschlacht im Sorgfjord statt, die für sich in Anspruch nehmen kann, die nördlichste überhaupt gewesen zu sein. 40 holländische Walfangschiffe wurden von 3 französischen Kriegsschiffen angegriffen. Schließlich nahmen die Franzosen 13 Schiffe gefangen, die übrigen konnten entkommen.

Im Sommer 1827 hielt **Parry**s Schiff *Hecla* sich für einige Wochen im Sorgfjord auf, während Parry selbst versuchte, nach Norden vorzustoßen (siehe Abschnitt 5.5 *Frühe Expeditionen*). 1861 hatten die schwedischen Forscher **Nordenskiöld** und **Torell** wegen schwieriger Eisverhältnisse einen unfreiwillig auf mehrere Wochen verlängerten Aufenthalt im Sorgfjord. Nordenskiöld schrieb schon damals „Wir durften nicht hoffen, eine naturhistorische Nachlese halten zu können, da wir diesen Teil Spitzbergens für einen der am besten bekannten halten mußten".

Dennoch wurde auf der Ostseite des Fjords 1899 das schwedische Hauptquartier der sehr erfolgreichen **Gradmessungsexpedition** errichtet, das für eine Überwinterung 1899-1900 und 2 weitere Sommer bis 1902 genutzt wurde. Reste dieser Station sind bei Crozierpynten noch zu sehen.

1912/13 schließlich wurde der Sorgfjord zum Dreh- und Angelpunkt einer arktischen Tragödie, als dort das Expeditionsschiff der **Schröder-Stranz-Expedition** vom Eis eingeschlossen wurde. Ein Teil der Besatzung versuchte schließlich, zu Fuß durch den Wijdefjord nach Longyearbyen zu gelangen, was sehr dramatisch verlief und letztlich nur dem Kapitän Ritscher glückte. 3 Deutsche starben im Wijdefjord und ein Norweger erlag an Bord des Schiffes einer Krankheit. Weitere 4 Deutsche, darunter der Leiter der Expedition, verschwanden für immer auf dem Nordaustland. Im Frühjahr 1913 wurden die Überlebenden von Hilfsexpeditionen gerettet.

6.14 HINLOPENSTRASSE

„Schroffe Felswände, markante Bergspitzen und steil am Meere abbrechende Gletscher – Naturschönheiten, wie sie nur wenigen Sterblichen zu schauen vergönnt sind."

Hermann Rüdiger, *Die Sorge Bai* (1913)
Über die Hinlopenstraße

Allgemein: Die Hinlopenstraße trennt die Hauptinsel Spitzbergen vom Nordaustland, der zweitgrößten Insel Svalbards. Sie ist gut 100 km lang und an der schmalsten Stelle 9 km breit; im mittleren und südlichen Abschnitt gibt es eine Reihe von Inseln.

Die Hinlopenstraße ist von einer sehr chararakteristischen Landschaft umgeben mit weitläufigen, niedrigen Plateaubergen, kargen Polarwüsten und großen Eiskappen. Der nördliche Bereich heißt **Nordporten**, das südliche Ende **Sørporten**.

In der Hinlopenstraße herrschen mitunter kräftige Gezeitenströmungen, die schnell große Eismassen von Norden oder Süden bringen und die Straße dadurch blockieren können. Daher war sie über lange Zeit bei Seefahrern gefürchtet, und auch heute noch ist sie bei Umrundungsversuchen ein Nadelöhr, das immer wieder für Überraschungen sorgen kann. Die Eisverhältnisse sind immer noch in gewissem Maß unvorhersehbar. Die Eiskarte (Pack- und Treibeis sind hier gemeint) gibt zwar ein gutes Bild der Eisverteilung im Groben, das sich durch Wind und Strömungen aber schnell wieder kräftig ändern kann (siehe Abschnitt 4.4 *Meereis*). Dies gilt auch und insbesondere in der strömungsreichen Hinlopenstraße. Das regionale Muster der Meeresströmungen kann es durchaus mit sich bringen, dass sich südlich der Hinlopenstraße viel Treibeis befindet, während Nordporten großräumig eisfrei ist. Im Winter friert die Hinlopenstraße aufgrund der starken Strömungen nicht fest zu, die angrenzenden Fjorde sind aber von einer durchgehenden Eisdecke überzogen.

Es gibt im Bereich der Hinlopenstraße noch immer weiße Flecken auf der Seekarte, so dass nicht alle Regionen nautisch einfach zugänglich sind. Die gesamte Hinlopenstraße gehört zum Nordaust Svalbard Naturreservat.

Ortsnamen: Hinlopenstretet (Hinlopenstraße): Name aus dem 17. Jahrhundert, möglicherweise nach Thymen Jacobsz H., Direktor einer holländischen Walfanggesellschaft, evtl. auch nach dem Küstenort Hindelopen am Ijsselmeer.

Flora und Fauna: Die Tundra im Bereich Hinlopenstraße und Nordaustland gehört überwiegend zur hochpolaren Kältewüste oder der Svalbardmohnzone, nach der zähen Charakterpflanze dieses Vegetationstyps, der sich vor allem durch die weitgehende Abwesenheit von Blütenpflanzen auszeichnet. Relativ dazu treten Moose und Flechten an geeigneten Stellen farbenprächtig in den Vordergrund. Moospolster an feuchten Standorten sind gegenüber Trittschäden empfindlich und sollten umgangen werden.

Limitierende Faktoren sind Feuchtigkeitsmangel, vor allem auf Erhebungen im Gelände, geringe winterliche Schneebedeckung an exponierten Stellen (fehlender Schutz vor Frost und Austrocknung) und Nährstoffmangel. Durch sich kleinräumig ändernde Standortbedingungen gibt es bei der Vegetation mancherorts kleine, aber

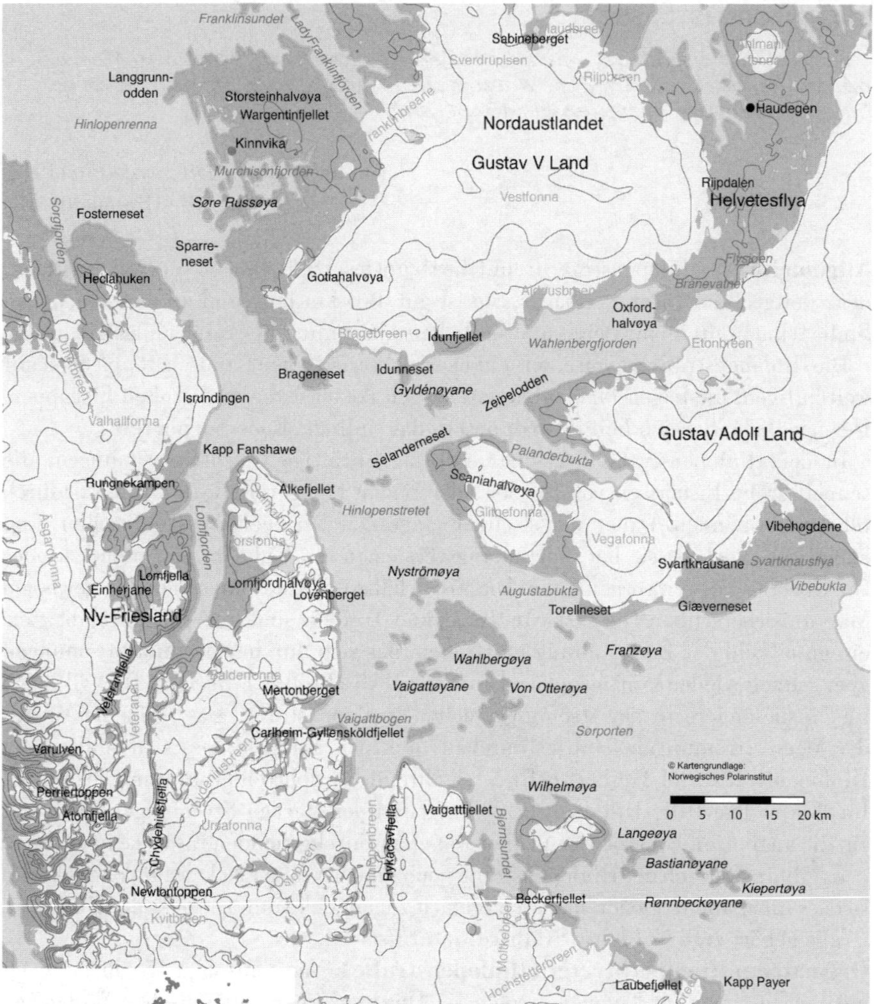

feine Überraschungen: Der Feinerdekern innerhalb eines Frostmusterbodens kann etwas mehr Feuchtigkeit speichern oder ein alter Walknochen oder ein verwitterndes Rentiergeweih gibt langsam seine Nährstoffe an die umgebende Tundra zurück. So sichern zunächst belanglos erscheinende landschaftliche Details das Überleben von kleinen Oasen in der sonst leblosen Polarwüste.

Der kargen Vegetation entsprechend, ist das Leben an Land äußerst spärlich. Rentiere sieht man nur vereinzelt. Nur am und im Meer blüht das Leben. Der Reichtum an Zooplankton ernährt eine ganze Reihe von

Seevogelkolonien in der Hinlopenstraße, es gibt Walrossruheplätze, und die Chancen für Sichtungen von Eisbären sind gut, vor allem, wenn es Treibeisfelder gibt.

Finn- oder Zwergwale lassen sich blicken, und in den letzten Jahren hat es sogar Sichtungen der in Svalbard heute extrem seltenen Grönlandwale gegeben. Die Wahrscheinlichkeit, dass das passiert, ist nur wenig höher als die eines Volltreffers im Lotto, aber es kann sich immer lohnen, Ausschau zu halten. Deutlich häufiger sind mittlerweile die vor gar nicht langer Zeit hier noch seltenen Buckelwale, von denen nun öfters Gruppen von mehreren Dutzend gesehen werden.

Geschichte: Die Hinlopenstraße war schon den Walfängern im 17. Jahrhundert bekannt, ist von diesen wegen der schwierigen Eisbedingungen aber nicht viel genutzt worden. Eine Reihe von Forschungsexpeditionen hat im 19. und frühen 20. Jahrhundert in der Hinlopenstraße gearbeitet. Hervorzuheben sind etwa die frühen schwedischen Expeditionen (v.a. Torell 1861) und die Schwedisch-Russische Gradmessungsexpedition (Hauptarbeiten 1899-1902), deren Aufgabe die genaue trigonometrische Vermessung entlang eines Nord-Süd-Transekts von den Sjuøyane im höchsten Norden bis zum Südkap Spitzbergens war. Dabei war die Hinlopenstraße ein wichtiges Bindeglied und die dort befindlichen Inseln waren für die Vermessung günstig. Neben einer Reihe von Ortsnamen erinnern noch heute die zahlreichen „Varder“ (Steinmänner) an die erfolgreiche Arbeit dieses frühen, internationalen Forschungsprojekts (siehe Abschnitt 5.5 *Frühe Expeditionen*).

Weiteres ist in den folgenden Abschnitten 6.14.1 - 6.14.6 zu finden.

6.14.1 MURCHISONFJORD

Allgemein: Der westlichste Fjord des Nordaustland ist durch eine Gruppe kleiner Inselchen von der Hinlopenstraße abgetrennt. Er schneidet 15 km tief ins Land ein und gehört mitsamt der gesamten Region zum Nordaust Svalbard Naturreservat. Im Fjord befinden sich viele kleine Inseln und Buchten, so dass sich dort oft eine geschützte Landestelle findet, auch wenn kräftiger Wind durch die Hinlopenstraße pfeift. Andererseits hält sich das Eis im Fjord mitunter hartnäckig weit in den Sommer.
Ortsnamen: Viele Ortsnamen im Murchisonfjord erinnern an schwedische Landschaften, sie wurden 1931 während der *Quest*-Expedition auf der Landkarte verewigt.
Celsiusberget: Anders C. (1701-44), schwedischer Astronom und Erfinder der Celsius-Thermometerskala. **Floraberget:** Nach der auffällig grünen Vegetation unterhalb einer Vogelkolonie. **Kinnvika:** Nach Kinneviken, einer Bucht des Vänern-Sees in Schweden. **Murchisonfjord:** Sir Roderick M. (1792-1871), englischer Geograph.
Geologie: Die Gesteine im Murchisonfjord gehören zum Grundgebirge und sind kräftig verstellt, so dass die Schichten teilweise mehr oder weniger senkrecht stehen. Die alten Sedimente sind aber kaum metamorph, so dass auch feine Strukturen (Details der Schichtung und ggf. Fossilien) oft noch erhalten sind. Es handelt sich im westlichen Teil um jungproterozoische Karbonate (v.a. Dolomit), stellenweise mit Stromatholitenbänken. Weiter innen im Fjord dominieren Quarzite mit teilweise sehr schönen rötlichen Färbungen.

EXKURS TEIL 1: TREIBEIS UND UMRUNDUNGEN.

Natürlich drängt sich während einer Fahrt, die rund um Spitzbergen gehen soll, die Frage auf: „Werden wir die Umrundung schaffen?" Überall im Norden und im Osten Spitzbergens kann das Eis eine unüberwindliche Barriere schaffen, und die Hinlopenstraße ist ein potenzielles Hindernis, an dem schon genug Umrundung „gescheitert" sind. Die Frage ist nicht nur, ob man an der einen Seite hineinkommt, sondern auch, ob man auf der anderen Seite wieder herauskommt. So trivial sich das anhören mag - in der Praxis kann sich das durchaus spannend gestalten.

Das Schöne daran ist, dass selbst erfahrene Kapitäne und professionelle Fahrtleiter, die schon Dutzende von Umrundungen Spitzbergens und der ganzen Inselgruppe hinter sich haben, vorher nicht genau wissen, was passieren wird, selbst dann nicht, wenn sie während der betreffenden Saison die Hinlopenstraße bereits durchfahren haben. Es gilt auf jeder Fahrt neu: Wer wissen will, wie es vor Ort tatsächlich aussieht, muss hinfahren und nachschauen. Umrundungen von Spitzbergen sind kein Zoobesuch mit täglicher Tierfütterung zu bestimmten Zeiten, sondern nach wie vor Fahrten mit Expeditionscharakter.

Und wenn ich schon dabei bin, möchte ich gerne noch ein paar Worte zu Begriffen wie „Umrundung schaffen" und „scheitern" schreiben. Unter den Umrundungen, die ich in Spitzbergen begleitet habe, waren auch solche, bei denen wir plötzlich an der „falschen" Stelle massive Treibeisfelder vor dem Bug hatten und wieder umkehrten. Sind wir auf diesen Fahrten deswegen „gescheitert"? Sicherlich nicht. „Gescheitert" höchstens im Sinne einer Fahrt um Spitzbergen herum, aber dennoch sehr erfolgreich im Hinblick auf das Erlebnis arktischer Landschaften mit Tieren, Tundra und Spuren aus historischer Zeit. Und das ist es, was den meisten Spitzbergen-Reisenden sicherlich wichtiger sein wird. Einige meiner schönsten Spitzbergen-Eindrücke durfte ich während solcher „Umrundungen ohne Umrundung" erleben. Nach dem Umdrehen folgt nicht nur noch die Rückreise, sondern die Weiterfahrt in Gegenrichtung!

Natürlich müssen Sie selbst entscheiden, was Ihnen am Wichtigsten ist, aber der Natur ist es gleich. Wenn Ihnen eine vollständige Umrundung Spitzbergens wichtig ist, sollten Sie eine solche nicht zu früh in der Saison versuchen (s. Abschnitt 3.1 *Spitzbergen-Reisezeiten im Jahresverlauf*).

Aufgrund der tektonischen Geschichte folgen die geologischen Strukturen im Bereich Murchisonfjord einem ausgeprägten Nord-Süd-Trend, was sowohl im Kartenbild als auch in der Landschaft sichtbar ist.

Landschaft: Wie auch andernorts auf dem Nordaustland, besticht die offene Landschaft durch ihre Weite und scheinbare Leere. Vor Ort finden sich dann oft viele kleine, aber schöne und interessante Details wie bizarre Frostmusterböden oder Zeugnisse der nacheiszeitlichen Landhebung (Strandwälle oder Walknochen/Treibholz oberhalb der heutigen Küstenlinie). Hellgraue Dolomite geben der Landschaft auf weiten Flächen eine blassweiße Farbe, die im inneren Fjordbereich (Celsiusberget,

EXKURS TEIL 2: DURCH DIE HINLOPENSTRASSE ODER AUSSEN UMS NORDAUSTLAND?

Bei der Anfahrt auf die Hinlopenstraße stellt sich auch eine weitere Frage, die immer wieder gerne diskutiert wird: Soll die Route nun **durch die Hinlopenstraße** oder **außen um das Nordaustland** herum führen? Es tauchen gar Begriffe wie „große Umrundung“ für die Fahrt auf der Ostseite des Nordaustland auf, die natürlich Erwartungen wecken. Erwartungen woran eigentlich?

Beides ist möglich, beides kann äußerst interessant und schön sein - oder, wenn man Pech hat, in Wind und Nebel versinken. Faszinierende Landschaften und gute Chancen für unvergessliche Tierbeobachtungen gibt es sowohl in der Hinlopenstraße als auch im Nordosten. In beiden Regionen gibt es zudem spannende Kulturdenkmäler, und nur in Bezug auf die ortsfesten Sehenswürdigkeiten ist die Frage: „entweder - oder“.

Man sollte also dieser Frage, Hinlopenstraße oder Passage östlich des Nordaustland, unvoreingenommen begegnen und abhängig von Faktoren wie Wetter und Eis die besten Möglichkeiten suchen, um gelungene Begegnungen mit Landschaften und Tieren zu ermöglichen.

Anders gesagt: Es gibt keine generell anzustrebende Idealroute. Keinesfalls sollte man den Fehler machen, Reiseunterlagen so zu interpretieren, als wäre genau dies der Fall, also als ob es eine vermeintliche Idealroute gäbe, und sämtliche Abweichungen davon mit Erlebnisverlust verbunden wären. Das stimmt nicht, und wer es trotzdem glaubt, „weil es ja im Programm steht“, hat damit das „Scheitern“ der eigenen Spitzbergen-Reise durch falsche Erwartungen schon halbwegs vorprogrammiert.

Fargefjellet) einem kräftigen Rot weicht. Interessant sind die vielen Landspitzen und Inseln im Eingangsbereich des Murchisonfjord: Von der geologischen Struktur vorgegeben, verlaufen diese parallel etwa in Nord-Süd-Richtung.

Um den Murchisonfjord herum erstrecken sich weitläufige Flachländer und Hügellandschaften, im Süden erhebt sich die Eiskappe Vestfonna über den Horizont.

Flora und Fauna: Hochpolare Kältewüste (Svalbardmohnzone) mit sehr geringer Vegetationsbedeckung. Die Ausnahme ist ein grüner Flecken bei der Florabukta - dort ist der Name Programm. Das relativ reiche Pflanzenleben hängt mit einer Dreizehenmöwenkolonie am Floraberget zusammen. Eisbären streifen immer wieder entlang der Ufer und über die Inseln, und Walrosse lassen sich halbwegs regelmäßig blicken.

Geschichte: Die Pomoren nutzten das damals reiche marine Tierleben und hatten im Murchisonfjord mindestens eine Jagdstation. Eine Besonderheit im Murchisonfjord sind 2 fast vollständige orthodoxe Kreuze, je eines auf der Krossøya und auf der Nordre Russeøya - die einzigen ihrer Art in Svalbard, die noch stehen, von der einen oder anderen jüngeren Replik abgesehen.

Nach der Pomorenzeit wurde der Murchisonfjord, wie das Nordaustland insgesamt, nur wenig als Jagdgebiet gebraucht. 1902/03 überwinterten vier Norweger unter Leitung des Dänen Henry Ette in einer eigens gebauten Hütte auf der Søre Russeøya.

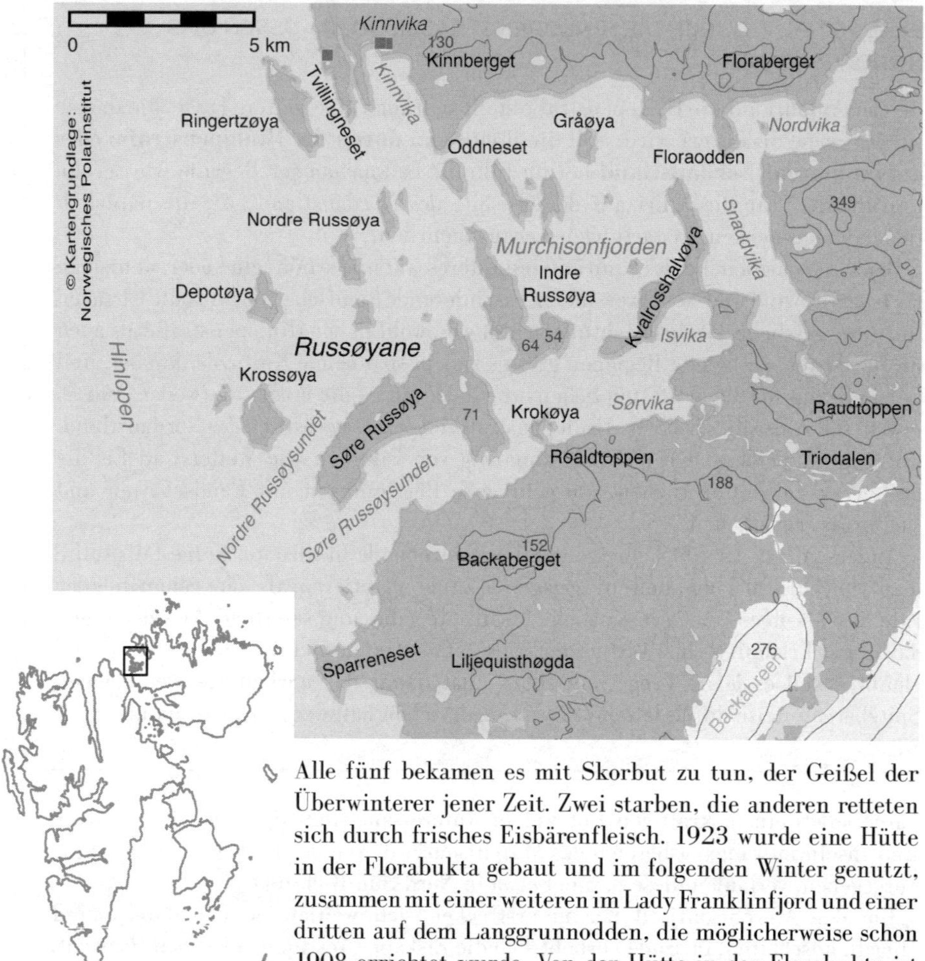

Alle fünf bekamen es mit Skorbut zu tun, der Geißel der Überwinterer jener Zeit. Zwei starben, die anderen retteten sich durch frisches Eisbärenfleisch. 1923 wurde eine Hütte in der Florabukta gebaut und im folgenden Winter genutzt, zusammen mit einer weiteren im Lady Franklinfjord und einer dritten auf dem Langgrunnodden, die möglicherweise schon 1908 errichtet wurde. Von der Hütte in der Florabukta ist heute nichts mehr übrig. Die einzige weitere Überwinterung von Jägern fand, soweit bekannt, 1972/73 statt, unmittelbar bevor die Jagd auf Eisbären in Spitzbergen endgültig verboten wurde. Fredrik Rubach und sein Sohn Odd Ivar Ruud bauten für ihre Überwinterung eine Hütte auf dem Vestre Tvillingodden, westlich von Kinnvika, und nannten sie „Caribu".

Eine Expedition, die wesentlich zur Erkundung des Nordaustland einschließlich der Eiskappen beitrug, war die Reise von Hans Wilhelmsson Ahlmann mit dem Schiff *Quest*. Ausgangsbasis sowohl für eine lange Schlittenreise über die größeren Eiskappen als auch für wissenschaftliche Arbeit im Sommer 1931 war die Station Sveanor auf der Südseite des Murchisonfjord, gegenüber der Insel Indre Russeøya. Die Sveanor-Hütte steht seit Herbst 1931 übrigens in der Nähe der Kirche in Longyearbyen, es ist als Ahlmannkåken (-bude) bekannt und wird zum Wohnen genutzt.

In Kinnvika auf der Nordseite des Murchisonfjords wurde im Internationalen Geophysikalischen Jahr 1957/58 eine finnisch-schwedische Gemeinschaftsstation gebaut, um in einem international koordinierten Messprogramm meteorologische und geophysikalische Phänomene (Magnetismus, Polarlichter) zu beobachten. Die wissenschaftlichen Arbeiten wurden erfolgreich durchgeführt. Noch heute sind die meisten Gebäude der recht großen Station in gutem Zustand. Als Schutz vor Bränden stehen die einzelnen Häuser jeweils in großzügigem Abstand voneinander, so dass die Station beinahe den Eindruck einer kleinen Siedlung macht.

2003-04 nutzte der Phyiker und ehemalige Präsident der TU Hamburg-Harburg Hauke Trinks die alte Station als Basis für eine Überwinterung.

Im Rahmen des Internationalen Polarjahres 2007-08 wurde die Station von einer internationalen Forschergruppe reaktiviert. Wissenschaftliches Ziel waren vor allem die Eiskappen Vestfonna und Austfonna unter glaziologischen und klimatologischen Aspekten. Trotz Schwierigkeiten mit Wetter und Eis produzierten insgesamt 62 Wissenschaftler aus 10 Ländern umfangreiche Ergebnisse. Eine Haupterkenntnis liegt darin, dass die nahegelegene, große Eiskappe Vestfonna derzeit stabil zu sein scheint und, im Gegensatz zu vielen kleineren Gletschern Spitzbergens, keinen nennenswerten Massenverlust aufzuweisen hat.

6.14.2 LOMFJORD

Allgemein: Gut 30 km langer Fjord im Nordosten von Spitzbergen mit einer Nebenbucht, Faksevågen, auf der Westseite. Der Lomfjord gehört zum Nordaust Svalbard Naturreservat und ist auf der Seekarte überwiegend unkartiert, so dass der innere Bereich selten besucht wird.

Ortsnamen: Faksevågen: Faksebucht, nach einem Pferd aus der nordischen Mythologie. **Foottøya:** R. F., Mitglied von Parrys Expedition 1827. **Gullfaksebreen:** G. = Pferd des Riesen Rugne in der nordischen Mythologie. **Kapp Fanshawe:** nach einem Offizier auf Parrys Schiff *Hecla*. **Lomfjord:** „Lummenbucht", bezieht sich die Lummenkolonie am Alkefjellet in der Hinlopenstraße. **Skinfaksebreen:** S. = Pferd der Sonne in der nordischen Mythologie. **Veteranen:** ein „Veteran" unter den Gletschern, wegen seiner Größe.

Geologie: Längs durch den Fjord verläuft eine große Störung, die Lomfjorden-Aghardbukta-Störungszone. Daher sind Gesteine und Strukturen auf der West- und der Ostseite völlig unterschiedlich. Auf der Ostseite liegen horizontale Karbonat- und Sandsteinschichten aus dem oberen Karbon und unteren Perm, durchzogen von einem markanten, horizontalen Basaltgang (Oberjura-Unterkreide).

Auf der Westseite steht das Grundgebirge an in Form steilstehender Dolomit-, Kalkstein- und Quarzitschichten. Trotz ihres hohen Alters (oberes Proterozoikum, 600-700 Millionen Jahre) sind sie nur schwach metamorph, so dass auch feine Sedimentstrukturen wie Rippelmarken und Trockenrisse erhalten sind. Darüber hinaus sind die Schichten teilweise durch Eisenoxide violett/rötlich gefärbt und haben dadurch auch aus der Distanz eine ästhetische Wirkung.

Landschaft: Weitläufige, 300-400 m hohe Bergplateaus, die von eisfreien Tälern zerschnitten werden. Die tiefsten dieser Täler wurden vom Meer geflutet und bilden heute die Fjorde (Lomfjord, Faksevågen), andere sind im Unterlauf von verzweigten Flüssen und Moränenlandschaften ausgefüllt. Dies gehört im Nordosten Spitzbergens zu den Ausnahmen, da die meisten Täler sonst von Gletschern ausgefüllt sind, im Lomfjord gibt es hingegen Flüsse statt Gletscher und Deltas anstelle von Abbruchkanten. Das Inland, fernab der Küste, ist von großen Gletschern und Eiskappen bedeckt. Der gewaltige Gletscher Veteranen führt direkt von den hohen Gebirgen Ny Frieslands (Atomfjella, Newtontoppen) zum Lomfjord herab.

Die großen, eiszeitlichen Vorgänger dieser Eismassen haben auch im heute eisfreien Land vielerorts ihre Spuren in Form von Findlingen hinterlassen. Ein besonderes Prachtexemplar liegt in 355 m Höhe auf dem Faksefjellet nördlich von Faksevågen - ein schönes Ziel mit herrlicher Aussicht für eine mehrstündige Wanderung.

Flora und Fauna: In geschützten Lagen gibt es Tundra mit großen Vorkommen von Vierkantigem Heidekraut und Silberwurz, Charakterpflanzen für die „mittelarktische" Tundrazone in Spitzbergen. Die Vegetation kann dicht und flächendeckend sein und eher an die satte Tundra der Umgebung Longyearbyens erinnern als an die unwirtlichen Polarwüsten Nordostsvalbards. Über die reiche Vegetation freuen sich kleinere Rentierbestände.

An steilen Klippen, vor allem auf der Ostseite des Fjords, gibt es Seevogelkolonien, wobei die Dickschnabellumme die dominante Art ist.

Geschichte: Abgelegen und mit schwierigen Eisbedingungen, hat der Lomfjord ein weitgehend ruhiges Dasein gehabt, abgesehen von ein paar Überwinterungen norwegischer Trapper zwischen 1908 und 1938. Von 1923 bis 1928 wurden mindestens 5 Hütten gebaut (insgesamt waren es wohl 8): „Port Arthur" (gebaut 1924) beim Sagnberget, „Camp Mary" (1924) weiter südlich beim Frostbreen, „Villa Solveig" (1928) ganz tief im Fjord und schließlich „Villa Elly" (1928) am Rekvekstranda auf der Ostseite. Sonderlich erfolgreich waren diese Überwinterungen aber nicht, das Revier wurde bald aufgegeben und von den Hütten ist nicht mehr viel übrig. Bis in die 1930er Jahre war der Lomfjord aber ein häufig benutztes Revier für den Fang von Weißwalen (Belugas), der im Sommer vor sich ging.

Ein Drama spielte sich im Mai 2008 ab, als 4 Motorschlitten durch das Fjordeis brachen. Einer der 4 aus Longyearbyen stammenden Männer ertrank, die Übrigen konnten mit dem Rettungshubschrauber gerettet werden.

6.14.3 ALKEFJELLET

Allgemein: Wer das Alkefjellet erlebt hat, wird diese Erfahrung nicht wieder vergessen. Das Wetter muss mitspielen, da diese steile Klippe Winden aus nördlicher und östlicher Richtung schutzlos ausgesetzt ist. Zusätzlich kann die Gezeitenströmung stark sein, worauf insbesondere ein Auge zu halten ist, wenn Treibeis in der Gegend ist. Früh in der Saison, wenn noch Schneereste in steilen Felsrinnen kleben, herrscht Lawinenrisiko. Das Alkefjellet gehört zum Nordost Svalbard Naturreservat.

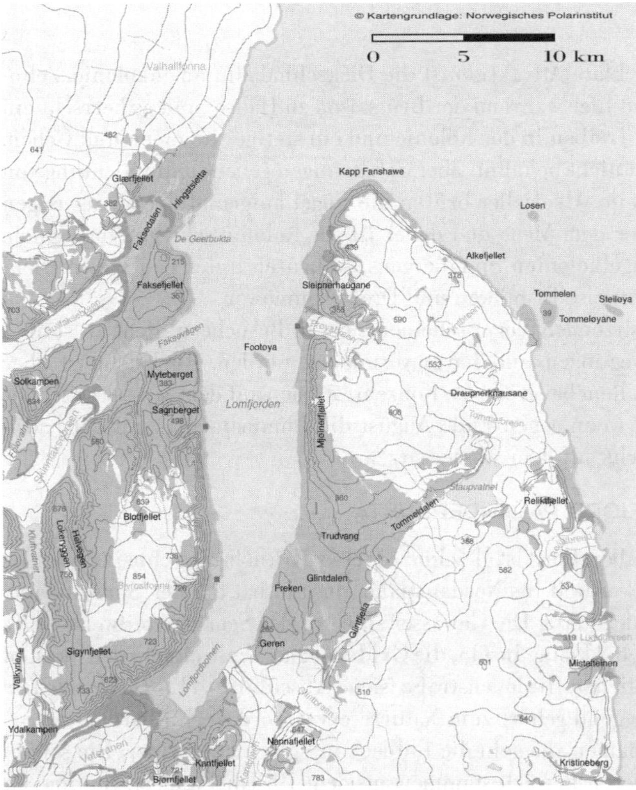

Ortsnamen: Alkefjellet: „Lummenberg".

Geologie: Das Alkefjellet besteht aus einer mächtigen Basaltintrusion. Grobe Säulenstrukturen sind sichtbar. Der Basalt drang im Jura oder in der Kreide (irgendwann zwischen 150-100 Millionen Jahren vor heute) in ältere, horizontale Schichten aus permokarbonen Karbonatgestein ein. An einigen Stellen sind die hellen, älteren Kalkschichten oben auf den Klippen bzw. ganz unten noch sichtbar, soweit der Kalk nicht abgetragen ist respektive unter Wasser liegt. An der Kontaktzone zum Basalt ist der Kalkstein durch die Hitze beim Eindringen des Basaltes umkristallisiert, so dass schöner, weißer Marmor entstand. Wo der fast weiße Marmor/Kalkstein noch sichtbar ist, bildet er einen reizvollen Kontrast zum schwarzen Basalt.

Landschaft: Selbst ohne Vögel wären die bis zu über 100 m hohen, senkrechten Basaltklippen sehenswert. Durch die grob säulige Struktur des Basaltes sind aus der Felswand mehr oder weniger freistehende Säulen herausgewittert; vor allem bei Nebel erscheint das Alkefjellet wie eine Szene aus einem Märchen oder Fantasyfilm.

Die Halbinsel zwischen Alkefjellet und Lomfjord ist weitgehend von der Eiskappe Odinjøkulen bedeckt, von der mehrere schöne Auslassgletscher zur Hinlopenstraße hin abfallen. An anderen Stellen kommen unter der Eiskappe kleine Wasserfälle mit Schmelzwasser hervor, das sich farblich stark vom klaren Meerwasser abhebt.

Das steile Gelände erlaubt keine Landgänge.

Flora und Fauna: Die klare Attraktion ist die Dickschnabellummenkolonie. Zehntausende Brutpaare sind hier während der Brutsaison zu Hause, und es herrscht ein lautstarkes, hektisches Treiben in der Kolonie und ein stetiges Kommen und Gehen. Genaue Zählungen sind nicht bekannt, aber Schätzungen gehen in die Richtung von 60 000 Brutpaaren. Beim Alkefjellet brüten die Vögel aufgrund der einzigartigen Topographie direkt über dem Meer und daher ist die Kolonie sehr gut zugänglich. Wie bei anderen Seevogelkolonien Spitzbergens, so brüten unter den vielen Dickschnabellummen stellenweise Eismöwen und Dreizehenmöwen.

Die auf dem Felsen sitzenden Vögel scheinen sich an Besuchern nicht zu stören, solange plötzliche Bewegungen und Lärm vermieden werden. Rücksicht ist aber natürlich geboten, vor allem bei größeren Konzentrationen auf dem Wasser sitzender Vögel und umso mehr, wenn gegen Ende August die Lummenpapas mit dem noch flugunfähigen Nachwuchs auf dem Wasser sitzen.

6.14.4 WAHLENBERGFJORD, PALANDERBUKTA

Allgemein: Der Wahlenbergfjord ist gleichmäßig etwa 10 km breit, schneidet von der Hinlopenstraße ca. 50 km weit ins Nordaustland ein und hat auf der Südseite eine Nebenbucht, die Palanderbukta. Die Gewässer sind auf der Seekarte teilweise weiß.

Im Fjordeingang liegen 2 kleine Inseln, die Gyldénøyane. Diese ähneln den meisten anderen Inseln der südlichen Hinlopenstraße (siehe Abschnitt 6.14.5 *Die Inseln der Hinlopenstraße*). Die Gegend gehört zum Naturreservat Nordost Svalbard.

Ortsnamen: Die Ortsnamen spiegeln die Entdeckungsgeschichte wider: Die schwedischen Namen im äußeren Bereich stammen aus dem 19. Jahrhundert. Im inneren Wahlenbergfjord wurden viele Namen 1924 von der englischen Expedition vergeben. **Bodleybukta:** Sir Thomas B. (1545-1613), Gründer der Bodley-Bibliothek in Oxford. **Etonbreen:** nach dem Eton College der Universität Oxford. **Kløverbladbukta:** „Kleeblattbucht", nach der Form. **Oxfordhalvøya:** nach der hinter der englischen Expedition stehenden Universität. **Palanderbukta:** Baron Adolf Arnold Louis P. (1842-1920), schwedischer Polarforscher, Teilnehmer mehrerer Expeditionen von Adolf Erik Nordenskiöld. **Vegafonna:** Nach der *Vega*, Nordenskiölds Schiff während der Nordostpassage (1878-79) mit Kapitän Palander. **Wahlenbergfjord**: Göran W., (1780-1851), schwedischer Botaniker und Geologe.

Geologie: Schwachmetamorphe Grundgebirgs-Sedimente (Dolomit, Kalkstein, Quarzit) auf der Nordseite, die geologisch mit dem Murchisonfjord (s. Abschnitt 6.14.1 *Murchisonfjord*) identisch ist.

Auf der Südseite liegen horizontale, helle permokarbone Karbonatgestein, die teilweise sehr fossilreich (Brachiopoden etc.) sind. Die jüngsten Sedimente stammen aus der Trias und stehen über den permischen Kalken im obersten Hangbereich am Selanderneset an. Die jüngsten Gesteine bestehen aus basaltischen Intrusionen (Oberer Jura/Unterkreide), die heute im obersten Hangbereich des Selanderneset steile Klippen mit Säulenstrukturen bilden. Auch die Inseln sowie einige der Landspitzen auf der Nordseite des Fjords bestehen aus Basaltgestein.

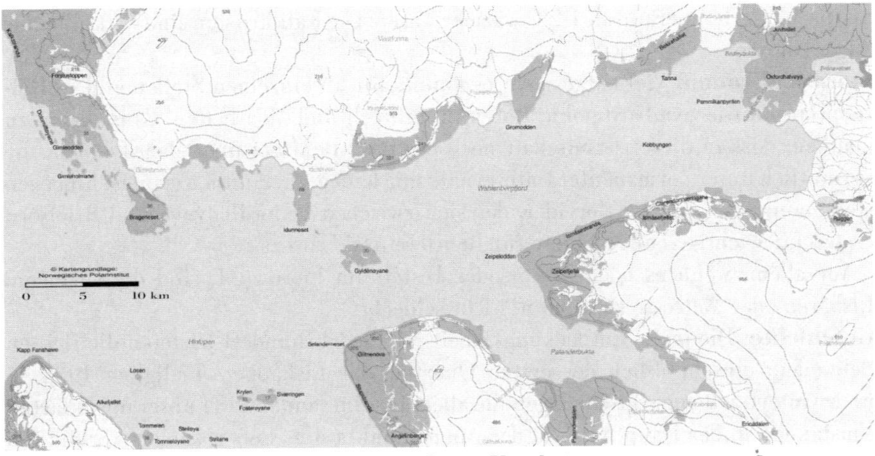

Landschaft: Weite, offene Polarwüste, deren Kargheit beeindruckend ist. Der Wahlenbergfjord ist auf allen Seiten von großen Eiskappen umgeben, welche dem Panorama einen hocharktischen Hintergrund geben. In Küstennähe gibt es einige mehr oder weniger breite Streifen eisfreien Landes, das andernorts in Steilklippen zum Fjord abfällt. Diese sind beim gut 200 m hohen Selanderneset am Fjordeingang besonders beeindruckend; dort ist die Felswand von der Erosion in senkrechte, regelmäßige, turmartige Vorsprünge zerschnitten. Die Klippen erinnern an das Tempelfjellet sowie einige Berge im Dickson Land im Isfjord, wo auch die Geologie vergleichbar ist: Steine machen eben Landschaften. Auch tiefer im Fjord gibt es einige kleinere Steilküsten, an anderen Stellen erstrecken sich flache Küstenstreifen und größere, eisfreie Flächen, die auch längere Wanderungen in dieser faszinierenden Umgebung erlauben (Palanderdalen, Zeipelodden, Kløverbladbukta). Typisch für den Kalkstein ist, dass das Gelände überwiegend trocken und bequem zu laufen ist.

Zwischen den Eiskappen führen unvergletscherte „Korridore" von einem Fjord zum Nächsten: Das Palanderdalen auf der Westseite der Palanderbukta führt zwischen den Eiskappen Glitnefonna und Vegafonna quer über die Halbinsel Scaniahalvøya zur Augustabukta an der Hinlopenstraße, und vom inneren Wahlenbergfjord aus führt ein eisfreies, weites Tal zum Rijpfjord.

Auf flacherem Gelände in Küstennähe gibt es schön ausgeprägte, alte Strandwallserien und beeindruckende Frostmusterböden, z.B. am Zeipelodden. An Bacheinschnitten findet man stellenweise kalkverkrustete Muschelschalen. Dabei handelt es sich nicht um viele Millionen Jahre alte Fossilien, sondern um geologisch sehr junge Muscheln. Diese lebten vor wenigen 1 000 Jahren in den Gewässern Spitzbergens, als die Wassertemperaturen 1-2°C wärmer waren. Die Kalkkrusten sind kalkbildende Algenkolonien.

Flora und Fauna: Viel karger geht es kaum, nur an einzelnen Stellen gibt es Blütenpflanzen wie Svalbardmohn, Roten Steinbrech und Moosbetten. Es ist kaum zu glauben, dass in dieser Landschaft noch ein paar Rentiere überleben können, die vermutlich unter permanenter Unterernährung leiden. Erstaunlich grün ist hingegen stellenweise der eisfreie Korridor, der sich zwischen Oxfordhalvøya und Rijpfjord erstreckt: Wichtige Futtergebiete für Rentiere und Gänse.

Vor allem, wenn es noch Treib- oder Festeis im Fjord gibt, sind die Chancen, Eisbären oder Walrosse zu sichten, nicht schlecht.

Geschichte: Die frühe Entdeckungsarbeit im 19. Jahrhundert leisteten die fleißen Schweden, einschließlich der ersten Querung der Eiskappen. Lediglich 1933-34 überwinterten 2 norwegische Jäger, die allerdings im Januar 1934 unter ungeklärten Umständen in der Haupthütte in der Augustabukta ums Leben kamen, vermutlich kam es dort zu einer Explosion. In der Palanderbukta (Palanderdalen) steht noch die Ruine einer Hütte, die 1933 von diesen beiden Jägern gebaut worden war.

In der Bodleybukta wurde 1944 ein großes Ausweichlager für die deutsche Kriegswetterstation Haudegen im Rijpfjord angelegt (siehe Abschnitt 6.15.3 *Nordenskiöldbukta, Rijpfjord, Duvefjord*).

6.14.5 DIE INSELN DER HINLOPENSTRASSE

Allgemein: In der mittleren und südlichen Hinlopenstraße gibt es mehrere größere und eine ganze Reihe kleinerer Inseln. Die größten Inseln sind die Wilhelmøya mit einer Fläche von 100 km^2 und die Wahlbergøya mit ca. 28 km^2. Die anderen Inseln sind überwiegend kleiner als 1-2 km^2. Die meisten Inselchen sind in zwei Gruppen konzentriert: Vaigattøyane, westlich und südlich der Wahlbergøya, und Bastianøyane/Rønnbeckøyane südöstlich der Wilhelmøya.

Alle Inseln gehören zum Naturreservat Nordost Svalbard.

Die **Ortsnamen** spiegeln die Entdeckungsgeschichte wider, siehe Abschnitt *Geschichte*.

Geologie: Bis auf 2 Ausnahmen bestehen die Inseln aus durch Erosion freigelegten, basaltischen Intrusionen (oberer Jura/Unterkreide). Andere Gesteine kommen in Form vereinzelter Findlinge vor (Granit, Gneis und Quarzit aus umliegenden Grundgebirgsgegenden) sowie als sporadische Reste ehemals aufliegender Sedimente (Perm oder Trias). Permische Karbonatgesteine stehen auf der Westseite der Wahlbergøya an, die ansonsten überwiegend mit einer Basaltschicht bedeckt ist.

Auf der **Wilhelmøya** spielt der Basalt nur kleinräumig bei den hervorspringenden Landspitzen und in Gängen eine Rolle. Die Wilhelmøya unterscheidet sich geologisch und landschaftlich deutlich von ihren kleineren Nachbarn, sie besteht überwiegend aus Trias-Sedimenten. Diese Ablagerungen liegen noch weitgehend horizontal und sind teilweise schlecht verfestigt. Die Wilhelmøya ist geologisch somit der nördliche Ausläufer der mesozoischen Provinz im Osten Svalbards (Olav V Land im Osten Spitzbergens, Kong Karls Land, Barentsøya, Edgeøya, Hopen).

Landschaft: Die Inseln sind fast alle sehr karg, steinig, unvergletschert und mehr oder weniger flach, mit Erhebungen unter 100 m (Ausnahme: Wilhelmøya, s.u.). An der Küste fallen sie dennoch oft in kleinen Steilufern zum Meer hin ab. An flachen Ufern liegt viel Treibholz.

Je nach genauer Gesteinschemie ist der Basalt unterschiedlich verwitterungsbeständig: Viele Blöcke liegen noch so, wie die eiszeitlichen Gletscher sie vor über 10 000 Jahren freigegeben haben; auf ihren Oberflächen sind teilweise noch Gletscherschrammen zu entdecken, die aussehen, als seien sie von gestern. Andere Blöcke hingegen zerfallen unter dem Einfluss der Witterung zu schwarzem Sand. Zurück bleiben bizarre, fragile Gesteinsskulpturen, von Wind und Frost geschaffen.

Aufgrund ihrer anderen Geologie hat die **Wilhelmøya** auch eine ganz andersartige Landschaft, die stellenweise mehr an Barentsøya und Edgeøya erinnert als an die Hinlopenstraße: Zentrale Teile der Insel werden von einem vergletscherten, 300-500 m hohen Bergplateau eingenommen. Kein Ausläufer dieser Eiskappe erreicht das Ufer, das überwiegend aus flachen, weiten, dunklen Stränden besteht. 4 Kaps aus hartem Basalt ragen auffallend steinig aus den sonst eher runden Geländeformen hervor. Das weiche Sedimentgestein baut recht weiche, nicht allzu steile, dunkle Hänge auf, die nach oben in runden Gipfelbereichen oder sogar kleinen Plateaus münden.

Das weiche Sedimentgestein auf der Wilhelmøya verwittert unter dem Einfluss des Frostes schnell und bildet einen feinkörnigen Verwitterungsschutt. Daher ist Bodenfließen (Solifluktion) auf den flachen Hängen und den fast ebenen Flächen in Strandnähe weit verbreitet. Diese Fließerde ist ein furchtbar zäher, sehr unangenehmer Matsch, dem man sich auf jeden Fall fern halten sollte. Im Falle eines Falles heißt es vor allem ruhig bleiben, denn mit panischen Bewegungen schraubt man sich nur noch tiefer in den zähen Schlamm hinein. Wer einmal richtig in derartige Fließerde eingesunken ist, muss dem Schlamm als Tribut für das Freikommen mitunter sogar die Gummistiefel überlassen.

Auf den felsigen Basaltrücken ist man vor diesem Risiko sicher, allerdings machen dort die vielen groben Gesteinsblöcke das Gehen nicht gerade leichter.

Flora und Fauna: Die Basaltinseln sind sehr karg und felsig. Auf weiten Flächen scheint zunächst fast gar nichts zu wachsen. Bei näherem Hinschauen findet man aber doch bunte Moospolster und Flechten in großer Anzahl - zählen Sie auf einer Gesteinsoberfläche einmal die Anzahl der verschiedenen Flechtenarten! Man kommt schnell auf über 10. Blütenpflanzen haben in dieser ungastlichen Umgebung einen schweren Stand, stellenweise wachsen immerhin zähe Arten wie Svalbardmohn und Roter Steinbrech.

Auch hier zeigt die **Wilhelmøya** ein ganz anderes Gesicht. Auf geschützten Flächen gibt es eine überraschend dichte Tundravegetation, welche der im Südosten Svalbards (Barentsøya, Edgeøya) oder sogar im Nordenskiöld Land stark ähnelt. Dort ist die Polarweide auf großen Flächen zu finden.

Die Inseln sind eine gute Gegend, um nach Eisbären Ausschau zu halten, es gibt auch Walrossruheplätze.

Geschichte: Verschiedene Expeditionen haben Teile der Hinlopenstraße nach und nach vermessen, darunter die Schweden unter Otto Torell (1861), die Erste Deutsche Nordpolarfahrt (1868) und die schwedische Abteilung der **Schwedisch-Russischen Gradmessungsexpedition** (1898), um ein paar wichtige zu nennen.

Die von August Petermann initiierte **Erste Deutsche Nordpolarfahrt** unter **Kapitän Karl Koldewey** versuchte 1868 mit der Yacht *Grönland* die Ostküste Grönlands zu erreichen und zum Nordpol vorzustoßen. Aufgrund der Eislage (die ganz normal war, aber nicht so, wie Petermann sie sich vorgestellt hatte) landete die *Grönland* schließlich in der Hinlopenstraße. Daraufhin nutzten Koldewey und seine Leute die Gelegenheit und vermaßen einige Inseln und Küstenabschnitte.

Ortsnamen der **Ersten Deutschen Nordpolarfahrt** (Auswahl): **Wilhelmøya,** nach Kaiser Wilhelm I., dort auch eine ganze Reihe weiterer Ortsnamen, u.a. **Kapp Koldewey**. **Bastianøyane**: Sowohl die Inselgruppe als auch deren einzelne Inseln wurden nach deutschen Forschern benannt, meist Geographen, Geologen und Ethnologen. **Roonbreen, -øya, Moltkebreen, -neset**: Nach führenden preußischen Politikern. Aufgegeben wurde: **Bismarckstrasse**, heute: **Bjørnsund**. An der benachbarten Küste des Nordaustland: **Augustabukta**, Nach Marie Louise A. Catharine, verheiratet mit Kaiser Wilhelm I. **Kap Oetker**: Nach Friedrich O., Rechtsanwalt und Mäzen. Dort gelegene Inseln: **Perthesøya**: Nach Petermanns Verleger aus Gotha. **Franzøya**: Nach Friedrich Franz II., Großherzog von Mecklenburg. **Karl Alexanderøya**: Nach Carl Alexander August Johann Großherzog von Sachsen-Weimar-Eisenach.

Auch die einzelnen Inseln der **Vaigattøyane** wurden 1868 von Koldewey benannt. Hier wurden schwedische Wissenschaftler geehrt, die an Nordenskiölds Expedition von 1868 teilgenommen hatten (Nyström, Palander, Von Otter, Wijkander). Der Name **Vaigatt** selbst ist älter, seine Herkunft ist nicht genau bekannt. Vermutlich bedeutet er passenderweise so etwas wie „Loch (Gatt), durch das der Wind weht“. Jedenfalls findet man ihn in verschiedenen Schreibweisen auch andernorts in der Arktis (Westgrönland, russische Arktis).

Die südlichsten Inseln der Hinlopenstraße sind nach dem norwegischen Eismeerkapitän **Nils Rønnbeck** benannt, der wahrscheinlich 1850 die ganze Inselgruppe Svalbard umsegelte, 1865 Franz Josef Land erreichte - 8 Jahre vor der „offiziellen“ Entdeckung durch Payer und Weyprecht (Tegetthoff-Expedition) - und 1867 Spitzbergen umsegelte. Bei dieser Fahrt entdeckte er die Bastianøyane, an deren südliche Hälfte nun Rønnbecks Name geknüpft ist.

Sonstiges: Die Informationen in den vorhergehenden Abschnitten *Landschaft, Flora und Fauna* lesen sich wahrscheinlich wie ein Plädoyer, diesen Inseln fern zu bleiben. Das Gegenteil ist der Fall, denn ein Besuch dort ist immer spannend. Es gibt im Detail viel zu sehen wie einsame Blumen, die ein Dasein führen, das gleichzeitig Bewunderung und Mitgefühl erregt; bunte Flechten; kleine, bizarre Formen verwitternder Steine; viel altes Treibholz; gelegentlich uralte Walknochen; das spannende Gefühl, eine kleine, unbekannte, kaum je betretene Insel am Ende der Welt zu erkunden; und wer weiß, was für Tiere sich vielleicht gleichzeitig dort herumtreiben? **Vorsicht** ist

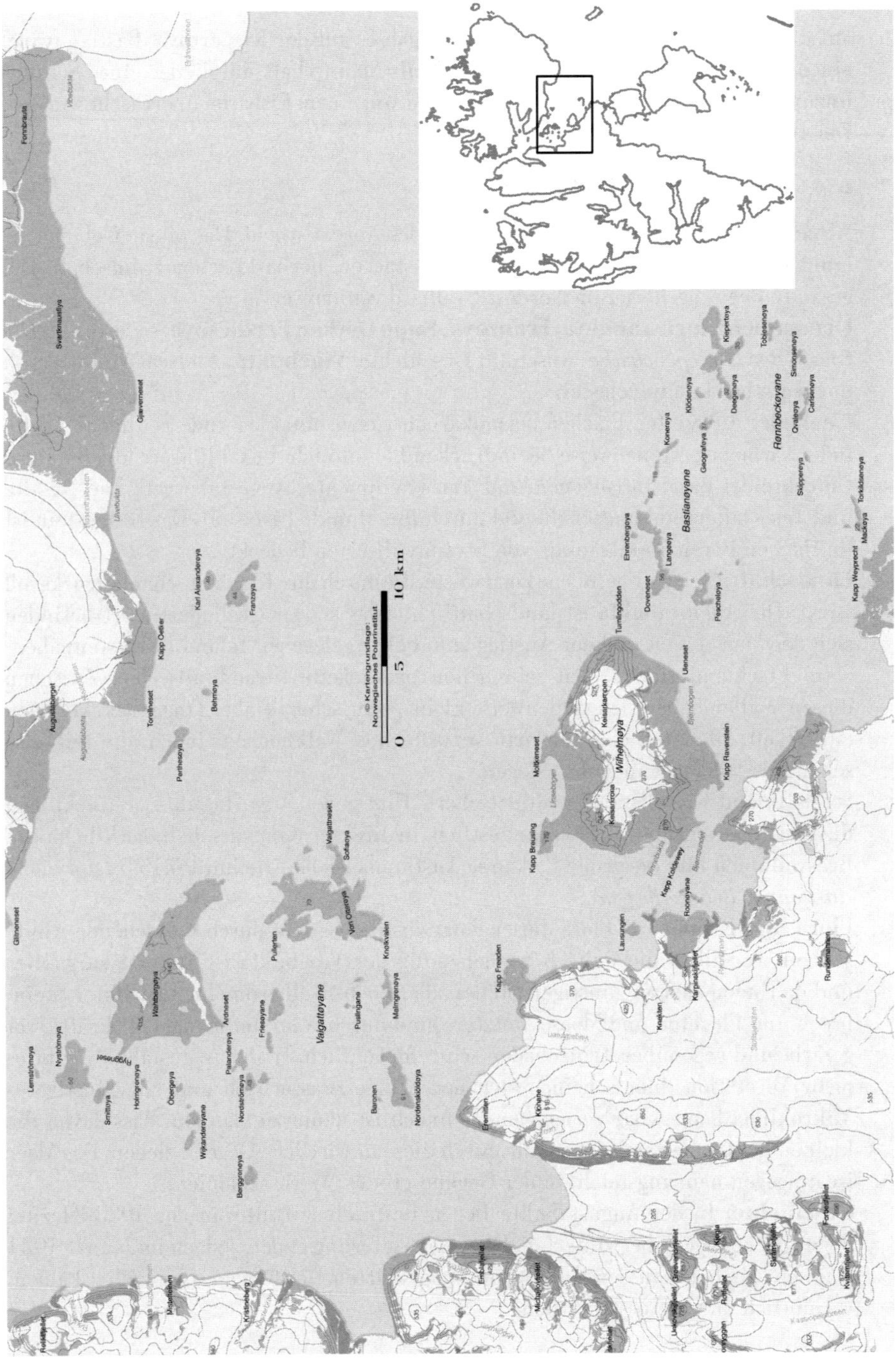
© Kartengrundlage:
Norwegisches Polarinstitutt
0 5 10 km
Fonnbreata
Svartknausflya
Gjævermeset
Ulvebukta
Augustaborget
Augustabukta
Torellneset
Kapp Oetker
Karl Alexanderøya
Franzøya
Behmøya
Pertheseya
Glitneneset
Vaigattneset
Sofiaøya
Von Otterøya
Pullerten
Knolkvalen
Wahlbergøya
Arbneset
Ryggneset
Nyströmøya
Lemströmøya
Smittøya
Holmgrenøya
Öbergøya
Wijkanderøyane
Palanderøya
Nordströmøya
Berggrenøya
Friesøyane
Vaigattøyane
Puslingane
Malmgrenøya
Baronen
Nordenskiöldøya
Kapp Breusing
Moltkeneset
Wilhelmøya
Keiserkampen
Tumlingodden
Doveneset
Langeøya
Ehrenbergøya
Koneroya
Klödenøya
Kiepertøya
Bastianøyane
Geograføya
Deegenøya
Pecheløya
Usteneset
Kapp Ravenstein
Kapp Koldewey
Roonøyane
Lausungen
Kapp Freeden
Rønnbeckøyane
Tobiesenøya
Simonsenøya
Carlsenøya
Ovaløya
Skipperøya
Torkildsenøya
Mackøya
Kapp Weyprecht
Rundemannen
Karpeneskjølet
Knekten
Kronane
Eremitten
Forbesfjellet
Kvitomfjellet
Sirafjellet
Rotfjellet
Kistefjellet
Embletfjellet
Michelsfjellet
Kristineberg
Mebofjellet

auf diesen Insel immer angebracht. 1995 gab es auf der Kiepertøya (Bastianøyane) einen Toten und einen Schwerverletzten, als Mannschaftsmitglieder eines Schiffes unzureichend bewaffnet an Land gingen und von einem Eisbären überrascht wurden. Der Bär wurde später erschossen.

6.14.6 AUGUSTABUKTA, VIBEBUKTA

Allgemein: Eisfreies Land im Südwesten des Nordaustland. Das offene Gelände erlaubt weite Wanderungen in der ausdrucksstarken, hocharktischen Landschaft. Die gesamte Region gehört zum Nordost Svalbard Naturreservat.
Ortsnamen: Augustabukta, Franzøya, Kapp Oetker, Perthesøya: siehe 6.14.5 *Die Inseln der Hinlopenstraße*, Abschnitt Geschichte. **Vibebukta:** Andreas V. (1801-60), norwegischer Landvermesser.
Geologie: Auf weiten Flächen permokarbone, horizontal lagernde Sedimente: gelbliche Karbonate, stellenweise beeindruckend fossilreich. Lokal jüngere (oberer Jura/ Unterkreide) Basaltintrusionen und Trias-Sedimente (Augustaberget). Die Basalte und Trias fallen im Landschaftsbild durch ihre dunkle Farbe auf. Das Festgestein ist im flachen Bereich weiträumig von Strandwallserien bedeckt.
Landschaft: Weitläufige, offene Polarwüste, die durch ihre Kargheit sehr eindrucksvoll wirkt. Die Augustabukta ist landschaftlich etwas stärker gegliedert; dort befinden sich der Mariebreen und der Anstieg zum höher gelegenen Inland in Küstennähe.

Im Flachland finden sich sehr schön entwickelte Strandwallserien. Zwischen diesen Wällen haben sich stellenweise kleine, sehr schmale aber langgestreckte Seen entwickelt. Hier und da kann man verwitternde Walknochen finden, die teilweise schon seit Jahrtausenden dort liegen.

Das Inland ist vollständig vergletschert: Hinter der Augustabukta erstreckt sich die Eiskappe Vegafonna und weiter östlich, in direkter Nachbarschaft der Vibebukta, Bråsvellbreen und die große Eiskappe Austfonna (siehe Abschnitt 6.15.5 *Isispynten, Austfonna, Bråsvellbreen*).
Flora und Fauna: Die Flora dieser Polarwüsten besticht durch weitgehende Abwesenheit, vor allem die weite Küstenebene in der Vibebukta ist äußerst karg. Hier und da finden sich an günstigen Stellen aber doch Svalbardmohn oder Roter Steinbrech und Flechten und Moose. Letztere sind durch Nährstoffmangel oft kräftig rot gefärbt und gegenüber Trittschäden sehr empfindlich. In der Augustabukta gibt es mehr Vegetation, hier scheinen sich der Schmelzwasserbach und ein günstigeres Mikroklima bemerkbar zu machen. Dennoch ist kaum zu glauben, dass davon die kleinen Rentierbestände leben, die durch diese unwirtliche Gegend ziehen. Das Meer ist hingegen nahrungsreich, in der Gegend gibt es Walrosskolonien.
Geschichte: In der Augustabukta liegen Reste einer Hütte, in der 1933-34 zwei norwegische Jäger überwinterten. Die Überwinterung endete jedoch im Januar 1934 tragisch, als beide in der Hütte unter ungeklärten Umständen ums Leben kamen, vermutlich durch eine Explosion.

6.15 NORDAUSTLAND

Wie ein Warnungszeichen erhebt sich aus seiner weißen Umgebung das dunkle Erinnerungszeichen, abratend zur Fahrt nach dem Nordostland, in dem der Tod auf hartem Schnee und Eis die Sense schärft zur sicheren Ernte.

Christopher Rave,
Tagebuch der verunglückten Expedition Schröder-Stranz.
Das „Warnungszeichen“ ist das Eoluskreuz im Sorgfjord.

Für den Westen und Südwesten des Nordaustland (Murchisonfjord bis Vibebukta), siehe Abschnitt 6.14 *Hinlopenstraße.*

Allgemein: Das Nordaustland ist mit 14 443 km^2 die zweitgrößte Insel des Svalbard-Archipels. Die karge, abgelegene Insel übt einen ganz besonderen Reiz aus. Die Nordküste steht unter schwachem Golfstromeinfluss und wird daher in den meisten Jahren früher im Sommer eisfrei als das Meer im Osten und Süden des Nordaustland. Die Eisbedingungen schwanken aber stark, im Sommer 2014 wurde das nördliche Nordaustland fast gar nicht eisfrei. Das Klima ist kälter und rauer als auf Spitzbergen, denn das Nordaustland liegt auf der kalten Seite Svalbards, dem Atlantik ab- und dem arktischen Ozean zugewandt: Die Sommertemperatur (Durchschnitt Juli-August) beträgt auf der Phippsøya (Sjuøyane) 0,6°C, gemessen von einer automatischen Wetterstation. Ny Ålesund, im Vergleich, hat immerhin 3,8°C.

Das Nordaustland inklusive aller umliegenden Inseln liegt im Nordost Svalbard Naturreservat. Schiffe dürfen in den Naturreservaten im Osten Svalbards kein Schweröl an Bord haben, so dass größere Kreuzfahrtschiffe aus diesen Regionen praktisch verbannt sind. Der Osten des Nordaustland wurde 2014 zu einem „wissenschaftlichen Referenzgebiet“ erklärt, siehe Abschnitt 3.6.1 *Naturschutz, gesetzliche Regelungen und Schutzgebiete.*

Geologie: Die Nordhälfte besteht fast ausschließlich aus Grundgebirgsgestein. Dieses lässt sich vereinfacht in 2 Einheiten aufteilen:

- **Schwach metamorphe Sedimente** (Quarzite, Dolomite, Kalkstein, Schiefer) aus dem jüngeren Proterozoikum, 600-700 Millionen Jahre alt. Jüngere tektonische Bewegungen (kaledonisch, über 400 Millionen Jahre) haben diese Gesteine kräftig deformiert, so dass die Schichten vielerorts steil stehen und von Brüchen und Falten durchzogen sind. Der Metamorphosegrad ist aber so gering, dass oft noch Details der Sedimentstruktur zu erkennen sind wie Rippelmarken, Trockenrisse, Schrägschichtung und Fossilien (Stromatolithen in Dolomitschichten). Diese Gesteine stehen im Nordwesten an (Murchisonfjord-Lågøya), auf der Westseite des Rijpfjord und im nördlichen Prins Oscars Land, östlich des Rijpfjord.
- **Hochmetamorphe Gneise** sowie **Granite** und andere magmatische Gesteine, meist sehr alt (um 1 Milliarde Jahre) oder aus der Zeit der kaledonischen Gebirgsbildung vor etwa 400 Millionen Jahren. Diese Gesteine bilden den Untergrund

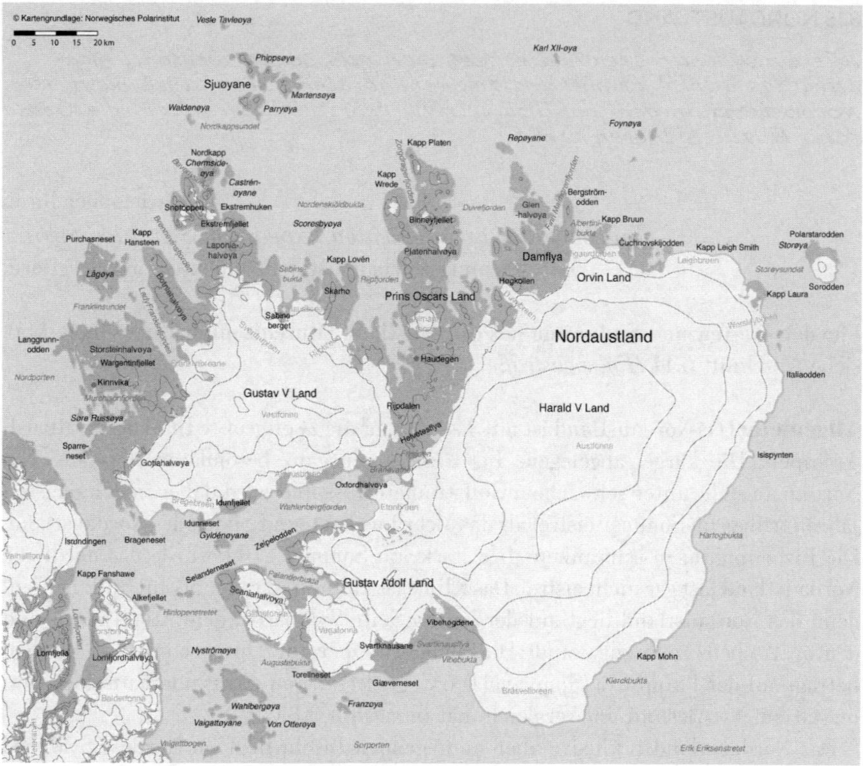

im Bereich der Sjuøyane, den südwestlich davon gelegenen Halbinseln Laponiahalvøya und Botniahalvøya sowie im fernen Nordosten, auf der Ostseite des Rijpfjord und östlich des Duvefjord. In diesen Gesteinen finden sich auch die ältesten Gesteine Svalbards mit Altern von weit über 1 Milliarde Jahren.

Zusammenfassend könnte man sich merken, dass ein großer Teil der ältesten Gesteine Svalbards im nördlichen Nordaustland zu finden ist. Ein praktischer Aspekt liegt darin, dass es sich auf den Sedimenten deutlich angenehmer wandern lässt als auf dem Kristallingestein, das oft zu groben, unwegsamen Blöcken verwittert.

Auf der Lågøya und der Botniahalvøya gibt es lokal nördliche Ausläufer der **Basaltintrusionen** aus dem oberen Jura und der unteren Kreide, die weiter südlich deutlich häufiger sind, wie in der Hinlopenstraße. Diese Intrusionen sind mit einem Alter von 150-100 Millionen Jahren die jüngsten Festgesteine auf dem Nordaustland.

Landschaft: Das Nordaustland ist weitläufig und steinig-karg und bildet einen Kontrast zu den meisten Landschaften auf Spitzbergen. Im Gegensatz dazu ist das Nordaustland sehr weitläufig. Im Norden herrschen weitgestreckte Plateauberg- und Hügellandschaften vor, spitze Gipfel oder schroffe Grate, wie an der Westküste Spitzbergens, gibt es nicht. Die Höhen liegen überwiegend unter 400 m, oft unter 300 m; der höchste einzeln stehende „Berg" des Nordaustland ist Snøtoppen, eine vergletscherte Erhebung im nördlichen Teil der Laponiahalvøya mit 620 m Höhe. Die zentralen Bereiche der Eiskappe Austfonna liegen allerdings auf weiter Fläche über 700 m hoch und der nördliche Teil von Vestfonna immerhin 630 m. Die Hochflächen fallen oft in steilen Felshängen zu den flachen Küstenebenen bzw. direkt zum Meer hin ab. Das küstennahe Flachland ist oft von alten Strandwallserien bedeckt. Steht darunter Kristallingestein an, bestehen die alten Strände aus grobem Geröll; bilden die alten Sedimente den Untergrund, sind die Verwitterungsprodukte feinkörniger, was sich beim Laufen angenehm bemerkbar macht.

Von der Fläche des Nordaustland (14 443 km^2) sind etwa 11 500 km^2 mit **Eiskappen und Gletschern** bedeckt, ein Anteil von 80 % im Gegensatz zu 60 % im Durchschnitt der Inselgruppe. Die wichtigsten Eiskappen sind Vestfonna (2 450 km^2) und der Komplex Austfonna/Vegafonna (8 492 km^2). Im Nordosten, Osten und Süden besteht die Küste aus den Abbruchkanten dieser Eiskappen. Vom Bråsvellbreen im Süden bis Kapp Laura im Nordosten ist die Gletscherkante so gut wie durchgehend, mit einer Länge von 160 km ist sie die längste der Nordhalbkugel.

Die Gletscher des Nordaustland haben, wie auch andere vergletscherte Gebiete weltweit, eine komplexe Geschichte. Für die Franklinbreane konnte nachgewiesen werden, dass sie nach dem Ende der Eiszeit vor einigen 1 000 Jahren schon einmal kleiner waren als heute (siehe auch Abschnitt 6.15.5 *Isispynten, Austfonna, Bråsvellbreen*).

An den flachen Uferpartien haben Strömungen große Mengen von Treibholz und leider auch Müll angespült, darunter viele Fischernetze.

Flora und Fauna: Die Tundra ist sehr karg. Vor allem Blütenpflanzen sind auf weiten Flächen nur spärlich vorhanden, aber an geschützten Stellen sind manchmal doch erstaunlich viele Blüten zu finden, nicht nur von Svalbardmohn und einigen Steinbrecharten. Innere, geschützte Fjordbereiche haben etwas bessere Wachstumsbedingungen. Bis 1999 wurden 83 Gefäßpflanzenarten auf dem Nordaustland nachgewiesen (Svalbard insgesamt: 173), und die eine oder andere wird sicherlich noch gefunden werden.

Flechten hingegen sind artenreich und nehmen weite Anteile der Felsoberflächen ein. Auch Algen bilden auf feuchten Tundraflächen überall weite blauschwarze Beläge und sind mit ihrer Fähigkeit, atmosphärischen Stickstoff zu fixieren, eine wichtige Grundlage für das terrestrische Ökosystem auf dem Nordaustland.

Diese Vegetation ist ausreichend, um verstreute Rentiere zu ernähren. Ansonsten ist die Fauna der Tundra sehr artenarm und neben dem Eisfuchs auf einige Vogelarten beschränkt: Meerstrandläufer, Schneeammer, Schmarotzerraubmöwe, Alpenschneehuhn und Gänse, allesamt aber nicht unbedingt zahlreich im Vergleich mit der Tundra an der Westküste von Spitzbergen. An mindestens 2 Stellen brütet jeweils ein Paar Schwalbenmöwen im nördlichen Nordaustland.

Darüber hinaus gibt es eine erstaunlich artenreiche Insektenfauna. Mindestens 5 Spinnenarten und 34 Collembolen (Springschwänze, mindestens 60 Arten in Svalbard) kriechen zwischen den Steinen umher, sind aber winzig klein und treten nur in geringer Individuenzahl auf. Man muss schon gezielt suchen, um auf dem Nordaustland eine Spinne oder Milbe zu finden.

Die produktiven Ökosysteme liegen im Meer, das einen großen Tierreichtum hervorgebracht hat, von Vogelkolonien über Robben bis hin zu Walen und Eisbären. An den steilen Klippen im Norden des Nordaustland gibt es hier und da kleinere Seevogel-Brutfelsen, meistens Dickschnabellummen und Dreizehenmöwen, lokal aber auch subarktische Papageitaucher und hocharktische Elfenbeinmöwen. Auf flachem Land brüten stellenweise aggressive Küstenseeschwalben.

Es gibt einige Walrosskolonien, und Eisbären streifen beständig über das Treibeis und die Tundra.

Geschichte: Wegen der früher fast immer sehr schwierigen Eisbedingungen waren die nördlichen und östlichen Bereiche bis ins 20. Jahrhundert hinein nur ungefähr bekannt, selbst heute sind die Gewässer insbesondere auf der Nordseite des Nordaustland weitgehend unvermessen. Die Inseln und Küsten im Nordwesten und Norden (Lågøya, Sjuøyane), die der Golfstrom noch etwas eher aus dem Eis befreit, haben schon die Walfänger in groben Zügen gekannt, aber die Küstengewässer haben sich nicht zu einem klassischen Fanggebiet entwickelt.

Mehrere bekannte Polarexpeditionen wie **Phipps** (1773) und **Parry** (1827) kamen auf der Suche nach einem Weg in allerhöchste Breiten in den Norden des Nordaustland, kümmerten sich jedoch nicht allzu viel um Land und Inseln. Die Nordostküste blieb noch länger weitgehend unbekannt.

1861 leitete der schwedische Geologe **Otto Torell**, begleitet u.a. von **Adolf Erik Nordenskiöld,** eine mehrwöchige Exkursion in einem kleinen, offenen Boot (das Expeditionsschiff selbst blieb in Spitzbergen) entlang der Nordküste vom Nordaustland, so dass die Wissenschaftler anschließend wenigstens einen Überblick über Geologie und Topographie der besuchten Bereiche vorlegen konnten (Brennevinsfjord, Beverlysund, Sjuøyane, Nordenskiöldbukta, Kapp Wrede, Kapp Platen).

1871 und 1873 unternahm der wohlhabende Engländer **Benjamin Leigh Smith** Fahrten, die eine Mischung aus Vergnügungs- und Jagdfahrten sowie Forschungsreisen in Eigenregie waren. Er gehörte zur elitären Gruppe der „gentleman explorers", die sich eigenfinanzierte, lange Reisen in abgelegene Regionen leisten konnten und dabei mitunter erheblich zum geographischen Wissen beitrugen. Leigh Smith folgte mit einem gecharterten norwegischen Robbenfangschiffchen der Nordküste des Nordaustland bis zu jenem Kap im Nordosten, das heute seinen Namen trägt; er überließ es aber hinterher anderen, wenigstens einen Teil der Entdeckungen zu veröffentlichen.

1873 durchquerte der bereits erwähnte **Nordenskiöld** während einer Schlittenreise weite Teile des inneren Nordaustland und brachte erstmalig Kenntnisse über diese

6.14.2-1: Der Lomfjord (links) und seine Nebenbucht Faksevågen (Mitte) vom Faksefjellet.

6.14.3-1: Das Alkefjellet, eine Vogelkolonie in der Hinlopenstraße.

6.14.3-2: Dickschnabellummen am Alkefjellet.

6.14.4-1: Polarwüste und Gletscher am Ismåsefjellet, Wahlenbergfjord.

6.14.4-2: Blick auf den Etonbreen, einen Teil der Eiskappe Austfonna. Wahlenbergfjord.

6.14.5-1: Küstenlandschaft auf der Wahlbergøya, Hinlopenstraße: Treibholz, Strandwälle und Polarwüste.

6.14.5-2: Binnebukta, Wilhelmøya.

6.14.5-3: Binnebukta, Wilhelmøya.

6.14.6: Polarwüste und Eiskappe. Torellneset, Nordaustland.

6.15.1-1: Karge Küstenlandschaft und Treibeis im Lady Franklinfjord.

6.15.1-2: Depotodden, Brennevinsfjord. Karge Landschaft mit englischem Expeditionshaus von 1935-36.

6.15.2-1: Phippsøya, Sjuøyane. Typische Landschaft für die Nordküste des Nordaustland einschließlich der vorgelagerten Inseln.

6.15.2-2: Phippsøya.

6.15.2-3: Vesle Tavleøya und Rossøya (die flache Schäre hinten links), Sjuøyane: der nördlichste Norden Svalbards.

6.15.3-1: Castrénøyane (links) und Chermsideøya (rechts).

6.15.3-2: Der innere Rijpfjord, Nordaustland.

6.15.3-3: Die Kriegswetterstation „Haudegen“ (die Gebäude und die unmittelbare Umgebung sind seit 2010 gesperrt). Wordiebukta, Rijpfjord.

6.15.3-4: Kapp Platen und der Zorgdragerfjord, Blick von Kapp Wrede, Nordaustland.

6.15.3-5: Flussmündung in der Bucht Djupkilen, Duvefjord.

6.15.3-6: Kapp Bruun. Felsiges Land und treibende Gletschereisstücke an der östlichen Nordküste des Nordaustland.

6.15.5-1: Die Abbruchkante der Eiskappe Austfonna an ihrem südlichen Ausläufer, dem Bråsvellbreen.

6.15.5-2: Schmelzwasserfall am Bråsvellbreen.

6.15.5-3: Die Moräneninsel Isispynten, Nordaustland.

6.16: Das Andrée-Denkmal auf Kvitøya.

6.18.1-1: Das Straumsland am Heleysund. Hochsommer (Anfang August).

6.18.1-2: Landschaft um den Heleysund.

6.18.1-3: Passage des Ormholet („Wurmloch“) während des Kenterpunktes (strömungsarme Zeit beim Wechsel zwischen Ebbe und Flut).

6.18.1-4: Der Negribreen an Ostküste Spitzbergens (April).

6.18.3: Boltodden in der Bucht Kvalvågen, Ostküste Spitzbergens.

6.18.4: Die schroffe Ostküste Spitzbergens. Emil`janovbreen.

6.19-1: Blick über das Sundneset (Barentsøya), den Freemansund und die Edgeøya im Hintergrund.

6.19-2: Inland der Barentsøya am Sundneset.

vorher noch gar nicht besuchten Regionen heim, die aber nicht weit über einen ersten Eindruck hinausgingen.

Die schwedische Abteilung der **Russisch-Schwedischen Gradmessungsexpedition** (1899-1902) etablierte von den Sjuøyane bis in den Storfjord ein trigonometrisches Netz. An die umfangreichen, sehr genau und erfolgreich durchgeführten Vermessungsarbeiten erinnern noch etliche Varden (Steinmänner).

1928 stand dieser abgelegene Teil der Erde für eine Weile im Zentrum großer Aufmerksamkeit, als **Nobile** und die Mannschaft seines Luftschiffes *Italia* nördlich des Nordaustland abstürzten und mit großem Aufwand gesucht wurde. Im Rahmen der Suchexpeditionen mit Flugzeugen, Schiffen und Hundeschlitten wurde auch das geographische Wissen über das nordöstliche Nordaustland beträchtlich erweitert.

Im Frühjahr 1929 vollbrachten der Bergener Jäger **Karl Bengtssen** und seine 2 Begleiter mit einer Schlittenreise von der Lågøya bis zum Kapp Leigh Smith und zurück eine beachtliche Leistung; sie hatten gehofft, weitere Überreste der *Italia* zu finden. Ansonsten wurde die Region wegen der schwierigen Eisverhältnisse und teilweise magerer Fangergebnisse von Trappern deutlich weniger besucht als Spitzbergen oder die Edgeøya. Während der wenigen Überwinterungen im Norden des Nordaustland kam es zu mehreren Katastrophen durch Skorbut und Schiffbruch, und erfolgreiche Überwinterungen brachten nicht die erhofften Ergebnisse.

Zwischen 1923 und 1936 leisteten **Expeditionen aus Oxford** gründliche wissenschaftliche Arbeit auf dem Nordaustland. Nach ersten Erkundungen (1923) kam es 1924 zu mehreren längeren Schlittenreisen über die Eiskappen, den ersten überhaupt seit Nordenskiölds Fahrt von 1873, sowie ersten Luftbildern von Teilen des Nordaustlands. Den größten Beitrag leistete die Expedition 1935-36 unter A.R. Glen mit einer Reihe längerer Schlittenreisen kreuz und quer über die Eiskappen sowie den während der Überwinterung gewonnenen Messreihen. Die Basis lag am Depotodden im Brennevinsfjord, das Haus ist nach wie vor in gutem Zustand. Eine kleinere Hütte im inneren Brennevinsfjord (Goosbukta) diente als Bindeglied. Diese wurde aber leider 1944 von dem deutschen U-Boot, das im Rijpfjord die Mannschaft der Haudegenstation aussetzte, zerstört, wie auch eine nahegelegene Trapperhütte von 1908. Zwei weitere Station lagen oben auf der Eiskappe Vestfonna und wurden 4 beziehungsweise 10 Monate lang betrieben. Das Hauptaugenmerk lag auf der Glaziologie, Meteorologie und Ionosphärenforschung, aber die Schlittenreisen trugen erheblich zur kartographischen Erfassung des Nordaustlandes bei. Die Expedition von 1934-35 war das Unternehmen, das am meisten zum Wissen um das ferne Nordaustland beitrug. 1949 und 1951 setzten die fleißigen Forscher aus Oxford ihre Expeditionen fort und legten dabei den Schwerpunkt auf die Südküste des Nordaustland, wo 1938 ein kräftiger Vorstoß des Bråsvellbreen beobachtet worden war.

Ebenfalls primär in gletscherkundliche Richtung ging auch die *Quest*-Expedition des schwedischen Glaziologen Hans Wilhelmsson **Ahlmann** von 1931, der während einer 350 km langen Schlittenreise das nach wie vor recht unbekannte Innere des Nordaustland erkundete und unter anderem herausfand, dass die großen Eiskappen

Austfonna und Vestfonna durch das unvergletscherte Rijpdalen getrennt sind. Das war die letzte mehr oder weniger größere, unter Strapazen und Gefahren errungene geographische Entdeckung in Svalbard und somit der Abschluss einer Epoche, die 1596 mit Willem Barentsz begonnen hatte. Während Ahlmann seine Schlittenfahrt machte, waren seine Kollegen in der Station Sveanor im Murchisonfjord wissenschaftlich tätig.

Schwedische Forscher setzten die gletscherkundlichen Untersuchungen auch nach dem Krieg fort. 1956 besuchte Valter **Schytt** als Gast auf dem russischen Eisbrecher *Ob* Vestfonna. Aus der geplanten eintägigen Stippvisite wurde ein Aufenthalt von nicht weniger als 2 Wochen, da der Hubschrauberpilot sein Gefährt zwischenzeitlich auf der Lågøya in einem See versenkt hatte in der Annahme, unter dem Schnee befände sich fester Boden und keine dünne, frische Eisschicht. Schließlich wurde ein Flugzeug von Russland über Franz Josef Land zur Abholung geschickt.

Während des Internationalen Geophysikalischen Jahres 1957-58 fanden die Arbeiten umfangreiche Fortsetzung von der Basis in **Kinnvika** aus und wurden auch darüber hinaus fortgesetzt, zuletzt in einem großen Forschungsprogramm während des Internationalen Polarjahres (IPY) 2007-08 (siehe Abschnitt 6.14.1. *Murchisonfjord*).

Einige der Expeditionisten, etwa die unternehmungsfreudigen Oxfordianer, haben lesenswerte Reiseberichte hinterlassen, darunter Binney (1924) oder Glen (1937).

Systematische Luftfotographie, die Grundlage topographischer Kartierung und somit jeder weiteren Erforschung des Landes, erfolgte erst 1938 durch Norwegen.

Sonstiges: Der Norden und Osten des Nordaustland ist eine Region, in der wir die **Klimaänderung** der Gegenwart unmittelbar erleben können/müssen. Noch in den 1980er Jahren war es eine eher seltene Ausnahme, das Nordaustland außen umrunden zu können, heute ist das Gegenteil der Fall. Im späteren Sommer ist es derzeit relativ normal, die Gewässer zwischen Sjuøyane und Kvitøya eisfrei vorzufinden. Im Sommer 2006 fanden die ersten Landgänge auf Kvitøya bereits um den 01. Juli herum statt, und eisverstärkte Schiffe (keine Eisbrecher) stießen bis 82°N nach Norden vor - weit über die nördlichsten Inseln Svalbards hinaus. Man darf nicht der Versuchung erliegen, aus Einzelsituationen einen Trend abzuleiten, aber für alle, welche die Region über längere Zeit hinweg vielfach besucht haben, ist die Häufung derartiger Eissituationen offensichtlich. Diese Anzeichen sollten als kleiner Teil der erdrückenden Indizienlast, welche die bereits laufende Klimaänderung skizziert, ernst genug genommen werden, um Taten folgen zu lassen (siehe Kapitel 7. *Arktische Umwelt und Tourismus*).

6.15.1 LADY FRANKLINFJORD, BRENNEVINSFJORD, LÅGØYA

Allgemein: Die nordwestlichen Fjorde des Nordaustland, Lady Franklinfjord und Brennevinsfjord, gehören zu den am seltensten besuchten Regionen Svalbards, da die wenigen Angaben in der Seekarte vor allem auf eine Reihe von Untiefen hinweisen. Tatsächlich können die Tiefen in beiden Fjorden kleinräumig stark schwanken: Auf fast 200 m Tiefe folgen mitunter gefährliche Untiefen.

Fast durchgehend flach, unvermessen und mit Untiefen versehen sind die Gewässer rund um die vorgelagerte Lågøya (53 km²). Wenn man es aber an Land geschafft hat, wartet als Belohnung eine eigenwillige, karge aber ausdrucksstarke Landschaft.

Der Franklinsund südlich der Lågøya gehört zu den schwierigsten Gewässern Svalbards: Überwiegend flach (auf weiten Strecken weniger als 10 m tief), mit einer Reihe von Untiefen und auf der Seekarte völlig weiß. Die umliegenden Länder sind flach und bieten keinen Schutz, so dass sich bei Wind schnell Wellen aufbauen. Nautisch ebenfalls schwer zugänglich, da Anfahrt und Inneres unvermessen sind, ist auch die fast völlig abgeschlossene Bucht Claravågen. Diese Gewässer werden nur gelegentlich von kleinen Schiffen befahren, deren Kapitäne über gute Ortskenntnis verfügen.

Die Region gehört zum Naturreservat Nordost Svalbard. Die Lågøya ist in der Brutsaison (15.5.-15.8.) auf der Westseite und an der Nordspitze gesperrt.

Ortsnamen: Birdvågen: Nach einem Teilnehmer von Parrys Expedition (1827). **Botniahalvøya:** Nach dem Bottnischen Meerbusen zwischen Schweden und Finnland („Bottenhavet"). **Brennevinsfjord:** „Branntweinfjord" (oder „Schnapsbucht", ganz nach Geschmack). Alter Name aus den 17. Jahrhundert, genauer Ursprung unbekannt. **Claravågen:** C. Maria Kulling (1866-?), Mutter von O. Kulling, schwedischer Geologe und Teilnehmer bei Ahlmanns Expedition 1931. **Lady Franklinfjord**: Lady Jane F., zweite Frau des englischen Polarforschers Sir John F., organisierte nach dem Verschwinden ihres Mannes zusammen mit 129 weiteren Männern 1845 in der Nordwestpassage eine Reihe von Suchexpeditionen. **Franklinsund**: Nach Sir John F. **Laponiahalvøya:** Nach einer Region in Schweden (Lappland). **Lågøya:** „Tiefe Insel", deskriptiver Name der flachen Insel (früher: Low Island). **Purchasneset:** Samuel P. (1577-1626), englischer Verfasser geographischer Literatur. **Wargentinflya:** Pehr Wilhelm W. (1717-83), schwedischer Astronom. Name 1861 von Torell vergeben.

Östlich des Brennevinsfjord erinnert eine ganze Reihe von Namen an Amundsens Flugzeug-Expedition von 1925 (siehe Abschnitt 5.6 *Flugversuche zum Nordpol. Virgohamna und Ny Ålesund*).

Geologie: Schwach metamorphe Grundgebirgs-Sedimente (siehe Abschnitt 6.15 *Nordaustland*) auf der Westseite des Lady Franklinfjord und auf der Lågøya. Im Norden und Osten der Lågøya zudem Basaltintrusionen (oberer Jura/Unterkreide), die nördlichsten ihrer Art in Svalbard.

Die Botniahalvøya zwischen Lady Franklinfjord und Brennevinsfjord besteht neben alten Graniten (um 1 Milliarde Jahre, „Grenville-Ereignis") und lokal an der Nordspitze ein paar mesozoischen Basalten aus einer regionalen geologischen Besonderheit: Eine Reihe verschiedener, schwach metamorpher Lavagesteine zeugt von Vulkanausbrüchen in grauer Vorzeit (Mesoproterozoikum, 1,8-1 Milliarde Jahre). Von den Vulkanen selbst ist nach so langer Zeit natürlich nichts mehr übrig.

Die Laponiahalvøya östlich des Brennevinsfjord schließlich besteht weiträumig aus alten Graniten und granitähnlichen Gesteinen (1 Milliarde Jahre, „Grenville-Ereignis"). Die jüngsten Gesteine dieser Umgebung finden sich im Nordosten der Laponiahalvøya sowie auf der vorgelagerten Chermsideøya. Dabei handelt es sich ebenfalls um Granite, denen man ihr wesentlich jüngeres Alter („nur" 400 Millionen Jahre, kaledonische

Phase) natürlich äußerlich nicht ansehen kann. Auf den Sedimenten lässt es sich sehr gut laufen, was man von den zu groben Blöcken verwitternden Kristallingesteinen nicht gerade behaupten kann.

Landschaft: Auf dem Nordaustland gibt es eine typische Landschaft mit flachen Plateaubergen, die teilweise sanft, vor allem im Norden aber schroff zum Meer hin abfallen, etwa um den Eingangsbereich des Brennevinsfjord herum.

Westlich des Lady Franklinfjord erstreckt sich ausgedehntes Flachland, so auch auf der Lågøya, wo dieses herausstechende Landschaftsmerkmal den Namen vorgegeben hat. Das Flachland der Lågøya setzt sich unter Wasser fort, noch 3 Seemeilen von der Nordspitze entfernt ist es 15 m flach. Die Insel ist weiträumig von alten Strandablagerungen bedeckt, die teilweise prominent in Erscheinung treten. An anderen Stellen kommt der blanke Fels zutage: Grobblockiger, dunkler Basalt oder alte Sedimente, die vom Frost in feine Scherben zerlegt wurden. Vor allem im Bereich der alten Sedimente finden sich stellenweise faszinierende Details: rosettenartige Frostmusterböden oder dezent-bunte Streifen aus verwittertem Gesteinsschutt, welche die Lage der mehr oder weniger senkrecht stehenden Schichten angeben. Ansonsten wirkt die Landschaft wüstenhaft karg.

Auf der Lågøya gibt es eine größere Anzahl flacher Seen und Lagunen. Die Lågøya wie auch die nahegelegenen Halbinseln sind unvergletschert. Im Inneren des Lady Franklinfjord fließen mit den Franklinbreane beeindruckende Gletscher vom Inland-

eis herab und produzieren fleißig Eisberge. Auf der Westseite des Fjords erstreckt sich eine weite, sehr karge, flache Landschaft mit interessanten Küstenformen wie alten Strandwällen und Lagunen. Insbesondere von einer leicht erhöhten Perspektive ist der Anblick dieser Landschaften faszinierend.

Flora und Fauna: Karge Polarwüste, in der neben den wenigen Gefäßpflanzen überwiegend Flechten, Moose und Algen hervortreten.

Geschichte: Die Walfänger kannten zumindest die äußere Küste bereits im 17. Jahrhundert. Ein paar Gräber aus dieser Zeit befinden sich am Purchasneset, der Nordspitze der Lågøya. Zu Forschungsexpeditionen siehe 6.15. *Nordaustland*. Vor allem die wegen des Golfstromeinflusses vergleichsweise gut zugängliche Lågøya ist schon früh und recht oft von diversen Expeditionen besucht worden, die aber alle nach einer kurzen Erkundung wieder ihrer Wege gezogen sind.

Norwegische Trapper haben die Gegend nur sehr wenig als Jagdgebiet genutzt. Soweit bekannt, hat es 2 Überwinterungen gegeben, von denen eine in einer Katastrophe endete. In der Mollbukta auf der Lågøya steht eine verfallende Hütte, die 1908 von norwegischen Trappern gebaut wurde. Im folgenden Winter erbeutete das Trio 30 Eisbären. Im Sommer 1909 mussten sie bei einem Besuch bei ihren 4 Nachbarn im 30 km entfernten Beverlysund bei Kapp Rubin aber feststellen, dass diese allesamt tot in ihrer Hütte lagen, gestorben an Skorbut. Der Mangel an Ausrüstung und Erfahrung hat zum tragischen Ausgang dieser wie anderer, ähnlicher Katastrophen beigetragen. In einem der Tagebücher war zu lesen, dass der Expeditionsleiter Sivertsen seine 3 Untergebenen mitunter in der Hütte einsperrte, während er zu Jagdfahrten ausfuhr, und diesen trotz Jagderfolg eine Fleischmahlzeit nur mit spezieller Genehmigung ihres unbarmherzigen Chefs erlaubt war.

Wenige Jahre später spielte die Sivertsen-Hütte im Beverlysund noch einmal eine Rolle bei einem Polar-Abenteuer, das leicht einen ebenfalls tragischen Ausgang hätte nehmen können. Nachdem Theodor Lerner während seiner Hilfsexpedition für Schröder-Stranz (siehe Abschnitt 5.5 *Frühe Expeditionen*) im Frühjahr 1913 zur Kenntnis nehmen musste, dass die norwegischen Retter ihm zuvorgekommen waren, erlitt er selbst in der Nähe von Kapp Rubin mit seinem Schiff, der *Lövenskjöld*, Schiffbruch und suchte mit seinen Begleitern für einige Wochen in der Sivertsen-Hütte Zuflucht, bis die Verhältnisse die Rückreise in einem Rettungsboot erlaubten. Versuche im Sommer 2005, das Wrack von Lerners Schiff zu finden, verliefen erfolglos.

1925 landete Roald Amundsen mit 5 Männern an Bord eines Wasserflugzeuges auf dem Rückweg von der Notlandung bei 88°N beim Brennevinsfjord und wurde dort bald darauf von einem norwegischen Fangschiff gefunden (siehe Abschnitt 5.6. *Flugversuche zum Nordpol von Virgohamna und Ny Ålesund*).

6.15.2 SJUØYANE

Allgemein: Eine kleine Inselgruppe nördlich vom Nordaustland. Vesle Tavleøya und die kleine Schäre Rossøya sind die nördlichsten Inseln Svalbards. Rossøya liegt auf 80°50'N, also 9°10' = 550 Breitenminuten = 550 Seemeilen = 550 x 1,852 km

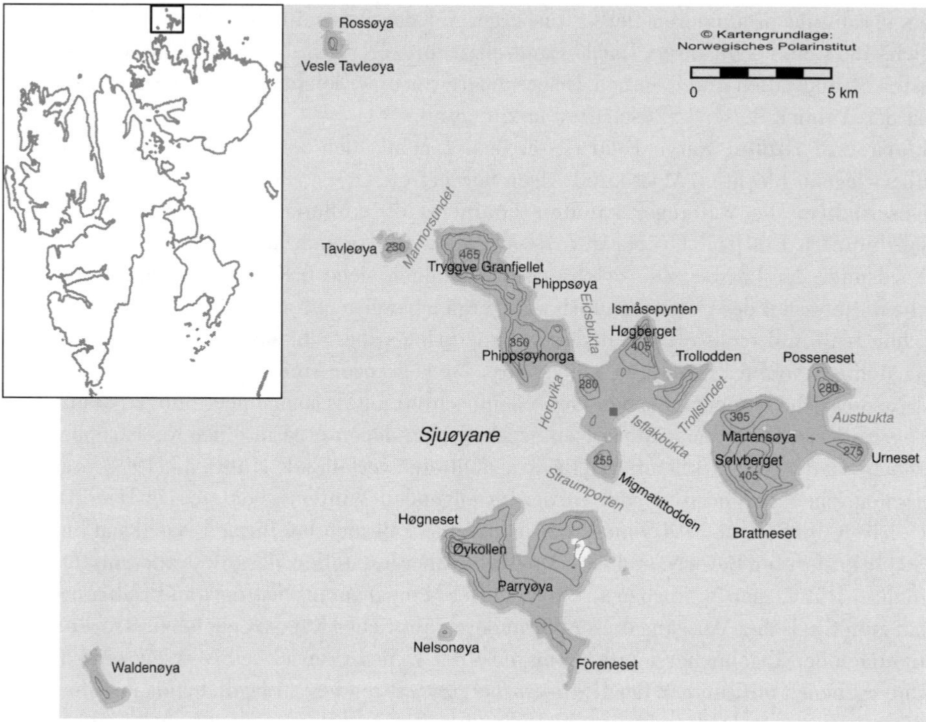

= 1018 km vom Nordpol entfernt, 1074 km nördlich des Nordkaps von Norwegen (71°10'N) und 1650 km nördlich des Polarkreises (66°34'N).

Sjuøyane bedeutet „Sieben Inseln". Je nachdem, wie man zählt, kommt man auf bis zu 9 Inseln (inklusive der etwas abseits liegenden Waldenøya), zuzüglich einiger kleiner Felsen und Schären. Die größten Inseln sind Phippsøya (26 km^2), Martensøya (19 km^2) und Parryøya (18 km^2).

Die nördlichsten Inseln, Vesle Tavleøya und Rossøya, erlauben aufgrund ihres steilen Geländes kaum Landgänge. Dafür gibt es auf den größeren Inseln Exkursionsmöglichkeiten, wobei schon Glück dazugehört, um tatsächlich einen Fuß (oder sogar 2) auf die nördlichsten Inseln Svalbards setzen zu können: Oft ist entweder das Wetter schlecht oder das Ufer ist von Eis blockiert oder es steht ein Eisbär am Strand oder ... Es ist immer wieder erstaunlich, was in diesen schwierigen Breiten alles anders laufen kann als geplant, oder besser: als erhofft. Die schlecht vermessenen Gewässer machen es auch nicht unbedingt einfacher. Die Sjuøyane liegen im Nordost Svalbard Naturreservat. Karte siehe Abschnitt 6.15 *Nordaustland*.

Die **Namen** der meisten Inseln wurden 1861 von Otto Torell und Adolf Erik Nordenskiöld nach Personen vergeben, die auf früheren Expeditionen in der Region waren. Inseln, die nach Teilnehmern an **Phipps Expedition** (1773) benannt sind: **Nelsonøya**: Horatio N. (1758-1805), damals Fähnrich. **Phippsøya**: C. John P. (1744-92), Kommandant. **Waldenøya**: John W., Fähnrich, untersuchte die nach ihm benannte Insel.

Inseln, die nach Teilnehmern an **Parrys Expedition** (1827) benannt sind: **Parryøya**: William Edward P. (1780-1855), Kommandant. **Rossøya**: James Clark R. (1800-1862), später selbst als Polarforscher berühmt geworden.

Sonstige Namen: **Martensøya**: Friedrich M., Hamburger Schiffsarzt, Spitzbergen-Reise 1671, Verfasser der ersten Beschreibung von Spitzbergen. **Tavleøya** (Tafelinsel) und **Vesle Tavleøya** (Kleine Tafelinsel) sind deskriptive Ortsnamen und beziehen sich auf die flachen Bergplateaus. **Isflakbukta** (Eisschollenbucht) und Namen weiterer Buchten etc. sind überwiegend jünger und ebenfalls deskriptiv.

Geologie: Kaledonische und ältere Granite, Migmatite, Gneise sowie andere kräftig metamorphe Gesteine, dazu Findlinge. Insgesamt ein schönes, buntes Freilichtmuseum kristalliner Gesteinsarten.

Landschaft: Siehe Abschnitt 6.15 *Nordaustland.* Auch auf den Sjuøyane ist die charakteristische Nordaustland-Landschaft ausgeprägt. Hochflächen in 300-400 m Höhe (maximal 465 m auf der Phippsøya) fallen überwiegend steil zu den Seiten hin ab und enden teilweise direkt am Meer. Ansonsten laufen sie in flachen, steinigen Küstenebenen aus, die von alten Strandwällen bedeckt sind. Man kann sich leicht vorstellen, dass die Sjuøyane vor 12 000 Jahren, als die Landhebung am Anfang stand und das Land relativ zum Meer noch um 100 m tiefer lag, aus einer viel größeren Anzahl deutlich kleinerer Inseln bestand: Die Berge ragten aus dem Meer, die heutigen Küstenebenen lagen hingegen in Tiefen bis zu 100 m.

Die kleine Nelsonøya sieht aus einer bestimmten Perspektive mit ihrem flachen, etwa 140 m hohen Gipfel und den steil abfallenden Hängen aus wie ein Zylinder.

In den mit groben Geröllen bedeckten Küstenebenen findet man neben den Strandwällen kräftig ausgeprägte Eiskeilnetze. Die größeren, benachbarten Inseln sind sich alle landschaftlich recht ähnlich. Es gibt keine Gletscher auf den Sjuøyane.

Flora und Fauna: Hocharktisch. Die Tundra ist sehr karg, Blütenpflanzen weichen überwiegend Moosen und Flechten. An Standorten mit günstigem Mikroklima blüht jedoch noch überraschend viel, v.a. Svalbardmohn und einige Steinbrecharten.

An steilen Felshängen gibt es einige Seevogelkolonien: Krabbentaucher, Gryllteisten, einige Dickschnabellummen und als Rarität auch eine Kolonie mit etwa 20 Elfenbeinmöwenpaaren. Auf der Vesle Tavleøya ist die nördlichste Papageitaucherkolonie im Nordatlantik beheimatet, so dass immer wieder eine dieser buntschnabeligen Lummen vorbeifliegt. Vor allem, wenn Treibeis in der Nähe ist, lohnt es sich, nach hocharktischen Säugetieren und seltenen Vögeln Ausschau zu halten. Mit Glück kann man Spatelraubmöwen, Elfenbeinmöwen oder gar eine Schwalbenmöwe sichten, als Hauptgewinn ist die äußerst seltene Rosenmöwe möglich. Und natürlich sind Eisbären und Walrosse auf den Sieben Inseln daheim.

Geschichte: Die in den Ortsnamen verewigten Expeditionen kamen durch die Region. Die Sjuøyane wurden von Torell/Nordenskiöld (1861) besucht und von der Gradmessungsexpedition (1899-1902) erstmalig genauer vermessen.

Beim Anblick der kleinen, schroffen Waldenøya wird man kaum glauben, dass sich dort mehrfach Expeditionen aufhielten, so etwa **Walter Wellman** 1894, dessen Schiff in der Nähe sank. Dennoch versuchte Wellman, weiter in den Norden vorzustoßen, musste aber bald umkehren.

In der Isflakbukta (Phippsøya) steht eine kleine Hütte, die 1936 im Auftrag des norwegischen Staates für in Not geratene Seeleute gebaut wurde.

6.15.3 CHERMSIDEØYA, RIJPFJORD, DUVEFJORD, ORVIN LAND

Allgemein: Die zentrale Küste des nördlichen Nordaustland mit tief eingeschnittenen Fjorden. Die gesamten Gewässer sind sehr schlecht oder gar nicht vermessen, haben Untiefen und sind für Schiffe entsprechend schwer zugänglich. Dies trifft insbesondere auf die Sunde um die Chermsideøya, die Westseite der Nordenskiöldbukta und das Orvin Land östlich des Duvefjord zu. Die Eisbedingungen gehören zu den schwersten in Svalbard, entsprechend ist die Gegend auch dadurch oft nicht zugänglich.

Die Region gehört zum Nordost Svalbard Naturreservat und ist seit 2014 teilweise wissenschaftliches Referenzgebiet. Für das Gelände unmittelbar um die Haudegen-Station gilt seit 2010 „Betreten verboten“: Man darf sich dem Gebäude von Norden und Westen nur auf 30 und von Süden und Osten nur auf 10 m nähern.

Ortsnamen: Albertinibukta: Gianni A. (geb. 1902), Mitglied einer Suchexpedition während der *Italia*-Katastrophe. **Beverlysund:** Nach einem Teilnehmer von Parrys Expedition (1827). **Chermsideøya:** Nach einem Teilnehmer der Expedition von Leigh Smith. **Duvefjord**: „Taubenbucht“, Name aus dem frühen 18. Jahrhundert. **Finn Malmgrenfjord**: F. M. (1895-1928), verschollenes Mitglied der *Nobile*-Expedition. **Kapp Wrede:** Fabian Jacob W. (1802-93), schwedischer Offizier und Wissenschaftler. **Orvin Land:** Anders Kristian O. (1899-1980), norwegischer Geologe. **Repøyane**: Outger R.(17./18. Jahrhundert), holländischer Walfangkapitän. **Rijpfjord**: Jan Cornelisz R., Mitglied aller Expeditionen von Willem Barentsz. **Wordiebukta**: James Mann W. (1889-1962), englischer Geologe und Polarforscher. **Zorgdragerfjord:** Cornelis Gisberts Z., holländischer Walfangkapitän und -chronist.

Geologie: Siehe auch Abschnitt 6.15 *Nordaustland.* Auf der Laponiahalvøya, westlich der Nordenskiöldbukta, granitähnliches Gestein (Alter um 1 Milliarde Jahre, „Grenville-Ereignis“). Westlich des Rijpfjord und östlich der Nordenskiöldbukta schwachmetamorphe, jungproterozoische Sedimente. Auf der Ostseite und im inneren Rijpfjord rötliche Granite (400 Millionen Jahre, kaledonische Phase).

Landschaft: Felsig und karg (siehe Abschnitt 6.15 *Nordaustland*). Das küstennahe Land ist in dieser Region weitgehend unvergletschert, nur im inneren Duvefjord erreicht ein Auslassgletscher der Eiskappe Austfonna das Meer. Östlich des Duvefjord schrumpft das eisfreie Land auf einen schmalen, felsigen Küstenstreifen zusammen, dem eine Anzahl kleiner Felseninseln, Schären und Untiefen vorgelagert ist. In diesem Bereich ist das Inland komplett vom Inlandeis bedeckt, von dem sich große Auslassgletscher zur Küste herabwälzen.

Flora und Fauna: Siehe Abschnitt 6.15 *Nordaustland.* An steilen Klippen Seevogelkolonien, etwa eine große Dreizehenmöwenkolonie am Kapp Bruun. Es gibt

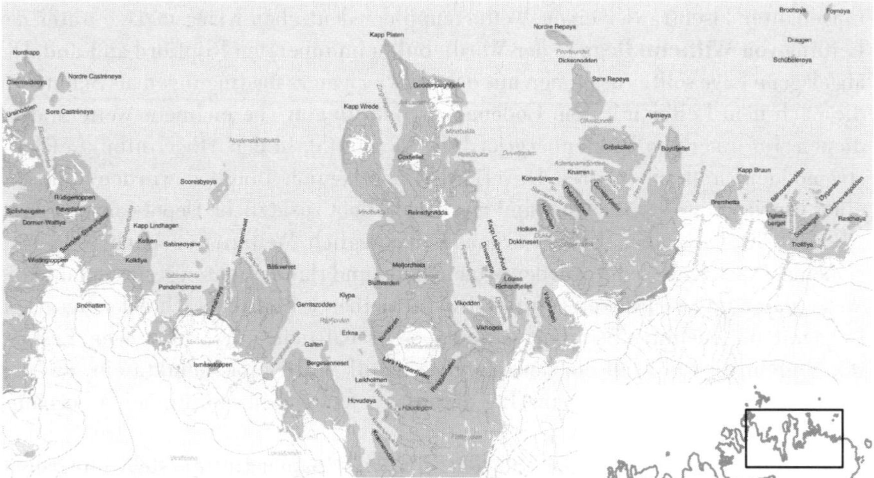

Walrossruheplätze, und Eisbären streifen regelmäßig über Land und Treibeis.

Geschichte: Neben den in Abschnitt 6.15 *Nordaustland* erwähnten Expeditionen gibt es folgende „historische Höhepunkte" in dieser Region: Die Geoglyphen auf der Chermsideøya, die Schröder-Stranz-Expedition und die deutsche Kriegswetterstation „Haudegen" aus dem Zweiten Weltkrieg (siehe jeweils auch Kapitel 5. *Geschichte*).

Irgendwie entwickelte es sich unter Expeditionen zu einer Tradition, am Ursinodden auf der **Chermsideøya** den Namen des jeweiligen Schiffes mit auf den Boden gelegten Steinen zu „schreiben", so dass sich dort ein geologisches Graffiti mit einem „Who is who" der früheren Besucher findet, darunter die schwedische Abteilung der Gradmessungsexpedition (*Jäderin*, 1898), der Eisbrecher *Krassin* auf der Suche nach Nobile (1928, in kyrillischer Schrift) und last but sicher auch least ein Hakenkreuz, das von der Besatzung des U-Bootes gelegt wurde, welches 1944 die Haudegen-Station in den Rijpfjord brachte. Das Hakenkreuz wurde später mehrfach zerstört und wieder restauriert, da es offensichtlich verschiedene Meinungen dazu gibt, ob ein derartiges Symbol in dieser Landschaft etwas zu suchen hat.

Während der offiziell „Die Deutsche Arktische Expedition" genannten Fahrt ließ Leiter Herbert **Schröder-Stranz** sich im August 1912 mit 3 Begleitern, Hunden, Schlitten und Booten mitten in der Nordenskiöldbukta, bei 80°25'N/21°15'E, auf dem Treibeis aussetzen. Die 4 Männer sind seitdem verschollen, vereinzelt wurden Ausrüstungsgegenstände gefunden. Im Sommer 2005 wurde in der Bucht Dokka im inneren Duvefjord ein altes Lager entdeckt, in dem möglicherweise eine Person ums Leben gekommen ist. Das Lager konnte der Schröder-Stranz-Expedition zugeordnet werden; sichtbar ist heute vor Ort nichts mehr.

Im September 1944 setzten ein U-Boot und ein zum Wetterbeobachtungsschiff umgebauter Fischtrawler einen Wettertrupp der deutschen Kriegsmarine unter der Leitung von **Wilhelm Dege** in der Wordiebukta im innersten Rijpfjord an Land. Die abgelegene Lage sollte zusammen mit den schwierigen Eisbedingungen als Schutz für die nach dem Leiter mit dem Codenamen „**Haudegen**" bezeichnete Wetterstation dienen. Im innersten Wahlenbergfjord (Bodleybukta), in der Albertinibukta (Bergströmodden) und im inneren Duvefjord (Depotlaguna, Innvika) wurden während einer Umrundung des Nordaustland mit dem U-Boot zusätzliche Depots eingerichtet. Ab dem 30. November 1944 wurden 4 mal täglich Wetterdaten nach Norwegen gemeldet. Nach Kriegsende wurden Minengürtel und Handgranaten gesprengt und die Wetterdaten unverschlüsselt gefunkt. Die verbleibende Zeit verbrachte der Geograph Dege mit ausgedehnten Streifzügen und wissenschaftlichen Beobachtungen. Erst am 03. September 1945 lief ein norwegisches Schiff in die Wordiebukta ein, um den Wettertrupp abzuholen, der am Tag darauf als letzte deutsche Einheit überhaupt offiziell kapitulierte.

Das Gebäude der „Haudegen"-Station, eine „Hartpapier-Hütte", steht im Großen und Ganzen noch, es ist die einzige Kriegswetterstation in Svalbard, die sich noch in einem einigermaßen guten Zustand befindet. Seit 2010 sind die Gebäude mitsamt der unmittelbaren Umgebung gesperrt (s.o.). Es ist nicht völlig auszuschließen, dass sich noch Munitions- oder Sprengstoffreste in der Umgebung befinden. Auf dem Felshügel („Postenfelsen") oberhalb der Station befand sich die Reserve-Funkstelle, die ebenfalls noch existiert.

6.15.4 KARL XII ØYA, BROCHØYA, FOYNØYA

Allgemein: Das Ende der Welt! Größere Abgeschiedenheit als auf diesen kleinen Inselchen kann man sich eigentlich kaum vorstellen. Alle Inseln gehören zum Naturreservat Nordost Svalbard. Wie auch sonst in der Region, sind die Gewässer schlecht vermessen, die Eisbedingungen schwer und die Inseln somit nicht einfach zu erreichen.
Ortsnamen: Brochøya: Ole Jacob B. (1818-1889), norwegischer Mathematiker und Politiker. **Foynøya**: Svend F. (1809-1894), entwickelte die Sprengharpune zum Fang von Großwalen hin zum massentauglichen Einsatz. **Karl XII Øya**: König von Schweden (1682-1718).
Geologie: Metamorphe Grundgebirgsgesteine, teilweise kaledonisch, teilweise älter (was man ihnen natürlich nicht mit bloßem Auge ansehen kann).
Landschaft: Foynøya ist mit 10 km^2 die größte dieser Inseln. Brochøya und Foynøya bestehen aus massiven, gerundeten Felsrücken und ragen recht steil und abweisend aus dem Meer. Auf diesen Inseln gibt es keine Strände und keine geschützten Buchten.

Der Nordteil der Karl XII Øya besteht ebenfalls aus einem steilen Felsturm, an den sich nach Süden ein langer, flacher Rücken anschließt. Im späten 19. Jahrhundert bestand die Karl XII Øya noch aus 2 Inseln, zwischen denen zwischenzeitlich ein Kiesstrand gewachsen ist, ein sogenannter „Tombolo", der 2 Inseln verbindet.

Erstaunlich sind die Treibholzmassen, die auf diesen kleinen Inselchen angespült werden.

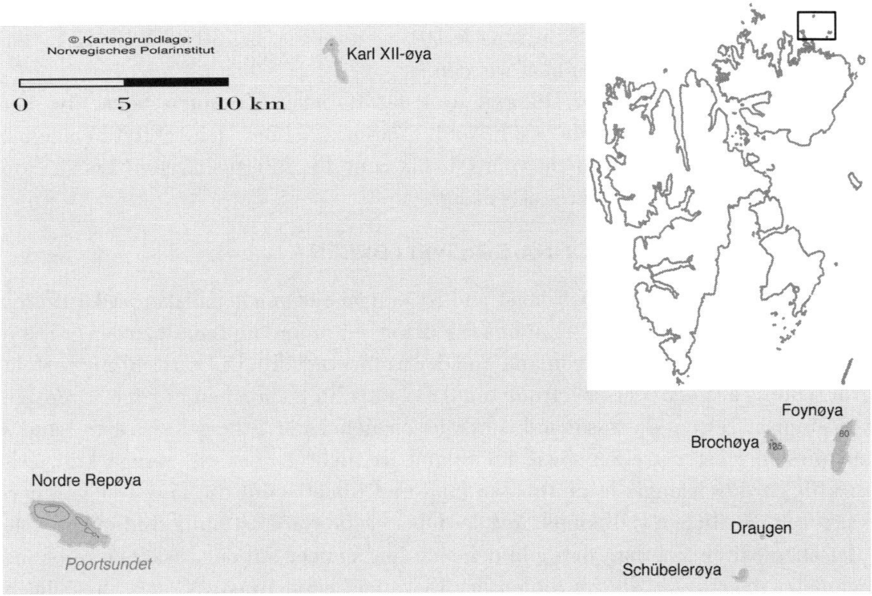

Flora und Fauna: Vegetation gibt es kaum, vor allem die Felseninseln Brochøya und Foynøya sind völlig karg. Immerhin gibt es auf der Foynøya eine Küstenseeschwalbenkolonie, auch einige andere Vögel wie Gryllteisten, ein paar Krabbentaucher und Eissturmvögel brüten dort. Auf den Felshängen an der Nordspitze der Karl XII Øya hat sich eine kleine Dreizehenmöwenkolonie häuslich eingerichtet.

Geschichte: Die Karl XII Øya wurde 1861 von Torell und Nordenskiöld entdeckt. Die ersten bekannten Sichtungen von Foyn- und Brochøya machte der Engländer **Benjamin Leigh Smith** 1871. Man kann davon ausgehen, dass Robbenfangschiffe die Inseln schon vorher kannten, ihre Beobachtungen aber nicht veröffentlichten.

Sämtliche 3 Inseln dieses Abschnitts wären nur ein paar Felsen im Eismeer, von denen kaum ein Mensch jemals etwas gehört hätte, wenn nicht am 25. Mai 1928 das Luftschiff ***Italia*** von **Umberto Nobile** auf dem Rückweg vom Nordpol nördlich der Karl XII Øya abgestürzt wäre, etwa bei 81°14'N/25°25'E (s. Abschnitt 5.6 *Flugversuche zum Nordpol*). 6 Männer verschwanden zusammen mit einem Teil des Luftschiffes auf Nimmerwiedersehen, ein weiterer starb beim Absturz. Die übrigen 9 richteten sich mit der Ausrüstung, die nach dem Absturz auffindbar war, auf dem Eis ein Lager ein, das berühmte „rote Zelt“. Am 30. Mai wurde Land gesichtet, wahrscheinlich die Foynøya. 3 Männer, die Italiener Zappi und Mariano zusammen mit dem Schweden **Finn Malmgren**, brachen auf, um die Insel zu erreichen. Zappi und Mariano wurden später von dem sowjetischen Eisbrecher *Krassin* aufgelesen, Malmgren blieb verschollen. Am 23. Juni landete ein schwedisches Flugzeug beim „roten Zelt“ auf dem Eis und evakuierte den verletzten Nobile und dessen Hündchen Titina, beim nächsten Landeversuch gab es allerdings eine Bruchlandung. Zwischenzeitlich war das „rote Zelt“ zunächst in eine Position nahe der Foynøya und dann weiter östlich gedriftet, bis die Verbleibenden am 12. Juli, nach 49 Tagen im Eis, bei 80°38'N/29°13'E vom Eisbrecher *Krassin* aufgenommen wurden.

Der Holländer **Josef van Dongen** und der Italiener **Gennaro Sora**, die mit Hundeschlitten auf der Suche nach Nobile waren, mussten sich schließlich selbst auf die **Foynøya** retten, wo sie vom 04. bis zum 13. Juli ausharrten, bis sie von schwedischen Flugzeugen gerettet wurden.

6.15.5 ISISPYNTEN, AUSTFONNA, BRÅSVELLBREEN

Allgemein: Der Osten des Nordaustland ist weitgehend von der Eiskappe Austfonna bedeckt, die zusammen mit Vegafonna 8 492 km^2 einnimmt und somit zu den größten Gletschern außerhalb von Grönland und der Antarktis zählt. Die Küstenlinie besteht größtenteils aus der Gletscherfront von Austfonna, unterbrochen nur im Nordosten von ein paar Felsen, die aus dem Eis herausschauen. Die Fläche des eisfreien Landes auf diesem Küstenstreifen sowie im Inland ist nicht größer als wenige km^2. Das Eiskliff ist durchgängig etwa 160 km lang und bildet somit die längste Gletscherkante der nördlichen Halbkugel. Auf der Oberfläche von Austfonna sind nur wenige Gletscherspalten sichtbar, dafür bilden sich im Sommer auf der Eiskappe reißende Schmelzwasserflüsse, die im Süden der Eiskappe, beim Bråsvellbreen, in schönen Wasserfällen über die steile Kante stürzen.

Bråsvellbreen ist der südliche Teil der Eiskappe und bildet innerhalb dieser ein eigenes Drainagesystem, in dem Eis verstärkt aus zentralen Bereichen abfließt. 1937-38 machte der Bråsvellbreen einen plötzlichen, kräftigen Vorstoß („Surge"), woran heute noch sein Name erinnert: „brå" = plötzlich, „svell" = anschwellen. 2014 zeigten Teile von Austfonna erneut deutliche Anzeichen eines Vorstoßes.

Visuell ist der Bråsvellbreen vom Rest der Eiskappe nicht unterscheidbar. Da dort die gleichmäßig flachen Gewässer aber am besten vermessen sind und zusätzlich die Wasserfälle, welche dort von der 10-25 m hohen Eiskante hinabstürzen, ein besonderes Naturschauspiel bieten, ist das der Abschnitt der langen Gletscherfront, der sich am besten für eine Annäherung anbietet. Im Osten sind die küstennahen Gewässer schlecht vermessen.

Das Gebiet gehört zum Nordost Svalbard Naturreservat und ist seit 2014 wissenschaftliches Referenzgebiet. Karte siehe Abschnitt 6.15 *Nordaustland*.

Ortsnamen: Austfonna: „Ost-Eiskappe". **Bråsvellbreen:** siehe oben. **Isispynten:** 1924 von einer englischen Expedition nach dem Fluss Isis benannt, der durch Oxford fließt.

Geologie: Soweit anstehendes Gestein sichtbar ist, handelt es sich um metamorphe und magmatische Grundgebirgsgesteine wie Gneise und Granite.

Landschaft: Von „Landschaft" im engeren Sinne kann nur bei den wenigen km^2 eisfreien Landes die Rede sein, welche die Eiskappe in der jüngeren Vergangenheit freigegeben hat. Isispynten war noch in den 1990er Jahren als Halbinsel mit der Eiskappe verbunden, ist heute wegen des fortschreitenden Rückzuges aber eine kleine Insel, schätzungsweise 1 km^2 groß. Größtenteils besteht sie aus einer steinigen, jungen

Moränenlandschaft mit einem bunten Sammelsurium an Findlingen - ein natürliches Freilichtmuseum der ansonsten unter dem Eis verborgenen Geologie des östlichen Nordaustland. Isispynten weist eine auch sonst für Moränenlandschaften typische, unüberschaubare Hügellandschafte mit kleinen Tümpeln und Matschlöchern auf, und die junge Landschaft ist offensichtlich instabil und in Entwicklung, mit kleinen Rutschungen auf steilen Hängen, wobei sich zeigt, dass das Innere der Moränenhügel größtenteils aus Toteis besteht, also altem Gletschereis.

Geschichte: Als Elling Carlsen auf seiner berühmten Fahrt 1863 mit dem Schiffchen *Jan Mayen* das Nordaustland erstmalig umrundete, orientierte er sich an einer Karte, derzufolge der Sund zwischen Nordaustland und Storøya 30 km breit sein sollte. Tatsächlich erwies er sich als so schmal, dass der sicher nicht ängstliche Carlsen lieber auf die Ostseite der Storøya auswich. Auch die etwas weiter südlich gelegenen Frostøyane waren unter dem Gletscher verschwunden, der offensichtlich in den Jahren zuvor kräftig vorgestoßen war.

Die ersten Fahrten über die Eiskappe wurden 1873 von Nordenskiöld, 1924 von Binney, 1931 von Ahlmann und 1936 von Glen gemacht (siehe 6.15 *Nordaustland*). Isispynten wurde 1924 von Binney entdeckt.

6.16 STORØYA, KVITØYA

In diesem Meere liegen auch noch unbetretene, obgleich schon seit langer Zeit gesehene Landmassen oder Inseln; Gillis-Land ist eine davon und datirt bereits seit 1707. Weil schon so lange gesehen und noch nicht erforscht oder auch nur erreicht und betreten, ist es zu einer Art von Sagenhaftigkeit geworden, ...

August Petermann, *Mittheilungen über wichtige neue Erforschungen auf dem Gesammtgebiete der Geographie.* 18. Band 1872

Allgemein: Diese beiden Inseln liegen auf der Ostseite des Nordaustland, in der abgelegensten Region der Inselgruppe Svalbard. Noch vor wenigen Jahrzehnten waren Kvitøya und Storøya bis weit in den Sommer hinein von Treibeis umgeben, und oft gab das Eis sie gar nicht frei. In den letzten Jahren hat sich dieses Bild deutlich geändert, und man darf auf die zukünftige Entwicklung gespannt sein (siehe „Sonstiges" im Abschnitt 6.15 *Nordaustland*).

Aber auch, wenn kein Eis die Anfahrt blockiert, ist die Anlandung alles andere als garantiert. Auf Kvitøya gibt es keine geschützte Buchten, die wenigen Flächen eisfreien Landes sind exponiert gegenüber Wind und Wellen. Es gehört Glück dazu, um eine dieser Inseln zu betreten. Die Gewässer sind schlecht vermessen und untief.

Neben der hocharktischen Landschaft und Chancen zur Beobachtung der entsprechenden Tierwelt ist es die dramatische Geschichte, die Besucher auf Kvitøya fasziniert. Die Gegend gehört zum Nordost Svalbard Naturreservat.

Ortsnamen: Storøya bedeutet „Große Insel", was bei dem 40 km² kleinen Eiland wohl entweder ein Spaß oder ein Irrtum war. **Norvargodden:** Nach einem Expeditionsschiff,

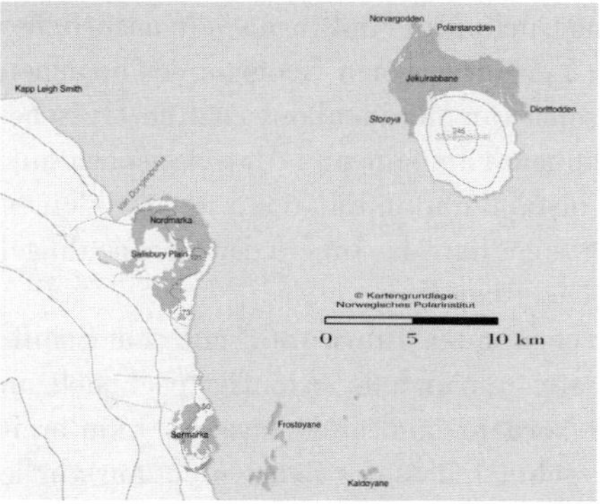

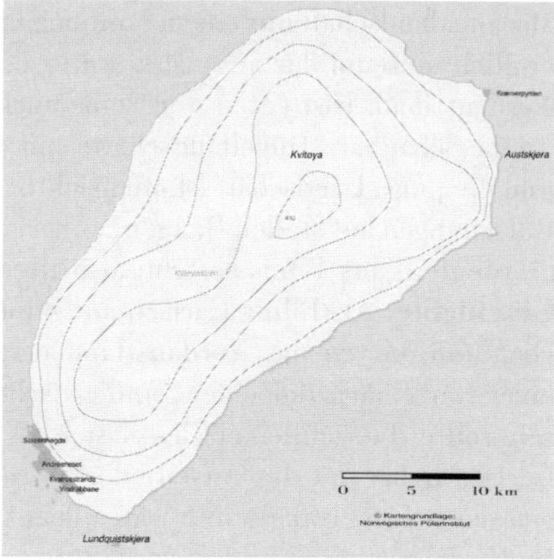

das die Storøya 1979 besuchte. **Polarstarodden:** Nach einem Expeditionsschiff, das die Storøya 1976 besuchte.

Die **Kvitøya** (gut 700 km^2) trägt ihren Namen „Weiße Insel“ in Anbetracht der weitgehenden Vergletscherung zu Recht. Auf der Kvitøya gibt es offiziell 3 eisfreie Landstellen (zusätzlich kommen mehrere weitere, kleine Felsen unter der sich zurückziehenden Eiskappe hervor): **Andréeneset** im Westen (nach der Andrée-Expedition, siehe Abschnitt *Geschichte*), **Hornodden** im Südosten (nach Gunnar Horn, norwegischer Polarforscher, frühes 20. Jahrhundert) und **Kræmerpynten** (Waldemar Kræmer, siehe Abschnitt 6.7.4 *Fair Haven, Fuglefjord, Sallyhamna*). Kræmerpynten ist das östlichste Land von Svalbard.

Geologie: Grundgebirgsgestein. Storøya und Ostseite von Kvitøya: Gabbro. Andréeneset besteht aus einem bunten Gemisch aus rötlichem Migmatit, dunklem Gneis und vielen Ganggesteinen, sehr alt (Mesoproterozoikum, über 1 Milliarde Jahre).

Landschaft: Sowohl Storøya als auch Kvitøya sind weitgehend eisbedeckt. Auf **Storøya** liegt das eisfreie Land im Norden und umfasst etwa 5 km^2. Durch den basaltähnlichen Gabbro wirkt es schon vom Gestein her recht finster. Das eisfreie Land ist weitgehend flach, es steigt sanft zur Eiskappe hin an. Die Küste besteht aus mehreren kleinen Buchten, unterbrochen von niedrigen Felsvorsprüngen. Das flache Inland ist weitgehend vom Geröll alter Strandwälle bedeckt, zwischen denen sich einige kleine Seen befinden. Die Eiskappe ist flach gewölbt.

Auf **Kvitøya** befindet sich die größte eisfreie Landfläche im Westen, bei Andréeneset mit etwa 5 km^2 felsig-kiesigem Flachland. Die Küste ist flach und felsig, mit einigen vorgelagerten Untiefen. Das ebene Gelände ist überwiegend vom Geröll alter Strandwälle bedeckt, in dem sich hier und da uralte Walknochen oder zerfallendes Treibholz befindet. Stellenweise ragen kleine Felserhebungen aus der Ebene. Seen gibt es fast nicht, aber von der Eiskappe laufen einige Schmelzwasserbäche ab. Der landschaftliche Blickfang ist die etwa 700 km^2 große Eiskappe Kvitøyjøkulen, welche die Insel völlig beherrscht. Gleich wo man an Land ist: Es sind immer nur wenige 100 m bis zu Eiskappe, die flach und moränenfrei ausläuft.

Von Andréeneset bis Kræmerpynten sind es 40 km über das flach ansteigende, maximal 410 m hohe Plateau der Eiskappe.

Flora und Fauna: Sowohl Storøya als auch Kvitøya sind größtenteils lebensfeindliche Eiswüsten. Die eisfreien Flächen verdienen die Bezeichnung „Tundra" kaum, die Vegetation besteht aus vereinzelten Flechten und Moosen. Letztere können an feuchten Stellen wie den Schmelzwasserbächen auf Andréeneset dicht und bunt sein: Das tiefe, kräftige Rot weist auf Nährstoffmangel hin.

Auf beiden Inseln gibt es Küstenseeschwalbenkolonien und Walrosse. Man kann davon ausgehen, dass der nächste Eisbär nicht weit ist - selbst wenn er nicht sichtbar ist.

Geschichte: Es ranken sich Legenden um ein geheimnisvolles „Giles Land", 1707 erstmalig von dem Holländer **Cornelis Giles** gesichtet. Im Laufe vieler Jahrzehnte erschien „Giles Land" in den verschiedensten Formen, Größen und Positionen auf diversen Landkarten. Erst im späten 19. Jahrhundert, als die Kapitäne norwegischer Fangschiffe sich in den Nordosten Spitzbergens und nach Franz Josef Land wagten, bekam man eine genauere Vorstellung von der Geographie und identifzierte „Giles Land" als Kvitøya. Selbst heute noch wird Kvitøya auf vielen Karten falsch als schlankes Würstchen dargestellt, tatsächlich ist Kvitøya halb so dick wie lang.

Bekannt wurde Kvitøya durch die Entdeckung der dort endgültig gescheiterten Expedition von Salomon August **Andrée**, der 1897 von Virgohamna aus zusammen mit 2 Begleitern in dem Ballon *Örnen* („Adler") nach Norden fuhr. Bei 82°56'N landete der durch Vereisung beschwerte Ballon, der zudem Wasserstoff verloren hatte, endgültig auf dem Eis, recht genau nördlich von Andréeneset, aber über 300 km davon entfernt. Nach einem mehrwöchigen, beschwerlichen Marsch und der Drift auf einer Eisscholle gelang den 3 erschöpften Männern am 05. Oktober 1897 die Landung auf Kvitøya, wo sie im Laufe weniger Wochen starben.

Trotz umfangreicher Suchexpeditionen wurde das Lager erst 1930 von einer norwegischen Expedition unter Leitung von **Gunnar Horn** entdeckt, die an Bord des Robbenfangschiffs *Bratvaag* auf dem Weg nach Franz Josef Land war, um dort eine Wetterstation zu errichten. Angesichts der sensationellen Entdeckung auf der Kvitøya wurde die weitere Fahrt abgeblasen, und noch im gleichen Jahr wurden die Überreste auf Andréeneset geborgen und erhielten in Stockholm ein Staatsbegräbnis. Die Neuigkeiten von der verschollenen Expedition gingen rund um die Welt. In der eisigen Umgebung waren die fotografischen Aufnahmen von 1897 so gut erhalten, dass ein Teil der Bilder 33 Jahre später noch entwickelt werden konnte.

1931 wurde Kvitøya erneut von einer schwedischen Expedition an Bord der *Quest* angelaufen, um weitere Fundstücke zu bergen. Dabei wurde auf Andréeneset ein kleines, schlichtes Denkmal für die *Quest* gebaut. Direkt daneben steht ein Betonklotz als Denkmal für Salomon August Andrée, Knut Frænkel und Nils Strindberg. Das Lager selbst befand sich unmittelbar vor dem Felsen, auf dem das Denkmal steht. Der

Ort wurde auch in jüngeren Jahren archäologisch untersucht, historische Artefakte befinden sich nicht mehr dort. Einen desolateren Ort für eine chancenlose Überwinterung als die karge, felsige Ebene Andréeneset auf der fast völlig vergletscherten Insel Kvitøya kann man sich kaum vorstellen. Der Andrée-Expedition ist ein kleines Museum in Gränna gewidmet, Andrées Geburtsort in Südschweden.

6.17 KONG KARLS LAND

Hier lebten die Eisbären förmlich in Rudeln, denn wir zählten auf den großen Eisflächen abends bis zu 14 Bären von einer Stelle aus.

Römer & Schaudinn, *Fauna Arctica* (1900)

Allgemein: Kong Karls Land ist eine kleine Inselgruppe im fernen Osten von Svalbard, getrennt vom Nordaustland durch die 75 km breite Erik Eriksenstretet und von Spitzbergen, Barentsøya und Edgeøya durch die 100 km breite Olgastretet. Die Hauptinseln sind, von West nach Ost, Svenskøya (136 km^2), Kongsøya (191 km^2) und Abeløya (13 km^2). Kong Karls Land gehört zum Nordost Svalbard Naturreservat. Da die Inseln für die regionale Eisbärenpopulation besonders wichtig sind, stehen sie unter Schutz: Es gilt ein ganzjähriges Verbot, die Inseln zu betreten oder sich auf weniger als 500 m anzunähern, gemessen vom nächstliegenden Stein über Wasser.

Somit ist Kong Karls Land als touristisches Ziel weitgehend hinfällig. Touristenschiffe kommen gelegentlich in die Nähe dieser verbotenen Inseln, wenn sich schönes (nicht zu offen), befahrbares (nicht zu dicht) Treibeis in der Region befindet.

Ortsnamen: Abeløya: Niels Henrik A. (1802-29), norwegischer Mathematiker. **Erik Eriksenstretet**: siehe Geschichte. **Helgolandøya:** Nach Lerners Expeditionsschiff von 1898. **Kong Karls Land** (früher Wiches Land), nach Karl I. (1823-91) von Württemberg, von dem Geographen Petermann 1871 so genannt. Etwas später wurde die gleiche Inselgruppe von Norwegern nach Karl XV (1826-72) benannt, König von Schweden und Norwegen, so dass sich der Name änderte - von König Karls Land zu Kong Karls Land. **Kongsøya**: „Königsinsel“. **Olgastretet**: Olga (1822-92), Königin von Württemberg, Frau von Karl I. von Württemberg. **Svenskøya**: „Schwedeninsel“.

Geologie: Flachlagernde Sedimente (Sand-, Silt- und Tonstein) aus der oberen Trias bis zur Unterkreide und basaltische Intrusionen. Als lokale Besonderheit hat es in der Unterkreide neben den Intrusionen auch Oberflächenvulkanismus gegeben, so dass sich Tuff und verschiedene Fließstrukturen finden, die auf das Erkalten von Lava an der Luft hinweisen.

Landschaft: Auf allen Inseln in Kong Karls Land gibt es weite Küstenebenen; die kleine, östliche Abeløya ist vollständig flach. Auf Svenskøya und Kongsøya gibt es ein paar flache Berge mit Gipfelplateaus zwischen 200 und 300 m Höhe, der höchste ist das Retziusfjellet auf Kongsøya mit 320 m. Kong Karls Land ist unvergletschert, nur auf Kongsøya gibt es einige permanente Firnflecken. Die flacheren Bereiche der mittleren Kongsøya sowie Abeløya sind von etlichen kleineren Seen geprägt.

Flora und Fauna: Der arktische Ost-Spitzbergen-Strom hat Kong Karls Land mit

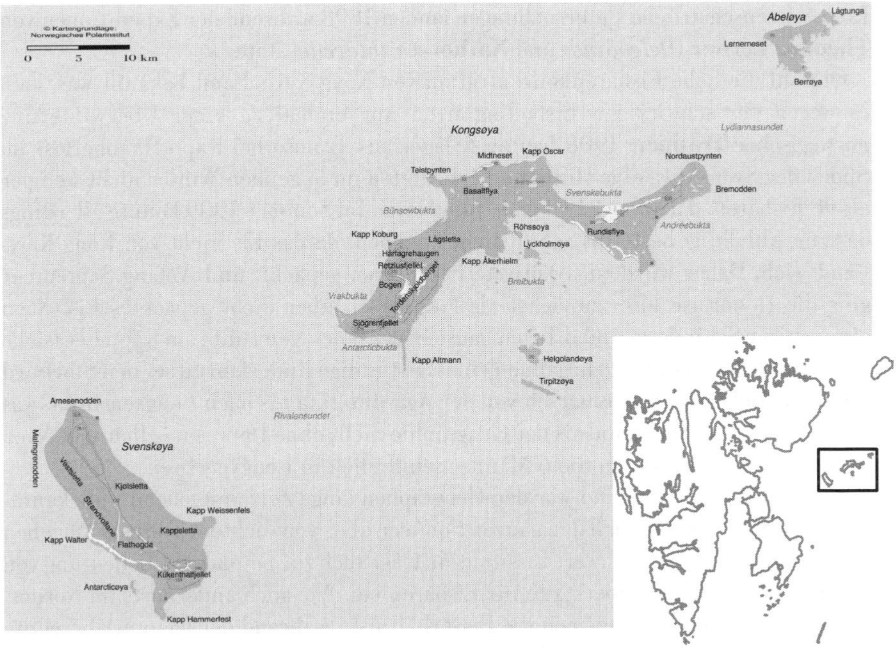

seinen kalten Wasser- und Eismassen klimatisch fest im Griff, so dass die Tundra aus karger Polarwüste besteht, in der Flechten und Moose noch besser bestehen können als Blütenpflanzen. Neben Dreizehenmöwenkolonien an Steilhängen der Plateauberge brüten auf der flachen Abeløya als biologische Besonderheit relativ große Vorkommen von Elfenbeinmöwen, eine Indikatorart für ein hocharktisches Ökosystem. Andere Vogelarten finden an den kleinen Seen im Flachland passende Brutgebiete.

Die große biologische Bedeutung von Kong Karls Land liegt in der sehr hohen Dichte von Eisbärenwochenstuben. An den flachen Hängen von Svenskøya und Kongsøya reiht sich im Winter eine Geburtshöhle an die andere. Auf Kongsøya wurden lokal bis zu 10 Höhlen pro km^2 gezählt. Hierdurch hat Kong Karls Land weit über Svalbard hinaus große Bedeutung für den Bestand der Eisbären. Eine erfolgreiche Reproduktionssaison ist davon abhängig, dass die Inseln im Winter und Frühjahr von Treibeis umgeben sind, wobei es in jüngeren Jahren auch schon Ausfälle gegeben hat.

Geschichte: Wahrscheinlich wurde Kong Karls Land bereits im frühen 17. Jahrhundert erstmalig gesichtet und Wiches Land genannt. Diese „Entdeckung" war zunächst belanglos und geriet in Vergessenheit. Um die Mitte des 19. Jahrhunderts wurden die Inseln mehrfach von Westen gesehen. Dabei enststand einige Verwirrung, denn verschiedentlich wurde Kong Karls Land für das sagenumwobene Giles Land gehalten (siehe Abschnitt 6.16 *Storøya, Kvitøya*) und tauchte in fantasievollen Größen und Umrissen auf verschiedenen Karten auf. 1859 gelang dem norwegischen Kapitän **Erik Eriksen** die erste Landung auf der westlichen Insel, und in den folgenden Jahren häuften sich die Besuche von Fangschiffen, die Kong Karls Land zumindest passierten.

Erste wissenschaftliche Untersuchungen fanden 1898 während der Expeditionen von **Theodor Lerner** (*Helgoland*) und **Nathorst** (*Antarctic*) statt.

Obwohl die hohe Eisbärenkonzentration von Kong Karls Land bekannt war, kam es wegen der schwierigen Eisbedingungen nur einmal zu einer Überwinterung norwegischer **Trapper**. 1908 bauten 6 Jäger aus Tromsø bei Kapp Hammerfest im Süden der Svenskøya eine Hütte und erbeuteten im folgenden Winter nicht weniger als 90 Eisbären, darunter 21 lebende Jungbären. Im Sommer 1909 konnte allerdings das zur Abholung bestellte Schiff nicht kommen, da das Eis nicht von Kong Karls Land wich. Daher wurde das Nötigste in ein Boot gepackt, und Anfang September ging die Heimreise los - zunächst als Fußmarsch über dicht gepacktes Eis. Nach einwöchiger Schinderei und 3 Tagen Pause in der 8-eckigen Hütte am Kapp Lee (siehe Abschnitt 6.18.3 *Edgeøya*) begannen eine 24-stündige Ruderfahrt über den Storfjord und abschließend ein Fußmarsch von der Agardhbukta bis nach Longyearbyen, was mangels detaillierter Kenntnis der Geographie nicht ohne Umweg möglich war. Nach insgesamt 18 Tagen waren die 6 Männer schließlich in Longyearbyen.

Sonstiges: Kong Karls Land war den Geographen lange Zeit weitgehend unbekannt, da die Inseln meistens auch den ganzen Sommer über von dichtem Treibeis umgeben waren. Diese besonders schwere Eissituation trägt auch zur besonderen Bedeutung von Kong Karls Land als Kinderstätte für Eisbären bei. Wie auch andernorts im Nordosten von Svalbard, so haben sich die Eisverhältnisse während der letzten Jahrzehnte spürbar geändert (siehe auch Abschnitt 6.15 *Nordaustland*). Was das für Folgen für die Eisbärenpopulation in Svalbard hat, bleibt notgedrungen abzuwarten - und zwischenzeitlich kann man daheim etwas für den Klimaschutz tun, den das Kong Karls Land und die dort lebenden Tiere dringend benötigen (siehe Kapitel 7 - *Arktische Umwelt und Tourismus*).

6.18 DIE OSTKÜSTE SPITZBERGENS UND DER STORFJORD

I saw Foul bay and Wybe Jans Water, the quantities of ice upon the sea, all glittering in sunshine; and then, on the remote horizon, the snow-decked mountain front of Edges land, ... We ran down the moraines, and were at once on the swampy flat that fills the head of Foul (Agardhs) bay. A stream was waded, and we walked far out on to the flat to an amorphous region that was half land, half water. Stranded icebergs in the bay looked upon us over the mud-flat. We had crossed to the east coast for the first time on record. I leave you to imagine our satisfaction.

Martin Conway, *The First Crossing of Spitsbergen* (1897)

Allgemein: Der Südosten von Svalbard hat ein ganz anderes Gesicht als die Fjorde an der West- oder Nordküste von Spitzbergen. Nur in jenen Regionen Zentral-Spitzbergens, in denen die Geologie vergleichbar ist, gibt es landschaftliche Ähnlichkeiten. Die Region von der Ostküste Spitzbergens ostwärts hat innerhalb von Svalbard die schwersten **Eisbedingungen**. Dazu trägt der Ost-Spitzbergen-Strom bei, der kaltes Wasser und Eis von Nordosten aus dem Nordpolarmeer bringt.

Zwischen Spitzbergen sowie Barents- und Edgeøya liegt der 200 km lange, an seiner Mündung 150 km breite **Storfjord** („Großer Fjord"), der eigentlich kein Fjord ist, sondern ein Sund, da er nicht nur im Süden offen ist, sondern auch im Norden (Heleysund/Ormholet) sowie im Osten (Freemansund) mit dem offenen Meer in Verbindung steht.

Der Storfjord spielt bei der lokalen Eisbildung eine große Rolle, wenn das oberflächennahe Wasser im Winter ausreichend abgekühlt worden ist. Sobald das junge Eis von einem Sturm aufgebrochen und herausgetrieben ist, friert das Wasser relativ schnell wieder, so dass sich im Laufe eines Winters eine große Menge Fjordeis gebildet hat. Diese „große Menge" ist ein theoretischer Wert, da das neue Eis sich natürlich erst dann bildet, sobald die alte Eisdecke fort ist. Aufgrund des großen Volumens dieser „theoretischen" Eisdecke spielt der Storfjord bei der Produktion salzreicher Wassermassen saisonal eine wichtige Rolle: Beim Gefrieren reichert sich im verbleibenden flüssigen Wasser Salz an. Dieses Wasser hat aufgrund seines erhöhten Salzgehaltes eine größere Dichte und sinkt ab. Die Bildung von Meereis in Polargebieten ist ein entscheidender Faktor bei der Tiefenwasserproduktion in den Weltmeeren. In der Arktis liegen wichtige Eisbildungsgebiete nördlich von Sibirien und bei der Nordostecke von Grönland, aber auch der Storfjord trägt seinen Teil bei.

Diese Tiefenwasserproduktion kann nur funktionieren, solange ausreichende Volumina von Meerwasser gefrieren. Wenn dies nicht mehr der Fall ist, z.B. aufgrund von steigenden Temperaturen (**Klimaänderung**), wird die Produktion reduziert, womit ein entscheidender Antrieb für das globale System der Meeresströmungen entfallen kann. Die Folge ist eine deutliche Abschwächung wichtiger Teile dieses Systems. Vor allem der **Golfstrom** ist in solchen Situationen betroffen. Kurioserweise könnte eine Erwärmung in Schlüsselregionen der Arktis daher im Nordatlantik eine Abkühlung zur Folge haben. Bedeutende Ausfälle des Golfstroms sind für die geologisch junge Vergangenheit, seit der letzten Eiszeit, mehrfach nachgewiesen wurden.

6.18.1 HELEYSUND, STRAUMSLAND, NEGRIBREEN,

Allgemein: Der Heleysund trennt die Hauptinsel Spitzbergen von der Barentsøya. Obwohl diese kleine Meerenge vorher schon gesichtet worden war, wurde bis ins 19. Jahrhundert hinein angenommen, dass die Barentsøya ein Teil von Spitzbergen ist. Tatsächlich ist sie von Spitzbergen durch 2 schmale Meerengen getrennt, den Heleysund und das Ormholet („Wurmloch"). Beide sind zwar tief, wegen der bis zu 10 Knoten (18 km/h) starken Gezeitenströmungen aber nicht einfach navigierbar. Der Heleysund ist 600 m breit, das Ormholet hingegen weniger als 200 m und mit entsprechender Vorsicht zu genießen. Die Strömungen erzeugen kräftige Strudel und sind ziemlich beeindruckend. Beim Kippen der Gezeiten ist das Wasser allerdings ruhig, auch erreichen die Strömungen je nach Mondphase nicht immer maximale Stärke. Gefährlich wird es, wenn die starke Strömung Treibeis durch die Sunde schiebt: Schiffe, die dazwischen geraten, können in ernsthafte Schwierigkeiten kommen.

Der benachbarte Teil des Storfjord (Ginevrabotnen) ist flach und streckenweise unvermessen und liegt daher nicht auf den üblichen Schifffahrtsrouten. Kleinere Schiffe passieren dort aber regelmäßig.

Durch den Negribreen fließen die Eismassen mehrerer Eiskappen des stark vergletscherten Olav V Land im Osten Spitzbergens zum Storfjord hin ab.

Ortsnamen: Backlundbreen: Helge Götrik B. (1878-1974), schwedischer Geologe, Teilnehmer an der Gradmessungsexpedition, Erstbesteiger des Newtontoppen. **Diabastangen:** „Diabas-Halbinsel". **Ginevrabotnen**: Nach der Yacht von Lamont (s.u.). **Heleysund**: William H., Funktionär der Muscovy Company, sah die Straße 1617 und benannte sie nach sich selbst (unanständig!). **Kükenthaløya:** Willy K. (1861-1922), deutscher Zoologe. **Kvalrossøya:** Walrossinsel." **Lamontbukta, -øya:** James L., englischer Abenteurer, 1858 und 1859 in Spitzbergen. **Negribreen**: Christoforo N. (1809-96), Gründer und Präsident eines italienischen Geographenverbandes. **Ormholet:** Das „Wurmloch". **Sonklarbreen:** Karl Albrecht S. (1816-85), österreichischer Geograph, Name 1871 von Heuglin und Petermann vergeben. **Straumsland:** „Strömungsland".

Geologie: Flachlagernde, dunkle Triassedimente. Diabas (Basalt) um den Heleysund (einschließlich Straumsland) und am Diabastangen.

Landschaft: Das kleine Gewirr aus mehreren Inseln und Wasserstraßen um den **Heleysund** ist sehr reizvoll und bietet eine schöne Passage. In kleinen Booten können die Strömungen abenteuerlich sein. Halbwegs flaches Land mit sehr schöner Tundra findet sich im **Straumslandet**, unmittelbar nördlich des Heleysund. In einer langen, schmalen Bucht finden kleine Schiffe einen schönen Naturhafen. Basaltsäulen bilden eine fast wildwestartig erscheinende Landschaft, und von den Uferklippen aus hat man eine schöne Aussicht auf den Heleysund. Westlich vom Heleysund öffnet sich mit dem Ginevrabotnen der nördlliche Teil vom Storfjord. Das stark vergletscherte

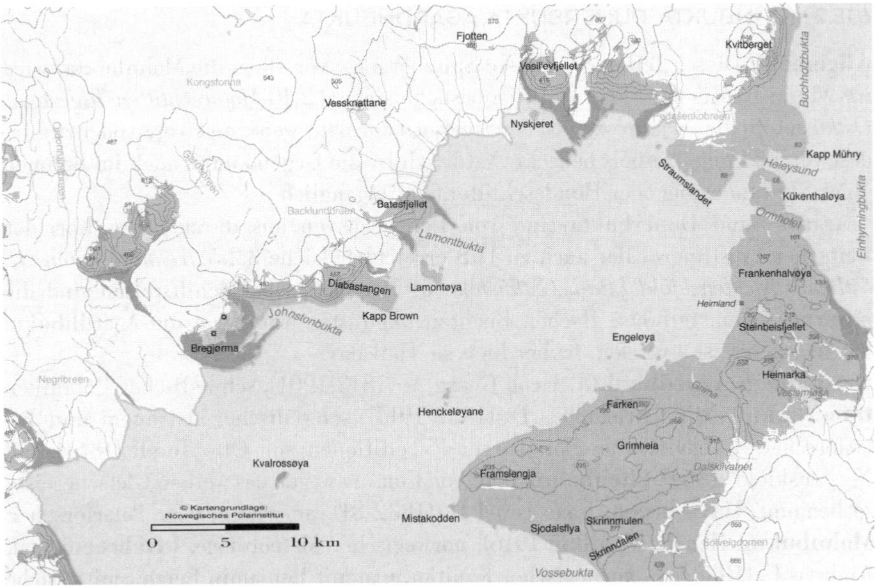

Inland schickt mit Sonklarbreen und Backlundbreen mehrere größere Gletscher ans Ufer, unterbrochen von plateauförmigen Bergen und kleinen Halbinseln. Der größte Gletscher ist der **Negribreen**. Mit 20 km Länge ist seine durch Einbuchtungen und Vorsprünge gegliederte Abbruchkante die längste der Hauptinsel Spitzbergen. Mitte des 20. Jahrhunderts lag die Gletscherfront allerdings noch etliche Kilometer weiter südostlich im Storfjord, damals war sie doppelt so breit. Vom Negribreen brechen für Spitzbergen-Verhältnisse große Eisberge ab, wozu auch der feinkörnig-matschige Meeresboden beiträgt, über den sogar tafelförmige Eisberge ins tiefere Wasser rutschen können. Der Negribreen fließt recht ruhig und spaltenarm dahin.

Flora und Fauna: Biologisch ist der Heleysund sicher der interessanteste Bereich. Dort sorgen die starken Strömungen für nährstoffreiche Gewässer. Auf den umgebenden, kleinen Klippen brüten vor allem Gryllteisten, und auf dem Wasser sitzen Schwärme von Dreizehenmöwen. Regelmäßig sitzt irgendwo ein Eisbär am Ufer und wartet auf leichte Beute. Das Straumsland ist ein reiches Tundragebiet mit dichter Vegetation und Feuchtgebieten. Dort sind Rentiere, Eisfüchse und verschiedene Tundravögel häufig.

Geschichte: Historisch relativ selten besuchtes Gebiet ohne sichtbare Spuren menschlicher Aktivitäten. Die *Helgoland*-Expedition von Theodor Lerner (1898) und die schwedisch-russische Gradmessungsexpedition haben in der Gegend gearbeitet.

6.18.2 MOHNBUKTA, DUNÉRBUKTA, AGARDHBUKTA

Allgemein: Dieser Teil der Ostküste Spitzbergens, vor allem die Mohnbukta, wird im Winter häufig mit Motorschlitten besucht (siehe 3.2.10 *Motorschlitten-Tagestour: Ostküste*). Zu dieser Jahreszeit ist der Storfjord normalerweise zugefroren oder zumindest von dichtem Treibeis bedeckt. Natürlich ist die Gegend dann auch im Rahmen einer Skiwanderung oder Hundeschlittentour zugänglich.

Agardh- und Dunérbukta sind von Longyearbyen aus durch einen Korridor weitgehend eisfreier Täler auch zu Fuß erreichbar (siehe 3.2.5 *Trekkingrouten (1): östliches Nordenskiöld Land, Ostküste*). Für Landgänge bei Schiffsreisen sind die unvermessenen, teilweise flachen Buchten ungünstig. Vor allem die Agardhbukta hat streckenweise Untiefen, früher hieß sie Foul Bay.

Ortsnamen: Agardhbukta: Jacob Georg A. (1813-1901), schwedischer Botaniker. **Dunérbukta**: Nils Christopher D. (1839-1914), schwedischer Astronom und Polarforscher, Teilnehmer an Spitzbergen-Expeditionen von Otto Torell (1861) und Nordenskiöld (1864). **Elfenbeinbreen**: Von Conway wegen des weißen Gletschereises so benannt. **Hayesbreen**: Isaac Israel H. (1832-81), amerikanischer Polarforscher. **Mohnbukta**: Henrik M. (1835-1916), norwegischer Meteorologe. **Ulvebreen**: Erik Andreas U. (1833-96), norwegischer Kapitän, u.a. mit Benjamin Leigh Smith (siehe Abschnitt 6.15 *Nordaustland*). **Usherbreen**: Thomas Leslie U., Förderer des schottischen Polarforschers Bruce.

Geologie: Flachlagernde mesozoische Sedimente (dunkle Silt- Ton- und Sandsteine), von der Trias in Meereshöhe bis zur Unterkreide über 500 m nördlich und südlich der Agardhbukta. Einige Schichten, v.a aus dem Jura, sind sehr fossilreich und enthalten Belemniten („Donnerkeile“), Ammoniten und Muscheln. Die Sedimente sind von Basalt-Intrusionen durchbrochen (oberer Jura/Unterkreide), die sich häufig durch Vorsprünge der Hänge oder Küstenlinien (Teistpynten, Kapp Dufferin) bemerkbar machen.

Durch das mittlere Agardhdalen, ein paar 7 km von der Küste entfernt, verläuft eine größere tektonische Struktur, die Lomfjorden-Agardhbukta-Störungszone (siehe Abschnitt 6.14.2 *Lomfjord*). Die Hauptphasen ihrer Aktivität waren im Paläozoikum. Darüber hinaus scheint diese Störung ein wichtiger Grundwasserleiter zu sein: Genau auf ihr befindet sich ein Pingo, und sie markiert eine Grenze, östlich von der das Agardhdalen zumindest auf der Nordseite selbst spät im Sommer sehr nass ist.

Landschaft: Die 8 km breite Agardhbukta liegt im Osten eines wenig vergletscherten Gebietes in Zentral-Spitzbergen. Das Agardhdalen ist das einzige größere, eisfreie Tal an der Ostküste Spitzbergens, siehe Abschnitt 3.2.5 *Trekkingrouten (1): östliches Nordenskiöld Land, Ostküste*.

Nach Norden gibt es fortschreitend stärker vergletscherte Buchten: In der **Dunérbukta** liegt der Ulvebreen mit einer Gletscherfront am Storfjord, und in der **Mohnbukta** liegen 2 Gletscher, der Hayesbreen mit Abbruchkante und der Usherbreen, der auf Land endet, 1978 bei einem Vorstoß (Surge) aber eine beeindruckende Serie von Stauchendmoränen schuf. Um die Gletscher in Dunér- und Mohnbukta erstrecken

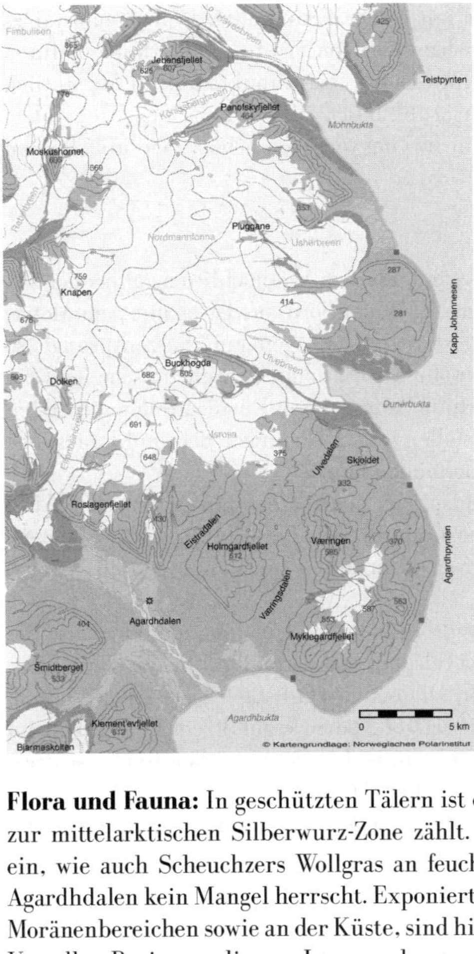

sich weite Moränenlandschaften und zeugen von den Ausmaßen der Eisströme im früheren 20. Jahrhundert.

Das Landschaftsbild erinnert an die geologisch ähnlichen Inseln Barents- und Edgeøya. Die mesozoischen Sedimente verwittern feinkörnig, was zur Bildung zäher, unangenehmer Fließerden führt. Kleine Steilklippen in den sonst eher weichen Hangformen bestehen meist aus Basalt-Intrusionen. Insgesamt wirkt das Landschaftsbild durch die dunklen Gesteine recht finster, vor allem bei grauem Wetter oder sogar Nebel.

Flora und Fauna: In geschützten Tälern ist die Tundra dicht und reich, so dass sie zur mittelarktischen Silberwurz-Zone zählt. Die Polarweide nimmt weite Flächen ein, wie auch Scheuchzers Wollgras an feuchten Stellen in der Tundra, woran im Agardhdalen kein Mangel herrscht. Exponierte Stellen an Hängen, in Fließerde- und Moränenbereichen sowie an der Küste, sind hingegen fast mondlandschaftsartig kahl. Von allen Regionen, die von Longyearbyen aus für trainierte Wanderer im Rahmen 10-14-tägiger Trekkingtouren erreichbar sind, ist die Ostküste Spitzbergens diejenige mit dem höchsten Eisbärenrisiko.

Geschichte: Der erste, der das Nordenskiöld Land vom Adventfjord aus durch die eisfreien Täler bis in die Agardhbukta durchquerte, war der Engländer Martin Conway 1896 mit Begleitern (siehe Abschnitt 6.1.8 *Adventfjord*). 1909 folgten ihm in Gegenrichtung unfreiwillig ein paar norwegische Jäger auf dem Heimweg vom Kong Karls Land (siehe Abschnitt 6.17 *Kong Karls Land*).

Das Revier wurde zwischen 1908 und 1939, soweit bekannt, 7 Mal zur Überwinterungsjagd genutzt. Ein Schwede, der 1920-21 alleine in der Agardhbukta überwintern wollte, fand dort zu seiner Überraschung keine Hütte vor, so dass er unter einem Boot hausen musste. 1928 baute Georg Bjørnnes in der Dunérbukta und der Mohnbukta jeweils eine Hütte. Später gehörte die Westseite des Storfjord zum „Hinterhof" des legendären Trappers Hilmar Nøis, der mit seiner Frau Helfried ein komfortables Haus im Sassendalen hatte und zur Eisbärenjagd im Frühjahr mit Hundeschlitten zum Storfjord fuhr. Sie konnten eine Hütte in der Agardhbukta nutzen (vermutlich Baujahr 1936). Heute stehen in der Agardhbukta 2 Hütten, von denen eine dem Sysselmannen, die andere einem Verein in Longyearbyen gehört (wie üblich, sind beide abgeschlossen).

6.18.3 KVALVÅGEN, BOLTODDEN

Allgemein: Im späten Winter ist die Gegend mit dem Motorschlitten gut erreichbar. Von der Bergbausiedlung Sveagruva im Van Mijenfjord aus ist es mit dem Motorschlitten zur weiter südlich gelegenen Ostküste (Kvalvågen) ein „Katzensprung", so dass dies eine beliebte Tour für die Bewohner ist. Für nicht-Einheimische ist diese Route nur nicht motorisiert erlaubt. Schiffe laufen diesen Küstenstreifen nur selten an, da es keine gut geschützten Landestellen gibt. Bei ruhiger See sind Landgänge am felsigen Ufer auf der Ostseite von Boltodden möglich.
Ortsnamen: Boltodden: „Bolzen-Landspitze", nach einer topographischen Markierung. **Kvalvågen:** „Walbucht". **Sporodden:** Spur-Landspitze, siehe *Geologie*. **Strongbreen:** Frederick Ketelbey S., Konsul in Athen für Hannover und Bayern, Name von Petermann vergeben.
Geologie: Ablagerungen der Unterkreide. Am Boltodden und Sporodden ist die Küste auf eine eigene Art von mächtigen Felsplatten des kreidezeitlichen Festningen-Sandsteins geprägt. Am Boltodden sind Dinosaurier-Fußstapfen gefunden worden. Gut erkennbar findet sich ein hühnerfußartiger Abdruck, gut 30 cm groß, auf einem ufernahen Felsen in der Nähe der südlichen Hütte. Die Spuren sollen von fleischfressenden Raubsauriern stammen, wahrscheinlich Allosaurier.
Landschaft: Der große Gletscher Strongbreen hat sich kräftig zurückgezogen und riesige Moränenlandschaften hinterlassen, wie sie für die Ostküste typisch sind. Beim Boltodden gibt es eine recht eigene, felsige Uferlandschaft, am Sporodden sind die Sandsteinfelsen zu schönen, pilzförmigen Säulen und Brandungspfeilern verwittert. Das Kvalhovddalen ist als eisfreies Tal eine Ausnahmeerscheinung an der südlichen Ostküste, der kleine Berg Kvalhovden lockt mit grandioser Aussicht.
Flora und Fauna: Am Boltodden finden sich auf trocker Tundra auf Felsuntergrund ganze Ansammlungen des Stengellosen Leimkrauts.
Geschichte: Eine Überwinterung zweier Jäger 1909-10 in Kvalvågen war nicht gerade vom Glück verwöhnt: Der Fang war dürftig und das Haus so schlecht gebaut, so dass einer der beiden sich so starke Erfrierungen an den Zehen holte, dass sie vor Ort amputiert werden mussten. Das zur Abholung bestellte Schiff hatte die beiden wohl vergessen, und sie sahen sich 1910 gezwungen, die Strecke zur nächsten Siedlung (Grønfjord) um das Sørkapp in einem Ruderboot zurückzulegen, was unter Zurücklassung der Zehen geschah und 18 Tage in Anspruch nahm. Von der Hütte von 1909 sind nur noch ein paar Reste übrig. Am Boltodden stehen noch 2 Hütten, von denen eine vermutlich 1924 von der englischen Bergbaugesellschaft Northern

Exploration Company (NEC) gebaut worden war, eine weitere diente wohl in den 1970ern Geologen als Unterkunft.

6.18.4 EMIL'JANOVBREEN-HAMBERGBUKTA-DAUDBJØRNPYNTEN

Allgemein: Unzugänglicher Küstenstreifen an der südlichen Ostküste Spitzbergens, zu weit weg für touristische Überlandtouren von Longyearbyen, von gelegentlichen expeditionsartigen Skiwanderungen abgesehen. Da es für Schiffe kaum geeignete Buchten und Landestellen gibt, gehört dieser Küstenstreifen zu den am wenigsten besuchten Teilen Spitzbergens. Bei guten Bedingungen können kleine Schiffe aber brauchbare Ankerplätze in ein paar Buchten finden, die durch das Zurückweichen der Gletscher freigegeben und von Moränen-Landzungen vor Seegang geschützt werden, so dass sich doch Gelegenheit zu einem kleinen Landgang finden kann. Meist bleibt es aber bei der Passage in der Entfernung. Bei gutem Wetter und nicht zu großer Distanz ist die Fahrt entlang dieser abweisenden Küste beeindruckend genug.

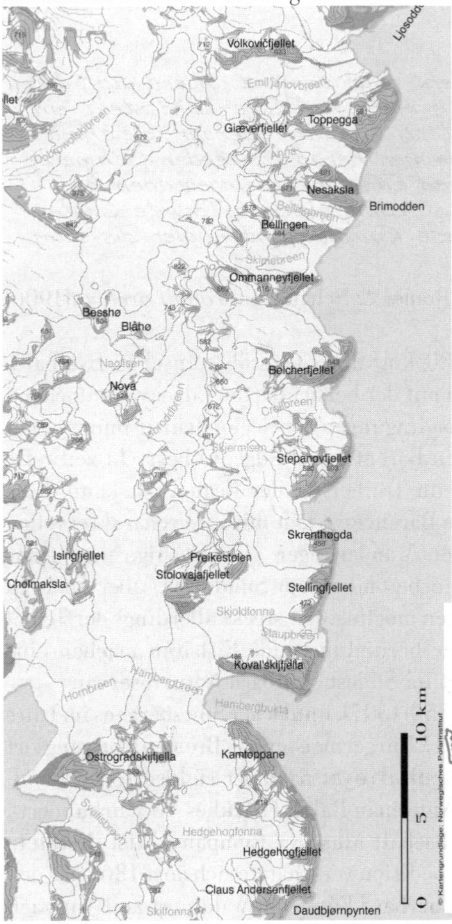

Ortsnamen: Daudbjørnpynten: „Toter-Bär-Landspitze“. **Davislaguna:** F.L. Davis, Direktor der Northern Exploration Company. **Emil'janovbreen:** Peter Pavlovich E., 1901 Teilnehmer der Gradmessungsexpedition. **Hambergbukta:** Axel H. (1863-1933), schwedischer Polarforscher. **Hedgehogfjellet:** „Igelberg“, früherer Name des Hornsundtind, der eine stachelige Spitze hat. Nachdem der Name Hornsundtind Hedgehogfjellet verdrängte, musste letzterer zu einem neuen Berg ausweichen, auch wenn dieser gar nicht nach Igel aussieht.

Geologie: Junge Sedimente, weitgehend flachlagernd. Kreide in Meereshöhe, überlagert vom Alttertiär, in dem Kohleschichten gefunden wurden.

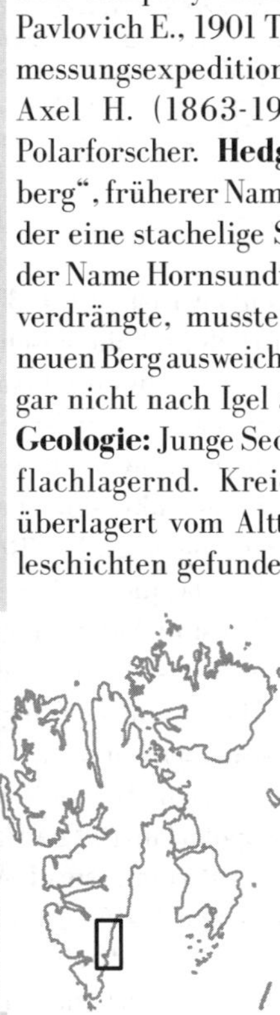

Landschaft: Abweisender Küstenstreifen, dessen 300-600 m hohe Berge steil zum Ufer hin abfallen. Flaches Gelände gibt es allenfalls kleinräumig. Die Berge sind von Glet-

scherzungen unterbrochen, die durch ihr Zurückweichen nun kleine Buchten und Lagunen freigeben. Besonders stark haben sich die Gletscher in der Hambergbukta zurückgezogen: Theoretisch könnte man die verbleibende Distanz zum Hornsund zu Fuß in wenigen Stunden zurücklegen.
Flora und Fauna: Am Stellingfjellet befindet sich hoch über dem Meer eine große Dickschnabellummenkolonie.
Geschichte: Südlich der Hambergbukta befindet sich unterhalb des Hedgehogfjellet eine kleine Lagune namens Davislaguna. Diese hieß früher Davishamna und war seinerzeit ein perfekt geschützter Naturhafen für kleine Schiffe, so dass die NEC plante, die dortigen Kohlevorkommen abzubauen. 1920 wurde ein Haus gebaut und die Vorkommen in den folgenden Jahren untersucht, bis 1924 überwinterten norwegische Jäger als Wachmannschaft. Es scheint fast, als hätte die Natur selbst beschlossen, diesem Frevel einen Riegel vorzuschieben: Der Eingang zur Lagune versandete, der Naturhafen wurde unbrauchbar und die NEC musste ihre Pläne ad acta legen.

6.19 BARENTSØYA

Die Ostseite des Stor-Fjordes sieht dagegen ganz anders aus; die Küste von Barents-Land und noch mehr von Edge-Land stellt ein fast vollkommen ebenes Hochplateau von auffallender Gleichmäßigkeit dar, in welches die im Sommer herabstürzenden Schmelzwasser zahlreiche Erosionsfurchen Einschnitte eingegraben haben. In großer Regelmäßigkeit, fast völlig gleich geformte Grate zwischen sich fassend, ziehen diese Rinnsale und Thäler bis zum Meere herab.

Römer & Schaudinn: *Fauna arctica* (1900)

Allgemein: Die Barentsøya ist mit 1 330 km² die viertgrößte Insel in Svalbard. Geologisch, landschaftlich und biologisch mit der benachbarten Edgeøya weitgehend identisch, hat sie wegen der schweren Eisbedingungen der Region früher immer recht abseits gelegen. Im Freemansund zwischen Barents- und Edgeøya herrscht zeitweise eine kräftige Gezeitenströmung, und wenn Treibeis in der Region ist, kann diese malerische Passage ein Nadelöhr sein. Die Barentsøya lädt mit ihrer charaktervollen Landschaft zu Spaziergängen und weiten Wanderungen ein, günstige und gerne verwendete Landestellen befinden sich insbesondere am Sundneset, aber auch an diversen anderen Stellen sind Anlandungen möglich. Oft steckt allerdings der Teufel im Detail, und Treibeis, das Wetter oder herumlungernde Eisbären machen eine Landung unmöglich. Die Barentsøya liegt im Südost Svalbard Naturreservat.
Ortsnamen: Barentsøya: Willem B. (ca. 1550-1597), Entdecker Spitzbergens im Jahre 1596. **Duckwitzbreen**: Arnold D. (1802-81), Bürgermeister von Bremen (Ausgangsort der 2. Deutschen Nordpolarfahrt). **Frankenhalvøya:** nach der süddeutschen Landschaft Franken. **Freemanbreen, -sund**: Alderman Ralph F. (frühes 17. Jahrhundert), ein Direktor der englischen Walfanggesellschaft Muscovy Company. **Mistakodden**: „Fehler-Landspitze". Eine schwedische Expedition verschätzte sich dort 1861 mit den Distanzen. **Kapp Waldburg**: Carl Marie Eberhard Fürst von Waldburg-Zeil-Wurzach

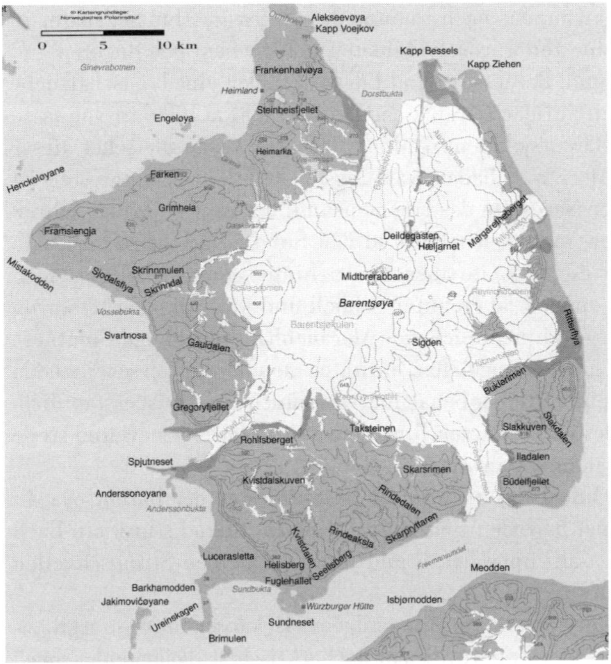

(1825-1907), Sponsor und leitender Teilnehmer der Spitzbergen-Expedition 1870 mit Theodor von Heuglin. **Spjutnes**: „Speerspitze", nach der langen, schmalen Form der Halbinsel. **Sundneset**: „Sundnase", in den Freemansund hineinragendes Vorland.

Geologie: Geologisch sind die Inseln im Südosten von Svalbard (Barentsøya, Edgeøya, Hopen) recht gleichförmig. Das Grundgebirge ist überall in großer Tiefe verborgen und kommt nicht ans Tageslicht. Die ältesten Gesteine, die an der Oberfläche zu sehen sind, sind permischen Kalksteine, die nur lokal auftreten, küstennah nur am Kapp Bessels. Es sind im Wesentlichen horizontal lagernde Trias-Sedimente, welche die Inseln aufbauen: Feinkörnige Sedimente (Sand-, Silt-, Tonstein), die im küstennahen, flachen Meer und als Deltaschüttung abgelagert wurden. Stellenweise finden sich dünne Kohleflöze von minderer Qualität, andere Schichten sind fossilreich (Ammoniten, Muscheln, gelegentlich Knochen von Dinosauriern).

Überall in unteren Hangbereichen um den Freemansund fällt ein Schichtpaket aus dünnen Tonsteinen auf. Dieses Gestein ist gegenüber Frostsprengung zwar anfällig, aber trotzdem recht standfest, so dass sich in diesen Schichten kleine Canyons bilden konnten. Auch hier muss wieder vor einer bestimmten Eigenschaft der mesozoischen Sedimente gewarnt werden: Diese verwittern feinkörnig, was oft zur Bildung zäher, unangenehmer **Fließerden** oder zumindest nasser, sumpfiger Tundra führt, ähnlich wie auf der Wilhelmøya (siehe Abschnitt 6.14.5 *Die Inseln der Hinlopenstraße*). Nach einem Landgang ist üblicherweise intensives Stiefelputzen fällig.

Die jüngsten Gesteine sind basaltische Intrusionen (oberer Jura/Unterkreide), wie sie auch in der Hinlopenstraße und andernorts zu finden sind. Diese harten Gesteine bilden heute oft Inseln, Landspitzen oder steile Klippen. Auf Hopen fehlen sie.

Landschaft: Die Landschaft ist stark von der Geologie beeinflusst und besteht aus einem weitläufigen Bergplateau, das nach Hebung durch Erosion (Flüsse, später in der Eiszeit Gletscher) zerschnitten wurde. So bildeten sich die heutigen Buchten und Fjorde sowie der Freemansund. Barentsøya und Edgeøya bilden eine landschaftliche Einheit. Das Innere mit weitläufigen Bergplateaus in 300-600 m Höhe ist von mehreren Eiskappen bedeckt (Barentsjøkulen 570 km^2). Mehrere Auslassgletscher dieser Eiskappen erreichen das Meer und haben Kalbungsfronten. Am bekanntesten ist der **Freemanbreen** auf der Nordseite des Freemansund, der in den 1950er Jahren einen kräftigen, plötzlichen Vorstoß machte und den Sund einige Jahre lang halb blockierte. Mittlerweile ist die Eiskante aber wieder hinter der Küstenlinie. Auch der Duckwitzbreen ist vor einigen Jahrzehnten schnell und weit vorgerückt, wovon noch eine weit in den Storfjord hineinreichende Moränenhalbinsel zeugt (Spjutnes). Der Kontrast zwischen der jungen, hügeligen, mitunter mondähnlich erscheinenden Moränenlandschaft und der unmittelbar benachbarten grünen Tundra ist erstaunlich.

Im Schichtniveau standfester, schwarzer Tonsteine gibt es im Freemansund steile Bacheinschnitte oder sogar kleine Canyons.

Ein fast flaches Vorland bildet das **Sundneset** im Südwesten der Barentsøya. In einem hügeligen Basaltgebiet befinden sich kleine Seen. Im Inland stürzt ein Bach als Wasserfall eine steile Basaltklippe herab und fließt in kleinen Stromschnellen über das harte Gestein dem Ufer zu.

Flora und Fauna: Die Ostseite von Barents- und Edgeøya ist karger, im Westen gibt es hingegen reiche, flächendeckende Tundra, die zur hocharktischen „Polarweidenzone" gerechnet wird. Dennoch ist die Artenvielfalt überraschend: Man findet verschiedene Steinbrech- und Hahnenfußarten, Scheuchzers Wollgras, beide Läusekrautarten und anderes. Vor allem verschiedene Arten mit gelben Blüten (Schneehahnenfuß, Moorsteinbrech) erfreuen botanische Laien und verwirren diese gleichzeitig bei Bestimmungsversuchen durch ihre Ähnlichkeit. Auch Pilze gibt es in erstaunlichen Mengen. Diese reiche Tundra ermöglicht großen Rentierbeständen ein Leben, das sicherlich besser ist als das ihrer Artgenossen auf dem kargen Nordaustland.

Steilklippen aus standfesten Tonsteinschichten in den erwähnten Canyons dienen Dreizehenmöwen als Wohnsiedlung (z.B. Büdelfjellet). Von der Düngung durch Guano profitiert lokal eine besonders kräftige Vegetation, und über herabfallende Eier und Küken freuen sich Eisfüchse. An kleineren Klippen brüten oft Gryllteisten.

Bei Seen findet man oft verschiedene Gänsearten, Eider- und Eisenten und Sterntaucher. Die meisten dieser Arten reagieren empfindlich auf Störungen, so dass ausreichender Abstand wichtig ist.

Geschichte: Die Barentsøya wurde deutlich weniger als Jagdgebiet genutzt als die meisten anderen Teile von Svalbard. Es ist nur eine Überwinterung von 4 norwegischen Trappern bekannt, die 1894 ein Haus auf den Anderssonøyane bauten und dort überwinterten, wobei ein Mann im Packeis umkam. 1918 machte ein Vorstoß des Duckwitzbreen die kleinen Inselchen Anderssonøyane zu einem Teil der Halbinsel Spjutnes. Das Haus entging dabei nur knapp der Zerstörung, so dass Reste der alten Fundamente noch heute zu sehen sind.

Im Norden steht am Steinbeisfjellet die Hütte Heimland, die 1936 als staatliche Schutzhütte für in Not geratene Seeleute gebaut wurde.

1959-67 gab es eine Reihe von naturwissenschaftlichen Expeditionen unter Leitung des Würzburger Geographie-Professors Julius Büdel („Staufferland-Expeditionen"). Das Arbeitsgebiet erstreckte sich von der Westseite des Storfjord bis hin zur Kvitøya, schwerpunktmäßig wurde aber in der Umgebung des Sundneset geforscht, wo heute noch die kleine „Würzburger Hütte" steht (in einem norwegischen Buch „Wurstburgerhytte" genannt ☺). Inhaltlich standen Fragen der Landschaftsentwicklung wie Landhebung, Frostmusterböden und Solifluktion im Vordergrund, vor allem aber Verwitterung und Abtragung unter Permafrostbedingungen. Die daraus abgeleiteten Theorien des eigenwilligen Professors, vor allem die Postulierung einer allgemein gültigen „exzessiven Talbildung" im Permafrostklima, haben die physische Geographie lange mit Diskussionsstoff versorgt.

6.20 EDGEØYA

Allgemein: Die Edgeøya, mit 5 030 km² die drittgrößte Insel Svalbards, ist die große Schwester der Barentsøya. Beide Inseln sind sich geologisch, landschaftlich und ökologisch sehr ähnlich. Die Eisbedingungen im Süden der Edgeøya sind etwas leichter, so dass sie eine längere und vielseitige Nutzungsgeschichte hat als ihre nördliche Nachbarin. Die Gewässer vor der Ost- und Südküste der Edgeøya sowie in der flachen Diskobukta sind schlecht vermessen und teilweise weitläufig flach.

Die Edgeøya gehört zum Südost Svalbard Naturreservat, der östliche Teil ist seit 2014 wissenschaftliches Referenzgebiet. Seit 2010 gilt ein Betretungsverbote für die Pomoren-/Walfangstation in der Habenichtbukta.

Ortsnamen: **Andréetangen**: Karl A. (1808-75), deutscher Geograph. **Blåfjord:** „Blaue Bucht", nach der Farbe der südlich gelegenen Gletscher. **Diskobukta**: Evtl. hervorgegangen aus Duckes Cove, nach Enten oder dem englischen Walfänger Thomas Marmaduke. **Dolerittneset**: Dolerit = die dort anstehende Basalt-Variante. **Ekrollhamna:** Martin E. (1865-1916), norwegischer Geschäftsmann, überwinterte mit seinem Schiff 1895-96 in dieser Bucht. **Freemansund**: Siehe Abschnitt 6.18.2 *Barentsøya*. **Gothavika:** Nach Gotha in Thüringen, Erscheinungsort von Petermanns Geographischen Mitteilungen. **Habenichtbukta**: Hermann H. (1844-1917), deutscher Kartograph. **Hassensteinbukta:** Bruno H. (1839-1902), deutscher Kartograph. **Kapp**

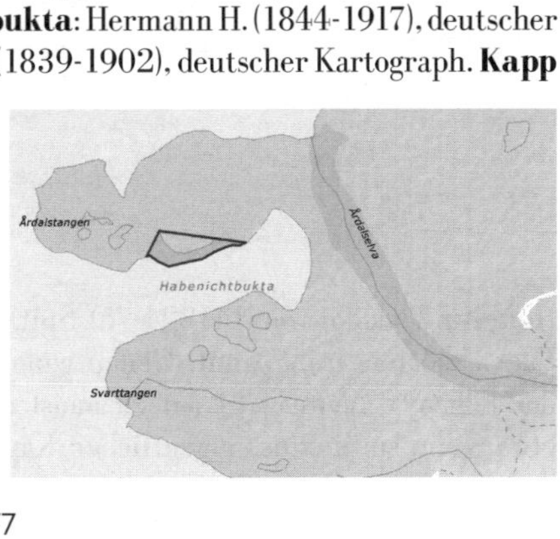

Der geschützte historische Bereich auf der Nordseite der Habenichtbukta (eingerahmt). Hier gilt ganzjährig „Betreten verboten".

Karte © Sysselmannen på Svalbard, mit freundlicher Genehmigung.

Heuglin: Theodor von H. (1824-76), Spitzbergen-Expeditionen 1870 und 1871. **Kapp Lee:** Ursprung unbekannt. Genau genommen ist das Kapp Lee die Nordwestecke der Edgeøya, heute wird jedoch meist das Dolerittneset als Kapp Lee bezeichnet, etwa 5 km südlich des eigentlichen Kapp Lee. **Kapp Löwenigh:** Bartolomäus von

L. (1799-1853), siehe Abschnitt 5.5 *Frühe Expeditionen.* **Keilhaubukta:** Baltazar Mathias K. (1797-1858), norwegischer Geologe. **Kvalpynten**: „Wal-Landspitze". **Martinodden:** siehe Ekrollhamna. **Meodden**: Der Name deutet die Lage in der Mitte des Freemansund an. **Negerpynten**: Norwegische Übersetzung des englischen Namens aus dem 17. Jahrhundert, bezieht sich auf die Erscheinung des Berges, der aus dunklen Trias-Sedimenten besteht. **Rosenbergdalen**: Karl Benjamin Herman von R. (1817-88), deutscher Zoologe und Entdecker. **Stonebreen**: Evtl. nach einem Angestellten der Muscovy Company (englische Walfanggesellschaft im 17. Jahrhundert). **Tjuvfjord**: Tjuv (norw.) = Dieb, Ursprung unbekannt, wahrscheinlich falsch abgeleitet vom Namen einer Person oder von dy (norw.) = Matsch.

Geologie: Siehe Abschnitt 6.18.2 *Barentsøya.*

Landschaft: Grundsätzlich der Barentsøya ähnlich.

Das Land im **Nordosten** der Edgeøya, Åneset, **Kapp Heuglin** und Umgebung, ist überwiegend sehr flach und daher aus der Distanz teilweise kaum nicht sichtbar. In diesem Bereich sind auch die ufernahen Gewässer weiträumig flach.

Am **Freemansund** treten die Berge nahe an die Ufer. Flaches Gelände gibt es in mehreren kleinen Tälern, die teilweise canyonartig eingeschnitten sind.

Das **Kapp Lee**, die **Nordwestecke** der Edgeøya, ist ein beeindruckender Felsklotz. Südlich des Kapp Lee befindet sich das **Dolerittneset**, das meistens etwas ungenau als Kapp Lee bezeichnet wird. Am Dolerittneset, einer Basalt-Landspitze, befindet sich etwas, was an den Ufern der Edgeøya Seltenheitswert besitzt: Eine flache Bucht, die gegenüber Seegang von Süden einen gewissen Schutz bietet. In der Umgebung des Dolerittneset findet sich so ziemlich alles, was typisch ist für die Region: die charakteristische Landschaft mit Tafelbergen, steilen Ufern und weichen Hängen im Inland, bedeckt mit zäher Fließerde; schöne Tundra und in geringer Entfernung ein eisfreies Tal, das **Rosenbergdalen**. Dort gibt es in der Tundra alte Strandwälle, stellenweise mit zerfallenden Walknochen und uraltem Treibholz, gut entwickelte Eiskeilnetze und an den Hängen schöne, kleine Basaltklippen. Und wenn das Wetter nicht gut ist, gibt es am Ufer hohe Brandung. Auch hier gilt: Die Landschaft lädt zu kürzeren, längeren und sehr langen Streifzügen ein, aber viel kann passieren (Wetter, Eis, Eisbären) und einen schönen Plan durchkreuzen.

Die Westküste im Bereich der **Diskobukta,** sowohl das Inland über Wasser als auch die Bucht selbst, ist weiträumig flach. Im Inland steigen Hänge zu weiten Plateaubergen an, die teilweise im Bereich standfester Tonsteinschichten von kleinen Canyons zerschnitten werden.

Im **Südwesten** der Edgeøya befindet sich ein felsiges, flaches Vorland aus Basalt. Dieses felsige Flachland wird von mehreren kleinen Buchten eingeschnitten: **Gothavika**, **Ekrollhamna**, **Hassensteinbukta** und **Habenichtbukta.** Auch kleine Boote haben dort in flachen Gewässern dem Basalt schon den einen oder anderen Außenbordmotor-Propeller geopfert. Dafür ist die von Basalt unterlagerte Tundra weitgehend trocken und frei von tückischer Fließerde, mit der man allerdings wieder Bekanntschaft machen kann, wenn man weit ins zunächst flache Inland vorstößt.

Dass kleine Fahrzeuge die Habenichtbukta als halbwegs gut geschützten Naturhafen verwenden können, haben sich schon Walfänger und Pomoren zunutze gemacht, in Ekrollhamna hat 1895-96 sogar ein kleines Schiff den Winter verbracht.

Die beiden mächtigen Vorgebirge im Süden der Edgeøya, die gut 400 m hohen Tafelberge **Kvalpynten** und **Negerpynten**, fallen beide nach Süden steil ins Meer ab. Zwischen diesen Landspitzen befindet sich der unvermessene **Tjuvfjord**, die einzige weit ins Land einschneidende Bucht der Edgeøya. In der Keilhaubukta auf der Westseite des Tjuvfjorden soll es im frühen 19. Jahrhundert alten Berichten zufolge einen gut geschützten Naturhafen gegeben haben. Wenn es einen solchen gegeben hat, ist er später infolge von Änderungen der Küstenlinie verschwunden.

Eine sehr schöne, flache Tundralandschaft vor typischer Bergkulisse findet sich am **Andréetangen**, im Südosten der Edgeøya. Auf der von Basalt unterlagerten Tundra lässt sich gut wandern.

Die **Vergletscherung** der Edgeøya ist überwiegend aufs Inland beschränkt. Die größte Eiskappe, Edgeøyjøkulen mit 1 365 km², bedeckt den gesamten **Südosten** und stößt an der Ostküste auf breiter Front als Stonebreen ins Meer vor. Die Gletschermassen der Edgeøya folgen dem weltweiten Rückzugstrend, und die auf der Karte eindrucksvoll aussehende Darstellung des Stonebreen entspricht in dieser Dimension nicht mehr der Realität.

Abschließend muss hier eine **Warnung** vor einer bestimmten Eigenschaft der Trias-Sedimente wiederholt werden: Diese neigen zur Bildung zäher, unangenehmer **Fließerden**. Umwege sind immer schneller und weniger unangenehm als vermeintliche Abkürzungen. Mit Erfahrung sieht man die zunächst unauffälligen Matschflächen, vor Überraschungen ist allerdings niemand gefeit. Eine berüchtigte Stelle ist am Dolerittneset am flachen Hang oberhalb des Walrossfriedhofs.

Flora und Fauna: Wie Barentsøya (Abschnitt 6.18.2 *Barentsøya*). Eine heraushebenswerte Besonderheit ist die Dreizehenmöwenkolonie in einem kleinen Canyon im nördlichen Bereich der Diskobukta: Dort brüten einige tausend Vögel auf engem Raum und bieten Besuchern ein beeindruckendes Spektakel und Eisfüchsen reichlich Futter. Wie so oft, sind die schönsten Plätze nicht einfach zugänglich: Die Diskobukta ist nach Westen völlig offen, und die küstennahen Gewässer sind so flach, dass das Ufer bei Niedrigwasser nur schwer zugänglich ist, und wenn das Wetter nicht stabil ist, sollte man es lassen.

Am Dolerittneset gibt es eine Walrosskolonie. Eine weitere befindet sich am Andréetangen, ganz in der Nähe einer Trapperhütte. Allerdings ist diese Kolonie im Blick auf ihr Verhalten recht speziell. Vielleicht liegt es an einem höheren Anteil von Weibchen und Jungtieren, aber man muss sich hier erfahrungsgemäß deutlich vorsichtiger und mit größeren Abständen bewegen, um nicht Unruhe auszulösen.

Geschichte: Die vermutlich erste Durchquerung der Edgeøya erfolgte 1927 durch eine wissenschaftliche Expedition aus Oxford vom Südwesten zur Nordküste. Es gibt eine Reihe historisch interessanter Orte, bei denen sich die verschiedenen Nutzungsphasen teilweise baulich überlagern („komplexe Kulturdenkmäler“).

Åneset: Eine der ältesten Hütten auf der Edgeøya steht heute als Ruine an einem flachen und landschaftlich unauffälligen Küstenvorsprung namens Åneset im östlichen Freemansund. Gebaut wurde sie 1904 von der Besatzung des norwegischen Fangschiffes *Elina Kristine*. Ein Teil dieser Gruppe strandete für einen Teil des Winters auf den Russeholmane (Tusenøyane).

Dolerittneset/„Kapp Lee": Hier gibt es eher unauffällige Überreste einer alten Pomoren-Jagdstation, vermutlich aus dem 18. Jahrhundert. Typisch für die Pomoren sind auch hier die Bruchstücke roter Ziegel, aus denen die Öfen gemauert waren. In der Umgebung bleichen noch immer die Knochen von Walrossen und Eisbären in der Tundra. Am Strand gibt es eine Stelle, die mit so zahlreichen alten Knochen übersät ist, dass man diesen Ort als „Walross-Friedhof" bezeichnen muss - ein trauriges Denkmal an die Gemetzel vergangener Jahrhunderte, denen in kürzester Zeit bis zu mehrere hundert Walrosse zum Opfer fielen.

Die ersten norwegischen Trapper kamen 1904 zum Dolerittneset und bauten aus vorgefertigten Teilen die auffällige Hütte mit 8-eckigem Grundriss. Dieser Fertighaustyp wurde in jener Zeit mehrfach für Expeditionen benutzt und stand an verschiedenen Stellen in Franz Josef Land (Alger Insel, Kap Flora, Kap Tegetthoff). Eventuell hatten die Jäger ihr Fertighäuschen „second hand" in Tromsø erworben, 2009 wurde es jedenfalls renoviert. Das Revier blieb für mehrere Jahrzehnte in regelmäßiger Benutzung, oft zusammen mit dem Süden der Edgeøya.

1968/69 wurde das Dolerittneset Ziel einer wissenschaftlichen Expedition. Dieses Mal waren es Niederländer, die dort eine Station bauten, um ein Jahr lang biologische Untersuchungen durchführen zu können. In den folgenden Jahren kehrten die Forscher noch mehrfach zu kürzeren, sommerlichen Aufenthalten auf die Edgeøya zurück. Die 1968 eigens gebaute, halbröhrenförmige Station ist 1995 vollständig abgebaut worden. Neben der 8-eckigen Hütte stehen 2 weitere Hütten, die in den 1970ern von einer Ölfirma (Caltex) zu Freizeitzwecken gebaut wurden.

Diskobukta: dort steht ebenfalls eine Trapperhütte („Villa Disko "), gebaut 1929 von Georg Bjørnnes, und daneben eine weitere Caltex-Freizeithütte. In der weiten Ebene südlich davon und den angrenzenden Tälern wurde in den frühen 1970ern nach Öl gebohrt, ohne nennenswerte Funde.

Habenichtbukta: Auf der Nordseite dieser schmalen Bucht sind Grundrisse von einer ganzen Reihe alter Gebäude sichtbar. Im 17. Jahrhundert hatten dort englische Walfänger eine Station, später bauten Pomoren an der gleichen Stelle eine kleine Jagdsiedlung. Das Gelände mit den Hinterlassenschaften ist seit 2010 gesperrt. Pomoren-Ansiedlungen hat es auch etwas weiter nördlich gegeben, wie der Name Russebukta schon andeutet. Das Gebiet diente in der ersten Hälfte des 19. Jahrhunderts norwegischen Trappern als Jagdrevier. Am Svarttangen südlich der Habenichtbukta steht noch eine ruinöse Hütte, diverse kleinere Reste finden sich auf den Inselchen bei Ekrollhamna.

Andréetangen: Der Südosten der Edgeøya war für norwegische Trapper ein klassisches Eisbären-Jagdgebiet (siehe folgender Abschnitt). Am Andréetangen steht eine schöne Hütte, die 1946 von Henry Rudi gebaut wurde, und verstreute Knochen in der Umgebung erinnern an das blutige Werk. 1968-69 überwinterten dort 4 norwegische Eisbärenforscher, darunter Thor Larsen, die nicht mit Kugeln, sondern mit Betäubungspfeilen auf die Bären schossen, um sie zu untersuchen und zu markieren. Ein großes Laborgebäude („Permafrost City“) wurde gebaut, später aber wieder entfernt.

6.21 TUSENØYANE, HALVMÅNEØYA, RYKE YSEØYANE

Bei den König Ludwig-Inseln wurde die nördlichste Gruppe des grossen Archipels der 1000 Inseln berührt. Es sind niedrige Felsen-Inseln mit nur höchstens an den Rändern anstehendem Gestein, sonst ganz mit Gesteins-Trümmermassen besäet. Im Innern findet man häufig Versumpfungen oder durch die Schneeschmelze gespeiste kleine Seen oder Teiche. Sie sind aber die bevorzugten Brutzplätze einer Menge der verschiedenartigsten Vögel, ...

Hugo Rüdiger, *Verlauf der Expedition nach dem europäischen Nord-Meer an Bord des Dampfers „Helgoland“* (1898)

Allgemein: Südlich der Edgeøya befindet sich eine Anzahl kleiner Inseln und Schären, die zusammen den passenden Namen Tusenøyane („Tausend Inseln“) tragen. Diese Inseln haben alle gemeinsam, dass sie klein, flach und steinig sind. Sie liegen in einem biologisch produktiven, flachen Meer und haben eine reiche Tierwelt, die über Jahrhunderte hinweg Jäger verschiedener Herkunft angelockt hat. Entsprechend konzentrieren sich auf den Tusenøyane Kulturdenkmäler aus verschiedenen Phasen der Geschichte Svalbards in einer für den Osten einzigartigen Dichte. Seit 2010 sind die Inselchen Zieglerøya, Delitschøya und Spekkholmen sowie große Teile der Halvmåneøya gesperrt.

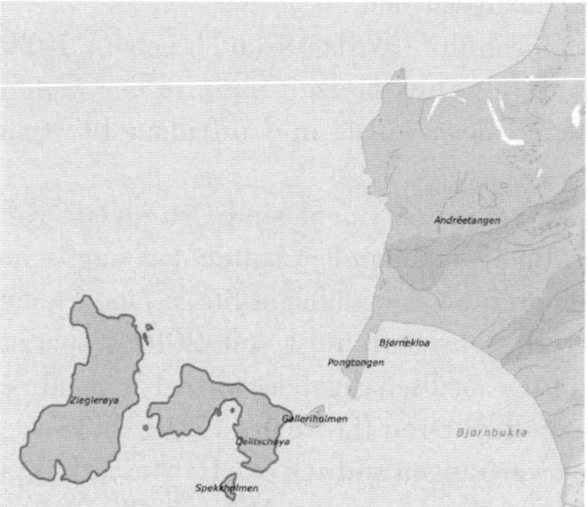

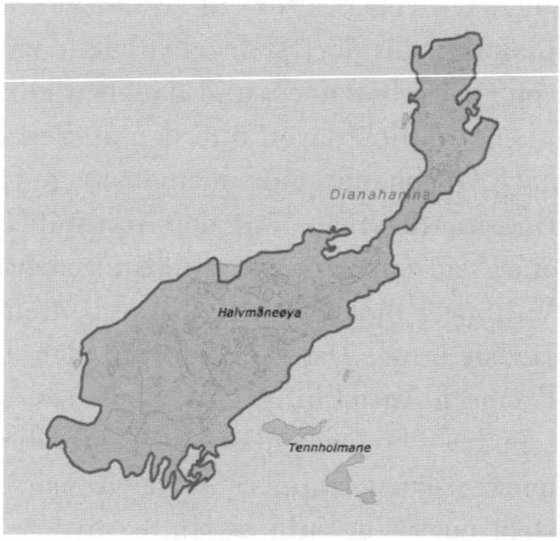

Die Inselchen Zieglerøya, Delitschøya und Spekkholmen (links) sind seit 2010 komplett gesperrt. Auf der Halvmåneøya (rechts) ist nur noch ein kleiner Bereich um die alte Trapperhütte Bjørneborg zugänglich.
Karte © Sysselmannen på Svalbard, mit freundlicher Genehmigung.

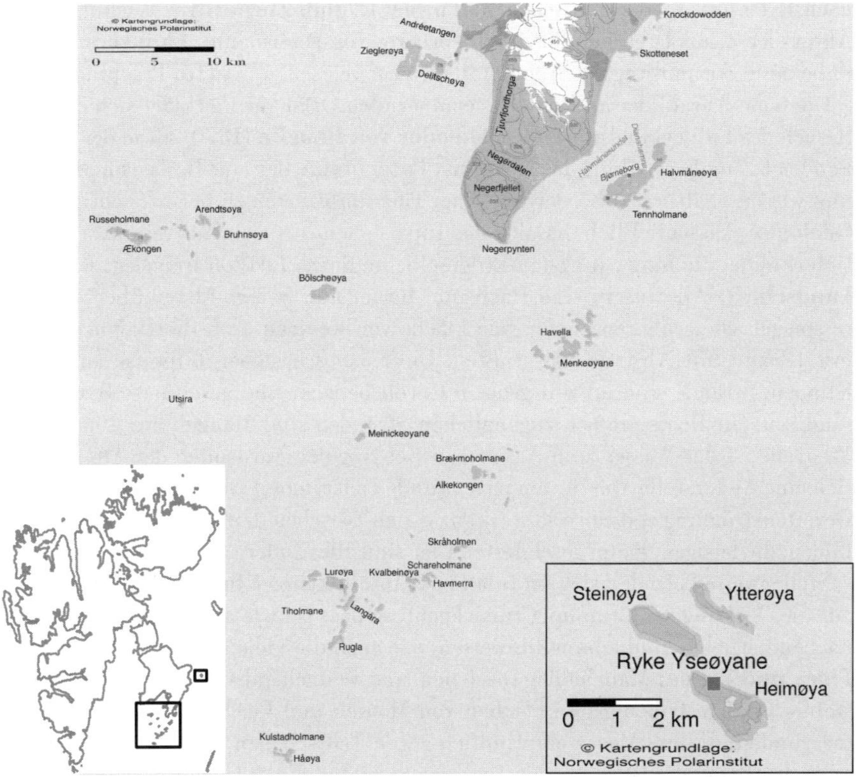

Geologisch und landschaftlich gehören die kleinen Inseln östlich der Edgeøya, Halvmåneøya und Ryke Yseøyane, zu den Tusenøyane. Die Tusenøyane sind geographisch in mehreren kleinen Inselgruppen angeordnet (Ortsnamen auf -øyane oder -holmane).

Die Gewässer zwischen den Inseln sind flach, reich an Strömungen, Eis und Nebel und schlecht vermessen. Sämtliche Inseln liegen im Südost Svalbard Naturreservat. Seit 2014 gilt für die Tusenøyane im Sommer (15.5.-15.8.) komplettes Betretungsverbot, auch das Meer ist Sperrzone (siehe 3.6.1 *Naturschutz, gesetzliche Regelungen und Schutzgebiete*). Dieses saisonale Verbot gilt nicht für Halvmåneøya und Ryke Yseøyane. Zieglerøya, Delitschøya und Spekkholmen dürfen seit 2010 gar nicht mehr betreten werden, auch die Halvmåneøya ist seitdem weitgehend gesperrt. Insgesamt eine ärgerliche Überregulierung mit wenig Nutzen für Umwelt- oder Kulturdenkmalschutz. **Ortsnamen: Bölscheøya**: Wilhelm B. (1843-93), deutscher Geologe. **Brækmoholmane:** Sivert Johansen B. (1853-1931), norwegischer Eismeerkapitän. **Delitschøya**: Otto D. (1821-81), deutscher Geograph. **Halvmåneøya**: „Halbmondinsel", nach der Form. **Kong Ludvigholmane**: Ludwig II. von Bayern (1845-86). **Meinickeøyane**: Carl Eduard M. (1803-76), deutscher Geograph. **Menkeøyane**: Heinrich Theodor M.

(1819-92), deutscher Kartograph. **Tiholmane**: „Zehn kleine Inseln". **Ryke Yseøyane:** nach Ryke Yse, niederländischer Walfänger, 17. Jhd. **Zieglerøya**: Vermutlich nach Alexander Z. aus Dresden (1822-87), Förderer von Petermann. **Ækongen**: Ursprung unbekannt, Vermutung: Nach einem älteren norwegischen Wort für Prachteiderenten.

Die hohe Anzahl der an Deutsche erinnernden Ortsnamen erklärt sich durch den Besuch des Entdeckungsreisenden **Theodor von Heuglin** (1870) sowie der anschließenden Kartenherstellung durch **August Petermann**, der eine Reihe von politischen und wissenschaftlichen Förderern seiner Polarambitionen zu berücksichtigen hatte.

Geologie: Ausschließlich basaltische Intrusionen aus dem oberen Jura und der Unterkreide, die in der jüngsten Erdgeschichte durch Erosion freigelegt wurden.

Landschaft: Alle Inseln sind flach und liegen nur wenige Meter über dem Meeresspiegel. Die größeren haben eine Fläche von wenigen km^2, die Halvmåneøya ist mit 12 km^2 mit Abstand am größten. Die Küsten bestehen teilweise aus kleinen Klippen. Strände sind oft mit grobem Geröll bedeckt und geschützte Buchten mit sandigen, für Boote einfach zugänglichen Stränden sind Mangelware. Um die Ryke Yseøyane ist das Wasser zum Ankern zu tief (vor der Nordspitze der Ytterøya fand sich eine Ankerstelle, die für ein paar Stunden ausreichte), aber dennoch rauscht die Gezeitenströmung zeitweise so stark, dass sich zwischen den Inseln stehende Wellen bilden; die felsigen, kaum geschützten Ufer sind alles andere als ideal für Landgänge.

Stellenweise befinden sich im Inland der Inseln kleine Klippen, deren Entstehung auf die Wirkung der Brandung zurückgeht, so dass sie wie alte Strandwälle auf die nacheiszeitliche Landhebung hinweisen, wie auch die vielen alten Walknochen.

Flora und Fauna: Manche der Inselchen sind weitgehend vegetationsfrei und sehr steinig. Andere haben große Flächen von Moosen und Flechten. Auf feuchtem Untergrund sind diese Moose empfindlich gegen Trittschäden, so dass dort besondere Vorsicht notwendig ist. Viele der Tusenøyane bieten einer reichen Vogelwelt ein Zuhause. Küstenseeschwalben, Eiderenten und Eisenten brüten in großer Zahl, und es sind Gryllteisten, Gänse und Thorshühnchen zu finden. An vielen Seen befinden sich Nester von Sterntauchern. Es gibt mehrere Walrosskolonien und Eisbären sind häufig.

Geschichte: Walfänger, vermutlich Engländer, haben mehrere Stationen im Bereich der Tusenøyane gehabt, was angesichts der schwierigen nautischen Verhältnisse erstaunlich ist: Die unüberschaubare Vielzahl kleiner Inseln, Riffe und Untiefen in den strömungsreichen Gewässern sowie der häufige Nebel haben sicher viele Opfer gefordert. Dennoch muss sich der Aufwand zumindest zeitweise gelohnt haben, denn von den Aktivitäten der Walfänger aus dem frühen 17. Jahrhundert zeugen noch Überbleibsel an mehreren Stellen. Dort sind die heute am besten erhaltenen Speckofenreste zu finden, u.a. ein Doppelofen und der einzige deutliche Rest eines Dreifachofens überhaupt in Svalbard, auf der leider mittlerweile gesperrten Zieglerøya.

Auch die **Pomoren** scheinen sich auf den Tusenøyane wohl gefühlt zu haben und haben verfallende Fundamente und Gräber auf einigen der kleinen Inseln hinterlassen.

Ein trauriger Höhepunkt wurde im frühen 20. Jahrhundert erreicht, als sich der Südosten der Edgeøya mitsamt den umliegenden Inselchen zum wichtigsten

Jagdgebiet auf Eisbären für norwegische **Trapper** entwickelte. Mindestens 10 Hütten wurden in einem relativ eng umgrenzten Raum gebaut: Auf Zieglerøya und Delitschøya, der Edgeøya selbst (Andréetangen, Negerdalen) sowie der Halvmåneøya und ein paar östlich davon gelegenen, kleinsten Inselchen, den Tennholmane. Diese Inseln liegen direkt auf der wichtigsten Zugroute für Eisbären, die mit dem Treibeis von Nordosten an der Edgeøya vorbeidriften. Im Winter 1906-07 erreichten die Jagdaktivitäten einen vorläufigen Höhepunkt, als nicht weniger als 20 Männer in einem Gebiet von gut 20 km Durchmesser den Eisbären mit Selbstschussanlagen und Gewehren nachstellten. Eine schöne Jagdhütte steht noch am Andréetangen, sie wurde 1946 von dem bekannten norwegischen Eisbärenjäger Henry Rudi gebaut. Die bekannteste Station ist Bjørneborg auf der Halvmåneøya (1904 gebaut, 1935 umgebaut), wo Rudi 1935-36 seinen traurigen Rekord von 115 Eisbären einfuhr und damit den Titel „Isbjørnkongen" (Eisbärenkönig) erwarb. Diese Anzahl wurde 1946-47 am gleichen Ort noch deutlich übertroffen. Die letzte Überwinterung war 1969-70 auf der Halvmåneøya, kurz bevor die verbliebenen Eisbären von Norwegen unter Schutz gestellt wurden.

Natürlich war die Jagd in einem so abgelegenen, von Eis erfüllten Gebiet nicht immer ungefährlich. Neben einer Reihe von Skorbutfällen und sonstigen Unglücken kam es mehrfach vor, dass wegen schwieriger Eisverhältnisse die Gruppen im Sommer nach der Überwinterung nicht wieder abgeholt werden konnten, so dass in direkter Folge eine zweite, unvorbereitete Überwinterung anstand. Zu einer erstaunlichen Robinsonade kam es 1743, als 4 Pomoren ihr Schiff zur Jagd in einem Boot verließen, wegen Nebel und Eis aber nicht zurückkehren konnten. Der Überlieferung nach gelang es ihnen, sich auf der Edgeøya mehr oder weniger häuslich einzurichten, bis sie 1749, nicht weniger als 6 Jahre später, zufällig gefunden wurden. Nur einer war zwischenzeitlich an Skorbut gestorben.

Mehrfach mussten Jäger, denen während eines Ausflugs im dichten Nebel ihr Schiff abhanden gekommen war, die Heimreise nach Norwegen im offenen Ruderboot antreten. Eine spannende Heimreise hatten Jäger, die 1965 mit ihrem Schiffchen Schiffbruch erlitten, sich mit Mühe und Not in der Agardhbukta an der Ostküste Spitzbergens an Land retten konnten und von dort ohne jegliche Ausrüstung den Marsch nach Longyearbyen zu Fuß antreten mussten.

Dass dramatische Ereignisse selbst in relativ moderner Zeit noch vorkamen, zeigt eine Geschichte von den abseits gelegenen Ryke Yseøyane. 1967 bauten 2 abenteuerlustige, junge Norweger sich auf der südlichen dieser 3 kleinen Inseln eine Hütte, um dort gleich zweimal in Folge zu überwintern. Einer der beiden ging im Frühjahr 1969 im Treibeis verschollen.

Es gibt noch mehr derartige Gruselgeschichten von der Edgeøya und den Tusenøyane. Diese Inseln spielen somit eine wichtige Rolle nicht nur für die regionale Biologie, sondern auch für die drastische Überbejagung der Symboltiere der Arktis, Walross und Eisbär, und die damit verbundene Geschichtenerzählung, welche hier den Platz der Geschichtsschreibung weitgehend übernimmt.

6.22 HOPEN

Hopen stikker opp av ei endelaus isslette. Som en svart knyttneve er det å se. Truende, advarende, - kom ikke hit, fredsforstyrrere!

Hopen ragt aus einer endlosen Eiswüste auf, anzusehen wie eine schwarze, geballte Faust. Drohend, warnend, - wagt es nicht, herzukommen, Eindringlinge!

Henry Rudi, *Isbjørnkongen* (1958)

Allgemein: Hopen (46 km²) ist eine landschaftlich ganz erstaunliche Insel am Rand von Svalbard. Die Insel ist biologisch in mehrfacher Hinsicht wichtig und hat eine wechselvolle, mitunter dramatische Geschichte. Von Touristen wird Hopen wenig besucht, was einerseits an der Abgelegenheit, andererseits an den schwierigen Landeverhältnissen liegt: Es gibt keine geschützten Buchten, die ufernahen Gewässer sind flach und schlecht vermessen, und die Strände brandungsexponiert. Zudem liegt die Insel im Einflussbereich des kalten Ost-Spitzbergen-Stroms und ist daher oft weit in den Sommer hinein von Treibeis umgeben. Im Sommer, wenn die Grenze zwischen kalten und warmen Wassermassen nahe bei Hopen liegt, ist Nebel ein häufiger Gast, der nur ungern wieder geht.

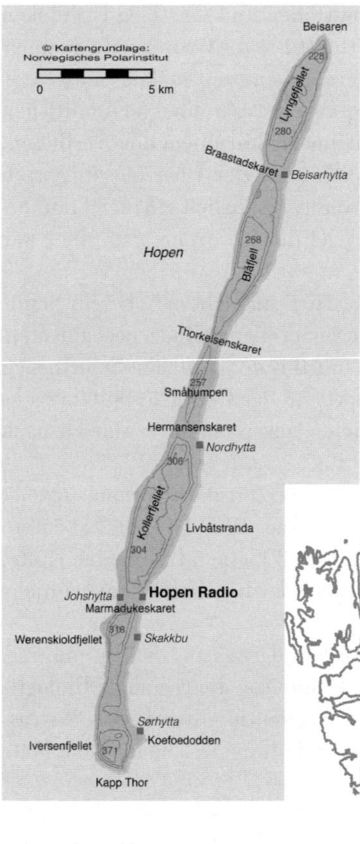

Seit 2003 ist Hopen Naturreservat, nur die unmittelbare Umgebung der Wetterstation ist hiervon ausgenommen.

Ortsnamen: Beisaren: Nach Berner Jørgensen (1861-?), norwegischer Trapper, Spitzname „Beisaren". **Hopen**: Vermutlich nach dem Schiff „Hopewell" des Walfängers Thomas Marmaduke aus England (1613). **Iversenfjellet**: Thor I. (geb. 1873), norwegischer Kapitän, machte zusammen mit Einar Koefoed 1923 und 1924 wissenschaftliche Expeditionen nach Hopen. **Koefoedodden**: Einar K. (geb. 1875), siehe Iversenfjellet. **Kapp Thor**: T. Iversen, s. Iversenfjellet. **Werenskiöldfjellet**: Werner W. (geb. 1883), norwegischer Geograph, Geologe und Spitzbergen-Forscher.

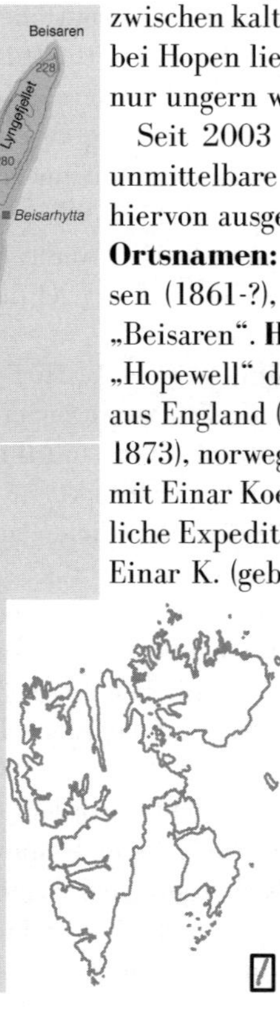

Geologie: Ausschließlich flachlagernde Trias-Sedimente (Silt-, Sand- und Tonstein). Siehe Abschnitt 6.18.2 *Barentsøya*.

Landschaft: Das auffälligste an

Hopen ist die Form der 37 km langen, aber nur maximal 2 km breiten Insel. Hopen besteht aus einer Kette von 250-350 m hohen Plateaubergen, die durch tieferliegende Sättel unterbrochen ist. Diese Sättel bieten teilweise einfache Übergangsmöglichkeiten vom Ost- zum Westufer, etwa bei der Station. Bei den Plateaubergen handelt es sich um einen Rest des gleichen, gehobenen Plateaus, das auch das älteste und größte Landschaftselement von Barentsøya und Edgeøya darstellt. Der höchste „Gipfel" ist das ganz im Süden liegende Iversenfjellet, dessen flache Hochebene 370 m über dem Meer liegt. Das Iversenfjellet fällt zum Meer hin in steilen, regelmäßig von Erosion zerschnittenen Felswänden ab und bildet so das wuchtige Kapp Thor. Auch andernorts fallen die seitlichen Hänge der Bergplateaus steil ins Meer ab, nur stellenweise gibt es schmale Strände. Im Südosten gibt es aber immerhin einen Strandstreifen von Egsetstranda bis zum Koefoedodden, der durchgängig am Ufer einfach begehbar ist. Das einzige „Flachland" ist die wenige km² große Küstenebene Koefoedodden im Südosten. Selbst auf der scheinbar geschützten Ostseite von Koefoedodden bricht die Brandung allerdings auch bei sonst ruhiger See schnell über den zahlreichen Untiefen, so dass die Küste nicht einfach zugänglich ist.

Bäche haben stellenweise steile Tälchen in das weiche Sedimentgestein eingeschnitten, das der Landschaft durch seine dunkle Färbung eine düstere Atmosphäre verleiht. Auch auf Hopen sind Fließerden, die durch Verwitterung der feinkörnigen Trias-Sedimente entstehen, auf ebenen Flächen stellenweise unangenehm matschig.

Flora und Fauna: Auf flachem Gelände gibt es Tundra, etwa am Koefoedodden oder in den Tälern, wo der Untergrund recht feucht sein kann und die Vegetation dann viel Moos aufweist. Auch auf den Hochplateaus findet sich Bewuchs, der hocharktisch geprägt ist mit Svalbardmohn und Rotem Steinbrech als dominierenden Arten.

Die Steilküsten von Hopen sind von sehr großer Bedeutung für Seevögel. Dickschnabellummen brüten in Größenordnungen von über 100 000 Brutpaaren. Ein großer Teil des gesamten Brutbestandes von Svalbard ist am Nordende von Hopen zu Hause. Dreizehenmöwen brüten zu Zehntausenden, und es gibt Schneeammern, Schmarotzerraubmöwen, Eiderenten und Eissturmvögeln.

Früher gab es auf Hopen Walrossruheplätze, die aber der über Jahrhunderte andauernden Bejagung zum Opfer gefallen sind. Hopen ist auch als Eisbären-Kinderstube wichtig. Dazu tragen sowohl die großen Treibeismassen bei, die vom Ost-Spitzbergen-Strom nach Hopen getragen werden, als auch die Topographie, welche die Bildung von Schneewehen erlaubt, die als Geburtshöhle gut geeignet sind. Die jahrzehntelange Jagd, nicht zuletzt durch die Besatzung der Wetterstation, hat daran glücklicherweise nichts geändert, so dass Hopen auch heute noch eine der wichtigsten Eisbären-Kinderstuben ist. Anders ist es mit dem Klimawandel: Die Anzahl der Geburtshöhlen geht in Jahren mit Eismangel gegen Null, was keine Seltenheit mehr ist.

Geschichte: Hopen wurde im frühen 17. Jahrhundert von **Walfängern** entdeckt, möglicherweise 1613 von dem Engländer Thomas Marmaduke. Trotz der ungünstigen nautischen Verhältnisse dauerte es nicht lange, bis die Walfänger Landstationen zur Verarbeitung von Speck etablierten, wovon heute noch unscheinbare Tranofenreste am

Koefoedodden zeugen. Ziel waren nicht nur Wale, sondern auch die Walrossherden. Zu Beginn des 20. Jahrhunderts fand sich kein einziges Walross mehr an den Stränden von Hopen, trotz relativer Ruhe im 19. Jahrhundert.

Als **norwegische Jäger** 1908 auf Hopen ihre erste dortige Überwinterung begannen, bestand die Verlockung aus den zahlreichen Eisbären. Verfallende Reste der Hütten dieser ersten Überwinterung gibt es noch heute am Koefoedodden („Rudihytta"), bei der Wetterstation („Nilsebu") und bei Hermansenskaret („Nordhytta"). Der später als „Isbjørnkongen" bekannt gewordene Henry Rudi überwinterte in jenem Jahr zum ersten Mal und schoss am Koefoedodden seine ersten Eisbären, bis zu 6 innerhalb von 24 Stunden! Das kleine Eisbärenkind „Maja" musste Rudi nach Tromsø begleiten und wurde dort an der Leine durch den Ort geführt, um dann nach Italien verkauft zu werden. Insgesamt wurden 1908-09 auf Hopen 89 Eisbären gefangen. Ab 1923 folgten mehrere weitere Jagdexpeditionen, und nach dem Zweiten Weltkrieg widmete sich auch die Mannschaft der norwegischen Wetterstation der Jagd. Noch 1969-70 wurden von den Wetterfunkern 90 Eisbären geschossen. Insgesamt ließen im 20. Jahrhundert auf Hopen vermutlich etwa 1 500 Eisbären auf gewaltsame Weise ihr Leben.

Die erste Landung von Wissenschaftlern auf Hopen fand 1871 statt, als **Julius Payer** und **Karl Weyprecht** mit der *Isbjørn* die Eisverhältnisse der Barentssee für eine geplante, größere Expedition erkunden wollten. Aber erst 1924, 1929 und 1930 erfolgte im Auftrag des Fischereidirektorats in Bergen eine ausführliche und systematische Kartierung und wissenschaftliche Untersuchung von Hopen, geleitet von **Thor Iversen** und **Einar Koefoed**.

Im August 1928 überstand der holländische Tourist Graf **von Hogendorp** auf Hopen ein erstaunliches Abenteuer, als er versehentlich dort zurückgelassen wurde. Nach mehreren Tagen im Nebel hatte der Kapitän seines Schiffes geglaubt, ihn wunschgemäß alleine am Südkap Spitzbergens an Land gesetzt zu haben, während von Hogendorp tatsächlich erst einmal auf Hopen die steilen Hänge hochklettern musste und dabei seinen Rucksack mit Proviant und dem größten Teil der Ausrüstung verlor. Ohne Waffe, Proviant und Ausrüstung, erlebte er auf Hopen 4 lange, kalte und wenig erfreuliche Wochen, bis er zufällig von einem norwegischen Fangschiff aufgelesen wurde.

Während des **Zweiten Weltkrieges** wurde die so abseits liegende Insel Hopen mehrfach Schauplatz dramatischer Ereignisse. Im Oktober 1942 verließ der sowjetische Dampfer ***Dekabrist*** mit etwa 80 Mann und einer Frau Besatzung an Bord Island zusammen mit anderen Fracht- und Kriegsschiffen in einem Konvoi nach Russland. Am 04. November wurde das Schiff von mehreren deutschen Flugzeugen angegriffen und so schwer beschädigt, dass die Mannschaft sich in die 4 Rettungsboote begab; einen Tag später wurde die *Dekabrist* während eines weiteren Angriffes versenkt. Viele Details der Ereignisse der folgenden Wochen sind unklar. Vermutlich gelang mehr als einem Rettungsboot nach einigen Tagen die Landung auf Hopen, aber von einer kurzen Sichtung abgesehen, verschwanden 3 Boote spurlos. Vom vierten Boot retteten sich 18 Männer und die Frau an Land. Die meisten starben bald in der kalten und stürmischen Polarnacht. Die Übrigen retteten sich in einer kleinen Hütte über die schwierigen Monate. Im Juli 1943 nahm ein deutsches U-Boot die 4 Überlebenden als Kriegsgefangene an Bord, setzte aber bald darauf 3 von ihnen wieder an Land - „aus Sicherheitsgründen". Erst am 05. Oktober 1943 lief dasselbe U-Boot wieder Hopen an und nahm die 3 verbliebenen Menschen an Bord. Einer starb wenige Stunden später an Bord. Von ursprünglich etwa 80 Menschen überlebten nur der Kapitän, die Bordärztin und ein Matrose, die alle nach Kriegsgefangenschaft wieder nach Russland zurückkehrten.

Der Landeplatz des Rettungsbootes mit den 3 Überlebenden liegt 3,5 km nördlich der Wetterstation und heißt heute „Livbåtstranda" (Rettungsbootstrand); die Hütte, welche den Schiffbrüchigen notdürftig Zuflucht bot, ist die alte Jagdhütte am Hermansenskaret. Bei der Wetterstation befinden sich ein 1975 aufgestellter Gedenkstein, ein Grab mit einigen sterblichen Überresten und im „Museum", der alten Trapperhütte von 1908, liegt noch ein Stück des Rettungsbootes.

Nur wenige Wochen später bekam Hopen schon wieder kriegsbedingt Bewohner, als die deutsche Luftwaffe im Oktober 1943 im Husdalen, dem Gelände der heutigen Station, die **Wetterstation** „Svartisen" mit 4 Mann einrichtete. Als Stationsgebäude diente eine Trapperhütte von 1934 (bei einem Brand 1948 zerstört). „Svartisen" war ohne Zwischenfälle bis Ende Juli 1944 aktiv, so dass im Oktober an gleicher Stelle „Helhus" folgte, ebenfalls mit 4 Mann Besatzung. Nach Kriegsende setzte „Helhus" die Wetterfunksprüche fort, und der naturwissenschaftlich gebildete Leiter der Station, Dr. Neunteufl, nutzte die Gelegenheit, Hopen zu erkunden, allerdings ohne den früheren wissenschaftlichen Arbeiten viel Neues hinzuzufügen. Anfang August 1945 wurde „Helhus" von der norwegischen Garnison auf Spitzbergen evakuiert.

Nur wenige Wochen später wurde die **Wetterstation auf Hopen** von der norwegischen Marine wieder besetzt. 1946 wurde ein neues Stationsgebäude gebaut, das aufgrund seiner ungewollten Dauerbelüftung schnell den Namen „Villa gjennomtrekk" (Villa Durchzug) erhielt, und ab Sommer 1947 übergab die Marine den Betrieb der Station dem zivilen Wetterdienst. In den folgenden Jahrzehnten wurde der meteorologische Betrieb mit 4 Personen durchgehend aufrecht erhalten. Im Sommer 1962 gab es mehrere kräftige „Erdbeben", als die Sowjetunion auf Novaya Zemlya Atombomben testete.

In den frühen 1970ern interessierte sich die Ölindustrie (Fina) für Hopen, und auf Koefoedodden (1971) und dem Lyngefjellet (1973) wurden Explorationsbohrungen gemacht. Dank dem Ausbleiben ökonomisch interessanter Funde blieben diese Aktivitäten für Hopen jedoch weitgehend folgenlos, von etwas Müll sowie Fahrzeugspuren auf dem Lyngefjellet abgesehen (Reifenspuren auf dem Koefoedodden stammen von der Probelandung eines deutschen Wetterflugzeuges im Zweiten Weltkrieg). Allerdings wurde während der Arbeiten am Lyngefjellet leider am Braastadskaret eine Trapperhütte von 1923 abgerissen und durch eine neue Hütte ersetzt.

Am 28. August 1978 begannen auf Hopen spannende Wochen, als ein mit scharfer Munition bewaffnetes sowjetisches Kampfflugzeug am Werenskioldfjellet zerschellte. Am 13. Juni 1986 wurde die Wetterstation offiziell zur Poststation ernannt und bekam einen Poststempel mit einem Walross und der Bezeichnung „9174 Hopen 76°30'N", im September 2003 wurde der Status als Poststation jedoch wieder aufgehoben. Die Wetterstation auf Hopen, „Hopen Radio", wird aber sicher noch lange bestehen bleiben. Sie wird von der Küstenwache logistisch unterstützt und dient auch als Hubschrauberlandeplatz mit Treibstoffdepot, etwa im Fall von Rettungsaktionen. An mehreren Stellen gibt es neuere Hütten, die von der Mannschaft der Wetterstation in der Freizeit genutzt werden.

Sonstiges: Gelegentliche Besucher sind auf der Wetterstation grundsätzlich durchaus willkommen, sofern sie nicht zu einer ungünstigen Zeit auftauchen. Überraschungsbesuch ist ungern gesehen und eine rechtzeitige Anmeldung selbstverständlich, Kontaktdaten sind über den Sysselmannen erhältlich. Neben einem kleinen Einblick in das Leben und Arbeiten auf einer Wetterstation in der Arktis gibt es ein paar Souvenirs wie Tassen und T-Shirts, mit denen sich neben der Stationsbesatzung auch gelegentliche Besucher eindecken können. Es gibt keinerlei Infrastruktur für Touristen (Einkaufen, Übernachten o.ä.).

6.23 BJØRNØYA

Mehrere hundert Meter hoch ragten die Felswände aus dem Wasser, nackt und öde anzuschauen, aber dennoch erfüllt von tausendfachem, sprühendem Leben. Wo das Auge auch hinsah: Massen von Vögeln überall – in der Luft, auf dem Wasser und auf den vielen Felsvorsprüngen der Steilküste.

Hans Münch, *Mein arktischer Sommer* (1967)

Allgemein: Zur Bjørnøya gibt es ein eigenes Buch vom gleichen Verfasser: „Die Bäreninsel - Grenzstein im Grenzenlosen." Siehe www.Spitzbergen.de.

Die Bjørnøya ist in vielerlei Hinsicht etwas Besonderes. Die 178 km² kleine Insel (20 km lang, maximal 15 km breit) zeichnet sich im Rahmen eines Spitzbergen-zentrischen Weltbildes durch Abgelegenheit aus, befindet sich aber etwa auf halbem Weg zwischen dem Nordkap Norwegens und dem Südkap Spitzbergens, und wird somit von vielen Schiffen passiert. Die meisten Touristen überfliegen die Bjørnøya in 10 000 m Höhe, wobei die Insel meist unter der Wolkendecke verborgen bleibt.

Treibeis kann im Frühjahr und Frühsommer ein Hindernis sein, da ein Ausläufer des kalten Ost-Spitzbergen-Stroms bis zur Bjørnøya reicht und neben kalten Wassermassen auch Eis aus dem Nordpolarmeer bringen kann. Dies geschieht heute aber deutlich seltener als im 20. Jahrhundert. Der kalte Strom folgt einem Unterwasser-Plateau mit Tiefen von nur etwa 100 m, auf dem weiter im Nordosten auch Hopen liegt. Neben den stetigen Meeresströmungen gibt es Gezeitenströmungen, die vor allem an der Süd- und Westküste sehr kräftig sein können. Der Tidenhub beträgt maximal 2,2 m.

Der Einfluss des Meeres führt dazu, dass die Bjørnøya ein ausgeprägt maritimes Klima hat. Der kälteste Monat (Januar) hat eine Monatsmitteltemperatur von -7,9°C, der Juli ist mit einem Durchschnitt von 4,4°C nur gut 12° wärmer. Der Jahresniederschlag fällt überwiegend im Winter und beträgt bei der Wetterstation 366 mm, ist aber im gebirgigen Süden der Bjørnøya deutlich höher, was zu einer räumlich stark variierenden

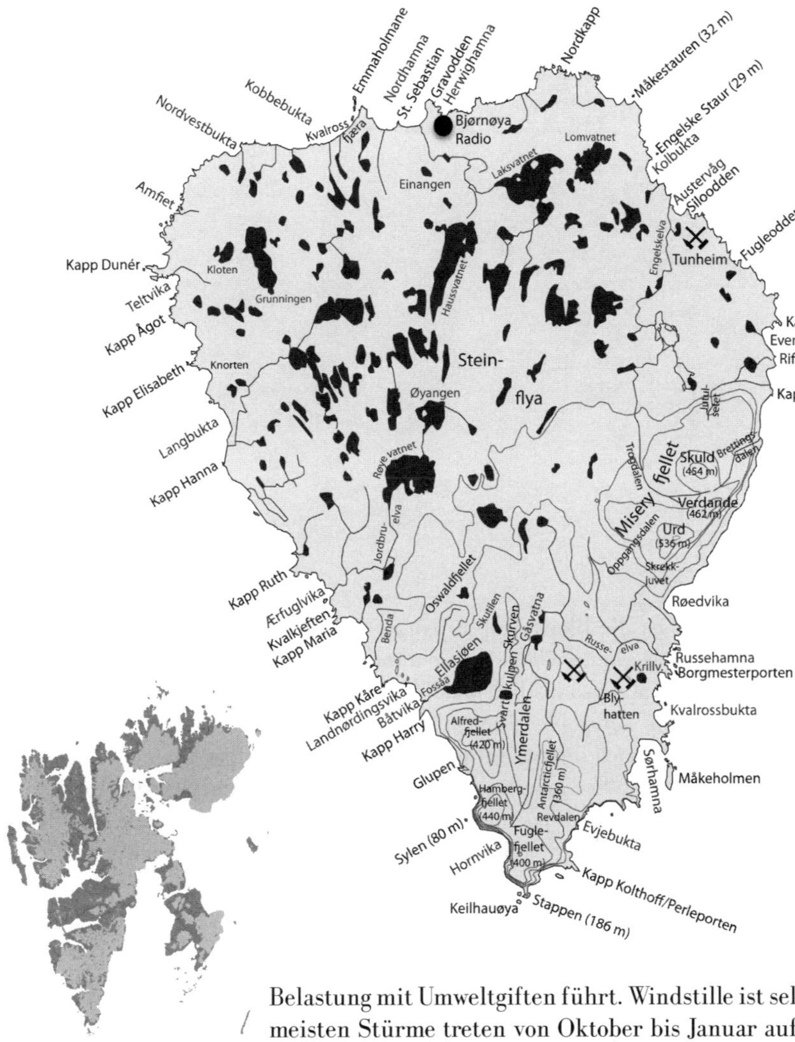

Belastung mit Umweltgiften führt. Windstille ist selten, die meisten Stürme treten von Oktober bis Januar auf.

Nur wenige haben die Chance, die Bjørnøya einmal zu betreten. Das liegt zunächst an ihrer Lage abseits der „üblichen" Routen von touristischen Schiffsreisen, aber selbst wenn die Insel in Sicht ist, erweist sie sich oft als ungastfreundlich: Die Topographie erlaubt Landungen nur an wenigen Stellen, geschützte Buchten gibt es fast nicht und das Wetter macht einem das Leben oft schwer. Neben Wind ist der Nebel eine häufige Plage, im Juli und August beträgt die Sicht an bis zu 25 Tagen weniger als 1 km.

Die Bjørnøya hat landschaftlich, historisch und vor allem biologisch Einiges zu bieten, was nicht nur innerhalb von Svalbard, sondern auch darüber hinaus einzig-

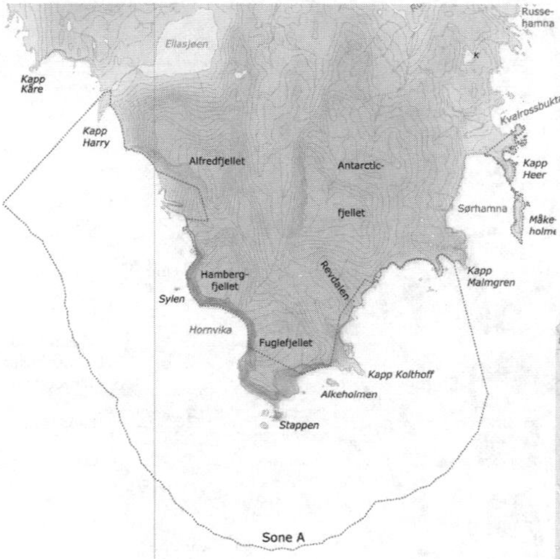

Die saisonal gesperrten Gebiete Zone A (Südspitze, Måkeholmen, Kapp Heer) und B (Laksvatnet, Lomvatnet), punktiert umrandet. © Sysselmannen på Svalbard.

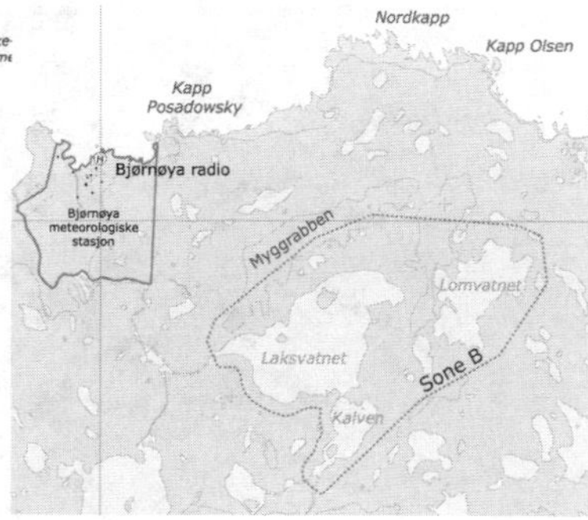

artig ist. Seit 2002 ist die Bjørnøya Naturreservat, vom Gelände der Wetterstation „Bjørnøya Radio" abgesehen. 2 Gebiete sind unter speziellen Schutz gestellt: Die Seen Lomvatnet und Laksvatnet südöstlich der Wetterstation, sind wegen Brutvorkommen des Eistauchers Vogelschutzgebiet. Hier gilt Annäherung und Betreten verboten vom 15. Juni - 31. August. Auch die Steilklippen mit den Vogelkolonien am Südende der Insel sind geschützt, von See her ist Annäherung in der Brutperiode 01. April - 31. August verboten. Wasserfahrzeuge müssen einen Abstand von 1 Seemeile einhalten, ausgenommen sind Boote unter 40 Fuß Länge (ca. 12,2 m). Die Bjørnøya gehört zum meldepflichtigen Teil von Svalbard (siehe Abschnitt 3.6.4 *Anmeldung von Touren bei der Verwaltung*).

Geologie: Sedimente, Grundgebirge (Jungproterozoikum-Silur) bis Trias. Siehe die folgenden Abschnitte.

Landschaft: 3 Landschaftselemente prägen die Bjørnøya: Das flache Land, das den größeren Teil der Insel einnimmt, die Berge im Süden und die Küsten.

Im Inland gibt es etwa 740 Seen, von denen die meisten sehr klein und flach sind. Der größte Teil der Bjørnøya liegt in Höhen unter 100 m, nur der Süden der Insel liegt höher und erreicht bis zu 535 m (Urd, der südliche Gipfel des Miseryfjellet). Die steinige Kargheit großer Teile des Flachlandes ist beeindruckend. Streckenweise ist das Gelände so steinig, dass das Fortkommen sehr beschwerlich ist.

Die Küste besteht fast überall aus Steilklippen. Es gibt keine Fjorde oder gut geschützte Buchten. Am spektakulärsten sind die nahezu senkrechten, über 400 m hohen Klippen ganz im Süden. An einigen Stellen stehen einzelne Brandungspfeiler vor der Küste. Die fast durchgehende Steilküste erlaubt Zugang von der Küste zum Inneren der Insel nur an wenigen Stellen.

Die Bjørnøya ist unvergletschert, liegt aber in der Permafrostzone. Der dauerhaft gefrorene Boden ist etwa 50-70 m dick.

Flora und Fauna: Obwohl die Bjørnøya viel weiter südlich liegt als Spitzbergen, ist sie deutlich karger. Große Teile des Inlandes sind praktisch vegetationsfrei. Pflanzen gibt es fast nur in Küstennähe, insbesondere bei den Vogelfelsen, ansonsten dominieren Flechten und Moose. Bis 2004 wurden 54 Blütenpflanzen nachgewiesen, von denen mindestens 7 sonst nicht in Svalbard vorkommen.

Faunistisch dominiert die Vogelwelt mit den großen Seevogelkolonien auf den Steilklippen um die Südspitze (siehe Abschnitt 6.19.1 *Der Süden*). Dickschnabel- und Trottellummen sind die wichtigsten Arten, es gibt auch große Bestände der Dreizehenmöwe sowie Eissturmvögel, Eismöwen und Krabbentaucherkolonien. Auch Skuas sind mittlerweile lokal häufig. Eine weitere ornithologische Besonderheit sind 2-3 Brutpaare Eistaucher am Laksvatnet und Lomvatnet im Nordosten der Insel, die daraufhin unter Schutz gestellt wurden (Annäherung 15. Juni-31. August verboten). Im Frühjahr und Herbst spielt die Bjørnøya eine kurze, aber wichtige Rolle als Rastplatz für Gänse. Das Alpenschneehuhn wurde bis 1965 auf Bjørnøya gesichtet, danach aber nicht mehr. Gelegentlich kommt die Schneeeule als Irrgast aus Skandinavien.

In vielen Seen gibt es Seesaiblinge. Die Säugetierfauna ist artenarm, an Land gibt es nur Eisfüchse. Eisbären kommen fast nur zur Bjørnøya, wenn diese von Treibeis umgeben ist. Ausnahmen bestätigen die Regel, so dass auch auf der Bjørnøya sicherheitshalber mit Eisbären zu rechnen ist.

Geschichte: Die Bjørnøya war die erste Insel der gesamten Inselgruppe Spitzbergen, die **Willem Barentsz** am 10. Juni 1596 entdeckte. Ein längerer Kampf mit einem Eisbären brachte der Insel dabei ihren Namen ein: „Beeren Eyland." Nach Barentsz' Besuch dauerte es nur wenige Jahre, bis englische **Walfänger** 1603 die Jagd auf Meeressäuger in der Arktis begannen, wobei für einige Jahre die Walrosse auf der Bjørnøya mindestens ebenso wichtig waren wie der Walfang.

Es waren die **Pomoren**, die als Erste auf der Bjørnøya Jagdstationen bauten. Erstaunlicherweise konnten sich die Walrossbestände trotz der regelmäßigen Jagdaktivitäten der Pomoren wieder erholen, und als die Europäer im frühen 19. Jahrhundert wieder auftraten, ging es den Walrossen erneut kräftig ans Leder.

Auf der Bjørnøya begann nicht nur die Entdeckung der Inselgruppe, sondern auch ihre systematische Erforschung: Sie war das erste Ziel der Expedition von **Barto von Löwenigh** aus Burtscheid bei Aachen und dem norwegischen Geologen **Balthazar Matthias Keilhau** 1827. Später landeten viele wissenschaftliche Expeditionen auf der Bjørnøya, im 19. Jahrhundert bekannte schwedische Polarforscher wie Nordenskiöld, und im 20. Jahrhundert übernahmen norwegische Forscher das Feld.

Ein gewisses Aufsehen erregte der deutsche Journalist **Theodor Lerner**, der 1898 und 1899 Teile der Bjørnøya in Besitz nahm. Da er daheim allerdings weder politisch noch ökonomisch genug Unterstützung fand, um den beabsichtigten Bergbau in die Tat umzusetzen, blieb es dabei, obwohl Lerner 1899 sogar den russischen Kreuzer *Svetlana* vertrieb. Die Russen begnügten sich damit, an anderer Stelle auf der Bjørnøya durch das Aufstellen von Okkupationsschildern auf ihre Ansprüche hinzuweisen, und Lerner ließ die so energisch begonnene Sache nach 1899 auf sich beruhen.

Im 20. Jahrhundert blieb der Bjørnøya von den vielen Aktivitäten, die sich in Svalbard abspielten, nichts erspart: Eine Walfangstation, Bergbau, Trapper, eine norwegische Wetterstation und, während des Zweiten Weltkrieges, eine deutsche Kriegswetterstation kamen und gingen. Geblieben sind aus all diesen Zeiten einige Überreste, nur die norwegische Station Bjørnøya Radio ist noch in Betrieb. Weitere Details in den folgenden Abschnitten.

Das norwegische Polarinstitut widmet sich systematisch den Vogelkolonien und Umweltaspekten und betreibt zu diesem Zweck mehrere Feldstationen.

Umweltsituation: In Bezug auf die Umweltbelastung nimmt die Bjørnøya eine Sonderstellung ein, leider eine unerfreuliche. Der Grund dafür ist ihre Lage im Einflussgebiet der marinen und atmosphärischen Transportbänder (Golfstrom und Luftmassen), die Schadstoffe aus den Industrieländern in die Arktis verfrachten und dort zusammen mit Schnee, Regen und Nebel ablagern. Einige Tierarten auf der Bjørnøya gehören zu den am stärksten mit Umweltgiften belasteten Tieren in der gesamten Arktis. Die Konzentrationen überschreiten Grenzwerte, oberhalb derer eine gesundheitliche Gefährdung (Immunsystem, Reproduktion usw.) zu befürchten ist, weit.

Die produktiven Gewässer der Barentssee sind die Grundlage des gesamten regionalen Ökosystems, aber auch Ziel intensiver Fischerei. Nach starker Überfischung kollabierten 1987 die Lodde-Schwärme (Kapelan, *Mallotus villosus*). Infolgedessen brachen die Trottellummenbestände auf der Bjørnøya um 85% ein, von ursprünglich 245 000 Brutpaaren waren plötzlich nur noch etwa 36 000 übrig. Ein weiterer Teil des Bestandes kann die ausgefallene Brutsaison auf See verbracht haben. Bis heute haben die Trottellummen auf der Bjørnøya noch nicht wieder die alten Zahlen erreicht. Die vergleichbar großen Bestände der Dickschnabellumme waren von dem Kollaps nicht betroffen, da diese mit ihrem abwechlungsreicheren Speiseplan leichter auf andere Nahrung ausweichen kann.

6.23.1 DER SÜDEN: DIE VOGELFELSEN (HAMBERGFJELLET-SØRHAMNA)

Allgemein: Die Südspitze ist landschaftlich und im Hinblick auf die Tierwelt der spektakulärste Teil der Bjørnøya. Landemöglichkeiten gibt es sowohl wegen der gesetzlichen Bestimmungen als auch aufgrund der Topographie keine, aber auch vom Boot aus ist der Anblick der schroffen Küstenlandschaft mit ihren steilen Klippen, einzeln stehenden Felssäulen und v.a. den großen Seevogelkolonien ein beeindruckendes Erlebnis. Guanofeste Kleidung anziehen und Steinschlaggefahr beachten! Die Bucht Sørhamna bietet einen halbwegs geschützten Naturhafen, die Steilklippen erlauben jedoch keine Landgänge, von einem kleinen Strandspaziergang abgesehen. Um das Wrack der *Petrozavodsk* ist ein Sicherheitsabstand von 250 m vorgeschrieben. Schutzbestimmungen: Siehe Abschnitt 6.19 *Bjørnøya.* Die Ostseite von Sørhamna (Kapp Heer, Måkeholmen) gehört ebenfalls zum Schutzgebiet.

Ortsnamen: Antarcticfjellet: Nach der *Antarctic*, einem norwegischen Eismeer-

schiff, benutzt u.a. 1898 während Nathorsts Expedition zur Bjørnøya. **Ellasjøen:** Nach Alfred Nathorsts Frau. **Hambergfjellet:** Axel H. (1863-1933), schwedischer Geograph und Polarforscher. **Kapp Kolthoff:** Gustaf Isak K. (1845-1913), schwedischer Zoologe, Mitglied von Nathorsts Expedition 1898. **Stappen:** „Hoher Fels", 186 m hohe Felssäule. **Sylen:** „Die Ahle", 80 m hohe Felssäule.
Geologie: Die Südspitze mit den steilen Klippen besteht aus **Grundgebirgs**-Sedimenten: dunklem bis schwarzem Dolomit, Kalkstein und Quarzit, Jungproterozoikum bis Ordovizium, die Schichten lagern überwiegend flach. In den höchsten Bereichen der Berge im Südwesten (Hambergfjellet, Fuglefjellet) lagern fossilführende Kalk- und Sandsteine aus dem Perm mit nahezu horizontaler Schichtung auf.
Landschaft: Die Berggipfel bestehen aus kleinen Plateaus, die um 400 m hoch liegen, im Süden der Bjørnøya erreicht das Hambergfjellet mit 440 m in unmittelbarer Küstennähe die größte Höhe. Die Landschaft wird von der eindrucksvollen Küste dominiert. Bis zu über 400 m hoch fallen die Klippen fast senkrecht ins Meer ab. Während die Küste insgesamt von der Brandung weiter landeinwärts verlagert wird, sind einzelne Brandungspfeiler stehengeblieben: Sylen unterhalb des Hambergfjellet (80 m) und Stappen, die Südspitze der Bjørnøya (186 m). Am Kapp Kolthoff befindet sich „Perleporten", das Perlentor, mit 170 m die längste Küstenhöhle der ganzen Insel. Bei gutem Wetter und ruhiger See ist es möglich, mit kleinen Booten hindurchzufahren.

Im Inland befindet sich das einzige größere Tal der Bjørnøya, das Ymerdalen, umgeben von steilen Hängen. Die Bergplateaus um die Südspitze sind vom oberen Ymerdalen zugänglich.
Flora und Fauna: Nahe der Vogelkolonien ist das hoch gelegene Land von grüner Vegetation bedeckt, ansonsten ist das Land karg. Lokal gibt es auf den Bergplateaus nahe der Vogelfelsen hochmoorartige, bis zu 5 m dicke Torfablagerungen aus Moosschichten, die von den vorbeifliegenden Vögeln kräftig gedüngt werden.

Auf den Steilklippen im Süden der Bjørnøya sind Seevogelkolonien beheimatet, die zu den größten im Nordatlantik zählen. Vor allem Trottellummen und Dickschnabellummen brüten dort zu Hunderttausenden. Der Bestand der Dickschnabellumme wurde 1986 auf 245 000 Brutpaare geschätzt, und 1991 brüteten 123 000 Trottellummenpaare. Letztere haben sich vom Kollaps von 1987 bis heute noch nicht wieder erholt.
Geschichte: Da die Küsten im Süden der Bjørnøya völlig unzugänglich sind, hat sich dort nicht viel ereignet, vom Eiersammeln in den Vogelklippen abgesehen. Im Mai 2009 lief die *Petrozavodsk*, ein russisches Kühlschiff, in der Evjebukta auf das Ufer, weil der Steuermann eingeschlafen war. Die Mannschaft konnte gerettet und der Treibstoff abgepumpt werden. Das zerbrochene Wrack liegt immer noch dort.

6.23.2 DER WESTEN

Allgemein: Die Westküste der Bjørnøya hat touristisch vergleichsweise wenig Auffälliges zu bieten, ist aber trotzdem nicht uninteressant. Es gibt mehrere Landemöglichkeiten, darunter mehrere steinige Strände am Kapp Dunér und die hübschen kleinen Buchten Ærfuglvika und Benda, von denen aus das karge Inland zugänglich

ist. Dazwischen gibt es keine praktikablen Landestellen.
Ortsnamen: Kapp Dunér: Nils Christopher D. (1839-1914), schwedischer Astronom, Teilnehmer an Spitzbergen-Expeditionen von Torell (1861) und Nordenskiöld (1864). **Kvalkjeften:** „Walkiefer." **Ærfuglvika:** „Eiderentenbucht."
Geologie: Sedimente (Kalk- und Sandstein) aus dem Karbon.
Landschaft: Niedrige (15-20 m hoch) Steilküsten. Das Innere der Insel besteht aus einer kargen Ebene mit einer Vielzahl kleiner Seen, im südlicheren Bereich wird es hügelig. Das Gelände im Nordwesten ist weniger steinig und etwas lauffreundlicher als der Nordosten der Bjørnøya. Die kleinen Steilküsten haben schöne Uferformen zu bieten, vor allem den natürlichen Torbogen Kvalkjeften. Von dort ist der Blick auf die Steilküste im Süden beeindruckend. Der Ellasjøen ist der tiefste See der Bäreninsel und liegt landschaftlich schön in einem teilweise steinig-unwegsamen Felskessel.
Flora und Fauna: Moose, Flechten, einzelne Blütenpflanzen und kleinere Seevogelkolonien an den Steilufern. Am Kapp Dunér brüten Skuas auf flacher Tundra und verteidigen ihre Nester aggressiv gegen Eindringlinge.
Geschichte: Östlich von Kapp Dunér befindet sich der Grunningen, einer der größten Seen der Bjørnøya. Wenige 100 m nordnordwestlich dieses Sees landete 1943 ein deutsches Spezialflugzeug auf der Tundra, um eine automatische Wetterstation („Kröte") zu installieren. Auf der Ostseite von Grunningen liegen Wrackreste eines norwegischen Postflugzeuges, das 1954 auf dem Rückweg von Spitzbergen dort abstürzte. Acht von neun Besatzungsmitgliedern kamen dabei ums Leben.

6.23.3 DER NORDEN: BJØRNØYA RADIO

Allgemein: Landungen sind am Sandstrand westlich der Wetterstation (Nordhamna) möglich und auf einer kleinen Pier mit Lastenkran bei der Wetterstation. Schutzbestimmungen: Siehe Abschnitt 6.19 *Bjørnøya*.
Ortsnamen: Herwighamna: Walter H. (1838-1912), Präsident des deutschen Seefischerei-Vereins. **Kobbebukta:** „Robbenbucht". **Kvalrossfjæra:** „Walrossufer". **Nordhamna:** „Nordhafen".
Geologie: Die nördliche Bjørnøya besteht aus Sand- und Kalksteinen des Karbon (westlich der Station) und Perm (östlich der Station).
Landschaft: Das Inland ist eine sehr steinige Ebene mit vielen kleineren Seen. Am Ufer erheben sich niedrige Steilküsten, die von einigen weiten, weißen Sandstränden unterbrochen sind (Kobbebukta, Kvalrossfjæra in der Bucht Nordhamna).
Flora und Fauna: Karge, steinige Tundra. Am Lomvatnet brüten Zeit 2-3 Eistaucherpaare, eine Einmaligkeit in Svalbard. Richtung Kapp Dunér haben Skuas ihre Nester auf flacher Tundra.
Geschichte: Neben der Ostküste hat vor allem der Norden der Bjørnøya eine lange und wechselvolle Geschichte. Die großen Walrossherden der Bjørnøya ermöglichten den **Walfängern** willkommene Nebeneinkünfte. Zwischenzeitlich nutzten die **Pomoren** die Insel als Jagdrevier. Bei Gravodden, nicht weit von der heutigen Wetterstation, und auf einer kleinen Landspitze in der Bucht Nordhamna gibt es noch mehrere

6.20-1: Dolerittneset („Kapp Lee"), Edgeøya.

6.20-2: Blick ins Rosenbergdalen, Edgeøya.

6.20-3: Schlucht mit Dreizehenmöwenkolonie. Diskobukta, Edgeøya.

6.20-4: Reste einer Pomorensiedlung (seit 2010 gesperrt). Habenichtbukta, Edgeøya.

6.20-5: Tundra und Berge am Andréetangen, Edgeøya.

6.21-1: Doppelter Speckofen aus der Walfängerzeit. Delitschøya (seit 2010 gesperrt), Tusenøyane.

6.21-2: „Bjørneborg", eine alte Trapperstation auf der Halvmåneøya. Edgeøya im Hintergrund.

6.22: Nordstranda, Hopen.

6.23.1: Blick vom Fuglefjellet auf die Südspitze der Bjørnøya mit der Felsnadel Stappen (186 m).

6.23.2: Küstenlandschaft im Südwesten der Bjørnøya, mit dem Felstor Kvalkjeften und der Felsnadel Sylen.

6.23.3: Die Wetterstation in Herwighamna, Bjørnøya.

6.23.4: Die Südostküste der Bjørnøya. Blick von Russehamna zum Miseryfjellet.

6.24-1: Die Isbukta im Sørkapp Land (Ostküste).

6.24-2: Die Stormbukta im Sørkapp Land (Westküste).

6.25.1: Gåshamna im Hornsund mit Resten der russischen Station der Gradmessungs-Expedition („Konstantinovka").

6.25.2: Der Hornsundtind, 1 429 m.

6.25.3-1: Bautaen (475 m), Hornsund.

6.25.3-2: Gletscherfront im Brepollen, Hornsund.

6.25.3-3: Gletscher im Brepollen: Svalisbreen, weiter hinten Mendeleevbreen. Blick vom Ostrogradskijfjellet.

6.25.4-1: Treskelen und Blick auf das Hyrnefjellet, Hornsund.

6.25.4-2: Austre Burgerbukta, Hornsund.

6.25.4-3: Sofiekammen mit Gnålodden an der Südspitze, Burgerbukta.

6.24.4-4: Gnålodden, Hornsund.

6.25.5: Die polnische Station in Isbjørnhamna, Hornsund, mit Landesflagge von Gastwissenschaftlern.

6.26. Westküstenlandschaft und Trapperhütte in Hyttevika.

6.27: Westküstenlandschaft unterhalb des Ingeborgfjellet im Bellsund.

6.27.1-1: *Blick vom Observatoriefjellet auf den Recherchebreen, Recherchefjord.*

6.27.1-2: *Blick vom Observatoriefjellet auf das Westufer des Recherchefjord.*

6.27.2-1: Kapp Toscana / Ahlstrandodden mit Überresten aus der Zeit des Weißwalfangs im frühen 20. Jahrhundert und Blick über den Van Keulenfjord.

6.27.2-2: Blick über den Forsbladodden, Van Keulenhamna und Van Keulenfjord.

6.27.3-1: Blick vom Gåsberget am Midterhuken über Akseløya und Van Mijenfjord.

6.27.3-2: Der Fridtjovbreen mittags gegen Ende Oktober, zu Beginn der Polarnacht.

unscheinbare Gräber.

Die ersten Norweger überwinterten 1823-24, evtl. schon ein Jahr zuvor. Ihr Haus, das **Hammerfest-Haus**, steht noch heute bei der Wetterstation. Es ist das älteste noch stehende Gebäude überhaupt in ganz Spitzbergen.

1899 okkuppierte der **Deutsche Seefischerei-Verein** den nördlichen Teil der Bjørnøya und baute eine Hütte („Tyskehytte") bei Gravodden westlich von der heutigen Wetterstation, von der mittlerweile nur noch Reste zu sehen sind.

Bei einer Antennenhütte am Lomvatnet wurde im November 1971 der junge Telegraphist Bjørn Tessem von einem Eisbären getötet.

Bjørnøya Radio: Die früher in Tunheim gelegene Wetter- und Radiostation zog 1947 an den heutigen Standort in Herwighamna um und ist nun eine von 3 noch aktiven, norwegischen Stationen im Atlantik, neben Hopen und Jan Mayen. 9 Personen sind dort tätig, um Wetterdaten aufzunehmen und nach Norwegen zu senden.

Gelegentliche Besucher stellen auf der Station meist eine willkommene Abwechslung dar, sofern sie nicht zu einer ungünstigen Zeit kommen. Überraschungsbesuch ist ungern gesehen und eine rechtzeitige Anmeldung selbstverständlich. Kontaktdaten sind über den Sysselmannen erhältlich. Neben einem kleinen Einblick in das Leben und Arbeiten auf einer Wetterstation in der Arktis und einem Besuch der historischen Gebäude auf dem Stationsgelände wird für Besucher der kleine Laden geöffnet, in dem Souvenirs wie T-Shirts, Becher usw. erhältlich sind. Darüber hinaus gibt es keine Infrastruktur für Touristen.

6.23.4 DER OSTEN: KVALROSSBUKTA, RUSSEHAMNA, MISERYFJELLET, TUNHEIM

Allgemein: Die Ostküste der Bjørnøya hat mehrere Landestellen sowie landschaftlich und historisch interessante Orte aufzuweisen.

Ortsnamen: Kvalrossbukta: „Walrossbucht". **Miseryfjellet:** „Elendsberg", als „Mount Misery" seit dem frühen 17. Jahrhundert in Gebrauch, genauer Ursprung unklar. Die 3 Gipfel des Miseryfjellet, von Nord nach Süd, **Skuld** (454 m), **Verdande** (462 m) und **Urd** (535 m), sind nach den altnordischen Nornen (Schicksalsgöttinnen) benannt. **Måkeholmen:** „Möwenschäre". **Russehamna:** „Russenbucht". **Røedvika:** Ole R. (1879-1937), norwegischer Anwalt und Geschäftsmann, an der in Tunheim engagierten Bjørnøen A/S beteiligt. **Tunheim:** Karl T., zeitweise Vorarbeiter der Minensiedlung.

Geologie: Die südliche Ostküste (Måkeholmen-Røedvika) besteht aus nichtmetamorphen Grundgebirgsgesteinen (Dolomit, Jungproterozoikum). Nördlich von Røedvika devonische Sedimente: Silt- und Sandsteine, Konglomerate. Mehrere Kohleflöze sind eingeschaltet, die zu den ältesten weltweit gehören. Jüngere Gesteine gibt es nur am Miseryfjellet in Form flachlagernder Sedimente aus dem Perm (Kalk- und Sandsteine) sowie, oberhalb von etwa 300 m Höhe, aus der Trias (dunkle Sand- und Siltsteine).

Landschaft: Steile Küstenlandschaft, landschaftlich neben der Südspitze abwechslungsreichster Teil der Bjørnøya. **Südlich des Miseryfjellet** ist die Küste in mehrere halbwegs geschützte Buchten gegliedert. Sørhamna bietet den besten Naturhafen, jedoch keinen Zugang zum Landesinneren. Landemöglichkeiten mit Zugang zum Inneren der Insel gibt es in Kvalrossbukta und Russehamna, wo jeweils kleine Flüsse ins Meer münden. Russehamna bietet den besten Schutz und einen schönen Kiesstrand. Ansonsten ist die gesamte Uferlinie in diesem Bereich steil und felsig, mit vielen vorgelagerten kleinen Felsen und Holmen.

An der mittleren Ostküste erhebt sich das **Miseryfjellet** mit seinen 3 Gipfeln, deren südlichster, Urd, mit 535 m die höchste Erhebung der Bjørnøya ist. Die Küste ist steil, aber nicht senkrecht wie an der Südspitze, und unterhalb von Urd liegt die Rutschmasse eines großvolumigen alten Bergrutsches am Hang. Die höheren Bereiche des Miseryfjellet sind über kleine Täler von Süden, Westen und Norden zugänglich, die Aussicht von oben ist beeindruckend.

Nördlich des Miseryfjellet besteht das Ufer aus einer 10-20 m hohen Steilküste, hinter der sich eine weite, sehr steinige Ebene mit vielen Seen erstreckt. Landemöglichkeiten mit Zugang zum Inselinneren gibt es nur wenige, halbwegs praktikabel ist nur die Mündung des Flüsschens Engelskelva in der Bucht Austervåg.

Flora und Fauna: Das Inland ist sehr karg, nur in der Nähe von Seevogelkolonien findet sich kleinräumig dichte Vegetation. Brutfelsen von Dickschnabel- und Trottellummen und anderen Kliffbrütern finden sich an geeigneten Stellen an den Steilküsten, vor allem am Fugleodden. Bei Tunheim brüten Krabbentaucher unter den Felsen, die Vögel sitzen oft auf den alten Gebäuden.

Geschichte: In der **Kvalrossbukta** stand 1905-08 eine aus 3 Gebäuden bestehende Walfangstation, von der noch einige Reste zu sehen sind. Von dort führt auch ein noch sichtbarer Pfad hoch zu den Klippen oberhalb von Sørhamna, wo der deutsche Journalist **Theodor Lerner**, genannt der „Nebelfürst“, 1899 eine Hütte baute, um diese als Basis für seine Okkupation der Bjørnøya zu nutzen. In der Nähe der Kvalrossbukta befand sich von Spätherbst 1944 bis April 1945 die deutsche Wetterstation „Taaget“, besetzt mit einem Norweger und einem Russen. Der Norweger starb unter ungeklärten Umständen, woraufhin der Russe evakuiert wurde. Von „Taaget“ ist fast nichts mehr zu sehen, es ist gerade noch erkennbar, wo sich die Station einmal befand.

In **Russehamna** gab es eine Jagdstation der Pomoren, von der allerdings nur noch wenig zu sehen ist. 1976 wurde auf dem Standort eine Freizeithütte für die Mannschaft der Wetterstation angelegt, südlich davon liegt auf einem Hügel ein Grab.

Nach der Aufgabe von Tunheim 1925 versuchte die Bjørnøen A/S sich einige Jahre lang ohne Erfolg an der Ausbeutung von Bleiglanzvorkommen bei **Blyhatten** südwestlich der Russehamna. Der kurze Stollen und ein paar sonstige Reste sind noch sichtbar.

In **Tunheim** betrieb die Bergbaugesellschaft Bjørnøen A/S aus Stavanger 1915-25 Steinkohlebergbau und errichtete dazu eine kleine Siedlung mit etwa 25 Häusern, in denen 60-80 Personen lebten. Ab 1918 gab es zusätzlich eine Wetter- und ab 1919 eine Telegraphenstation. Von den meisten Gebäuden sind nur noch Überreste zu sehen, ein paar stehen noch halbwegs. Es liegt noch eine ganze Menge alter Kram herum wie alte Schienenwagen, 2 verrostende alte Lokomotiven und Grubenausrüstung. Zum Verschiffen der Kohle wurde beim Siloodden eine Verladeanlage gebaut, die mit einem Schienenstrang an Tunheim angeschlossen ist. Zwischen Siloodden und Tunheim steht eine solide aus Stein gebaute Hütte, ehemals das Sprengstofflager, heute ein Ausflugsziel für die Besatzung der Wetterstation.

6.24 SØRKAPP LAND

De fikk ikke drivisen, og dermed muligheter for fangst på bjørn, før i siste halvdel av februar. Men da ble det fart i sakene. Den første fangstdagen fikk de 27 bjørn. ... På en dag i mars så de omkring 50 bjørn.

Das Treibeis, und damit die Möglichkeit zur Eisbärenjagd, bekamen sie vor Ende Februar nicht zu sehen. Aber da kam Schwung in die Sache. Am ersten Jagdtag erlegten sie 27 Bären. ... eines Tages im März sahen sie etwa 50 Bären.

Odd Lønø, *Norske fangstmenns overvintringer* Teil IV (1994)
zu einer Überwinterung am Sørkapp 1909-1910

Allgemein: Das Sørkapp Land, der südlichste Teil von Spitzbergen südlich des Hornsund, wird von Touristen selten besucht. Bei einer Schiffspassage von Osten zum Hornsund wird das Südkap von Spitzbergen meistens nachts umrundet. Wegen weitläufiger Untiefen geschieht dies in weiter Entfernung, so dass die flache, ziemlich unspektakuläre Südspitze kaum zu sehen ist. Das „eigentliche“ Sørkapp befindet sich auf der flachen Insel Sørkappøya. Wenn also nicht gerade die Mitternachtssonne auf ein spiegelglattes Meer scheint, so dass es sich lohnen kann, nach Walen Ausschau zu halten, lohnt es sich nicht, dafür auf den Schlaf zu verzichten, und leider haben derartige Wetterbedingungen im Süden von Spitzbergen Seltenheitswert. Daher sind Anlandeversuche an dieser Küste, an der es kaum geschützte Buchten gibt, nur selten möglich. Die Stormbukta ist interessant, allerdings schwer erreichbar, da das Ufer ungeschützt ist und oft kräftige östliche Winde über den Gletscher pfeifen. Auf der Sørkappøya sind Landungen außerhalb der Schutzzeit (Vogelreservat, s.u.) prinzipiell möglich, die weiträumig flachen Gewässer machen dies aber schwierig. Die sehr flache Insel bietet keinerlei Schutz vor Wind und Wetter, und wenn es nicht völlig ruhig ist, sollte man einen weiten Bogen um sie machen.

Auf der Ostseite des Sørkapp Landes bietet die von Gletschern umgebene Isbukta eine Möglichkeit für schiffsbasiertes Sightseeing, wobei in den unkartierten Gewässern auf Untiefen aufzupassen ist (v.a. um die Insel auf der Nordseite der Bucht). Auf der Südseite können kleine Schiffe hinter Landzungen halbwegs geschützt ankern.

Im Frühsommer ist das Sørkapp Land oft von Treibeis umgeben, während die weiter nördlich gelegene Westküste Spitzbergens schon eisfrei ist, da der kalte Ost-Spitzbergen-Strom von Nordosten um das Südkap driftet.

Das Sørkapp Land gehört zum Süd-Spitzbergen Nationalpark. Die Sørkappøya samt sämtlicher umliegender Inselchen und Schären ist ein Vogelreservat (Annäherung und Betreten von 15. Mai - 15. August verboten).

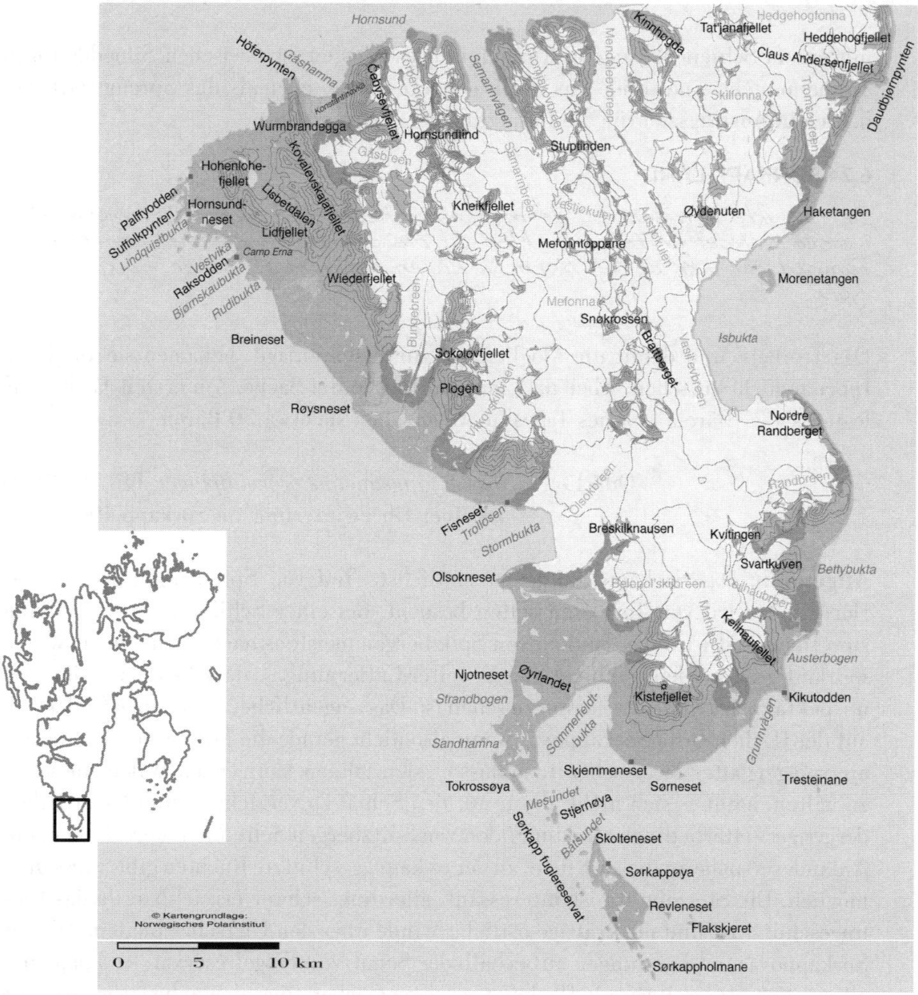

Ortsnamen: Fisneset: Nach den schwefligen Gerüchen der Quelle. Wörtlich übersetzt: „Furznase", „Nase" im Sinne von „Landspitze". **Isbukta:** „Eisbucht". **Olsokbreen:** Nach dem Heiligen St. Olav. Norwegische Forscher (Hoel u.a.) besuchten den Gletscher am 29. Juli 1920, seinem Namenstag. **Sommerfeldtbukta:** Søren Christian S. (1794-1838), norwegischer Botaniker. **Stormbukta:** Erik S. (1904-36), norwegischer Pilot. Die Übersetzung „Sturmbucht" wäre auch manchmal angemessen. **Trollosen:** „Troll-Fluss".
Geologie: Die Westküste besteht aus einem tektonisch komplizierten Mosaik verschiedener Sedimente: Südlich des Olsokbreen Perm-Tertiär, nördlich des Olsokbreen (Stormbukta) schwachmetamorphe Grundgebirgskarbonate (Ordovizium-Silur).

Die Ostküste des Sørkapp Land besteht aus jüngeren, flachlagernden Sedimenten (Unterkreide, Alttertiär): dunkle Silt- und Tonsteine.

Landschaft: An der West- und Südküste erstreckt sich eine weite, flache Küstenebene, die sich streckenweise in Form von weitläufigen Untiefen und kleinen Inseln ins Meer hinein fortsetzt. Diese Ebene ist südlich des Olsokbreen weitläufig von geometrischen Mustern aus alten Strandwällen und Seen bedeckt, die gut sichtbar sind, wenn man während des Fluges nach oder von Spitzbergen Glück mit dem Wetter und einen günstigen Sitzplatz hat.

Das gebirgige Inland ist stark vergletschert. An der Westküste erreicht der Olsokbreen mit einer ca. 4 km breiten Front das Meer. Nördlich davon, in der **Stormbukta**, gibt es einige interessante Landschaftsphänomene, die durch die Wasserlöslichkeit der dort anstehenden Karbonatgesteine bedingt sind. Dort sprudelt nah am Ufer Spitzbergens größte Quelle Trollosen, die immerhin 15-20 m^3/s Wasser schüttet. Etwas weiter südlich gibt es mehrere weitere, kleine Quellen. Keine dieser Quellen ist vulkanischen Ursprungs, obwohl sie teilweise leicht nach faulen Eiern stinken. Die Schwefelverbindungen, die für den Geruch verantwortlich sind, entstammen schwefelhaltigen Sedimentgesteinen, und das Wasser ist das durch Karsthöhlen abfließende Schmelzwasser der umliegenden Gletscher.

Die Ostküste ist deutlich steiler, dort gibt es nur wenig Flachland, etwa in der wüstenhaft kargen, finster wirkenden Bettybukta, deren Ufer allerdings flach und ungeschützt ist. Die **Isbukta** ist halbkreisförmig von Gletschern umgeben, die in den letzten Jahrzehnten aber kräftig zurückgegangen sind, so dass die Bucht mittlerweile recht weitläufig ist. Dennoch bietet sie mit den schroffen Bergen im Hintergrund ein spektakuläres Panorama.

Flora und Fauna: Der kalte Ost-Spitzbergen-Strom macht sich klimatisch bemerkbar, so dass die Tundra im Gegensatz zu den weiter nördlich gelegenen Fjorden im Sørkapp Land zur hocharktischen Svalbardmohnzone zählt. Nördlich des Olsokbreen gibt es eine Dreizehenmöwenkolonie, wo sich natürlich auch Eisfüchse niedergelassen haben. Die weitläufigen Küstenebenen sind im Frühjahr und im Herbst wichtige Rastgebiete für Zugvögel. Vogelkundliche Beobachtungen auf der Sørkappøya haben eine erstaunlich lange Artenliste gebracht, manche vom Sturm dorthin gepustete, lokal exotische Vogelart mag sich in letzter Minute auf die exponierte Insel „gerettet" haben.

Wenn der Ost-Spitzbergen-Strom im Frühjahr Treibeis von Nordosten bringt, ist die Südspitze Spitzbergens eine der bärenreichsten Regionen der ganzen Inselgruppe ...

Geschichte: ... was die Südspitze zu einem guten Jagdrevier gemacht hat. Die **Pomoren** hatten auf der Sørkappøya nicht weniger als 3 Jagdstationen, die zu den insgesamt 6 auf Spitzbergen gehören, von denen russische Archäologen annehmen, dass sie bereits in der Mitte des 16. Jahrhunderts dort standen, also vor der „offiziellen" Entdeckung von Spitzbergen durch Willem Barentsz. Zwischen 1908 und 1933 haben auch norwegische **Trapper** mehrfach dort überwintert. Gleich die erste Überwinterung begann mit einer Katastrophe, als im Oktober 1908 von 4 Norwegern 2 auf Nimmerwiedersehen mit einem Ruderboot im Treibeis abdrifteten.

Der Wahnsinn des **Zweiten Weltkrieges** ging am Sørkapp Land nicht spurlos vorbei. Ende 1942 rammte der britische Konvoi-Frachter *Chumleigh* ein Riff unweit der Sørkappøya und wurde kurz darauf von deutschen Flugzeugen bombardiert (siehe

Abschnitt 6.1.1 *Kapp Linné/Isfjord Radio, Russekeila, Festningen*). 1944-45 unterhielt die deutsche militärische Spionageabwehr „Abwehr“ in der Stormbukta die mit 2 Norwegern bemannte Kriegswetterstation „Landvik“, die erst am 06. August 1945 evakuiert wurde. Ein paar Überreste sind noch zu sehen.

6.25 HORNSUND

Hornsund, med mektige fjell på begge sider, hele fjorden full av spredte isflak, drivende på et speilblankt hav, mens tindrende høstsol forgyller det hele, det kan ikke beskrives.

> Der Hornsund, mit mächtigen Bergen zu beiden Seiten, der ganze Fjord voll mit verteilten Eisschollen, die auf einem spiegelblanken Meer treiben, während die funkelnde Herbstsonne das Ganze vergoldet, das kann man nicht beschreiben.

> Wanny Woldstad, *Første kvinne som fangstmann på Svalbard* (1956)

Allgemein: Der Hornsund, gut 30 km lang und an der Mündung 10 km breit, ist nicht nur der südlichste Fjord Spitzbergens, sondern, wie manche sagen, auch der schönste (wie auch der Kongsfjord, der Magdalenefjord, der Smeerenburgfjord, der Liefdefjord, ...). Acht größere Gletscher erreichen mit ihren Abbruchkanten das Ufer, und unter den markanten Bergen, die den Hornsund säumen, befindet sich mit dem 1 429 m hohen Hornsundtind der höchste Berg im Süden Spitzbergens. Es ist vor allem diese Berg- und Gletscherwelt, die den Hornsund attraktiv macht; wetterbedingt sieht man sie aber nicht immer vollständig: Zumindest die höheren Gipfel bleiben oft in den Wolken verborgen. Der Fjord bietet auch nur wenig Schutz vor kräftigen Winden in Ost-West-Richtung, wobei man dann in Seitenbuchten sein Glück versuchen kann. Gåshamna bietet manchmal erstaunlich guten Schutz vor Wind und Wellen.

Der Hornsund steht unter dem Einfluss der kalten Wassermassen, welche der Ost-Spitzbergen-Strom um die Südspitze Spitzbergens herum treibt. Daher ist der Fjord im Frühsommer manchmal noch von Treibeis blockiert, wenn die Fjorde der weiter nördlich gelegenen Westküste schon eisfrei sind. Darüber hinaus ist mit treibenden Gletschereisstücken zu rechnen, so dass der Hornsund für kleine Boote nicht unbedingt die richtige Stelle ist, um sich nach anstrengender Überfahrt vor Anker liegend zu erholen (besser ist oft der Ankerplatz auf der Innenseite der Dunøyane an der Westküste nördlich vom Hornsund).

Der Hornsund wird von Schwellen am Grund in mehrere Becken unterteilt. In diesen Becken sammeln sich die kalten, dichten („schweren“) Wassermassen, von der Oberfläche durch etwas wärmere und/oder salzärmere und demzufolge weniger dichte Wasserschichten getrennt. Dementsprechend gibt es im Hornsund ein für Wissenschaftler interessantes, kleinräumiges Neben- und Untereinander von hochpolaren und subpolaren Wassermassen mit jeweils unterschiedlichen physikalischen und biologischen Eigenschaften, beispielsweise in direkter Nachbarschaft lebende Planktongesellschaften, die für die jeweiligen Wassermassen charakteristisch sind.

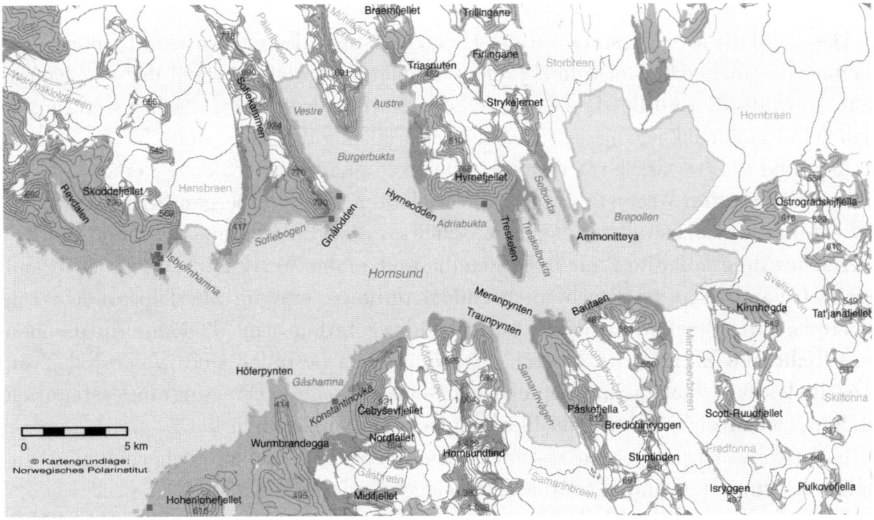

In Isbjørnhamna befindet sich eine dauerhaft besetzte polnische Forschungsstation. Der Hornsund gehört zum Nationalpark Süd-Spitzbergen. Dieser einleitende Abschnitt dient dem ersten Überblick über den Hornsund, weitere Details in den folgenden Abschnitten 6.21.1-6.21.5.

Ortsnamen: Hornsund: „Sie brachten ein Stück eines Rentierhorns an Bord, daher nannte ich diese Bucht Hornsund.“ Jonas Poole, englischer Walfänger (1610).

Geologie: Abwechslungsreich. Es stehen Gesteine fast aller in Spitzbergen vorhandenen Kapitel der Erdgeschichte an, vom Grundgebirge im Westen (400 Millionen Jahre und älter) bis ins Alttertiär (40-50 Millionen Jahre) im inneren Hornsund.

Auch ohne die Gesteinsarten im Einzelnen zu betrachten, ist die grobe geologische Struktur interessant. Je näher man sich an der Westküste befindet, desto älter und stärker deformiert sind die Gesteine: von metamorphen Grundgebirgsgesteinen an der Außenküste und im mittleren Hornsund über steilstehende, paläozoische Sedimente im mittleren/inneren Hornsund bis hin zu flachlagernden Sedimenten im innersten Fjordabschnitt, die aus dem Alttertiär stammen und somit zu den jüngsten auf Spitzbergen gehören. Diese Struktur prägt das Landschaftsbild sichtbar.

Landschaft: Sehenswerte Berg- und Gletscherwelt mit einigen markanten Bergen wie Hornsundtind, Bautaen, Sofie- und Luciakammen. Das Landschaftsbild im Hornsund zeigt ein typisches Profil quer durch westküstennahe und zentrale Bereiche Spitzbergens, wie auch der Bellsund und Isfjord: weite Ebenen an der Außenküste - alpine Berglandschaften aus Grundgebirgsgestein (Burgerbukta, Hornsundtind) - „strukturgestützte“ Landschaften aus steilstehenden Sedimentgesteinen (Eingangsbereich zum Brepollen mit Bautaen, Treskelen) - Plateauberge aus flachlagernden Sedimenten (östlich des Brepollen).

Das Landesinnere ist stark vergletschert, nur im äußeren Hornsund finden sich nennenswerte Flächen eisfreien Landes und nichtvergletscherte Täler (Gåshamna auf der Südseite und Revdalen westlich der Station). Fast alle Gletscher sind im 20. Jahrhundert zurückgegangen, teilweise kräftig (siehe z.B. Abschnitt 6.25.3 *Brepollen*). Daher sind die Gewässer vor den Gletscherfronten auf der Seekarte weiß.

Flora und Fauna: Wegen des Einflusses des kalten Ost-Spitzbergen-Stroms zählt die Vegetation im Hornsund zur hocharktischen Svalbardmohn-Zone. Größere Tundrabereiche gibt es alledings nur in Gåshamna und an der Westküste. Das überwiegend steile Gelände, das im Uferbereich zudem teilweise erst im 20. Jahrhundert von Gletschern freigegeben wurde, ist weitgehend vegetationsarm. Markante Ausnahmen mit dicht und kräftiggrün bewachsenen Bereichen befinden sich in der Nähe von Vogelkolonien (Isbjørnhamna, Gnålodden), wo die konstante Düngung eine erstaunlich dichte, farbenreiche Moos- und Flechtendecke hervorgebracht hat.

In der Nähe der polnischen Station finden sich große Krabbentaucherkolonien, die felsigen Brutplätze sind allerdings überwiegend schwer zugänglich.

Wenn Treibeis um das Südkap herum in den Hornsund driftet, bringt es oft Eisbären mit, die dann einer „Eisbärenwanderroute“ über die flachen Gletscher im innersten Hornsund zurück nach Osten folgen („Eisbärenkarussell“). Es kann sich im Hornsund immer lohnen, Wasser, Eis, Uferlinie und Hänge genau zu beobachten: Irgendwo treibt sich immer ein Eisbär oder eine Herde Weißwale herum, aber finden muss man sie.

Geschichte: Fast alle „klassischen Nutzer“ Spitzbergens haben auch im Hornsund Halt gemacht, von den Walfängern im 17. Jahrhundert über Pomoren und Trapper bis hin zu wissenschaftlichen Expeditionen.

Hier soll die Expedition 1872 von Graf **Hans Wilczek** erwähnt werden, deren Hauptaufgabe die Errichtung eines Depots auf Novaya Zemlya war. Dieses Depot sollte der österreichisch-ungarischen Nordpolexedition von Payer und Weyprecht, die später durch die Entdeckung des Franz Josef Landes berühmt wurde, die Rückkehr erleichtern. Als wichtigster Sponsor der Expedition ließ Graf Wilczek es sich nicht nehmen, die Hilfsexpedition an Bord des norwegischen Eismeer-Schiffes *Isbjørn* selbst zu leiten. Auf der Anreise nach Novaya Zemlya blieb die Expedition einige Tage im Hornsund und widmete sich dort topographischen Vermessungen sowie diversen Gletscher- und Bergtouren, wobei Graf Wilczek die Namen von Mitgliedern der Expedition sowie seiner Familie und seines Bekanntenkreises überall im Hornsund auf der Landkarte verstreute.

6.25.1 GÅSHAMNA

Allgemein: Offene Bucht auf der Südseite des Hornsund, aber oft ein guter Ankerplatz mit brauchbaren Landebedingungen, auch wenn kräftiger Ost-West-Wind durch den Hornsund weht. Der gesamte Hornsund gehört zum Nationalpark Süd-Spitzbergen.

Ortsnamen: Gåshamna: „Gänsebucht“, früher Goeshaven, genauer Ursprung unklar, evtl. nach einer Person oder einem Ort in Holland. **Konstantinovka:** Großherzog Konstantin Konstantinovitsch (1858-1915), russischer Wissenschaftler. **Nigerbreen:**

Nach der durch die Moräne dunkel aussehenden Oberfläche. **Tsjebysjovfjellet:** Pafnutij Ljvovitsch T. (1821-94), russischer Mathematiker. **Wurmbrandegga:** Gundaker W. (1838-1901), österreichischer Politiker.

Geologie: Grundgebirge. Quartärgeologisch gibt es in Gåshamna einiges zu sehen. Auf der Westseite des Tsjebysjovfjellet fließt der kleine Gletscher Nigerbreen den Hang hinab und endet in einer Moräne, die nahtlos in einen Blockgletscher übergeht. Der verzweigte Schmelzwasserfluss („Zopfstrom") des Gletschers Gåsbreen wie auch dessen Moräne fallen auf Anhieb ins Auge. Auf der flach ansteigenden Tundra auf den Talseiten gibt es stellenweise sehr schöne Frostmusterböden.

Landschaft: Die Bergzüge Wurmbrandegga (westlich von Gåshamna, 392 m) und Tsjebysjovfjellet (Ostseite, 920 m) rahmen die 3 km weite Bucht malerisch ein. Der Gletscher Gåsbreen endet 2 km von der Küste entfernt in einer Moränenlandschaft. Zwischen Moräne und Küste befindet sich eine der größten, flachen und eisfreien Flächen im Hornsund, die überwiegend vom steinigen Flussbett eines verzweigten Schmelzwasserflusses eingenommen wird. Das recht große, halbwegs flache, eisfreie Gelände erlaubt kleine, einfache Wanderungen ins Inland.

Auf der Westseite von Gåshamna liegt die Landspitze Hoferpynten mit einer malerischen kleinen Bucht und einer schönen Felshügellandschaft.

Flora und Fauna: Das weite Flussbett ist praktisch vegetationsfrei, aber auf den seitlichen Hängen gibt es flache Tundraflächen, auf denen Schmarotzerraubmöwen brüten. In flachen Bereichen nahe der Küste, wie bei den Resten von Konstantinovka (siehe Geschichte), gibt es Brutkolonien von Küstenseeschwalben. Sowohl die Küstenseeschwalben als auch Schmarotzerraubmöwen reagieren sehr aggressiv auf Eindringlinge. Abstand ist daher wichtig, und wer den Vögeln zu nahe kommt, wird das schnell merken und sollte zügig das Weite suchen.

Geschichte: Walfänger, vermutlich aus England, haben Gåshamna genutzt, um dort Landstationen zu betreiben, wovon sowohl auf der West- als auch der Ostseite der Bucht noch große Walknochen und Reste von Tranöfen zeugen. Am Hoferpynten liegen deutlich sichtbar die Reste einer Pomoren-Jagdstation.

1899-1900 hatte die russische Abteilung der Schwedisch-Russischen Gradmessungsexpedition (siehe Abschnitt 5.5 *Frühe Expeditionen*) auf der Ostseite der Gåshamna ihr Hauptquartier und Observatorium „Konstantinovka", von dem noch umfangreiche Reste zu sehen sind. Eine direkt bei Konstantinovka gebaut Hütte diente ab 1906 vielfach norwegischen Jägern als Basis für Überwinterungen. Einem gefiel es dort so gut, dass er zwischen 1927 und 1939 nicht weniger als 8 mal überwinterte, davon 4 mal allein.

6.25.2 HORNSUNDTIND, SAMARINVÅGEN

Allgemein: Der mittlere Hornsund ist sowohl auf der Nord- als auch auf der Südseite landschaftlich spektakulär. Auf der Südseite, um die es hier geht, gibt es keine nennenswerten Landestellen. Das gesamte Gebiet gehört zum Nationalpark Süd-Spitzbergen.

Ortsnamen: Hornsundtind: siehe 6.25 *Hornsund*. **Meranfjellet:** Franz M. (1839-91),

Freund von Graf Wilczek. **Påskefjella:** „Osterberge". Im März 1900 behinderte das Massiv die Rückkehr einer russischen Schlittenexpedition, die rechtzeitig zu Ostern wieder in Gåshamna sein wollte. **Samarinvågen, -breen:** Nach einem Mitglied der der russischen Abteilung der Gradmessungsexpedition. **Traunkammen:** Otto T. (1818-54), österrreichischer Graf.

Geologie: Der Hornsundtind besteht aus einem tektonisch komplizierten Mosaik von mehr oder weniger metamorphen Grundgebirgsgesteinen aus dem Ordovizium, vor allem metamorphe Karbonate („Marmor"). Auf der Westseite vom Samarinvågen und südlich davon fällt ein schmaler, Nord-Süd-verlaufender Streifen aus steilstehenden, teilweise violettrot gefärbten Old Red-Sedimenten (Devon) ins Auge.

Das Meranfjellet-Påskefjella-Massiv auf der Ostseite der Bucht Samarinvågen besteht aus Sedimenten aus dem Karbon (Sand-, Siltsteine, Konglomerate) und somit aus den jüngsten Gesteinen des Gebietes.

Landschaft: Sehr steile, alpine Gebirgslandschaft, beherrscht vom Hornsundtind, mit 1 429 m der höchste Berg im südlichen Teil Spitzbergens. Der höchste Gipfel des Hornsundtind hat eine markante Doppelspitze, die sich allerdings leider oft in den Wolken versteckt. Das Hornsundtind-Massiv und auch das weitere Inland sind kräftig vergletschert. Im Inneren der Bucht Samarinvågen erreichen 2 kleinere Seitengletscher des Hornsundtind sowie der große Samarinbreen das Ufer. Der Samarinbreen ist phasenweise sehr aktiv und lässt Eisberge entstehen; im 20. Jahrhundert war er aber deutlich spendabler, als ihm gut tut, so dass er sich um einige Kilometer zurückgezogen und dabei 2006 ein kleines Felsen-Inselchen freigegeben hat. Zur jüngeren Gletschergeschichte siehe Abschnitt 6.25.3 *Brepollen.*

Flora und Fauna: Entfällt an Land weitgehend aufgrund der Topographie.

Geschichte: Nach mehreren Versuchen durch frühere Expeditionen gelang der deutschen Bergsteiger-Expedition von Dr. Rieche 1938 die Erstbesteigung des Hornsundtind. Die „übliche" Gipfelroute führt von der Bucht Gåshamna aus über den Gåsbreen.

6.25.3 BREPOLLEN

Allgemein: Weite Bucht mit vergletscherten Ufern im innersten Hornsund. Eine Fahrt durch den Brepollen gehört oft zum Programm auf Schiffsbesuchen im Hornsund. Gute Landestellen gibt es im Brepollen selbst nicht, auch wenn es möglich ist, an den Moränen-Halbinseln zwischen den großen Gletschern an Land zu gehen. Das ufernahe Gelände ist aber nicht gerade attraktiv zum Wandern. Bei gutem Wetter lassen sich Berge wie das Ostrgradskijfjellet erwandern, wo es spektakuläre Aussichten gibt. Der gesamte Hornsund gehört zum Nationalpark Süd-Spitzbergen.

Ortsnamen: Bautaen: „Der Monolith". **Brepollen:** „Gletscherbucht". **Chomjakovbreen:** nach einem Mitglieder der russischen Abteilung der Gradmessungsexpedition. **Hornbreen:** siehe Abschnitt 6.25 *Hornsund.* **Mendeléjevbreen:** Dmitri Ivanovitsch M. (1834-1907), russischer Chemiker. **Storbreen:** „Großer Gletscher". **Svalisen:** „kühles Eis", telegraphische Adresse eines Vorläufers des norwegischen Polarinstitutes.

Geologie: Im Eingangsbereich des Brepollen stehen Sedimente aus Perm, Trias und Jura an, wobei die Schichten von West nach Ost jünger werden. Zur Halbinsel Treskelen siehe nächster Abschnitt. Auf der Südseite ist die Schichtfolge durch Tektonik etwas nach Osten versetzt: Gegenüber von Treskelen befindet sich das Meranfjellet (metamorphes Grundgebirge), das sedimentäre Deckgebirge beginnt östlich davon. Dort treten die harten, steilstehenden Karbonate aus dem Perm in Form des markanten **Bautaen** (475 m) auffällig in Erscheinung. Bautaen ist der nördlichste Gipfel eines langen Grates, erscheint aus der richtigen Perspektive jedoch wie ein fast nadelscharfer, einzeln stehender Fels.

Östlich des Bautaen beginnt das Mesozoikum (Trias, Jura), dort lagern die Schichten überwiegend flach. Durch die dunklen Silt-, Sand und Tonsteine erscheint die Landschaft, soweit sie unvergletschert ist, recht düster. Die flache Schichtung hat östlich von Brepollen die Bildung von plateauförmigen Bergen begünstigt, wie sie für zentrale und östliche Teile Spitzbergens typisch sind.

Landschaft: Zur unvergletscherten Landschaft siehe „Geologie". Besonders markant sind jedoch die vielen, weiten Gletscherfronten, von denen die Bucht Brepollen auf fast allen Seiten umgeben ist. Der Brepollen hat im Laufe des 20. Jahrhunderts dramatische Veränderungen durchgemacht. Warum ist dies der einzige Bereich des Hornsund, in dem Graf Wilczek 1872 keine Ortsnamen hinterlassen hat? Weil die Bucht bis ins frühe 20. Jahrhundert hinein nicht existierte! 1900 gab es eine Gletscherfront westlich von Treskelen, in welcher die Gletscher aus dem Brepollen und dem Samarinvågen zusammenliefen. Seitdem hat sich diese Gletscherfront immer weiter zurückverlegt, so dass Samarinvågen und Brepollen mehr und mehr gletscherfrei geworden sind. Alleine in den Jahren 1983-1999 sind die Gletscher im Brepollen um bis zu 5 km rückwärts gewandert. Eine „Teilschuld" an diesem dramatischen Schwund trägt ihre kreisförmige Anordnung: Je weiter sie sich zurückziehen, desto breiter werden die Fronten, an denen Eis verloren geht: Heute sind die Gletscherfronten, von denen der Brepollen umgeben ist, jeweils über 7 oder sogar 8 km weit (Hornbreen, Storbreen). Gleichzeitig schrumpft auf dem Gletscher die Sammelfläche für Schnee, welcher den Nachschub bildet. Somit verursacht die „ungünstige" Geometrie der Gletscher eine „positive Rückkopplung": die Wirkung verstärkt selbst ihre eigene Ursache.

Dieser Prozess begann im späten 19. Jahrhundert, also nach dem Ende einer natürlichen kalten Klimaphase, der „Kleinen Eiszeit" und vor der Entwicklung dessen, was als „global warming" bezeichnet wird und wofür der Mensch mitverantwortlich ist. Die zusätzliche Erwärmung der letzten Jahrzehnte hat den Gletscherrückgang im Brepollen nun allerdings deutlich beschleunigt.

Mittlerweile sind die Gletscher im Brepollen soweit zurückgegangen, dass sie nicht mehr eine durchgehende Gletscherfront bilden, sondern jeweils einzelne, da nun die zwischen den Gletschern stehenden Berge oder zumindest Halbinseln aus Moränen teilweise ans Ufer kommen.

Der einzige Gletscher, dessen Front sich zeitweise nicht zurückgezogen hat, sondern sogar etwas vorgestoßen ist, ist der Mendeléevbreen auf der Südseite des Brepollen. Dies zeigt, dass die Beziehung Klima-Gletscher komplizierter ist, als oft in den Medien dargestellt wird, und dass jeder Gletscher ein individuelles, komplexes System ist, das auf veränderte Rahmenbedingungen zumindest kurzzeitig anders reagieren kann als seine Nachbarn. Der Vorstoß ist die Folge eines „Surge" im Jahr 2000. Mittlerweile kann sich jedoch auch der Mendeléevbreen dem allgemeinen Rückzugstrend nicht mehr verweigern.

Flora und Fauna: An steilen Berghängen gibt es einige kleinere Seevogelkolonien. Flaches, eisfreies Land in Meereshöhe ist begrenzt und war vor wenigen Jahrzehnten noch von Gletschern bedeckt, so dass sich noch keine nennenswerte Vegetation gebildet hat.

6.25.4 ADRIABUKTA, BURGERBUKTA, GNÅLODDEN

Allgemein: Die Nordküste des zentralen Hornsund ist so etwas wie „Spitzbergen in einer Nussschale", zumindest gibt es dort vieles von dem, was die Arktis so reizvoll macht: eine wilde Berg- und Gletscherlandschaft, ein Vogelfelsen, eine einsame Trapperhütte, und in den Buchten treiben oft viele Eisberge.

Landemöglichkeiten bestehen bei Gnålodden, wobei man bei Niedrigwasser ein gutes Auge auf die Unterwasserfelsen haben muss, und in der Adriabukta. Schön zum Wandern ist die Halbinsel Treskelen östlich der Adriabukta mit mit feiner Aussicht über den gesamten Hornsund und ästhetisch reizvoller Geologie. Der gesamte Hornsund gehört zum Nationalpark Süd-Spitzbergen.

Ortsnamen: Adriabukta: Nach der Adria. **Burgerbukta:** Wilhelm B. (1844-1920), Mitglied von Wilczeks Expedition. **Gnålodden:** gnåle (Norw.) = „beständig summen", nach dem Geräusch des Vogelfelsens. **Hyrnefjellet:** „Der Berg an der Ecke". **Luciakammen** und **Mariekammen:** L. Pálffy (1862-1958) und M. Kinsky, (1858-1938), Töchter von Graf Wilczek. **Mühlbacherbreen** und **Paierlbreen**: Ferdinand M. (1840-1913) und Georg P. (eigentlich Bäuerle), Mitglieder von Wilczeks Expedition. **Sofiekammen:** S. Öttingen-Öttingen (geb. Metternich), Umfeld des Grafen Wilczek. **Treskelen:** „Die Schwelle", die Topographie beschreibend.

Geologie: Komplex und bunt. Sofiekammen/Gnålodden, Luciakammen: Kräftig deformierte, schwach metamorphe Karbonate, Grundgebirge (Ordovizium-Silur).

Ostseite der Burgerbukta/Adriabukta: Im unteren Hangbereich rötliche Sandsteine und Konglomerate (Devon, Karbon). In mittlerer Höhe gelblichbraune Karbonate (Perm). Nach oben hin schließt die Schichtfolge mit dunklen Silt-, Sand- und Tonsteinen aus der Trias ab. Insgesamt ergibt sich eine bunte Schichtenfolge aus Devon, Karbon, Perm und Trias, die bei gutem Licht optisch auch für geologische Laien gut unterscheidbar ist. Das Ganze ist beim Hyrnefjellet am schönsten, da die Schichten dort zu einem schönen, nach unten offenen Bogen gefaltet sind.

Vom Westufer abgesehen, bestehen die Halbinsel Treskelen und die östlich anschließenden Halbinseln und Inselchen aus Trias- und Jurasedimenten (dunkle Sand- und Siltsteine), wobei vor allem die Ostseite von Treskelen weitgehend von Moräne bedeckt ist. Durch die nahezu senkrecht in Nord-Süd-Richtung verlaufenden Schichten hat sich ein geometrisches Muster parallel verlaufender, kleiner Halbinseln gebildet.

Landschaft: Die Burgerbukta besteht aus 2 Buchten, der Vestre (westliche) und Austre (östliche) Burgerbukta, getrennt vom Luciakammen. Beide enden an mittelgroßen, aber schönen Gletschern mit jeweils 2 km breiten Fronten (Mühlbacher- und Paierlbreen), diese haben sich im Laufe des 20. Jahrhunderts um mehrere Kilometer zurückgezogen. Beide Gletscher sind manchmal sehr aktiv, so dass die Burgerbukta komplett von kleineren Eisbergen ausgefüllt sein kann.

Die umgebenden Berge sind sehr steil und schroff und erreichen dicht am Ufer 925 m (Sofiekammen), 695 m (Luciakammen) und 815 m (Urnetoppen). Ein kleines Stück Flachland gibt es beim Gnålodden, der Südspitze des Sofiekammen.

Die Halbinsel Treskelen hat auf der Weststeite eine sehr reizvolle Küstenlandschaft mit malerischen Uferfelsen, darunter vor dem Südende das sogenannte Schachbrett, eine in viereckige Stücke zerlegte, große Sandsteinplatte. Wer gut zu Fuß ist, hat vom Rücken der Halbinsel aus einen wunderbaren Rundumblick.

Flora und Fauna: Nennenswerte Tundra gibt es, der Topographie entsprechend, nur beim Gnålodden, wo eine große Seevogelkolonie in den nahegelegenen Steilhängen für kräftige Düngung sorgt. Der Brutfelsen selbst liegt in einiger Höhe.

Geschichte: Als eine von wenigen möglichen Landestellen in der Umgebung blieb der Gnålodden frühen Besuchern nicht verborgen. Im 18./19. Jahrhundert gab es dort eine kleine Jagdhütte der Pomoren, von der allerdings kaum noch etwas übrig ist. Auf einer kleinen Landspitze an der Ecke zur Burgerbukta liegt noch ein Grab.

Auffälliger ist eine Trapperhütte, die mindestens 1919 schon in der heutigen Form stand. Diese wurde über Jahrzehnte hinweg von norwegischen Jägern benutzt, da der Hornsund den Ruf eines guten Jagdreviers für Eisbären und Eisfüchse hatte. Die Hütte am Gnålodden war eine auf der Durchreise benutzte Nebenstation, der „Hauptwohnsitz" war oft das größere Haus in Hyttevika nördlich vom Hornsund. Als Bindeglied diente eine Hütte in Isbjørnhamna, eine weitere Hütte in der Adriabukta vergrößerte das Revier nach Osten. Die Norwegerin Wanny Woldstad, eine legendäre Figur der Trapperzeit auf Spitzbergen, verbrachte zwischen 1932 und 1937 die Winter zusammen mit ihrem Partner Anders Sæterdal im Hornsund. Zweimal brachte Wanny ihre beiden Söhne mit, die in einem Alter waren, in dem man eigentlich zur Schule geht und nicht auf Eisbärenjagd. 1959 starb Wanny Woldstad, nachdem sie von einem Lastwagen angefahren worden war. Die Jagdhütten in Hyttevika, am Gnålodden und in der Adriabukta waren bis 1971 in Gebrauch.

6.25.5 ISBJØRNHAMNA

Allgemein: In Isbjørnhamna befindet sich mit der polnischen Forschungsstation die südlichste „Siedlung" der Hauptinsel Spitzbergen. Besuche der Station und ihrer Umgebung müssen vorher abgesprochen werden, seit 2008 haben die Forscher aber kaum noch Touristen in ihrer Station empfangen. Isbjørnhamna gehört wie der übrige Hornsund zum Nationalpark Süd-Spitzbergen. Die Uferlinie ist felsig, Landungen sind auf der Ostseite der Station möglich, wobei man auf vorgelagerte Steine achten muss.

Ortsnamen: Hansbreen: H. Rafael Wilczek (1861-1929), Sohn von Graf Wilczek.

Isbjørnhamna: Norwegisches Schiff, u.a. 1872 von Graf Wilczek gechartert. **Wilczekodden:** Graf Johann (Hans) Nepomuk W. (1837-1922).
Geologie: Metamorphes Grundgebirgsgestein (Marmor, Schiefer).
Landschaft: Diese bietet einen für die äußere Westküste Spitzbergens typischen Querschnitt. An der Außenküste erstreckt sich eine flache Küstenebene, hinter der sich Bergketten erheben, die 400-700 m Höhe erreichen. Westlich der polnischen Station befindet sich eine regionale Rarität: ein unvergletschertes Tal mit einem See. Gut 2 km östlich der Station erreicht der Hansbreen mit seiner etwa 2,5 km breiten Abbruchkante den Hornsund. Dieser Gletscher war im 20. Jahrhundert vergleichsweise wenig vom allgemeinen Schwund betroffen und ist zwischen 1936 und 1990 weniger als 1 km zurückgewichen.
Flora und Fauna: Die unteren Hänge der Berge nördlich der polnischen Station, v.a. Fugleberget, sind von grobem Blockschutt bedeckt. Unter diesem Schutt brüten große Krabbentaucherkolonien. Die genauen Zahlen sind unbekannt, dürften aber bei mehreren 10 000 Brutpaaren liegen. Die Krabbentaucher werden von Forschern der Station untersucht, touristische Besuche müssen vorher mit den Wissenschaftlern abgesprochen werden. Durch die kräftige Düngung hat sich unterhalb der Vogelkolonien ein sehr reicher Flickenteppich aus Moosen und Flechten entwickelt.
Geschichte: Da die Isbjørnhamna eine halbwegs geschützte Bucht ist und sich dort begehbares Flachland befindet, haben dort viele Besucher Halt gemacht. Ältere Spuren aus den Zeiten der Walfänger, Pomoren und Trapper sind allerdings weitgehend dem Stationsbau gewichen, der das Gelände heute prägt.
Polnische Station: Während des Internationalen Polarjahres 1957/58 etablierte Polen in Isbjørnhamna eine Forschungsstation. Die Station wurde über das Polarjahr hinaus beibehalten. Zunächst erfolgte der weitere Betrieb unregelmäßig und primär im Sommer, aber seit den frühen 1970ern halten sich Personal und Wissenschaftler dauerhaft dort auf. Zu Zeiten des Eisernen Vorhangs war die wissenschaftliche Zusammenarbeit im Hornsund eine der wenigen Austauschmöglichkeiten polnischer Forscher mit westlichen Kollegen. Auch heute ist die Arbeit in Isbjørnhamna stark international geprägt.

Der wichtigste Teil der Arbeit dieser Station, ähnlich wie bei anderen wissenschaftlichen Stationen in Polargebieten, sind die langfristigen Beobachtungsprogramme in klassischen Feldern Meteorologie, Erdmagnetismus, Aufzeichnung von Erdbeben und Nordlichtern usw. Ein traditionelles Betätigungsfeld der polnischen Forscher ist die Beobachtung der umliegenden Gletscher wie dem Hansbreen über längere Zeiträume. Darüber hinaus gibt es weniger langfristig angelegte Projekte. Während dabei früher Geologie und Geomorphologie im Vordergrund standen, liegt heute ein deutlicher Schwerpunkt auf den Bereichen Biologie und Ökologie. Die nahegelegene Krabbentaucherkolonie sowie die marine Biologie mit ihrem Querschnitt von subarktischer bis hocharktischer Fauna spielen eine wichtige Rolle.

Neben einem größeren Gebäude für Unterbringung und Labors gibt es mehrere kleinere Baracken für Lagerhaltung. Ob Besuch willkommen ist, muss vor einer

Landung abgesprochen werden; in jüngeren Jahren hat die Stationsbesatzung auf Anfragen zurückhaltend reagiert.

6.26 HYTTEVIKA, DUNØYANE, ISØYANE, KAPP BORTHEN

Gletscher von enormen Dimensionen und meilenweiter Längenausdehnung boten dem Auge überwältigend schöne Bilder.

Richard Ritter von Barry (1894),
Zwei Fahrten in das nördliche Eismeer nach Spitzbergen und Novaja Zemlja

Allgemein: Die gesamte Region gehört zum Nationalpark Süd-Spitzbergen. Die Inseln Isøyane, Dunøyane sowie Olsholmen nördlich von Kapp Borthen sind Vogelreservate (Betreten und Annäherung jeweils verboten von 15. Mai - 15. August). Dieser schlecht vermessene Küstenstreifen ist touristisch relativ unbedeutend, die einzige halbwegs regelmäßig genutzte Landestelle ist bei der Trapperhütte in Hyttevika östlich der Dunøyane. Dort befindet sich auch der einzige geschützte Ankerplatz der Region.
Ortsnamen: Dunøyane: „Dauneninseln". **Hyttevika:** „Hüttenbucht" **Kapp Borthen:** Harry B. (geb. 1884), norwegischer Geschäftsmann und Förderer von Spitzbergen-Expeditionen. **Torellbreane:** Otto Martin T. (1828-1900), schwedischer Geologe und Arktis-Forscher. **Isøyane:** „Eis-Inseln".
Geologie: Komplexes Mosaik aus Grundgebirgsgestein.
Landschaft: Die flachen, aber riesigen Gletscher Torellbreane prägen einen fast 20 km langen Küstenstreifen zwischen Hornsund und Bellsund. Die Küste in der näheren Umgebung der Torellbreane besteht aus jungen, hügeligen Moränenresten. Die Isøyane und Dunøyane sind kleine Felsinselchen, die von alten Strandwällen und einigen

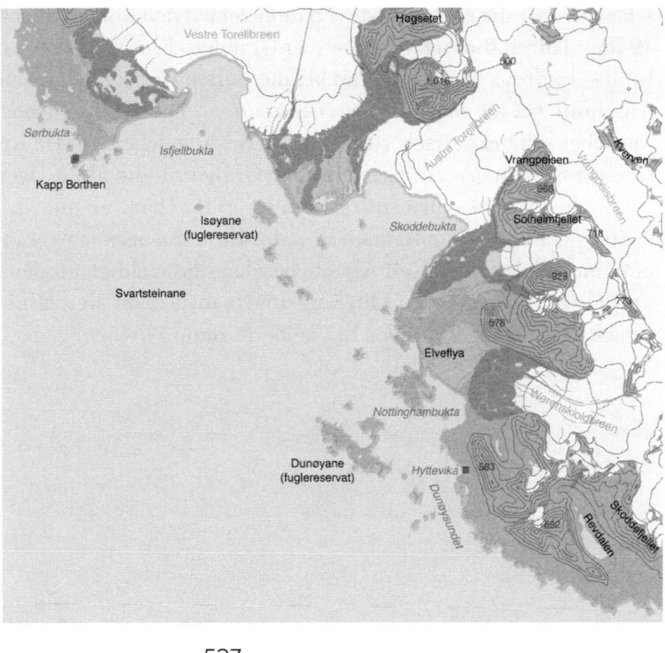

kleinen Seen bedeckt sind. Wo Schmelzwasserflüsse ihre feinkörnige Fracht abgelagert haben, wie in der Ebene zwischen Kapp Borthen und den Moränenhügeln, ist das Land tischeben.

Bei Hyttevika beginnt die weite Küstenebene, die sich bis in den Hornsund entlang der Küste erstreckt. Sie hat in diesem Bereich viele Felshügel und vorgelagerte Uferfelsen, insgesamt eine sehr malerische Kombination.

Flora und Fauna: In der Umgebung der Torellbreane gibt es kaum Vegetation, die jungen Moränenlandschaften erscheinen teilweise fast mondlandschaftsartig karg. Biologisch sind die kleinen Inseln Isøyane und Dunøyane als Brutplätze für Eiderenten wichtig. An geeigneten Schutthängen gibt es Krabbentaucherkolonien, was schon durch den reichen Bewuchs der zwischen den betreffenden Bergen und der Küste gelegenen Uferstreifen sichtbar wird, wie in der sehr saftig-grünen Tundra um Hyttevika. In diesen Bereichen sind auch Rentiere und Eisfüchse häufig.

Geschichte: Eine der letzten Pomoren-Gruppen, die in der Mitte des 19. Jahrhunderts auf Spitzbergen überwinterte, soll auf den Dunøyane dem dänisch-norwegischen Kapitän Andersen zum Opfer gefallen sein. Dieser schreckte vor mehrfachem Mord nicht zurück, um schnell an die umfangreiche Jagdbeute eines langen, arbeitsreichen Winters zu kommen. Bald darauf soll Andersen ertrunken sein, als ein Eisberg sich drehte, den er als Aussichtsposten erklommen hatte.

Die Eiderentenkolonien auf den Inseln Isøyane und Dunøyane waren bis in die 2. Hälfte des 20. Jahrhunderts im Frühsommer regelmäßiges Ziel von überwinternden Jägern, die sich hier mit dem Sammeln von Daunen ein willkommenes Zusatzeinkommen verdienten. Vorsichtig betrieben, muss das Daunensammeln den Eiderenten nicht schaden, aber die rücksichtslose Sammelei hat den Kolonien hart zugesetzt, bis in den 1970er Jahren die Schutzgebiete entstanden. Eine wichtige Überwinterungsstation für das Jagdrevier im Hornsund befand sich in Hyttevika, östlich der Dunøyane (siehe Abschnitt 6.21.4 *Burgerbukta, Gnålodden*). Die Hütte ist noch in gutem Zustand und liegt sehr malerisch vor ein paar Felshügelchen an der Küste. Auf den Is- und Dunøyane erinnern ein paar einsame Gräber an die alten Jägerzeiten.

Eine historische Kuriosität ist am Kapp Borthen, wo am 14. September 1942 ein deutsches Flugzeug notlanden musste. Kurz zuvor war es während eines Angriffes auf einen Geleitzug durch Abwehrbeschuss beschädigt worden. Die Besatzung blieb unverletzt, sprengte das Flugzeug und wurde bald weiter nördlich abgeholt. Das Wrack liegt bis heute in der Ebene beim Kapp Borthen.

6.27 BELLSUND

Und welch ein Bild bot sich den überraschten Augen dar! Der Glocken- oder Bellsund öffnete sich in weitem Bogen und gewährte an seinem Rande eine wundervolle Alpenszenerie.

Alexander Koenig, *Avifauna Spitzbergensis* (1911)

Allgemein: Der Bellsund ist der Eingang zu einem verzweigten Fjordsystem, das bis zu 80 km tief ins Land hineinreicht. Der Bellsund selbst ist etwa 20 km breit, die Verzweigungen sind der kleine Recherchefjord im Süden, der Van Keulenfjord und der Van Mijenfjord. Das Lokalklima ist wegen des milden West-Spitzbergen-Stroms relativ günstig. Daher waren die Eisbedingungen historisch deutlich günstiger, so dass der Bellsund früher im Sommer zugänglich wird als der weiter südlich gelegene Hornsund. Dies und weitere Faktoren wie geschützte Buchten mit unvergletscherten Ufern, Bodenschätze und Tiervorkommen haben dazu geführt, dass seit den Walfängern fast alle, die in Spitzbergen reich werden wollten, ihr Glück im Bellsund versucht haben. Auch heute werden der Bellsund und seine Verzweigungen noch wirtschaftlich genutzt: Im Van Mijenfjord befindet sich Sveagruva, heute die größte Kohlegrube auf Spitzbergen. Vom Bergbau im inneren Van Mijenfjord bekommt man im Bellsund aber nichts mit,

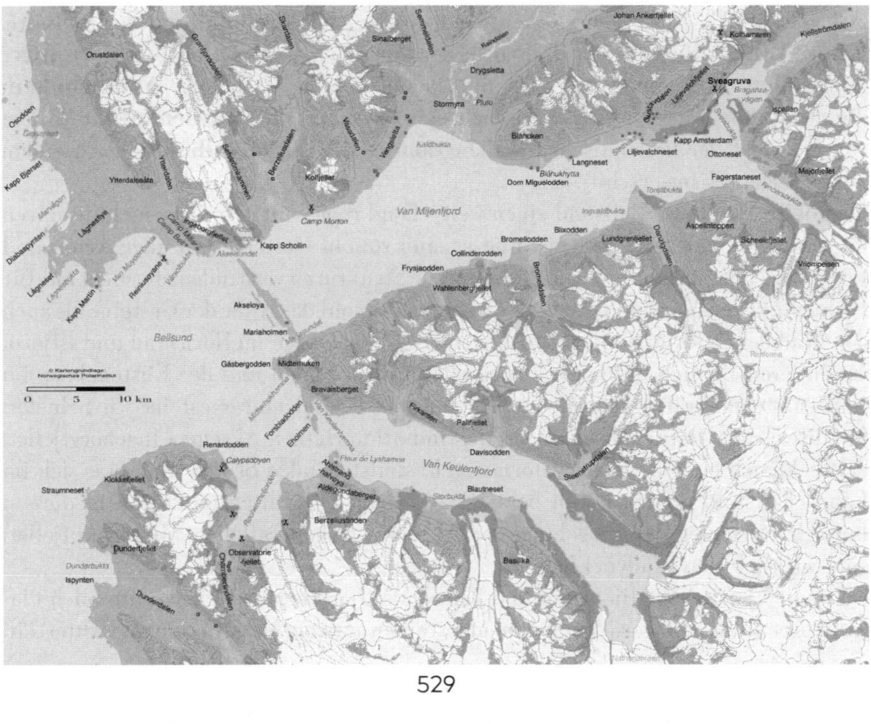

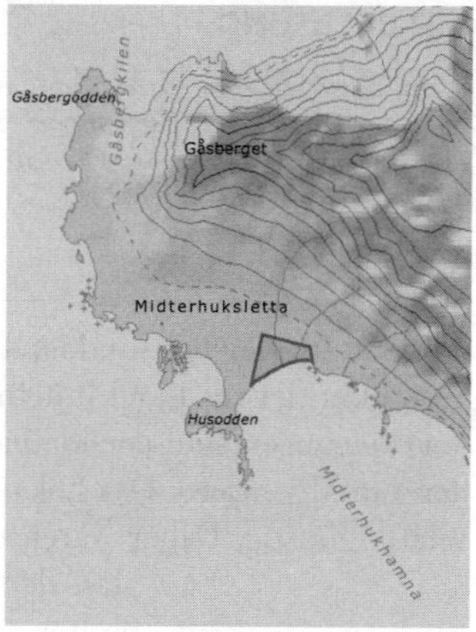

Der geschützte historische Bereich (eingerahmt) in Midterhukhamna. Hier gilt seit 2010 ganzjährig „Betreten verboten".

Karte © Sysselmannen på Svalbard, mit freundlicher Genehmigung.

stattdessen gibt es dort schöne Tundra und guten Möglichkeiten zur Beobachtung typischer Tiere in landschaftlich sehr reizvoller, charaktervoller Umgebung. Vielerorts erinnern verwitternde Überreste aus alten Zeiten noch an die Versuche früherer Besucher, in der Arktis Geld zu verdienen, und sobald man diese hinter sich gelassen hat, lädt die offene Tundra zu Wanderungen ein.

Die Nordseite des Bellsund ist für ausdauernde Wanderer im Rahmen mehrtägiger Trekking- oder Skitouren von Longyearbyen und Barentsburg aus erreichbar, schneller geht es natürlich mit Motor- oder Hundeschlitten. Die Südseite des Bellsund und des Van Keulenfjord gehört zum Süd-Spitzbergen Nationalpark. Die Nordseite des Bellsund und des Van Mijenfjord ist Teil des Nordenskiöld Land Nationalparks, die Umgebung der Grubensiedlung Sveagruva ausgenommen. Das Gelände um die alte Trapperhütte in Midterhukhamna darf seit 2010 nicht mehr betreten werden.

Ortsnamen: Bellsund: Norwegische Übersetzung des alten Namens („Klok Bay", „Glockensund"). Nach dem glockenförmigen Berg **Klokkefjellet** auf der Südseite. **Camp Millar:** Herbert M., Teilhaber der Northern Exploration Company. **Ingeborgfjellet:** nach einer Sagengestalt der nordischen Mythologie **Midterhuken:** die „Halbinsel in der Mitte" (zwischen den Fjorden). **Van Muydenbukta:** Willem van M., Chef der holländischen Walfangflotte 1612-13. **Vårsolbukta:** nach einem norwegischen Eismeerschiff.

Geologie: Es gibt im Bellsund einen weitgehend repräsentativen Querschnitt durch die Erdgeschichte Spitzbergens, und es sind sowohl Gesteine fast aller Arten und Erdzeitalter als auch interessante tektonische Strukturen vorhanden, die nicht nur für Fachleute sehenswert sind. Im Groben nehmen sowohl das Alter der Gesteine als auch der Grad der Deformation von West nach Ost ab, wie auch im Hornsund und Isfjord. Im äußeren Bereich (inklusive Recherchefjord im Süden und der Küstenebene im Norden) stehen kräftig deformierte, metamorphe Grundgebirgsgesteine wie Schiefer, Phyllite etc. an. Östlich davon (Berzeliustind-Midterhuken-Akseløya-Ingeborgfjellet) erstreckt sich ein Gürtel aus deformierten, steilstehenden Sedimenten, was sich im Landschaftsbild eindrucksvoll bemerkbar macht. Die Faltenstrukturen in diesem Bereich, vorneweg der Umgebung der Akseløya (Ingeborgfjellet, Midterhukfjellet) sind wirklich sehr eindrücklich.

Um die Fjorde Van Mijenfjord und Van Keulenfjord herum stehen schließlich Plateauberge aus flachlagernden Sedimentgesteinen aus dem Mesozoikum und Alttertiär.

Landschaft: Das Landschaftsbild ist stark an die geologische Struktur geknüpft. Im Wesentlichen davon abhängig, ergibt sich von West nach Ost Folgendes:

Weites Flachland an der Außenküste - Kette spitzer Berge im Bereich kräftig gehobener Grundgebirgsgesteine - Gürtel aus steilstehenden Sedimenten mit charakteristischen Bergen, Kaps und Inseln - Plateauberge mit flachlagernden Sedimentgesteinen.

Die weitläufige Küstenebene westlich des Ingeborgfjellet ist von Strandwallserien bedeckt. Die jüngeren bilden gute „Wanderwege" mit fester, trockener Oberfläche, jedenfalls im Vergleich zum oft sumpfigeren Inland. Die Abflüsse der küstennahen Seen sind teilweise tief und können nicht einfach durchwatet werden (Gravsjøen). Auf dieser Ebene finden sich vielerorts interessante, kleine Strukturen wie Frostmusterböden.

Bezüglich der Vergletscherung nimmt der Bellsund eine Mittelstellung zwischen dem stark vergletscherten Hornsund und dem schwach vergletscherten südlichen Isfjord ein. Nur wenige Gletscher erreichen das Fjordufer und bilden Kalbungsfronten. Auch im Bellsund sind die Gletscher überwiegend auf dem Rückzug, einzelne sind aber auch in jüngerer Zeit vorgestoßen, wie der Fridtjovbreen (um 1996), Paulabreen (2004) und Nathorstbreen (2009).

Die äußere Küste ist schlecht zugänglich, weil ungeschützt und untief, aber eine sehr detailreiche Landschaft, die weniger mit dem Vordergründig-Spektakulärem als mit Abwechslungsreichtum im Kleinen lockt. Eine kleine, aber sehr feine Felsuferlandschaft bieten die Inselchen Reiniusøyane auf der Nordseite des Bellsund, zwischen den weiten Buchten Vårsolbukta und Van Muydenbukta. In Midterhukhamna gibt es ebenfalls eine sehr schöne Felsuferlandschaft mit Brandungsplattform, die bei Niedrigwasser trockenfällt, und weiteren Formen eines brandungsgeprägten Felsufers. An der westlichen Landspitze vom Midterhuken haben sich ein paar der schönsten Eiskeilnetze Spitzbergens entwickelt.

Flora und Fauna: Der Bellsund ist ein biologisch vielfältiges Gebiet. Das günstige Lokalklima macht sich bemerkbar, so dass die Tundra zur mittelarktischen „Silberwurz-Zone" bzw. „Vierkantiges-Heidekraut-Zone" gehört. Im Detail sorgen lokale Einflüsse wie der geologische Untergrund und Düngung durch Vogelfelsen für ein variationsreiches Mosaik.

Es gibt im Bellsund eine Reihe von Seevogelkolonien. Neben den „üblichen Verdächtigen" wie Dickschnabellummen, Dreizehenmöwen und an geeigneten Stellen Krabbentauchern brüten stellenweise Vertreter einer eher subarktischen Avifauna wie Papageitaucher und sogar die Trottellumme, wenn auch in sehr geringen Zahlen, als Beleg für den Einfluss des Golfstroms. Die Brutfelsen selbst liegen hoch an den Berghängen. Am Ingeborgfjellet brüten auch Krabbentaucher in größeren Zahlen im Gesteinsschutt. Früh im Sommer, wenn die Kolonien am aktivsten sind, sind der Flugverkehr und die damit einhergehende Geräuschkulisse beachtlich.

Einige der kleinen Inseln im Bellsund sind wichtige Brutplätze für Eiderenten. Es kann sich immer lohnen, Eiderentenschwärme nach einzelnen Prachteiderenten abzusuchen. An manchen geschützten Ufern suchen Thorshühnchen regelmäßig nach Nahrung. Spitzbergen-Rentiere und Eisfüchse wandern vor allem in der Nähe von Vogelkolonien über die Tundra, und regelmäßig kommt es vor, dass ein Eisbär am Bellsund entlang wandert, zeitweise sind einzelne Eisbären dort auch für eine Weile stationär. Im Frühsommer plündern die Bären Kolonien von Bodenbrütern (Eiderenten, Küstenseeschwalben, Gänse). Flache Tundragebiete mit reichlicher Vegetation am Ingeborgfjellet und am Midterhuken (Midterhuksletta) sind nach dem Frühjahrszug und vor dem Herbstzug wichtige Sammelgebiete für alle Gänsearten, zu dieser Zeit sollte man sich dort nur sehr vorsichtig oder gar nicht bewegen. An der Küste sammeln sich im Frühsommer Eiderenten in großen Mengen.

Geschichte: Der Bellsund stand im Verdacht, die längste Geschichte auf Spitzbergen aufzuweisen, bis Gerüchte von steinzeitlicher Besiedlung in einer systematischen Untersuchung 1997 ausgeräumt wurden. Aufgrund der naturräumlichen Gunstverhältnisse konzentrierte sich die Suche nach dem Motto „wenn, dann da" auf die Akseløya. Willem Barentsz hat den Bellsund 1596 gesichtet, er nannte ihn „Inwyck".

In **Midterhukhamna** gab es im 17. Jahrhundert eine Walfangstation mit der üblichen Infrastruktur: mehrere Tranöfen, Gebäude und ein Gräberfeld. 1898 wurde dort von Norwegern eine kleine Jagdhütte gebaut, die Haupthütte stand auf der Akseløya. Das kleine Gebäude steht noch. Es wurde repariert, da es eines der ältesten seiner Art ist. (die nahe Umgebung der alten Hütte ist seit 2010 gesperrt). Es gibt Reste von Pomoren-Jagdhütten auf der Midterhuksletta. 3 weitere Pomoren-Jagdstationen, alle an der Außenküste nördlich des Bellsund gelegen, wurden von russischen Archäologen in die Mitte des 16. Jahrhunderts datiert, also vor Barentsz' Entdeckung von Spitzbergen.

Im frühen 20. Jahrhundert errichtete die englische **Northern Exploration Company** (NEC) im Bellsund eine Reihe von Hütten, die alle mit Bergbau in Zusammenhang standen. Die wichtigsten NEC-Standorte waren Camp Bell und Camp Millar:

Camp Bell in der Vårsolbukta: In dieser landschaftlich schönen Umgebung, direkt unter den mächtigen Hängen und großen Seevogelkolonien des Ingeborgfjellet, baute die NEC 1908 eine Hütte zur Untersuchung von Kohlevorkommen, zu Abbau ist es jedoch nicht gekommen. Die Hütte gehört heute dem Sysselmannen und wurde 1999 mit einem Raupenfahrzeug ein Stück den Strand hochgezogen, um sie vor der fortschreitenden Küstenerosion zu schützen. Wie auch andere NEC-Hütten wurde Camp Bell später von Trappern genutzt, zwischen 1933 und 1939 durchgehend von dem Thüringer Ewald Schmutzler, 1936-37 in Begleitung seiner Verlobten Ilse Grau, die im Frühjahr 1937 aber in einem Fluss auf dem Weg zum Kapp Linné ertrank.

Nur gut 1 km östlich von Camp Bell vermutete die NEC Gold. Anstatt zu Untersuchung Camp Bell zu nutzen, ließ sie 2 neue Hütten bauen und nannte diese Siedlung **Camp Millar**. Das Goldvorkommen erwies sich jedoch bald als nicht existent. Vom fleißigen Schürfen zeugt noch ein kleiner Grubeneingang, bei dem eine Reihe alter, kleiner Schienenfahrzeuge in der Tundra liegt. Heute sind beide Hütten in gutem Zustand und äußerlich recht originalgetreu erhalten, eine gehört dem Sysselmannen, die andere einem Verein in Longyearbyen (Jeger- og fiskerforening).

Auch andernorts haben Walfänger, Pomoren, wissenschaftliche Expeditionen, Glücksritter aus der frühen Bergbauzeit und Trapper im Bellsund ihr Unwesen getrieben, mehr in den folgenden Abschnitten.

Auf der Midterhuksletta hat Tommy Sandal, ein norwegischer Jäger, 2014 eine neue, kleine Hütte gebaut (siehe 6.27.3 *Van Mijenfjord*, Abschnitt *Sonstiges*).

6.27.1 RECHERCHEFJORD

Allgemein: Der Recherchefjord ist mit einer Länge von 8 km ein relativ kleiner Fjord auf der Südseite des Bellsund, und wenn man durch seine schöne Landschaft wandert, stößt man überall auf zerfallende Zeugen von Abenteuern aus vergangenen Zeiten. Für kleine Schiffe gibt es mehrere gute, geschützte Ankerplätze, etwa auf der Ostseite des Reinholmen. Es gibt nur wenige Gegenden in Spitzbergen, die so viele interessante Landestellen auf so kleinem Raum bieten wie der Recherchefjord, einige davon lassen sich schön zu kleinen Wanderungen kombinieren. Bei starkem Niedrigwasser werden manche Ufer allerdings schwierig zugänglich. Der Recherchefjord gehört zum Süd-Spitzbergen Nationalpark. Für das Gelände um die alte Walfangstation am Lægerneset wurde 2010 ein Betretungsverbot eingeführt.

Ortsnamen: Asbestodden: Nach dem Mineral Asbest. **Calypsobyen:** Nach einem Schiff der englischen Expedition von 1895. **Chamberlindalen:** Thomas Chrowder C. (1843-1928), US-amerikanischer Geologe. **Jarnfjellet:** „Eisenberg", nach

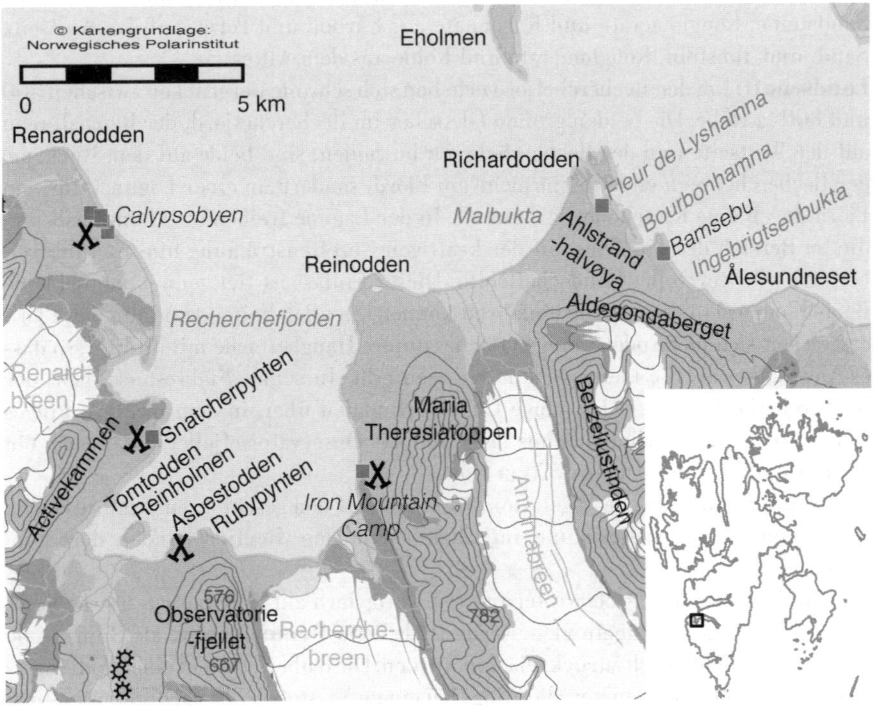

Der geschützte historische Bereich am Lægerneset. Hier gilt seit 2010 ganzjährig „Betreten verboten“.
Karte © Sysselmannen på Svalbard, mit freundlicher Genehmigung.

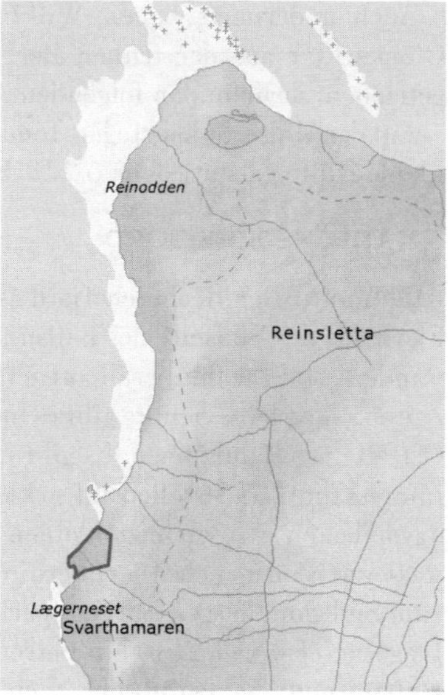

Erzvorkommen. **Lægerneset:** „Lagerplatz“. **Recherchefjord:** Nach dem französischen Expeditionsschiff *Recherche*. **Renardbreen:** (franz./norw.) „Fuchsgletscher“. **Observatoriefjellet**: Standort eines kleinen Observatoriums der *Recherche*-Expedition. **Rubypynten:** Nach einem Schiff der englischen Expedition von 1895. **Snatcherpynten:** Nach einem Schiff der englischen Expedition von 1895. **Tomtodden:** Tomt (norw.) = Standort eines Hauses.

Geologie: Überwiegend Grundgebirgsgestein: Schiefer, Phyllite, Quarzite und Karbonatgesteine. Durch „Verunreinigung“ mit verschiedenen Mineralen, z.B. Eisenoxiden, entstehen stellenweise schöne Färbungen des Gesteins. Jüngere Gesteine befinden sich nur küstennah am Fjordeingang: Auf der Ostseite Sandsteine, Konglomerate und Karbonate aus Karbon und Perm, auf der Westseite Sand- und Tonstein, Konglomerate und Kohle aus dem Alttertiär.

Landschaft: Um den Recherchefjord erheben sich schroffe Bergrücken zwischen 500 und 800 m Höhe. Die beiden großen Gletscher im Recherchefjord, der Renardbreen auf der Westseite und der Recherchebreen im Süden, sind beide auf dem Rückzug; der Recherchebreen endet nicht mehr am Fjord, sondern an einer Lagune, die vom Fjord durch eine Kiesebene getrennt ist. In der Lagune treiben oft kleine Eisberge, die im Bereich des Einlasses mit der kräftigen Gezeitenströmung hin- und hertreiben: ein sehr reizvolles Landschaftsbild. Dieser Einlass ist tief genug, damit kleine Boote (Zodiacs) in die Lagune einfahren können. Zu allen Seiten rund um den Fjord erstrecken sich mehr oder weniger flache, untere Hangbereiche mit Tundra, so dass es Möglichkeiten für kleinere Wanderungen gibt. In seiner Südwestecke geht der Recherchefjord in das 9 km lange Chamberlindalen über, in dem mehrere Pingos stehen. Vom Chamberlindalen aus lässt sich das Observatoriefjellet erwandern: ein grandioser Rundumblick aus 576 m Höhe.

Flora und Fauna: Reiche Vegetation, vor allem auf den geschützten Tundraflächen im inneren Recherchefjord und im Chamberlindalen. Rentiere finden dort gute Weidegründe.

Geschichte: Die erste Überwinterung von Europäern auf Spitzbergen hat 1630-31 im Recherchefjord stattgefunden, vermutlich beim **Renardbreen**, als 8 englische Walfänger versehentlich zurückgelassen wurden. Die 8 überlebten in einer Walfängerhütte. Die Stelle wurde später allerdings bei einem Vorstoß des Renardbreen zerstört.

Zu dieser Zeit gab es auf der Ostseite des Recherchefjord, beim **Lægerneset**, eine vermutlich englische Walfangstation mit Gebäuden und mehreren Tranöfen, von denen noch einige Fundamentreste und Gräber zu sehen sind (seit 2010 gesperrt).

1764 besuchte eine größere Expedition den Recherchefjord, deren primäres Ziel der Nordpol war. Vasilij Vakovlevitsj **Tsjitsjagov** ließ bei **Tomtodden** nicht weniger als 16 Hütten errichten, in denen eine kleine Mannschaft zur Überwinterung zurückgelassen wurde. Der erste Winter verlief gut, die 8 Männer der zweiten Mannschaft 1765-66 starben jedoch alle. Fundamentreste einiger Gebäude sind noch da, sie sehen heute aus wie Überreste der „üblichen" Pomorenstationen und wurden nach Abzug von Tsjitsjagovs Schiffen auch sicher noch von Pomoren benutzt.

1838 schlug die französische ***Recherche***-Expedition für 2 Wochen ihr Lager in dem Fjord auf, der seitdem nach ihrem Schiff benannt ist. Die eifrigen Wissenschaftler betrieben ein kleines Observatorium auf dem Observatoriefjellet.

1895 vermaß ein englisches Geschwader auf einer Trainingsfahrt den Recherchefjord.

Im frühen 20. Jahrhundert versuchte die englische **Northern Exploration Company** (NEC) gleich an mehreren Stellen im Recherchefjord, **Bergbau** zu betreiben. Auf der Ostseite gab es 1918-19 einen Probebetrieb bei einem „Berg aus Eisen" (Jarnfjellet). Aus Eisen war der Berg damals wohl genausowenig wie heute, und entsprechend ist es auch beim Versuch geblieben; von ursprünglich 4 großen Baracken mit dem stolzen Namen „Iron Mountain Camp" steht noch eine windschiefe Baracke nah am Ufer.

Auf der Westseite des Fjords, am **Snatcherpynten**, hat die NEC am Strand einen Haufen kleiner Kipploren zurückgelassen. Wahrscheinlich diente der Platz nur als Lager, denn wirtschaftlich interessante Vorkommen sind dort nicht bekannt. Das am Snatcherpynten noch stehende Haus hat auch nichts mit Bergbau zu tun, der norwegische Konsul Johannes Gjæver ließ es 1904 errichten. Wozu, weiß heute keiner mehr, aber vielleicht dachte Gjæver als cleverer Geschäftsmann an kommerziellen Tourismus, der damals bereits begonnen hatte. Als einfache Jagdhütte für den Eigengebrauch war die **Gjævervilla** zu groß und zu luxuriös. Das Gebäude ist mittlerweile sehr windschief, aber die Verwaltung versucht, es zu erhalten. Ein Stückchen hangaufwärts liegen ein paar Gräber aus dem frühen 20. Jahrhundert.

Beim **Asbestodden** gibt es ein lokales Vorkommen von ... richtig geraten: Asbest. Sowohl eine norwegische Firma als auch die omnipräsente NEC haben jeweils eine Hüttenruine hinterlassen, ohne dass aus dem Bergbau etwas Nennenswertes geworden wäre, obwohl der Leiter der NEC-Gruppe 1919 kein geringerer als der für Mut und Entschlossenheit bekannte Frank Wild war, Ernest Shackletons Stellvertreter während der berühmten *Endurance*-Expedition in der Antarktis. Tatsächlich hatte Shackleton 1918 selbst eine NEC-Expedition in den Recherchefjord führen sollen, war dann aber in den Krieg geschickt worden.

Schließlich gibt es im Recherchefjord noch eine vierte Stelle, an der die NEC ihr Glück versucht hat. Am Calypsostrand, am Fjordeingang auf der Westseite, gibt es ein Flöz tertiärer Steinkohle. In besten Zeiten, 1918-20, war **Calypsobyen** fast eine kleine Siedlung und neben Camp Mansfield im Kongsfjord eine der wichtigsten

NEC-Anlagen auf Spitzbergen - mit anderen Worten einer derjenigen Plätze, an denen am meisten Geld verbrannt wurde. Die noch stehenden 4 Gebäude werden nicht nur als Kulturdenkmal vom Sysselmannen gepflegt, sondern auch von polnischen Wissenschaftlern von der Universität Lublin, die Calypsobyen im Sommer regelmäßig als Unterkunft für Feldforschung nutzen.

Ein paar hundert Meter östlich von Calypsobyen steht eine einzelne Hütte am Strand: Camp Jacobsen, bereits 1901 errichtet als Unterkunft für Bergbau-Untersuchungen im Auftrag von **Christian Michelsen**, seinerzeit Reeder und später erster Premierminister Norwegens. Camp Jacobsen ist heute eines der ältesten, noch stehenden Gebäude Spitzbergens.

Die Gebäude der NEC wurden oft und gerne von Trappern für Überwinterungen genutzt, die teilweise sogar für ihre Wächterfunktion bezahlt wurden.

6.27.2 VAN KEULENFJORD

Allgemein: Der Van Keulenfjord schneidet gut 35 km weit ins Land ein. Das Fjordinnere wird von Touristen nur selten besucht. Die letzten Meilen Fahrwasser vor dem Nathorstbreen sind unvermessen und sehr flach. Aber im Übergangsbereich zum Bellsund gibt es sehr schöne, ausdruckstarke Landschaft, schöne Tundra und Möglichkeiten für kleinere und längere Wanderungen. Die Südseite des Fjords gehört zum Nationalpark Süd-Spitzbergen.

Ortsnamen: Ahlstrandodden: Johan August A. (1822-96), „Schwedischer Bibliothekar, an Polarforschung interessiert". So einfach war das damals. **Berzeliustind:** Jöns Jakob B. (1779-1848), schwedischer Chemiker. **Bourbonhamna:** Henry Prinz von B. (1851-1905). **Bravaisberget:** August B. (1811-63), Teilnehmer der *Recherche*-Expedition. **Eholmen:** „Eiderenteninselchen". **Forsbladodden:** Nils Jacob F. (geb. 1874), schwedischer Kapitän auf Polarexpeditionen. **Kapp Toscana:** Österreichisches Adelsgeschlecht, mit der Familie Parma-Bourbon verbunden. **Nathorstbreen:** Alfred Gabriel N. (1850-1921), schwedischer Geologe und Polarforscher. **Van Keulenfjord:** Nach einer niederländischen Kartographenfamilie im frühen 17. Jahrhundert.

Geologie: Sedimente vom Karbon und Perm bis ins Alttertiär, Alter und Deformationsgrad nehmen von West nach Ost ab. In einem etwa Nord-Süd verlaufenden Gürtel Midterhuken - Forsbladodden - Eholmen - Ahlstrandodden - Berzeliustind verlaufen die Schichten steil bis senkrecht. Harte, fossilreiche Karbonatgesteine aus dem Perm (Kapp Starostin Formation) machen sich in der Landschaft in Form von Inseln, Landzungen und freistehenden „Mauern" (Forsbladodden, Ahlstrandhalvøya) auffällig bemerkbar, und die senkrechte Schichtung verleiht dem höchsten Berg der Region, dem 1 205 m hohen Berzeliustind, ein dramatisches Aussehen. Östlich dieses Gürtels fallen die mesozoischen Schichten aus Sand- und Siltstein flacher nach Osten ein, was den Bergen ein markantes, „gekipptes" Aussehen verleiht. Im Fjordinneren schließlich stehen alttertiäre Sedimentschichten aus Sand- und Siltsteinen sowie mehreren Kohleflözen an; die horizontale Lagerung verleiht den Bergen dort eine regelmäßige Plateauform.

Landschaft: Das Landschaftsbild wird deutlich von der Geologie geprägt. Im innersten Van Keulenfjord haben mehrere Gletschersysteme ihre Abbruchkanten, die früher in einer mächtigen Eisklippe vereint waren, wegen Rückzug nun aber vom Arrheniusfjellet getrennt sind. Der mächtige Nathorstbreen ist seit dem Winter 2008-09 allerdings mehrere Kilometer vorgestoßen (Surge-Verhalten) und hat dabei fleißig Eisberge produziert, vor der Front ist der Fjord sehr flach.

Auf einigen ufernahen, halbwegs ebenen Flächen (Ahlstrandodden, Forsbladodden) gibt es sehr schön ausgeprägte Muster aus alten Strandwällen, die von kräftig entwickelten Eiskeilnetzen durchzogen werden. Für kleine Schiffe gibt es mehrere halbwegs gut geschützte, kleine Buchten (Van Keulenhamna beim Forsbladodden und Bourbonhamna/Fleur de Lyshamna östlich vom Ahlstrandodden), alle jeweils mit landschaftlich schönen Landestellen.

Flora und Fauna: Auf flachem Gelände Tundra, je nach Untergrund kleinräumig variierend eher spärlich oder eher saftig, so dass der Zusammenhang zwischen Geologie und Ökologie offenkundig wird. Auf kleinen Inseln (Eholmen) brüten im Frühsommer viele Eiderenten, und die Tundra ist ein wichtiges Sammelgebiet für Gänse (Ahlstrandhalvøya), dort ist im Frühsommer rücksichtsvolles Verhalten wichtig, am besten bewegt man sich am Strand entlang.

Neben Küstenseeschwalben und Schmarotzerraubmöwen, die sich durch ihre Aggressivität frühzeitig bemerkbar machen, und häufigen Arten wie Schneeammer und Meerstrandläufer sind am Ufer oft Thorshühnchen zu sehen (Ahlstrandhalvøya).

Geschichte: 1891 und 1892 hatte der Bellsund fürstlichen Besuch, als Prinz Henry von Bourbon mit seiner Yacht *Fleur de Lys* auf Sommerfahrt in der Arktis war und sich die Zeit mit der Vermessung des Van Keulenfjords vertrieb.

Im Van Keulenfjord hat es eine ganze Reihe von kleinen Hütten gegeben, die überwiegend von der NEC (siehe Abschnitt 6.27.1 *Recherchefjord*) zur Untermauerung von Besitzansprüchen gebaut und später von norwegischen Trappern als Nebenstation genutzt wurden. Von diesen Hütten ist aber nichts mehr übrig.

Um 1930 betrieben Norweger im Eingangsbereich des Van Keulenfjord intensiv Weißwalfang, der mit Netzen vor sich ging. Am **Kapp Toscana** steht noch eine solide Hütte aus jenen Zeiten, heute Bamsebu genannt. Mehrere große Haufen von in der Sonne bleichenden Walknochen zeigen, dass die Jagd nicht erfolglos war (siehe 4.7.10 *Weißwal*). Am **Ahlstrandodden** liegen noch malerisch ein paar umgedrehte Ruderboote am Strand, die zum Weißwalfang benutzt wurden.

Sonstiges: Während der Brutsaison im Frühsommer hat ein Norweger noch bis 2010 die Daunen in den Nestern der Eiderentenkolonien im Bellsund gesammelt, vor allem auf Eholmen, wo sich fast 3 000 Nester befinden. Die Daunen wurden in einer Hütte am Südende der Akseløya gereinigt und dann verkauft. Vorsichtig betrieben, schadet das Sammeln eines Teils der Daunen weder den Altvögeln noch dem Gelege.

6.27.3 VAN MIJENFJORD, AKSELØYA

Allgemein: Der Van Mijenfjord ist östlich der Akseløya noch über 50 km lang und teilt sich am Ende in 2 Buchten, Braganzavågen und Rindersbukta. Der Eingang des Van Mijenfjord ist durch die schmale, gut 8 km lange Akseløya fast vollständig abgesperrt. Dadurch ist der Fjord gut vor dem Seegang des offenen Ozeans geschützt, so dass das Fjordeis sich lang in den Frühsommer hinein hält. Sehr zum Ärger der norwegischen Bergbaugesellschaft Store Norske Spitsbergen Kulkompani (SNSK), da der für die Schifffahrt nach Sveagruva notwendige Eisbrechereinsatz teuer und aufwändig ist und darüber hinaus bei Umweltschützern nicht gerade Begeisterung auslöst. Auch die Passage durch den strömungsreichen Sund nördlich der Akseløya ist als regelmäßiger Schifffahrtsweg für die nicht gerade kleinen Kohlefrachter umstritten. Während manche die Akseløya daher wahrscheinlich insgeheim am liebsten in die Luft sprengen würden, ist sie mit ihrer Umgebung für andere eine Perle arktischer Landschaft, Natur und Geschichte.

Eine schöne, geschützte Bucht ist Fridtjovhamna, wo allerdings meist Bruchstücke von Gletschereis treiben, so dass sie sich als ruhiger Ankerplatz für kleine Segelboote weniger gut eignet als Alternativen etwa im Recherchefjord.

Im Frühjahr sind die halbwegs zuverlässigen Eisbedingungen im Van Mijenfjord östlich der Akseløya ein Vorteil für Schlitten, gleich ob sie von Motoren oder Hunden angetrieben werden, und Skiwanderer (im Bereich der strömungsreichen Sunde nördlich und südlich der Akseløya bleibt das Wasser offen). Für Tourengeher wichtig ist der Termin des ersten Eisbrechers nach Sveagruva, denn danach ist das Fjordeis natürlich zunächst unquerbar. Der Termin wird in der Lokalpresse (Svalbardposten) bekannt gegeben oder kann beim Sysselmannen erfragt werden.

Im Sommer ist v.a. der landschaftlich und biologisch reizvolle, äußere Bereich des Van Mijenfjord und Bellsund für ausdauernde Wanderer interessant, wobei Barentsburg als Ausgangspunkt genutzt werden kann. Wer von dort aus zum Bellsund will, muss unterwegs u.a. mit kräftigen Schmelzwasserflüssen und Gletschern klarkommen. Der Fluss im Reindalen ist einer der größten Spitzbergens und Querungen in Mündungsnähe sind im Sommer normalerweise kaum möglich. Vom Fjordinneren östlich der Reindalen-Mündung abgesehen, gehört die Nordseite des Van Mijenfjord zum Nordenskiöld Land Nationalpark. Mit der Einrichtung des Nationalparks 2003, zu dem auch das Reindalen fast vollständig gehört, ist die Diskussion um eine Straßenverbindung zwischen Longyearbyen und Sveagruva, die durch einige der biologisch produktivsten Tundragebiete Spitzbergens führen würde, endgültig beendet.

Die Akseløya trennt den Van Mijenfjord vom Bellsund (siehe 6.27 *Bellsund*).

Ortsnamen: Akseløya: Nach dem norwegischen Eismeerschiff *Axel Thordsen* (19. Jahrhundert). **Berzeliusdalen:** Jöns Jakob B. (1779-1848), schwedischer Chemiker. **Braganzavågen:** Aldegonda Prinzessin von B. (geb. 1858), mit Prinz Henry von Bourbon verheiratet (s. Abschnitt 6.27.2 *Van Keulenfjord*). **Fridtjovbreen**: Nach einem norwegischen Schiff. **Mariaholmen:** Kleine Insel bei Akseløya, vermutlich in Anlehnung an das schwedische Gedicht „Axel und Maria." **Paulabreen:** P. geb.

Baronin Hagen (geb. 1871), Umfeld der Expedition von Henry von Bourbon (s. Abschnitt 6.27.2 *Van Keulenfjord*). **Reindalen:** „Rentiertal". **Rindersbukta:** Michiel R., niederländischer Walfänger. **Sveagruva:** „Schwedengrube". **Van Mijenfjord:** Falsche Schreibweise von Van Muyden, einem holländischen Walfänger.

Geologie: Bezüglich der Geologie ist der Van Mijenfjord seinem südlichen Nachbarn, dem Van Keulenfjord, sehr ähnlich. Steil stehende Sedimente (Karbon bis Jura) stehen in einem etwa Nordwest-Südost verlaufenden Streifen an, in dessen Zentrum die auffällige Akseløya liegt. Die Strukturen prägen die Landschaft auf faszinierende Weise, die nicht nur bei Fachleuten für Begeisterung sorgt. Die Nordflanke des Midterhuken bietet ein komplexes, aber sehr schönes Muster größerer und kleinerer Falten, im Gegensatz zum großzügiger geschwungenen Faltenbau des Ingeborgfjellet.

Östlich dieses „Deformationsgürtels" schließen sich recht einheitliche, horizontal gelagerte Sedimente (Sand-, Siltsteine usw.) aus dem Alttertiär an, in denen auch die bis zu 4 m mächtigen Kohleschichten zu finden sind, die in Sveagruva abgebaut werden.

Landschaft: Das landschaftliche Zentrum des Van Mijenfjord ist die Akseløya, deren Existenz unmittelbar mit der Härte und senkrechten Lagerung der Schichten zusammenhängt. Viel deutlicher als im Van Mijenfjord kann der Zusammenhang zwischen der Geologie einerseits und der Landschaft, Ökologie und Geschichte andererseits kaum werden. Die Ostseite der Akseløya bietet einen kleinräumigen Kontrast, da dort weichere Trias-Sedimente anstehen; im Gegensatz zum bis zu 60 m hohen, weitgehend vegetationsfreien Rücken im Bereich der harten permischen Karbonate, bilden die ebenfalls senkrecht stehenden Schichten aus der Trias ein deutlich flacheres Gelände mit einer durchgehenden, grünen Tundradecke.

Um den inneren Van Mijenfjord stehen Plateauberge, der landschaftliche Kontrast zum Ingeborgfjellet bzw. Midterhuken könnte kaum stärker sein.

Das Inland zu beiden Seiten des Van Mijenfjord ist wenig vergletschert. Auf der Nordseite schließt sich das Nordenskiöld Land mit seinen weiten, eisfreien Tälern an. Das an der Mündung 10 km breite Reindalen ist das größte Tal Spitzbergens, auch das weiter westlich gelegene Berzeliusdalen und das Kjellströmdalen bei Sveagruva haben beachtliche Dimensionen. Für Wanderer sind sie mindestens ebenso sehr Hindernisse wie Wanderwege: Die weiche Tundra macht das Gehen mühsam, die großen Flüsse sind, wenn überhaupt, dann nur schwer zu queren und wer einmal 2 Tage lang durch das gleiche Tal mit der gleichen Landschaft drumherum gelatscht ist, wird sich künftig überlegen, ob eine Kette kleinerer Nebentäler nicht abwechslungsreicher ist.

Nur 2 Gletscher erreichen im Van Mijenfjord das Ufer. Im Innersten der Rindersbukta hat der Paulabreen eine stark eingekerbte Abbruchkante. Vom starken Rückgang des Paulabreen während der letzten Jahrhunderte zeugen gewaltige Wälle alter Seitenmoränen auf beiden Fjordseiten bis westlich von Sveagruva. Zwischen 2003 und 2005 rückte der Paulabreen wieder kräftig vor.

Auch der zweite kalbende Gletscher in der Region, der Fridtjovbreen, hat eine interessante Geschichte. Bis in die frühen 1990er Jahre lag seine Front recht weit hinten in der Bucht Fridtjovhamna. Ab 1996 setzte sich der Gletscher kräftig in

Bewegung, bis er fast die gesamte Bucht ausfüllte, wovon heute die auffälligen Moränenreste zeugen. Dabei war auch eine noch benutzte Trapperhütte bedroht, die in einer eiligen Rettungsaktion verlegt und letztlich am Südende der Akseløya neu etabliert wurde. Seitdem hat der Fridtjovbreen sich wieder deutlich zurückgezogen und seine nach 1996 zunächst äußerst spaltige Oberfläche hat sich wieder beruhigt, so dass der Gletscher mittlerweile wieder „normal" aussieht.

Flora und Fauna: Produktive Tundraflächen mit reicher Vegetation und großen Rentierbeständen finden sich vor allem in den Tälern (Berzeliusdalen, Reindalen etc.) sowie in der Nähe größerer Vogelkolonien, also unterhalb des Ingeborgfjellet und des Midterhuken. Diese Orte haben eine dichte Eisfuchspopulation. Auch der von Westen geschützte, flache Ostteil der Akseløya ist von kräftiggrüner Vegetation bedeckt, im Gegensatz zum weitgehend kahlen Rückgrat der Insel. Im Frühsommer brüten überall auf der Akseløya Gänse, vor allem, wenn das Eis im Winter nicht bis zur Insel reichte, so dass Füchse keinen Zugang hatten. Dann sollte man sich während der Brutzeit nur äußerst vorsichtig über die Insel bewegen.

Geschichte: Der günstigen naturräumlichen Ausstattung entsprechend, reicht die Geschichte weit zurück. Das **Südende der Akseløya** war der Ort, an dem einer der Pioniere der „modernen Trapperzeit" auf Spitzbergen, Johan Hagerup, 1898 seine Haupthütte errichtete. Zusammen mit 4 weiteren Norwegern betrieb er über ein Netz kleinerer Nebenhütten, von denen in Midterhukhamna noch eine steht, im Wesentlichen Fuchsjagd. Hagerup nutzte das Jagdrevier einige Jahre lang und ließ dort zunächst recht große Mannschaften von bis zu 9 Männern überwintern. Neben der Reduzierung der regionalen Tierbestände widmete Hagerup sich untergeordnet auch der Wissenschaft: Mehrfach zeichnete er durchgängige meteorologische Datenreihen auf, und 1902-03 beherbergte er einen Wissenschaftler der „Norwegischen Nordlicht-Expedition", die ansonsten auf Island, in Nordnorwegen und auf Novaya Zemlya Stationen unterhielt. Am Südende der Akseløya, in direkter Nachbarschaft zum noch bewohnten Haus eines Trappers (siehe *Sonstiges*), befindet sich das alte Steinhaus von Johan Hagerup, das dank Restaurierungsarbeiten in gutem Zustand ist. In der Umgebung weisen kleine quaderförmige Betonfundamente noch auf die Standorte der Instrumente zur Nordlichtbeobachtung hin, und aus den Zeiten der Pomoren sind ebenfalls noch Fundamentreste sichtbar. Diese sind die ältesten Spuren von Besiedlung und Nutzung auf der Akseløya.

Die NEC (siehe 6.27 *Bellsund*) setzte 1918 Hoffnungen in Kolhlevorkommen am Kolfjellet. 1918-19 überwinterten dort etwa 50 Personen unter Leitung von Frank Wild (Shackletons Stellvertreter während der *Endurance*-Expedition in der Antarktis) im Auftrag der NEC. Mangels ausreichender Qualität und Quantität blieb es bei der einen Saison. Damals standen dort 4 Häuser, genannt **Camp Morton**, von denen eins bereits 1901 vom späteren norwegischen Premierminister Christian Michelsen gebaut wurden war. Michelsen wollte sein Ferienhäuschen zu Freizeitzwecken und vielleicht auch für kommerziellen Tourismus (Jagdreisen) nutzen. Eine alte NEC-Hütte, die heute von einem Verein in Longyearbyen (Totakterklubben) gepflegt wird, sowie diverser alter Kram zeugen von den bergbaulichen Hoffnungen.

Norwegische Jäger freuten sich viele Jahre lang über die solide gebauten NEC-Hütten und benutzten diese als Jagdstationen, zunächst wurden sie sogar von der NEC für „Wachdienste" bezahlt. Die Hütten sind heute abgeschlossen.

Während die NEC im Bellsund eine Hütte nach der anderen baute, ohne jemals etwas Nennenswertes aus dem Boden zu holen, begann eine schwedische Firma im inneren Van Mijenfjord 1917 mit Kohlebergbau und nannte ihre Grube passenderweise **Sveagruva**. Die Schweden hatten zunächst auch nicht mehr Glück als viele ihrer Konkurrenten und verkauften ihre Ansprüche 1934 an die norwegische Bergbaugesellschaft Store Norske Spitsbergen Kulkompani (SNSK). 1944 wurde der kleine Ort von einem deutschen U-Boot weitgehend zerstört, der Aufbau folgte aber bereits 1946, da Kohle in Norwegen dringend benötigte Mangelware war. Um 2000 zu einer modernen Mine ausgebaut, hat sich der norwegische Kohlebergbau auf Spitzbergen nun weitgehend nach Sveagruva verlagert. Genau genommen geschieht der Bergbau nicht mehr in Sveagruva, sondern im Sentralfeltet („Zentralfeld"), das einige Kilometer weiter nördlich unter einer bis zu 250 m dicken Eiskappe liegt. Die Kohleflöze erreichten dort bis zu 5 m Mächtigkeit, die Sahnestücke sind aber längst abgebaut. 2007 wurden über 4 000 000 Tonnen Steinkohle exportiert, von denen bis zu 70 % von deutschen Firmen abgenommen wurden (v.a. Stahl- und Energieproduktion). 2009 hielten sich etwa 225 Personen in Svea auf. Diese wohnen allerdings in Longyearbyen oder sogar in Norwegen und pendeln im Zweiwochenrhythmus per Flugzeug nach Sveagruva. Der Ort taucht daher in der offiziellen Bevölkerungsstatistik gar nicht auf.

Trotz einiger erheblicher technischer Schwierigkeiten wie Wassereinbrüche und gelegentlicher, für Bergbauverhältnisse meist kleinerer Unfälle, schrieb die SNSK zwischen 2002 und 2013 sogar schwarze Zahlen, eine Seltenheit in ihrer langen Geschichte. Anfang 2014 wurde eine neue Grube am Lunckefjellet eröffnet, zwischen Sveagruva und dem Reindalen. Die Lebensdauer dieser Mine wird auf einige Jahre begrenzt sein und der Betrieb setzt ausreichend hohe Weltmarktpreise voraus. Die Zukunft des Bergbaus im Van Mijenfjord darüber hinaus ist unsicher. Die SNSK exploriert weitere Kohlevorkommen in der Nähe von Sveagruva, aber ob nach der Lunckefjellet-Grube noch eine weitere Mine eröffnet wird, wird eine wirtschaftliche und politische Entscheidung sein, die eher in Oslo als in Longyearbyen fällt. 2014 musste die SNSK wegen niedriger Weltmarktpreise 100 von 340 Angestellten entlassen.

Sveagruva ist eine reine Bergbausiedlung und andere wirtschaftliche Aktivitäten wie Tourismus sind dort nicht geplant, so dass der Ort für Touristen uninteressant ist. Serviceleistungen (Einkauf, Verpflegung, Übernachtung) gibt es nicht.

Sonstiges: Mehrere Jagdhütten im Van Mijenfjord sind im Privatbesitz des norwegischen Jägers Tommy Sandal, der bis Frühjahr 2011 im Austfjord wohnte und dann die Hütten vom Vorbesitzer kaufte. Darunter ist die Hütte am Kapp Schollin (Ostseite von Fridtjovhamna). Die Haupthütte befindet sich am Südende der Akseløya, der Vorbesitzer widmete sich im Frühsommer dem Daunensammeln. Diese Hütten sind privat und mitsamt naher Umgebung entsprechend zu respektieren.

Es müsste allerdings schnell geschehen. Denn – Panikmache hin, Panikmache her – ein bisschen Weltuntergang kann der Klimawandel schon bedeuten.

Die ZEIT (11. Januar 2007)

Norwegen hat den Anspruch, aus Svalbard eines der „am besten verwalteten Wildnisgebiete weltweit" zu machen. Aus Sicht des Umweltschutzes sind dazu noch einige Schritte notwendig, um künftige Schädigungen durch Fischerei und Ölindustrie zu vermeiden. Auf eine eingehendere Beschreibung dieser Problemfelder möchte ich hier aber zugunsten einer Betrachtung der Möglichkeiten verzichten, die jedem Einzelnen zur Verfügung stehen. Eine angenehme Nebenwirkung ist, dass einiges davon nicht nur die Arktis entlastet, sondern gleich auch noch die Antarktis und alles dazwischen.

Jeder hat es in der Hand, die selbst verursachte Umweltbelastung entscheidend zu verringern. Auf andere Probleme kann man zumindest Einfluss nehmen, was zwar nicht unmittelbar Wirkung zeigt, aber deswegen nicht weniger wichtig ist.

Ein wesentlicher Schritt dabei ist, das Verantwortungsbewusstsein für die arktische und sonstige Umwelt nicht nur während einer Arktisreise zu entdecken, sondern es auch darüber hinaus lebendig zu erhalten und daheim kleine, aber feine Schritte folgen zu lassen.

ART DER FORTBEWEGUNG

Reisen ohne Abgas- und Geräuschemissionen gibt es nicht, aber man kann das Problem begrenzen und von besonders emissionsintensiven Fortbewegungsarten Abstand nehmen, sofern es nicht wirklich „erforderlich" ist. Am umweltfreundlichsten sind Wanderungen, Skitouren und Hundeschlittenfahrten.

Schiffsreisen sind nicht emissionsfrei, aber eine vergleichsweise saubere Methode, um eine größere Anzahl Personen zu bewegen, zumindest solange das Schiff vernünftig geführt wird (bei großen Kreuzfahrtschiffen mit viel energieintensivem Luxus kann die Bilanz anders aussehen).

Die Reederei, die das Schiff betreibt, sollte AECO-Mitglied sein oder sich zumindest klar zu den von AECO herausgegebenen Richtlinien bekennen. Nach dem Vorbild der für Antarktis-Tourismus zuständigen IAATO ist AECO ein Zusammenschluss von Reedereien, die in der Arktis Expeditionskreuzfahrten betreiben. Das soll möglichst umweltschonend geschehen und AECO-Mitglieder müssen dazu bestimmte Regeln einhalten. Zusätzlich hat AECO einen „Code of Conduct" (Verhaltensregeln) für den einzelnen Besucher zusammengestellt. Dieser entspricht im Wesentlichen dem Inhalt des Abschnittes 3.6 *Unterwegs in Spitzbergen: Was Sie wissen müssen* und ist im Internet unter www.aeco.no zu finden, wie auch eine Liste der Mitglieder.

Zusätzlich zum Einhalten dieser Regeln ist die nautische Sicherheit von entscheidender Bedeutung. Neben der Gefahr für Leib und Leben geht von einer Havarie das große Risiko einer Ölverschmutzung mit katastrophalen Folgen aus. Daher ist

Schiffen, die mit Dieselöl fahren, eindeutig der Vorzug zu geben gegenüber solchen, deren Maschinen mit Schweröl futtern: Während Diesel relativ schnell wieder verschwindet, verseucht Schweröl Küsten für lange Zeit. Schiffe, die Schweröl an Bord haben, dürfen die meisten Gewässer Svalbards mittlerweile gar nicht mehr befahren.

Als weitere Antriebsmöglichkeiten für Schiffe stehen Segel und Atomreaktoren zur Verfügung, beide werden in der Arktis touristisch benutzt. Die jeweiligen Vor- und Nachteile von Wind- und Atomkraft aus Sicht des Umweltschutzes sind allgemein bekannt und sollten bei der Entscheidung für oder gegen eine Reise berücksichtigt werden (Atomeisbrecher laufen Spitzbergen nicht an, aber das benachbarte Franz Josef Land auf dem Weg zum Nordpol).

Natürlich sollten Schiffe, die in Polargebieten verwendet werden, eisverstärkt sein. Das bedeutet nicht, dass es sich um einen Eisbrecher handeln muss.

DIE AN- UND ABREISE

Hier wird es schwierig. Ein Flug von Hamburg nach Longyearbyen und zurück kommt immerhin auf etwa 5 500 km. Jeder einzelne davon belastet die Atmosphäre mit dem Treibhausgas Kohlendioxid (CO_2) und anderen Abgasen. Das Problem der mindestens teilweise menschgemachten Klimaänderung ist hinreichend bekannt und muss hier nicht wiederholend erläutert werden. Es genügt Hinweis, dass die Beobachtungen letzten Jahre die Beschleunigung des Klimawandels in einem beängstigendem Umfang bestätigen und dass Fachwissenschafter sich einiger sind, dass der Mensch und seine Treibhausgase einen wesentlichen Teil der Verantwortung tragen, als dies oft in den Medien oder von politischen und wirtschaftlichen Akteuren dargestellt wird.

Allgemein bekannt sind auch die Folgen, die insbesondere in den Polargebieten dramatisch sind. Bislang übertreffen die Beobachtungen meistens sogar die unerfreulichsten Prognosen. Der Rückgang des Packeises im arktischen Ozean ist nur ein Beispiel von vielen. Das Dilemma ist, dass wir alle, die wir in die Arktis reisen, um ihre Natur zu erleben und zu genießen, damit auch zu ihrer Erwärmung beitragen.

Was ist zu tun?

Das Problem lässt sich nicht lösen, aber man kann es deutlich entschärfen. Wenn wir den CO_2-Ausstoß nicht verhindern können, müssen wir woanders für einen Ausgleich sorgen. Man kann zur Aufforstung CO_2-speichernder Wälder beitragen oder zum Schutz existierender Wälder (auch Regenwälder). Die Förderung CO_2-sparender Technologien ist sowohl daheim als auch in Entwicklungsländern sinnvoll. Die Liste ließe sich nahezu beliebig verlängern.

Um einen direkten Zusammenhang zu Flugreisen herzustellen, gibt es Angebote für einen „Klimaausgleich“ . Dabei werden die Flugkilometer in die entstehende Menge CO_2 um- und der Betrag ausgerechnet, der zur Finanzierung ausgleichender Projekte benötigt wird. Beispiel: Beim Hin- und Rückflug von Frankfurt/Main nach Longyearbyen fallen pro Fluggast gut 1 700 kg CO_2 an. Zum Ausgleich für 1 700 kg CO_2 werden ungefähr 40 Euro benötigt, was ungefähr 1 % oder sogar weniger von dem Betrag entspricht, den die meisten in ihre Spitzbergenreise stecken. Natürlich kann man über die Details der Berechnungsmethoden streiten, wodurch das Prinzip des Ausgleichs aber nicht grundsätzlich in Frage gestellt wird.

Um es klar zu sagen: Begriffe wie „klimaneutral“ und „Emissionen ausgleichen“ sind irreführend. Emissionen sind umweltschädigende Tatsachen, die nicht mehr nachträglich „wiedergutzumachen“ sind. Ein Ausgleich ist eine gute Sache und besser als kein Ausgleich, aber dadurch wird Fliegen noch lange nicht umweltfreundlich. Die erste Frage muss immer sein: Ist dieser Flug wirklich notwendig? Gibt es kein besseres Verkehrsmittel? Muss mein Ferienziel wirklich so weit weg liegen? Wer sich diese Fragen nicht selbst gestellt und ehrlich beantwortet hat, betreibt mit einem CO_2-Ausgleich vor allem Augenwischerei, oder neudeutsch: Greenwashing.

Andererseits bietet der CO_2-Ausgleich die Möglichkeit, einen Umweltschaden auf quantifizierter Basis nach dem Verursacherprinzip zu regenerieren. Alle reden vom Verursacherprinzip, hier kann man einfach selbst danach handeln. Dies nicht zu tun und gleichzeitig über die „Gutmenschen“ zu lästern, die wenigstens soweit verantwortungsbewusst handeln, ist billig und wohl kaum ein logisch durchdachtes, moralisch begründetes Verhalten, sondern eine faule Ausrede. Auch der Hinweis, natürliche Klimaschwankungen habe es früher schon gegeben, ist etwa so stichhaltig wie der Kommentar, dass es auch früher unverschuldete Unfälle gegeben habe, wenn jemand betrunken vor einen Baum gefahren ist. Was in Spitzbergen übrigens noch nie vorgekommen ist.

Es gibt gute, unterstützenswerte Projekte wie Atmosfair (www.atmosfair.de).

Was kann man sonst noch machen? Ganz einfach: auch auf anderen Reisen und zu Hause Energie sparen. Das Auto öfter stehen lassen, weniger fliegen, regenerative Energie nutzen ... eigentlich wissen wir es wohl alle, wir müssten es nur noch tun.

VOR ORT

Es kommt darauf an, dass nach Ihrer Abreise nichts mehr darauf hinweist, dass Sie jemals auf Spitzbergen waren. Das ist nicht vollständig erreichbar, aber Sie können diesem Ideal recht nahe kommen, indem Sie sich konsequent an die entsprechenden Richtlinien halten, die im Abschnitt 3.6 *Unterwegs in Spitzbergen: Was Sie wissen müssen* zu finden sind.

UND SONST NOCH

Die arktische Umwelt leidet unter schleichender Vergiftung. Davon sind Tiere betroffen, die hoch in der Nahrungskette stehen, wie Eismöwen und Eisbären, und in der Arktis lebende Menschen, die sich traditionell ernähren. Die Umweltgifte entstammen der Industrie und Landwirtschaft der Industrieländer. Jeder hat die Möglichkeit, in vielen Bereichen Produkte zu kaufen, bei deren Herstellung auf minimalen Einsatz umwelt- und gesundheitsschädlicher Substanzen geachtet wurde: Lebensmittel, Energie, Papier, Textilien, Möbel usw.

Das Land wäre in Polargebieten weitgehend unbelebt, wenn das umgebende Meer nicht biologisch so produktiv wäre. Diese Produktivität ist durch Überfischung mitunter massiv bedroht. Da derzeit anscheinend weder die Fischerei selbst noch die Politik in der Lage ist, das Problem flächendeckend in den Griff zu bekommen, ist der Verbraucher gefragt. Hinweise zu umweltbewusstem Fischkonsum gibt beispielsweise der WWF auf seiner Webseite.

Umweltverbände setzen sich für die weite Verbreitung umweltschonender Produkte ein und sorgen dafür, dass Umweltbelange in Politik und Gesellschaft Gehör finden. Je mehr Mitglieder hinter den Verbänden stehen, desto mehr Gewicht und Einflussmöglichkeiten hat die „Umwelt-Lobby".

DANKE!

Eine ganze Reihe netter Menschen hat auf jeweils eigene Art dazu beigetragen, dass ich dieses Buch schreiben konnte. Zunächst aber muss gesagt werden, dass ich letztlich doch immer meinen eigenen Dickkopf durchgesetzt habe, so dass sämtliche Fehler, inhaltliche und sprachliche Schwächen dieses Buches ausschließlich in meiner eigenen Verantwortung liegen.

Viel von dem, was ich weiß über Schweizer Schokolade und Humor, über Polargebiete und über das Reisen dort sowie vor allem über den Respekt, mit denen man diese schönen, kalten Enden unseres Planeten behandeln sollte, verdanke ich **Peter Balwin**, einem bewährten Leiter vieler Fahrten in Arktis und Antarktis. Peter hat Teile des Manuskripts der Erstauflage gelesen, um mich rechtzeitig auf Versäumnisse und Ungenauigkeiten inhaltlicher und sprachlicher Art aufmerksam zu machen.

Hilfsbereite Menschen wie **Rico Behlke, Elke Lindner, Malte Jochmann, Elke Morgner** und **Doreen Lampe** machen Vieles erst möglich.

Paolo Bernat, Piero Bosco und **Stefano Poli** haben mir mit den italienischen Tier- und Pflanzennamen geholfen. **Ditte Hendrichsen** steuerte dänische Übersetzungen von Artennamen bei, **Adam Rheborg** schwedische und **Michelle van Dijk** niederländische.

Mein Vater **Kurt-Heinz Stange** hat sich viel Mühe gegeben, um meine diversen Rechtschreib-, Zeichensetzungs- und Tippfehler in Schach zu halten. Meine Frau **Kristina Hochauf-Stange** gab Anregungen zur Verbesserung des Textes der dritten, vierten und fünften Auflage.

Claus Wöckener war nicht nur derjenige, der mir mit viel Geduld erstmals 1997 die Tier- und Pflanzenwelt Spitzbergens nahebrachte, sondern er hat mir bei den entsprechenden Kapiteln, insbesondere über die Pflanzen, zur Seite gestanden.

Für Fotos möchte ich mich bei **Kristina Hochauf-Stange** und **Michelle van Dijk** bedanken. Und bei **Sabine Formella** für die Zeichnungen!

DER AUTOR: ROLF STANGE

Jahrgang 1973, Unna/Westfalen. Seit ich denken kann, sind meine Eltern mit mir jedes Jahr nach Norden gefahren - zumindest nach Dänemark, und ich fand es damals schon aufregend, wenn das Ferienhaus einen Strand weiter nördlich lag als im Jahr zuvor. Der Drang hin in den Norden hat mich nicht mehr losgelassen. 1993 ging es zum ersten Mal nach Norwegen und Schweden, 1997 folgte Spitzbergen. Unterdessen habe ich in Münster und Bonn Geographie, Geologie und Meteorologie studiert und danach das Schreiben langsam für mich entdeckt.

Auf 3 lange Wandersommer in Spitzbergen sowie einen mehrmonatigen, winterlichen Aufenthalt auf Kapp Linné an der Westküste Spitzbergens folgte die erste Saison an Bord kleiner Schiffe, die auf Kreuzfahrten im Expeditionsstil in der Arktis fahren. Daraus sind mittlerweile über 150 Fahrten geworden, die ich als Guide und Fahrtleiter in der Arktis rund um den Nordatlantik sowie in der Antarktis gemacht habe - und es kommen sicher noch einige dazu, sowie die Mitarbeit an Filmprojekten etc.

Zwischendurch finde ich immer noch Zeit, um mich alleine oder im kleinen Kreis im Norden herumzutreiben. Neben einer Reihe von Wander- und Skiwandertouren in Norwegen und Schweden waren mehrwöchige Skitouren in Spitzbergen und Ostgrönland sowie, im Frühjahr 2006, ein dreimonatiger Aufenthalt in Ittoqqortoormiit (=Scoresbysund, Ostgrönland) mit eigenem Hundegespann Höhepunkte meiner Leidenschaft für den Norden. 2010 fügten sich eine Skiwanderung zum Newtontoppen sowie eine Foto-Expedition zur Bäreninsel an diese Reihe außergewöhnlicher Reisen. Seit 2013 lebe ich auch außerhalb der Sommersaison so viel wie möglich in Longyearbyen.

Nicht mehr nur noch nebenbei, aber nach wie vor mit viel Spaß und Einsatz beschäftige ich mich mit Fotografie, dem Schreiben und Herausgeben von Büchern, dem Organisieren von Reisen sowie der Pflege einer Spitzbergen-Infoseite im Internet, ausgehend von meinen Wahlheimaten Longyearbyen und Dresden.

SPITZBERGEN.DE

SPITSBERGEN-SVALBARD.COM

POLARBÜCHER IM KLEINEN SPEZIALVERLAG ZU VERÖFFENTLICHEN ...

... ist für einen arktisbegeisterten Autor eine mit viel Freude verbundene Leidenschaft. Seit der ersten Veröffentlichung 2001, ein kopiertes Heft mit Klammerbindung und von Hand eingeklebten Fotos, und der 2003 daraus entstandenen ersten Auflage von *Steine und Eis* bis zu dieser 5. Auflage des Reiseführers *Spitzbergen-Svalbard*, der so viel mehr ist als nur ein Reiseführer, habe ich 7 Bücher geschrieben, mehrere davon übersetzt und in Neuauflagen verbessert. Dazu kommen Kalender, Postkarten, eine DVD und Übersetzung, Herausgabe und Beiträge zu den Arbeiten anderer Autoren. Und nebenher wird so regelmäßig es geht an Internetseiten und neuen Büchern gearbeitet.

Das ehemalige Hobby hin zu einem professionell arbeitenden Verlag mit einem eigenen, hochspezialisierten Programm zu entwickeln, erforderte über viele Jahre hingebungsvolle Arbeit, bei der der eigene wirtschaftliche Vorteil oft genug weit nach hinten rutscht. In der heutigen Bücherwelt ist die Existenz für einen kleinen Spezialverlag zwischen den großen Internet-Buchhandlungen und dem weitgehend von Ketten beherrschten Buchhandel nicht einfach.

Auch und gerade in der modernen Internet-Wirtschaft entscheiden die Kunden, wer weiter dabei sein darf und wer das Spielfeld verlassen muss. Wenn Ihnen dieses Buch gefällt und Sie uns bei der Herstellung weiterer Bücher unterstützen wollen, können Sie das ganz einfach tun:

- Bitte geben Sie Bewertungen und Kommentare auf den Internetseiten großer Onlinehändler (Amazon, Globetrotter etc.). Das ist ganz entscheidend, um in der Masse der Angebote sichtbar zu werden. Man kann auch Bücher bewerten und kommentieren, die man im Buchladen um die Ecke oder im Museum in Longyearbyen gekauft hat.
- Mundpropaganda ist für uns überlebenswichtig. Neben der Empfehlung im Bekanntenkreis oder bei Mitreisenden sind dazu Links und soziale Netzwerke im Internet gute Möglichkeiten.
- Wir vertrauen unseren Kunden und liefern im Regelfall ohne Vorkasse. Für uns ist wichtig, dass die Rechnungen beglichen werden, was leider nicht ganz so selbstverständlich ist, wie man annehmen möchte.

Es dankt herzlich der Spitzbergen.de-Verlag: Autor und Herausgeber Rolf Stange und 2 freie Mitstreiter in Versand und Technik.

Arktis niveauvoll und ganz ohne Strapazen vom Lesesessel aus genießen! – Abenteuer vorbereiten oder erlebte Reisen vertiefen

Im Arktis-Verlag ***spitzbergen.de*** von Rolf Stange erscheinen Titel, die einen weiten Bogen spannen von informativ bis hin zu unterhaltend. Bislang sind erschienen:

Spitzbergen – Svalbard. Wissenswertes rund um eine arktische Inselgruppe | Rolf Stange · Alles über Tiere, Pflanzen, Geschichte, Siedlungen, Orte und Regionen, praktische Hinweise für die Reise. 4. überarb. Auflage.

ISBN: 978-3-937903-12-5 · Paperback · 14,8 x 21,0 cm · 650 g · ca. 500 Seiten **30,00 €**

Spitzbergen – Svalbard. Wissenswertes rund um eine ... | Rolf Stange · Herausgabe als eBook für 2015 geplant.

Spitzbergen – Fotobuch | Rolf Stange · Während 17 langen Spitzbergen-Aufenthalten von 1997 – 2010 hat sich ein Schatz von über 50 000 Bildern angesammelt. Daraus stammen diese 152 außergewöhnlichen Farbfotos.

ISBN: 978-3-937903-10-1 · Paperback · 152 Farbfotos · 21,0 x 14,8 cm · 360g · ca. 160 Seiten **25,00 €**

Steine und Eis. Landschaften des Nordens | Rolf Stange. Ein geographischer Reisebegleiter für Spitzbergen und Ostgrönland (68 – 74°N). Naturkundliche Hintergründe, vor allem Geologie, Gletscher, Permafrost.

ISBN: 978-3-937903-02-6 · Paperback · 14,6 x 20,7 cm · 350 g · 237 Seiten **24,00 €**

Scoresbysund Hot Dogs. Hundeschlittenfahrten auf der Rückseite von Grönland | Rolf Stange · Unterhaltsam-informativ und ein ideales Geschenk, nicht nur für Arktis-Fans.

ISBN: 978-3-937903-05-7 · Paperback · 14,5 x 21,0 cm · 227 g · 162 Seiten **22,00 €**

Jan Mayen. Natur und Geschichte des Außenpostens im Nordatlantik | Rolf Stange · Das umfassende Buch über die einsame, faszinierende Vulkaninsel zwischen Island, Grönland und Spitzbergen.

ISBN: 978-3-937903-04-0 · Paperback · 14,7 x 20,6 cm · 250 g · 173 Seiten **22,00 €**

Die Bäreninsel – Grenzstein im Grenzenlosen | Rolf Stange · Informatives, unterhaltsames Buch mit umfangreicher Zusammenfassung des Wissens zur Natur und Geschichte einer faszinierenden Insel.

ISBN: 978-3-937903-13-2 · Paperback · 150 farb. Fotos, hist. Fotos · 21,0 x 14,8 cm · ca. 324 Seiten **24,00 €**

Die Nebel der Zeit – Die Lebensgeschichte von Cymba, dem Wanderalbatros aus Südgeorgien | James McQuilken · übersetzt v. Rolf Stange · Eine lebendige und spannende Schilderung des Lebens eines Wanderalbatrosses. Der Verkauf unterstützt Vogelschutzprojekte in Südgeorgien.

ISBN: 978-3-937903-15-6 · Softcover · 33 Farbfotos und 1 Karte · DIN A5 · 215 g · 137 Seiten **24,00 €**

Mit Spitzbergen durch das Jahr! | Rolf Stange · Der neue Spitzbergen-Kalender nimmt Sie mit durch die arktischen Jahreszeiten. *(Abb. ähnlich) · DIN A3 (ISBN 978-3-937903-21-7) / DIN A5 (978-3-937903-22-4)*

Cover + 12 Blätter + Übersicht/Impressum, durchgehend 4-farbig gedruckt. **A3 20,00 € / A5 15,00 €**

Die Geologie von Longyearbyen | Karsten Piepjohn, Rolf Stange, Malte Jochmann & Christiane Hübner · In dieser Broschüre möchten wir den Leser mitnehmen auf eine aufregende Reise durch die geologische Entwicklung der Umgebung von Longyearbyen/Spitzbergen.

ISBN: 978-82-93009-07-8 · Heft · 14,8 x 21 cm · 90 g · 34 Seiten **10,00 €**

DVD »Spitzbergen-Sommer 2009« | Rolf Stange · Eine Auswahl der besten Fotos und Filmsequenzen aus über drei Monaten Arktis. Beeindruckende Fotos von Reisen unter Segeln, Begegnungen mit Tieren und Tundra.

ca. 300 der besten Tier- und Landschaftsaufnahmen und Videos **15,00 €**

Postkartensatz »Spitzbergen« – Acht schöne Postkarten · Vorderseite ist hochglanzbeschichtet mit Aufnahmen von Spitzbergen *(DIN lang)* und *Postkartensatz »Antarktis«* – Acht schöne Postkarten · Vorderseite ist hochglanzbeschichtet mit Fotos aus der Antarktis *(Standard-Postkartenformat) | Fotos: Rolf Stange* **je 7,00 €**

Weitere Bücher zum Thema, Verlagsprogramm & Bestellmöglichkeiten finden Sie unter ***www.spitzbergen.de***. Dort gibt es auch umfassende Informationen zu Spitzbergen sowie zahlreiche Fotos & Reiseberichte.

SPITZBERGEN.DE

<u>Bestellen:</u> www.spitzbergen.de · post@spitzbergen.de · MaLou Heger · An der Wohrte 23 · D-18059 Huckstorf

<u>Verlagsleitung:</u> Rolf Stange · rolf.stange@spitzbergen.de · Glasewaldstraße 20 · D-01277 Dresden →

Stand Juni 2014. Änderungen vorbehalten. Aktualisierte Angaben finden Sie jederzeit auf unserer Internetseite www.spitzbergen.de

LITERATUR

Das Literaturverzeichnis ist seit der zweiten Auflage dieses Buches auf einen Umfang angeschwollen, der an dieser Stelle wohl nur noch ein für die meisten Nutzer verzichtbarer und unterwegs ohnehin überflüssiger Ballast wäre. Somit habe ich mich dafür entschieden, das Literaturverzeichnis nicht mehr in die gedruckte Ausgabe aufzunehmen - ich garantiere, dass der dadurch verfügbar gewordene Platz im Textteil dieses Buches zu größerem Nutzen verwendet wurde.

Aber natürlich sollen die zugrundeliegenden Quellen Interessierten nicht verborgen bleiben: Sie finden das Literaturverzeichnis als pdf-Datei im Internet (www.Spitzbergen.de → Bücher und DVDs → Spitzbergen-Reiseführer).

NORWEGISCHES GLOSSAR

In der Klammer ist der bestimmte Artikel, der im Norwegischen angehängt wird. Pl. = Plural.

Boge(n) = Offene Bucht
Bre(en), Pl. Breane = Gletscher
Bukt(a) = Bucht
By(en) = Stadt
Dal(en) = Tal
Egg(ane) = Scharfer Bergrücken
Elv(a) = Fluss
Fjell(et), Pl. Fjella = Berg
Fjord(en) = Fjord
Fly(a) = Ebene
Fonn(a) = Schneefeld, Gletscher, Eiskappe
Gruve(gruva) = Grube, Mine
Halvøy(a) = Halbinsel
Hamn(a) = Hafen (Naturhafen)
Holme(n), Pl. Holmane = Holm, kleine Insel
Huk(en) = Vorland
Hytte (hytta) = Hütte
Jøkul(en) = Gletscher, Eiskappe
Kam(men) = Grat
Kapp(et) = Kap, Landspitze
Sjø(en) = See
Slette(sletta) = Ebene
Sund(et) = Sund, Meeresstraße
Tind(en) = Gipfel, Bergspitze
Vatn(et), Pl. Vatna = See

INDEX

Fett: Haupteintrag, *Kursiv:* Bild.
Tier- und Pflanzenarten finden sich im Inhaltsverzeichnis.

A

B

C

D

E

F

G

H

I

J

K

L

M

N

O

P

Q

R

S

T